Problemorientierte Einführung in die Volkswirtschaftslehre

von

Dr. Viktor Lüpertz

winklers verlag

Vorwort zur 3. Auflage

Das vorliegende Lehr- und Aufgabenbuch befasst sich mit grundlegenden Bereichen der modernen Volkswirtschaftslehre. Ausgehend von konkreten volkswirtschaftlichen Problemen werden auch aktuelle empirische und gesamtgesellschaftliche Zusammenhänge hergestellt und fachübergreifende Aspekte berücksichtigt. Über die Vermittlung von volkswirtschaftlichem Grundwissen hinaus soll das Buch dazu beitragen, kritisches Urteilsvermögen zu schulen, Denken in Zusammenhängen zu üben und alternative Lösungsmöglichkeiten hinsichtlich ihrer gesellschaftlichen Konsequenzen zu bewerten.

Die 10 Kapitel sind wie folgt gegliedert:

- **Fallbeispiele zur Einführung**
  Realitätsnahe Probleme in Form einführender Fallbeispiele mit erkenntnisleitenden Fragestellungen sind jedem Kapitel vorangestellt und werden an geeigneter Stelle im Rahmen der Sachdarstellung gelöst.
- **Sachdarstellung**
  Die Sachdarstellung wird durch zahlreiche Grafiken, Schaubilder, Übersichten, Tabellen und Textauszüge ergänzt und veranschaulicht. Wichtige Definitionen und Merksätze sind fett gedruckt und blau unterlegt.
- **Zusammenfassende Übersichten**
  dienen zur Veranschaulichung der Strukturzusammenhänge am Anfang, während und am Ende der Unterrichtseinheit.
- **Fragen zur Kontrolle des Grundwissens**
  Zu jedem Kapitel gehört ein umfangreicher Fragenkatalog zur Kontrolle des Grundwissens.
- **Aufgaben und Probleme zur Erarbeitung und Anwendung von Wissen**
  Die realitätsbezogenen Problemstellungen decken unterschiedliche Schwierigkeitsgrade und Anforderungsbereiche ab. Neben der Anwendung und Erschließung von thematischem Wissen ermöglichen sie auch die Einübung unterschiedlicher Arbeitstechniken und Lösungsverfahren sowie die Förderung von Methoden- und Sozialkompetenz.

Verfasser und Verlag sind für Verbesserungsvorschläge dankbar.

Oberried, Frühjahr 2003

Der Verfasser
E-Mail: luepertz@t-online.de

Verwendete Symbole

▶ A 1.1	Verweis am Seitenrand auf die Nummer einer thematisch zugehörigen Aufgabe am Ende des jeweiligen Kapitels.
▶ K	Hinweis am Seitenrand bei einzelnen Aufgaben. Für diese Aufgaben enthält das Lehrerbegleitbuch (Best. Nr. 3329) Kopiervorlagen für Arbeitsblätter.
P.Point	Hinweis am Seitenrand. Zu dieser Darstellung bzw. Aufgabe liegt eine (animierte) PowerPoint-Folie auf CD (Best. Nr. 2128) vor.
Excel	Hinweis am Seitenrand bei einzelnen Aufgaben. Diese Aufgaben eignen sich zur Lösung mithilfe des Tabellenkalkulationsprogramms Excel.

3., überarbeitete Auflage, 2003
© Winklers Verlag
im Westermann Schulbuchverlag GmbH
Postfach 11 15 52, 64230 Darmstadt
Telefon: 06151 8768-0 Fax: 06151 8768-61
http://www.winklers.de
Druck: westermann druck GmbH, Braunschweig
ISBN 3-8045-3328-0

33282

Inhaltsverzeichnis

1 Grundbegriffe und Grundlagen der Volkswirtschaftslehre

Fallbeispiele zur Einführung

Fallbeispiel 1.1: Volkswirtschaftlicher Kostenbegriff (Opportunitätskosten)

Eine von der Bundesregierung in Auftrag gegebene Rheinbrücke stürzt noch vor ihrer Fertigstellung ein und muss von dem dafür haftenden Brückenbauunternehmen auf eigene Kosten wieder aufgebaut werden. Auf die Frage eines Journalisten, ob durch den Brückeneinsturz ein volkswirtschaftlicher Schaden entstanden sei, antwortet ein Politiker: „Auf den Bund kommen durch den Einsturz und den dadurch notwendig gewordenen Neubau keine zusätzlichen Ausgaben zu. Der Volkswirtschaft ist also kein Schaden entstanden. Zudem erhält das Brückenbauunternehmen wahrscheinlich den größten Teil der ihm zusätzlich entstandenen Kosten von einer Versicherung ersetzt, da der Einsturz nachweislich auf Hochwasser zurückzuführen ist. Gegen Hochwasserschäden war das Unternehmen aber versichert."

- Prüfen Sie die Aussage des Politikers, dass der Volkswirtschaft kein Schaden entstanden sei.

Erläuterungen und Lösung siehe Seite 22.

Fallbeispiel 1.2: Produktionspotenzial und Produktionsfaktoren einer Volkswirtschaft

Das **Produktionspotenzial** der Bundesrepublik Deutschland, d. h. das bei vollständiger Auslastung aller vorhandenen **Produktionsfaktoren** erzielbare Produktionsergebnis, hat sich in den alten Bundesländern wie folgt entwickelt (in Preisen von 1991):

Jahr	**1996**	**1997**	**1998**	**1999**	**2000**
Produktionspotenzial (in Mrd. EUR)	1.673	1.703	1737	1.750	1.802
Veränderung des Produktionspotenzials gegenüber dem unmittelbar vorangehenden Jahr (in %)	2,1	1,8	2,0	2,8	2,9
Veränderung des Bruttoinlandsprodukts gegenüber dem unmittelbar vorangehenden Jahr (in %)	1,3	2,2	2,7	2,5	3,5
Auslastungsgrad des Produktionspotenzials (in %)	92,8	93,1	93,8	93,7	93,6

Quelle: Jahresgutachten 1998/99 des Sachverständigenrats zur Begutachtung der gesamtwirtschaftlichen Entwicklung, S. 66; für die Zeit nach 1998 Schätzungen.

1. Welcher Produktionsfaktor hat in der Bundesrepublik Deutschland den bedeutendsten Einfluss auf die Größe des Produktionspotenzials?
2. Wie ist es zu erklären, dass die Güterproduktion (Bruttoinlandsprodukt) in den Jahren 1997, 1998 und 2000 stärker gestiegen ist als das Produktionspotenzial?
3. Welche Aussagen lassen sich anhand der Entwicklung von Produktionspotenzial und Auslastungsgrad über den wirtschaftlichen Zustand (Konjunkturlage) einer Volkswirtschaft machen?

Erläuterungen und Lösung siehe Seite 24.

1.1 Grundprobleme der Volkswirtschaftslehre

Jeder Mensch hat vielfältige Wünsche. In Wünschen kommt das Gefühl eines Mangels zum Ausdruck. Mangelgefühle, die mit dem Bestreben verbunden sind den empfundenen Mangel zu beseitigen, werden als **Bedürfnisse** bezeichnet. Bedürfnisse beziehen sich auf so unterschiedliche Lebensbereiche wie z. B.

- Nahrung, Wohnung, Kleidung,
- Schlaf, Sexualität, Gesundheit,
- Sicherung von Arbeitsplatz und Einkommen,
- Freizeit, Geselligkeit, Unterhaltung, soziale Kontakte,
- Freundschaft, Liebe, Zuneigung,
- Anerkennung, Bestätigung, Selbstverwirklichung.

Bedürfnisse sind Empfindungen eines Mangels, die mit dem Bestreben verbunden sind den Mangel zu beseitigen.

Bedürfnisse, deren Befriedigung wirtschaftliches Handeln erforderlich macht, sind Gegenstand der Volkswirtschaftslehre. Dabei wird davon ausgegangen, dass solche Bedürfnisse in unbeschränktem Umfang vorhanden sind oder neu entstehen können.

Die Mittel zur Befriedigung dieser Bedürfnisse werden als **Güter** bezeichnet. Neben materiellen Gütern (Waren, Sachgüter) gehören dazu auch immaterielle Güter (Dienstleistungen, Rechte).

Güter sind Mittel, die direkt oder indirekt der Befriedigung menschlicher Bedürfnisse dienen.

Die Menge der verfügbaren Güter reicht nicht aus, um alle Bedürfnisse zu befriedigen. Aus dem Missverhältnis zwischen Bedürfnissen und Gütern ergibt sich das zentrale Problem der Wirtschaftswissenschaft.

Die Knappheit der Güter im Verhältnis zur Unbegrenztheit der menschlichen Bedürfnisse stellt das Grundproblem der Wirtschaftswissenschaft dar.

Das **Spannungsverhältnis** zwischen den als unbegrenzt angenommenen **Bedürfnissen** und den knappen **Gütern** ist Ursache und Motor allen wirtschaftlichen Handelns. Um dieses Spannungsverhältnis so weit wie möglich zu entschärfen und ein höchstmögliches Maß an Bedürfnisbefriedigung zu erreichen, ist ein optimaler Einsatz der knappen Güter nötig. Es muss **gewirtschaftet** werden. Bei vernünftigem Handeln erfolgt der Einsatz der knappen Güter nach dem **ökonomischen Prinzip** (Wirtschaftlichkeitsprinzip). Das ökonomische Prinzip ist ein allgemeiner Grundsatz menschlicher Vernunft, der besagt, dass mit gegebenen Mitteln ein höchstmöglicher Nutzen (Maximalprinzip) bzw. ein bestimmter Nutzen mit dem geringstmöglichen Mitteleinsatz (Minimalprinzip) erreicht werden soll *(vgl. 1.5)*.

Tätigt eine Hausfrau im Supermarkt ungeplante Impulskäufe, indem sie aufgrund von Werbung oder anderen Marketingmaßnahmen nicht benötigte oder überteuerte Waren kauft, erzielt sie mit den gegebenen Mitteln (Haushaltsgeld) nicht den höchstmöglichen Nutzen. Sie handelt unvernünftig (irrational) bzw. unwirtschaftlich. Bei Anwendung des ökonomischen Prinzips würde sie Preise und Qualität vergleichen und nach den günstigsten Einkaufsmöglichkeiten suchen.

Wirtschaften bedeutet planvolle Entscheidungen über die Herstellung und Verwendung knapper Güter zum Zweck der Bedürfnisbefriedigung zu treffen.

In jeder Volkswirtschaft stellen sich die folgenden vier grundlegenden Fragen:

- **Welche Güter sollen produziert werden und in welcher Menge?** (Allokationsproblem)
  Angesichts der unzähligen Bedürfnisse und der begrenzten Produktionsmöglichkeiten muss eine Entscheidung über Art und Umfang der zu produzierenden Güter getroffen werden.
- **Wie sollen die Güter produziert werden?** (Effizienzproblem)
  Die Produktion der Güter kann möglicherweise auf unterschiedliche Art und Weise mit verschiedenen Verfahren, Methoden und Techniken erfolgen.
- **Für wen sollen die Güter produziert werden?** (Verteilungsproblem)
  Aufgrund der Arbeitsteilung werden Güteraustausch und Entscheidungen über die Verteilung der Güter nötig.
- **Wer entscheidet darüber, welche Güter in welcher Menge auf welche Weise für wen produziert werden sollen und wie funktioniert dieser Prozess?** (Ordnungsproblem)

1.2 Modelldenken in der Volkswirtschaftslehre

Mit den vier Grundfragen jeder Wirtschaftsgesellschaft ist gleichzeitig auch ein wesentliches Aufgaben- und Arbeitsgebiet der Volkswirtschaftslehre umschrieben. Die Volkswirtschaftslehre befasst sich demnach im Wesentlichen mit den Entscheidungen, die einzelne Personengruppen, Institutionen oder die Gesellschaft im Zusammenhang mit Einsatz und Verteilung knapper Güter für Produktion und Konsum treffen. Auf der Basis der festgestellten Zusammenhänge und Gesetzmäßigkeiten sollen Theorien formuliert werden. Wegen des vielschichtigen und unübersichtlichen Beziehungsgefüges zwischen den Beteiligten am Wirtschaftsprozess können die volkswirtschaftlichen Untersuchungen aber nicht unmittelbar an der Realität ansetzen. Vielmehr muss versucht werden die komplexe Realität in vereinfachter Form darzustellen. Dazu dienen Modelle, wie sie beispielsweise auch in Technik, Naturwissenschaften und Mathematik üblich sind.

Modell des Homo oeconomicus

Die am Wirtschaftsprozess beteiligten Personen und Gruppen (**Wirtschaftssubjekte**) treffen im Alltag häufig irrationale, durch Gefühle, Gewohnheiten, Bequemlichkeit, Werbung, Mode, gesellschaftlichen Druck und andere Faktoren beeinflusste Entscheidungen. Die Wirtschaftstheorie geht bei ihren Untersuchungen aber häufig vom **Modell** eines wirtschaftlich denkenden Menschen (***Homo oeconomicus***) aus, der sich uneingeschränkt rational verhält und entsprechend dem ökonomischen Prinzip seinen Nutzen bzw. seinen Gewinn zu maximieren versucht. Bei dieser Beschränkung auf rein wirtschaftliche Handlungsmotive werden alle anderen Einflussfaktoren außer Acht gelassen (= **Abstraktion**).

Modellbildung als Hilfsmittel zur Analyse der Wirklichkeit auf vereinfachter Grundlage

Wirklichkeit
↓ *Vereinfachte Abbildung der Wirklichkeit (Abstraktion)*
Modell ← Veränderung der Modellannahmen (Prämissen) nach dem Prinzip der abnehmenden Abstraktion
↓
empirische Überprüfung der logisch abgeleiteten Hypothesen

Das Denken in Modellen ist typisch für die volkswirtschaftliche Theoriebildung. Volkswirtschaftliche Denkmodelle dienen dazu, die ökonomische Wirklichkeit auf vereinfachten Grundlagen zu analysieren. Dabei bleiben Einflussfaktoren, die für den jeweiligen Untersuchungszweck als weniger wichtig angesehen werden, zunächst unberücksichtigt (= **Ab-**

straktion[1]). Für die Modellkonstruktion müssen somit vereinfachende Annahmen (**Prämissen**) getroffen werden. Dabei ist der Hinweis wichtig, dass die logisch abgeleiteten Ergebnisse der Modellbetrachtung (= Hypothesen) **nur** unter den getroffenen Annahmen Gültigkeit haben. Durch schrittweise Einführung von wirklichkeitsnäheren Annahmen kann versucht werden den Abstraktionsgrad der Modelle zu verringern (**Prinzip der abnehmenden Abstraktion**).

Bei dem Versuch, die Analyse zu vereinfachen und die vielfältigen Beziehungen der Realität auf bestimmte Ausschnitte zu beschränken, spielt die ***Ceteris-paribus-Bedingung*** eine wesentlich Rolle. *Ceteris-paribus* (c. p.) bedeutet so viel wie *„unter sonst gleichen Bedingungen"*. Dies besagt, dass die Wirkungen **einer** verursachenden Größe unter der Annahme untersucht werden, dass alle anderen Einflussfaktoren unverändert (konstant) bleiben. Modelle, deren Ergebnisse nicht durch Erfahrung überprüft werden können, weil die zugrunde liegenden c. p.-Bedingungen nicht deutlich formuliert sind oder realitätsfremde Verhaltensannahmen nicht schrittweise der Realität angepasst werden (z. B. *Homo oeconomicus*), leisten keinen Beitrag zur Erklärung der Wirklichkeit.

Beispiel für die Anwendung der Ceteris-paribus-Bedingung:
Die Nachfragetheorie kommt zu dem Ergebnis, dass die nachgefragte Menge eines Konsumgutes mehr oder weniger stark von verschiedenen Größen (z. B. Preis des Gutes, Bedürfnisstruktur, Einkommen der Konsumenten, Werbung, Qualität) beeinflusst wird. Eine solche Aussage, dass die Nachfrage von vielen Faktoren abhängt, ist aber völlig inhaltsleer. Eine Hypothese unter Verwendung der *Ceteris-paribus-Annahme* könnte wie folgt lauten: **„Die Nachfrage nach einem Gut ist *ceteris paribus* (c. p.) von seinem Preis abhängig."** Alle anderen Einflussfaktoren werden also gedanklich als konstant unterstellt (= Einschränkung der Abhängigkeiten durch Isolierung).

Volkswirtschaftliche Modelle können u. a. nach ihrer Darstellungsweise (z. B. verbal, grafisch, geometrisch, algebraisch) unterschieden werden. In vorliegendem Buch werden u. a. folgende Modelldarstellungen behandelt:

Unterscheidung von Modellarten nach der Darstellungsweise			
Verbale Modelldarstellung	**Grafische Modelldarstellung**	**Geometrische Modelldarstellung**	**Algebraische Modelldarstellung**
Naturalökonomisches Modell einer Robinsonwirtschaft (*vgl. 1.3.4*)	Modell des Wirtschaftskreislaufs (*vgl. 2.2*)	Produktionsmöglichkeitskurve im 2-Güter-Modell (*vgl. 1.4*)	Produktionsfunktionen (*vgl. 1.4*)
Modell des vollkommenen Marktes (*vgl. 5.2*)		Polypol- und Monopolpreisbildung auf dem vollkommenen Markt (*vgl. 5.3 und 5.4*)	Elastizität der Nachfrage (*vgl. 3.3*)
Modell einer freien Marktwirtschaft (*vgl. 6.2*)			Geldschöpfungsmultiplikator (*vgl. 8.3.4*)

1 abstrahieren (*lat.*): von etwas absehen; Abstraktion: wissenschaftliches Verfahren zur Vereinfachung komplizierter Sachverhalte

1.3 Volkswirtschaftliche Produktionsfaktoren

1.3.1 Einteilung der Produktionsfaktoren

A ◄ 1.1

Nur wenige Güter sind von Natur aus in konsumfähiger Form vorhanden (z. B. Wildfrüchte). In den meisten Fällen durchlaufen Güter einen langwierigen Produktionsprozess mit mehreren Produktionsstufen, bevor sie geeignet sind den Endverbrauchern (Konsumenten) unmittelbar zur Bedürfnisbefriedigung zu dienen. Wird der Produktionsprozess eines solchen Konsumgutes (z. B. Brot) über die verschiedenen Produktionsstufen bis zum Ursprung zurückverfolgt, lässt sich erkennen, dass am Anfang des Produktionsprozesses die Güter Natur und Arbeit stehen und als **Produktionsfaktoren** eingesetzt werden.

Produktionsfaktoren sind Güter, die für die Herstellung anderer wirtschaftlicher Güter benötigt werden.

Natur und Arbeit sind ursprüngliche (originäre) Produktionsfaktoren, weil diese zur Produktion benötigten Güter und Leistungen selbst nicht produziert werden können.

Heutzutage ist kaum noch ein Produktionsprozess denkbar, bei dem neben Natur und Arbeit nicht auch Produktionsgüter (z. B. Werkzeuge, Maschinen) als dritter Produktionsfaktor eingesetzt werden. Solche Produktionsgüter sind zuvor mithilfe anderer Produktionsfaktoren hergestellt worden. Es handelt sich also um produzierte Produktionsmittel, die auch als **Sachkapital (Realkapital)** bezeichnet werden.

Unter dem Produktionsfaktor Kapital werden in der Volkswirtschaftslehre produzierte Produktionsmittel (= Sachkapital, Realkapital) verstanden. Kapital ist ein abgeleiteter (derivativer) Produktionsfaktor, weil er nur durch Einsatz der ursprünglichen Produktionsfaktoren Natur und Arbeit hergestellt werden kann.

P.Point

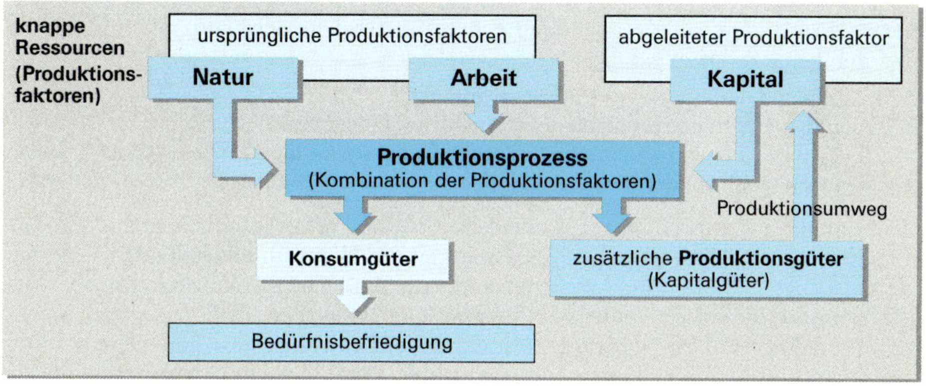

Maßnahmen zur Verbesserung der Qualität landwirtschaftlicher Nutzflächen (z. B. durch Kunstdünger, künstliche Be- und Entwässerung) sowie Bildungsmaßnahmen zur Qualifikation von Arbeitskräften führen dazu, dass die Produktionsfaktoren Natur und Arbeit in der heute genutzten Form großenteils nicht mehr als ursprüngliche, sondern als abgeleitete Produktionsfaktoren angesehen werden können. Bezogen auf den Produktionsfaktor Arbeit wird dies u. a. auch durch den Begriff **Humankapital** verdeutlicht. Damit ist das auf der Ausbildung von Arbeitskräften beruhende Leistungsvermögen in einer Volkswirtschaft gemeint. Wegen ihrer besonderen Bedeutung für wirtschaftliche und technische Neuerungen (Innovationen) im Produktionsprozess werden zuweilen **Bildung, *Know-how*** und **technischer Fortschritt** als zusätzliche Produktionsfaktoren neben Natur, Arbeit und Kapital genannt. In jüngster Zeit gibt es auch Vorschläge, einen eigenständigen Produktionsfaktor **Information** zu berücksichtigen.

In der **Betriebswirtschaftslehre** werden die Produktionsfaktoren wie folgt eingeteilt:

<table>
<tr><th colspan="4">Betriebliche Produktionsfaktoren</th></tr>
<tr><td rowspan="2">dispositiver Faktor
(Leitung, Planung, Organisation, Kontrolle)</td><td>ausführende Arbeit</td><td>Werkstoffe
(Roh-, Hilfs- und Betriebsstoffe)</td><td>Betriebsmittel
(Grundstücke, Gebäude, Maschinen, Werkzeuge)</td></tr>
<tr><td colspan="3">Elementarfaktoren</td></tr>
</table>

Der volkswirtschaftliche Produktionsfaktor Arbeit wird aus betriebswirtschaftlicher Sicht in dispositive und ausführende Arbeit unterteilt. Die Werkstoffe sind – mit Ausnahme der Bodenschätze – dem volkswirtschaftlichen Produktionsfaktor Kapital zuzuordnen. Gleiches gilt für die Betriebsmittel mit Ausnahme der Grundstücke. Bodenschätze und Grundstücke gehören zum volkswirtschaftlichen Produktionsfaktor Natur.

1.3.2 Natur als Produktionsfaktor

Begriff und Eigenschaften

In der traditionellen Volkswirtschaftslehre wird üblicherweise vom Produktionsfaktor Boden statt vom Produktionsfaktor Natur gesprochen. Folgende Nutzungsmöglichkeiten des Bodens lassen sich unterscheiden:

- **Anbaufläche** für Land- und Forstwirtschaft,
- **Abbau** von Bodenschätzen und Energiequellen (z. B. Erdgas),
- **Standort** für Produktionsstätten und Infrastruktur (z. B. Straßen, Telefonleitungen),
- **Lagerstätte** für Abfälle aus Produktion und Konsum (z. B. Abfalldeponien).

Neben dem Boden werden aber auch andere Teilbereiche der Natur als Produktionsfaktoren genutzt. Dazu gehören beispielsweise

- Wasser, Wind und Sonne zur Energiegewinnung,
- Witterungsverhältnisse für die landwirtschaftliche Produktion,
- Klima, intakte Landschaften und unbelastete Gewässer für die Tourismusbranche,
- Luft und Wasser für die Aufnahme von Abgasen und Schadstoffen (= Deponiefunktion).

Während diese Faktoren lange als unerschöpfbar und unveränderlich angesehen wurden, ist inzwischen die begrenzte Belastbarkeit der Natur unübersehbar (z. B. Klimaveränderungen, Luft- und Wasserverschmutzungen). Die Natur ist somit über den Faktor Boden hinaus großenteils als knappes Gut anzusehen. Daher wird zunehmend vom Produktionsfaktor **Natur** oder (ökologische) **Umwelt** gesprochen. Dazu gehören neben solchen Naturerscheinungen wie Sonne, Wind, Luft und Wasser sowohl die nicht erneuerbaren Rohstoffe (z. B. Bodenschätze) als auch die erneuerbaren Rohstoffe (z. B. Wald- und Fischbestände)[1].

Der Produktionsfaktor Natur (ökologische Umwelt) umfasst alle Teilbereiche der belebten und unbelebten Natur, wie Boden, Sonnenlicht, Lufthülle der Erde, Klima, Wasser, Pflanzen und Tiere.

1 Erneuerbare (regenerierbare) natürliche Ressourcen sind durch natürliche Wachstumsprozesse vergrößerbar. Dennoch sind viele erneuerbare natürliche Ressourcen gleichzeitig auch erschöpfbar (z. B. durch Ausrottung von Tier- und Pflanzenarten).

Probleme bei der Nutzung des Produktionsfaktors Natur

Bestimmte Nutzungsformen des Bodens führen dazu, dass andere Bereiche der Natur geschädigt werden. Daraus können sich Rückwirkungen auf das gesamte Ökosystem ergeben. A 1.2

Mit der vermehrten Nutzung des Bodens als **Siedlungs- und Verkehrsfläche** gehen beispielsweise folgende ökologischen Probleme einher:

- Flächenversiegelung durch Bebauung und Asphaltierung mit der Folge, dass die Versickerung von Regenwasser und die Erneuerung der Grundwasservorräte verhindert sowie der Lebensraum der Tier- und Pflanzenwelt eingeschränkt wird,
- Zerschneidung der Landschaft durch Verkehrswege mit der Folge, dass empfindliche Tier- und Pflanzenarten sich aufgrund dieser unüberwindbaren Hindernisse zurückziehen oder aussterben,
- Zunahme des Individualverkehrs mit der Folge zusätzlicher Luftbelastung durch Abgase, die wiederum Gesundheitsschäden, Pflanzenschäden (Waldsterben) und Klimaveränderungen (Treibhauseffekt) verursachen.

Die vermehrte **Abholzung von Waldbeständen** – insbesondere in den Entwicklungsländern – führt beispielsweise dazu, dass

- jedes Jahr ca. 50 000 Tier- und Pflanzenarten unwiederbringlich ausgerottet werden,
- das beim Verbrennen von Holz entstehende Kohlendioxid (CO_2) zum Treibhauseffekt und damit zu weltweiten Klimaveränderungen beiträgt,
- sich das durch die Regenwälder beeinflusste regionale Klima verändert und zu Dürrekatastrophen und Ausdehnung von Wüstenregionen beiträgt.

Der übermäßige Einsatz von Pflanzenschutzmitteln und die **Überdüngung** (z. B. durch die bei der Massentierhaltung anfallende Gülle) führt zu einer Vergiftung der Böden und zu einer Belastung des Grundwassers (z. B. Nitrat).

Nachhaltiges Wirtschaften[1]

Angesichts der vielfältigen Umweltprobleme ist 1992 auf einer Konferenz der Vereinten Nationen in Rio de Janeiro die **nachhaltige Entwicklung** (*sustainable development*) als ein verbindliches Ziel internationaler Politik formuliert worden.[2]

1 In der Forstwirtschaft besagt das Nachhaltigkeitsprinzip, dass nicht mehr Holz geschlagen werden soll, als seit dem letzten Mal nachgewachsen ist.

2 Der sog. Rio-Erklärung über Umwelt und Entwicklung von 1992 sind 170 Staaten, darunter auch Deutschland, beigetreten.

Nachhaltige Entwicklung ist ein Leitbild, das auf eine umweltverträgliche Entwicklung abzielt. Dadurch sollen sowohl alle derzeit auf der Welt lebenden Menschen als auch die künftigen Generationen ihre Bedürfnisse befriedigen können und gleiche Lebenschancen erhalten.

Nachhaltige Entwicklung bedeutet u. a., dass die Weltbevölkerung nur nachwachsende und erneuerbare Ressourcen nutzen soll. Das gilt sowohl für Rohstoffe als auch für Energieträger. Nicht nachwachsende Ressourcen sind demnach höchstens so lange einzusetzen, bis Alternativen gefunden worden sind. Beispiele sind der Ersatz fossiler Energieträger wie Kohle und Erdöl durch Wasser-, Wind- und Sonnenenergie sowie Biomasse. Insgesamt sollen die Länder Innovationen im Umweltbereich fördern und ihre Energie-, Verkehrs-, Agrar- und Wirtschaftspolitik so gestalten, dass die natürlichen Lebensgrundlagen nicht zerstört werden.

Natürliche Ressourcen[1] (Umweltgüter) als öffentliche Güter

▶ A 1.3 Wesentliches Merkmal **öffentlicher Güter** ist es, dass niemand von ihrer Nutzung ausgeschlossen werden kann (z. B. Polizeiwesen, Landesverteidigung, Infrastruktur wie Verkehrswege, Dämme, Straßenbeleuchtung u. Ä.). Auch wichtige Teilbereiche der **Natur** weisen dieses für öffentliche Güter kennzeichnende Merkmal auf. Wegen der fehlenden privaten Eigentumsrechte an Luft und anderen natürlichen Ressourcen kann auch bei diesen Gütern niemand von deren Nutzung ausgeschlossen werden. **Güter, für die das Ausschlussprinzip nicht anwendbar ist, können nicht auf Märkten gehandelt werden**. Die Ursache liegt darin, dass sich viele Personen als **Trittbrettfahrer** verhalten. Sie wollen die öffentlichen Güter zwar nutzen, sind aber nicht bereit, dafür eine Gegenleistung zu erbringen, weil sie wissen, dass sie nicht von der unentgeltlichen Nutzung dieser Güter ausgeschlossen werden können. Weil der Markt bei der Bereitstellung öffentlicher Güter versagt, muss für die Inanspruchnahme dieser Güter keine direkte Gegenleistung (z. B. Kaufpreis, Miete o. Ä.) erbracht werden. **Bei Gütern, für deren Nutzung nichts bezahlt werden muss, gibt es aber keinen wirtschaftlichen Anreiz, sparsam mit ihnen umzugehen.** Sie werden daher häufig über-

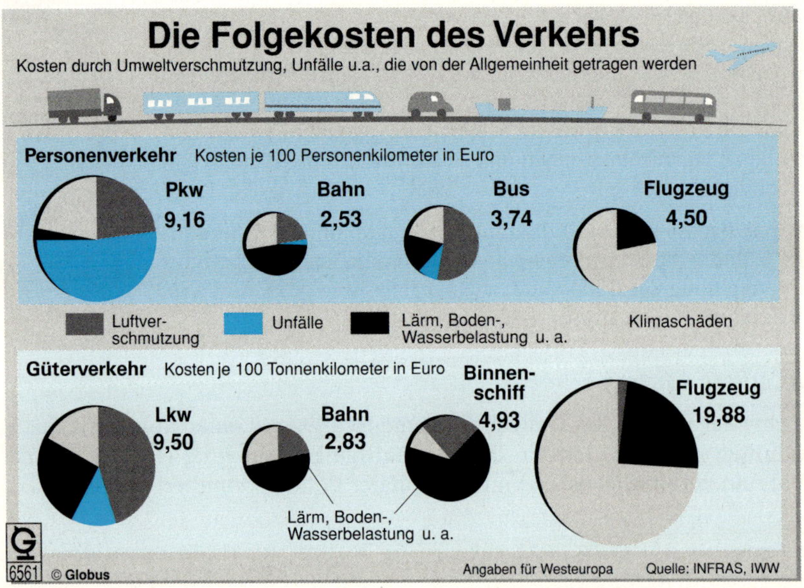

1 Ressource (*franz.*): Hilfsmittel

beansprucht. Dies gilt auch für die Natur, die von Unternehmen **unentgeltlich** als Produktionsfaktor genutzt werden kann, indem sie beispielsweise als Auffangbecken für Emissionen (Gase, Ruß, Abwässer usw.) dient (= **Deponiefunktion der Umwelt**). Infolge der Überbeanspruchung ergeben sich Umweltbelastung und Umweltverschmutzung. **Gesamtwirtschaftlich** verursachen Luftverschmutzung, Gewässerverunreinigung, Bodenbelastung usw. aber sehr wohl **erhebliche Kosten**. So geht beispielsweise der Fischbestand in belasteten Gewässern zurück, aufgrund von Luftverschmutzung treten Atemwegserkrankungen auf und bei verseuchten Böden sind die Nutzungsmöglichkeiten als Bau- oder Ackerland eingeschränkt. Solche Kosten, die nicht demjenigen angelastet werden, der sie verursacht hat, werden als **soziale** oder **externe Kosten** bezeichnet. Sie belasten in Form von Beeinträchtigungen, Schäden oder finanziellen Aufwendungen zur Schadenbeseitigung die Allgemeinheit bzw. solche Personen, die nicht für die Entstehung dieser Kosten verantwortlich sind (*vgl. Abb. S. 14*).

1.3.3 Arbeit und Arbeitsteilung

Arbeit im volkswirtschaftlichen Sinne ist jede körperliche und geistige Tätigkeit des Menschen, die auf die Produktion von Gütern gerichtet ist.

Prinzip und Arten der Arbeitsteilung

Zu Zeiten der geschlossenen Hauswirtschaft wurde in erster Linie für den Eigenbedarf produziert. In den heutigen Volkswirtschaften erfolgt die Produktion dagegen vornehmlich für den Fremdbedarf.

Arbeitsteilung ist die Auflösung einer Arbeitsleistung in Teilverrichtungen, die von verschiedenen Personen, Betrieben, Regionen oder Ländern ausgeführt werden.

Betriebe[1] sind Wirtschaftseinheiten, deren Zweck die Produktion von Gütern zur Deckung von Fremdbedarf ist.

Haushalte sind Wirtschaftseinheiten, die Faktorleistungen (insbesondere Arbeit) bereitstellen und Entscheidungen über den Verbrauch von Konsumgütern treffen.

Die Arbeitsteilung bedingt eine starke Spezialisierung der Arbeit. Dadurch sind die Menschen in erheblichem Maße voneinander abhängig geworden, weil kaum jemand mehr alle Güter, die er zum Leben braucht, selbst herstellen kann. Die Spezialisierung auf einen bestimmten Beruf ist aber nur dann sinnvoll, wenn sicher ist, dass gegen das bei der Berufsausübung verdiente Geld andere benötigte Güter getauscht werden können. Die Arbeitsteilung macht somit ein **Koordinationssystem** erforderlich. Da die Arbeitsleistung mit Geld oder Gütern entlohnt wird, muss der **Austausch** von Gütern und Leistungen geregelt werden. Das **Geld** erleichtert in seiner Eigenschaft als **allgemeines Zahlungs- und Tauschmittel** diesen Güteraustausch. Wirtschaftsgeschichtlich ist daher die Entwicklung der **Arbeitsteilung** untrennbar mit der Entwicklung der **Geldwirtschaft** verbunden.

Während in einer geldlosen **Naturaltauschwirtschaft** ein unmittelbarer Tausch von Gütern gegen andere Güter erfolgt, wird in einer **Geldwirtschaft** jeder Tausch in zwei unabhängige Kaufvorgänge, nämlich Verkauf (Güter gegen Geld) und Kauf (Geld gegen Güter) zerlegt. Der Verkäufer kann dann aufgrund der Zahlungsmittelfunktion

1 Die Begriffe Betrieb und Unternehmung werden manchmal gleich bedeutend verwendet. Häufig wird jedoch mit Unternehmung das nach wirtschaftlichen und rechtlichen Gesichtspunkten organisierte Entscheidungszentrum bezeichnet, dem mehrere Betriebe (Produktionsstätten) untergeordnet sein können.

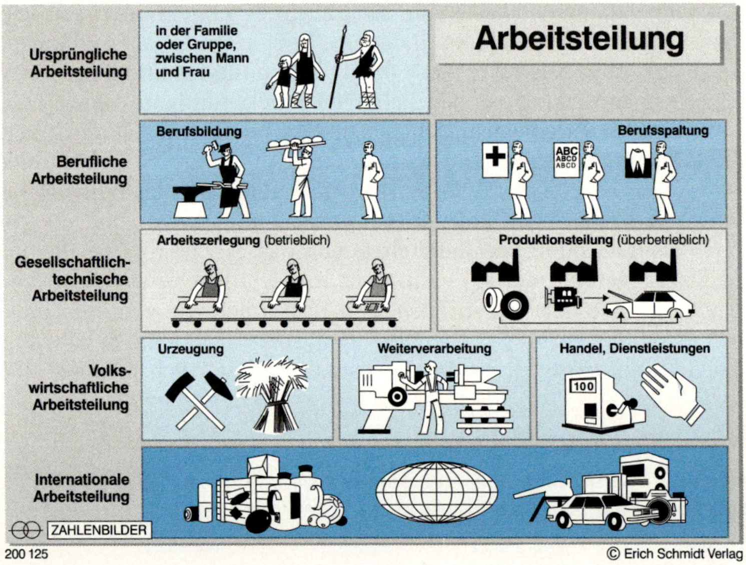

des Geldes ohne Tauschumwege direkt solche Güter erwerben, die er braucht. Geld erhöht somit die Tauschflexibilität und verringert die mit einem Güteraustausch verbundenen Transaktionskosten (z. B. Transport- und Lagerkosten). Aus den Problemen einer arbeitsteiligen Wirtschaft leitet sich auch die Notwendigkeit einer **Wirtschaftsordnung** ab (*vgl. 6.1*). Nur wenn Regeln, Normen und Institutionen bestehen, die von allen Mitgliedern einer Wirtschaftsgesellschaft akzeptiert werden, lässt sich ein chaotisches Nebeneinander einzelwirtschaftlicher Aktionen vermeiden.

Erhöhung der Arbeitsproduktivität

Im Jahre 1776 veröffentlichte der schottische Philosoph und Volkswirt ADAM SMITH (1723–1790) sein berühmt gewordenes Buch „Der Wohlstand der Nationen“[1]. Darin beschäftigt er sich u. a. mit der Frage, wie die Güterproduktion schneller, besser und kostengünstiger erfolgen kann. Am Beispiel der Stecknadelproduktion beschreibt er die Vorteile der innerbetrieblichen Arbeitsteilung, wie sie sich inzwischen weltweit durchgesetzt hat (*vgl. Originaltext S. 17*).

Mithilfe von Produktivitätskennzahlen lässt sich das Ergebnis wirtschaftlichen Handelns messen. Die **Produktivität** gibt das Verhältnis zwischen dem mengen- oder wertmäßigen Produktionsergebnis (*Output*) und der Faktoreinsatzmenge (*Input*) an.

$$\textbf{Produktivität} = \frac{\textbf{Produktionsergebnis (\textit{Output})}}{\textbf{Faktoreinsatzmenge (\textit{Input})}}$$

Die Wirkung der Arbeitsteilung kann durch die Berechnung der Arbeitsproduktivität deutlich gemacht werden. Dabei wird das Produktionsergebnis nur auf den Faktor Arbeit bezogen, ohne den Einsatz anderer Produktionsfaktoren zu berücksichtigen.

$$\textbf{Arbeitsproduktivität} = \frac{\textbf{Produktionsergebnis (\textit{Output})}}{\textbf{Arbeitseinsatz}}$$

1 A. Smith, An Inquiry into the Nature and Causes of the Wealth of Nations, erste Auflage 1776; deutsche Übersetzung nach der 5. Aufl., London 1789, von H. C. Recktenwald, Der Wohlstand der Nationen, Eine Untersuchung seiner Natur und seiner Ursachen, 7. Aufl., München 1996.

Erhöhung der Arbeitsproduktivität durch Arbeitsteilung

„Ein Arbeiter, der noch niemals Stecknadeln gemacht hat und auch nicht dazu angelernt ist, sodass er auch mit den dazu eingesetzten Maschinen nicht vertraut ist, könnte, selbst wenn er sehr fleißig ist, täglich höchstens eine, sicherlich aber keine zwanzig Nadeln herstellen. ... Um eine Stecknadel anzufertigen, sind ... etwa 18 verschiedene Arbeitsgänge notwendig ... Ich selbst habe eine kleine Manufaktur ... gesehen, in der nur 10 Leute beschäftigt waren, sodass einige von ihnen zwei oder drei solcher Arbeiten übernehmen mussten ... So waren die 10 Arbeiter imstande, täglich etwa 48 000 Nadeln herzustellen ... Hätten sie indes alle einzeln und unabhängig voneinander gearbeitet, noch dazu ohne besondere Ausbildung, so hätte der Einzelne gewiss nicht einmal 20, vielleicht sogar keine einzige Nadel am Tag zustande gebracht.“

Adam Smith, Der Wohlstand der Nationen, S. 9 f.

Vor der Arbeitsteilung:
Jeder Arbeiter produziert 20 Stecknadeln täglich.

Nach der Arbeitsteilung:
10 Arbeiter produzieren 48 000 Stecknadeln täglich.

Je Arbeiter sind das täglich 4 780 Stecknadeln mehr als vorher.

Die Arbeitsproduktivität ist aufgrund der Arbeitsteilung um 23 900 % gestiegen.

Durch Arbeitsteilung kann die Arbeitsproduktivität gesteigert werden.

Die Erhöhung der Arbeitsproduktivität durch die Arbeitsteilung kann verschiedene Ursachen haben:

- Besondere Fähigkeiten und Eignungen der Arbeitskräfte werden durch Arbeitsteilung besser berücksichtigt.
- Durch die Spezialisierung steigt die Geschicklichkeit der Arbeitskräfte.
- Bei der internationalen Arbeitsteilung können Vorteile daraus entstehen, dass bestimmte Güter in bestimmten Ländern günstiger produziert werden können als anderswo (*vgl. 10.2*).

Erhöhung des Transportaufkommens

Der unglaubliche Weg eines Fruchtjoghurts

Transportwege für Zutaten und Verpackung eines in Stuttgart hergestellten Joghurts

Grundstoffe	
Erdbeeren: Polen – Aachen	800 km
Fruchtmasse: Aachen – Stuttgart	446 km
Joghurtkulturen: Niebüll – Stuttgart	917 km
Milch: Bereich Stuttgart/Heilbronn	36 km
Zuckerrüben: aus dem Raum Heilbronn zur Raffinerie nach Offenau	35 km
Zucker: Offenau (Raffinerie) – Stuttgart	72 km
Joghurtverpackung	
Glasrohstoffe aus Solingen, Düsseldorf, Essen zur Verarbeitung nach Neuburg (Bayern)	546 km
Joghurtglas: Neuburg – Stuttgart	260 km
Aluminium für Deckel von Grevenbroich nach Weiden (Bayern)	560 km
Aludeckel: Weiden – Stuttgart	304 km
Papier für Etiketten: Uetersen – Kulmbach	634 km
Etiketten: Kulmbach – Stuttgart	314 km
Leim für Etiketten: aus Holland/Belgien (Mais- und Weizenpulver) nach Düsseldorf und von dort nach Stuttgart	639 km
Transportverpackung	
Grundmaterial für Pappkisten aus Österreich, Aalen, Köln nach Bad Rappenau	1 042 km
Grundstoff für Leim: Hamburg – Lüneburg	75 km
Leim: Lüneburg – Bad Rappenau	659 km
Pappkisten: Bad Rappenau – Stuttgart	55 km
Pappzwischenlage: Varel – Stuttgart	647 km
Folie (Kunsstoffgranulat) aus Frankreich	406 km
	8 447 km

nach: R. Hoppe, Ein Joghurt kommt in Fahrt, in: ZEITmagazin vom 29. Jan. 1993, S. 14 ff.

Die Arbeitsteilung zwischen verschiedenen Betrieben (überbetriebliche Arbeitsteilung), Wirtschaftssektoren (volkswirtschaftliche Arbeitsteilung) und Ländern (internationale Arbeitsteilung) ist Ursache für vielfältige Warentransporte (*vgl. Zahlenbeispiel S. 17*). Der sich bei diesen Formen der Arbeitsteilung ergebende Kostenvorteil beruht teilweise darauf, dass die Unternehmen in ihrer Kalkulation nicht alle durch den Warentransport tatsächlich verursachten Kosten erfassen. Mit der Erhöhung des Verkehrsaufkommens sind nämlich auch **soziale** (externe) **Kosten** verbunden (z. B. Infrastruktur, Unfälle, Umweltbelastung, Lärmschäden). Diese Kosten gehen nicht in die Kostenrechnung der Unternehmen und somit auch nicht in die Verbraucherpreise ein. Sie werden vielmehr der Allgemeinheit angelastet (*vgl. 1.3.2*). Da die Preise in diesem Fall nicht die tatsächlichen Kosten widerspiegeln, erscheint der mit der Arbeitsteilung einhergehende Kostenvorteil größer als er in Wirklichkeit ist.

1.3.4 Kapitalbildung und Investition

Kapitalbegriff und Kapitalarten

Mit dem Begriff Kapital als volkswirtschaftlicher Produktionsfaktor ist immer Sachkapital (Realkapital) gemeint. Es handelt sich dabei um produzierte Produktionsmittel.

Das **Sachkapital** besteht aus Produktionsgütern (Kapitalgütern). Diese Güter stehen nicht für den Konsum zur Verfügung, sondern dienen der Produktion neuer Produktions- oder Konsumgüter. Zu den Produktionsgütern gehören im Einzelnen

- Produktionsmittel, die für eine dauerhafte Nutzung zur Verfügung stehen (Investitionsgüter wie z. B. Gebäude, Maschinen, Werkzeuge, Transportmittel),
- andere Produktionsmittel, die im Produktionsprozess verbraucht oder umgewandelt werden (z. B. geförderte oder bearbeitete Rohstoffe, Schmierstoffe),
- Lagerbestände an produzierten Gütern (unfertige Erzeugnisse, Fertigerzeugnisse).

Geldkapital bezeichnet demgegenüber die finanziellen Mittel, die für die Bildung von Sachkapital zur Verfügung stehen.

332818

In der **Betriebswirtschaftslehre** bezeichnet Kapital die Herkunft der Mittel (= Passivseite der Bilanz), mit denen die Vermögensgegenstände eines Unternehmens (= Aktivseite der Bilanz) beschafft werden. Zum Eigenkapital zählen die Mittel, die dem Unternehmen von den Unternehmenseignern ohne zeitliche Begrenzung überlassen worden sind. Fremdkapital (= Schulden des Unternehmens) stammt dagegen i. d. R. von Kreditgebern und wird zeitlich befristet zur Verfügung gestellt.

Kapitalbildung

Ziel der Herstellung von Sachkapital (z. B. Maschinen, Werkzeuge und Transportmittel) ist es, mit diesen Produktionsgütern zu einem **späteren Zeitpunkt** Konsumgüter zu erzeugen. Wird vorläufig auf die Produktion von Konsumgütern verzichtet, um stattdessen zunächst produzierte Produktionsmittel herzustellen, liegt ein **Produktionsumweg** vor. Ein solcher Produktionsumweg wird deswegen in Kauf genommen, weil der Einsatz von Produktionsgütern die Herstellung von Konsumgütern erleichtern und die Wirksamkeit der Arbeit (Arbeitsproduktivität) erhöhen kann. Das Ausmaß, in dem produzierte Produktionsmittel zur Erhöhung der Arbeitsproduktivität beitragen, hängt aber nicht nur von der Menge, sondern auch von der Qualität der Produktionsmittel ab. Qualitätsverbesserungen bei Maschinen, Werkstoffen usw. sind Teil des **technischen Fortschritts** in einer Volkswirtschaft.

Durch Einsatz von Produktionsgütern (Sachkapital) im Produktionsprozess kann die Arbeitsproduktivität gesteigert werden.

Alle Güter in einer Volkswirtschaft, die nicht konsumiert werden, erhöhen zwangsläufig den Bestand an Produktionsmitteln und/oder die Lagervorräte. Diese Erhöhung des Sachkapitalbestandes wird als **Investition** bezeichnet.

Kapitalbildung im naturalwirtschaftlichen Modell: Das Beispiel ROBINSON CRUSOE
ROBINSON CRUSOE lebte, nachdem er Schiffbruch erlitten hatte, auf einer unbewohnten Insel. Um seinen Hunger zu stillen, fing er zunächst Fische mit der Hand. Dann kam er auf die Idee, ein Netz zu knüpfen. Um während dieser Zeit trotzdem seinen Hunger stillen zu können, boten sich ihm folgende Möglichkeiten:

1. Er verwendete nur noch einen Teil der ihm täglich zur Verfügung stehenden Zeit für den Fischfang und knüpfte in der übrigen Zeit an dem geplanten Netz (Sachkapital). Dadurch verringerte sich die ihm täglich zur Verfügung stehende Menge an Fisch (= Konsumverzicht).
2. Er verwendete zunächst weiterhin die ganze ihm täglich zur Verfügung stehende Zeit für den Fischfang. Statt aber alle gefangenen Fische zu verzehren, legte er einen Vorrat an Dörrfisch an (= Vorratsinvestition durch Konsumverzicht). Als der Vorrat groß genug war, stellte er das Fischen ganz ein und begann mit dem Knüpfen des Netzes (Sachkapital). In dieser Zeit lebte er vom Dörrfisch (= Abbau der Vorratsinvestition).

In beiden Fällen hat ROBINSON zeitweise Konsumverzicht üben müssen, um das Netz herstellen zu können. Die Herstellung des Netzes stellt einen Produktionsumweg dar, da zunächst anstelle von Konsumgütern Sachkapital hergestellt wurde, das nach seiner Fertigstellung für die Herstellung von zusätzlichen Konsumgütern eingesetzt werden konnte. Durch den Einsatz des Netzes konnte ROBINSON das Fangergebnis bei gleicher Arbeitszeit erheblich steigern. Seine Arbeitsproduktivität erhöhte sich. Diese Investition, d. h., die Sachkapitalbildung in Form des Netzes war aber nur möglich, weil er zunächst für eine Zeit lang nicht seine volle Arbeitskraft dem Fischfang widmete und daher auf den möglichen Konsum zusätzlicher Fische verzichtete. ROBINSON musste also Konsumverzicht üben (= sparen), um Sachkapital bilden (= investieren) zu können.

Güter, die nicht als Konsumgüter verwendet werden, führen zu einer Erhöhung des Sachkapitalbestandes in einer Volkswirtschaft (= Investition).

Die Herstellung von Sachkapital bedeutet, dass heute auf möglichen Konsum zugunsten der Zukunft verzichtet wird. Statt zu konsumieren wird investiert. Da nur der nicht als Konsumgüter verwendete Teil der volkswirtschaftlichen Gesamtproduktion investiert werden kann, bedeutet jede Erhöhung des Bestands an Sachkapital gleichzeitig einen Verzicht auf Konsum. Konsumverzicht ist gleichbedeutend mit Sparen.

Kapitalbildung ist nur möglich, wenn auf einen gegenwärtig möglichen Konsum verzichtet wird. Konsumverzicht wird auch als Sparen bezeichnet.

Arten der Investitionen

▶ A 1.4 Der volkswirtschaftliche Investitionsbegriff beinhaltet sowohl die **Veränderung** der Ausstattung einer Volkswirtschaft mit dauerhaften Produktionsmitteln als auch die Lagerbestands**veränderungen** der Betriebe während eines bestimmten **Zeitraums** (z. B. Kalenderjahr). Dementsprechend werden die Investitionen in Anlage- und Vorratsinvestitionen unterteilt.

Anlageinvestition ist die Erhöhung des Bestandes an dauerhaften Produktionsmitteln (Gebäude, Maschinen, Werkzeuge).

Vorratsinvestition (Lagerinvestition) ist die Erhöhung der Lagerbestände an nicht dauerhaften Produktionsmitteln (Roh-, Hilfs- und Betriebsstoffe) sowie an halbfertigen und fertigen Erzeugnissen.

Die dauerhaften Produktionsmittel unterliegen einer ständigen Abnutzung. Die dadurch ausgelöste Wertminderung der Produktionsmittel wird als **Abschreibung** bezeichnet. Soweit Investitionen die an den dauerhaften Produktionsmitteln eingetretenen Wertminderungen wieder ausgleichen, handelt es sich um **Ersatzinvestitionen**.

Zusammenhang zwischen verschiedenen Investitionsarten

Bundesrepublik Deutschland 2001

Bruttoanlageinvestitionen	416,31	Mrd. EUR
± Vorratsveränderungen	– 9,37	Mrd. EUR
= Bruttoinvestitionen	406,94	Mrd. EUR
– Abschreibungen	312,07	Mrd. EUR
= Nettoinvestitionen	94,87	Mrd. EUR

Quelle: Stat. Bundesamt, VGR 2001, Sept. 2002

Die **Bruttoinvestition** ist die gesamte Erhöhung an Anlagen und Vorräten. Wird von der Bruttoinvestition die durch Abnutzung entstehende Wertminderung in Höhe der Abschreibungen abgezogen, ergibt sich die **Nettoinvestition.** Die Nettoinvestition gibt die Veränderung des Sachkapitalbestandes an. Bei der Berechnung wird unterstellt, dass die durch Abschreibung erfasste Abnutzung der Anlagen durch einen Teil der Bruttoinvestition wieder ausgeglichen wird. Dieser Teil der Bruttoinvestitionen wird als **Ersatzinvestition** bezeichnet. Nur wenn die Bruttoinvestition größer als die Abschreibung ist, ergibt sich eine positive Nettoinvestition. Ist die Bruttoinvestition dagegen kleiner als die Abschreibung, deckt die Ersatzinvestition nicht die durch Verschleiß entstandene Wertminderung. Es liegt dann eine **Desinvestition** vor. Der Bestand an Sachkapital sinkt in diesem Fall.

Nettoinvestition = Bruttoinvestition – Ersatzinvestition

Die **Anlageinvestition** gliedert sich in die **Ausrüstungs-** und **Bauinvestition** und sonstige Anlagen. Zur Ausrüstungsinvestition gehören beispielsweise Maschinen, Anlagen und Fahrzeuge, zur Bauinvestition Wohn- und Verwaltungsgebäude, Straßen, Dämme,

Wasserwege usw. Bei den sonstigen Anlagen werden insbesondere immaterielle Anlageinvestitionen (u. a. EDV-Software, Urheberrechte) erfasst.

<table>
<tr><th colspan="5">Einteilung der Investitionen nach dem Investitionsobjekt</th></tr>
<tr><td colspan="5">Bruttoinvestition</td></tr>
<tr><td colspan="4">Bruttoanlageinvestition</td><td rowspan="3">Vorratsinvestition (Lagerinvestition)</td></tr>
<tr><td rowspan="3">Ersatzinvestition</td><td colspan="3">Nettoanlageinvestition</td></tr>
<tr><td>sonstige (immaterielle) Anlageinvestitionen</td><td>Ausrüstungsinvestition</td><td>Bauinvestition</td></tr>
<tr><td colspan="4">Nettoinvestition</td></tr>
<tr><td colspan="5">Bruttoinvestition</td></tr>
</table>

Das Bruttoanlage**vermögen** setzt sich aus dem **Bestand** an Sachanlagen (Ausrüstungsgütern, Nutztiere/Nutzpflanzungen und Bauten) sowie dem Bestand an immateriellen Anlagegütern zusammen. Es handelt sich dabei um eine **Bestandsgröße**, deren **Wert** sich aufgrund von **Anlageinvestitionen** (= Zugänge) oder Verschrottung (= Abgänge) **verändert.** Das Bruttoanlagevermögen, das im Jahresdurchschnitt im Produktionsprozess eingesetzt wird, wird als **Kapitalstock** bezeichnet.

P.Point

<table>
<tr><th colspan="4">Zusammenhang zwischen Bruttoanlagevermögen und Bruttoinvestitionen
für Deutschland 2001 (zu Wiederbeschaffungspreisen)</th></tr>
<tr><td>Bruttoanlagevermögen
1. Jan. 2001
10.224,97 Mrd. EUR</td><td>Abgänge (Verschrottung) 206,50 Mrd. EUR</td><td>Bruttoanlageinvestitionen
416,31 Mrd. EUR</td><td>Bruttoanlagevermögen
31. Dez. 2001
10.434,78 Mrd. EUR</td></tr>
</table>

Quelle: Stat. Bundesamt, VGR 2001, Sept. 2002, Tab. 3.1.3

Wird der Kapitalstock (ø des Bruttoanlagevermögens) zur Zahl der Erwerbstätigen ins Verhältnis gesetzt, ergibt sich die **Kapitalintensität**.

$$\underset{(2001)}{\textbf{Kapitalintensität}} = \frac{\textbf{Kapitalstock}\ (10.330\ \text{Mrd. EUR})}{\text{ø}\ \textbf{Zahl der Erwerbstätigen}\ (38{,}9\ \text{Mio.})} = 265.552\ \text{EUR}$$

1.4 Produktionspotenzial und Produktionsmöglichkeitskurve

Das Produktionspotenzial einer Volkswirtschaft ist das gesamtwirtschaftliche Produktionsergebnis, das bei vollständiger Auslastung und optimalem Einsatz aller Produktionsfaktoren erzeugt werden kann.

Wegen der Güterknappheit können die Menschen nicht alle ihre Bedürfnisse erfüllen. A ◄
Sie müssen daher Entscheidungen treffen, welche Bedürfnisse vorrangig befriedigt 1.5
werden sollen. Diese Entscheidung, Güter für die Befriedigung bestimmter Bedürf- 1.6
nisse herzustellen oder zu beschaffen, bedeutet gleichzeitig, dass auf andere Güter, die zur Befriedigung anderer Bedürfnisse dienen könnten, verzichtet werden muss.

Der durch diesen **Verzicht** entstehende **Nutzenentgang** wird als **Opportunitätskosten**[1] (Alternativkosten) bezeichnet.

Als Opportunitätskosten (Alternativkosten) wird in der Volkswirtschaftslehre der Nutzenentgang bezeichnet, der dadurch entsteht, dass bei der Produktion eines Gutes gleichzeitig auf den Nutzen eines anderen Gutes verzichtet werden muss, das andernfalls hätte hergestellt werden können.

Lösung zu Fallbeispiel 1.1 *(vgl. S. 7)*

Aus volkswirtschaftlicher Sicht müssen die Opportunitätskosten (Nutzenentgang) berücksichtigt werden, die durch den Brückeneinsturz entstanden sind. Dazu gehören u. a. folgende volkswirtschaftlichen Nachteile:

1. *Der Nutzen aus der geplanten Brücke tritt jetzt erst zu einem späteren Zeitpunkt ein.*
2. *Ohne den Einsturz hätte das Brückenbauunternehmen – bei entsprechender Auftragslage – in der Wiederaufbauzeit andere Bauten errichten können, die einen Nutzen gestiftet hätten.*
3. *Die Regulierung des Schadens durch die Versicherung verringert den Gewinn der Versicherung. Dadurch entgeht u. U. den Aktionären eine höhere Dividende.*
4. *Aufgrund des geringeren Gewinns sinken u. U. die Gewinnsteuern, die die Versicherung an den Staat abzuführen hat.*

P.Point

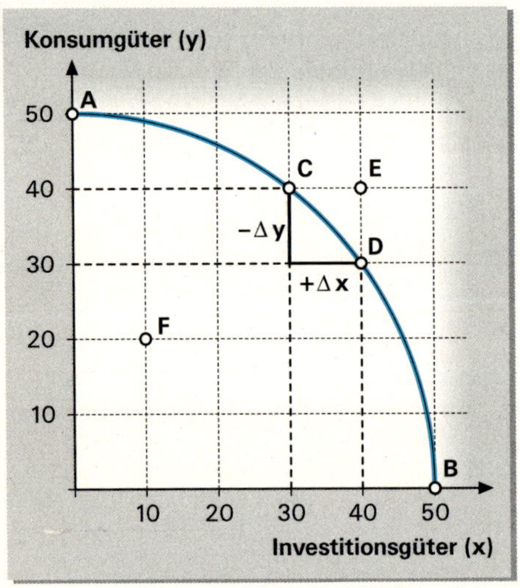

Diese Zusammenhänge lassen sich in einem Modell veranschaulichen. Dazu werden zwei Güterarten, z. B. Konsumgüter und Produktionsgüter, berücksichtigt (2-Güter-Modell). Die maximalen Produktionsmöglichkeiten in der Modellvolkswirtschaft lassen sich mithilfe einer Kurve im Koordinatensystem darstellen (= **Produktionsmöglichkeitskurve**). Aus nebenstehender Abbildung ist ersichtlich, dass in den beiden Extremfällen (Punkte A und B) **entweder** höchstens 50 Einheiten an Konsumgütern (z. B. Nahrungsmittel, Freizeitkleidung) kombiniert mit 0 Einheiten an Investitionsgütern (z. B. Maschinen) **oder** höchstens 50 Einheiten an Investitionsgütern kombiniert mit 0 Einheiten an Konsumgütern hergestellt werden können. Die Entscheidung, wie viele Konsum- und Investitionsgüter im Rahmen der beschränkten Produktionsmöglichkeiten tatsächlich hergestellt werden sollen, wird zu einer Mengenkombination führen, die zwischen diesen beiden Extremwerten liegt.

Die Produktionsmöglichkeitskurve (Kapazitätskurve, Transformationskurve) zeigt alle Mengenkombinationen zweier Güterarten, die in einer Volkswirtschaft bei voller Auslastung und optimalem Einsatz der verfügbaren Produktionsfaktoren höchstens erzeugt werden können.

Alle Güterkombinationen, die außerhalb der Produktionsmöglichkeitskurve liegen (z. B. Punkt E mit der Kombination 40 Einheiten Konsumgüter und 40 Einheiten Investitionsgüter), können aufgrund des zu geringen Produktionspotenzials dieser

1 Opportunität (*lat.*): Zweckmäßigkeit

Volkswirtschaft nicht hergestellt werden. Güterkombinationen, die innerhalb des durch die Produktionsmöglichkeitskurve begrenzten Bereichs liegen (z. B. Punkt F mit der Kombination 20 Einheiten Konsumgüter und 10 Einheiten Investitionsgüter), spiegeln dagegen eine Situation wider, bei der das Produktionspotenzial der Volkswirtschaft nicht vollständig genutzt wird (**Ineffizienz**). Demzufolge liegt in diesen Fällen Unterbeschäftigung vor.

Berechnung der Opportunitätskosten[1]

$$\text{Opportunitätskosten bei Mehrproduktion eines Gutes} = \frac{\text{Verzicht auf Konsumgüter } (-\Delta Y)}{\text{Mehrproduktion Investitionsgüter } (+\Delta X)} = \left|\frac{-10}{30}\right| = 0{,}33$$

Sollen – ausgehend von Punkt A – bei voller Auslastung der verfügbaren Produktionsfaktoren neben Konsumgütern auch Investitionsgüter bereitgestellt werden, ist dies nur bei gleichzeitigem Verzicht auf einen Teil der Konsumgüter möglich. Für die Ausdehnung der Investitionsgüter um 30 Einheiten muss im vorliegenden Fall die Konsumgüterproduktion um 10 Einheiten verringert werden. Punkt C zeigt die neue Güterkombination von 40 Einheiten Konsum- und 30 Einheiten Investitionsgütern. Die mit der Änderung der Güterkombination von Punkt A nach Punkt C einhergehenden **Opportunitätskosten** betragen 10/30 = 0,33[1]. Eine Einheit zusätzlicher Investitionsgüter kostet den Verzicht auf 0,33 Einheiten Konsumgüter. In Punkt D liegt eine andere Kombination mit nur 30 Einheiten Konsumgüter, dafür aber 40 Einheiten Investitionsgüter vor. Die Ausdehnung der Investitionsgüter um 10 Einheiten gegenüber der Situation C wurde durch den Verzicht auf weitere 10 Einheiten Konsumgüter erkauft. Die Opportunitätskosten sind in diesem Fall 10/10 = 1. Sollen – ausgehend von Punkt D – die Investitionsgüter nochmals um 10 Einheiten ausgedehnt werden, muss auf weitere 30 Einheiten Konsumgüter verzichtet werden (Punkt B). Die Opportunitätskosten betragen 30/10 = 3.

Bei nach rechts gekrümmtem Verlauf der Produktionsmöglichkeitskurve muss für die Produktion jeder zusätzlichen Einheit eines Gutes auf immer mehr Einheiten eines anderen Gutes verzichtet werden, d. h., die Opportunitätskosten steigen (**Gesetz der zunehmenden Opportunitätskosten**). Bei einer linearen Produktionsmöglichkeitskurve bleiben die Opportunitätskosten dagegen konstant.

Der nach rechts gekrümmte Verlauf der Produktionsmöglichkeitskurve und die dadurch bedingte Zunahme der Opportunitätskosten lassen sich wie folgt begründen: Die Mehrproduktion eines Gutes (z. B. Maschinen) bedingt, dass zusätzliche Produktionsfaktoren eingesetzt werden müssen, die bisher in anderen Bereichen (z. B. Landwirtschaft) tätig waren. Die dazu notwendigen Umschulungen und Einarbeitungszeiten für die Arbeitskräfte bedeuten zumindest für einen Übergangszeitraum einen Effizienzverlust und ein Sinken der Arbeitsproduktivität. Bei stetiger Ausweitung der Maschinenproduktion steigt der dafür notwendige Bedarf an Produktionsfaktoren aus anderen Bereichen **überproportional** an. Dies bedingt in den Bereichen, in denen diese Produktionsfaktoren bisher eingesetzt waren, einen Produktionsrückgang, der höher ist als der Produktionszuwachs im Maschinenbausektor (**Gesetz abnehmender Ertragszuwächse**).

Das Produktionspotenzial einer Volkswirtschaft steigt durch die Erhöhung der Menge und/oder die Verbesserung der Qualität der Produktionsfaktoren. Im 2-Güter-Modell führt das zu einer **Rechtsverschiebung der Produktionsmöglichkeitskurve**. Die **Veränderung des Produktionspotenzials** wird insbesondere durch die **Investitionen** beeinflusst.

1 Die Opportunitätskosten werden – obwohl es sich eigentlich um eine negative Zahl handelt – üblicherweise ohne Vorzeichen angegeben.

Selbst wenn die Netto-Anlageinvestitionen Null sind, kann es zu einer Ausweitung der Produktionsmöglichkeiten kommen. Voraussetzung ist, dass im Zusammenhang mit den Ersatzinvestitionen technische Verbesserungen vorgenommen werden, die eine Produktionssteigerung bewirken. Werden dagegen Ersatzinvestitionen unterlassen, verringert sich das Produktionspotenzial.

Lösung zu Fallbeispiel 1.2 (*vgl. S. 7*)

1. *Die Bundesrepublik Deutschland ist ein rohstoffarmes Industrieland. Der nicht beliebig vermehrbare Boden als Teil des Produktionsfaktors Natur ist daher in diesem Fall für die Höhe des Produktionspotenzials nicht von wesentlicher Bedeutung. Die Entwicklung des Produktionspotenzials in Deutschland ist vielmehr entscheidend von der Ausstattung mit Kapitalgütern (Kapitalstock) und damit von der Höhe der Investitionen abhängig. Außerdem ist das Produktionspotenzial auch davon abhängig, wie die vorhandenen Produktionsfaktoren miteinander kombiniert werden. Bei effizienterem Einsatz der Produktionsfaktoren (z. B. durch Rationalisierung und flexible Organisation der Produktion) verbessert sich die Produktivität (= Verhältnis zwischen dem Produktionsergebnis und der Einsatzmenge der Produktionsfaktoren). Bei einer Erhöhung der Produktivität steigt das Produktionspotenzial, ohne dass gleichzeitig der Bestand an Kapitalgütern zunehmen muss.*
2. *Dass das Bruttoinlandsprodukt als Ergebnis der volkswirtschaftlichen Produktionstätigkeit von 1996 auf 1997 und 1997 auf 1998 stärker gestiegen ist als das Produktionspotenzial ist damit erklärbar, dass der Auslastungsgrad des Produktionspotenzials 1997 und 1998 gegenüber dem jeweiligen Vorjahr gestiegen ist. Die vorhandenen Produktionskapazitäten wurden also besser ausgenutzt.*
3. *Die Kapazitätsauslastung, die mithilfe des Produktionspotenzials gemessen wird, ermöglicht es, den konjunkturellen Zustand einer Wirtschaft zu beschreiben. Steigt die tatsächliche Produktion schneller als das Produktionspotenzial, liegt ein Konjunkturaufschwung vor. Sinkt dagegen die Kapazitätsauslastung, handelt es sich um einen Konjunkturabschwung. Außerdem gilt das Produktionspotenzial als Bewertungsmaßstab für das Wachstum einer Volkswirtschaft.*

1.5 Einsatz der Produktionsfaktoren nach dem ökonomischen Prinzip: Optimale Faktorallokation und Minimalkostenkombination

Produktionsfunktion

▶ A 1.7

Güter werden durch die Kombination von Produktionsfaktoren und das Zusammenwirken dieser Faktoren im Produktionsprozess erzeugt. Für das Produktionsergebnis (*Output*) kommt es dabei nicht nur auf Menge und Qualität der eingesetzten Produktionsfaktoren (*Input*), sondern auch auf die Art und Weise an, in der die Produktionsfaktoren miteinander kombiniert werden. Mathematisch lässt sich der Zusammenhang zwischen *Input* und *Output* als **Produktionsfunktion** beschreiben. Wird die durch den Einsatz der Produktionsfaktoren Natur (N), Arbeit (A) und Kapital (K) erzeugte Gütermenge mit X bezeichnet, hat eine solche Produktionsfunktion in ihrer allgemeinen Form folgendes Aussehen:

$$\boxed{X = f(N, A, K)}$$

Die gesamtwirtschaftliche Produktionsfunktion beschreibt die Abhängigkeit zwischen der Menge der produzierten Güter (Output) einer Volkswirtschaft und dem Einsatz der volkswirtschaftlichen Produktionsfaktoren (Input).

Ökonomisches Prinzip

Für die Herstellung eines bestimmten Gutes gibt es meistens verschiedene technische Herstellungsverfahren. Landwirtschaftliche Produktion ist beispielsweise auf einer relativ kleinen Anbaufläche mit hohem Einsatz von Düngemitteln und Maschinen möglich. Ein gleich hohes Produktionsergebnis lässt sich aber möglicherweise auch durch den Anbau auf einer großen Fläche unter geringem Einsatz des Produktionsfaktors Kapital erzielen. Das Gleiche gilt für handwerkliche und industrielle Produktionsverfahren. Ein Möbelstück kann z. B. arbeitsintensiv in einer Schreinerwerkstatt mit geringem Maschineneinsatz oder aber kapitalintensiv in einer Möbelfabrik mit geringem Arbeitskräfteeinsatz hergestellt werden. Die Wahl zwischen mehreren technisch möglichen Produktionsverfahren besteht aber nur dann, wenn ein Produktionsfaktor zumindest teilweise durch einen anderen ersetzbar (substituierbar) ist, ohne dass dadurch die Produktionsmenge beeinflusst wird. In einem solchen Fall handelt es sich um **substitutionale Produktionsfaktoren**.

Die Ersetzung eines Produktionsfaktors durch einen anderen wird als Substitution bezeichnet.

Unter der Zielsetzung des sparsamen Umgangs mit den knappen Produktionsfaktoren wird vernünftigerweise dasjenige Produktionsverfahren gewählt, das entweder bei gleichem Produktionsergebnis den geringsten Einsatz an Produktionsfaktoren erfordert oder aber bei gleichem Einsatz an Produktionsfaktoren das höchste Produktionsergebnis erbringt. Der diesem vernünftigen Handeln entsprechende Grundsatz wird als **ökonomisches Prinzip** oder **Wirtschaftlichkeitsprinzip** bzw. **Rationalprinzip** bezeichnet. Es kann als Maximal- oder Minimalprinzip angewendet werden.

Das ökonomische Prinzip fordert mit gegebenen Mitteln den größtmöglichen Erfolg (Maximalprinzip) oder einen bestimmten Erfolg mit dem geringstmöglichen Einsatz von Mitteln zu erreichen (Minimalprinzip).

In Unternehmen kommt das **Minimalprinzip** beispielsweise zur Anwendung, wenn versucht wird ein bestimmtes Produktionsergebnis unter Einsparung von Produktionsfaktoren mit geringstmöglichen Kosten zu erreichen. Soll dagegen durch Verbesserung des Produktionsablaufs und optimale Kombination der Produktionsfaktoren ein möglichst hohes Produktionsergebnis erzielt werden, liegt das **Maximalprinzip** vor. Private Haushalte wenden das ökonomische Prinzip an, wenn sie das vorhandene Einkommen so verwenden, dass ihnen ein möglichst hoher Nutzen entsteht (Maximalprinzip). Das ökonomische Prinzip gilt aber nicht nur für den wirtschaftlichen Bereich. Es ist vielmehr ein allgemeiner Grundsatz vernünftigen Handelns.

Optimale Allokation[1] der Produktionsfaktoren

Auch für die gesamte **Volkswirtschaft** ist die **Anwendung des ökonomischen Prinzips** bedeutsam. Die knappen Produktionsfaktoren müssen möglichst effizient genutzt und optimal auf alternative Verwendungszwecke verteilt werden, um auf diese Weise ein Maximum an Gütern erzeugen zu können. Die Zuordnung der Produktionsfaktoren zu den verschiedenen Einsatzmöglichkeiten wird als **Faktorallokation** bezeichnet.

---

1 Allokation (*lat.*): Zuordnung, Verteilung

Die Allokation der Produktionsfaktoren ist dann optimal, wenn unter den gegebenen wirtschaftlichen Verhältnissen keine Möglichkeit besteht durch einen anderen Einsatz der Produktionsfaktoren ein Produktionsergebnis zu erzielen, bei dem mindestens eine Person besser gestellt wird, ohne dass gleichzeitig jemand anderes schlechter gestellt wird als bisher.

Wenn es gelingt, die Faktorallokation zu optimieren, produziert die Volkswirtschaft **auf der Produktionsmöglichkeitskurve**. In diesem Fall wird mit den vorhandenen Produktionsfaktoren eine maximale Gütermenge erzeugt (Maximalprinzip).

Beispiel zur optimalen Faktorallokation

Angenommen, eine Volkswirtschaft verfügt über 30 Einheiten Arbeit (A) und 20 Einheiten Kapital (K). Mit diesen beiden Produktionsfaktoren sollen zwei Güterarten, nämlich öffentliche und private Güter hergestellt werden. Für die beiden Güterarten werden folgende Produktionsfunktionen[1] unterstellt:

private Güter: $X_{privat} = A^{0,4} \cdot K^{0,6}$
öffentliche Güter: $X_{öffentlich} = A^{0,8} \cdot K^{0,2}$

Die folgende Tabelle zeigt auf der Basis der vorliegenden Zahlen die Ergebnisse von drei der unendlich vielen Allokationsmöglichkeiten.

	Allokationsalternative 1			**Allokationsalternative 2**			**Allokationsalternative 3**		
	Einheiten Faktor A	Einheiten Faktor K	**Output Menge X**	Einheiten Faktor A	Einheiten Faktor K	**Output Menge X**	Einheiten Faktor A	Einheiten Faktor B	**Output Menge X**
	25 5	4 16	8,33 X_{privat} 6,31 $X_{öffentl.}$	20 10	10 10	13,20 X_{privat} 10,00 $X_{öffentl.}$	12 18	16 4	14,26 X_{privat} 13,32 $X_{öffentl.}$
Σ	30	20	**14,64**	30	20	**23,20**	30	20	**27,58**

In allen drei Fällen sind alle verfügbaren Produktionsfaktoren voll ausgelastet, d. h., es wird in allen drei Fällen gleich viel gearbeitet und gleich viel Kapital eingesetzt. Das unterschiedliche Versorgungsniveau rührt also ausschließlich daher, dass die Verteilung (Allokation) der Produktionsfaktoren auf die beiden zu produzierenden Güterarten jeweils verschieden ist. Es wird deutlich, dass die Alternative 3 (12 Einheiten Arbeit und 16 Einheiten Kapital für private Güter sowie 18 Einheiten Arbeit und 4 Einheiten Kapital für öffentliche Güter) effizienter ist als die beiden anderen Alternativen. Da in diesem Fall von beiden Gütern mehr produziert wird als bei Alternative 1 und 2, liegt eine eindeutig bessere Versorgung der Bevölkerung vor. Das bedeutet aber nicht, dass es nicht noch bessere Allokationsmöglichkeiten als Alternative 3 gibt.

Minimalkostenkombination

▶ A 1.8 Aus **betriebswirtschaftlicher Sicht** besteht eine **Anwendung des ökonomischen Prinzips** darin, diejenige Kombination der Produktionsfaktoren zu wählen, die die geringsten Kosten verursacht (**Minimalkostenkombination**). Voraussetzung für die Ermittlung einer Minimalkostenkombination ist es, dass die Produktionsfaktoren substituierbar sind.

1 Es handelt sich dabei um Produktionsfunktionen vom Typ COBB-DOUGLAS, die in der volkswirtschaftlichen Produktionstheorie häufig verwendet werden. Die Produktionsfaktoren sind dabei multiplikativ verknüpft und ihre Exponenten sind < 1.

Die Preise der Produktionsfaktoren stellen für die Unternehmen Kosten dar. Daher führt die Entscheidung, die Faktorkombination mit den geringsten Kosten zu wählen, gleichzeitig dazu, dass vornehmlich die Produktionsfaktoren, die weniger knapp und daher billig sind, zum Einsatz kommen. Die besonders knappen und daher sehr teuren Produktionsfaktoren werden dagegen geschont.

Diejenige Kombination der Produktionsfaktoren, die bei der Herstellung einer bestimmten Produktionsmenge die geringsten Kosten verursacht, wird als Minimalkostenkombination bezeichnet.

Beispiel zur Minimalkostenkombination

In einem Holz verarbeitenden Betrieb werden Bücherregale hergestellt. Dem Produktionsprozess liegt folgende Produktionsfunktion zugrunde: **Output (X) = $K^{0,7} \cdot A^{0,3}$**
Daraus ergeben sich für verschiedene Faktorkombinationen während einer bestimmten Produktionszeit folgende Ausbringungsmengen (gerundet):

Bücherregale (Stück)

Kapital (ME) \ Arbeit (ME)	0	10	20	30	40	50
50	0	31	38	43	47	50
40	0	26	32	37	40	43
30	0	22	27	30	33	35
20	0	16	20	23	25	26
10	0	10	12	14	15	16
0	0	0	0	0	0	0

Im vorliegenden Beispiel lassen sich in mehreren Fällen gleiche Ausbringungsmengen durch verschiedene Faktorkombinationen erzeugen. Sollen beispielsweise 26 Bücherregale produziert werden, kann der Unternehmer zwischen zwei Faktorkombinationen wählen, mit denen bei voller Auslastung der Produktionsfaktoren genau die gewünschte Stückzahl herstellbar ist. Er wird seine Entscheidung, ob er die kapitalintensive Faktorkombination 1 (10 Einheiten Arbeit und 40 Einheiten Kapital) oder die arbeitsintensive Faktorkombination 2 (50 Einheiten Arbeit und 20 Einheiten Kapital) wählt, von den Kosten der Produktionsfaktoren abhängig machen. Wenn eine Einheit Arbeit 20 Geldeinheiten und eine Einheit Kapital 50 Geldeinheiten kostet, ergeben sich für eine Ausbringungsmenge von 26 Bücherregalen folgende Gesamtkosten:

Kosten der Faktorkombination $1 = 10 \cdot 20 + 40 \cdot 50 = 2\,200$ Geldeinheiten
Kosten der Faktorkombination $2 = 50 \cdot 20 + 20 \cdot 50 = 2\,000$ Geldeinheiten
Bei diesen Preisen der Produktionsfaktoren ist die arbeitsintensive Faktorkombination 2 um 200 Geldeinheiten kostengünstiger. Erhöhen sich aber beispielsweise die Lohnkosten, sodass eine Einheit Arbeit 30 Geldeinheiten kostet, ist die kapitalintensive Faktorkombination 1 um 200 Geldeinheiten billiger.

Ändern sich die Preise der Produktionsfaktoren, so verändert sich auch die Minimalkostenkombination. Teurer gewordene Produktionsfaktoren werden – soweit dies technisch möglich ist – durch billigere ersetzt (Substitution). Dieses Verhalten entspricht dem ökonomischen Prinzip. Dadurch kann zwar kostengünstiger produziert werden. Wenn aber die Löhne im Verhältnis zu den Kapitalkosten dauerhaft gestiegen sind, werden als Folge davon u.U. Arbeitnehmer arbeitslos.

332827

P.Point

Zusammenfassende Übersicht Kapitel 1:

Grundbegriffe und Grundlagen der Volkswirtschaftslehre

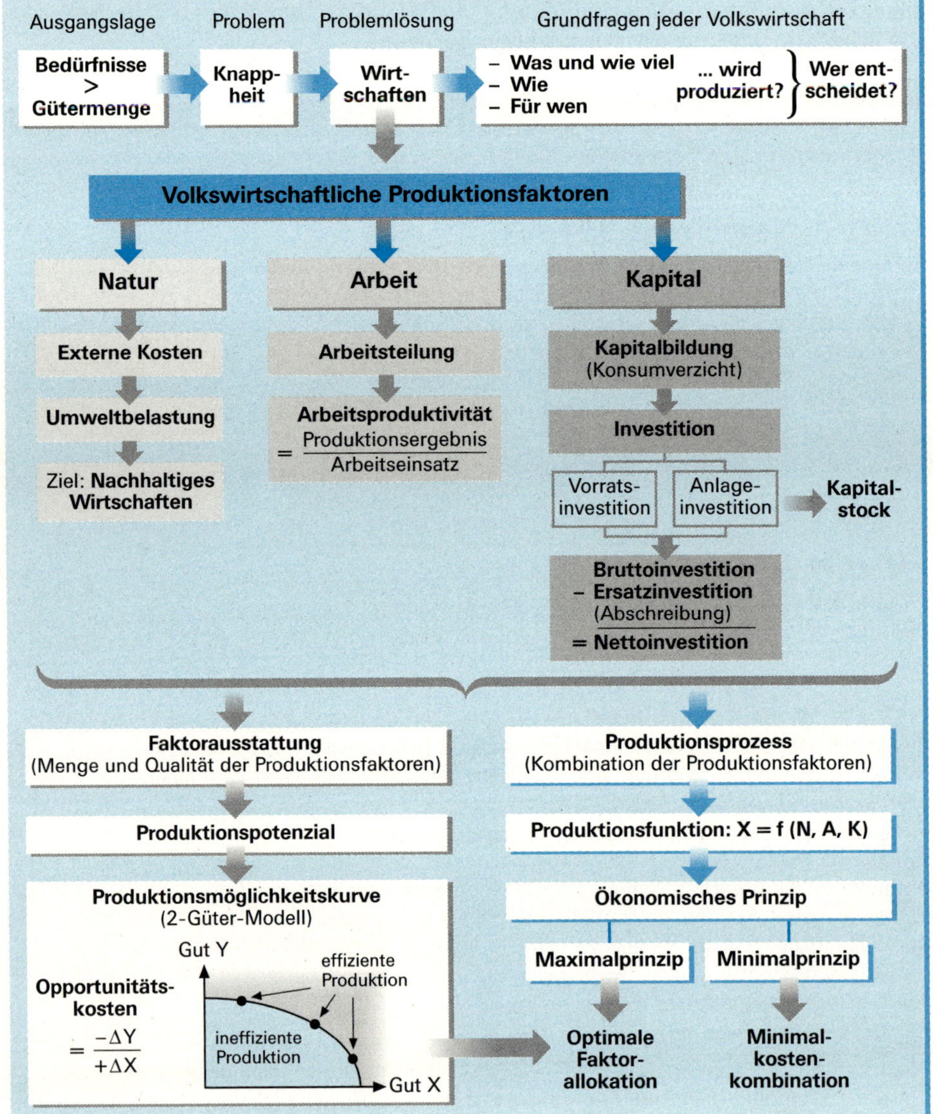

Fragen zur Kontrolle des Grundwissens

Kapitel 1: Grundbegriffe und Grundlagen der Volkswirtschaftslehre

Kapitel 1.1: Grundprobleme der Volkswirtschaftslehre

1. *Was bedeutet „Wirtschaften“?*
2. *Definieren Sie den Begriff Bedürfnis.*
3. *Was sind Güter?*
4. *Worin besteht das Grundproblem der Wirtschaftswissenschaft?*
5. *Welche vier Grundprobleme müssen beim Wirtschaften gelöst werden?*

Kapitel 1.2: Modelldenken in der Volkswirtschaftslehre

1. *Wozu dienen Denkmodelle in der Volkswirtschaftslehre?*
2. *Was ist die* Ceteris-paribus-Annahme?
3. *Was muss bei Aussagen, die auf volkswirtschaftlichen Modellen beruhen, beachtet werden?*

Kapitel 1.3: Volkswirtschaftliche Produktionsfaktoren

1. *Nennen Sie die volkswirtschaftlichen Produktionsfaktoren und ihre Besonderheiten.*
2. *Was ist unter Humankapital zu verstehen?*
3. *In welcher Weise kann die Natur als Produktionsfaktor genutzt werden?*
4. *Zeigen Sie Probleme bei der Nutzung des Produktionsfaktors Natur anhand der Abb. auf S. 13 auf.*
5. *Was besagt das Konzept der nachhaltigen Entwicklung?*
6. *Was ist unter der Deponiefunktion der Umwelt zu verstehen?*
7. *Welche Besonderheit weisen öffentliche Güter auf? Warum handelt es sich bei der Umwelt um ein solches Gut?*
8. *Was sind soziale (externe) Kosten? Nennen Sie Beispiele anhand der Abb. auf S. 14.*
9. *Welche Formen der Arbeitsteilung lassen sich anhand der Abb. auf S. 16 unterscheiden?*
10. *Warum kann die Arbeitsteilung zu einer Produktivitätssteigerung führen?*
11. *Zeigen Sie anhand der Darstellung auf S. 17 den Zusammenhang zwischen Arbeitsteilung und sozialen Kosten auf.*
12. *Wie unterscheidet sich der Begriff „Kapital“ aus volkswirtschaftlicher und betriebswirtschaftlicher Sicht?*
13. *Beschreiben Sie den Prozess der Kapitalbildung am Robinson-Beispiel.*
14. *Was ist im Zusammenhang mit der Kapitalbildung unter dem „Produktionsumweg“ zu verstehen?*
15. *Erläutern Sie die Aussage: „Sparen ist Voraussetzung für die Kapitalbildung.“*
16. *Was ist im volkswirtschaftlichen Sinne unter Investition zu verstehen?*
17. *Wie unterscheiden sich Brutto-, Netto- und Ersatzinvestition?*
18. *Wodurch unterscheiden sich Anlage- und Vorratsinvestition?*
19. *Welcher Zusammenhang besteht zwischen Bruttoanlagevermögen und Kapitalstock?*
20. *Wie wird die Kapitalintensität ermittelt?*

Kapitel 1.4: Produktionspotenzial und Produktionsmöglichkeitskurve

1. *Was ist das Produktionspotenzial einer Volkswirtschaft?*
2. *Was ist die Produktionsmöglichkeitskurve (Kapazitätskurve, Transformationskurve)?*
3. *Was sind Opportunitätskosten (Alternativkosten)?*
4. *Wie lässt sich das Gesetz der zunehmenden Opportunitätskosten begründen?*

Kapitel 1.5: Einsatz der Produktionsfaktoren nach dem ökonomischen Prinzip: Optimale Faktorallokation und Minimalkostenkombination

1. *Was ist eine Produktionsfunktion?*
2. *Formulieren Sie das ökonomische Prinzip als Maximal- und Minimalprinzip.*
3. *Was ist unter der optimalen Allokation der Produktionsfaktoren zu verstehen?*
4. *Was ist unter der Minimalkostenkombination der Produktionsfaktoren zu verstehen?*

Aufgaben und Probleme zur Erarbeitung und Anwendung von Wissen

Kapitel 1: Grundbegriffe und Grundlagen der Volkswirtschaftslehre

▶ A 1.1

Grundfragen des Wirtschaftens – Produktionsfaktoren – Kapitalbildung – Arbeitsproduktivität

Zwölf Überlebende eines auf hoher See gesunkenen Schiffes können sich auf eine einsame, unbewohnte Insel retten. Zwei von ihnen sind schwer verletzt. Vor dem endgültigen Untergang des Schiffes gelang es den Seefahrern noch, neben einigen Grundnahrungsmitteln und Süßwasservorräten auch eine Kiste mit Werkzeugen (Axt, Säge, Schleifstein) sowie eine Schatulle mit Silbermünzen vom Schiff zu holen und auf die Insel zu bringen.

Auf der Insel wachsen Früchte und Beeren. Außerdem gibt es in der Mitte der Insel eine Süßwasserquelle. Für den Fall eines längeren unfreiwilligen Aufenthalts auf der Insel erscheint es auch möglich, ein Stück Land zu roden und dort Knollenfrüchte oder Getreide anzubauen. Außerdem ist das Meer ist an dieser Stelle sehr fischreich.

1 ▶ Zeigen Sie am Beispiel der Gruppe von Schiffbrüchigen auf, dass auch in dieser Situation die Grundfragen jeder Wirtschaftsgesellschaft gelöst werden müssen.

2 ▶ Erläutern Sie die Bedeutung der Schatulle mit Silbermünzen für die Schiffbrüchigen.

3 ▶ Die zehn unverletzten Überlebenden sammeln in den ersten Tagen Früchte und Beeren. Pro Tag kommen insgesamt ca. 35 kg zusammen. Prüfen Sie, welchen Nährstoffbedarf (in Kilojoule) jeder der Überlebenden decken kann, wenn der Nährwert von 100 g der gesammelten Früchte und Beeren durchschnittlich 240 kJ beträgt.

4 ▶ Die Schiffbrüchigen beschließen, Flöße zu bauen und aus Baumfasern Netze zu knüpfen. Für diese Arbeit werden fünf Tage veranschlagt. Fünf von ihnen sollten während dieser Zeit weiterhin Früchte und Beeren sammeln, um den Lebensunterhalt der gesamten Gruppe zu sichern.

a) Auf wie viel Kilojoule sinkt die Deckung des Nährstoffbedarfs jedes Einzelnen der 12 Schiffbrüchigen während dieser fünf Tage?

b) Nach Fertigstellung der Flöße und der Netze sollen fünf Personen täglich Fische fangen und die übrigen fünf weiterhin Früchte und Beeren sammeln.
Wie viel kg Fisch müssten künftig täglich gefangen werden, wenn für alle 12 Schiffbrüchigen der durchschnittliche Nährstoffbedarf eines Erwachsenen von 10 000 kJ pro Tag gedeckt werden soll? Der essbare Anteil der Fische in diesen Gewässern beträgt ca. $^2/_3$ des Gesamtgewichts und weist je 100 g einen Nährwert von ca. 390 kJ auf.

5 ▶ Bei der mit einem Zeitbedarf von fünf Tagen geplanten Herstellung der Flöße und der Netze zeichnet sich schon bald eine Verzögerung ab. Zwei Floßbauer arbeiten während der ersten beiden Tage jeder für sich allein und können so beide zusammen an einem Tag Zeit nur insgesamt 7 laufende Meter Baumstämme fällen und bearbeiten. Am dritten Tag arbeiten sie jeweils gemeinsam an einem Stamm und können an diesem Tag 10 laufende Meter bearbeiten. Ähnlich geht es den drei Netzknüpfern. Während der ersten beiden Tage arbeitet jeder von ihnen an einem Netz und verrichtete alle anfallenden Arbeiten allein. So kann jeder von ihnen nur 1 m^2 pro Tag fertig stellen. Am nächsten Tag teilen sie die Tätigkeiten (Fasern im Wald besorgen, Fasern vorbereiten und zuschneiden, Netz knüpfen) unter sich auf. Auf diese Weise gelingt es ihnen an einem Tag zusammen 4,5 m^2 Netz fertig zu stellen.

a) Um wie viel Prozent hat sich die Arbeitsproduktivität am dritten Tag jeweils erhöht?

b) Worauf ist diese Veränderung zurückzuführen?

6 ▶ Nach Fertigstellung der Flöße und Netze gelingt es den fünf Fischern täglich so viele Fische zu fangen, dass ca. 15 kg essbarer Fischanteil anfällt. Das Sammelergebnis eines jeden der fünf Sammler beträgt weiterhin 3,5 kg pro Tag.

a) Um wie viel % hat sich die Arbeitsproduktivität (Produktionsergebnis in kJ/Arbeitseinsatz) im Vergleich zur Zeit vor dem Fischen erhöht?

b) Worauf ist diese Veränderung zurückzuführen?

c) Weisen Sie nach, dass sich der Produktionsumweg und der dadurch bedingte vorübergehende Konsumverzicht gelohnt haben.

d) Nach wie viel Tagen kann der vorübergehende Konsumverzicht durch den Einsatz von Flößen und Netzen und die sich daraus ergebende höhere Deckung des Nährwertbedarfs wieder ausgeglichen werden?

Produktionsfaktor Natur – Umweltzerstörung – Ursache und/oder Folge der Unterentwicklung[1]

A ◀ 1.2

K ◀

P. Point

Die Umweltzerstörung in der Sahel-Zone und in anderen Entwicklungsländern ist nicht nur natürlich bedingt, sondern überwiegend auch auf Eingriffe des Menschen zurückzuführen. Nichtangepasste Eingriffe in ein labiles Ökosystem haben zu fundamentalen Veränderungen geführt, die die Lebensgrundlagen breiter Bevölkerungsschichten bedrohen. Auslöser kann beispielsweise das Anlegen von Tiefwasserbrunnen zur Bewässerung sein. Die wesentlichste Ursache ist aber, dass große Waldgebiete zur Deckung des Brennholzbedarfs und zur Ausdehnung von Agrarflächen abgeholzt wurden, was zu verheerenden ökologischen Schäden geführt hat. Mit dem Verlust der schützenden Vegetationsdecke des Waldes setzen die Erosionsprozesse ein: Die Humusschicht wird abgetragen, die Erdoberfläche verkrustet, die Aufnahmefähigkeit für Wasser sinkt und das Klima in der Region ändert sich. Über den so entstandenen stark reflektierenden Flächen können extrem stabile Hochdruckgebiete mit sehr trockener Luft entstehen, die bereits bestehende Dürreperioden verlängern und verstärken. Diese Entwicklung führt schließlich zum Prozess der Wüstenbildung.

Das Vernetzungsdiagramm auf Seite 32 zeigt Zusammenhänge und Abhängigkeiten zwischen verschiedenen Faktoren und Prozessen, die zur Wüstenbildung beitragen.

Die Pfeile haben folgende Bedeutung: Die Größe, von der der Pfeil ausgeht, beeinflusst die Größe, auf die der Pfeil zeigt. Dabei können zwei Wirkungsrichtungen unterschieden werden:

1. Gleichgerichtete (verstärkende) Wirkungen (je mehr – desto mehr bzw. je weniger – desto weniger) werden durch ein Pluszeichen (+) symbolisiert.
2. Entgegengesetzte (abschwächende) Wirkungen (je mehr – desto weniger bzw. je weniger – desto mehr) werden durch ein Minuszeichen (–) symbolisiert.

1 ▶ Erläutern Sie alle durch Pfeile dargestellten Abhängigkeiten und geben Sie für jeden Pfeil die Wirkungsrichtung entsprechend der o. g. Regel an.

2 ▶ Stellen Sie im Vernetzungsdiagramm Wirkungsketten fest, bei denen sich bestimmte Elemente selbst indirekt beeinflussen (Rückkopplungskreisläufe).

3 ▶ Bei welchen der festgestellten Rückkopplungskreisläufen führt die Vermehrung eines Elementes

- zu seiner eigenen Vermehrung (positive Rückkopplung: je mehr – desto mehr)
- zu seiner eigenen Verminderung (negative Rückkopplung: je mehr – desto weniger)?

4 ▶ „Positive Rückkopplungen zerstören das System, negative Rückkopplungen stabilisieren das System."

Überprüfen Sie diese Aussage anhand der Rückkopplungskreisläufe, die Sie am vorliegenden Vernetzungsdiagramm zum Öko-System der Sahel-Zone herausgefunden haben.

1 Vgl. W. Schug, Äthiopien im Teufelskreis von Bevölkerung, Hunger und Umweltzerstörung, in: Funkkolleg Humanökologie, Einführungsbrief, Deutsches Institut für Fernstudien, Tübingen 1991, S. 35 f.

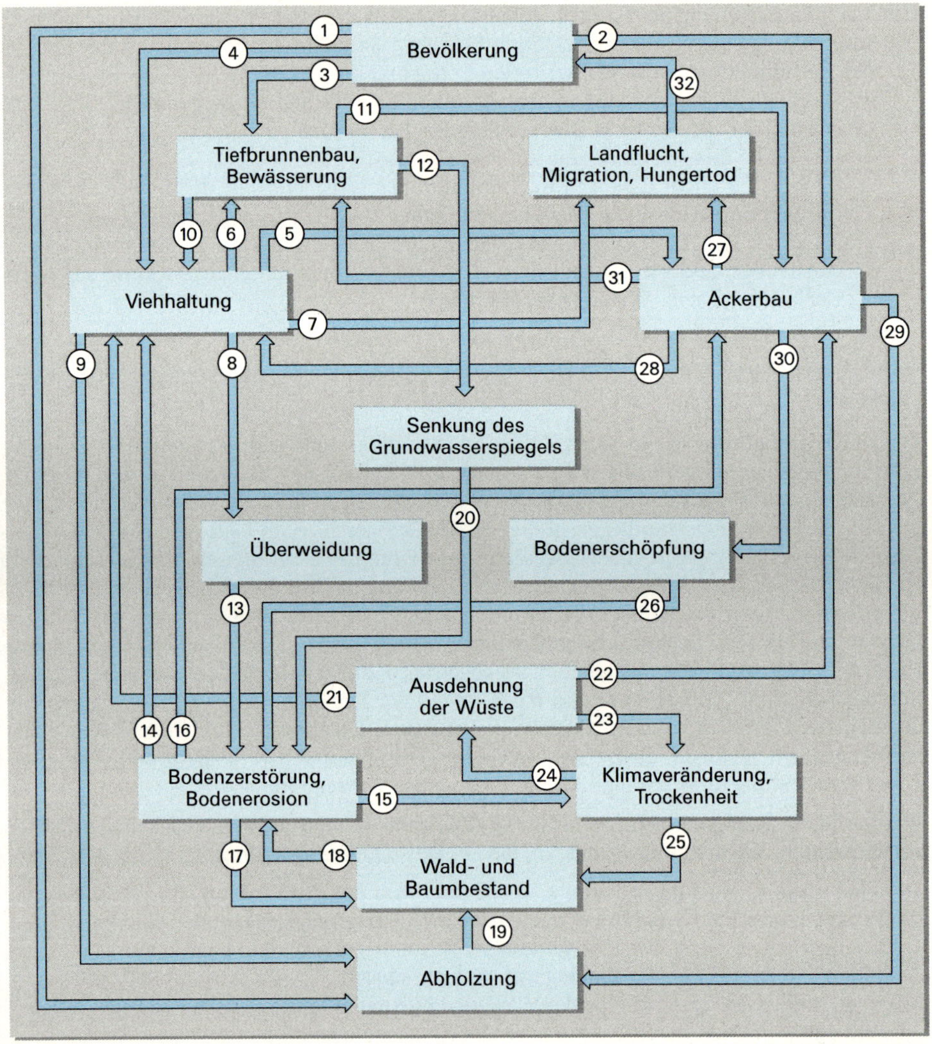

▶ A 1.3

Umweltgüter als öffentliche Güter – Trittbrettfahrer-Problem

Ein neu errichtetes Industrieunternehmen leitet seine Abwässer ungeklärt in einen Fluss. Durch die geminderte Qualität des Flusswassers wird der Umsatz zweier Ausflugslokale beeinträchtigt, die jeweils auf der rechten und linken Seite am unteren Flusslauf Badestrände mit Bootsvermietung betreiben und bisher frischen Fisch für ihre schmackhaften Fischgerichte aus dem Fluss gefangen haben. Der Industriebetrieb ist zum Bau einer Kläranlage bereit, wenn er zur Finanzierung der Investitionskosten einen Zuschuss von insgesamt 5 GE erhält.

Der Bau der Kläranlage würde für jedes der beiden Ausflugslokale zu einer Nutzensteigerung in Höhe von 4 GE (z. B. in Form von Mehreinnahmen und Steigerungen des Grundstückswerts) führen.
Jedes der beiden Ausflugslokale hat zwei Strategien zur Auswahl:

Strategie 1 (S_1): Bereitschaft zur Zahlung
Das hat zur Folge, dass der Zuschuss ganz (5 GE) oder zur Hälfte (2,5 GE) gezahlt werden muss.
Strategie 2 (S_2): Keine Zahlung
Es wird vielmehr darauf gehofft, dass das andere Ausflugslokal den erforderlichen Zuschuss vollständig zahlt (5 GE).

Somit ergeben sich vier mögliche Strategiekombinationen, die – im Vergleich zur Ausgangssituation – teilweise unterschiedliche Vor- oder Nachteile für die beiden Ausflugslokale (A und B) bewirken. Die Vor-/Nachteile des Ausflugslokals A werden in der linken unteren Ecke, die Vor-/Nachteile des Ausflugslokals B in der rechten oberen Ecke der vier Felder eingetragen.

Beispiel:
Strategiekombination (S_{A1}/S_{B1}):
A und B zahlen
Jedes Ausflugslokal muss in diesem Fall die Hälfte des Zuschusses, nämlich 2,5 GE zahlen.
Vorteil (netto) = Nutzenzuwachs (4) – Kosten (2,5) = 1,5 GE

<table>
<tr><td colspan="2" rowspan="2"></td><td colspan="2">Ausflugslokal B</td></tr>
<tr><td>zahlen (S_{B1})</td><td>Nicht zahlen (S_{B2})</td></tr>
<tr><td rowspan="2">Ausflugslokal A</td><td>zahlen (S_{A1})</td><td>1,5
1,5</td><td>-1</td></tr>
<tr><td>Nicht zahlen (S_{A2})</td><td></td><td></td></tr>
</table>

1 ▶ Ermitteln Sie für die übrigen Strategiekombinationen die Vor-/Nachteile für die beiden Ausflugslokale nach obigem Muster.
2 ▶ Erläutern Sie die Strategiekombination, die aus Sicht des Ausflugslokals **A** am günstigsten ist.
3 ▶ Erläutern Sie die Strategiekombination, die aus Sicht des Ausflugslokals **B** am günstigsten ist.
4 ▶ Zu welcher Strategiekombination wird das Verhalten der beiden Inhaber der Ausflugslokale vermutlich führen, wenn die beiden Inhaber sich nicht untereinander absprechen und jeder für sich eine möglichst günstige Lösung verfolgt? Begründen Sie dieses Verhalten und erläutern Sie das Ergebnis.
5 ▶ Das zu erwartende Verhalten der Ausflugslokale wird auch als **Trittbrettfahrer-Problem** (Free-rider-Problem) bezeichnet.
Erläutern Sie diesen Begriff anhand des vorliegenden Beispiels.
6 ▶ Prüfen Sie, ob das Trittbrettfahrer-Problem auch in folgenden Fällen eine Rolle spielt:
a) Die Regierung und Umweltschutzverbände fordern die Autofahrer auf, zur Verringerung des Schadstoffausstoßes freiwillig einen Katalysator einbauen zu lassen.
b) Die Regierung fordert Unternehmen mit Schadstoffemissionen auf, zur Reinhaltung der Luft freiwillig Filter einzubauen.
7 ▶ Welche Konsequenzen ergeben sich aus den Ergebnissen von Aufgabe 6) für die staatliche Umweltpolitik?

Investitionen in einer Volkswirtschaft – Kapitalstock – Kapitalintensität

A ◄ 1.4

Bundesrepublik Deutschland: Investitionen in Mrd. EUR in jeweiligen Preisen

Jahr	Bruttoanlage-investition	Vorrats-veränderung	Bruttoinvestition	Ersatzinvestition (Abschreibung)	Nettoinvestition
1998	412,55	+ 8,70		285,59	
1999	426,00	+ 3,52	429,53	291,55	
2000	438,07	+ 12,41	450,48		147,96
2001		– 9,37	406,94	312,07	94,87

Quelle: Stat. Bundesamt, VGR 2001, Sept. 2002

1 ▶ Berechnen Sie die fehlenden Werte.

2 ▶ Im Jahr 2001 betrugen die Bruttobauinvestitionen 226,24 Mrd. EUR und die sonstigen Anlagen (brutto) 23,73 Mrd. EUR. Wie hoch waren die Bruttoausrüstungsinvestitionen?

3 ▶ Das Bruttoanlagevermögen betrug zu Beginn des Jahres 2001 10.224,97 Mrd. EUR. Wie hoch war der Kapitalstock 2001, wenn die Abgänge (Verschrottung) 206,5 Mrd. EUR betrugen?

4 ▶ Wie hoch war die Kapitalintensität im Jahr 2001, wenn die Zahl der Erwerbstätigen im Jahresdurchschnitt 38,9 Mio. betrug?

▶ A 1.5

Produktionsmöglichkeitskurve (Kapazitätskurve, Transformationskurve) – Opportunitätskosten (Alternativkosten) – Modellbildung

▶ K

P.Point

Excel

Alternative Produktionsmengen		
Alternative	Konsumgüter (Mengeneinheiten)	Investitionsgüter (Mengeneinheiten)
A	30	0
B	28	4
C	24	10
D	16	16
E	10	18
F	0	20

Bei vollständiger Auslastung aller Produktionsfaktoren können in einer Volkswirtschaft in einer bestimmten Periode die in der nebenstehenden Tabelle angegebenen Gütermengen hergestellt werden.

1 ▶ Zeichnen Sie die Produktionsmöglichkeitskurve (1cm = 2 ME; y-Achse: Konsumgüter, x-Achse: Investitionsgüter).

2 ▶ Wie hoch sind die Opportunitätskosten, wenn statt bisher 4 Einheiten jetzt 10 Einheiten Investitionsgüter produziert werden sollen?

3 ▶ Wie hoch sind die Opportunitätskosten, wenn statt bisher 10 Einheiten jetzt 16 Einheiten Investitionsgüter erzeugt werden sollen?

4 ▶ Wie verändern sich die Opportunitätskosten im vorliegenden Fall (steigen, sinken, gleich bleiben), wenn zunehmend Konsumgüter durch Investitionsgüter ersetzt werden?

5 ▶ Wie wäre Frage 4) zu beantworten, wenn die Produktionsmöglichkeitskurve linear verlaufen würde?

6 ▶ Wie lässt sich im vorliegenden Fall der nach außen gewölbte Verlauf der Produktionsmöglichkeitskurve begründen?

7 ▶ In dieser Volkswirtschaft beträgt die Produktionsmenge der Konsumgüter derzeit 16 Einheiten und die der Investitionsgüter 8 Einheiten. Prüfen Sie, ob in diesem Fall eine Produktionssteigerung bei Investitionsgütern einen Verzicht auf Konsumgüter nötig macht.

8 ▶ Was könnte eine Volkswirtschaft, die **auf** der Produktionsmöglichkeitskurve produziert (z. B. Punkt C), veranlassen, die Konsumgüterproduktion zugunsten der Investitionsgüterproduktion einzuschränken?

9 ▶ Prüfen Sie, ob sich durch die Entscheidung bei Aufgabe 8 die künftige Lage der Produktionsmöglichkeitskurve verändert.

10 ▶ Welche Gründe kann es dafür geben, wenn sich die Produktionsmöglichkeitskurve nach rechts verschiebt?

11 ▶ Erläutern Sie, warum es sich bei der Produktionsmöglichkeitskurve um ein volkswirtschaftliches Modell handelt.

A ◄ 1.6
K ◄
P.Point

Produktionspotenzial – Produktionsmöglichkeitskurve – Produktionsfaktoren

Produktionspotenzial und Bruttoinlandsprodukt in Deutschland (in Preisen von 1991)

Jahr	Produktionspotenzial		Bruttoinlandsprodukt		Auslastungsgrad	
	in Mrd. EUR	Veränderung gegenüber Vorjahr in %	in Mrd. EUR	Veränderung gegenüber Vorjahr in %	in %	Veränderung gegenüber Vorjahr in %
1995	1.638,6	2,00	1.531,9	1,20	93,5	–0,7
1996	1.672,6	2,10	1.556,2	1,30	92,8	–0,7
1997	1.703,1	1,80	1.585,7	2,20	93,1	+0,3
1998	1.736,9	2,00	1.629,0	2,75	93,8	+0,7

Quelle: SVR-Jahresgutachten 1998/99, Nov. 1998, S. 66; aktuellere Zahlen liegen nicht vor.

1 ▶ Wie ist es zu erklären, dass die volkswirtschaftliche Gesamtproduktion (= Bruttoinlandsprodukt) im Jahr 1996 zwar um 1,3 % gegenüber dem Vorjahr gestiegen ist, der Auslastungsgrad des Produktionspotenzials aber um 0,7 % abgenommen hat?

2 ▶ 1998 beliefen sich die Aufwendungen für die vom Staat bereitgestellten öffentlichen Güter wie Rechts-, Sicherheits- und Bildungssystem, Verkehrsleistungen, Gesundheitsversorgung usw. auf ca. 20 %[1] des Wertes aller in diesem Jahr in der Bundesrepublik erzeugten Waren und Dienstleistungen (Bruttoinlandsprodukt).
Markieren Sie in einem Schaubild nach nebenstehendem Muster annäherungsweise den Punkt, der die Situation der Bundesrepublik im Jahre 1998 widerspiegelt (Punkt A).

Vereinfachte Produktionsmöglichkeitskurve: Produktionspotenzial Gesamtdeutschland 1998 in Preisen von 1991

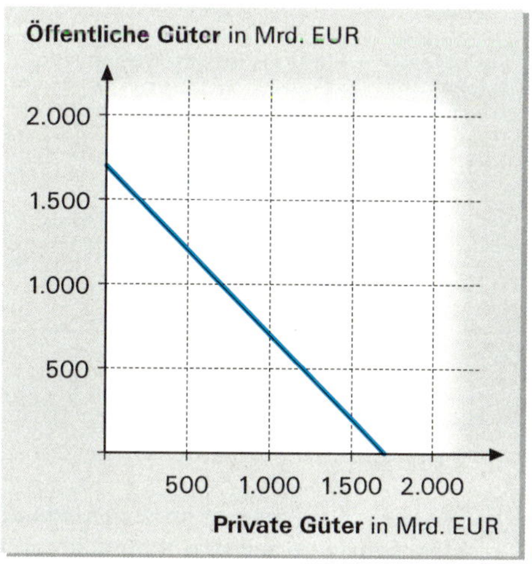

3 ▶ Angenommen, es sei der Bundesregierung im darauf folgenden Jahr durch eine „Verschlankung des Staates" gelungen, einige bisher vom Staat zur Verfügung gestellten Leistungen (z. B. im Verkehrs- und Gesundheitswesen) zu privatisieren und den Staatskonsum zugunsten privater Güter auf 15 % des Bruttoinlandsprodukts zu senken. Mit dieser Privatisierung soll gleichzeitig auch die vollständige Auslastung des Produktionspotenzials einhergehen. Das Produktionspotenzial ändert sich aber nicht.
Markieren Sie den Punkt im obigen Schaubild, der annäherungsweise die neue Situation widerspiegelt (Punkt B).

4 ▶ Welche Faktoren haben in Deutschland bzw. in einem Entwicklungsland den größten Einfluss auf das Produktionspotenzial?

5 ▶ Angenommen, beim Vergleich zwischen den Volkswirtschaften A und B stellt sich heraus, dass das Produktionspotenzial der Volkswirtschaft A um 30 % größer als das der Volkswirtschaft B ist.
Lässt sich daraus schließen, dass auch der Wohlstand in der Volkswirtschaft A größer als in der Volkswirtschaft B ist? Begründen Sie Ihre Meinung.

---

1 Dieser Wert (Konsumausgaben des Staates) ist von der Staatsquote, d. h. dem Anteil der Staatsausgaben am Bruttoinlandsprodukt zu unterscheiden. Die Staatsquote betrug in den letzten Jahren ca. 50 %.

A 1.7

Produktionsfunktion – Optimale Faktorallokation

Zur Produktion der Güter X_1 und X_2 stehen 600 Einheiten des Produktionsfaktors Arbeit (A) und 400 Einheiten des Produktionsfaktors Kapital (K) zur Verfügung. Für die Herstellung der beiden Güter gelten folgende Produktionsfunktionen vom Typ COBB-DOUGLAS:

$$X_1 = A^{0,9} \cdot K^{0,3} \qquad X_2 = A^{0,8} \cdot K^{0,4}$$

Für die Herstellung der Güter X_1 und X_2 bestehen hinsichtlich der Aufteilung der Produktionsfaktoren (= Faktorallokation) folgende drei Alternativen:

	Allokationsalternative 1		**Allokationsalternative 2**		**Allokationsalternative 3**	
	Einheiten des Faktors A	Einheiten des Faktors K	Einheiten des Faktors A	Einheiten des Faktors K	Einheiten des Faktors A	Einheiten des Faktors K
	520 für X_1	60 für X_1	360 für X_1	200 für X_1	240 für X_1	360 für X_1
	80 für X_2	340 für X_2	240 für X_2	200 für X_2	360 für X_2	40 für X_2
Σ der Faktor-einheit	600	400	600	400	600	400

1 ▶ Ermitteln Sie, welche der drei Allokationsmöglickeiten die effizienteste ist.

2 ▶ Erläutern Sie am vorliegenden Beispiel das ökonomische Prinzip.

A 1.8

Minimalkostenkombination

Einheiten Arbeit	**Voraussichtliche Weizenernte in Tonnen**						
0	0	0	0	0	0	0	
1	0	10	21	34	50	62	
2	0	21	34	50	62	72	
3	0	34	50	62	72	81	
4	0	50	62	72	81	90	
5	0	62	72	81	90	98	
	0	1	2	3	4	5	**Einheiten Kapital**

Ein landwirtschaftlicher Betrieb baut Weizen an. Die nebenstehende Produktionsmatrix zeigt die voraussichtlichen Ernteergebnisse, die bei unterschiedlichen Kombinationen der Produktionsfaktoren Arbeit und Kapital erzielt werden können. Die Anbaufläche bleibt in allen Fällen gleich.

1 ▶ Es sollen 50 t Weizen produziert werden. Mit welchen Kombinationen der Produktionsfaktoren Arbeit und Kapital kann bei voller Auslastung genau diese Menge erzeugt werden?

2 ▶ Der Lohn für eine Arbeitseinheit beträgt 50 €, während sich die Kosten für die Nutzung landwirtschaftlicher Maschinen auf 60 € je Einheit belaufen.
Mit welcher Faktorkombination sollen die 50 t Weizen produziert werden?

3 ▶ Die Löhne steigen zunächst auf 60 € und dann auf 70 € je Arbeitseinheit, während die Kapitalkosten unverändert bleiben.
Wie wird der Landwirt reagieren?

4 ▶ Erläutern Sie am vorliegenden Beispiel das ökonomische Prinzip.

2 Wirtschaftskreislauf und volkswirtschaftliche Gesamtrechnung

Fallbeispiele zur Einführung

Fallbeispiel 2.1: Güter- und Geldströme im Wirtschaftskreislauf

Die folgende ***Input-Output-Tabelle*** zeigt beispielhaft die Verflechtungen und Beziehungen zwischen drei Unternehmen und drei Haushalten einer Modellvolkswirtschaft. Der Output der Unternehmen besteht dabei aus den für die anderen Unternehmen erbrachten Vorleistungen und den an die Haushalte gelieferten Konsumgütern. Der Output der Haushalte sind die den Unternehmen zur Verfügung gestellten Produktionsfaktoren. Der Input der Unternehmen sind die von anderen Unternehmen bezogenen Vorleistungen. Der Input der Haushalte sind die von den Unternehmen gekauften Konsumgüter. Bei den dargestellten Beziehungen handelt es sich somit um **Güterströme**. Die Güterströme sind in **Geldeinheiten** bewertet.

Input-Output-Tabelle: Güterströme in GE

P.Point

Empfangende Wirtschaftseinheit (Input) / Liefernde Wirtschaftseinheit (Output)		Unternehmen A, B, C empfangen Vorleistungen von Unternehmen und Produktionsfaktoren von Haushalten			Haushalte 1, 2, 3 empfangen Konsumgüter von Unternehmen			Σ Output (GE)
		Unternehmen A	Unternehmen B	Unternehmen C	Haushalt 1	Haushalt 2	Haushalt 3	
Unternehmen A, B, C liefern Vorleistungen an Unternehmen und Konsumgüter an Haushalte	Unternehmen A		0	0	90	10	20	120
	Unternehmen B	20		30	–	–	–	50
	Unternehmen C	10	40		–	–	–	50
Haushalte 1, 2, 3 liefern Produktionsfaktoren an Unternehmen	Haushalt 1	90	0	0		–	–	90
	Haushalt 2	0	10	0	–		–	10
	Haushalt 3	0	0	20	–	–		20
Σ Input (GE)		120	50	50	90	10	20	340

1. Die aus der Tabelle hervorgehenden gütermäßigen Verflechtungen und Beziehungen lassen sich auch als Güterströme in einem Kreislaufschema grafisch darstellen.
   Welches Aussehen hat im vorliegenden Fall das Kreislaufschema zur Darstellung der Güterströme?
2. Der Wert, der im Produktionsprozess den Vorleistungen hinzugefügt wird, ist die Wertschöpfung eines Unternehmens. Sie ergibt sich als Differenz zwischen den insgesamt von einem Unternehmen erzeugten Gütern (= Produktionswert) und den dafür von anderen Unternehmen bezogenen Vorleistungen.
   Wie hoch ist die Wertschöpfung der Unternehmen A, B und C und der gesamten Volkswirtschaft?
3. Den einzelnen Güterströmen fließen jeweils wertmäßig gleich große Geldströme (Kaufpreis für die Vorleistungen, Einkommen der Produktionsfaktoren, Kaufpreis für die Konsumgüter) entgegen.
   Welches Aussehen hat im vorliegenden Fall das Kreislaufschema zur Darstellung der Geldströme?

4. In welcher Höhe sind in den Unternehmen A, B und C und der gesamten Volkswirtschaft Faktoreinkommen entstanden und den Haushalten zugeflossen?
5. Welcher Zusammenhang besteht zwischen der Wertschöpfung und den entstandenen Faktoreinkommen?
6. Um die Verflechtungen und Beziehungen in einer Volkswirtschaft übersichtlicher zu machen, werden für volkswirtschaftliche Modellanalysen Wirtschaftseinheiten mit gleichartigen Aktivitäten zu Sektoren zusammengefasst (= Aggregation). Durch die Zusammenfassung entfallen die Ströme innerhalb eines Sektors (In-sich-Ströme) und es werden nur die Ströme zwischen den Sektoren berücksichtigt. Im vorliegenden Fall lassen sich die Sektoren Unternehmen und Haushalte unterscheiden.
   Welches Aussehen hat im vorliegenden Fall das Kreislaufschema zur Darstellung der Güterströme (Waren und Produktionsfaktoren) und der Geldströme zwischen den Sektoren Unternehmen und Haushalte?

Erläuterungen und Lösung siehe Seiten 39, 40 und 41.

Fallbeispiel 2.2: Beitrag eines Unternehmens zur Wertschöpfung in einer Volkswirtschaft

Eine Maschinenfabrik hat in der vergangenen Abrechnungsperiode Güter im Wert von 400 Mio. Euro verkauft. Das Unternehmen bezog Vorleistungen von anderen Unternehmen in Höhe von 100 Mio. Euro. Die Abschreibungen beliefen sich auf 200 Mio. Euro.

1. Wie hoch war der Produktionswert der Maschinenfabrik?
2. Wie hoch war die Bruttowertschöpfung der Maschinenfabrik (= Beitrag zum Bruttoinlandsprodukt)?
3. Wie hoch war die Nettowertschöpfung der Maschinenfabrik (= Beitrag zum Nettoinlandsprodukt)?

Erläuterungen und Lösung siehe Seite 50.

Fallbeispiel 2.3: Inlandsprodukt einer Volkswirtschaft

Das folgende Bild zeigt den Kreislauf einer Volkswirtschaft in der vergangenen Periode (in Mrd. Euro).

1. Wie groß war in dieser Volkswirtschaft das Bruttoinlandsprodukt?
2. Wie groß war in dieser Volkswirtschaft das Nettoinlandsprodukt?
3. Woran ist zu erkennen, dass es sich um eine evolutorische Volkswirtschaft handelt?

Erläuterungen und Lösung siehe Seite 55.

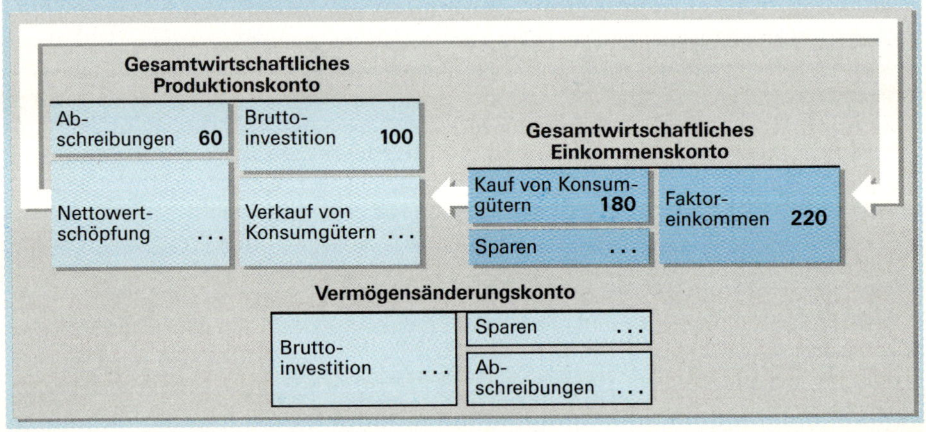

2.1 Grundlagen der Kreislaufanalyse

Güter- und Geldströme im Wirtschaftskreislauf

In einer arbeitsteiligen Geldwirtschaft beziehen die Unternehmen Vorleistungen (Waren und Dienstleistungen) von anderen Unternehmen. Außerdem müssen sie sich die Produktionsfaktoren beschaffen. Um die Bedeutung der von den Inhabern der Produktionsfaktoren erzielten Faktoreinkommen besser analysieren zu können, wird in der Kreislauftheorie nämlich angenommen, dass die Unternehmen nicht Eigentümer der Produktionsmittel sind. Vielmehr werden ihnen von den privaten Haushalten neben der Arbeitsleistung auch die Produktionsfaktoren Boden und Kapital zur Verfügung gestellt. Als Gegenleistung erhalten die privaten Haushalte von den Unternehmen Geldeinkommen (**Faktoreinkommen**[1]), das sie wiederum für den Kauf von Waren und Dienstleistungen verwenden. Jedem Güterstrom fließt ein wertmäßig gleich großer Geldstrom entgegen.

In einer arbeitsteiligen Geldwirtschaft durchlaufen die Güter in der Regel mehrere Produktionsstufen. Dem Güterstrom fließt ein Geldstrom entgegen. Es entsteht ein Güter- und Geldkreislauf.

Lösung zu Fallbeispiel 2.1 Nr. 1 u. 2 (*vgl. S. 37*)

P.Point

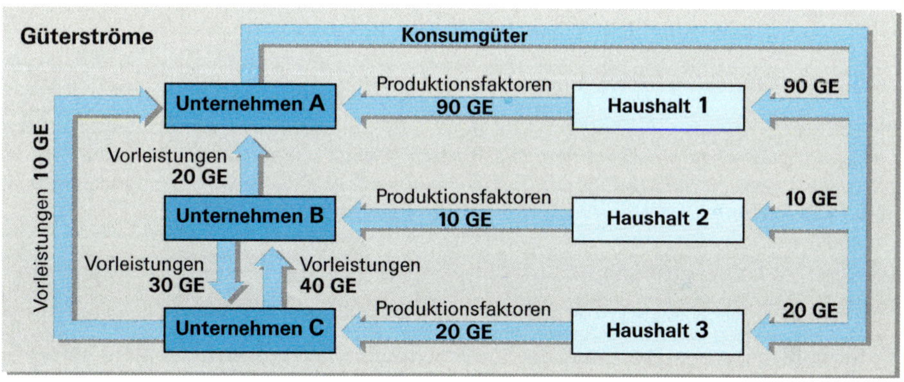

	Unternehmen A	*Unternehmen B*	*Unternehmen C*	*Insgesamt*
Produktionswert	*120*	*50*	*50*	*220*
- Vorleistungen	*30*	*40*	*30*	*100*
= Wertschöpfung	*90*	*10*	*20*	*120*

1 Faktoreinkommen: das den Produktionsfaktoren zufließende Entgelt

P.Point

Lösung zu Fallbeispiel 2.1 Nr. 3 u. 4 (*vgl. S. 37/38*)

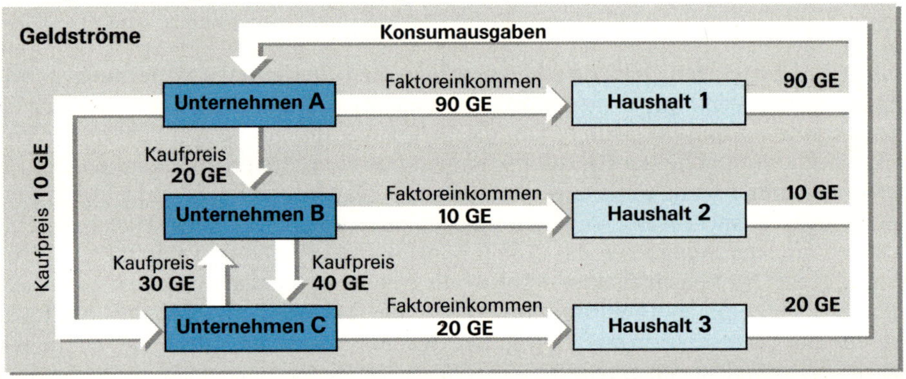

Bei jedem Unternehmen entstehen in Höhe der Differenz zwischen den Einnahmen aus Güterverkäufen und den Ausgaben für bezogene Vorleistungen Faktoreinkommen in Form von Löhnen, Zinsen, Mieten und Gewinnen.

	Haushalt 1 von Unternehmen A	*Haushalt 2 von Unternehmen B*	*Haushalt 3 von Unternehmen C*	*Insgesamt*
Faktor-einkommen	*90*	*10*	*20*	*120*

Lösung zu Fallbeispiel 2.1 Nr. 5 (*vgl. S. 38*)

Im Produktionsprozess (= Kombination der Produktionsfaktoren) werden Güter erzeugt und es entstehen Faktoreinkommen. Die ***Wertschöpfung*** *(= Wert, der den Vorleistungen im Produktionsprozess hinzugefügt wird) ist genauso groß wie die Summe der* ***Faktoreinkommen*** *(= Bezahlung für die im Produktionsprozess eingesetzten Produktionsfaktoren).*

Der Wert, den ein Unternehmen im Rahmen des Produktionsprozesses den bezogenen Vorleistungen hinzufügt, wird als Wertschöpfung bezeichnet.

Die Summe der Wertschöpfung aller Unternehmen einer Volkswirtschaft in einem bestimmten Zeitraum (z. B. ein Jahr) entspricht dem **Wert aller Güter (ohne Vorleistungen)**, die in dieser Vokswirtschaft mithilfe der Produktionsfaktoren in dem entsprechenden Zeitraum erzeugt wurden. Die Summe aller Faktoreinkommen in einer Volkswirtschaft ergibt das **Volkseinkommen** (*vgl. 2.8*). Die Wertschöpfung einer Volkswirtschaft und das Volkseinkommen stellen – wie zwei Seiten derselben Medaille – Ergebnisse ein und desselben Produktionsprozesses dar. Beide Größen sind **wertmäßig** gleich groß. Sie werden üblicherweise **beide** mit Y (für *yield* = Ertrag) bezeichnet.

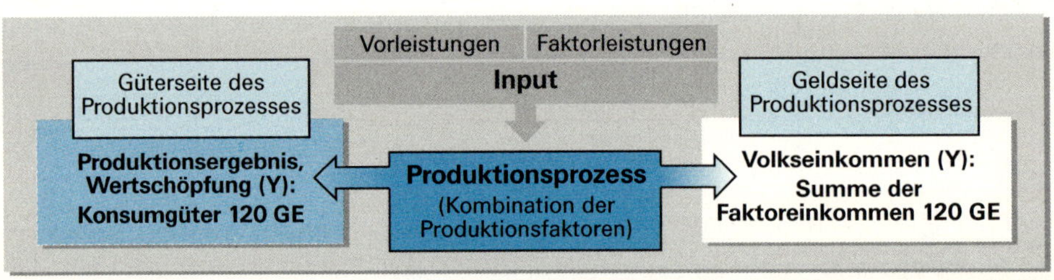

Sektoren der Wirtschaft

Um die verwirrenden Verflechtungen im Wirtschaftsprozess einer Volkswirtschaft überschaubarer zu machen, werden für volkswirtschaftliche Modellanalysen und für statistische Zwecke Wirtschaftseinheiten mit gleichartigen Aktivitäten zu Sektoren zusammengefasst (**Aggregation**). Dabei ist es üblich, nach institutionellen Gesichtspunkten zwischen den Sektoren Unternehmen, Haushalte und Staat zu unterscheiden.

Zum Sektor Unternehmen gehören alle Institutionen, die Güter produzieren und gegen Entgelt verkaufen.

Zum Sektor Haushalte gehören alle privaten Institutionen, die auf dem Markt als Anbieter von Arbeitskraft und Endverbraucher von Konsumgütern auftreten.

Lösung zu Fallbeispiel 2.1 Nr. 6 (*vgl. S. 38*)

P.Point

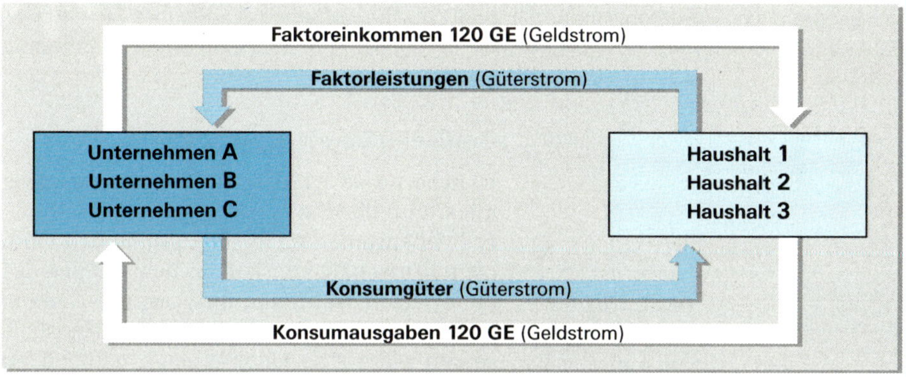

Werden die beteiligten Wirtschaftseinheiten zu den Sektoren Unternehmen und Haushalte zusammengefasst, ist der Wirtschaftskreislauf durch zwei Güterströme (Waren und Faktorleistungen) und zwei den Güterströmen entgegenlaufende Geldströme (Faktoreinkommen und Konsumausgaben) gekennzeichnet.

Zum Sektor Staat gehören alle Gebietskörperschaften (Bund, Länder, Gemeinden) und Sozialversicherungsträger.

Die zum Sektor Staat gehörenden Institutionen werden auch als **öffentliche Haushalte** bezeichnet. Sie finanzieren sich vor allem durch Zwangsabgaben (Steuern und Gebühren). Güter, die sie produzieren, stellen sie in der Regel ohne direkte Gegenleistung den anderen Wirtschaftseinheiten zur Verfügung.

2.2 Einfacher Wirtschaftskreislauf (Kreislauf einer geschlossenen Volkswirtschaft ohne staatliche Aktivität)

2.2.1 Einfacher Wirtschaftskreislauf einer stationären Volkswirtschaft

Aus Vereinfachungsgründen wird die Kreislaufbetrachtung zunächst auf die Beziehungen zwischen den beiden Sektoren Unternehmen und Haushalte beschränkt. Es handelt sich dabei um die einfachste Form eines Wirtschaftskreislaufs.

Da die Güterströme und die ihnen entgegenfließenden Geldströme wertmäßig gleich groß sind, kann zur Vereinfachung auf die Darstellung eines der beiden Ströme verzichtet werden. Üblicherweise wird im Rahmen der Analyse des Wirtschaftskreislaufs nur der Geldstrom betrachtet. Die Einnahmen- und Ausgabenströme (monetäre Ströme) dürfen dabei aber nicht in jedem Fall mit Bargeldströmen gleichgesetzt werden. Vielmehr drückt sich in diesen Strömen eine Änderung von Forderungen und Verbindlichkeiten zwischen den Sektoren aus. Bargeld (Banknoten und Münzen) ist dabei nur eine bestimmte Form, um eine solche Änderung zu bewirken.

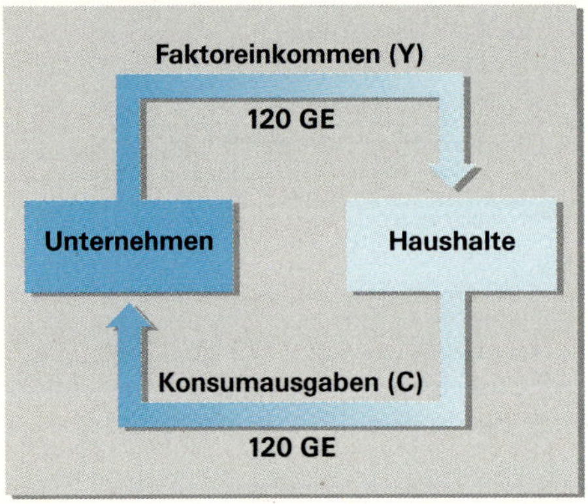

Grafische Darstellung

Üblicherweise werden die **Konsumausgaben** mit **C** und das **Einkommen** mit **Y** bezeichnet.[1] Die nebenstehende Abbildung stellt den **einfachen** Wirtschaftskreislauf für den Fall dar, dass die privaten Haushalte ihr gesamtes Einkommen für den Konsum ausgeben. Die Haushalte sparen nicht. Die Unternehmen nehmen nur Ersatzinvestitionen vor, indem sie die durch Abnutzung der Anlagen eingetretene Wertminderung (= Abschreibung) wieder ausgleichen *(vgl. 1.3.4)*. **Die Wirtschaft ist stationär.**[2] Da auch die Lagervorräte nicht erhöht werden, gibt es **keine Nettoinvestition**.

In einer stationären Wirtschaft gibt es kein Sparen und keine Nettoinvestition.

In einer **stationären Wirtschaft** (Nettoinvestition = 0) liegt eine Bruttoinvestition in Höhe der Ersatzinvestition vor. Ist dagegen die Nettoinvestition negativ, d. h. wird nicht einmal die durch Abnutzung der Anlagen eingetretene Wertminderung in voller Höhe durch Ersatzinvestition wieder ausgeglichen, liegt eine **schrumpfende Wirtschaft** vor. Das **Brutto**anlagevermögen (= Kapitalstock) sinkt in diesem Fall.

Darstellung in Gleichungsform

Der Wirtschaftskreislauf lässt sich u. a. auch in Gleichungsform darstellen.

In einer stationären Volkswirtschaft gilt die Gleichung: Y = C

1 C steht für *consumption*. Y steht für *yield* (= Ertrag).

2 Eine stationäre Wirtschaft ist der Modellzustand einer Volkswirtschaft, bei dem nicht nur der Kapitalbestand (netto), sondern auch die Bevölkerung, die Konsumgewohnheiten und die Technologie im Zeitablauf konstant bleiben, sodass sich in jeder Periode alle wirtschaftlichen Aktivitäten unverändert wiederholen.

Die Gleichung zeigt die Verwendung des Einkommens: **Die Haushalte geben ihr gesamtes Einkommen für Konsumgüter aus**. Das Symbol **Y** wird aber nicht nur für die Summe aller Faktoreinkommen in einer Volkswirtschaft (= **Volkseinkommen**), sondern auch für das Produktionsergebnis einer Volkswirtschaft (= **Wertschöpfung** aller Unternehmen) verwendet. Dementsprechend zeigt die Gleichung auch die Zusammensetzung des Produktionsergebnisses, bei dessen Erstellung die den Haushalten zufließenden Faktoreinkommen entstehen: **Das nach Abzug der Ersatzinvestition verbleibende Produktionsergebnis besteht ausschließlich aus Konsumgütern**.

2.2.2 Einfacher Wirtschaftskreislauf einer evolutorischen Volkswirtschaft

Wird das Kreislaufmodell etwas der Realität angepasst und unterstellt, dass ein Teil des in der Volkswirtschaft entstehenden Einkommens gespart wird und die Unternehmen positive Nettoinvestitionen vornehmen, handelt es sich um eine **evolutorische** (wachsende, fortschreitende) **Wirtschaft**. A ◀ 2.1

Eine evolutorische (wachsende, fortschreitende) Wirtschaft ist durch Sparen und positive Nettoinvestition gekennzeichnet.

Grafische Darstellung

Auch in einer evolutorischen Wirtschaft fließt ein Einkommensstrom (Y) von den Unternehmen an die privaten Haushalte. Dem fließt ein Ausgabenstrom für den Kauf von Konsumgütern (C) von den privaten Haushalten an die Unternehmen entgegen. Da aber unterstellt ist, dass die privaten Haushalte nicht ihr gesamtes Einkommen für Konsumgüter ausgeben, sind diese beiden Ströme – anders als in einer stationären Wirtschaft – nicht gleich groß. Für eine evolutorische Wirtschaft gilt vielmehr die Ungleichung Y > C. Um den Geldkreislauf zu schließen, muss neben den beiden Sektoren private Haushalte und Unternehmen ein zusätzlicher Pol in das Kreislaufschema eingefügt werden. Dabei handelt es sich um die **Vermögensänderung**.

P.Point

Einfacher Wirtschaftskreislauf einer evolutorischen Wirtschaft

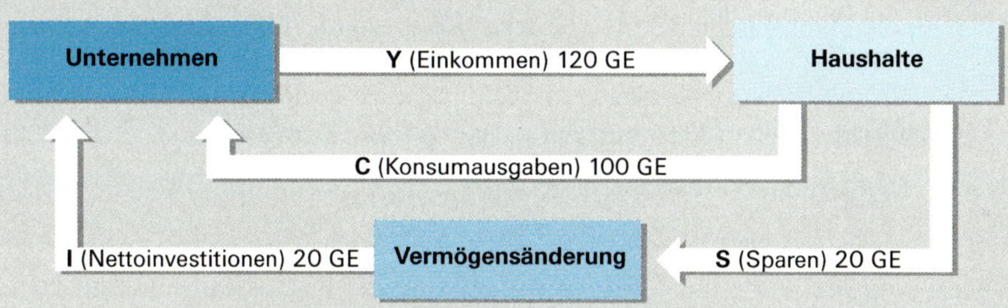

Y = Faktoreinkommen der privaten Haushalte (Volkseinkommen)
C = Konsumgüterausgaben der privaten Haushalte
S = Sparen der privaten Haushalte
I = (Netto-)Investitionen der Unternehmen

Während die Sektoren private Haushalte und Unternehmen **institutionell** durch Zusammenfassung gleichartiger Wirtschaftseinheiten abgegrenzt sind, ist der Pol Vermögensänderung durch seine **Funktion** bestimmt. Nur wenn für jeden Sektor die Summen der Zu- und

Abgänge übereinstimmen, ist der Kreislauf geschlossen. Sowohl beim Sektor Unternehmen als auch beim Sektor Haushalte ergibt sich aber im vorliegenden Fall ein Unterschied zwischen Zu- und Abgängen in Höhe von 20 GE (= Salden). Der Pol **Vermögensänderung** hat nun die Aufgabe, den Kreislauf zu schließen, indem er die **Salden**, die sich bei den beiden Sektoren Haushalte und Unternehmen ergeben, aufnimmt. Die Pfeilrichtung wird dabei durch den Grundsatz bestimmt, dass die Zugänge zu einem Sektor gleich groß sein müssen wie die Abgänge.

Der Pol Vermögensänderung hat die Funktion, die Unterschiedsbeträge zwischen den Zu- und Abgängen (= Salden) der Sektoren Unternehmen und Haushalte aufzunehmen und dadurch den Kreislauf zu schließen.

Im Pol Vermögensänderung werden das Sparen (= Saldo des Sektors Haushalt) und die Investition (= Saldo des Sektors Unternehmen) erfasst. Der Kreislauf ist nur dann geschlossen, wenn für den Pol Vermögensänderung die Bedingung erfüllt ist: **Sparen** gleich **Nettoinvestition.**

Neben den privaten Haushalten können auch die Unternehmen Ersparnisse bilden. Das geschieht dadurch, dass Gewinnanteile nicht an die Haushalte ausgeschüttet, sondern von den Unternehmen einbehalten werden (= Selbstfinanzierung). Würde auch die Ersparnisbildung der Unternehmen berücksichtigt, müsste diese ebenfalls auf dem Vermögensänderungskonto erfasst werden.

Darstellung in Gleichungsform

Auch für den einfachen Wirtschaftskreislauf einer evolutorischen Wirtschaft lassen sich die Zusammenhänge in Gleichungsform ausdrücken. Für die evolutorische Volkswirtschaft ist kennzeichnend, dass die Nettoinvestition positiv ist. Die Nettoinvestition ergibt sich aus der Differenz zwischen Bruttoinvestition und Abschreibungen. Die Abschreibungen messen die durch produktionsbedingten Verschleiß und wirtschaftliches Veralten bedingte Wertminderung des Sachkapitals (*vgl. 1.3.4*).

Nettoinvestition = Bruttoinvestition – Abschreibungen

$$I^{netto} = I^{brutto} - D$$ [1]

Das **gütermäßige Produktionsergebnis** (Wertschöpfung) der Volkswirtschaft besteht aus den an die Haushalte gelieferten Gütern (Konsumgüter) und denjenigen Sachgütern, die die Bestände der Unternehmen an Produktionsmitteln aller Art einschließlich der Halb- und Fertigwarenlager vergrößert haben (= Investition). Somit gilt für die **Verwendung des Produktionsergebnisses** folgende Gleichung:

Nettowertschöpfung = Konsum + Nettoinvestition

$$Y = C + I^{netto}$$

Bei der Güterproduktion entstehen für die Inhaber der Produktionsfaktoren Faktoreinkommen. Deren Höhe entspricht dem mit den entstandenen Produktionskosten (Faktorkosten) bewerteten gütermäßigen Produktionsergebnis. **Daher stimmt die Summe der Faktoreinkommen (Volkseinkommen) mit der Wertschöpfung dieser Volkswirtschaft überein.** Die Faktoreinkommen fließen den privaten Haushalten zu. Diese verwenden es für die Käufe von Konsumgütern und zur Ersparnisbildung. Da das Symbol Y nicht nur für den **Wert des Produktionsergebnisses (Wertschöpfung)**,

1 D steht für *depreciation* (Abschreibung).

sondern auch für das **wertmäßig gleich hohe Volkseinkommen** benutzt wird, gilt für die **Verwendung des Volkseinkommens** somit folgende Gleichung:

Volkseinkommen = Konsum + Sparen

$$Y = C + S$$

Gleichheit von Sparen und Investieren

Aus den beiden Definitionsgleichungen für die Verwendung von Produktionsergebnis und Volkseinkommen lässt sich ableiten, dass in einem **einfachen Wirtschaftskreislauf** (d. h. ohne Berücksichtigung von wirtschaftlichen Aktivitäten des Staates und des Auslandes) die Nettoinvestition **am Ende** einer Wirtschaftsperiode (*ex post*) immer so groß sein muss wie das Sparen.

P.Point

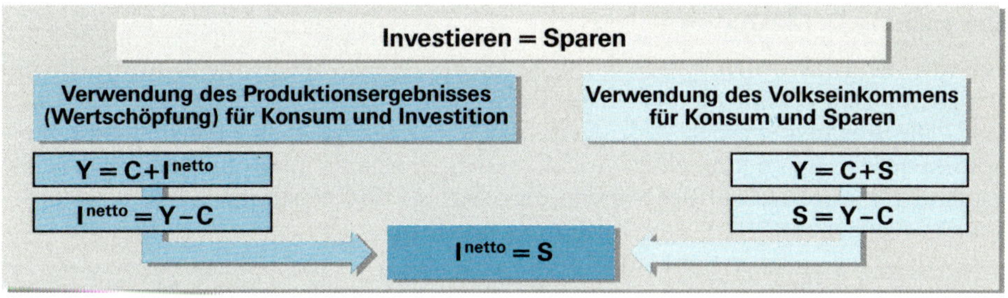

Diese Gleichheit wird **nicht** durch das Bankensystem oder andere Institutionen bewirkt. Sie ergibt sich vielmehr zwingend aus den verwendeten **Definitionen**.

Die von den Haushalten mit dem **Volkseinkommen** (Y) gekauften Güter stellen **Konsum** (C) dar. Der nicht für den Konsum verwendete Teil des Volkseinkommens bildet die **Ersparnis** (S) der Haushalte. Andererseits sind alle Güter des **gesamtwirtschaftlichen Produktionsergebnisses** (Y), die nicht von den Haushalten gekauft werden, keine **Konsumgüter** (C). Es handelt sich folglich um **Investitionen** (I). Die nicht (oder noch nicht) von den Haushalten gekauften Güter erhöhen – gewollt oder ungewollt – das Sachvermögen der Unternehmen in Form von Anlage- oder Lagerinvestitionen. In Höhe der Ersparnis (= Konsumverzicht) der privaten Haushalte können die Unternehmen keine Konsumgüter verkaufen. Vielmehr steigen genau in dieser Höhe die Investitionen. Ersparnis und Investition sind daher am Ende einer Wirtschaftsperiode zwangsläufig immer gleich hoch. Es muss jedoch lediglich in Höhe der Netto- und nicht in Höhe der Bruttoinvestitionen gespart werden. M.a.W: **Die Ersatzinvestitionen machen keinen Konsumverzicht nötig**. Das ist auf die buchhalterische Wirkung der Abschreibungen zurückzuführen. Um den Bestand an Sachkapital nicht absinken zu lassen, muss der im Rahmen des Produktionsprozesses eingetretene Verschleiß an Produktionsmitteln durch Ersatzinvestitionen in entsprechender Höhe ausgeglichen werden. Buchhalterisch wird die Wertminderung an den Produktionsmitteln durch Abschreibungen erfasst. Abschreibungen stellen Aufwand dar. Sie bewirken, dass sich der Gewinn und damit die Summe der Faktoreinkommen um den Abschreibungsbetrag, der in einer stationären und evolutorischen Wirtschaft der Höhe der Ersatzinvestitionen entspricht, verringert. Aufgrund dieser **gewinnmindernden Wirkung der Abschreibungen** fließt den Haushalten also lediglich ein in Höhe der Ersatzinvestitionen verringertes Gewinneinkommen zu. Ein zusätzlicher **Konsumverzicht** aus diesem bereits **um den Betrag der Ersatzinvestitionen gekürzten Einkommen** ist somit **nicht Vorraussetzung** dafür, dass Ersatzinvestitionen vorgenommen werden können (*vgl. Aufg. 2.1*).

Darstellung in Kontenform

Bei der Darstellung der Kreislaufzusammenhänge in Kontenform werden üblicherweise die Zugänge auf der rechten und die Abgänge auf der linken Kontenseite erfasst.[1] Für den vorliegenden Fall hat das Kontensystem folgendes Aussehen.

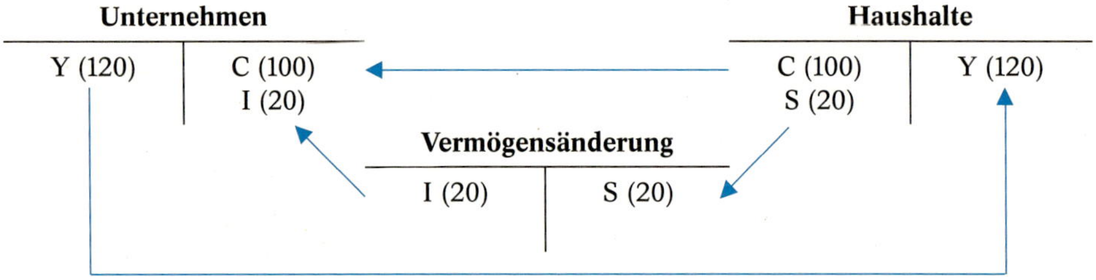

Darstellung in Matrixform

Bei einer Kreislaufmatrix handelt es sich um eine Tabelle, bei der die Sektoren sowohl in der Kopfzeile als auch in der linken Randspalte in gleicher Reihenfolge angeordnet sind. Die Abgänge werden zeilenweise und die Zugänge spaltenweise erfasst. Entsprechend der Bedingung eines geschlossenen Kreislaufs muss für jeden Sektor die Summe der Zugänge mit der Summe der Abgänge übereinstimmen. Für den vorliegenden Fall hat die Matrix folgendes Aussehen:

Zugänge / Abgänge	**Unternehmen**	**Haushalte**	**Vermögensänderung**	**Summe**
Unternehmen		Y (120)		Y = 120
Haushalte	C (100)		S (20)	C + S = 120
Vermögensänderung	I (20)			I = 20
Summe	C + I = 120	Y = 120	S = 20	

2.3 Erweiterter Wirtschaftskreislauf (Kreislauf einer offenen Volkswirtschaft mit staatlicher Aktivität)

Werden neben den Sektoren „Unternehmen" und „private Haushalte" auch die wirtschaftlichen Aktivitäten des **Staates** und/oder die Wirtschaftsbeziehungen mit dem **Ausland** berücksichtigt, handelt es sich nicht mehr um einen **einfachen**, sondern um einen **erweiterten** Wirtschaftskreislauf. Bei Einbeziehung des Sektors „Ausland" wird auch von einer **offenen**, andernfalls von einer **geschlossenen** Volkswirtschaft gesprochen.

Grafische Darstellung

▶ A 2.2 Der **Staat** zieht von den Unternehmen Steuern (T_U)[2] und von den privaten Haushalten neben den Steuern (T_H) noch Sozialversicherungsbeiträge ein. Neben diesen Ein-

1 Wenn die einmal gewählte Vorgehensweise konsequent beibehalten wird, ist es grundsätzlich gleichgültig, ob die Zugänge auf der rechten oder linken Kontenseite gebucht werden.
2 T steht für *taxes* (Steuern).

nahmen erzielt der Staat Faktoreinkommen durch Beteiligungen an Unternehmen und aus Vermögen (Y_U^{St}).

Der Staat verwendet seine Einnahmen für

- Einkommenszahlungen an die privaten Haushalte der Beamten (z. B. Polizisten) und Angestellten bzw. Arbeiter des öffentlichen Dienstes (z. B. Krankenschwestern) (Y_{St}^H),
- Transferzahlungen an private Haushalte (z. B. Wohngeld, Kindergeld, Sozialhilfe) (Tr),
- Käufe von Investitionsgütern (I_{St}^{br}) und sonstigen Vorleistungen bei den Unternehmen (VL_{St}),
- Subventionszahlungen an die Unternehmen (Z)[1],
- staatliche Ersparnisse (S_{St}).

Subventionen sind Geldleistungen öffentlicher Haushalte an Unternehmen ohne ökonomische Gegenleistung.

Zu den Vorleistungen, die der Staat von den Unternehmen bezieht, gehören Rohstoffe, Energie, Dienstleistungen (einschließlich Mieten), laufende Reparaturen und geringwertige Güter (z. B. Büromaterial). Staatliche Investitionsgüter sind u. a. öffentliche Gebäude, Ausrüstungen (z. B. Straßenkehrmaschine) und Verkehrswege (z. B. Straßen, Brücken, Kanäle). Während

P.Point

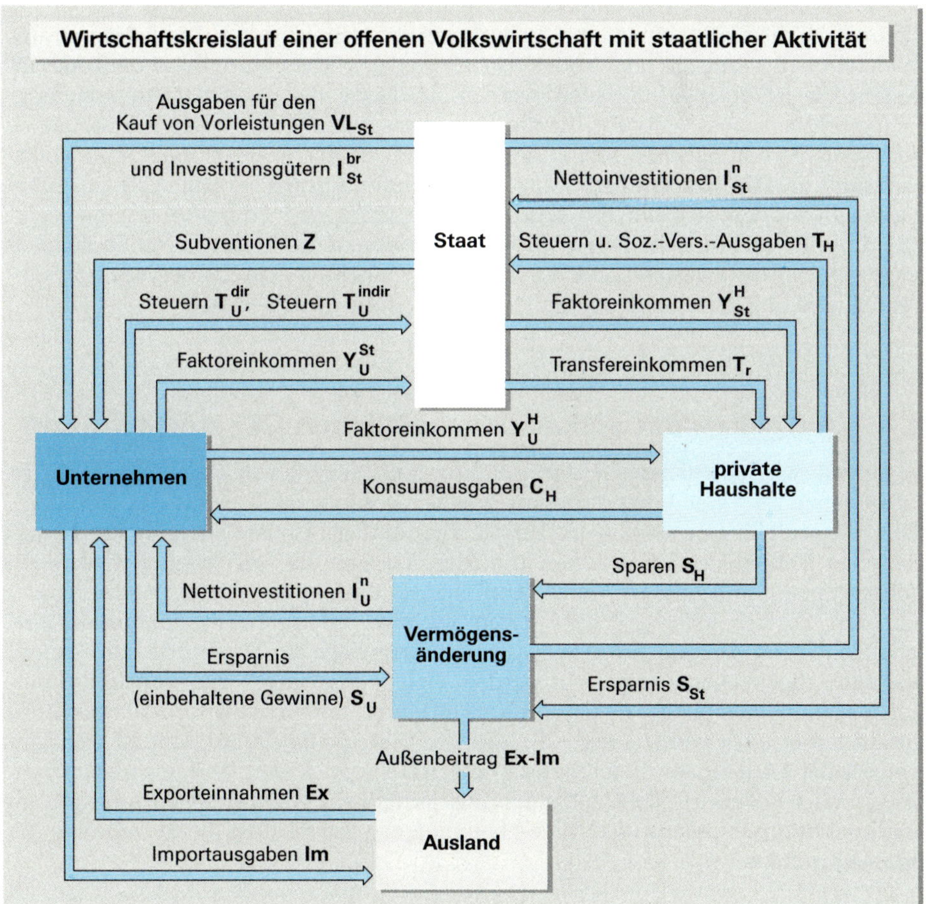

1 Z steht für **Z**uschüsse (Subventionen).

die Wertminderungen an diesen Gütern durch Abschreibungen erfasst werden, gelten die laufenden Reparaturen und Ausbesserungen als Vorleistungen.

Da die öffentlichen Güter (z. B. öffentliche Verwaltung, Schulwesen, Landesverteidigung) vom Staat unentgeltlich bereitgestellt werden, lassen sie sich nicht durch einen Geldstrom im Kreislaufschema darstellen. Außerdem kann den privaten Haushalten und Unternehmen nicht eindeutig zugerechnet werden, in welchem Umfang sie die öffentlichen Güter nutzen.

In einer Volkswirtschaft ohne Außenhandel (geschlossene Volkswirtschaft) steht nur die im Inland erzeugte Gütermenge für Investition und Konsum zur Verfügung. Werden dagegen auch die wirtschaftlichen Beziehungen mit dem **Ausland** berücksichtigt (offene Volkswirtschaft), ändert sich die im Inland verfügbare Gütermenge durch Exporte und Importe. Der Export und Import von Waren und Dienstleistungen wird im Kreislaufschema durch folgende Geldströme erfasst:

Güterexport: Einnahmestrom vom Ausland an die Unternehmen[1] im Inland,
Güterimport: Ausgabestrom von den Unternehmen[1] im Inland an das Ausland.

Die Differenz zwischen Export und Import ist der Außenbeitrag.

Exportieren die Unternehmen mehr als sie importieren, ist der Außenbeitrag positiv. In diesem Fall werden in der Volkswirtschaft weniger Güter konsumiert und/oder investiert als im Inland hergestellt werden. In Höhe des positiven Außenbeitrags (= Exportüberschuss) entsteht für die Volkswirtschaft eine Vermögenserhöhung in Form von Forderungen gegenüber dem Ausland. Ist der Außenbeitrag einer Volkswirtschaft negativ, werden mehr Güter konsumiert und/oder investiert als im Inland hergestellt werden. In Höhe des negativen Außenbeitrags (= Importüberschuss) entsteht für die Volkswirtschaft eine Vermögensminderung in Form von Verbindlichkeiten gegenüber dem Ausland. Die durch den Außenbeitrag eintretende Vermögensänderung wird im Kreislaufschema im Pol Vermögensänderung erfasst.

2.4 Aufgaben der volkswirtschaftlichen Gesamtrechnung

In der volkswirtschaftlichen Gesamtrechnung (VGR) werden die Ergebnisse des Wirtschaftsprozesses einer Volkswirtschaft, soweit sie zahlenmäßig erfassbar (= quantifizierbar) sind, für eine vergangene Periode (in der Regel ein Jahr) dargestellt. Die statistischen Zahlen der VGR liefern u. a. den Trägern der **Wirtschaftspolitik** (z. B. Bundes- und Landesregierungen, Zentralbank, Tarifpartner, Wirtschaftsverbände) und den Wirtschaftsforschungsinstituten wichtige Informationen für gesamtwirtschaftliche Analysen und Prognosen. Auf der Grundlage der Ergebnisse der Vorperiode kann rückblickend festgestellt werden, welche Wirkungen die wirtschaftspolitischen Maßnahmen gehabt haben und inwieweit die zahlenmäßig formulierten Ziele tatsächlich erreicht wurden (*vgl. 7.2*). Für die **Wirtschaftswissenschaft** ist das Zahlenwerk der VGR ein unverzichtbares Mittel, um Theorien über Wirkungszusammenhänge in der Volkswirtschaft (z. B. gesamtwirtschaftliche Auswirkungen von Konsum und Investition) zu überprüfen. Eine Hauptaufgabe der VGR ist die Berechnung des **Inlandsprodukts**.

1 Im Kreislaufschema wird unterstellt, dass nur Unternehmen Außenhandel betreiben, obwohl auch private Haushalte z. B. bei Auslandsreisen Dienstleistungen importieren *(vgl. 2.6)*.

Das Inlandsprodukt ist der Wert aller Waren (Sachgüter) und Dienstleistungen, der in einer bestimmten Periode im Inland (von In- und Ausländern) produziert wird. Die Vorleistungen, die bei der Produktion verbraucht wurden, bleiben dabei unberücksichtigt.

Das Inlandsprodukt wird als Maß für die wirtschaftliche Leistung und den Wohlstand einer Volkswirtschaft verwendet.

Wird von Wirtschaftswachstum gesprochen, ist damit die Erhöhung des Inlandsprodukts gemeint.

2.5 Erfassung der gesamtwirtschaftlichen Leistung: das gesamtwirtschaftliche Produktionskonto

Die Ermittlung des Inlandsprodukts erfolgt, indem zunächst die in Geld bewerteten Produktionsergebnisse aller Institutionen, die in einer Volkswirtschaft Waren und Diestleistungen herstellen, addiert werden. Für die **statistischen Zwecke** der Volkswirtschaftlichen Gesamtrechnung wird dazu eine Gliederung in folgende **Sektoren** vorgenommen:

Unternehmen (finanzielle und nicht finanzielle Kapitalgesellschaften[1])	**Staat**	**Private Haushalte** und private Organisationen ohne Erwerbszweck
Kapital- und Personengesellschaften Eigenbetriebe des Staates und priv. Organisationen z. B. Krankenhäuser, Pflegeheime	Bund, Länder, Gemeinden und Sozialversicherung	selbstständige Landwirte, Einzelunternehmer, Freiberufler, Kirchen, politische Parteien, Gewerkschaften, Vereine
▼	▼	▼

Wertschöpfung (Produktionswert – Vorleistungen) der Unternehmen	+	Wert der größtenteils unentgeltlich zur Verfügung gestellten Leistungen des Staates	+	Wertschöpfung (Produktionswert – Vorleistungen) der privaten Haushalte u. Ä.
		=		
		Gesamtwirtschaftliches Produktionsergebnis		

Produktionskonto eines Unternehmens

Im betrieblichen Rechnungswesen wird das Produktionsergebnis eines Unternehmens in der Gewinn- und Verlustrechnung erfasst, indem im Produktionsprozess entstehende Aufwendungen (u. a. Vorleistungen, Abschreibungen, Löhne, Zinsen) und die durch die produzierten Güter entstehenden Erträge (Verkaufserlöse, Bestandserhöhungen, selbst erstellte Anlagen) gegenübergestellt werden. Für die Ermittlung des Produktionsergebnisses eines Unternehmens im Rahmen der VGR wird das Schema der Gewinn- und Verlustrechnung geringfügig abgewandelt und als **Produktionskonto eines Unternehmens** bezeichnet.

1 Mit Kapitalgesellschaften sind im vorliegenden Fall nicht nur die entsprechenden gesellschaftsrechtlichen Unternehmensformen (z. B. GmbH, AG) gemeint. Auch die Personengesellschaften wie OHG und KG sowie die staatlichen Eigenbetriebe, öffenlichen Krankenhäuser und Pflegeheime gehören in diesen Sektor. Zu den finanziellen Kapitalgesellschaften zählen Banken, Versicherungen, Pensionskassen usw. Alle anderen genannten Unternehmen werden dagegen als nichtfinanzielle Kapitalgesellschaften bezeichnet.

Produktionskonto eines Unternehmens

Aufwand		Ertrag	
	1. Käufe von Vorleistungen 1.1 von inländischen Unternehmen 1.2 aus dem Ausland (Import)	**4. Umsätze** (ohne Umsatzsteuer) = Verkäufe von 4.1 Konsumgütern an private Haushalte 4.2 Vorleistungen 4.2.1 an Unternehmen 4.2.2 an den Staat 4.3 Investitionsgütern 4.3.1 an Unternehmen 4.3.2 an den Staat 4.4 Gütern an das Ausland (Export)	**Produktionswert**
Bruttowertschöpfung	**2. Abschreibung** **3. Nettowertschöpfung** 3.1 Löhne und Gehälter 3.2 Zinsen, Pachten 3.3 Gewinn	**5. Bestandsveränderung an Erzeugnissen** (Lagerinvestition)	
		6. Selbst erstellte Anlagen	

Lösung zu Fallbeispiel 2.2 (*vgl. S. 38*)

1. *Die Maschinenfabrik hat einen Produktionswert von 400 Mio. Euro erzeugt.*
2. *Um bei der Berechnung des Bruttoinlandsprodukts Doppelzählungen zu vermeiden, müssen zunächst die von anderen Unternehmen bezogenen Vorleistungen (hier: 100 Mio. Euro) abgezogen werden. Im vorliegenden Fall ergibt sich daraus eine Bruttowertschöpfung von 300 Mio. Euro.*
3. *Werden von der Bruttowertschöpfung die Abschreibungen (hier 200 Mio. Euro) abgezogen, ergibt sich die Nettowertschöpfung des Unternehmens in Höhe von 100 Mio. Euro.*

Produktionskonto des Sektors Unternehmen

▶ A 2.3 Der **Produktionswert** ist die Summe der in einer Periode erstellten Leistungen. Um bei der Ermittlung des Inlandsprodukts Doppelzählungen zu vermeiden, darf für die einzelnen Unternehmen nur der Teil des Produktionswertes berücksichtigt werden, der in diesem Unternehmen den Vorleistungen, die von anderen Unternehmen bezogen wurden, hinzugefügt wurde. Vom Produktionswert eines jeden Unternehmens müssen daher die empfangenen Vorleistungen (z. B. Verbrauch an Roh-, Hilfs- und Betriebsstoffen, Dienstleistungen) abgezogen werden.

Vorleistungen sind alle nichtdauerhaften Güter, die innerhalb einer Wirtschaftsperiode produziert und von anderen Unternehmen verbraucht werden. Dazu gehören auch die an Unternehmen geleisteten Dienstleistungen.

Die Differenz zwischen dem Produktionswert und den empfangenen **Vorleistungen** ist die **Bruttowertschöpfung**.

332850

Das folgende Beispiel zeigt für die beiden Unternehmen A und B die Zusammenfassung (**Aggregation**)[1] gleichartiger Produktionskonten einzelner Unternehmen zum **Produktionskonto des Sektors Unternehmen**.

Erstellung des Produktionskontos für den gesamten Unternehmenssektor durch Zusammenfassung der Produktionskonten einzelner Unternehmen

Produktionskonto Unternehmen A			
Vorleistungskäufe von B 10		Vorleistungsverkäufe an B 20	Produktionswert
Bruttowertschöpfung 290	Abschreibung 90 Nettowertschöpfung 200 (L, Z, P, G)	Sonstige Verkäufe, Bestandsänderungen, selbst erstellte Anlagen 280	300
Summe	300	Summe	300

Produktionskonto Unternehmen B			
Vorleistungskäufe von A 20		Vorleistungsverkäufe an A 10	Produktionswert
Bruttowertschöpfung 180	Abschreibung 80 Nettowertschöpfung 100 (L, Z, P, G)	Sonstige Verkäufe, Bestandsänderungen, selbst erstellte Anlagen 190	200
Summe	200	Summe	200

Produktionskonto des Sektors Unternehmen			
Vorleistungskäufe 30		*Vorleistungsverkäufe 30*	**Produktionswert**
Bruttowertschöpfung 470	Abschreibung 170 Nettowertschöpfung 300 (L, Z, P, G)	Sonstige Verkäufe, Bestandsänderungen, selbst erstellte Anlagen 470	**500**
Summe	500	Summe	500

Unternehmen A hat von Unternehmen B Vorleistungen in Höhe von 10 GE erhalten. Dieser Vorgang ist sowohl auf dem Produktionskonto des Unternehmens A (Position Vorleistungskäufe auf der linken Seite) als auch auf dem Produktionskonto des Unternehmens B (Position Vorleistungsverkäufe auf der rechten Seite) ausgewiesen. Bei der Zusammenfassung der beiden Produktionskonten zum Produktionskonto des Sektors Unternehmen heben sich diese beiden Positionen gegenseitig auf. Gleiches geschieht mit den Vorleistungen in Höhe von 20 GE, die Unternehmen B von Unternehmen A erhalten hat. Die linke Seite weist die im Produktionsprozess entstandenen Kosten aus. Daher werden dort zwar die von anderen Unternehmen gekauften Vorleistungen (z. B. Material), nicht aber die von anderen Unternehmen gekauften Investitionsgüter erfasst. Lediglich die durch die Wertminderung dieser Investitionsgüter entstandenen Kosten (= Abschreibungen) werden berücksichtigt. Nach Abzug der von den Unternehmen gezahlten Löhne, Gehälter, Zinsen und Pachten ergibt sich als Restgröße der Gewinn.

Bei der Zusammenfassung der Produktionskonten der einzelnen Unternehmen zum Produktionskonto des Sektors Unternehmen heben sich die Käufe und Verkäufe von Vorleistungen zwischen inländischen Unternehmen gegenseitig auf.

Das gesamtwirtschaftliche Produktionskonto der Unternehmen weist für Deutschland folgende Werte aus:

1 Aggregation: Zusammenfassung von einzelwirtschaftlichen (mikroökonomischen) zu gesamtwirtschaftlichen (makroökonomischen) Größen.

Produktionskonto des Sektors Unternehmen (finanzielle und nichtfinanzielle Kapitalgesellschaften) (2001 in Mrd. Euro)					
Kauf von Vorleistungen			1.472,80	**Produktionswert** (zu Herstellungspreisen[1])	2.636,25
Brutto-wert-schöpfung 1.163,45	Abschreibungen		187,65		
	Netto-wert-schöpfung	Löhne, Gehälter, Zinsen, Pachten, Gewinne	975,80		
Summe			2.636,25	Summe	2.636,25

Quelle: Stat. Bundesamt, VGR 2001, Sept. 2002, Tab. 3.4.1.1

Auf der rechten Seite des zusammengefassten Produktionskontos der Unternehmen erscheint der Produktionswert, der sich wie folgt zusammensetzt:

- Verkäufe von Vorleistungen an inländische Unternehmen
- Verkäufe von Vorleistungen an den Staat (z. B. Energie, Büromaterial, Dienstleistungen wie Vermietung, Reparaturen usw.)
- Verkäufe von Konsumgütern an private Haushalte
- Verkäufe von Gütern an das Ausland (Exporte)
- Bruttoinvestitionen (Verkäufe von Investitionsgütern an Unternehmen und Staat, Lagerinvestitionen aufgrund von Bestandserhöhungen, selbst erstellte Anlagen)

Auf der linken Seite des zusammengefassten Produktionskontos der Unternehmen ist die **Wertschöpfung** dieses Sektors ausgewiesen. Sie gibt den Wert, der den bezogenen Vorleistungen im Produktionsprozess hinzugefügt wurde, an. Die **Bruttowertschöpfung** ergibt sich, indem vom Produktionswert die Vorleistungen abgezogen werden. Bei zusätzlicher Berücksichtigung der Wertminderungen am Anlagevermögen (Abschreibungen), lässt sich die **Nettowertschöpfung** ermitteln. Die Berechnung der jährlichen Abschreibung erfolgt linear vom Wiederbeschaffungswert des Anlagevermögens.

Bruttowertschöpfung = Produktionswert – Vorleistungen
Nettowertschöpfung = Bruttowertschöpfung – Abschreibungen

Produktionskonto des Sektors Staat

Das Produktionskonto des Staates hat einen ähnlichen Aufbau wie das Produktionskonto des Unternehmenssektors. Im Gegensatz zum Produktionskonto eines Unternehmens wird das staatliche Produktionskonto aber von der linken Seite her aufgestellt. Der Grund dafür ist, dass die auf der rechten Seite auszuweisenden staatlichen Leistungen (= Produktionswert des Staates) i. d. R. kostenlos abgegeben werden und ihr Wert daher nicht in Form von Marktpreisen erfasst werden kann. Ersatzweise wird der Produktionswert des Staates mit der Höhe der Kosten angesetzt, die dem Staat bei

1 Die Bewertung des Produktionswertes erfolgt bei marktfähigen Gütern seit 1999 zu Herstellungspreisen. Zur Ermittlung des Herstellungspreises wird der **Marktpreis** (ohne Umsatzsteuer) um die darin enthaltenen **Gütersteuern** verringert und um die **Gütersubventionen** vermehrt. Zu den Gütersteuern zählen alle Steuern und ähnlichen Abgaben, die **pro Einheit** einer gehandelten Ware oder Dienstleistung zu entrichten sind. Sie umfassen u.a. die Verbrauchsteuern (z.B. Mineralöl- und Tabaksteuer), die Versicherungssteuer und Importabgaben (z.B. Zölle). Die Umsatzsteuer gehört nur in den Fällen zu den Gütersteuern, in denen ein Unternehmen die auf Vorleistungen gezahlte Umsatzsteuer nicht als Vorsteuer abziehen kann (= nichtabziehbare Umsatzsteuer). Das trifft beispielsweise dann zu, wenn die Leistung eines Unternehmens nicht der Umsatzsteuer unterliegt und daher ein Vorsteuerabzug nicht möglich ist (z.B. Bank- und Versicherungsdienstleistungen). **Gütersubventionen** sind Subventionen, die **pro Einheit** eines produzierten oder eingeführten Gutes gewährt werden. Der Saldo zwischen Gütersteuern und Gütersubventionen wird als **Nettogütersteuern** bezeichnet.

der Erstellung der von ihm bereitgestellten Güter entstanden sind (z. B. Vorleistungen, Abschreibungen, Löhne, Gehälter, Zinsen, Mieten und Pachten).

Produktionskonto des Sektors Staat (2001 in Mrd. Euro)					
Kauf von Vorleistungen			81,62	Marktproduktion (z. B. Ver- und Entsorgungsbetriebe)	**Produktionswert** 276,49
Bruttowertschöpfung 194,87	Abschreibungen		33,89		
	Nettowertschöpfung	Löhne, Gehälter, Zinsen, Mieten	160,98	**Nichtmarktproduktion** (z. B. öffentliche Verwaltung, Justiz, Landesverteidigung, Kultur)	
Summe			276,49	Summe	276,49

Quelle: Stat. Bundesamt, VGR 2001, Sept. 2002, Tab. 3.4.1.1

Für die Aufstellung des staatlichen Produktionskontos müssen daher zunächst die von Unternehmen erworbenen Vorleistungen, die Abschreibungen auf staatliche Gebäude und Anlagegüter und die staatliche Nettowertschöpfung (= Summe der vom Staat gezahlten Löhne, Gehälter, Mieten, Pachten und Zinsen) ermittelt und auf der linken Seite des staatlichen Produktionskontos ausgewiesen werden. Dem stehen mit gleichem Wertansatz auf der rechten Seite die Sachgüter und Dienstleistungen gegenüber, die der Staat anderen Wirtschaftseinheiten in den meisten Fällen ohne spezielle Gegenleistung zur Verfügung stellt. Eigentlich müssten diese staatlichen Güter, die einem Unternehmen Nutzen bringen, auf dessen Produktionskonto als Vorleistung berücksichtigt werden. Da aber nicht ermittelt werden kann, in welchem Umfang die einzelnen Wirtschaftseinheiten die kostenlos zur Verfügung gestellten staatlichen Güter nutzen, werden diese als **Kollektivkonsum** (2001: 163,25 Mrd. Euro) und Teil der **Konsumausgaben des Staates** angesehen.

Produktionskonto des Sektors private Haushalte

Das Produktionskonto des Sektors private Haushalte (dazu gehören definitionsgemäß auch alle Landwirte, Einzelunternehmner und Freiberufler) weist folgende Größen aus:

Produktionskonto des Sektors Private Haushalte (2001 in Mrd. Euro)					
Kauf von Vorleistungen			304,24	**Produktionswert** (zu Herstellungspreisen)	809,75
Bruttowertschöpfung 505,51	Abschreibungen		90,53		
	Nettowertschöpfung	Löhne, Gehälter, Zinsen, Pachten	414,98		
Summe			809,75	Summe	809,75

Quelle: Stat. Bundesamt, VGR 2001, Sept. 2002, Tab. 3.4.1.1

Die **unentgeltlichen Leistungen** der Hausfrauen gehen nicht in das Produktionsergebnis der privaten Haushalte ein.

Gesamtwirtschaftliches Produktionskonto

Das sich durch die Zusammenfassung der drei verschiedenartigen sektoralen Produktionskonten **(= Konsolidierung**[1]) ergebende gesamtwirtschaftliche Produktionskonto hat zunächst folgendes Aussehen: A ◄ 2.4

1 Konsolidierung *(lat.)*: Zusammenfassung sektoraler Größen, wobei gleichartige Größen addiert bzw. saldiert werden.

332853

Gesamtwirtschaftliches Produktionskonto (2001 in Mrd. EUR)			
Vorleistungen		1.858,66	
Bruttowertschöpfung 1.863,83	Abschreibungen	312,07	**Produktionswert**
	Nettowertschöpfung,	1.551,76	(zu Herstellungspreisen) 3.722,49
Summe		3.722,49	Summe 3.722,49

Bei Verwendung eines einheitlichen Bewertungsmaßstabes (z. B. Marktpreise) sind **Bruttowertschöpfung** einer Volkswirtschaft (= Wert, der den Vorleistungen hinzugefügt wurde) und **Bruttoinlandsprodukt** dieser Volkswirtschaft (= Wert aller erzeugten Güter ohne Berücksichtigung der Vorleistungen) **gleich groß**. In der offiziellen Statistik stimmen diese beiden Größen aber wegen **unterschiedlicher Bewertungsansätze** nicht exakt überein. Der **Produktionswert** wird zu **Herstellungspreisen** bewertet. Der Herstellungspreis ergibt sich, wenn vom Marktpreis die darin enthaltenen Nettogütersteuern (= Saldo aus Gütersteuern und Gütersubventionen) abgezogen werden.[1] Das **Bruttoinlandsprodukt** wird dagegen zu **Marktpreisen** bewertet. Folglich muss die aus dem Produktionswert (zu Herstellungspreisen) durch Abzug der Vorleistungen ermittelte gesamtwirtschaftliche **Bruttowertschöpfung** wieder um die **Nettogütersteuern** erhöht werden, um das **Bruttoinlandsprodukt** zu Marktpreisen zu erhalten.

Bruttowertschöpfung und Bruttoinlandsprodukt 2001 (in Mrd. EUR)

Bruttowertschöpfung	1.863,83
+ Nettogütersteuern (Gütersteuern minus Gütersubventionen)	207,37
= Bruttoinlandsprodukt (zu Marktpreisen)	2.071,20

Um das Inlandsprodukt und dessen Zusammensetzung auszuweisen, kann das **gesamtwirtschaftliche Produktionskonto** unter Berücksichtigung folgender Zusammenhänge aufbereitet und modifiziert werden:

- **Vorleistungen** werden nicht ausgewiesen. Bei der Zusammenfassung der Produktionskonten heben sich nicht nur die **Vorleistungen innerhalb eines Sektors** (Käufe und Verkäufe von Vorleistungen zwischen inländischen Unternehmen, *vgl. Bsp. S. 51*), sondern auch die **Vorleistungen zwischen den Sektoren** (z. B. Vorleistungskäufe des Staates von inländischen Unternehmen) gegenseitig auf. Durch die **Konsolidierung** der Konten neutralisieren sich die Vorleistungen und können entfallen.
- Die einzelnen Güterarten, aus denen sich das gesamtwirtschaftliche Produktionsergebnis zusammensetzt (**Konsum der privaten Haushalte, Konsum des Staates, Investitionen, Exporte**), werden getrennt ausgewiesen. Die **Investitionen** umfassen neben den Verkäufen von Investitionsgütern an inländische Unternehmen und Staat auch die Bestandsveränderungen (Lagerinvestitionen) sowie die importierten und selbst erstellten Anlagen. **Die Konsumausgaben des Staates** entsprechen dem **Kollektivkonsum,** d. h. dem Wert der Güter, die vom Staat selbst produziert werden (allerdings ohne die selbst erstellten Anlagen und Verkäufe). Außerdem umfassen sie die **sozialen Sachtransfers** (z. B. Arzt- und Krankenhausleistungen, Medikamente), die den privaten Haushalten vom Staat zur Verfügung gestellt werden.
- Die importierten Vorleistungen werden zusammen mit allen anderen Importen, die in einem besonderen Konto »Ausland« erfasst werden, von den Exporten abgezogen. Der Saldo wird als **Außenbeitrag** ausgewiesen.
- Es wird davon ausgegangen, dass die Unternehmen nicht nur die pro Einheit zu entrichtenden Steuern (= **Gütersteuern** wie z. B. Verbrauchssteuern und Zölle), sondern auch alle

1 Zu den Begriffen Herstellungspreis und Gütersteuern/Gütersubventionen vgl. Fußnote auf S. 52

2 Der Begriff „Produktions- und Importabgaben" ist umfassender als der Begriff „Gütersteuern". Zu den Produktions- und Importabgaben gehören neben den pro Produkteinheit zu entrichtenden Gütersteuern auch alle anderen Steuern, die vor der Ermittlung des steuerpflichtigen Gewinns abgezogen werden können (z. B. Kostensteuern wie Gewerbesteuer, Kfz-Steuer, Grundsteuer).

anderen **Produktions- und Importabgaben**[2] (z. B. Gewerbesteuer, Kfz-Steuer, Grundsteuer) in die Verkaufspreise einkalkulieren und gleichzeitig die Verkaufspreise um die als Steuererstattung anzusehenden **Subventionen** verringern. Die Verkaufspreise beinhalten somit die Differenz aus Produktions- bzw. Importabgaben und Subventionen (= **Nettoproduktionsabgaben**).

Aufbereitetes gesamtwirtschaftliches Produktionskonto (Inlandsprodukt)
für die Bundesrepublik Deutschland 2001 (in Mrd. Euro)

Bruttoinlandsprodukt zu Marktpreisen			Abschreibungen (D)	312,07	Konsumausgaben der privaten Haushalte und der priv. Org. ohne Erwerbszweck (Private Konsumausgaben) (C_H)	1.232,15
	Nettoinlandsprodukt zu Marktpreisen		Produktions- und Importabgaben an den Staat (246,33) abzüglich Subventionen (T^{prod} – Z) (Nettoproduktionsabgaben)	212,49	Konsumausgaben des Staates (C_{st}) Kollektivkonsum 163,25 soziale Sachtransfers 230,27	393,52
		Nettoinlandsprodukt zu Faktorkosten	Löhne, Gehälter, Zinsen, Pachten, Gewinne (Y)	1.546,64	Bruttoinvestition der Untern. 371,19 (I^{br}_U) des Staates 35,75 (I^{br}_{St})	406,94
					Außenbeitrag (Ex-Im)	38,59
			Bruttoinlandsprodukt	2.071,20		2.071,20

Quelle: Stat. Bundesamt, VGR 2001, Sept. 2002

Aus diesem aufbereiteten gesamtwirtschaftlichen Produktionskonto lassen sich wichtige Größen und Zusammenhänge der volkswirtschaftlichen Gesamtrechnung ableiten:

Das **Bruttoinlandsprodukt zu Marktpreisen (BIP)** entspricht dem Wert aller in einem bestimmten Zeitraum im Inland hergestellten und mit ihren Verkaufspreisen bewerteten Güter nach Abzug der im Produktionsprozess verbrauchten Vorleistungen. Werden von dieser Größe die Abschreibungen abgezogen, ergibt sich das **Nettoinlandsprodukt zu Marktpreisen**. Dieses beinhaltet gegenüber dem Bruttoinlandsprodukt nicht mehr die Bruttoinvestition, sondern nur noch die Nettoinvestition.

Lösung zu Fallbeispiel 2.3 (*vgl. S. 38*)

1. *Im gesamtwirtschaftlichen Produktionskonto werden auf der rechten Seite die Produktionsleistungen aller Unternehmen erfasst. Bei der Zusammenfassung heben sich die Käufe und Verkäufe von Vorleistungen zwischen den Unternehmen gegenseitig auf. Das Bruttoinlandsprodukt zu Marktpreisen beträgt in dieser Volkswirtschaft demnach 280 Mrd. Euro. Es setzt sich aus Bruttoinvestitionen in Höhe von 100 Euro und Konsumgütern in Höhe von 180 Euro zusammen.*

2. *Werden vom Bruttoinlandsprodukt die Abschreibungen abgezogen, ergibt sich das Nettoinlandsprodukt. Es beträgt im vorliegenden Fall 220 Mrd. Euro. Es setzt sich aus Nettoinvestitionen in Höhe von 40 Euro und Konsumgütern in Höhe von 180 Euro zusammen.*

3. *Die Bruttoinvestitionen (100 Euro) sind höher als die Abschreibungen (60 Euro). Es liegen somit positive Nettoinvestitionen (40 Euro) vor. In gleicher Höhe wurde gespart (Konsumverzicht 40 Euro). Das ist Kennzeichen für eine evolutorische Wirtschaft.*

Werden vom Nettoinlandsprodukt zu Marktpreisen die Produktions- und Importabgaben abgezogen und die Subventionen hinzugezählt, wird die gleiche aus Konsumgütern, Investitionen und Außenbeitrag bestehende Gütermenge nicht mehr zu Marktpreisen bewertet, sondern zu den Kosten, die bei ihrer Herstellung durch den Einsatz der Produktionsfaktoren entstanden sind. Dabei gelten auch die Gewinne als Faktorkosten. Die sich nach Abzug des Saldos aus Produktionsabgaben und Subventionen ergebende Größe ist das **Nettoinlandsprodukt zu Faktorkosten**. Da neben den im Produktionsprozess angefallenen **Faktorkosten** in gleicher Höhe auch **Faktoreinkommen** entstanden sind, ist diese Größe identisch mit den im **Inland** entstandenen Faktoreinkommen (Löhne, Gehälter, Zinsen, Pachten, Gewinne).

Bruttoinlandsprodukt zu Marktpreisen	$BIP_m = C_H + C_{St} + I^{br} + (Ex\text{-}Im)$
- Abschreibungen	$- D$
= Nettoinlandsprodukt zu Marktpreisen	$= NIP_m = C_H + C_{St} + I^{netto} + (Ex\text{-}Im)$
- Saldo aus Produktions- und Importabgaben an den Staat und Subventionen	$- (T^{prod} - Z)$
= Nettoinlandsprodukt zu Faktorkosten	$= NIP_f = C_H + C_{St} + I^{netto} + (Ex\text{-}Im) - (T^{prod} - Z)$

2.6 Aufbau der Zahlungsbilanz

In der Zahlungsbilanz werden die wirtschaftlichen Vorgänge (Transaktionen), die während eines bestimmten Zeitraums zwischen Inländern und Ausländern stattfinden, erfasst.

► A 2.5 Der Begriff „Bilanz" ist in diesem Zusammenhang missverständlich, weil – anders als beim üblichen Bilanzbegriff – keine **Bestände** zu einem bestimmten **Zeitpunkt**, sondern Geld- und Waren**ströme** während eines bestimmten **Zeitraums** dargestellt werden. Wie auch bei der volkswirtschaftlichen Gesamtrechnung werden als Inländer alle im Inland ansässigen Personen und Institutionen angesehen, ohne Rücksicht auf ihre Staatsangehörigkeit. Neben der volkswirtschaftlichen Gesamtrechnung, die u. a. der Ermittlung des Inlandsprodukts dient (*vgl. 2.4*), ist die Zahlungsbilanz eine wichtige Datenquelle für die Wirtschaftspolitik, insbesondere für die Geld- und Währungspolitik (*vgl. 8.8*). Wichtige Größen, die in der Zahlungsbilanz ausgewiesen werden, fließen zudem in die volkswirtschaftliche Gesamtrechnung ein (z. B. Außenbeitrag bei der Ermittlung des BIP und Einkommenstransfers zwischen In- und Ausland zur Abgrenzung zwischen BIP und Bruttonationaleinkommen, *vgl. 2.7*).

Die Gliederung der Zahlungsbilanz und die Art der Datenerfassung sind international festgelegt, um die Zahlungsbilanzen verschiedener Länder miteinander vergleichen zu können. Die Zahlungsbilanz setzt sich aus mehreren Teilbilanzen zusammen (*vgl. Abb. S. 59*).

Leistungsbilanz

Die Leistungsbilanz besteht aus der **Handelsbilanz**, der **Dienstleistungsbilanz**, der **Bilanz der Erwerbs- und Vermögenseinkommen** und der **Übertragungsbilanz**.

In der **Handelsbilanz** werden Wareneinfuhr und Warenausfuhr erfasst. Ist die Warenausfuhr größer als die Wareneinfuhr, liegt ein positiver Saldo (= Exportüberschuss) bzw. eine **aktive Handelsbilanz** vor. Da die deutsche Wirtschaft stark exportorientiert ist, ist diese Situation charakteristisch für den deutschen Außenhandel.

Die **Dienstleistungsbilanz** erfasst die Exporte und Importe von Dienstleistungen. Dazu gehören u. a. Transport- und Versicherungsleistungen sowie Auslandsreisen. Auslandsreisen von Inländern bedeuten einen Dienstleistungsimport. Der Saldo der deutschen Dienstleistungsbilanz ist traditionell negativ (= Importüberschuss), d. h., es überwiegt die Inanspruchnahme von Dienstleistungen durch Inländer im Ausland. Hauptursache für das Defizit sind die zahlreichen Auslandsreisen der deutschen Bevölkerung.

Die **Bilanz der Erwerbs- und Vermögenseinkommen** erfasst die grenzüberschreitenden Faktoreinkommen (Kapitalerträge und Arbeitseinkommen). Zu den Einnahmen gehören u. a. die Faktoreinkommen von Inländern, die im Ausland arbeiten (Grenzgänger), und Erträge von Inländern aus ausländischen Kapitalanlagen.

Die **Bilanz der laufenden Übertragungen** erfasst die Beiträge an internationale Organisationen (z. B. EU), grenzüberschreitende Renten, Pensionen und Unterstützungszahlungen (z. B. die Überweisungen der in Deutschland lebenden ausländischen Arbeitnehmer in ihre Heimatländer) sowie Zahlungen im Rahmen der Entwicklungshilfe, sofern es sich nicht um Kredite handelt. Der Saldo der deutschen Übertragungsbilanz ist traditionell negativ, d. h., die geleisteten Zahlungen sind größer als die empfangenen. Der größte Anteil entfällt auf die deutschen Netto-Leistungen an die EU.

Der Saldo der Leistungsbilanz ergibt sich aus der Zusammenfassung der Salden der vier Teilbilanzen. Dabei ist es auch üblich, eine Aufteilung der **Leistungsbilanz** in die Positionen **Außenhandel** (Warenaus- und -einfuhr) einerseits und **„unsichtbare" Leistungstransaktionen** (Dienstleistungen, Erwerbs- und Vermögenseinkommen und laufende Übertragungen) andererseits vorzunehmen. Während der deutsche Leistungsbilanzsaldo früher meistens positiv war (= Einnahmenüberschuss), sind in den letzten Jahren die Defizite der „unsichtbaren" Leistungstransaktionen (insbesondere der Dienstleistungs- und Übertragungsbilanz) höher als die Überschüsse der Handelsbilanz, sodass die Leistungsbilanz insgesamt einen negativen Saldo aufweist.

Vermögensbilanz

Die Vermögensbilanz erfasst grenzüberschreitende Vermögensübertragungen mit einmaligem Charakter (z. B. Erbschaften, Schenkungen).

Kapitalbilanz

Im Rahmen der Kapitalbilanz werden Kapitalexporte und Kapitalimporte gegenübergestellt. Diese können durch grenzüberschreitende Kreditgeschäfte, Wertpapierkäufe oder Direktinvestitionen (= Unternehmensgründung oder Kapitalbeteiligung an Unternehmen) ausgelöst werden. **Kapitalimporte** führen zu einer Zunahme der Verbindlichkeiten gegenüber dem Ausland oder zu einer Abnahme der Forderungen an das Ausland. Kauft ein deutscher Importeur Waren aus dem Ausland auf Kredit, so liegt ein Kapitalimport in Höhe der Verbindlichkeit vor. Ebenso stellen der Erwerb von deutschen Wertpapieren durch Ausländer und die Auflösung von Beteiligungen inländischer an ausländischen Unternehmen **Kapitalimporte** dar. **Kapitalexporte** führen zu einer Zunahme der Forderungen an das Ausland oder zu einer Abnahme der Verbindlichkeiten gegenüber dem Ausland. Dazu gehören z. B. Liefererkredite, die inländische Exporteure ihren Kunden einräumen, der Erwerb von Wertpapieren im Ausland sowie Kapitalbeteiligungen an ausländischen Unternehmen. Übersteigen die Kapitalexporte die Kapitalimporte, wird von einem **Nettokapitalexport** gesprochen, im umgekehrten Fall liegt ein **Nettokapitalimport** vor. Wegen der verstärkten Bedeutung des Wertpapierhandels und der Direktinvestitionen in den letzten Jahren sind heute die meisten Kapitalexporte und Kapitalimporte nicht mehr durch den Kreditverkehr im Zusammenhang mit der Lieferung von Waren und Dienstleistungen bedingt. Die Kapitalbilanz kann daher nicht mehr als finanzielles Spiegelbild der Handels- und Dienstleistungsbilanz angesehen werden.

Devisenbilanz (Veränderung der Netto-Auslandsaktiva der Bundesbank)

In der Devisenbilanz werden die Veränderungen der Währungsreserven der Bundesbank erfasst. Eigentlich sind die in dieser Bilanz dargestellten Transaktionen und ihre Auswirkungen auf den bei der Bundesbank gehaltenen Bestand an Devisen (= auf ausländische Währung lautende und im Ausland zahlbare Forderungen) der Kapitalbilanz zuzuordnen.[1] Um aber einen schnellen Überblick über die Veränderung der offiziellen Währungsreserven der Bundesbank (Devisen- und Goldbestände) zu ermöglichen, werden diese Transaktionen im Zahlungsbilanzschema der Bundesbank in einer getrennten Teilbilanz, nämlich der Devisenbilanz, ausgewiesen.

Restposten (Saldo der statistisch nicht aufgliederbaren Transaktionen)

Da nicht alle außenwirtschaftlichen Vorgänge genau erfasst werden können (z. B. nicht oder falsch deklarierte Auslandsgeschäfte, Schmuggel, Kapitalflucht) enthält die Zahlungsbilanz die Position „Saldo der statistisch nicht aufgliederbaren Transaktionen“. Dabei handelt es sich um einen Restposten, der ungeklärte Beträge umfasst.

Die Zahlungsbilanz besteht aus mehreren Teilbilanzen (Leistungsbilanz, Vermögensübertragungen, Kapitalbilanz, Devisenbilanz, Restposten).

Doppelte Buchführung

Die Datenerfassung der außenwirtschaftlichen Vorgänge erfolgt nach dem Prinzip der doppelten Buchführung. So wirken sich beispielsweise alle auf der Einnahmenseite (= linke Seite) der Leistungs- und Vermögensbilanz erfassten Vorgänge gleichzeitig als Kapitalexport (= Zunahme der Forderungen) oder als Erhöhung des Devisenbestands der Bundesbank aus und werden dementsprechend auf der rechten Seite der Kapital- bzw. Devisenbilanz gegengebucht. Direktinvestitionen und Wertpapierkäufe im Ausland stellen einerseits eine Zunahme der Forderungen (= rechte Seite der Kapitalbilanz) dar. Die Finanzierung dieser Kapitalanlagen bewirkt aber gleichzeitig eine Zunahme der Verbindlichkeiten (Finanzierung mit Auslandskrediten) oder eine Minderung des Devisenbestands der Bundesbank. Die Gegenbuchung erfolgt daher auf der linken Seite der Kapital- bzw. Devisenbilanz. **Statistisch muss die Zahlungsbilanz als Ganzes daher immer ausgeglichen sein**. Wenn Wirtschaftspolitiker dennoch gelegentlich von **Zahlungsbilanzungleichgewichten** bzw. von einer „negativen“ (passiven) oder „positiven“ (aktiven) Zahlungsbilanz sprechen, ist damit immer gemeint, dass **Teilbilanzen** der Zahlungsbilanz (insbesondere die **Leistungsbilanz**) unausgeglichen sind und einen negativen oder positiven Saldo aufweisen.

Aufgrund der doppelten Buchführung ist die Zahlungsbilanz immer ausgeglichen. Die Teilbilanzen weisen jedoch üblicherweise Ungleichgewichte und damit positive oder negative Salden auf.

1 Der gesonderte Ausweis der Veränderung der Netto-Auslandsaktiva der Bundesbank (Devisenbilanz) erfolgt nur im Zahlungsbilanzschema der Bundesbank. Das vom Statistischen Bundesamt veröffentlichte Zahlungsbilanzschema weist demgegenüber diese Position als Teil der Kapitalbilanz aus.

Zahlungsbilanz
(Zahlen für Deutschland im Jahr 2001 in Mrd. Euro)

Leistungsbilanz													
Handelsbilanz		**Dienstleistungsbilanz**		**Bilanz der Erwerbs- und Vermögenseinkommen**		**Bilanz der laufenden Übertragungen**		**Vermögensbilanz**		**Kapitalbilanz**		**Devisenbilanz (Veränderung der Nettoauslandsaktiva)**	
Einnahmen	Ausgaben	Einnahmen	Ausgaben	Einnahmen	Ausgaben	Einnahmen	Ausgaben	Einnahmen	Ausgaben	Importe	Exporte	Minderung	Mehrung
Warenexporte	Warenimporte	Dienstleistungsexporte	Dienstleistungsimporte	Erhaltene Erwerbs- und Vermögenseinkommen	Geleistete Erwerbs- und Vermögenseinkommen	Empfangene Übertragungen	Geleistete Übertragungen	Empfangene Schenkungen, Erbschaften	Geleistete Schenkungen, Erbschaften	Kapitalimporte (Zunahme von Verbindlichkeiten, Abnahme von Forderungen)	Kapitalexporte (Zunahme von Forderungen, Abnahme von Verbindlichkeiten)	Verringerung des Devisenbestandes der Zentralbank	Erhöhung des Devisenbestandes der Zentralbank
636,69 Mrd. €	536,80 Mrd. €	97,56 Mrd. €	155,53 Mrd. €	117,61 Mrd. €	130,22 Mrd. €	16,87 Mrd. €	43,53 Mrd. €	2,07 Mrd. €	3,04 Mrd. €	218,98 Mrd. €	265,06 Mrd. €		
	Saldo: + 99,89[1] Mrd. €	Saldo: – 57,97[1] Mrd. €		Saldo: – 12,61 Mrd. €		Saldo: – 26,66 Mrd. €		Saldo: 0,97 Mrd. €		Saldo: + 46,08 Mrd. €			Saldo: – 6,03 Mrd. €

Saldensumme (99,89 Mrd. € – 57,97 Mrd. € – 12,61 Mrd. € – 26,66 Mrd. €)
= Saldo der Leistungsbilanz (+ 2,65 Mrd. €)

Saldo der statistisch nicht aufgliederbaren Transaktionen: – 38,37 €

Saldensumme (99,89 Mrd. € – 57,97 Mrd. € – 12,61 Mrd. €)
= Beitrag zum Bruttonationaleinkommen (29,31 Mrd. €)

Saldensumme (99,89 Mrd. € – 57,97 Mrd. €)
= Beitrag zum Bruttoinlandsprodukt
= Außenbeitrag (41,92 Mrd. €)[1]

Saldo der Leistungsbilanz	+ 2,65 Mrd. €	Saldo der Kapitalbilanz	+ 46,08 Mrd. €
+ Saldo der Vermögensbilanz	– 0,97 Mrd. €	+ Saldo der Devisenbilanz	– 6,03 Mrd. €
		+ Saldo der statistisch nicht aufgliederbaren Transaktionen (Restposten)	– 38,37 Mrd. €
Saldo insgesamt	**+ 1,68 Mrd. €**	**Saldo insgesamt**	+ **1,68 Mrd. €**

Quelle: Statistisches Jahrbuch 2002, Tab. 25.1

1 Der in der Zahlungsbilanz ausgewiesene Außenbeitrag beruht auf Berechnungen der Bundesbank. Seine Höhe weicht u.a. wegen unterschiedlicher Schätz- und Zuordnungsmethoden von der in der Verwendungsrechnung der VGR (*vgl. 2.8*) ausgewiesenen Größe ab.

Aktuelle Zahlen: *www.bundesbank.de*

332859

Zwischen den Teilbilanzen besteht folgender Zusammenhang (Bilanzgleichung mit Zahlen für 2001)[1]:

Saldo der Leistungsbilanz + 2,65 Mrd. €	+	Saldo der Vermögensbilanz - 0,97 Mrd. €	=	Saldo der Kapitalbilanz + 46,08 Mrd. €	+	Saldo der Devisenbilanz - 6,03 Mrd. €	+	Restposten - 38,37 Mrd. €

Aus der Bilanzgleichung lassen sich folgende Beziehungen ableiten: Eine positive Saldensumme aus Leistungs- und Vermögensbilanz bedeutet, dass sich die Nettoforderungen gegenüber dem Ausland erhöht haben. Unter Berücksichtigung der statistisch nicht geklärten Restposten kommt diese Verbesserung der Auslandsposition in gleicher Höhe auch in der Saldensumme aus Kapitalbilanz (positiver Saldo = Nettokapitalexporte) und Devisenbilanz (positiver Saldo = Erhöhung der Devisenbestände) zum Ausdruck. Bei einer negativen Saldensumme aus Leistungs- und Vermögensbilanz liegt dagegen ein Zuwachs der Nettoverbindlichkeiten gegenüber dem Ausland (= Verschlechterung der Auslandsposition) mit entsprechenden Kapitalimporten und/oder Devisenabflüssen vor.

2.7 Vom Inlandsprodukt zum Volkseinkommen

▶ A 2.6 Je nachdem wie die Einkommensströme zwischen Inland und Ausland berücksichtigt werden, lassen sich bei der Ermittlung der gesamtwirtschaftlichen Leistung das Inlandskonzept (= Inlandsprodukt) und das Inländerkonzept (= Nationaleinkommen) unterscheiden:

Ob jemand Inländer oder Ausländer ist, hängt dabei nicht von der Staatsangehörigkeit, sondern vom ständigen Wohnsitz ab. Mit Inland sind die räumlichen Grenzen eines Staates gemeint. Da die ständig in Deutschland lebenden Ausländer statistisch als Inländer gelten, gehören die Überweisungen in ihre Heimatländer nicht zu den von Ausländern im Inland bezogenen Erwerbs- und Vermögenseinkommen. Im Rahmen der Zahlungsbilanz werden diese Geldtransfers daher nicht in der Bilanz der Erwerbs- und Vermögenseinkommen, sondern in der Bilanz der laufenden Übertragungen erfasst (*vgl. 2.6*).

Das **Inlandsprodukt** gibt den Wert der im **Inland** produzierten Güter an und ist ein aus dem gesamtwirtschaftlichen Produktionskonto ableitbarer **Produktionsindikator** (*vgl. 2.5*). Das **Nationaleinkommen** stellt dagegen auf das bei der Güterproduktion entstandene Einkommen aller **Inländer** ab. Es kann auf der Basis des gesamtwirtschaftlichen Einkommenskontos ermittelt werden. Als **Einkommensindikator** steht es in engem Zusammenhang zum **Volkseinkommen**, das die Basis für die Verteilungsrechnung bildet (*vgl. 2.8*).

Auf der Grundlage des **Bruttoinlandsprodukts** (BIP) lässt sich das **Bruttonationaleinkommen** (BNE) wie folgt berechnen:

1. Die Primäreinkommen, die Ausländer aus dem Inland beziehen, müssen vom BIP abgezogen werden. Zu den **Primäreinkommen der Ausländer aus dem Inland** gehören die **Erwerbs- und Vermögenseinkommen** sowie die an das Ausland geleisteten **Produktions- und Importabgaben**. Ausländer, die Erwerbs- und Vermögenseinkünfte in Deutschland erzielen, tragen zwar zur Erhöhung des Inlandsprodukts, nicht aber zur Erhöhung des Inländerprodukts in

---

[1] Die Zahlungsbilanzstatistiken von Bundesbank und Statistischem Bundesamt weisen Unterschiede hinsichtlich der Bedeutung der verwendeten Vorzeichen auf, sodass die Zahlenwerte in der Bilanzgleichung – je nach Datenquelle – bezüglich des Vorzeichens voneinander abweichen können.

Deutschland bei. Sie erhöhen vielmehr das Inländerprodukt in ihrem jeweiligen Heimatland (z. B. Arbeitseinkommen eines französischen Grenzgängers, der in Straßburg wohnt und in Offenburg arbeitet; Zins- und Dividendeneinkünfte, die ein ausländischer Kapitalanleger in Deutschland erzielt).

2. Die Primäreinkommen, die Inländer aus dem Ausland beziehen, müssen dem BIP hinzugezählt werden. Zu den **Primäreinkommen der Inländer aus dem Ausland** gehören die **Erwerbs- und Vermögenseinkommen** sowie die **vom Ausland erhaltenen Subventionen**. Inländer, die Erwerbs- und Vermögenseinkünfte im Ausland erzielen, tragen zur Erhöhung des Inländerprodukts, nicht aber zur Erhöhung des Inlandsprodukts in Deutschland bei. Sie erhöhen vielmehr das Inlandsprodukt im jeweiligen Ausland (z. B. Arbeitseinkommen eines deutschen Grenzgängers, der in Lörrach wohnt und in Basel arbeitet; Zins- und Dividendeneinkünfte, die ein deutscher Kapitalanleger in den USA erzielt).

Zusammenhang zwischen Bruttoinlandsprodukt und Bruttonationaleinkommen für Deutschland 2001 (in Mrd. EUR)		
Bruttoinlandsprodukt (BIP) 2.071,20		
Von Ausländern im Inland bezogene Primäreinkommen (Erwerbs- und Vermögenseinkommen zuzüglich an das Ausland geleistete Produktions- und Importabgaben) 141,40	Im Inland von Inländern bezogene Primäreinkommen (Erwerbs- und Vermögenseinkommen) vor Abzug der Abschreibungen und des Saldos aus Produktionsabgaben und Subventionen 1.929,80	Von Inländern aus dem Ausland bezogene Primäreinkommen (Erwerbs- und Vermögenseinkommen zuzüglich aus dem Ausland erhaltene Subventionen) 125,99
	Bruttonationaleinkommen (BNE) 2.055,79	

Quelle: Stat. Bundesamt, VGR 2001, Sept. 2002, Tab. 2.1 u. 3.1.1

Mit genau derselben Berechnungsweise, mit der ausgehend vom Bruttoinlandsprodukt zu Marktpreisen das Nettoinlandsprodukt zu Faktorkosten ermittelt wird (*vgl. 2.5*), lässt sich auf der Basis des Bruttonationaleinkommens das Volkseinkommen berechnen. Wird das **Bruttonationaleinkommen** zunächst um die Wertminderungen des Anlagevermögens (**Abschreibungen**) verringert, ergibt sich das **Nettonationaleinkommen** bzw. Primäreinkommen. Wird von dieser Größe zusätzlich der **Saldo aus Produktions-/Importabgaben und Subventionen** abgezogen, erhält man das **Volkseinkommen.**

A ◄ 2.7

Inlandsprodukt und Volkseinkommen Deutschland 2001 (in Mrd. Euro)

Inlandskonzept		Inländerkonzept	
Bruttoinlandsprodukt zu Marktpreisen	2.071,20	**Bruttoinlandsprodukt** zu Marktpreisen	2.071,20
		+ **Primäreinkommen der Inländer aus dem Ausland**	125,99
		- **Primäreinkommen der Ausländer aus dem Inland**	141,40
		= **Bruttonationaleinkommen**	2.055,79
- **Abschreibungen**	312,07		
= **Nettoinlandsprodukt** zu Marktpreisen	1.759,13	= **Nettonationaleinkommen** (Primäreinkommen)	1.743,72
- **Produktions- u. Importabgaben**	246,33		
+ **Subventionen**	33,84		
= **Nettoinlandsprodukt** zu Faktorkosten	1.546,64	= **Volkseinkommen**	1.531,23

Das Volkseinkommen ist die Summe der Erwerbs- und Vermögenseinkommen, die Inländern für die Zurverfügungstellung von Produktionsfaktoren aus dem In- und Ausland zugeflossen sind (Faktoreinkommen).

2.8 Entstehung und Verwendung des Inlandsprodukts, Verteilung des Volkseinkommens

▶ A 2.8 In der volkswirtschaftlichen Gesamtrechnung gibt es drei verschiedene Berechnungsansätze zur Ermittlung des Inlandsprodukts, nämlich die **Entstehungsrechnung**, die **Verwendungsrechnung** und die **Verteilungsrechnung.**

Aktuelle Zahlen: *www.destatis.de*

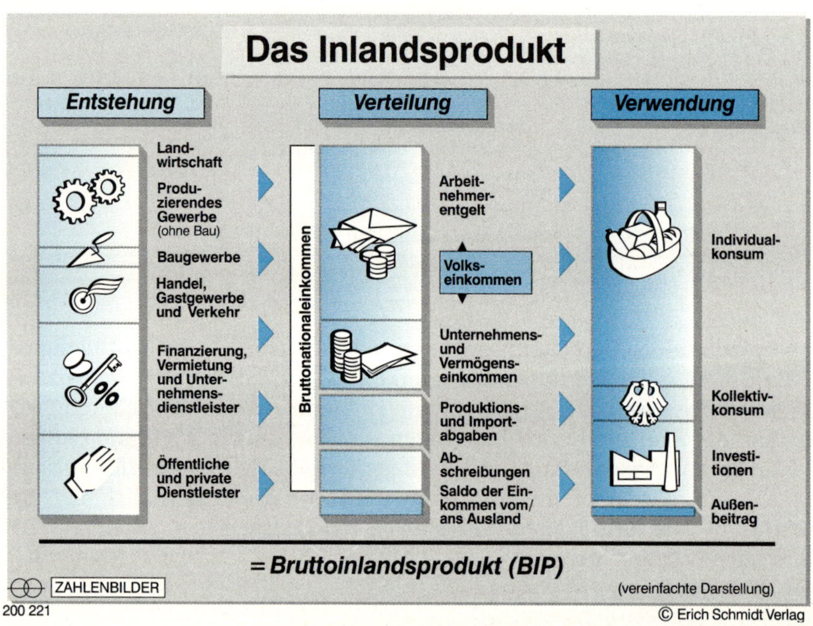

332862

Entstehungsrechnung

Die Entstehungsrechnung gibt für eine abgeschlossene Wirtschaftsperiode Auskunft darüber, welche Wirtschaftsbereiche in welchem Umfang zur **Entstehung des Bruttoinlandsprodukts** beigetragen haben. Dazu werden alle Wirtschaftseinheiten, die Güter produzieren, einem der folgenden Bereiche zugeordnet:

- Land- und Forstwirtschaft, Fischerei (Primärer Sektor)
- produzierendes Gewerbe (Sekundärer Sektor)
- Dienstleistungen (Tertiärer Sektor)
  mit den Bereichen Handel, Gastgewerbe und Verkehr, Finanzierung, Vermietung und Unternehmensdienstleister sowie öffentliche und private Dienstleister.

Jeder dieser Bereiche trägt – abgesehen von bewertungsbedingten Korrekturen *(vgl. 2.5)* – annähernd in Höhe seiner Bruttowertschöpfung zum Bruttoinlandsprodukt bei. Die Entstehungsrechnung gibt Einblick in die sektorale Produktionsstruktur einer Volkswirtschaft, indem sie die Anteile der einzelnen Wirtschaftsbereiche am Bruttoinlandsprodukt deutlich macht. Durch einen Zeitvergleich lassen sich Veränderungen der Produktionsstruktur (z. B. abnehmende Bedeutung des landwirtschaftlichen und gewerblichen Bereichs bei gleichzeitig stark zunehmender Bedeutung des Dienstleistungssektors) erkennen.

Entstehung des Bruttoinlandsprodukts in Deutschland 2001
(in Mrd. Euro)

Bruttowertschöpfung der Wirtschaftsbereiche:	
Land- und Forstwirtschaft, Fischerei	23,51
+ Produzierendes Gewerbe (ohne Bau)	470,08
+ Baugewerbe	91,63
+ Handel, Gastgewerbe und Verkehr	359,82
+ Finanzierung, Vermietung und Unternehmensdienstleister	572,32
+ Öffentliche und private Dienstleister	411,77
= Bruttowertschöpfung aller Wirtschaftsbereiche (unbereinigt)	1.929,13
– Unterstellte Bankgebühren[1]	65,30
= Alle Wirtschaftsbereiche (bereinigt)	1.863,83
+ Nettogütersteuer[2]	207,37
= Bruttoinlandsprodukt	**2.071,20**

1 Die Entgelte für Bankdienstleistungen werden als Vorleistungen pauschal abgezogen, da sie nur schwer erfasst und den einzelnen Bankkunden nicht direkt als Vorleistungen zugerechnet werden können.
2 Siehe S. 54

Quelle: Stat. Bundesamt, VGR 2001, Sept. 2002, Tab. 3.2.1

Entstehung des BIP

Entwicklung der prozentualen Anteile der 5 Sektoren an der gesamten Bruttowertschöpfung seit 1950

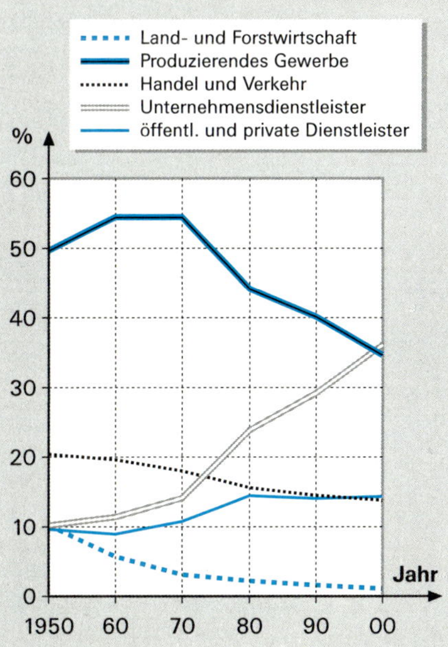

Verwendungsrechnung

Die **Verwendungsrechnung** zeigt, wofür die Güter, aus denen sich das **Bruttoinlandsprodukt** zusammensetzt, verwendet werden. Dabei lassen sich folgende Verwendungszwecke unterscheiden:

- Private Konsumausgaben (einschließlich private Organisationen ohne Erwerbszweck) (C_H)
  Kauf und Errichtung von Gebäuden durch private Haushalte werden den Anlageinvestitionen (Bauinvestitionen) der Unternehmen zugerechnet, da private Haushalte definitionsgemäß nicht investieren können. Alle anderen langlebigen Gebrauchsgüter der privaten Haushalte (z. B. Waschmaschine, Auto) werden dagegen im Jahr der Anschaffung mit ihrem vollen Wert als Konsum erfasst. Eine zeitliche Verteilung der Anschaffungskosten entsprechend der Nutzungsdauer (= Abschreibung) wird nicht vorgenommen.
- Konsumausgaben des Staates (C_{St})
  Die Berechnung des gesamtwirtschaftlichen **Konsums** erfolgt nach dem Ausgaben- und nach dem Verbrauchskonzept. Nach dem **Ausgabenkonzept** werden die **sozialen Sachtransfers** (z. B. medizinische Versorgung, staatliches Bildungs- und Erziehungswesen) als **Konsumausgaben des Staates** erfasst, weil der Staat diese Leistungen bezahlt. Nach dem **Verbrauchskonzept** erfolgt der Nachweis dieser Leistungen dagegen bei den privaten Haushalten, weil diese die sozialen Sachtransfers in Anspruch nehmen. Es gelten folgende Zusammenhänge zwischen den verschiedenen Konsumbegriffen:

$$C_{St} = \text{Kollektivkonsum} + \text{soziale Sachtransfers}$$

Ausgabenkonzept		**Verbrauchskonzept**
Konsumausgaben des Staates	– soziale Sachtransfers	= Kollektivkonsum
Private Konsumausgaben	+ soziale Sachtransfers	= Indivdidualkonsum

- Bruttoinvestition, bestehend aus Ausrüstungen, Bauten, sonstigen Anlagen (immaterielle Anlageinvestitionen) und Vorratsinvestitionen (I^{br})
- Außenbeitrag (Ex-Im)

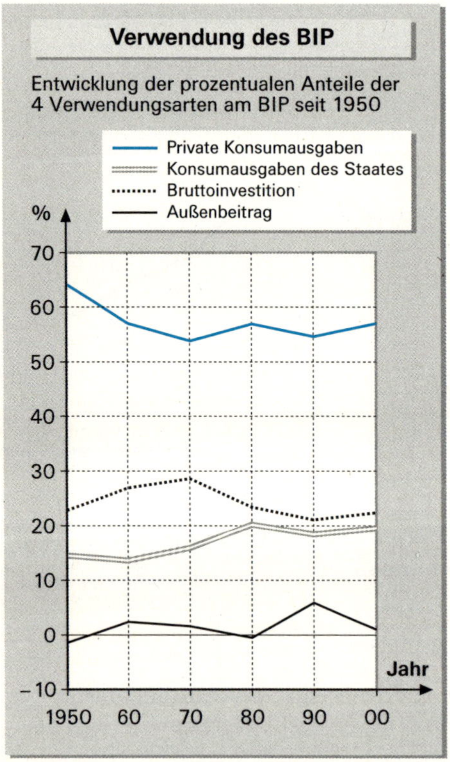

Verwendung des Bruttoinlandsprodukts in Deutschland 2001
(in Mrd. Euro)

Konsum			1.625,67
davon entfallen auf			
Private Konsumausgaben		1.232,15	
Konsumausgaben des Staates		393,52	
+ Bruttoinvestitionen			406,94
davon entfallen auf			
Ausrüstungen		166,34	
Bauten		226,24	
Sonstige Anlagen		23,73	
Vorratsinvestitionen		– 9,37	
+ Außenbeitrag (Exporte – Importe)			38,59
davon entfallen auf			
Exporte	726,90		
Importe	688,31		
Bruttoinlandsprodukt			**2.071,20**
Aufteilung des Konsums nach dem Verbrauchskonzept:			
Individualkonsum		1.462,42	
+ Kollektivkonsum		163,25	
= Konsum		1.625,67	

Quelle: Stat. Bundesamt, VGR 2001, Sept. 2002, Tab. 3.3.1

Verteilungsrechnung

Ausgangsgröße für die **Verteilungsrechnung** ist das **Volkseinkommen**.

Die Verteilungsrechnung zeigt die Aufteilung des Volkseinkommens auf die beiden Einkommensarten

- Arbeitnehmerentgelt (Bruttolöhne/-gehälter und Sozialbeiträge der Arbeitgeber)
- Unternehmens- und Vermögenseinkommen (Gewinne, Zinsen, Mieten, Pachten)

Der prozentuale Anteil der Arbeitnehmerentgelte am Volkseinkommen wird als Lohnquote bezeichnet.

Aus dem Volkseinkommen lässt sich das **verfügbare Einkommen** der privaten Haushalte ableiten, das in der Volkswirtschaftslehre als wichtige Bestimmungsgröße für die Konsumgüternachfrage angesehen wird *(vgl. 3.2.4)*. Dazu müssen einerseits die einbehaltenen Unternehmensgewinne, die vom Staat aus seinen Unternehmens- und Vermögensbeteiligungen erzielten Einkünfte sowie die von den privaten Haushalten zu zahlenden direkten Steuern und Sozialversicherungsabgaben vom Volkseinkommen abgezogen werden. Andererseits sind die an die privaten Haushalte gezahlten Transfereinkommen (Renten, Sozialhilfe usw.) hinzuzuzählen.

Verteilung des Volkseinkommens in Deutschland 2001
(in Mrd. Euro)

Bruttolöhne und -gehälter	904,61
+ Sozialbeiträge der Arbeitgeber	215,74
= Arbeitnehmerentgelt	1.120,35
+ Unternehmens- u. Vermögenseinkommen (brutto)	410,88
Volkseinkommen	**1.531,23**
Lohnquote	**73,17%**
Verfügbares Einkommen der privaten Haushalte	1.355,90
- Konsum der privaten Haushalte	1.232,15
+ Zunahme betr. Versorgungsanspr.	14,34
= Sparen der privaten Haushalte	138,09
Sparquote	**10,1%**

Quelle: Stat. Bundesamt, VGR 2001, Sept. 2002, Tab. 3.4.4.1f.

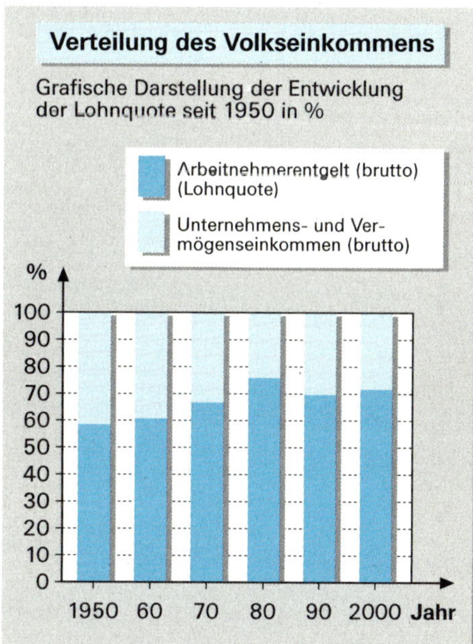

Zusammenhang zwischen Entstehungs-, Verwendungs- und Verteilungsrechnung

Entstehung- und Verwendung des Bruttoinlandsprodukts, Verteilung des Volkseinkommens für die Bundesrepublik Deutschland 2001 (in Mrd. Euro)

Entstehungsrechnung		Verwendungsrechnung		
Bruttowertschöpfung der Wirtschaftsbereiche:		Konsum		1.625,67
Land- und Forstwirtschaft, Fischerei	23,51	*davon entfallen auf*		
+ Produzierendes Gewerbe (mit Baugew.)	561,71	*private Konsumausgaben*	1.232,15	
+ Handel, Gastgewerbe und Verkehr	359,82	*Konsumausgaben des Staates*	393,52	
+ Sonst. Unternehmensdienstleister	572,32	+ Bruttoinvestitionen		406,94
+ Öffentliche und private Dienstleister	411,77	*davon entfallen auf*		
= Bruttowertschöpfung aller Wirtschaftsbereiche (unbereinigt)	1.929,13	*Ausrüstungen*	166,34	
– unterstellte Entgelte für Bankdienstleistungen	65,30	*Bauten*	226,24	
= Bruttowertschöpfung bereinigt	1.863,83	*Sonstige Anlagen*	23,73	
+ Gütersteuern abzüglich Gütersubventionen	207,37	*Vorratsinvestitionen*	– 9,37	
		+ Außenbeitrag (Exporte – Importe)		38,59
		davon entfallen auf		
		Exporte	726,90	
		Importe	688,31	
= Bruttoinlandsprodukt zu Marktpreisen	**2.071,20**	**Bruttoinlandsprodukt zu Marktpreisen**		**2.071,20**

= Bruttoinlandsprodukt zu Marktpreisen	**2.071,20**
+ Primäreinkommen, die Inländer aus dem Ausland beziehen 125,99 – Primäreinkommen, die Ausländer aus dem Inland beziehen 141,40 Saldo:	– 15,41
= Bruttonationaleinkommen	**2.055,79**
– Abschreibungen	**312,07**
= Nettonationaleinkommen (Primäreinkommen)	**1.743,72**
– Produktions- und Importabgaben (246,33) + Subventionen (33,84)	**212,49**
= Volkseinkommen	**1.531,23**

↕

Volkseinkommen 1.531,23

Verteilungsrechnung

Unternehmens- und Vermögenseinkommen (brutto)	**410,88**	**Arbeitnehmerentgelt**	**1.120,35**
– Öffentliche Abgaben auf Einkommen aus Unternehmertätigkeit und Vermögen (direkte Steuern u. Ä.) + Saldo lfd. Übertragungen		– Sozialbeiträge der Arbeitgeber	**215,74**
		= Bruttolöhne u. -gehälter	**904,61**
		– Lohnsteuer und Sozialbeiträge der Arbeitnehmer	**311,52**
= Nettoeinkommen aus Unternehmertätigkeit und Vermögen		**= Nettolohn- und -gehaltssumme (Nettoeinkommen aus unselbstständiger Arbeit)**	**593,09**

Quelle: Statistisches Bundesamt, VGR 2001, Sept. 2002

Aktuelle Zahlen: www.destatis.de

2.9 Inlandsprodukt als Messgröße gesamtwirtschaftlicher Leistung

2.9.1 Reales Inlandsprodukt pro Kopf

Mit dem Inlandsprodukt zu Marktpreisen sollen eigentlich Güterströme gemessen werden. Tatsächlich wird aber durch Bewertung der Güter mit ihren Marktpreisen der **Geldwert dieser Güter** gemessen. Nur durch die Verwendung einer solchen einheitlichen Messgröße (z. B. Währungseinheit Euro) können die verschiedenen Güterarten und -mengen zu einer einzigen Größe wie dem Inlandsprodukt zusammengefasst werden. Es wäre aber irreführend, einfach den in Euro ausgedrückten Geldwert der Produktionsergebnisse zweier Jahre miteinander zu vergleichen und daraus Schlüsse über die Veränderung der verfügbaren Gütermenge zu ziehen. Der in Geldeinheiten ausgedrückte Wert der im Inlandsprodukt enthaltenen Güter kann sich nämlich durch allgemeine Preissteigerungen **nominal** (= dem Nennwert nach) erhöht haben, ohne dass tatsächlich mehr Güter produziert wurden. Sollen die Produktionsergebnisse mehrerer Jahre miteinander verglichen werden, um Aussagen über die Güterversorgung der Bevölkerung und die wirtschaftliche Leistungsfähigkeit der Volkswirtschaft machen zu können, sind daher nicht **nominale**, sondern nur **reale** Veränderungen des Inlandsprodukts von Interesse. Um die reale Entwicklung zu erfassen, muss das nominale

$$BIP_r = \frac{(BIP_n \cdot 100)}{\text{Preisindex (BIP-Deflator)}}$$

Inlandsprodukt um die in diesem Zeitraum eingetretene Preissteigerung korrigiert werden, d. h., das Inlandsprodukt muss zu **konstanten Preisen** berechnet werden. Nicht das nominale, sondern nur

1 Für die Berechnung des realen BIP wird ein spezieller Preisindex (Preisindex für das Bruttoinlandsprodukt, BIP-Deflator) verwendet, der nicht mit dem Verbraucherpreisindex identisch ist (*vgl. 8.4.2*).

Beispiel für die Berechnung des Bruttoinlandsprodukts (BIP) zu konstanten Preisen für die Bundesrepublik Deutschland

Jahr	Nominales Bruttoinlandsprodukt (BIP_n) in Mrd. Euro	Preisindex[1]
1995	1.801	100
2001	2.071	104,6

Berechnung der nominalen Steigerung in Prozent

1.801 Mrd. Euro = 100 %
2.071 Mrd. Euro = x %

$$x = \frac{2.071}{1.801} \cdot 100 \approx 114{,}99\,\%$$

Das BIP ist nominal um ca. 14,99 % gestiegen.

Berechnung des realen Bruttoinlandsprodukts (BIP_r)[1]

$$BIP_r = \frac{BIP_n}{\text{Preisindex}} \cdot 100 = \frac{2.071}{104{,}6} \cdot 100 \approx 1.980$$

Im Jahr 2001 beträgt das reale BIP (in Preisen des Jahres 1995) 1.980 Mrd. Euro.

Berechnung der realen Steigerung in Prozent

1.801 Mrd. Euro = 100 %
1.980 Mrd. Euro = x %

$$x = \frac{1.980}{1.801} \cdot 100 \approx 109{,}94\,\%$$

Das BIP ist real um ca. 9,94 % gestiegen.

Entwicklung des nominalen und realen Bruttoinlandsprodukts[1]
in der Bundesrepublik Deutschland (in Mrd. €)

Jahr	Bruttoinlandsprodukt	
	in jeweiligen Preisen	in Preisen von 1995
1998	1.929,4	1.876,4
1999	1.978,6	1.914,8
2000	2.030,0	1.969,5
2001	2.071,2	1.980,8

Quelle: Stat. Bundesamt, VGR 2001, Sept. 2002

das reale Inlandsprodukt kann bei einem **Zeitvergleich** als Messgröße für die Entwicklung der gesamtwirtschaftlichen Leistung infrage kommen.

Das nominale Inlandsprodukt beruht auf den Marktpreisen des Berechnungszeitraumes. Das reale Inlandsprodukt wird mit den konstanten Preisen eines Basisjahres berechnet. Es ist ein Maßstab für die wirtschaftliche Entwicklung einer Volkswirtschaft unter Ausschaltung der Preissteigerungen.

Um die Leistungsfähigkeit verschiedener Volkswirtschaften miteinander vergleichen und die Güterversorgung der Bevölkerung beurteilen zu können, ist außerdem die Berechnung des **Inlandsprodukts pro Kopf** nötig. Für den **internationalen Vergleich** wird üblicherweise das Bruttoinlandsprodukt je Einwohner bzw. das Pro-Kopf-Einkommen als Maßstab benutzt. Trotz einer Steigerung des realen Inlandsprodukts kann das Pro-Kopf-Einkommen sinken, wenn nämlich die Wachstumsrate der Bevölkerung größer ist als die Wachstumsrate des realen Inlandsprodukts. Diese Situation ist für Entwicklungsländer mit starkem Bevölkerungswachstum typisch.

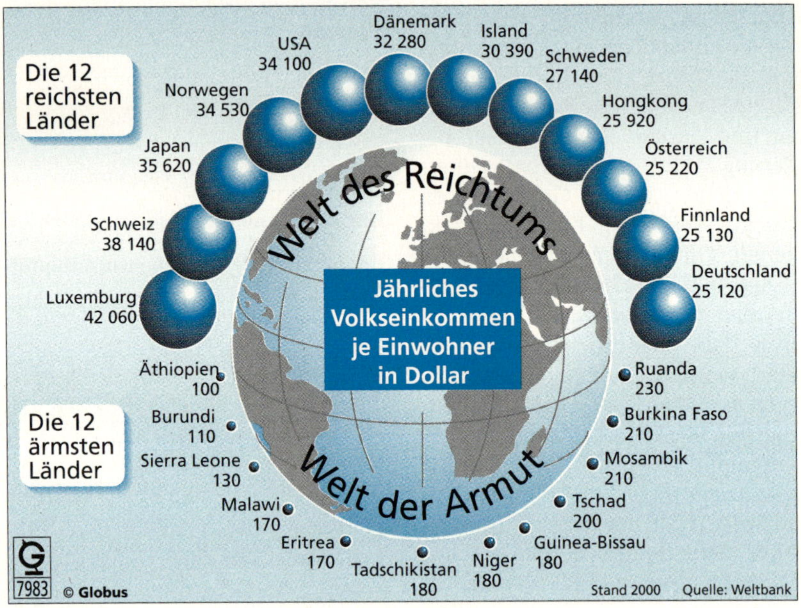

2.9.2 Kritik am Inlandsprodukt als Wohlstandsindikator

Wohlstand, Lebensstandard, Lebensqualität

▶ A 2.9 Das Inlandsprodukt pro Kopf wird häufig auch als Indikator für den **Wohlstand** der Bevölkerung in einer Volkswirtschaft benutzt. Zwar signalisiert ein steigendes Inlandsprodukt pro Kopf eine zunehmende materielle Güterversorgung. Das bedeutet aber nicht ohne weiteres auch eine Steigerung von **Lebensstandard** und **Wohlstand**. Obwohl diese beiden Begriffe nicht eindeutig definiert und voneinander abgrenzbar sind, beinhalten sie doch beide den Gesichtspunkt, dass das Wohlergehen der Menschen nicht nur von der Menge der bereitgestellten materiellen Güter abhängt, sondern auch von solchen immateriellen Gütern wie z. B. Freiheit, soziale Sicherheit, Freizeit und Umwelterhaltung. Dies wird auch mit dem Begriff **Lebensqualität** zum Ausdruck gebracht.

Erfassungs-, Bewertungs- und Zurechnungsprobleme

Ein wesentlicher Kritikpunkt an der Aussagekraft des Inlandsprodukts als Wohlstandsindikator ist die Tatsache, dass bestimmte Vorgänge, die den Wohlstand in einer Volkswirtschaft beeinflussen, nicht in der volkswirtschaftlichen Gesamtrechnung und damit auch nicht im Inlandsprodukt erfasst werden.

Viele Güter werden im Inlandsprodukt nicht erfasst, weil sie nicht auf Märkten gehandelt werden und daher keinen Marktpreis haben.

Mit Ausnahme der vom Staat kostenlos bereitgestellten Güter (Konsumausgaben des Staates) sind nur solche Waren und Dienstleistungen im Inlandsprodukt enthalten, die auf Märkten gehandelt werden. Das bedeutet beispielsweise, dass weder die Eigenleistungen privater Haushalte (z. B. Hausfrauenarbeit, Kindererziehung, Nachbarschaftshilfe, Hobbygärtner) noch die Befriedigung höherer Bedürfnisebenen (z. B. Bedürfnis nach Geborgenheit, Anerkennung, Selbstverwirklichung) im Inlandsprodukt berücksichtigt sind. Auch die Arbeitsbedingungen, unter denen die Güterproduktion erfolgt, kommen nicht in der Höhe des Inlandsprodukts zum Ausdruck.

Die in der offiziellen Wirtschaftsstatistik nicht erfasste Schattenwirtschaft (z. B. Schwarzarbeit) trägt zwar zur gesamtwirtschaftlichen Wertschöpfung bei, geht aber nur als Schätzgröße in die Inlandsproduktberechnung ein.

Es können nur solche Leistungen statistisch erfasst und bei der Ermittlung des Inlandsprodukts berücksichtigt werden, die aus Dokumenten und anderen Unterlagen, die den Finanzbehörden vorgelegt werden, ersichtlich sind. Schattenwirtschaftliche Aktivitäten (z. B. Leistungen aus der Beschäftigung ohne formelles Arbeitsverhältnis, Lieferungen und Leistungen ohne Rechnung u. Ä.) gehen daher nur als Schätzgröße in das Inlandsprodukt ein.

In das Inlandsprodukt gehen nur Gütermengen und Güterpreise ein. Die Qualität der Produkte wird nicht gesondert erfasst.

Die Marktpreise, mit denen die Güter in das Inlandsprodukt eingehen, spiegeln häufig nicht die Produktqualität, die sich beispielsweise auch in der Lebensdauer ausdrückt, wider. Die Herstellung vieler herkömmlicher Glühbirnen mit kurzer Lebensdauer erhöht beispielsweise trotz des Preisunterschiedes das Inlandsprodukt mehr als die Produktion langlebiger Energiesparlampen. Obwohl die Produktionstechnologie laufend verbessert wird, nimmt die Gebrauchsdauer vieler Konsumgüter (z. B. Kühlschränke, Autos, Waschmaschinen, Kleider) ständig ab. Der dadurch entstehende Ersatzbedarf steigert zwar Produktion und Inlandsprodukt, beansprucht aber gleichzeitig natürliche Rohstoffe und schafft erhebliche Entsorgungs-, Abfall- und Umweltprobleme.

Die Höhe des Inlandsprodukts sagt nichts über die Einkommensverteilung aus.

Aus einer Veränderung des Inlandsprodukts lässt sich nicht ableiten, ob und ggf. wie sich die Einkommensverteilung verändert hat. Der Wohlstand einer Volkswirtschaft hängt aber nicht nur von der Menge der materiellen Güter ab, sondern auch von der Art und Weise ab, wie das Gesamteinkommen auf die Bevölkerung verteilt ist.

Das Inlandsprodukt berücksichtigt nicht den Wert der Freizeit.

Das Inlandsprodukt kann beispielsweise deswegen steigen, weil aufgrund einer verlängerten Wochenarbeitszeit mehr gearbeitet und produziert wird. Dabei wird aber nicht berücksichtigt, dass der durch die Steigerung des Inlandsprodukts bedingte Verzicht auf Freizeit eine Wohlstandsminderung darstellt.

Das Inlandsprodukt berücksichtigt nicht die sozialen Kosten.

Bei der Güterproduktion entstehen u. a. auch Kosten, die nicht von den verursachenden Unternehmen getragen, sondern auf die Allgemeinheit überwälzt werden (z. B. Schädigung von Umweltgütern in Form von Luftverschmutzung und Gewässerverunreinigung sowie dadurch bedingte Gesundheitsschäden). Dabei handelt es sich um **soziale Kosten** (*vgl. 1.3.2*). Sie werden bei der Inlandsproduktberechnung nicht berücksichtigt.

Die Aufwendungen zur Beseitigung von Umweltschäden erhöhen in Form von Nettoinvestitionen das Nettoinlandsprodukt, obwohl es sich dabei eigentlich um Ersatzinvestitionen handelt.

Aufwendungen für die Entsorgung verseuchter Böden und die Reinigung verschmutzter Gewässer werden als Nettoinvestitionen erfasst und erhöhen demzufolge das Nettoinlandsprodukt. Eigentlich handelt es sich dabei aber um eine Art Ersatzinvestition, um die am Produktionsfaktor Natur eingetretenen Schäden zu beheben. Es liegt keine Wertschöpfung, sondern lediglich eine Werterhaltung vor. Werden die Umweltschäden nicht oder nicht in vollem Umfang behoben, liegt eine Art Desinvestition vor, um die der Wert des Nettoinlandsprodukts verringert werden müsste. Dem wird durch die Berechnung des **Ökoinlandsprodukts** Rechnung zu tragen versucht.

„Das Sozialprodukt wächst, wenn immer mehr Abfälle die Umwelt belasten. Und es wächst noch einmal, wenn wir Mittel einsetzen, um Umweltschäden zu beseitigen. Es wächst, wenn der Lärm in den Städten zunimmt. Und es wächst noch einmal, wenn wir Lärmschutzanlagen anbringen. Es wächst, wenn der Verbrauch von Medikamenten, Drogen und Alkohol zunimmt. Und es wächst noch einmal, wenn die durch Medikamente, Drogen oder Alkohol Geschädigten behandelt werden müssen."
Erhard Eppler, Ende oder Wende, Stuttgart 1975, S. 38

Ökoinlandsprodukt

Bruttoinlandsprodukt
– Abschreibungen auf Anlagegüter

= **Nettoinlandsprodukt**
– Nutzungskosten des nichtproduzierten Naturvermögens

= **Ökoinlandsprodukt**

Der Marktwert staatlicher Leistungen ist nicht feststellbar.

Staatliche Leistungen werden nicht auf dem Markt gehandelt, sondern größtenteils ohne unmittelbare Gegenleistung den Unternehmen und Haushalten zur Verfügung gestellt. Da es keinen Marktpreis für diese öffentlichen Güter gibt, werden sie bei der Berechnung des Inlandsprodukts zu ihren Herstellkosten bewertet (Inputbewertung). Dieser Wertansatz ist letztlich willkürlich. Beispielsweise lässt die Höhe der Kosten im Bildungswesen nicht unbedingt Aussagen über die Bildungsergebnisse zu.

Bestimmte wirtschaftliche Vorgänge werden als Konsum, der das Inlandsprodukt erhöht, angesehen, obwohl es sich dabei eigentlich um Vorleistungen handelt, die nicht in die Höhe des Inlandsprodukts eingehen dürften.

Aufgrund von Bewertungs- und Zurechnungsproblemen werden alle staatlichen Leistungen als Endverbrauch (Konsum) angesehen, obwohl sie teilweise Vorleistungen für die Unternehmen darstellen (z. B. Verkehrswege für den Gütertransport). Da diese

Zusammenfassende Übersicht Kapitel 2:

Wirtschaftskreislauf und volkswirtschaftliche Gesamtrechnung

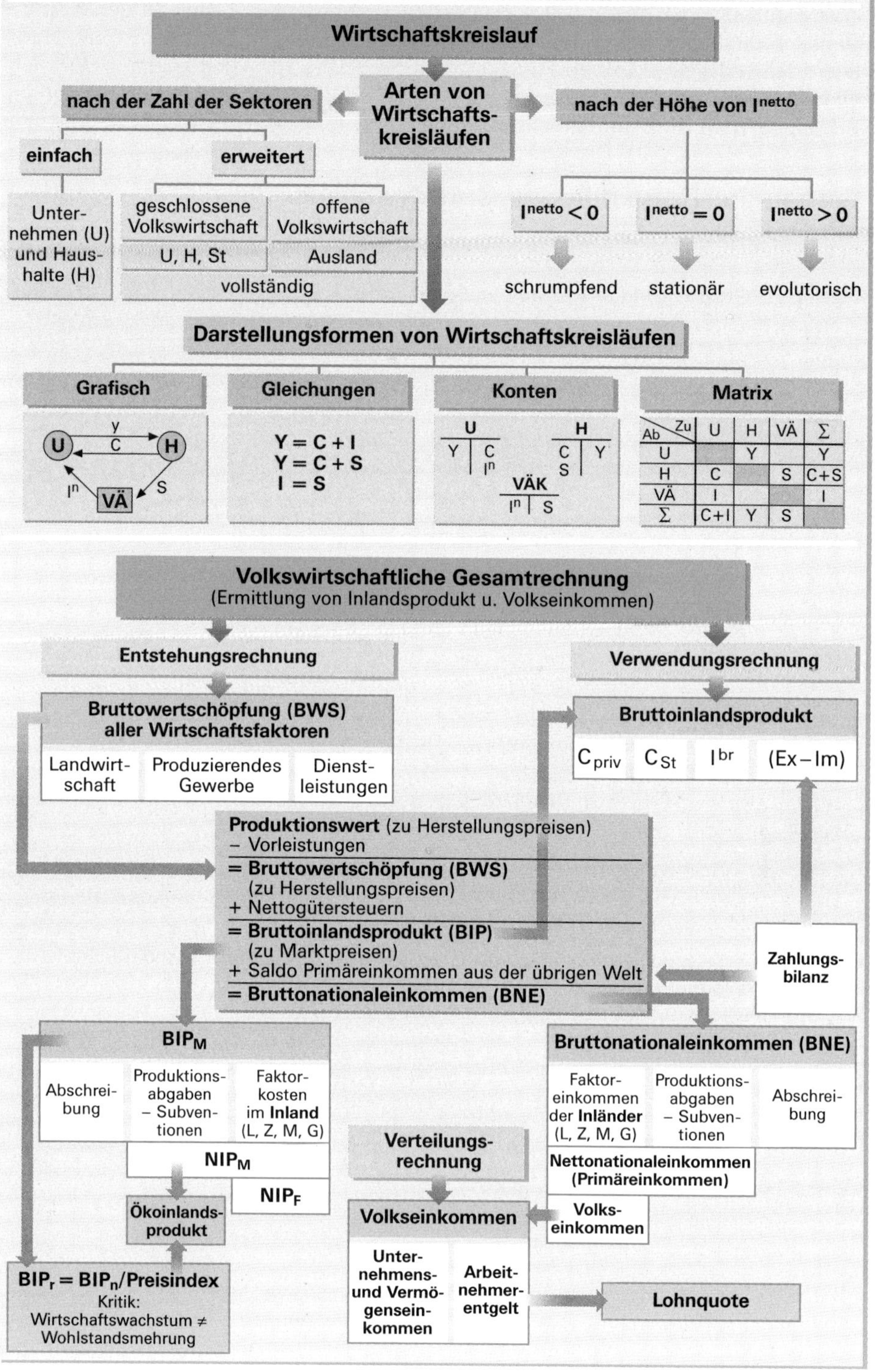

Vorleistungen den Unternehmen aber nicht direkt in Rechnung gestellt werden, unterbleibt bei der Ermittlung der Wertschöpfung der Unternehmen (= Produktionswert – Vorleistungen) der Abzug dieser staatlichen Vorleistungen. Daher ist der Wert des Inlandsprodukts um diese staatlichen Vorleistungen zu hoch. Bei den privaten Haushalten stellen dagegen z. B. die Fahrtkosten für den Weg zur Arbeitsstelle in Wirklichkeit keinen Konsum dar, der das Inlandsprodukt erhöht. Vielmehr handelt es sich um Vorleistungen für die Einkommenserzielung.

Fragen zur Kontrolle des Grundwissens

Kapitel 2: Wirtschaftskreislauf und volkswirtschaftliche Gesamtrechnung

Kapitel 2.1: Grundlagen der Kreislaufanalyse

1. *Welche Ströme lassen sich in einem wirtschaftlichen Kreislaufmodell unterscheiden?*

Kapitel 2.2: Einfacher Wirtschaftskreislauf

1. *Welche Beziehungen bestehen in einer stationären Wirtschaft zwischen den Wirtschaftssektoren Haushalte und Unternehmen?*
2. *Wie unterscheidet sich eine evolutorische Wirtschaft von einer stationären Wirtschaft?*
3. *Welche Bedeutung hat der Pol „Vermögensänderung“ im Kreislaufschema einer evolutorischen Wirtschaft?*
4. *Wie lautet die Gleichung für die Verwendung des Sozialprodukts in einer evolutorischen Wirtschaft?*
5. *Wie lautet die Gleichung für die Verwendung des Volkseinkommens in einer evolutorischen Wirtschaft?*
6. *Erläutern Sie die Aussage, dass in einer geschlossenen Volkswirtschaft die gesamtwirtschaftlichen Nettoinvestitionen und die gesamtwirtschaftlichen Ersparnisse am Ende einer Wirtschaftsperiode immer gleich groß sind.*

Kapitel 2.3: Erweiterter Wirtschaftskreislauf

1. *Welche Beziehungen bestehen zwischen den Wirtschaftssektoren in einer offenen Volkswirtschaft mit staatlicher Aktivität?*
2. *Warum werden die Güter, die den Haushalten und Unternehmen vom Staat kostenlos zur Verfügung gestellt werden, nicht im Kreislaufschema erfasst?*

Kapitel 2.4: Aufgaben der volkswirtschaftlichen Gesamtrechnung

1. *Welche Aufgaben hat die volkswirtschaftliche Gesamtrechnung (VGR)?*
2. *Definieren Sie den Begriff Inlandsprodukt.*

Kapitel 2.5: Erfassung gesamtwirtschaftlicher Leistung: das gesamtwirtschaftliche Produktionskonto

1. *Beschreiben Sie Aufbau und Inhalt des Produktionskontos des Sektors Unternehmen.*
2. *Wie wird der wertmäßige Beitrag eines Unternehmens zum Inlandsprodukt bezeichnet?*
3. *Wodurch unterscheiden sich Produktionswert und Bruttowertschöpfung?*
4. *Wodurch unterscheiden sich Bruttowertschöpfung und Nettowertschöpfung?*
5. *Was ist unter Staatskonsum zu verstehen?*
6. *Beschreiben Sie Aufbau und Inhalt des gesamtwirtschaftlichen Produktionskontos.*

Kapitel 2.6: Aufbau der Zahlungsbilanz

1. *Welche statistischen Größen werden in der Zahlungsbilanz erfasst?*
2. *Aus welchen Teilbilanzen besteht die Zahlungsbilanz?*
3. *Was ist eine aktive Handelsbilanz?*
4. *Wie wird der Leistungsbilanzsaldo ermittelt?*
5. *Wie wird der Außenbeitrag zum Bruttoinlandsprodukt ermittelt?*
6. *Warum muss die Zahlungsbilanz in ihrer Gesamtheit immer ausgeglichen sein?*

Kapitel 2.7: Vom Inlandsprodukt zum Volkseinkommen
1. *Wodurch unterscheiden sich Bruttoinlandsprodukt und Bruttonationaleinkommen?*
2. *Wodurch unterscheiden sich Bruttoinlandsprodukt zu Marktpreisen und Nettoinlandsprodukt zu Marktpreisen?*
3. *Wodurch unterscheiden sich Nettoinlandsprodukt zu Marktpreisen und Nettoinlandsprodukt zu Faktorkosten?*
4. *Was ist das Volkseinkommen?*

Kapitel 2.8: Entstehungs-, Verwendungs- und Verteilungsrechnung
1. *In welche Wirtschaftsbereiche ist die Entstehungsrechnung des Inlandsprodukts gegliedert?*
2. *Welche Verwendungszwecke werden in der Verwendungsrechnung des Inlandsprodukts ausgewiesen?*
3. *Aus welchen Positionen besteht die Verteilungsrechnung des Volkseinkommens?*
4. *Was ist die Lohnquote?*

Kapitel 2.9: Inlandsprodukt als Messgröße gesamtwirtschaftlicher Leistung
1. *Worin besteht der Unterschied zwischen dem nominalen und dem realen Inlandsprodukt?*
2. *Erörtern Sie die Eignung des Inlandsprodukts als internationalen Vergleichsmaßstab am Beispiel der Abb. auf S. 68.*
3. *Welche Mängel beeinträchtigen die Aussagekraft des Inlandsprodukts als Wohlstandsindikator?*
4. *Was ist das Ökoinlandsprodukt?*

Aufgaben und Probleme zur Erarbeitung und Anwendung von Wissen

Kapitel 2: Wirtschaftskreislauf und volkswirtschaftliche Gesamtrechnung

Veränderungen des Bestands an Sachkapital in einer evolutorischen Wirtschaft – Zusammenhang zwischen Investition und Sparen

A ◀ 2.1

Der Bestand an Sachkapital (Gebäude, Maschinen, Werkzeuge) in den Unternehmen einer Modellvolkswirtschaft hat zu Beginn einer Periode einen Wert von 200 GE. Die für die Gütererzeugung notwendigen Produktionsfaktoren werden den Unternehmen von den Haushalten gegen Entgelt zur Verfügung gestellt. K ◀

1 ▶ Durch die Güterproduktion tritt ein Verschleiß an den vorhandenen Maschinen und den anderen Produktionsmitteln ein. Der Wert des Sachkapitalbestandes sinkt dadurch während der Periode zunächst um 20 GE (= Abschreibung). Die verschlissenen dauerhaften Produktionsmittel werden aber durch neue Investitionsgüter ersetzt, deren Wert genauso hoch ist, wie die durch den Verschleiß entstandene Wertminderung. P.Point
Tragen Sie die Zahlen für Wertminderung und Ersatzinvestition in ein Schaubild nach dem Muster von Abb. 1 auf S. 74 ein.

2 ▶ Der Wert, der in dieser Periode von den Unternehmen den bezogenen Vorleistungen hinzugefügt wurde, ist die Bruttowertschöpfung. Der Teil der Bruttowertschöpfung, der über die Ersatzinvestitionen hinausgeht, ist die Nettowertschöpfung. Diese Güter werden zu den Kosten bewertet, die bei ihrer Erstellung angefallen sind (= Faktorkosten). Die Bewertung dieser Güter zu Faktorkosten ergibt 100 GE. Das entspricht gleichzeitig dem Betrag, den die Unternehmen als Entgelt in Form von Löhnen, Zinsen, Pachten und Gewinnen an die Haushalte abführen müssen, weil sie für die Erstellung dieser Güter die von den Haushalten zur Verfügung gestellten Produktionsfaktoren genutzt haben (Faktoreinkommen).

Veränderung des Bestandes an Sachkapital durch Investitionen

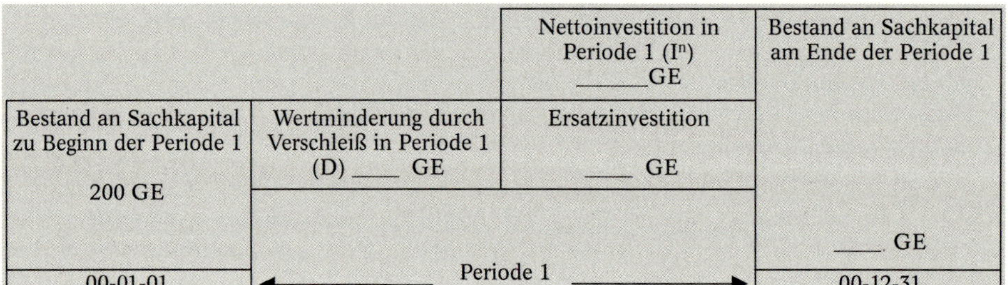

Abb. 1

Kreislauf einer evolutorischen Wirtschaft

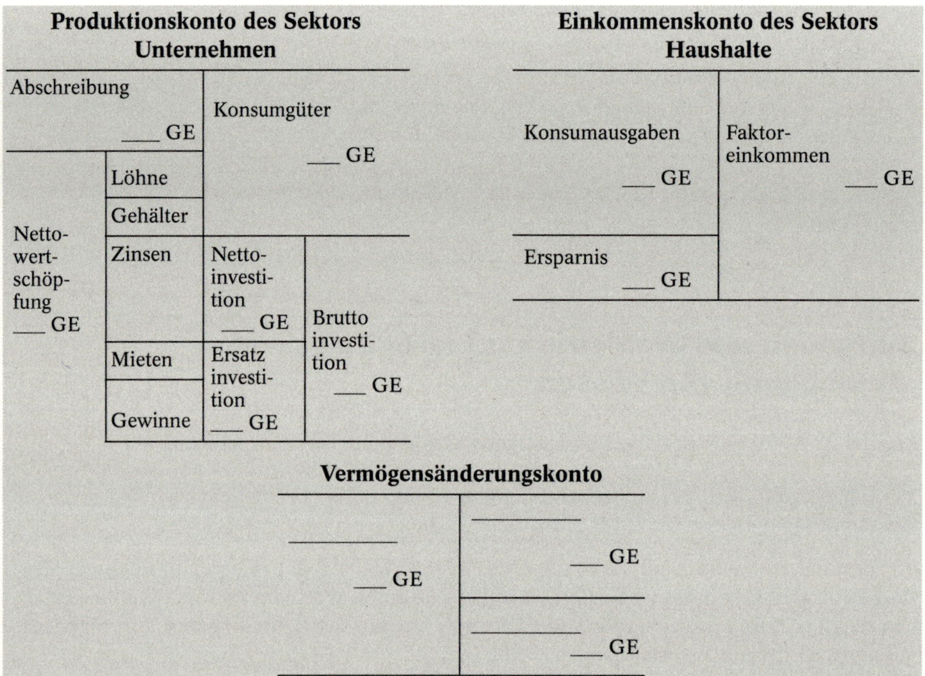

Abb. 2

Von diesen Gütern gelten nur diejenigen als Konsumgüter, die **tatsächlich** von den Haushalten **gekauft** wurden. Alle anderen Güter stellen Investitionen dar, da sie bei den Unternehmen entweder zu einer Bestandserhöhung an Maschinen, Gebäuden o.Ä. (= Anlageinvestitionen) führen oder eine Vermehrung der Lagerbestände (= Lagerinvestitionen) bewirken.

Die Haushalte geben 70 % ihres Einkommens für Konsumgüter aus.

Ermitteln Sie für die Unternehmen der Modellvolkswirtschaft zum Ende der Periode folgende Größen (in GE) und tragen Sie diese in das Produktionskonto des Sektors „Unternehmen" ein (Schaubild nach dem Muster von Abb. 2 auf dieser Seite).

a) Wert der insgesamt den Vorleistungen hinzugefügt wurde (Bruttowertschöpfung),
b) Wert der erzeugten Konsumgüter (C),
c) Wert der Bruttoinvestition (I^{br}), der Ersatzinvestition (D) und der Nettoinvestition (I^n),
d) Wert der erzeugten Güter nach Abzug der Ersatzinvestitionen (= Nettowertschöpfung, Y).

3 ▶ Ermitteln Sie für die Haushalte der Modellvolkswirtschaft zum Ende der Periode folgende Größen (in GE) und tragen Sie diese in das Einkommenskonto des Sektors „Haushalte“ (Abb. 2) ein:
a) Höhe des Faktoreinkommens (Y),
b) Höhe der Konsumausgaben (C),
c) Höhe der nicht für Konsumgüter ausgegebenen Einkommensteile (= Ersparnis, S).

4 ▶ In welcher Höhe haben die Haushalte in der vergangenen Periode Vermögen gebildet? Tragen Sie den Wert in Abb. 2 auf der rechten Seite des Vermögensänderungskontos ein.

5 ▶ In welcher Höhe hat sich der Wert des Sachvermögens der Unternehmen verändert? Tragen Sie die Werte im Kreislaufschema (Abb. 2) in das Vermögensänderungskonto ein (Mehrungen auf der linken Seite, Minderungen auf der rechten Seite).

6 ▶ Warum muss die Höhe der Nettoinvestitionen am Ende der Periode immer den Ersparnissen entsprechen?

7 ▶ Warum müssen Ersparnisse lediglich in Höhe der Netto- und nicht in Höhe der Bruttoinvestitionen vorliegen?

8 ▶ Wie hoch ist der Wert des Bestandes an Sachkapital in der Modellvolkswirtschaft am Ende der Periode?
Tragen Sie die fehlenden Werte für Nettoinvestition und Bestand an Sachkapital in Abb. 1 ein.

9 ▶ Worauf ist die Veränderung des Wertes des Sachkapitalbestandes zurückzuführen?

10 ▶ Warum handelt es sich im vorliegenden Fall um eine wachsende (= evolutorische) Wirtschaft?

11 ▶ Welche Änderungen würden sich ergeben, wenn die Unternehmen ihre Gewinne nicht in voller Höhe an die Haushalte ausschütten, sondern Gewinnanteile in Höhe von 10 GE einbehalten und die Haushalte 70 GE für Konsumgüter ausgeben?

Grafische Darstellung des Wirtschaftskreislaufs einer stationären Wirtschaft unter Berücksichtigung der ökonomischen Aktivität des Staates

A ◀ 2.2

P.Point

In einer Volkswirtschaft wurden in den Unternehmen Güter im Wert von 500 GE produziert (= Wertschöpfung). Als Entgelt für die dabei eingesetzten Produktionsfaktoren sind den Haushalten Einkommen in gleicher Höhe in Form von Löhnen, Gehältern, Zinsen, Mieten und Gewinnen zugeflossen (= Volkseinkommen).
Die Unternehmen führen Produktionsabgaben (z. B. Gewerbesteuer, Kfz-Steuer) in Höhe von 75 GE an den Staat ab.
Die Haushalte zahlen aus ihrem Bruttoeinkommen direkte Steuern (Einkommensteuer) in Höhe von 100 GE an den Staat. Der Staat zahlt an die Haushalte 120 GE (z. B. als Gehälter für Angehörige des öffentlichen Dienstes, Pensionen, Renten und Transfereinkommen wie Kindergeld, Wohngeld, Sozialhilfe). Die Haushalte verwenden das gesamte verfügbare Einkommen für Konsumausgaben.
Der Staat bezieht Sachgüter von den Unternehmen im Wert von 40 GE und zahlt Subventionen an die Unternehmen in Höhe von 15 GE.

▶ Stellen Sie für diese Volkswirtschaft die Kreislaufbeziehungen zwischen den Sektoren Unternehmen, private Haushalte und Staat grafisch dar. Benennen Sie die dargestellten Geldströme und geben Sie die zugehörigen Werte an.

Produktionskonto des Sektors Unternehmen – Produktionskonto des Sektors Staat – Gesamtwirtschaftliches Produktionskonto

A ◀ 2.3

K ◀

Für drei Unternehmen aus verschiedenen Wirtschaftszweigen einer Volkswirtschaft liegen für die vergangene Periode folgende Daten vor (Produktionswerte zu Marktpreisen ohne Umsatzsteuer):

P. Point

Unternehmen A: Urproduktion (Primärer Sektor)
Kauf von Vorleistungen (Materialeinkauf): 30 GE (sämtliche Vorleistungen wurden importiert), Abschreibungen: 10 GE, Produktionsteuern: 10 GE; Löhne und Gehälter: 40 GE, Mieten, Zinsen, Pachten: 5 GE, Umsatzerlöse aus dem Verkauf von Vorleistungen (Rohstoffe, Halbfertigerzeugnisse usw.) an Unternehmen B (Verarbeitendes Gewerbe): 100 GE, Subventionen: 5 GE

Unternehmen B: Verarbeitendes Gewerbe (Sekundärer Sektor)
Kauf von Vorleistungen (Rohstoffe und Halbfertigerzeugnisse) von Unternehmen A, Abschreibungen: 30 GE, Produktionsteuern: 20 GE; Löhne und Gehälter: 300 GE, Mieten, Zinsen, Pachten: 20 GE, Umsatzerlöse aus dem Verkauf von Vorleistungen (Erzeugnisse, die zum Weiterverkauf bestimmt sind) an Unternehmen C (Handel): 500 GE, Selbsterstellte Anlagen: 50 GE

Unternehmen C: Handel (Tertiärer Sektor)
Kauf von Erzeugnissen von Unternehmen B, Abschreibungen: 5 GE, Produktionsteuern: 5 GE; Löhne und Gehälter: 50 GE, Mieten, Zinsen, Pachten: 20 GE, Umsatzerlöse aus dem Verkauf von Erzeugnissen: 500 GE, davon entfallen 200 GE auf den Verkauf an private Haushalte, 50 GE auf den Verkauf von Vorleistungen (Material) an den Staat, 100 GE auf den Export und 120 GE auf den Verkauf von Investitionsgütern an Unternehmen A und B sowie 30 GE auf den Verkauf von Investitionsgütern an den Staat. Der Lagerbestand an Fertigerzeugnissen hat um 100 GE zugenommen.

Für die staatlichen Aktivitäten in dieser Volkswirtschaft liegen folgende Daten vor: Von Unternehmen C bezogene Vorleistungen: 50 GE, Abschreibungen auf staatliche Gebäude und Anlagegüter: 10 GE, Löhne und Gehälter: 30 GE, Zinsen, Mieten, Pachten: 60 GE

1 ▶ Erstellen Sie für jedes der drei Unternehmen das Produktionskonto.
2 ▶ Fassen Sie die Produktionskonten der drei Unternehmen zum Produktionskonto des Sektors Unternehmen zusammen.
3 ▶ Erstellen Sie das Produktionskonto des Sektors Staat.
4 ▶ Fassen Sie die Produktionskonten der Sektoren Unternehmen und Staat zum konsolidierten Produktionskonto (Inlandsproduktkonto) zusammen.

▶ A 2.4

Erstellung des Produktionskontos

Produktionswerte und Vorleistungen nach Wirtschaftsbereichen 2001
(in Mrd. Euro)

Wirtschaftsbereiche	Produktionswert	Vorleistungen	Bruttowertschöpfung (BWS)
Land- und Forstwirtschaft, Fischerei	49,12	25,61	
Produzierendes Gewerbe	1.577,59	1.015,88	
Handel, Gastgewerbe und Verkehr	649,88	290,06	
Finanzierung, Vermietung, Unternehmensdienstleister	859,13	286,81	
Öffentliche und private Dienstleister	586,77	175,00	

Quelle: Stat. Bundesamt, VGR 2001, Sept. 2002, Tab. 3.2.4f.

1 ▶ Wie hoch war die Bruttowertschöpfung (BWS) der einzelnen Wirtschaftsbereiche und aller Wirtschaftsbereiche zusammen?

2 ▶ Erstellen Sie aus den Zahlen der Tabelle auf S. 76 das gesamtwirtschaftliche Produktionskonto (rechte Seite: Produktionswert). Die Abschreibungen betragen 312,07 Mrd. EUR.

3 ▶ Wie hoch waren das
a) Bruttoinlandsprodukt zu Marktpreisen,
b) Nettoinlandsprodukt zu Marktpreisen,
wenn die Nettogütersteuern (= Unterschiedsbetrag zwischen BWS und BIP) 207,37 Mrd. EUR und die unterstellten Bankdienstleistungen (= pauschale Vorleistungen) 65,30 Mrd. EUR betrugen?

4 ▶ Wie hoch war das Nettoinlandsprodukt zu Faktorkosten, wenn die Nettoproduktionsabgaben 212,49 Mrd. EUR betrugen?

Zahlungsbilanz - Außenbeitrag

A ◀ 2.5

Zahlungsbilanz 1998–2000

	Position	1998 Mrd. EUR	1999 Mrd. EUR	2000 Mrd. EUR
I.	Leistungsbilanz			
	1. Außenhandel			
	Ausfuhr (fob)	*487,47*	*509,69*	*596,62*
	Einfuhr (fob)	*417,55*	*443,11*	*536,50*
	Saldo	69,92	66,58	60,12
	2. Dienstleistungen (Saldo)	- 42,18	- 49,41	- 54,88
	darunter: *Reiseverkehr (Saldo)*	*- 27,97*	*- 29,95*	*- 32,00*
	3. Erwerbs- und Vermögenseinkommen (Saldo)	- 6,51	- 8,20	- 1,24
	4. Laufende Übertragungen (Saldo)	- 27,28	- 25,77	- 27,01
	Saldo der Leistungsbilanz	- 6,05	- 16,81	- 23,01
II.	Saldo der Vermögensübertragungen	0,66	- 0,15	15,30
III.	Kapitalbilanz			
	Direktinvestitionen	57,85	50,55	- 138,39
	Wertpapiere	2,41	14,68	- 168,08
	Kreditverkehr	- 80,82	- 32,03	- 41,68
	Sonstiger Kapitalverkehr	4,16	2,14	2,00
	Saldo der gesamten Kapitalbilanz	- 16,40	35,34	- 9,99
IV.	Saldo der statistisch nicht aufgliederbaren Transaktionen (Restposten)	7,37	- 39,77	8,12
V.	Veränderung der Nettoauslandsaktiva (Devisenbilanz) (I. + II. = III. + IV. + V.)	3,64	- 12,53	-------

Quelle: Statistisches Jahrbuch 2001, Tab. 25.1

1 ▶ Ermitteln Sie die Veränderung der Nettoauslandsaktiva der Bundesbank für das Jahr 2000 und erläutern Sie das Ergebnis. Worauf ist der Unterschied gegenüber dem Jahr 1998 zurückzuführen?

2 ▶ Wie hoch war der Außenbeitrag (= Beitrag des Ex- und Imports von Waren und Dienstleistungen zum BIP) in den Jahren 1998 bis 2000?

3 ▶ Worauf ist die Veränderung des Außenbeitrags in den verschiedenen Jahren zurückzuführen?

4 ▶ Es wird behauptet: Die Zahlungsbilanz ist, wie jedes geschlossene Buchhaltungssystem, formal stets ausgeglichen. Es gilt folgende Gleichung:

Saldo der Leistungsbilanz + Saldo der Vermögensübertragung = Saldo der Kapitalbilanz (einschließlich Veränderung der Nettoauslandsaktiva der Bundesbank) + Saldo der Restposten

Überprüfen Sie für die Zahlen des Jahres 2000, ob diese Behauptung zutreffend ist und erläutern Sie die Zusammenhänge zwischen den Teilbilanzen.

▶ A 2.6

Bruttoinlandsprodukt, Bruttonationaleinkommen, Nettonationaleinkommen, Volkseinkommen

▶ Berechnen Sie die fehlenden Werte in der unten stehenden Tabelle.

Inlandsprodukt und Nationaleinkommen in der Bundesrepublik Deutschland (in Mrd. EUR)

Jahr	Bruttoinlandsprodukt (BIP)	Saldo der Primäreinkommen aus der übrigen Welt	Bruttonationaleinkommen	Abschreibung	Nettonationaleinkommen	Produktionsteuern abzgl. Subventionen	Volkseinkommen zu
1998	1.929,40	-13,98	1.915,42	?	1.630,20	188,03	1.442,17
1999	1.978,60	?	1.965,88	291,39	?	205,49	1.469,00
2000	?	-9,15	2.020,85	302,34	1.718,51	209,29	?
2001	2.071,20	-15,41	?	312,07	1.734,72	212,49	1.531,23

Quelle: Stat. Bundesamt, VGR 2001, Sept. 2002

▶ A 2.7

Wirtschaftskreislauf einer offenen Volkswirtschaft mit staatlicher Aktivität – Darstellung in Matrixform – Berechnung des Inlandsprodukts für die Bundesrepublik Deutschland

▶ K

Im Statistischen Jahrbuch einer Volkswirtschaft sind für ein bestimmtes Jahr folgende gesamtwirtschaftlichen Daten (in Mrd. GE) ausgewiesen:[1]

P.Point

Sektor Private Haushalte: Zuflüsse an Haushalte, Ersparnis der Haushalte

Faktoreinkommen von Unternehmen ($Y_U{}^H$) 2.202
Transferzahlungen vom Staat (Tr_H) 612
Faktoreinkommen vom Staat ($Y_{St}{}^H$) 300
Ersparnis der Haushalte (S_H) 249

Sektor Unternehmen: Zuflüsse an Unternehmen, Unternehmensinvestitionen, Abschreibung, Ersparnis der Unternehmen

Privater Konsum (C_H) 1.902
Verkauf von Investitionsgütern an den Staat ($I_{St}{}^{br}$) 86
Güterexporte (Ex) 753
Abschreibungen Unternehmen (D_U) 415
Verkauf von Vorleistungen der Unternehmen an den Staat (VL_{St}) 190
Subventionen (Z) 70
Bruttoinvestitionen der Unternehmen ($I_U{}^{br}$) 668
Ersparnis der Unternehmen (= einbehaltene Gewinne, S_U) 10

1 Die Zahlenwerte entsprechen annäherungsweise den Daten in DM für die Bundesrepublik Deutschland im Jahre 1994; Statistisches Jahrbuch 1996, Tabellen 24.1, 24.3, 24.6

Sektor Staat: Zuflüsse an den Staat, Staatliche Investitionen, Abschreibung, Ersparnis des Staates

Direkte Steuern und Sozialversicherungsabgaben der privaten Haushalte (T^{dir}_{H})	963
Direkte Steuern der Unternehmen (T^{dir}_{U})	37
Faktoreinkommen des Staates (Zinsen, Gewinne, Y_U^{St})	54
Abschreibungen Staat (D_{St})	24
Indirekte Steuern (T^{indir})	216
Bruttoinvestitionen des Staates (I_{St}^{br})	86
Ersparnis des Staates (S_{St})	13

Sektor Ausland: Abflüsse an das Ausland, Zuflüsse aus dem Ausland, Änderung der Nettoposition gegenüber dem Ausland

Güterimporte (Im)	735
Güterexporte (Ex)	753
Transferzahlungen an das Ausland (Tr_A)	61

Änderung der Nettoposition gegenüber dem Ausland (ΔA): $\Delta A = (Ex\text{-}Im) - Tr_A$

$\Delta A = (753–735) - 61 = - 43$

1 ▶ Stellen Sie den Wirtschaftskreislauf, der den oben genannten Zahlen zugrunde liegt, in Form einer Matrix nach folgendem Muster dar, indem Sie die Kurzbezeichnungen und Zahlen in die entsprechenden Matrixfelder eintragen. (Bezüglich der Zu- und Abgänge der einzelnen Sektoren können Sie sich an der grafischen Kreislaufdarstellung auf S. 47 orientieren.)

Zuflüsse / Abflüsse	private Haushalte	Unternehmen	Staat	Ausland	Vermögens-änderung
private Haushalte					
Unternehmen					
Staat					
Ausland					
Vermögens-änderung					$I^{br} + (Ex\text{-}Im)\text{-}Tr_A = S + D$

2 ▶ Überprüfen Sie anhand der Eintragungen in den Feldern „Vermögensänderung", ob die für eine offene Volkswirtschaft mit staatlicher Aktivität geltende Gleichung
$I_U^{br} + I_{St}^{br} + (Ex\text{-}Im)\text{-}Tr_A = S_H + S_U + S_{St} + D_U + D_{St}$ bzw. $I^n + (Ex\text{-}Im)\text{-} Tr_A = S$
erfüllt ist.

3 ▶ Berechnen Sie den Wert der unentgeltlich vom Staat bereitgestellten Güter (= Konsumausgaben des Staates, C_{St}), indem Sie die vom Staat erworbenen Vorleistungen (VL_{St}), die Abschreibungen auf staatliche Gebäude und Anlagegüter (D_{St}) und die vom Staat gezahlten Faktoreinkommen (= Nettowertschöpfung des Staates, Y_{St}^{H}) addieren (= Inputbewertung).

4 ▶ Warum kann die Höhe der vom Staat erbrachten Leistungen nur durch die Bewertung zu ihren Herstellkosten (= Inputbewertung) und nicht durch Bewertung zu Marktpreisen (= Outputbewertung) ermittelt werden?

5 ▶ Berechnen Sie aus den vorliegenden Zahlen das Bruttoinlandsprodukt zu Marktpreisen aufgrund der Gleichung: $BIP_M = C_{pr} + C_{St} + I_U^{br} + I_{St}^{br} + (Ex\text{-}Im)$

6 ▶ Die Einkommen der Inländer aus dem Ausland betrugen 122 Mrd. GE und die Einkommen der Ausländer aus dem Inland 130 Mrd. GE.
Berechnen Sie die Höhe des Volkseinkommens.

▶ A 2.8 ▶ K P.Point

Entstehungsrechnung, Verteilungsrechnung, Verwendungsrechnung (Deutschland 2001) (in Mrd. EUR)

Entstehungsrechnung

Bruttowertschöpfung		1.929,13
Land- und Forstwirtschaft	%	23,51
Produzierendes Gewerbe	%	561,71
Handel, Verkehr, sonst. Dienstleistungsunternehmen	%	
Öffentl. u. priv. Dienstleister	%	411,77
Bruttowertschöpfung	**100 %**	**1.929,13**
– Entgelte für Bankdienstleistungen		65,30
+ Nettogüterst.		207,37
BIP		2.071,20

Verwendungsrechnung

Bruttoinlandsprodukt		2.071,20
Private Konsumausgaben	%	1.232,15
Konsumausgaben des Staates	%	393,52
Nettoinvestition	%	
Ersatzinvestition	%	312,07
Außenbeitrag (Ex-Im)	%	38,59
BIP	100 %	2.071,20

Verteilungsrechnung

Volkseinkommen	100 %	
Arbeitnehmerentgelt		
Unternehmens- u. Vermögenseinkommen		410,88
Summe (= **Volkseinkommen)**	100 %	
Abschreibungen		312,07
Produktions- u. Importabgaben abzgl. Subventionen		212,49
Saldo der Primäreinkommen aus der übrigen Welt		15,41
BIP		2.071,20

1 ▶ Wie hoch war der Beitrag von Handel, Verkehr und sonst. Dienstleistungsunternehmen zur Bruttowertschöpfung der Gesamtwirtschaft in Euro und in % der BWS?

2 ▶ Wie hoch waren die staatlichen Leistungen (Konsumausgaben des Staates) in Euro und in % des BIP?

3 ▶ Wie hoch war der Anteil der privaten Konsumausgaben am BIP in %?

4 ▶ Wie hoch waren die Bruttoinvestitionen in Euro und in % des BIP?

5 ▶ Wie hoch war das

a) Bruttoinlandsprodukt zu Marktpreisen
b) Nettoinlandsprodukt zu Marktpreisen
c) Bruttonationaleinkommen
d) Volkseinkommen?

6 ▶ Warum ist im vorliegenden Fall das Bruttoinlandsprodukt größer als das Bruttonationaleinkommen?

7 ▶ Wie hoch war die Lohnquote?

▶ A 2.9

Kritik am Inlandsprodukt als Wohlstandsindikator

Stellen Sie fest, ob das Inlandsprodukt aufgrund folgender Vorgänge steigt, sinkt oder unverändert bleibt. Begründen Sie Ihre Antworten.

a) Ein Junggeselle stellt eine Haushälterin ein. Es werden ordnungsgemäß Lohnsteuer und Sozialversicherungsbeiträge abgeführt.

b) Der Junggeselle heiratet seine bisherige Haushälterin. Auch nach der Heirat führt sie den Haushalt weiter.

c) Es werden vermehrt langlebige Energiesparlampen statt herkömmlicher Glühbirnen verwendet. Die Mehraufwendungen aufgrund des höheren Preises der Energiesparlampen gegenüber den herkömmlichen Lampen können schon nach kurzer Zeit durch geringeren Energieverbrauch und längere Lebensdauer ausgeglichen werden.

d) Die Regierung ergreift steuerpolitische Maßnahmen zur Einkommensumverteilung, um untere Einkommensschichten zu entlasten und höhere Einkommensschichten zu belasten.

e) Einer der bisherigen gesetzlichen Feiertage wird gestrichen. Die Arbeitnehmer müssen jetzt bei gleichem Monatslohn einen Tag mehr arbeiten.
f) Ein Hobbygärtner versorgt seine Familie regelmäßig mit Obst und frischem Gemüse.
g) Ein kranker Familienvater wird zu Hause von seinen Familienangehörigen gepflegt.
h) Der Kranke (Fall g) wird vom Arzt in ein Krankenhaus eingewiesen.
i) Ein Bauherr erstellt einen Teil des Rohbaus durch Eigenleistung und Nachbarschaftshilfe.
j) Ein Malergeselle tapeziert nach Feierabend die Wohnung des Nachbarn gegen Entgelt.
k) Ein Landwirt spezialisiert sich auf biologischen Anbau. Wegen des Verzichts auf Pflanzenschutzmittel gehen die Produktionsmengen in der Umstellungsphase zunächst zurück. Er kann aber seine Produkte wegen der besseren Qualität teurer verkaufen, sodass sein Erlös nicht sinkt.
l) Nach einem Unfall müssen mehrere Personen im Krankenhaus behandelt werden. Eine Person stirbt an den Folgen des Unfalls.
m) Die Außenmauern einer denkmalgeschützten Kirche werden durch Luftschadstoffe beschädigt und müssen restauriert werden.
n) Es werden Solarzellen aus dem benachbarten Ausland importiert.
o) Die Regierung genehmigt den Verkauf von U-Booten an ein Entwicklungsland.
p) An einer Autobahn werden die Anwohner durch die Errichtung von Schallschutzwänden gegen den Verkehrslärm geschützt.
q) Wegen hoher Gefährdung durch den Straßenverkehr bringen Eltern ihre Kinder mit dem Pkw zum Kindergarten, statt sie zu Fuß laufen zu lassen.
r) Durch Überdüngung der Böden mit Gülle aus der Massentierhaltung wird das Grundwasser mit Nitrat belastet.

3 Nachfrage der privaten Haushalte am Gütermarkt

Fallbeispiele zur Einführung

Fallbeispiel 3.1: Einfluss von Preisänderungen auf die Nachfragemenge

Der englische Statistiker ROBERT GIFFEN (1830–1910) hat im 19. Jahrhundert untersucht, wie sich in Großbritannien die Nachfrage nach Brot veränderte, nachdem die Brotpreise wegen höherer Preise für importierten Weizen erheblich gestiegen waren. Er stellte fest, dass ärmere Bevölkerungsschichten anders als reichere Bevölkerungsschichten auf die Erhöhung der Brotpreise reagierten.

1. Wie wird sich die Erhöhung des Brotpreises vermutlich bei den ärmeren und wie bei den reicheren Bevölkerungsschichten auf die nachgefragte Menge nach Brot ausgewirkt haben?
2. Die folgenden Kurven stellen den funktionalen Zusammenhang zwischen dem Brotpreis und der nachgefragten Brotmenge dar. Welche Kurve gilt vermutlich für ärmere, welche für reichere Bevölkerungsschichten?

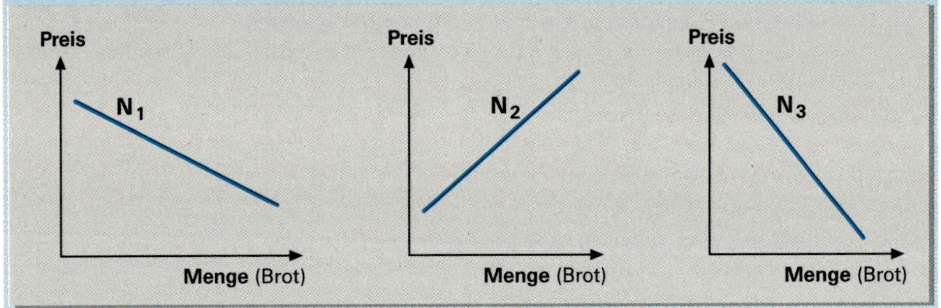

Erläuterungen und Lösung siehe Seite 90.

Fallbeispiel 3.2: Preiselastizität der Nachfrage

Der Finanzminister eines Landes plant zur Erhöhung der Steuereinnahmen eine Umsatzsteuer von 5 % auf den Verkauf von Zucker oder auf den Verkauf von Juwelen einzuführen. Er geht davon aus, dass die direkte Preiselastizität der Nachfrage bei Zucker 0,44 und bei Juwelen 2,6 beträgt.

- Welche der beiden Steuern ist ergiebiger?

Erläuterungen und Lösung siehe Seite 101.

3.1 Grundlagen der Nachfragetheorie der privaten Haushalte

Die Nachfragetheorie untersucht, von welchen Zielsetzungen und Bestimmungsfaktoren das Nachfrageverhalten und die Kaufentscheidungen der privaten Haushalte (= Verbraucher, Konsumenten, Nachfrager) abhängig sind.

Dabei wird von folgenden **Annahmen** (Prämissen) ausgegangen:

1. Jeder private Haushalt hat das **Ziel**, sein Einkommen so zu verwenden, dass er seine individuellen Bedürfnisse möglichst weitgehend befriedigt und den größtmöglichen individuellen Nutzen erzielt (**Nutzenmaximierung**).
2. Um dieses Ziel zu erreichen, muss ein Haushalt folgende **Entscheidungen** treffen:

- Welcher Teil des Einkommens soll gespart werden?
- Wie sollen die für den Konsum vorgesehenen Einkommensteile (= Konsumsumme) möglichst nutzbringend auf die einzelnen Konsumgüterarten aufgeteilt werden (= optimaler Konsumplan)?

3.2 Bestimmungsfaktoren der Nachfrage und Veränderung der Nachfragekurve

3.2.1 Allgemeine und spezielle Nachfragefunktion eines Haushalts

In der Nachfragetheorie wird angenommen, dass die von einem einzelnen Haushalt nachgefragte Menge (x^N) eines Gutes 1 im Wesentlichen abhängig ist

- vom Preis dieses Gutes (p_1),
- von den Preisen anderer Güter (p_2, ... p_n),
- vom Einkommen (y) und dem Vermögen (w)[1] des Haushalts,
- von der Bedürfnisstruktur und der Nutzeneinschätzung (u)[2] des Haushalts.

Dieser angenommene Zusammenhang lässt sich als **allgemeine Nachfragefunktion eines einzelnen Haushalts** folgendermaßen darstellen:

$$x^N_1 = f(p_1, p_2, \dots p_n, y, w, u)$$

Die Nachfragefunktion für einen einzelnen Haushalt wird auch als individuelle Nachfragefunktion bezeichnet. Da es sehr viel schwieriger wäre, Einsicht in die komplexen Zusammenhänge zu gewinnen, wenn sich alle Bestimmungsgründe gleichzeitig ändern, werden im Folgenden nacheinander jeweils nur die isolierten Wirkungen **eines** dieser Einflussfaktoren untersucht. Alle anderen Faktoren werden dabei als unverändert (konstant) angenommen (*Ceteris-paribus-Klausel, vgl. 1.2*). Auf diese Weise lassen sich aus der allgemeinen Nachfragefunktion **spezielle Nachfragefunktionen** und **Nachfragekurven** (z. B. Preis-Konsum-Kurve, Einkommens-Konsum-Kurve) ableiten.

Wird in der Volkswirtschaftslehre allgemein von einer Nachfragefunktion (Nachfragekurve) gesprochen, so ist üblicherweise damit die **spezielle Nachfragefunktion** in Form der **Preis-Konsum-Funktion $x_1 = f(p_1)$** gemeint. Diese beschreibt die funktionale Beziehung zwischen der nachgefragten Menge eines Gutes und dessen Preis bei Konstanz aller übrigen Einflussgrößen.

1 w steht hier für *wealth* (Reichtum).
2 u steht hier für *utility* (Nutzen).

3.2.2 Abhängigkeit der individuellen Nachfrage eines Haushalts vom Preis des nachgefragten Gutes (Preis-Konsum-Kurve)

▶ A 3.1 Bei normalem Nachfrageverhalten plant ein einzelner Haushalt für ein Gut, das ihm einen Nutzen stiftet, einen umso höheren Konsum, je geringer der Preis dieses Gutes ist und umgekehrt. Dieser Sachverhalt, der insbesondere für Verbrauchsgüter des täglichen Bedarfs gilt, ist in der folgenden Tabelle am Beispiel von Birnen dargestellt. Die dort ausgewiesenen Nachfragemengen entsprechen dem von einem bestimmten Haushalt bei alternativen Preisen **geplanten** Konsum (= **Verbrauchsplan**) einer bestimmten Birnensorte (z. B. Williams-Christ, Handelsklasse I) zu einem bestimmten Zeitpunkt oder während eines bestimmten Zeitraums (z. B. an einem bestimmten Tag im September). Zu einem anderen Zeitpunkt können dem Nachfrageverhalten dieses Haushalts schon wieder andere Vorstellungen zugrunde liegen, weil sich beispielsweise die Einkommensverhältnisse des Haushalts oder die Preise für andere Obstsorten geändert haben oder weil er vom Nachbarn aus dessen Garten Birnen geschenkt bekommen hat. Die Tabelle stellt den **funktionalen Zusammenhang** zwischen der von einem Haushalt geplanten Nachfragemenge an Birnen und ihrem Preis dar. Die **Menge** ist dabei die **abhängige** und der **Preis** die **unabhängige Größe**. Werden die Preis-Mengen-Kombinationen der Tabelle in ein Koordinatensystem übertragen und die einzelnen Punkte miteinander verbunden, ergibt sich eine von links oben nach rechts unten fallende **Nachfragekurve** in Form der **Preis-Konsum-Kurve**.

Nachfrage nach Birnen (Williams-Christ, Kl. I) **in Abhängigkeit vom Preis für Birnen**

Preis je kg (in €)	nachgefragte Menge (kg)
2,25	0,5
2,00	1,0
1,75	1,5
1,50	2,0
1,25	3,0
1,00	4,0
0,75	5,0

Spezielle Nachfragefunktion: $x^N_{Birnen} = f(p_{Birnen})$

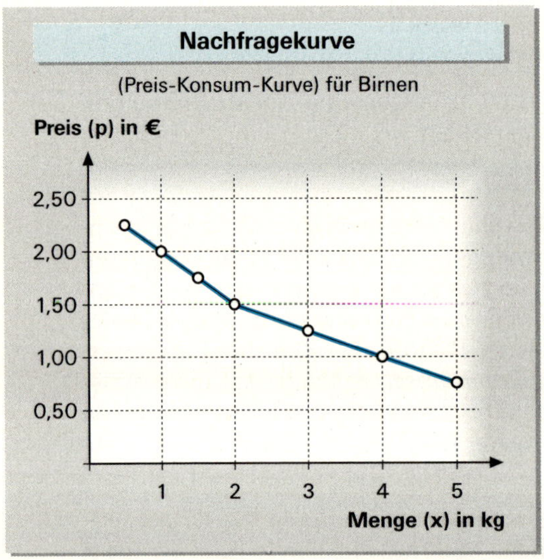

In der Preistheorie ist es – anders als in der Mathematik – üblich, die **un**abhängige Variable (hier: Preis) an der senkrechten Achse (Ordinate) und die abhängige Variable (hier: Menge) an der waagerechten Achse (Abszisse) abzutragen. Das auf empirischen Daten (Befragung und Beobachtung) beruhende Nachfrageverhalten kann im Koordinatensystem eigentlich nur als Punkte, die bestimmte Preis-Mengen-Kombinationen wiedergeben, abgebildet werden. Der Einfachheit halber wird aber unterstellt, dass sich aus der Verbindung dieser Punkte eine Preis-Konsum-Kurve konstruieren lässt, die keine Sprünge aufweist, sondern stetig verläuft. Im Folgenden wird zusätzlich angenommen, dass solche Kurven eine konstante Steigung haben und deswegen einen linearen Verlauf aufweisen.

Die individuelle Nachfragekurve in Form der Preis-Konsum-Kurve zeigt, wie viele Mengeneinheiten eines Gutes ein Haushalt jeweils bei unterschiedlichen Preisen dieses Gutes in einer bestimmten Zeiteinheit nachzufragen plant.

Ob der Haushalt allerdings seinen Verbrauchs**plan** verwirklichen und die **geplanten** Mengen tatsächlich **kaufen** kann, hängt u. a. davon ab, ob zu dem jeweiligen Preis überhaupt entsprechende Mengen angeboten werden *(vgl. 5.3.3)*.

Bei normalem Verhalten der Konsumenten hat die Nachfragekurve in Form der Preis-Konsum-Kurve eine negative Steigung. In diesem Kurvenverlauf kommt das **Gesetz vom abnehmenden Nutzenzuwachs** zum Ausdruck. Da jede zusätzlich konsumierte Einheit eines Gutes einem Haushalt im Normalfall einen geringeren Nutzenzuwachs stiftet, fragt der Haushalt nur dann mehr von diesem Gut nach, wenn der Preis dieses Gutes sinkt.

Die geplanten Nachfragemengen entsprechen den Gütermengen, mit denen der Haushalt bei den jeweiligen Preisen sein Nutzenmaximum erzielt (= optimale Verbrauchspläne des Haushalts).

Die normale Nachfragekurve in Form der Preis-Konsum-Kurve hat eine negative Steigung („Gesetz der Nachfrage"), d. h.,
- **je höher der Preis ist, umso geringer ist die geplante Nachfragemenge,**
- **je niedriger der Preis ist, umso höher ist die geplante Nachfragemenge.**

P.Point

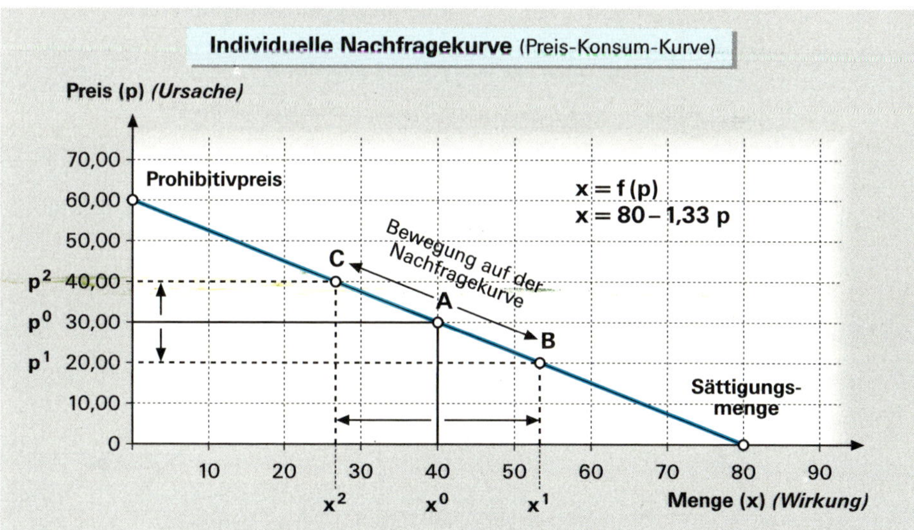

Ändert sich der Preis des Gutes und bleiben alle anderen Bestimmungsgründe der Nachfrage gleich, so ergibt sich eine neue Preis-Mengen-Kombination für dieses Gut. Dies löst eine Bewegung auf der Kurve aus. Die Lage der Kurve bleibt aber unverändert.

In Grenzfällen können sich auch Schnittpunkte der Kurve mit den Achsen ergeben, die sich folgendermaßen erklären lassen: Beim Schnittpunkt mit der Mengenachse liegt die **Sättigungsmenge**. Dieser nachgefragten Menge entspricht ein Preis von null, d. h., der Haushalt möchte keine zusätzliche Mengeneinheit dieses Gutes konsumieren, selbst wenn er das Gut kostenlos erhält. Beim Schnittpunkt mit der Preisachse, dem eine nachgefragte Menge von null entspricht, ist ein Preis erreicht, zu dem der Haushalt nicht mehr bereit oder in der Lage ist, auch nur eine einzige Mengeneinheit des Gutes nachzufragen (**Prohibitivpreis**)[1].

3.2.3 Abhängigkeit der individuellen Nachfrage eines Haushalts von den Preisen anderer Güter

Die von einem Haushalt nachgefragte Menge (x^N)eines Gutes 1 kann außer vom Preis des Gutes selbst (p_1) u. a. auch von den Preisen anderer Güter ($p_2, \dots p_n$) abhängen. Die entsprechende spezielle Nachfragefunktion lässt sich dann bei Nichtbeachtung (Konstanz) aller anderen Einflussfaktoren als $x^N{}_1 = f(p_2, \dots p_n)$ darstellen. Wird die Untersuchung auf den Zusammenhang zwischen der nachgefragten Menge des Gutes 1 ($x^N{}_1$) und dem Preis des Gutes 2 (p_2), also auf $x^N{}_1 = f(p_2)$ beschränkt, lassen sich drei Fälle unterscheiden. Steigt p_2, so kann $x^N{}_1$ entweder steigen, sinken oder unverändert bleiben, je nachdem, ob sich die beiden Güter 1 und 2 ersetzen, ergänzen oder nicht beeinflussen.

1. Substitutive[2] (konkurrierende) Güter
Steigt als Folge einer Preissteigerung für Gut 2 die Nachfrage nach Gut 1 (und umgekehrt), so sind die Güter 1 und 2 Substitutionsgüter. **Substitutionsgüter können sich gegenseitig ersetzen.**

Beispiel: Butter und Margarine
Steigt der Preis für Butter, wird ein Haushalt möglicherweise mehr Margarine nachfragen, weil er Butter durch Margarine ersetzt.

Substitution zwischen Gut 1 und Gut 2

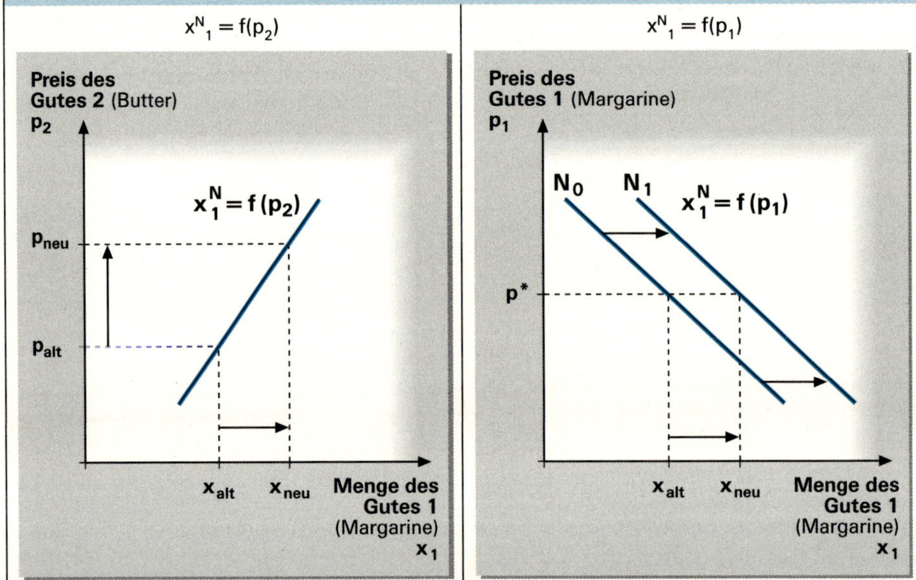

Im Koordinatensystem mit der speziellen Nachfragekurve $x^N{}_1 = f(p_2)$ bewirkt eine Erhöhung von p_2 eine Erhöhung von $x^N{}_1$ und umgekehrt.

Im Koordinatensystem mit der speziellen Nachfragekurve $x^N{}_1 = f(p_1)$ bewirkt eine Erhöhung von p_2 eine **Verschiebung** der Kurve nach rechts und umgekehrt.

1 prohibitiv (*lat.*): verhindernd
2 substitutiv (*lat.*): ersetzend

Komplementarität zwischen Gut 1 und Gut 2

$x^N_1 = f(p_2)$

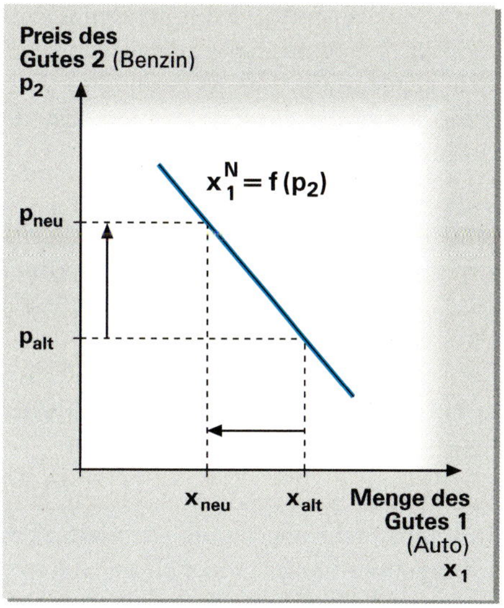

Im Koordinatensystem mit der speziellen Nachfragekurve $x^N_1 = f(p_2)$ bewirkt eine Erhöhung von p_2 eine Verminderung von x^N_1 und umgekehrt.

$x^N_1 = f(p_1)$

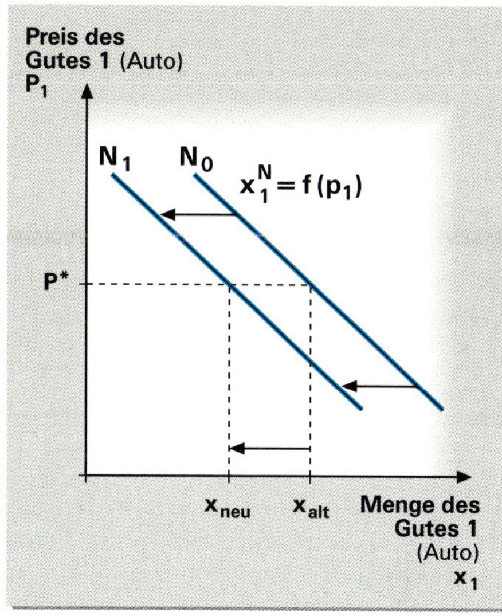

Im Koordinatensystem mit der speziellen Nachfragekurve $x^N_1 = f(p_1)$ bewirkt eine Erhöhung von p_2 eine **Verschiebung** der Kurve nach links und umgekehrt.

Indifferenz zwischen Gut 1 und Gut 2

$x^N_1 = f(p_2)$

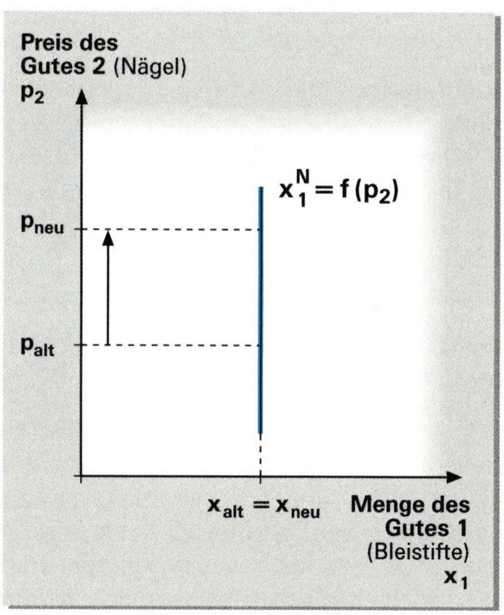

Im Koordinatensystem mit der speziellen Nachfragekurve $x^N_1 = f(p_2)$ bewirkt eine Erhöhung von p_2 keine Veränderung von x^N_1.

$x^N_1 = f(p_1)$

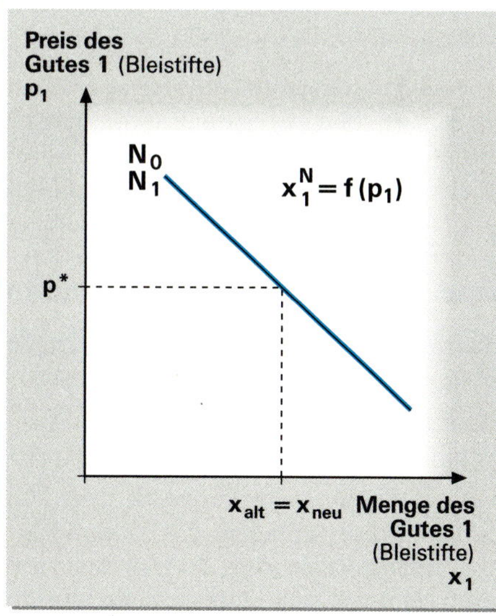

Im Koordinatensystem mit der speziellen Nachfragekurve $x^N_1 = f(p_1)$ bewirkt eine Erhöhung von p_2 keine Veränderung der Kurve.

332887

Beispiel: Benzin und Autos
Steigt der Preis für Benzin, wird ein Haushalt möglicherweise auf den Kauf eines Zweitwagens verzichten.

2. Komplementäre[1] Güter
Sinkt als Folge einer Preissteigerung für Gut 2 die Nachfrage nach Gut 1 (und umgekehrt), so sind die Güter 1 und 2 Komplementärgüter (*vgl. Abb. S. 87*). **Komplementärgüter ergänzen sich gegenseitig.** Die Verwendung eines Gutes bedingt in diesem Fall zwangsweise die Verwendung eines anderen Gutes.

Beispiel für indifferente Güter: Nägel und Bleistifte
Steigt der Preis für Nägel, bleibt die Nachfrage nach Bleistiften normalerweise unverändert.

3. Indifferente[2] (unverbundene) Güter
Hat eine Preisveränderung von Gut 2 keine Auswirkungen auf die Nachfrage nach Gut 1, bestehen zwischen beiden Gütern keine Preis-Mengen-Beziehungen (*vgl. Abb. S. 87*).

3.2.4 Abhängigkeit der individuellen Nachfrage eines Haushalts vom Einkommen und Vermögen (Einkommens-Konsum-Kurve)

▶ A 3.2

Steigt das Einkommen (y) eines Haushalts, erhöhen sich normalerweise auch seine Konsumausgaben. Von dem Mehrkonsum sind aber nicht alle Güter gleichermaßen betroffen. Werden bei der Untersuchung des Zusammenhangs zwischen der nachgefragten Menge (x^N) eines Gutes 1 und dem Haushaltseinkommen (y) alle anderen Einflussfaktoren als konstant angesehen, lässt sich die entsprechende spezielle Nachfragefunktion als $x^N_1 = f(y)$ (Einkommens-Konsum-Funktion) darstellen. Als Reaktion der nachgefragten Menge des Gutes 1 auf eine Veränderung des Haushaltseinkommens lassen sich dabei grundsätzlich drei Fälle unterscheiden. Steigt das Haushaltseinkommen y, so kann x^N_1 entweder steigen, sinken oder unverändert bleiben, je nachdem, ob es sich bei Gut 1 um ein **superiores Gut** (= höherwertiges Gut, Nichtsättigungsgut), ein **inferiores Gut** (= geringwertiges Gut) oder ein **Sättigungsgut** handelt. Je nach Einkommenshöhe kann ein und dasselbe Gut sowohl superior als auch inferior sein oder zum Sättigungsgut werden (*vgl. Abb. S. 89*).

Im Koordinatensystem mit der speziellen Nachfragekurve $x^N_1 = f(p_1)$ (= Preis-Konsum-Kurve) bewirkt eine Einkommenserhöhung bei superioren Gütern eine **Verschiebung der Kurve** nach rechts und umgekehrt (*vgl. Abb. S. 89*). Eine Rechtsverschiebung bedeutet, dass der Haushalt bei dem als konstant angenommenen Preis des Gutes 1 mehr von Gut 1 zu konsumieren plant. Bei inferioren Gütern verläuft die Entwicklung in umgekehrter Richtung. Bei Sättigungsgütern bleibt die Lage der Preis-Konsum-Kurve dagegen trotz einer Einkommensänderung unverändert.

Änderungen des Haushaltseinkommens führen zu einer Verschiebung der individuellen Nachfragekurve (Preis-Konsum-Kurve), sofern es sich nicht um ein Sättigungsgut handelt.

Die Höhe der Konsumausgaben eines Haushalts hängt u. a. auch davon ab, ob und in welchem Umfang der Haushalt über **Vermögen** verfügt, das gegebenenfalls in Einkommen umgewandelt werden kann. Ein Haushalt, der über Vermögenswerte verfügt, hat normalerweise eine andere Befürfnisstruktur als ein vermögensloser Haushalt. Daraus ergeben sich Unterschiede hinsichtlich des Nachfrageverhaltens dieser beiden Haushalte.

1 komplementär (*lat.*): ergänzend
2 indifferent (*lat.*): gleichgültig, unerheblich

1. Superiore Güter, Nichtsättigungsgüter	**2. Inferiore Güter**	**3. Sättigungsgüter**
Steigt als Folge einer Einkommenserhöhung die Nachfrage nach Gut 1 (und umgekehrt), so handelt es sich bei Gut 1 um ein **superiores** (höherwertiges) Gut. Güter, die bei einer Einkommenserhöhung vermehrt nachgefragt werden, werden auch als **Nichtsättigungsgüter** bezeichnet, weil bei ihnen die Sättigungsmenge noch nicht erreicht ist.	Sinkt als Folge einer Einkommenserhöhung die Nachfrage nach Gut 1 (und umgekehrt), so handelt es sich bei Gut 1 um ein **inferiores** (geringwertiges) Gut. Inferiore Güter werden bei steigendem Einkommen durch superiore Güter ersetzt. Ein Gut gilt aber erst ab einer bestimmten Einkommenshöhe (hier: y_{alt}) als inferior. Unterhalb dieser Einkommensschwelle ist dieses Gut superior, da sich sein Konsum bei steigendem Einkommen zunächst erhöht.	Hat eine Einkommensveränderung keine Auswirkungen auf die Nachfrage nach Gut 1, so handelt es sich bei Gut 1 um ein **Sättigungsgut**. Bei Sättigungsgütern konnte der Bedarf mit dem bisherigen Einkommen (hier: y_{neu}) bereits vollkommen gedeckt werden.
Beispiel: Für die meisten Haushalte dürften Sekt und Kaviar superiore Güter sein.	**Beispiel:** Ab einer bestimmten Einkommenshöhe dürfte Margarine im Normalfall ein inferiores Gut sein, weil bei zunehmendem Einkommen Margarine durch Butter ersetzt wird.	**Beispiel:** Ab einer bestimmten Einkommenshöhe dürfte die Nachfrage nach Salz oder Streichhölzern im Normalfall trotz einer Einkommenserhöhung unverändert bleiben.

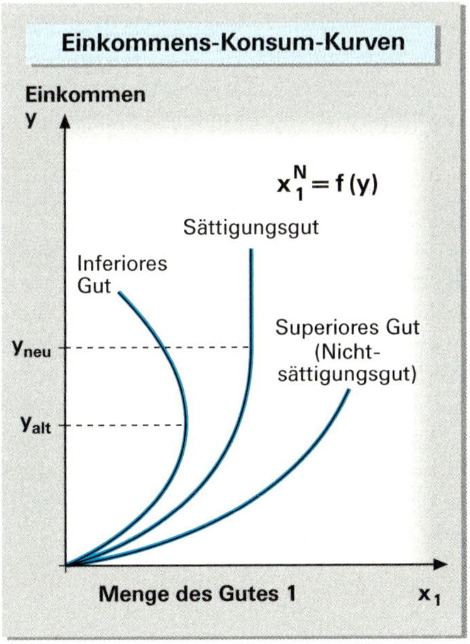

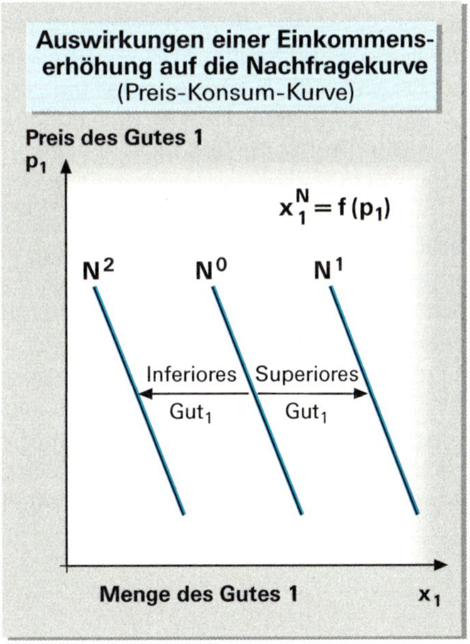

3.2.5 Soziologische und psychologische Bestimmungsfaktoren der individuellen Nachfrage eines Haushalts

Der Nachfragetheorie der privaten Haushalte liegt ein Modell zugrunde, bei dem unterstellt wird, dass ein typischer privater Haushalt unter Beachtung des **ökonomischen Prinzips** rational handelt und als ***Homo oeconomicus*** seinen **Nutzen maximiert**. Das daraus abgeleitete Nachfrageverhalten und die entsprechende Nachfragefunktion sind durch die empirisch überprüfbare Aussage gekennzeichnet, dass bei steigendem Preis eines Gutes die Nachfrage nach diesem Gut sinkt und umgekehrt. Damit können diese Modellergebnisse (= Hypothesen) einen Beitrag zur Erklärung der Realität leisten (*vgl. 1.2*), obwohl sich in Wirklichkeit nicht alle Haushalte als Nutzenmaximierer im Sinne des Modells verhalten.
Ein empirisch nachgewiesenes und ökonomisch begründbares Abweichen des Verbraucherverhaltens von den **Modell**ergebnissen der Nachfragetheorie liegt beispielsweise beim **Giffen-Paradoxon**[1] vor.

Lösung zu Fallbeispiel 3.1 (*vgl. S. 82*)

1. *ROBERT GIFFEN*[2] *hat im 19. Jahrhundert beobachtet, dass in Großbritannien ein durch höhere Preise für importierten Weizen bedingter Anstieg der Brotpreise dazu führte, dass der Verbrauch von Brot nicht sank, sondern stieg. Diese anomale Reaktion der Haushalte auf eine Preisänderung ist damit zu erklären, dass bei den einkommensschwachen Land- und Arbeiterhaushalten Brot das Hauptnahrungsmittel war. Die Erhöhung des Brotpreises führte dazu, dass sich diese Haushalte andere »luxuriösere“ Nahrungsmittel (superiore Güter) nicht mehr leisten konnten und diese durch den vermehrten Verbrauch von Brot (inferiores Gut) ersetzen mussten.*

2. *Die Kurve N2 gilt für die ärmeren Bevölkerungsschichten (anomaler Verlauf). Die Kurve N3 gilt für die reicheren Bevölkerungsschichten, die aufgrund der Erhöhung der Brotpreise die Nachfragemenge nur geringfügig einschränken. Bei der Kurve N1 wird durch eine Preiserhöhung eine starke Einschränkung der nachgefragten Menge ausgelöst. Das ist bei Brot nicht der Fall.*

Darüber hinaus ist das Verbraucherverhalten großenteils durch Gewohnheiten, Nachahmung, Bequemlichkeit, Modetrends, Sozialprestige u. Ä. bestimmt und kann zudem noch durch Einflüsse der Werbung manipuliert sein (*vgl. 3.2.6*). Im Sinne der Nachfragetheorie handelt es sich dabei nicht um streng rationale Kaufmotive. Da aber der Nutzen eine subjektive Größe ist, die empirisch kaum ermittelt werden kann, können für einzelne Haushalte beispielsweise auch solche Güterkäufe, die ein Bedürfnis nach Geltung und Ansehen befriedigen und u. U. dem normalen Nachfrageverhalten widersprechen, als nutzbringend empfunden werden. Ein solches Verbraucherverhalten, das maßgeblich durch soziale Einflussfaktoren bestimmt wird, weicht von den Ergebnissen der Nachfragetheorie ab und ist nicht ökonomisch erklärbar.

1 Paradoxon (*gr.*): Widersinn
2 Robert Giffen, englischer Volkswirt (1830–1910)

VEBLEN-Effekt[1] (Prestige-Effekt, *conspicuous consumption*)
Trotz höherer Preise steigt bei bestimmten Haushalten die nachgefragte Menge solcher Güter, mit denen Wohlhabenheit demonstriert werden kann. Diesen Gütern wird ein umso höherer Nutzen beigemessen, je höher der **Preis** des Gutes ist, den Nichtkäufer vermuten.

Mitläufer-Effekt (*bandwagon effect*)
Haushalte fragen von einem Gut bei gegebenem Preis mehr nach, wenn auch andere Haushalte das Gut vermehrt konsumieren, d. h., die individuelle Nachfrage ist umso größer, je größer die **Gesamtnachfrage** ist. Darin kommt z. B. bei Modeerscheinungen der Wunsch zum Ausdruck, die Gruppe von Konsumenten nachzuahmen, zu der man gehören möchte.

Snob[2]**-Effekt**
Haushalte fragen von einem Gut bei gegebenem Preis mehr nach, wenn andere Haushalte von diesem Gut weniger konsumieren, d. h., die individuelle Nachfrage ist umso größer, je geringer die **Gesamtnachfrage** ist. Dieser Effekt beschreibt das umgekehrte Verhalten wie beim Mitläufer-Effekt. Darin kommt der Wunsch nach Exklusivität und Abhebung von der großen Masse zum Ausdruck.

Diese und andere Beobachtungen wie z. B. impulsives Verhalten bei Spontankäufen, zufälliges Verhalten bei Bagatellkäufen, sozial abhängiges Verhalten bei Modeerscheinungen usw. zeigen, dass für die Konsumentenentscheidungen auch soziologische und psychologische Faktoren eine bedeutende Rolle spielen, deren Erklärung nicht Gegenstand der Volkswirtschaftslehre, sondern der Verhaltensforschung ist.

Auch die **Zunkunftserwartungen** spielen möglicherweise für die Konsumentscheidungen eines Haushalts in einer bestimmten Zeiteinheit eine Rolle. Bei erwarteten Preissteigerungen kommt es zu „Hamsterkäufen" über den gegenwärtigen Bedarf hinaus. Drohende Arbeitslosigkeit und eine damit einhergehende künftige Minderung des Haushaltseinkommens wird möglicherweise zum gegenwärtigen Zeitpunkt zu einer Verringerung der Konsumausgaben und zu einer Erhöhung der Ersparnisse („Notgroschen") führen.

3.2.6 Änderung der Bedürfnisstruktur als Bestimmungsfaktor der individuellen Nachfrage eines Haushalts

Die Nachfrage eines Haushalts nach einem Gut kann sich ändern, obwohl der Preis des Gutes, die Preise aller anderen Güter sowie das Haushaltseinkommen unverändert geblieben sind. Mögliche Ursache dafür ist eine **Änderung der Bedürfnisstruktur** des Haushalts. In diesem Fall hat sich seine Nutzeneinschätzung für eines oder mehrere Güter im Zeitablauf geändert. Das kann u. a. bedingt sein durch zunehmendes Alter der Haushaltsmitglieder, Veränderung der Zahl der Haushaltsmitglieder, Modeerscheinungen und gesundheitsbewusstere Lebensweise. Häufig ist dies aber auch auf eine **Beeinflussung der Konsumenten durch die Produzenten** zurückzuführen, die mithilfe von Marketingmaßnahmen wie Werbung, Produktgestaltung und Verkaufsförderung Bedarf wecken, stimulieren und lenken. Dabei werden auch soziologische und psychologische Konsumeinflüsse genutzt (*vgl. 3.2.5*), indem in der Werbung bestimmte Güter mit begehrten sozialen Rollen, gehobenem Status und bekannten Persönlichkeiten in Verbindung gebracht werden.

1 Th. Veblen, Theorie der feinen Leute, Köln-Berlin o. J.
2 Snob (*engl.*): vornehm tuender Mensch

Bedarfsbeeinflussung		
Bedarfs-weckung	**Bedarfs-stimulierung**	**Bedarfs-lenkung**
Weckung des Bedarfs nach einem Produkt	Vergrößerung des vorhandenen Bedarfs nach einem Produkt	Lenkung des Bedarfs auf eine bestimmte Produktvariante

Werbung wird immer unbeliebter
FRANKFURT (AP). Die Mehrheit der Deutschen würde einer Umfrage zufolge Werbung komplett abschaffen oder zumindest stark einschränken. Laut einer Befragung der Gesellschaft für Konsumforschung würden 22,4 % der Befragten Werbung grundsätzlich verbieten, wenn sie könnten. Knapp die Hälfte (45,1 %) würden Reklame am liebsten einschränken.

BZ 18. Okt. 96

„Wer als Unternehmer meint Investitionen in Werbung sparen zu können, verhielte sich wie jemand, der die Uhr anhält, um Zeit zu sparen."

Henry Ford II

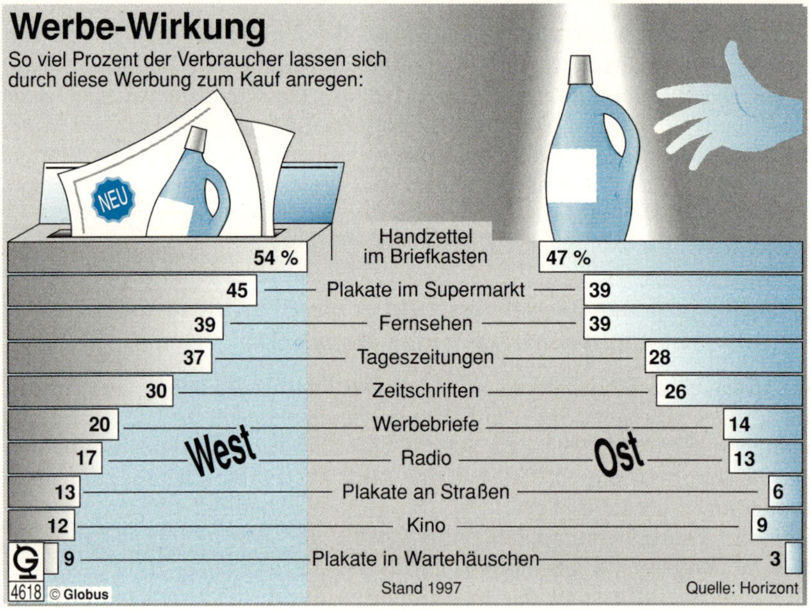

3.2.7 Gesamtnachfrage (Marktnachfrage) und ihre Veränderung

Ableitung der Gesamtnachfrage aller Haushalte nach einem Gut

A ◄ 3.3

Die Summe der individuellen Nachfragemengen aller Haushalte für ein bestimmtes Gut ist die **Gesamtnachfrage** (Marktnachfrage). Die Gesamtnachfrage nach einem Gut (X^N) ergibt sich, indem für alternative Preise die von den einzelnen Haushalten gewünschten Mengen des Gutes addiert wird. Diese Zusammenfassung von einzelwirtschaftlichen zu gesamtwirtschaftlichen Größen wird als **Aggregation** bezeichnet.

Aggregation der individuellen Haushaltsnachfrage zur Gesamtnachfrage (Marktnachfrage)
Rechnerische Aggregation

Preis (Euro)	Nachgefragte Mengeneinheiten (z. B. Stück) nach Gut 1		
	Individuelle Nachfrage von Haushalt A nach Gut 1	Individuelle Nachfrage von Haushalt B nach Gut 1	Gesamtnachfrage (Marktnachfrage) nach Gut 1
5	10	0	10
4	20	5	25
3	30	10	40
2	40	15	55
1	50	20	70

Grafische Aggregation (horizontale Addition)

Nachfragekurve des Haushalts A für Gut 1	Nachfragekurve des Haushalts B für Gut 1	Gesamtnachfragekurve (Preis-Konsum-Konsum-Kurve) beider Haushalte für Gut 1

P.Point

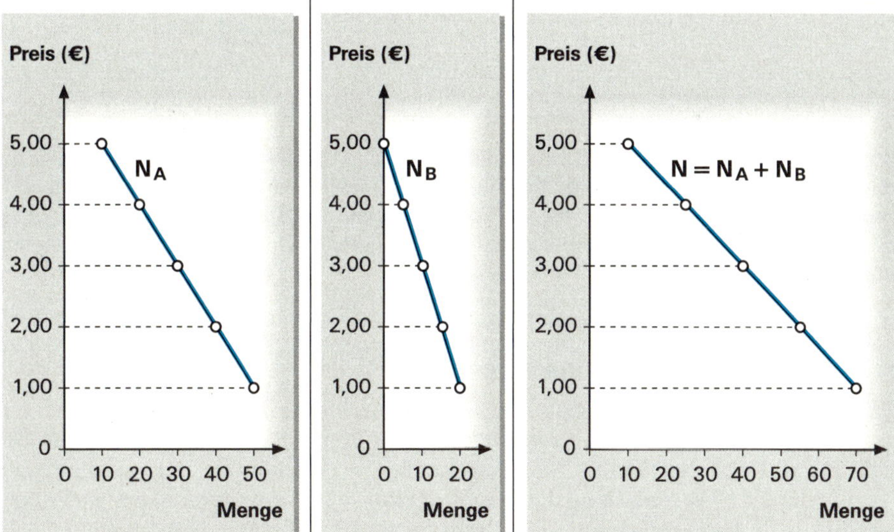

Nachfrage des Haushalts A	+ Nachfrage des Haushalts B	= Gesamtnachfrage beider Haushalte

Die Gesamtnachfragekurve in Form der Preis-Konsum-Kurve wird durch horizontale Addition der Nachfragemengen aller Haushalte zu jedem einzelnen Preis abgeleitet.

Die Gesamtnachfrage (Marktnachfrage) nach einem bestimmten Konsumgut ergibt sich aus der Zusammenfassung (Aggregation) der individuellen Nachfrage der einzelnen Haushalte nach diesem Gut.

Bestimmungsfaktoren der Gesamtnachfrage

Während die individuelle Nachfrage nach dem Gut 1 u. a. vom Preis des Gutes (p_1), den Preisen anderer Güter ($p_2, \dots p_n$), dem Haushaltseinkommen (y), dem Vermögen (w) und der Nutzeneinschätzung des Haushalts (u) abhängig ist, sind für die Höhe der Gesamtnachfrage nach einem Gut noch zusätzliche Einflussfaktoren von Bedeutung. Dazu gehört u. a. die **Einkommens- und Vermögensverteilung** in einer Volkswirtschaft. Die Art und Weise, wie das gesamtwirtschafliche Einkommen und Vermögen auf die einzelnen Haushalte einer Volkswirtschaft verteilt sind, beeinflusst die Höhe des insgesamt für Konsumzwecke verwendeten Einkommens und damit auch die Gesamtnachfrage nach einzelnen Gütern. Die Konsumgewohnheiten von Haushalten mit hohem Einkommen sind anders als von Haushalten mit niedrigem Einkommen. Daneben ist die Gesamtnachfrage nach einem Gut auch von der **Zahl der Haushalte**, die dieses Gut nachfragen, abhängig. Bevölkerungswachstum, eine den Bekanntheitsgrad des Produkts steigernde Werbung u. Ä. können somit zu einer Änderung der Gesamtnachfrage nach einem Gut führen.

Bestimmungsfaktoren der Gesamtnachfrage (Marktnachfrage)					
Preis des Gutes (p_1)	Preise anderer Güter ($p_2, \dots p_n$)	Gesamteinkommen aller Haushalte (Y)	Bedürfnisstruktur der einzelnen Haushalte (U)	Einkommens- und Vermögensverteilung auf die einzelnen Haushalte (D)[1]	Zahl der nachfragenden Haushalte (Z)
Allgemeine Gesamtnachfragefunktion nach Gut 1: $X^N_1 = f(p_1, p_2, \dots p_n, Y, U, D, Z)$					

Andererseits kann die Höhe der **Gesamtnachfrage** wiederum die **individuelle Nachfrage** beeinflussen (*vgl. 3.2.5*). Einige Haushalte konsumieren nämlich von einem Gut umso mehr, je **höher** die Gesamtnachfrage nach diesem Gut ist (**Mitläufer-Effekt**), während andere Haushalte von einem Gut umso mehr konsumieren, je **geringer** die Gesamtnachfrage nach diesem Gut ist (**Snob-Effekt**).

Veränderungen der Gesamtnachfrage

▶ A 3.4 Wenn sich einzelne Einflussfaktoren der Gesamtnachfrage ändern, muss deutlich unterschieden werden, ob durch diese Änderung im Preis-Mengen-Diagramm eine **Bewegung auf einer gegebenen Nachfragekurve** (= Veränderung der nachgefragten Menge) oder eine **Verschiebung der Nachfragekurve** (= Veränderung der Nachfrage) ausgelöst wird. Auch sprachlich sollte der Unterschied zwischen diesen beiden Fällen immer deutlich werden, indem im ersten Fall von Steigen oder Sinken der **nachgefragten Menge** und im zweiten Fall von Zunahme oder Abnahme der **Nachfrage** gesprochen wird.

1 D steht hier für *distribution* (Verteilung).

332894

Änderung der nachgefragten Menge (Bewegung auf der Nachfragekurve)	Änderung (Verschiebung) der Nachfragekurve
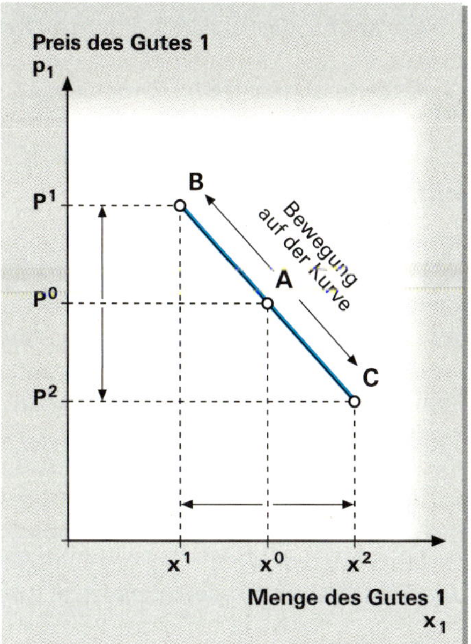	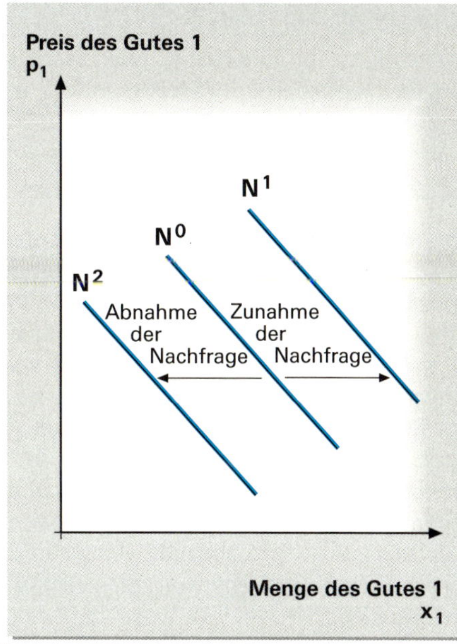
Eine Bewegung auf der Nachfragekurve eines Gutes ergibt sich nur dann, wenn sich der Preis dieses Gutes ändert.	**Eine Verschiebung der Nachfragekurve eines Gutes ergibt sich, wenn sich nicht der Preis dieses Gutes, sondern einer oder mehrere der anderen Bestimmungsfaktoren ändern.** Eine Rechtsverschiebung (= Zunahme der Nachfrage) ergibt sich z. B. in folgenden Fällen: – Preissteigerung bei einem Substitutionsgut, – Preissenkung bei einem Komplementärgut, – Einkommenserhöhung der Haushalte im Falle eines superioren Gutes, – höhere Nutzeneinschätzung des Gutes durch die Haushalte, – nachfragesteigernde Änderung der Einkommens- und Vermögensverteilung, – Erhöhung der Zahl der Nachfrager (Bevölkerungswachstum) Im jeweils umgekehrten Fall ergibt sich eine Linksverschiebung der Nachfragekurve (= Abnahmen der Nachfrage).

3.3 Preiselastizität der Nachfrage

3.3.1 Begriff der Elastizität

Sowohl für wirtschaftspolitische Entscheidungen des Staates, die eine Beeinflussung der Gesamtnachfrage darstellen (z. B. Veränderungen bei der Umsatz- oder Einkommensteuer), als auch für preispolitische Maßnahmen von Unternehmen genügt es oft nicht zu wissen, dass die nachgefragte Menge eines Gutes grundsätzlich von der Höhe des Preises, vom Einkommen der Haushalte und anderen Faktoren abhängt. Als Entscheidungsgrundlage sind vielmehr oft Informationen darüber wichtig, in welchem **Ausmaß** sich die Gesamtnachfrage nach einem Gut ändert, wenn sich beispielsweise der Preis oder das Einkommen ändern. Eine Maßzahl für das Ausmaß einer solchen Änderung ist die **Elastizität**. Die Elastizität gibt an, um wie viel Prozent sich eine abhängige (= reagierende) Größe ändert, wenn sich die unabhängige (= verursachende) Größe um ein Prozent ändert.

3.3.2 Direkte Preiselastizität der Nachfrage

▶ A 3.5 Eine Preiserhöhung für einen bestimmten Autotyp von 15.000 Euro um 75 Euro auf 15.075 Euro, wird die nachgefragte Menge kaum beeinflussen. Wird dagegen der Preis eines Radiorekorders ebenfalls um 75 Euro von bisher 150 Euro auf jetzt 225 Euro erhöht, wird die nachgefragte Menge spürbar sinken. Aus dieser Beobachtung lässt sich aber nicht schließen, dass die Nachfrager nach Autos weniger stark auf Preisänderungen reagieren als die Nachfrager nach Radiorekordern. Der Preis für das Auto wurde nur um 0,5 %, der Preis für den Radiorekorder dagegen um 50 % erhöht. Bei einer Erhöhung des Autopreises um 50 % würde die nachgefragte Menge bei Autos ebenfalls stark zurückgehen. Vergleichbar sind Aussagen über **Nachfragereaktionen** bei verschiedenen Gütern nur dann, wenn sie die durch eine **prozentuale** Preisänderung ausgelöste **prozentuale** Änderung der nachgefragten Menge berücksichtigen. Dieser Zusammenhang kommt in der **direkten Preiselastizität der Nachfrage** zum Ausdruck.

Die direkte Preiselastizität der Nachfrage ist das Verhältnis zwischen der prozentualen Änderung der nachgefragten Menge eines Gutes zur prozentualen Preisänderung dieses Gutes. Sie gibt an, um wie viel Prozent sich die nachgefragte Menge eines Gutes ändert, wenn sich der Preis dieses Gutes um 1 % ändert.

$$El_{dir} = \frac{\text{prozentuale Änderung der Nachfragemenge}}{\text{prozentuale Preisänderung}} = \frac{\frac{\Delta x \cdot 100}{x}}{\frac{\Delta p \cdot 100}{p}} = \frac{\Delta x}{\Delta p} \cdot \frac{p}{x}$$

Dabei bedeuten: El_{dir} = direkte Preiselastizität der Nachfrage, p = ursprünglicher Preis, Δp = Veränderung des Preises in Euro, x = ursprüngliche Nachfragemenge, Δx = Veränderung der Nachfragemenge in Stück o. Ä.

Das rechnerische Ergebnis der direkten Preiselastizität der Nachfrage ist im Normalfall negativ, weil bei normaler Nachfragereaktion eine **Erhöhung** des Preises zu einer **Verringerung** der nachgefragten Menge führt (= negative Steigung der Nachfragekurve). Aus Gründen der Bequemlichkeit wird häufig eine Multiplikation mit –1 vorgenommen oder das negative Vorzeichen einfach weggelassen. Letzteres Vorgehen wird auch im Folgenden angewandt. Die direkte Preiselastizität der Nachfrage wird dann als absoluter Betrag $|El_{dir}|$ aufgefasst, wobei aus dem jeweiligen Zusammenhang erschlossen werden muss, welche Bedeutung der Ausdruck hat. Alle anderen Elastizitäten werden dagegen mit dem Vorzeichen ausgewiesen, das sich aus ihrer Berechnung ergibt.

Beispiel zur Elastizitätsberechnung
Angenommen, ein Lebensmittelmarkt hat für eine bestimmte Sorte Frischmilch einen Zusammenhang zwischen der täglichen Absatzmenge und dem Preis festgestellt, wie er in der folgenden linearen Nachfragekurve zum Ausdruck kommt.

P.Point

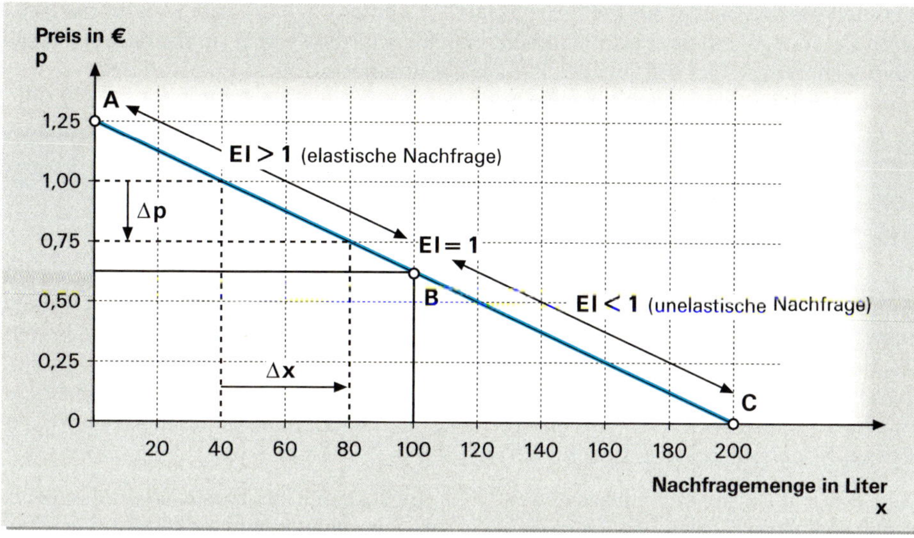

Berechnung der direkten Preiselastizität der Nachfrage bei einer Preissenkung von 1,00 € auf 0,75 €

	Preis	Menge
vorher	1,00 €	40 l
nachher	0,75 €	80 l
Änderung (absolut)	−0,25 €	+40 l
Änderung in (%)	−25 %	+100 %

$$El_{dir} = \left| \frac{+100}{-25} \right| = 4$$

Berechnung der direkten Preiselastizität der Nachfrage bei einer Preissenkung von 0,50 € auf 0,25 €

	Preis	Menge
vorher	0,50 €	120 l
nachher	0,25 €	160 l
Änderung (absolut)	−0,25 €	+40 l
Änderung in (%)	−50 %	+33,3 %

$$El_{dir} = \left| \frac{+33{,}3}{-50} \right| = 0{,}66$$

Das Zahlenbeispiel zeigt, dass die direkte Preiselastizität der Nachfrage trotz gleicher absoluter Preis- und Mengenänderungen in beiden Fällen verschieden ist. Wegen der unterschiedlichen Ausgangspreise und -mengen unterscheiden sich die relativen (prozentualen) Preis- und Mengenänderungen. Daraus ergibt sich, dass die direkte Preiselastizität der Nachfrage in jedem Punkt der linearen Nachfragekurve unterschiedlich ist. Bei einer stetigen Bewegung entlang dieser Nachfragekurve nimmt die Elastizität alle Werte zwischen unendlich und null an. Im Schnittpunkt mit der Preisachse (*Punkt A*) ist die Preiselastizität unendlich groß, im Halbierungspunkt (*Punkt B*) ist sie gleich eins und im Schnittpunkt mit der Mengenachse (*Punkt C*) ist sie gleich null.

Ist die prozentuale Änderung der nachgefragten Menge größer als die prozentuale Preisänderung, so ergibt sich für die Elastizität ein Wert, der größer als 1 ist. In diesen Fällen wird von einer **elastischen Nachfrage** gesprochen. Dies trifft für alle Punkte der oberen Hälfte einer bis zu den Achsenschnittpunkten verlängerten linearen Nachfragekurve zu (Strecke $\overline{AB}$, *vgl. Abb. oben*). Ist die prozentuale Änderung der nachgefragten Menge genau so hoch wie die prozentuale Preisänderung, so hat die Elastizität den Wert 1. Das trifft für den Halbierungspunkt einer bis zu den Achsenschnittpunkten verlängerten linearen Nachfragekurve zu (*Punkt B*). Ist die prozentuale Änderung der nachgefragten Menge kleiner als die prozentuale Preisänderung, so ergibt sich für die Elastizität ein Wert, der kleiner als 1 ist. In diesen Fällen wird von einer **unelastischen Nachfrage** gesprochen. Das trifft für alle Punkte der unteren Hälfte einer bis zu den Achsenschnittpunkten verlängerten linearen Nachfragekurve zu (Strecke $\overline{BC}$, *vgl. Abb. S. 97*).

Ist die prozentuale Mengenänderung größer als die prozentuale Preisänderung, liegt eine elastische Nachfrage vor ($El_{dir} > 1$). Ist die prozentuale Mengenänderung kleiner als die prozentuale Preisänderung, liegt eine unelastischen Nachfrage vor ($El_{dir} < 1$).

Die unten stehenden Abbildungen zeigen Abschnitte von zwei Nachfragekurven, in denen gleiche absolute Preisänderungen unterschiedliche Mengenänderungen nach sich ziehen. Die gleiche Preiserhöhung führt bei einem steileren Verlauf des Kurvenabschnitts zu einem geringeren Rückgang der nachgefragten Menge als bei einem flacheren Verlauf. Die Nachfrage ist in dem hier betrachteten Abschnitt der linken Nachfragekurve unelastisch, während die Nachfrage in dem hier betrachteten Abschnitt der rechten Nachfragekurve elastisch ist.

Diese Betrachtung von Kurven**abschnitten** darf aber nicht darüber hinwegtäuschen, dass **beide Nachfragekurven** bei einer Verlängerung bis zu den Achsenschnittpunkten sowohl einen elastischen Bereich (= obere Hälfte) als auch einen unelastischen Bereich (= untere Hälfte) aufweisen. Entlang einer linearen Nachfragekurve mit normalem Verlauf ist zwar die Steigung konstant, die Elastizität aber in jedem Punkt unterschiedlich. Deshalb kann aus der Steigung einer derartigen Nachfragekurve nicht direkt auf die Höhe der Preiselastizität geschlossen werden.

Ausgewählte Preiselastizitäten der Nachfrage aufgrund empirischer Untersuchungen

Lebensmittel (allgemein)	– 0,7 (unelastisch)
Fleischwaren	– 1,3 (elastisch)
Bildung und Unterhaltung	– 2,9 (elastisch)
Kfz-Benutzung	– 0,36 (unelastisch)
Körper- und Gesundheitspflege	+ 0,3 (anomal)

Quelle: A. Woll, Allgemeine Volkswirtschaftslehre, 10. Aufl., München 1990, S. 114

Obwohl die Elastizität entlang einer normalen linearen Nachfragekurve alle Werte von null bis unendlich annehmen kann, wird dennoch versucht für bestimmte Güter einen bestimmten Elastizitätswert wie in der nebenstehenden Tabelle zu ermitteln. Dies ist nur deswegen möglich, weil in Wirklichkeit die Elastizität für diese Güter nicht alle Werte von null bis unendlich annimmt, sondern meist nur in einem engen Bereich streut. In jedem Fall gelten die als „typisch" ermittelten Elastizitäten für bestimmte Güter nur für den jeweiligen Ort und Zeitraum der Untersuchung.

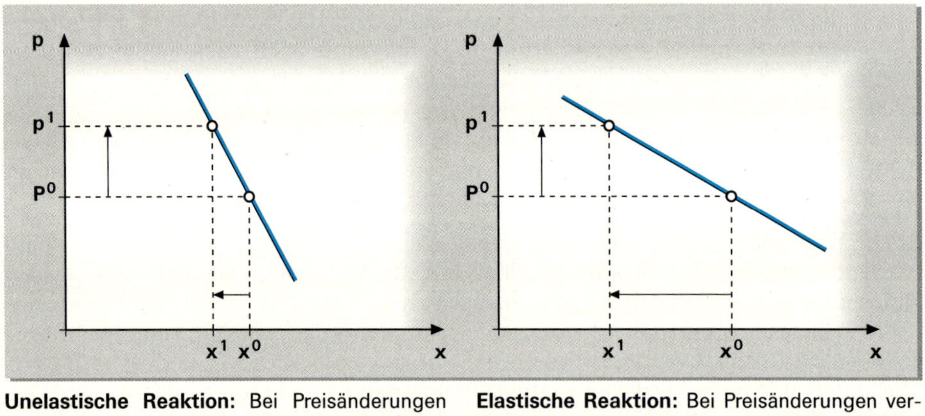

Unelastische Reaktion: Bei Preisänderungen verändert sich die nachgefragte Menge verhältnismäßig wenig (z. B. lebensnotwendige Güter)

Elastische Reaktion: Bei Preisänderungen verändert sich die nachgefragte Menge verhältnismäßig stark (z. B. Luxusgüter)

Bei einer linearen Nachfragekurve mit normalem Verlauf ist die Preiselastizität in jedem Punkt unterschiedlich. Es gibt aber drei Arten von Nachfragekurven, die im gesamten Verlauf eine konstante Preiselastizität aufweisen.

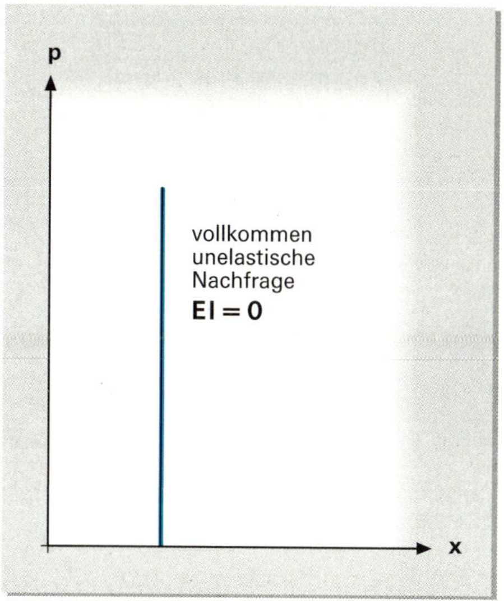

- Eine Nachfragekurve, die parallel zur Preisachse (Ordinate) verläuft, hat an jeder Stelle eine Elastizität von 0. Die Nachfrage ist in diesem Fall vollkommen unelastisch. Trotz Preisänderungen bleibt die nachgefragte Menge konstant. Ein solches Nachfrageverhalten ist nur unterhalb einer bestimmten (einkommensabhängigen) Preisobergrenze z. B. bei lebensnotwendigen Medikamenten oder bei sehr billigen Gütern (z. B. Streichhölzern) denkbar.
- Eine Nachfragekurve, die parallel zur Mengenachse (Abszisse) verläuft, hat an jeder Stelle eine Elastizität von unendlich. Die Nachfrage ist in diesem Fall vollkommen elastisch. Es handelt sich dabei um einen theoretischen Grenzfall. Zum gegebenen und jedem niedrigeren Preis würde eine unendliche Menge nachgefragt. Jede Preiserhöhung würde dagegen die nachgefragte Menge auf null sinken lassen.

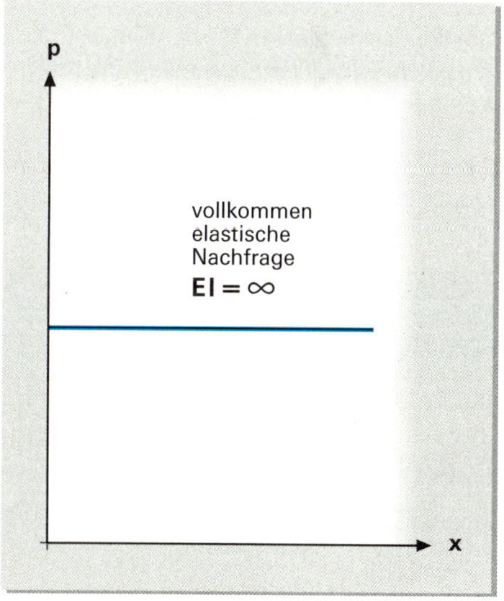

- Eine Nachfragekurve in Form einer gleichseitigen Hyperbel, deren Asymptoten die Achsen sind, hat an jeder Stelle eine Elastizität von 1. Die Nachfrage ist in diesem Fall isoelastisch. Ein solches Nachfrageverhalten liegt dann vor, wenn sich bei einer Preisänderung die nachgefragte Menge genau in dem Umfang ändert, dass die Gesamtausgaben für das Gut, die sich aus der Multiplikation von Preis und Menge ergeben, gleich bleiben.

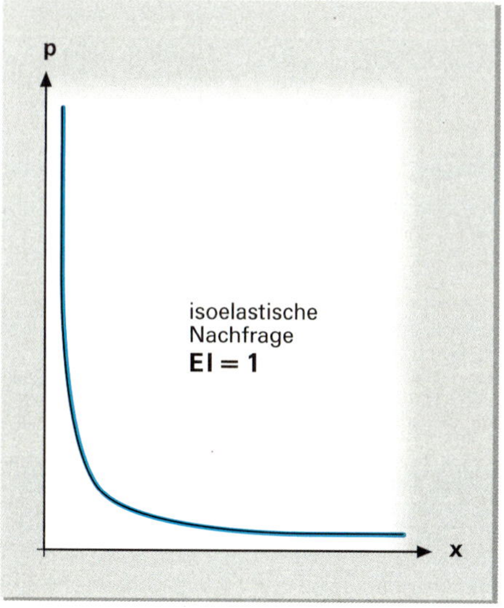

Die praktische Bedeutung der direkten Preiselastizität der Nachfrage liegt u. a. darin, dass sie Aussagen darüber zulässt, wie sich beispielsweise eine von mehreren Mineralölunternehmen gleichzeitig vorgenommene Benzinpreisänderung vo-

▶ A 3.6

Und wir Idioten haben noch nicht mal auf 1,30 erhöht!

raussichtlich auf den Erlös der Unternehmen auswirken wird. Die mit dem Preis multiplizierte Nachfragemenge stellt nämlich einerseits die Ausgaben der Nachfrager und andererseits den Erlös (= Umsatz) der Anbieter dar.

Ausgaben der Nachfrager = Erlös der Anbieter = Preis (p) · Menge (x)

Ob als Folge einer bestimmten Preisänderung für Benzin die Ausgaben der Nachfrager und damit die Erlöse der Mineralölunternehmen steigen, sinken oder gleich bleiben, hängt vom Ausmaß der durch die Preisänderung ausgelösten Nachfrageänderung und somit von der direkten Preiselastizität der Nachfrage ab.

Um die Elastizitäten exakt berechnen zu können, müssen die Preis- und Mengenveränderungen eigentlich als infinitesimal (= unendlich) kleine Änderungen aufgefasst werden. Eine für die praktische Anwendung hinreichende Genauigkeit kann aber in der Regel bereits dadurch erzielt werden, dass als Bezugsgröße für die Preis- und Mengenveränderungen der Durchschnitt von altem Preis (p_{alt}) und neuem Preis (p_{neu}) bzw. von alter Menge (x_{alt}) und neuer Menge (x_{neu}) gewählt wird. Aus dieser Berechnung ergibt sich als durchschnittliche Elastizität zwischen den beiden Punkten auf der Nachfragekurve die **Bogenelastizität**.

$$\text{Bogenelastizität} = \frac{\Delta x}{\Delta p} \cdot \frac{(p_{alt} + p_{neu}) / 2}{(x_{alt} + x_{neu}) / 2}$$

In der folgenden Tabelle wird der Zusammenhang zwischen Preiselastizität der Nachfrage und den Ausgaben der Konsumenten untersucht. Die Preiselastizität ist hier als Bogenelastizität berechnet.

Bisheriger Preis	Bisherige Menge	Neuer Preis	Neue Menge	El_{dir} als Bogenelastizität	Bisherige Ausgaben	Neue Ausgaben	Zusammenhang zwischen Elastizität und Konsumausgaben
10	200	9	300	$\frac{100}{1} \bullet \frac{(10+9)/2}{(200+300)/2} = \lvert 3{,}8 \rvert$	2.000	2.700	$El_{dir} > 1$ Konsumausgaben steigen
6	500	5	600	$\frac{100}{1} \bullet \frac{(6+5)}{(500+600)/2} = \lvert 1 \rvert$	3.000	3.000	$El_{dir} = 1$ Konsumausgaben konstant
4	800	3	900	$\frac{100}{1} \bullet \frac{(4+3)/2}{(800+900)/2} = \lvert 0{,}41 \rvert$	3.200	2.700	$El_{dir} < 1$ Konsumausgaben sinken

Ist die Nachfrage elastisch ($El_{dir} > 1$), führt eine Preiserhöhung zu einer Verringerung der Konsumausgaben und eine Preissenkung zu einer Erhöhung der Konsumausgaben. Bei unelastischer Nachfrage ($El_{dir} < 1$) gilt der umgekehrte Zusammenhang.

Zusammenhang zwischen Preiselastizität der Nachfrage, Ausgaben der Nachfrager und Erlösen der Anbieter			
	Unelastische Nachfrage $El_{dir} < 1$	$El_{dir} = 1$	Elastische Nachfrage $El_{dir} > 1$
Preissenkung	Konsumausgaben und Erlöse sinken	Konsumausgaben und Erlöse konstant	Konsumausgaben und Erlöse steigen
Preiserhöhung	Konsumausgaben und Erlöse steigen	Konsumausgaben und Erlöse konstant	Konsumausgaben und Erlöse sinken

A ◀ 3.7

Für die Anbieter ist eine Preiserhöhung mit dem Ziel einer Erlössteigerung also nur dann sinnvoll, wenn die Nachfrage unelastisch ist. Um Preiserhöhungen besser durchsetzen zu können, versuchen die Unternehmen daher, durch absatzpolitische Maßnahmen (z. B. Werbung, Service) die Nachfrageelastizität für die von ihnen angebotenen Produkte zu verringern, indem sie dem Verbraucher das Gefühl der Unentbehrlichkeit dieser Produkte vermitteln. Andererseits lässt sich für die Anbieter eine Ausdehnung der Absatzmenge bei gleichzeitiger Erlössteigerung nur dann erreichen, wenn die Nachfrage auf eine Preissenkung elastisch reagiert.

Lösung zu Fallbeispiel 3.2 (*vgl. S. 82*)

Die Nachfrage nach Juwelen ist elastisch ($El_{dir} = 2{,}6$), weil es sich um ein Luxusgut handelt. Bei einer Preiserhöhung um 5 % geht die nachgefragte Menge um 13 % (5 · 2,6) zurück. Der von den Nachfragern insgesamt für Juwelen ausgegebene Geldbetrag (Preis · Menge) sinkt aufgrund der Steuer, weil die verkaufte Menge stärker zurückgeht als der Juwelenpreis steigt. Die Nachfrage nach Zucker ist dagegen unelastisch ($El_{dir} = 0{,}4$), weil es sich um ein Grundnahrungsmittel handelt. Bei einer Preiserhöhung um 5 % geht die nachgefragte Menge nur um 2 % (5 · 0,4) zurück. Der von den Konsumenten insgesamt für Zucker ausgegebene Geldbetrag (Preis · Menge) steigt durch die Steuererhebung, weil der Zuckerpreis stärker steigt als die verkaufte Menge sinkt. Da die Konsumausgaben für Zucker insgesamt höher sind als die für Juwelen, ist das Aufkommen der Zuckersteuer höher als das der Juwelensteuer.

3.3.3 Indirekte Preiselastizität der Nachfrage (Kreuzpreiselastizität)

A ◀ 3.8

Die Nachfrage nach einem Gut hängt u. a. auch von den Preisen anderer Güter ab. Für die Anbieter von Autos ist es beispielsweise von Interesse, wie sich die Nachfrage nach Autos ändert, wenn der Benzinpreis z. B. durch eine Erhöhung der Mineralölsteuer auf Dauer steigt. Das Ausmaß der Nachfrageänderung nach einem Gut als Reaktion auf die Preisänderung eines anderen Gutes lässt sich mit der **indirekten Preiselastizität der Nachfrage** (**Kreuzpreiselastizität**) messen.

Die indirekte Preiselastizität der Nachfrage (Kreuzpreiselastizität) ist das Verhältnis zwischen der prozentualen Änderung der nachgefragten Menge eines Gutes zur prozentualen Preisänderung eines anderen Gutes. Sie gibt an, um wie viel Prozent sich die nachgefragte Menge eines Gutes ändert, wenn sich der Preis eines anderen Gutes um 1 % ändert.

$$El_{indir} = \frac{\text{prozentuale Änderung der Nachfragemenge für Gut 1}}{\text{prozentuale Preisänderung von Gut 2}} = \frac{\frac{\Delta x_1 \cdot 100}{x_1}}{\frac{\Delta p_2 \cdot 100}{p_2}} = \frac{\Delta x_1}{\Delta p_2} \cdot \frac{p_2}{x_1}$$

Dabei bedeuten: El_{indir} = indirekte Preiselastizität der Nachfrage, p_2 = ursprünglicher Preis des Gutes 2, Δp_2 = Veränderung des Preises p_2 in Euro, x_1 = ursprüngliche Nachfragemenge des Gutes 1, Δx_1 = Veränderung der Nachfragemenge von x_1 in Stück o. Ä.

Autos und Autoreifen sind **Komplementärgüter** (*vgl. 3.2.3*). **Sinkt der Preis** für Autos, so **steigt die nachgefragte Menge** bei Autoreifen. Preisänderung und Mengenänderung entwickeln sich entgegengesetzt. Daher ist der Wert für **El_{indir} bei Komplementärgütern negativ**.

Butter und Margarine sind **Substitutionsgüter** (*vgl. 3.2.3*). **Steigt der Preis** für Butter, so **steigt die nachgefragte Menge** bei Margarine. Preisänderung und Mengenänderung entwickeln sich gleichgerichtet. Daher ist der Wert für **El_{indir} bei Substitutionsgütern positiv**. Je größer der Wert für El_{indir}, umso stärker ist die Konkurrenz zwischen den beiden Substitutionsgütern.

3.3.4 Anwendungsfälle der Nachfrageelastizitäten im Überblick

Elastizität	Definition/Wertebereiche	Anwendung
Direkte Preiselastizität der Nachfrage	$El_{dir} \frac{\Delta x}{\Delta p} \cdot \frac{p}{x}$	< 0 → Regelfall (normales Gut) > 0 → Giffen'sches Paradoxon, VEBLEN-Effekt
	Elastizitätsbereiche und Extremfälle	
	$El_{dir} > \mid 1 \mid$	→ elastische Nachfrage Erlösminderung bei Preiserhöhung und umgekehrt
	$El_{dir} < \mid 1 \mid$	→ unelastische Nachfrage Erlössteigerung bei Preiserhöhung und umgekehrt
	$El_{dir} = \mid 1 \mid$	→ isoelastische Nachfrage, Erlös bleibt konstant bei Preisveränderung
	$El_{dir} = 0$	→ vollkommen starre Nachfrage
	$El_{dir} = \infty$	→ vollkommen elastische Nachfrage
Indirekte Preiselastizität der Nachfrage (Kreuzpreiselastizität)	$El_{indir} = \frac{\Delta x_1}{\Delta p_2} \cdot \frac{p_2}{x_1}$	> 0 → Substitutionsgüter < 0 → Komplementärgüter $= 0$ → indifferente Güter
Einkommenselastizität der Nachfrage	$El_y = \frac{\Delta x}{\Delta y} \cdot \frac{y}{x}$	> 0 → superiore Güter < 0 → inferiore Güter
	$0 < El_y < 1$	ENGEL-SCHWABE'sches Gesetz Einkommenselastizität der Nachfrage nach Nahrungsmitteln bzw. Wohnungen

Zusammenfassende Übersicht Kapitel 3:

Nachfrage der privaten Haushalte am Gütermarkt

Allgemeine individuelle Nachfragefunktion: $x^N_1 = f(p_1, p_2, ..., p_n, y, w, u, ...)$

Bestimmungsfaktoren der nachgefragten (= nutzenmaximalen) Menge von Gut 1:
Preis des Gutes 1, Preise anderer Güter, Einkommen und Vermögen des Haushalts, Bedürfnisstruktur/Nutzeneinschätzung des Haushalts

↓ **Anwendung der c.p.-Annahme** ↓

Spezielle Nachfragefunktionen

$x^N_1 = f(p_1)$
Nachfragekurve
Preis-Konsum-Kurve

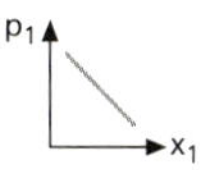

normaler Verlauf
(„Gesetz der Nachfrage“)

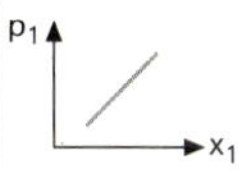

anomaler Verlauf
– Giffen-Güter
– Veblen-Effekt

$x^N_1 = f(p_2)$

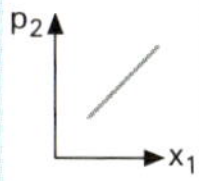

x_1 und x_2: **Substitutionsgüter**

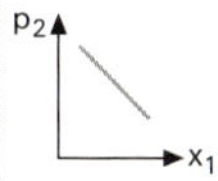

x_1 und x_2: **Komplementärgüter**

$x^N_1 = f(y)$
Einkommens-Konsum-Kurve

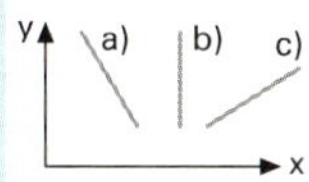

a) Inferiores Gut
b) Sättigungsgut
c) Superiores Gut

$x^N_1 = f$ (Bedürfnisstruktur, Werbung, ...)

Bedarfsbeeinflussung durch Werbung
↓
soziologische und psychologische Bestimmungsfaktoren
– Veblen-Effekt (Prestige)
– Mitläufer-Effekt
– Snob-Effekt

Aggregation der individuellen Nachfrage = Gesamtnachfrage (Marktnachfrage)
Allgemeine Gesamtnachfragefunktion: $X^N_1 = f(p_1, p_2, ..., p_n, Y, D, U, Z, ...)$

Bestimmungsfaktoren der insgesamt nachgefragten Menge von Gut 1:
Preis des Gutes 1, Preise anderer Güter, Einkommen aller Haushalte, Einkommens- und Vermögensverteilung, Bedürfnisstruktur und Zahl der Haushalte

↓ **Anwendung der c.p.-Annahme** ↓

Gesamtnachfragekurve: $X^N_1 = f(p_1)$

Änderung des Preises (p_1) des Gutes (X_1)
= Bewegung auf der Kurve
= Änderung der nachgefragten Menge

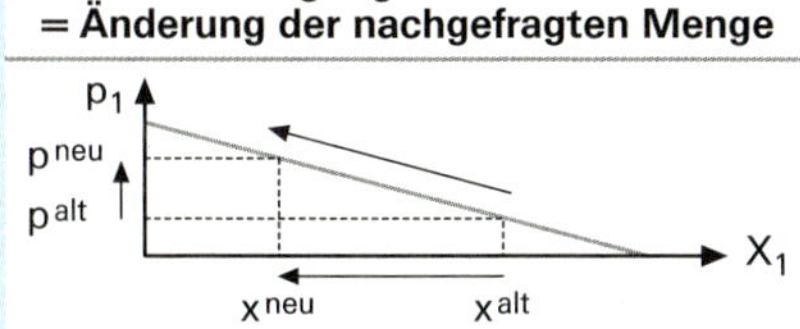

Änderung anderer Bestimmungsfaktoren (z. B. Y)
= Verschiebung der Kurve
= Änderung der Nachfrage

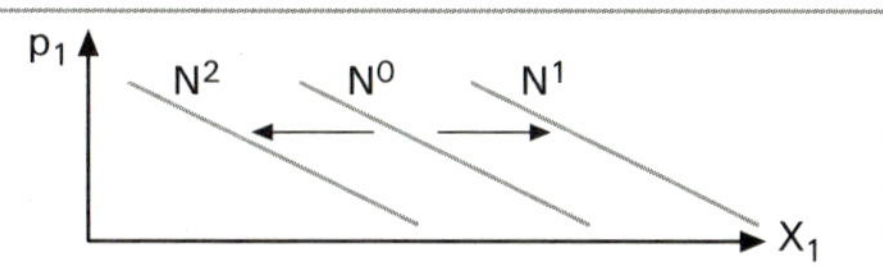

Nachfrageelastizität = prozentuale Änderung der nachgefragten Menge bei Änderung der unabhängigen Variablen um 1 %

Kreuzpreiselastizität

$$El_{indir} = \frac{\Delta x_1 \cdot p_2}{\Delta p_2 \cdot x_1}$$

(indirekte Preiselastizität der Nachfrage)
EL > 0 → Substitutionsgüter
EL < 0 → Komplementärgüter
EL = 0 → indifferente Güter

Direkte Preiselastizität der Nachfrage

$$El_{dir} = \frac{\Delta x_1 \cdot p_1}{\Delta p_1 \cdot x_1}$$

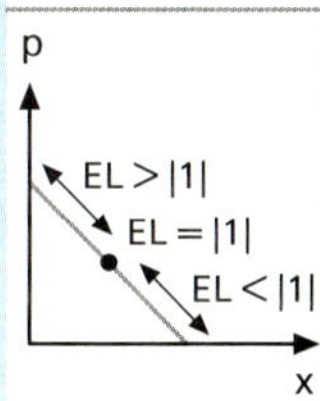

EL < 0 → Normales Gut
EL > 0 → Giffen, Veblen
EL > |1| → elastisch
EL < |1| → unelastisch
Extremfälle: Konst. EL
EL = 0, EL = 1, EL = ∞

Einkommenselastizität

$$El_y = \frac{\Delta x_1 \cdot y}{\Delta y \cdot x_1}$$

EL > 0 → superiore Güter
EL < 0 → inferiore Güter
EL = 0 → Sättigungsgüter

Fragen zur Kontrolle des Grundwissens

Kapitel 3: Nachfrage der privaten Haushalte am Gütermarkt

Kapitel 3.1: Grundlagen der Nachfragetheorie der privaten Haushalte

1. *Welche Annahmen liegen der Nachfragetheorie zugrunde?*

Kapitel 3.2: Bestimmungsfaktoren der Nachfrage und Veränderung der Nachfragekurve

1. *Nennen Sie die wesentlichen Bestimmungsfaktoren der individuellen Nachfrage.*
2. *Was ist eine individuelle Nachfragekurve?*
3. *Wie verläuft die normale individuelle Nachfragekurve (Preis-Konsum-Kurve)?*
4. *Welche Änderung ergibt sich bei normalem Verlauf der individuellen Nachfragekurve (Preis-Konsum-Kurve), wenn der Preis des Gutes sinkt?*
5. *Nennen Sie Beispiele für einen anomalen Verlauf der Preis-Konsum-Kurve.*
6. *Was sind Substitutionsgüter?*
7. *Wie ändert sich die nachgefragte Menge, wenn der Preis eines Substitutionsgutes steigt?*
8. *Welche Änderung ergibt bei der Nachfragekurve (Preis-Konsum-Kurve), wenn der Preis eines Substitutionsgutes steigt?*
9. *Was sind Komplementärgüter?*
10. *Wie ändert sich die nachgefragte Menge, wenn der Preis eines Komplementärgutes steigt?*
11. *Welche Änderung ergibt sich bei der Nachfragekurve (Preis-Konsum-Kurve), wenn der Preis eines Komplementärgutes steigt?*
12. *Wie ändert sich bei einer Einkommenserhöhung die nachgefragte Menge eines superioren Gutes?*
13. *Welche Änderung ergibt sich bei der Nachfragekurve (Preis-Konsum-Kurve) eines superioren Gutes, wenn das Einkommen steigt?*
14. *Wie ändert sich bei einer Einkommenserhöhung die nachgefragte Menge eines inferioren Gutes?*
15. *Welche Änderung ergibt sich bei der Nachfragekurve (Preis-Konsum-Kurve) eines inferioren Gutes, wenn das Einkommen steigt?*
16. *Was sind Sättigungsgüter?*
17. *Welches Nachfrageverhalten liegt beim GIFFEN-Paradoxon vor?*
18. *Was ist unter VEBLEN-Effekt (Prestige-Effekt), Mitläufer-Effekt und Snob-Effekt zu verstehen?*
19. *Wie können sich Änderungen der Bedürfnisstruktur und der Zukunftserwartungen auf die individuelle Nachfragekurve auswirken?*
20. *Welche Formen der Bedarfsbeeinflussung lassen sich im Zusammenhang mit der Werbung unterscheiden?*
21. *Überprüfen Sie anhand der Abb. auf S. 92 Ihr eigenes Werbeverhalten.*
22. *Was ist die Gesamtnachfrage (Marktnachfrage)?*
23. *Nennen Sie Bestimmungsfaktoren der Gesamtnachfrage.*
24. *Wann kommt es zu einer Bewegung auf der Gesamtnachfragekurve?*
25. *Welche Ursachen kann eine Rechtsverschiebung der Gesamtnachfragekurve haben?*

Kapitel 3.3: Preiselastizität der Nachfrage

1. *Was gibt die direkte Preiselastizität der Nachfrage an und wie wird sie berechnet?*
2. *Was ist unter elastischer, vollkommen elastischer, unelastischer, vollkommen unelastischer und isoelastischer Nachfrage zu verstehen?*
3. *Wie wirkt sich bei elastischer Nachfrage eine Preiserhöhung auf den Erlös aus?*
4. *Was gibt die indirekte Preiselastizität der Nachfrage (Kreuzpreiselastizität) an und wie wird sie berechnet?*
5. *Wie unterscheiden sich Komplementärgüter und Substitutionsgüter hinsichtlich der indirekten Preiselastizität der Nachfrage (Kreuzpreiselastizität)?*

3328104

Aufgaben und Probleme zur Erarbeitung und Anwendung von Wissen

Kapitel 3: Nachfrage der privaten Haushalte am Gütermarkt

Individuelle Nachfrage

A ◀ 3.1

K ◀

P.Point

Ein Haushalt wird im Rahmen einer Marktanalyse über den geplanten Verbrauch von Erfrischungsgetränken in Abhängigkeit vom Preis der Getränke befragt. Die Befragung ergibt folgendes Ergebnis:

Preis je Einheit (p)	10	9	8	7	6	5	4	3	2	1	0
geplante Verbrauchsmengen in einem bestimmten Zeitraum (x^N)	0	1	2	3	4	5	6	7	8	9	10

1 ▶ Zeichnen Sie die durch die Befragung ermittelten Preis-Mengen-Kombinationen als Punkte in ein Koordinatensystem ein.

2 ▶ Welche Annahmen müssen getroffen werden, wenn die als Punkte dargestellten Preis-Mengen-Kombinationen zu einer stetigen Nachfragekurve (Preis-Konsum-Kurve) verbunden werden sollen?

3 ▶ Wie hoch ist im vorliegenden Fall die Sättigungsmenge?

4 ▶ Wie hoch ist im vorliegenden Fall der Prohibitivpreis?

5 ▶ Als Nachfragefunktion lässt sich der Zusammenhang zwischen Preis und Menge für den vorliegenden Fall wie folgt darstellen: $x^N = 10 - p$
Woran ist bei dieser Nachfragefunktion ersichtlich, dass ihr ein normales Nachfrageverhalten zugrunde liegt?

Abhängigkeit der Nachfrage vom Einkommen – Einkommens-Konsum-Kurve

A ◀ 3.2

Die folgende Darstellung zeigt die Einkommens-Konsum-Kurven für verschiedene Güter.

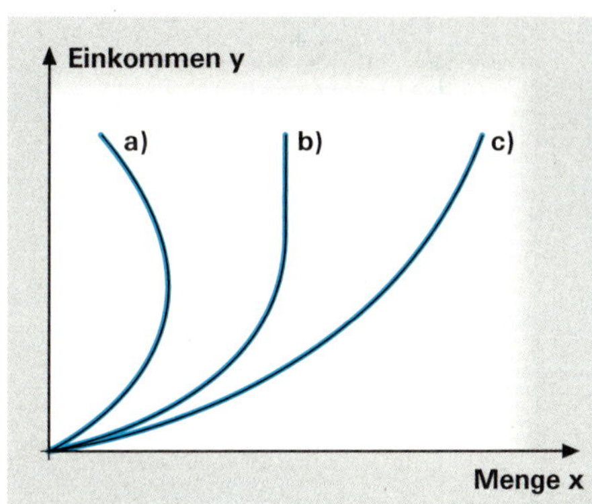

1 ▶ Welche Kurve(n) gilt (gelten) für
a) ein in allen Einkommensbereichen superiores Gut,
b) ein bis zu einer bestimmten Einkommenshöhe superiores und dann inferiores Gut,
c) ein superiores Gut, das ab einer bestimmten Einkommenshöhe zum Sättigungsgut wird?
Begründen Sie Ihre Aussagen.

2 ▶ Wie wirkt sich eine Einkommenserhöhung auf die Nachfragekurve (Preis-Konsum-Kurve) aus, wenn es sich um ein a) inferiores Gut, b) superiores Gut, c) Sättigungsgut handelt?

3 ▶ Die beiden preußischen Statistiker ERNST ENGEL (1821–1896) und HERMANN SCHWABE (1830–1874) haben im 19. Jahrhundert empirisch nachgewiesen, dass mit steigendem Einkommen die Ausgaben für Nahrungsmittel (ENGEL) bzw. Wohnraum (SCHWABE) absolut zunehmen, der Anteil dieser Ausgaben am Einkommen aber sinkt. Prüfen Sie, ob einer der dargestellten Kurvenverläufe die Zusammenhänge dieses ENGEL-SCHWABE'schen Gesetzes widerspiegelt.

▶ A 3.3 ▶ K P.Point

Gesamtnachfrage (Marktnachfrage)

Es gelten folgende individuelle Nachfragefunktionen der Haushalte A und B:
Haushalt A: $x_A = 10 - p$ Haushalt B: $x_B = 12 - 2p$

1 ▶ Ermitteln Sie nach folgendem Muster aus den individuellen Nachfragefunktionen der beiden Haushalte die entsprechenden Preis-Mengen-Kombinationen und berechnen Sie die Gesamtnachfrage X^N.

Preis	10	9	8	7	6	5	4	3	2	1	0
x_A											
x_B											
X^N											

2 ▶ Stellen Sie die beiden individuellen Nachfragekurven in zwei nebeneinander liegenden Koordinatensystemen dar und leiten Sie durch Aggregation (horizontale Addition) die Gesamtnachfragekurve ab.
3 ▶ Warum weist die abgeleitete Gesamtnachfragekurve einen Knick auf?
4 ▶ Welche Annahme muss getroffen werden, damit von einer Gesamtnachfragekurve ohne Knick (= stetiger Verlauf) ausgegangen werden kann?
5 ▶ Wie lautet die Gesamtnachfragefunktion
a) für den Preisbereich $0 \leq p \leq 6$,
b) für den Preisbereich $6 \leq p \leq 10$?

▶ A 3.4

Veränderung der Gesamtnachfrage (Marktnachfrage) – Substitutionsgüter – Komplementärgüter

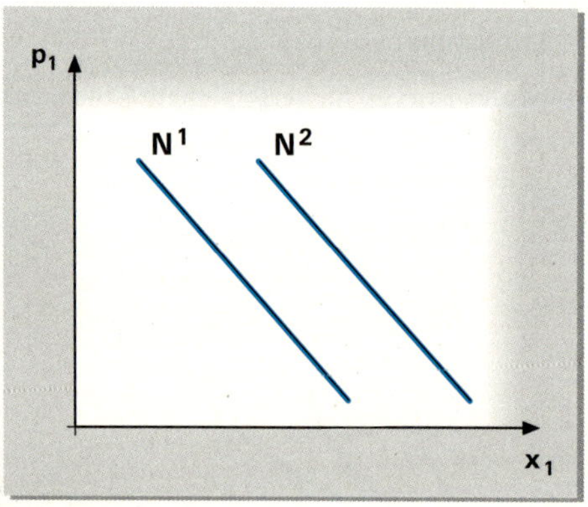

Welche der folgenden Faktoren können im Zeitablauf die Verschiebung der Gesamtnachfragekurve für das Gut 1 von N^1 nach N^2 verursacht haben? Begründen Sie Ihre Antwort.

a) Der Preis des Gutes 1 ist gesunken.
b) Für das Gut 1 wurde verstärkt Werbung betrieben.
c) Das Einkommen der Konsumenten ist gestiegen.
d) Preissenkung eines Substitutionsgutes.
e) Preissenkung eines Koplementärgutes.
f) Die Zahl der Konsumenten hat zugenommen.
g) Die Nutzeneinschätzung des Gutes durch die Haushalte hat sich verringert.

▶ A 3.5

Direkte Preiselastizität der Nachfrage

Angenommen, die Regierung möchte die Landwirtschaft durch einen staatlich garantierten Mindestpreis (p^m = 8 GE) für Milchprodukte subventionieren, der über dem bisherigen Marktpreis (p^0 = 6 GE) liegt. Zum Marktpreis p^0 wurden bisher 100 Mio. ME Milchprodukte angeboten und nachgefragt. Durch die Preiserhöhung werden die Verbraucher veranlasst, ihre Nachfrage einzuschränken. Trotzdem soll für die Landwirte der Absatz (100 Mio. ME) gleich hoch bleiben, da der Staat in Höhe der verringerten Verbrauchernachfrage Milchprodukte aufkaufen und einlagern will.

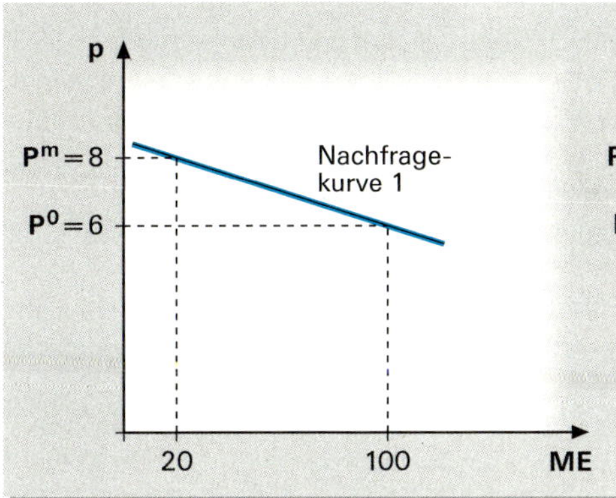

Abb. 1

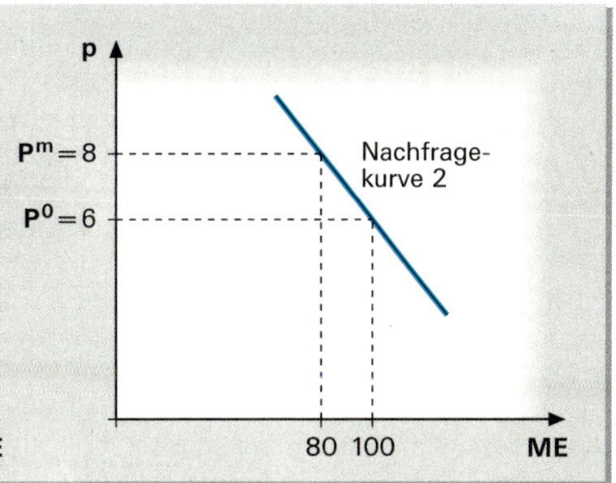

Abb. 2

1 ▶ In welchem Umfang (Mio. GE) muss die Regierung zur Stützung des Preises p^m jeweils Finanzmittel für den Aufkauf von Milchprodukten bereitstellen, wenn für die Milchprodukte die Gesamtnachfragekurve 1 (Abb. 1) bzw. 2 (Abb. 2) gilt?

2 ▶ Worauf ist die unterschiedliche Belastung des Staatshaushalts durch die Stützungskäufe in den Fällen 1 und 2 zurückzuführen?

3 ▶ Berechnen Sie für beide Fälle die Preiselastizität der Nachfrage.

4 ▶ Welche Aussagen lassen sich über die Höhe der Nachfrageelastizität in den Punkten A bis E der nebenstehenden Nachfragekurve (Abb. 3) machen?

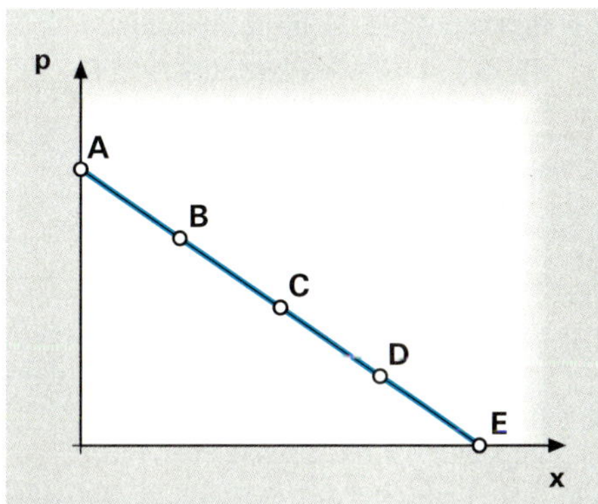

Abb. 3

Verbrauchsteuern und Preiselastizität der Nachfrage

A ◀ 3.6

„Die Finanzminister wissen schon seit langer Zeit, dass Zigaretten, alkoholische Getränke und Benzin sehr nützlich sind, um die Steuereinnahmen zu mehren. Die Einführung oder Erhöhung spezieller Verbrauchsteuern auf die verbrauchten Mengeneinheiten dieser Güter erhöht zwar deren Preis, verringert aber kaum die nachgefragte Menge. Für die Finanzminister ist diese Situation angenehm. Sie füllen ihre Kassen, ohne die ‚Gans, die goldene Eier legt, zu schlachten'."[1]

1 ▶ Welche Aussage lässt sich hinsichtlich der Höhe der Preiselastizität der Nachfrage bei den genannten Gütern treffen?

2 ▶ Warum ist die Preiselastizität der Nachfrage bei den genannten Gütern annähernd gleich?

3 ▶ Beurteilen Sie, ob
a) aus gesundheitspolitischer Sicht eine Erhöhung der Tabaksteuer,
b) aus umweltpolitischer Sicht eine Erhöhung der Mineralölsteuer
Erfolg versprechend ist.

1 H. D. Hardes, J. Mertes, Grundzüge der Volkswirtschaftslehre, 4. Aufl., München 1994, S. 132

► A 3.7

P.Point

Direkte Preiselastizität und Erlösentwicklung

1 ► Der Fußballverein SCF und der Eishockey-Club EHC haben die Preise für Stehplatzkarten um 2,00 € erhöht. Der SCF verlangt jetzt 10,00 Euro und der EHC 7,00 € für eine Stehplatzkarte. Daraufhin sind beim SCF die Gesamteinnahmen erheblich gestiegen. Beim EHC sind die Gesamteinnahmen dagegen zurückgegangen.

a) Erklären Sie diese unterschiedliche Entwicklung mithilfe der direkten Preiselastizität der Nachfrage.

b) Skizzieren Sie für jeden der beiden Fälle eine lineare Nachfragekurve (Preis-Konsum-Kurve), die den jeweiligen Zusammenhang zwischen Zuschauerzahl und Stehplatzkartenpreis widerspiegelt. Kennzeichnen Sie dabei die Bereiche der Nachfragekurven, in denen die oben beschriebenen Preisveränderungen jeweils stattgefunden haben.

2 ► Wie verändern sich die Ausgabensumme der Nachfrager und damit der Erlös der Anbieter in den Fällen a) bis d) der nebenstehenden Tabelle?

Fall	Direkte Preiselastizität der Nachfrage	Veränderung des Preises
a)	0,6	steigt
b)	1,8	fällt
c)	1,2	steigt
d)	0,8	fällt

► A 3.8

Elastizitätsberechnungen

1 ► Ehepaar A ging bisher alle 14 Tage ins Theater. Als aber die Preise für die Theaterkarten von 12,50 € auf 15 € erhöht wurden, schränkte Familie A den Theaterbesuch auf eine Vorstellung im Monat ein.
Wie hoch ist die direkte Preiselastizität der Nachfrage?

2 ► Bisher ist Ehepaar A zweimal monatlich ins Kino gegangen. Wegen der Erhöhung der Theaterpreise von 12,50 € auf 15 € hat das Ehepaar den Theaterbesuch eingeschränkt und geht stattdessen jetzt dreimal monatlich ins Kino.
Wie hoch ist die indirekte Preiselastizität der Nachfrage (Kreuzpreiselastizität)?

3 ► Nachdem Herr A eine Einkommenserhöhung von 10 % erhalten hat, geht das Ehepaar jetzt wieder je zweimal monatlich ins Theater und ins Kino.
Welche Einkommenselastizität in Bezug auf Theater- und Kinobesuch liegt vor?

4 Angebot der Unternehmen am Gütermarkt

Fallbeispiele zur Einführung

Fallbeispiel 4.1: Abhängigkeit der Angebotsmenge vom Preis

Fünf landwirtschaftliche Betriebe bieten ein gleichartiges Agrarprodukt an. Aufgrund der Marktsituation können die Unternehmen den Marktpreis nicht selbst beeinflussen, sondern nur ihre Angebotsmenge an den vom Markt vorgegebenen Preis anpassen (= Mengenanpasser). Alle fünf Betriebe erzielen ihren maximalen Gewinn, wenn sie ihre höchstmögliche Ausbringungsmenge von jeweils 100 t erzeugen und verkaufen. Wegen unterschiedlicher Bodenqualität und unterschiedlich hohem Maschineneinsatz weichen die Produktionskosten der einzelnen Betriebe voneinander ab. Dabei ist zwischen fixen Kosten und variablen Kosten zu unterscheiden. Fixe Kosten sind solche Kosten, deren Höhe unabhängig von der tatsächlichen Produktionsmenge im Rahmen der bestehenden Produktionskapazität ist (z. B. Pacht für Ländereien, Abschreibungen auf Landmaschinen). Variable Kosten sind dagegen solche Kosten, deren Höhe sich in Abhängigkeit von der Produktionsmenge ändert (z. B. Kosten für Saatgut, Dünger, Treibstoff, Arbeitskräfte).

	Betrieb A	Betrieb B	Betrieb C	Betrieb D	Betrieb E
Maximale Produktionsmenge in t	100	100	100	100	100
Fixkosten (K_f) in Euro	1.500	2.000	3.000	2.500	2.000
Variable Kosten (k_v) je t Ernteertrag (= variable Stückkosten) in Euro	15	20	20	35	50

1. Wie hoch ist langfristig die Angebotsmenge von Betrieb A, wenn der Marktpreis je t 60 Euro beträgt?
2. Wie hoch ist langfristig die insgesamt angebotene Menge der fünf Betriebe, wenn der Marktpreis je t 60 Euro beträgt?
3. Wie hoch muss der Marktpreis mindestens sein, damit das Produkt langfristig von mindestens einem der fünf Betriebe am Markt angeboten wird?
4. Wie hoch ist langfristig die insgesamt angebotene Menge der fünf Betriebe, wenn die variablen Stückkosten um 10 Euro steigen und der Marktpreis nach wie vor 60 Euro je t beträgt?

Erläuterungen und Lösung siehe Seiten 111, 113 und 117.

4.1 Grundlagen der Angebotstheorie

Um produzieren zu können, müssen die Unternehmen die Produktionsfaktoren in geeigneter Weise kombinieren. Der Zusammenhang zwischen der Produktionsmenge einerseits und der Einsatzmenge bzw. dem Einsatzverhältnis der Produktionsfaktoren andererseits wird durch eine **Produktionsfunktion** beschrieben (*vgl. 1.5*). Die Bewertung der Produktionsfaktoren mit ihren Preisen führt zur Ermittlung der Produktionskosten. Der Zusammenhang zwischen der Produktionsmenge und den Produktionskosten kommt in einer **Kostenfunktion** zum Ausdruck.

Bei der Untersuchung des Angebotsverhaltens wird von folgenden **Annahmen** (Prämissen) ausgegangen:

- Jedes private Unternehmen hat das **Ziel**, einen größtmöglichen Gewinn zu erzielen (**Gewinnmaximierung**).
- Der Marktanteil jedes einzelnen Unternehmens ist so gering, dass es **keinen Einfluss auf den Güterpreis (p)** hat, der sich am Markt ergibt. Dies entspricht einem Markt mit **vollständiger Konkurrenz** (= Polypol auf dem vollkommenen Markt, *vgl. 5.3*). Der Marktpreis ist in diesem Fall für jedes Unternehmen ein **Datum** (= unveränderbare Größe). Das Unternehmen kann seine Erlöse und Kosten (und damit den Gewinn) **nur** durch eine Veränderung der Angebotsmenge beeinflussen **(Mengenanpasser)**.
- Die Unternehmen stellen nur ein Gut her (Einproduktunternehmen).

In der Angebotstheorie wird angenommen, dass der **gewinnmaximale Produktionsplan** eines Unternehmens und damit die **angebotene Menge** (x^A) eines Gutes 1 im Wesentlichen von folgenden Faktoren bestimmt wird:

- Preis dieses Gutes (p_1),
- Preise anderer Güter ($p_2, \dots p_n$),
- Preise der Produktionsfaktoren ($q_1, \dots q_m$),
- Stand des angewandten technischen Wissens (T) und Gewinnerwartungen (G).

Dieser angenommene Zusammenhang lässt sich als **allgemeine Angebotsfunktion eines einzelnen Produzenten** folgendermaßen darstellen:

$$x^A_1 = f(p_1, p_2, \dots p_n, q_1 \dots q_m, T, G)$$

4.2 Bestimmungsfaktoren des Angebots und Veränderungen der Angebotskurve

4.2.1 Abhängigkeit des Angebots vom Preis des angebotenen Gutes

Gewinnmaximum und individuelle Angebotskurve

▶ A 4.1 Die Angebotstheorie unterstellt, dass ein Unternehmen immer die unter den jeweiligen Preis- und Kostenverhältnissen optimale Produktionsmenge anbietet. Das ist die Menge, bei der das Unternehmen seinen **Gewinn maximiert**. Der **Gewinn** (G) eines Unternehmens ergibt sich aus der Differenz zwischen den **Erlösen** (E) und den bei der Produktion entstandenen **Kosten** (K). Es gilt also: **G = E – K**. Der Erlös (E) ist das Produkt aus dem für eine Einheit des Gutes erzielten Preis (p) und der abgesetzten Menge (x). Bleibt der vom Markt vorgegebene Absatzpreis (p) bei jeder Absatzmenge (x) gleich, so hat die auf der **Erlösfunktion** $\mathbf{E = p \cdot x}$ beruhende **Gesamterlöskurve** einen linearen Verlauf (*vgl. Abb. S. 111)*. Die Kosten (K) setzen sich aus fixen und variablen Kosten zusammen. **Fixe Kosten** (K_f) ändern sich bei einer Änderung der Produktionsmenge nicht (z. B. Pacht, Abschreibung). **Variable Kosten** ändern sich dagegen mit einer Änderung der Produktionsmenge (z. B. Treibstoff, Materialverbrauch). Die gesamten variablen Kosten (K_v) sind das Produkt aus den **variablen Kosten je Stück** (k_v) und der Produktionsmenge (x). Bleiben die variablen Kosten je Stück bei jeder Produktionsmenge unverändert, so hat die auf der **Kostenfunktion** $\mathbf{K = K_f + k_v \cdot x}$ beruhende **Gesamtkostenkurve** einen linearen Verlauf (*vgl. Abb. S. 111*). Ist der Preis (p) höher als die variablen Kosten je Stück (k_v) ergibt sich ab einer bestimmten Produktionsmenge ein Gewinn. Die Produktionsmenge, bei der Erlös und Kosten gleich groß sind und der Gewinn demzufolge null ist (Schnittpunkt zwischen Erlös- und Kostenkurve), wird als

Gewinnschwelle *(Break-even-Point)* bezeichnet. Durch Gleichsetzung der Erlös- und Kostenfunktion lässt sich die Gewinnschwelle (x_o) aus $x_o = K_f/(p - k_v)$ berechnen. Je weiter die Produktionsmenge über die Gewinnschwelle hinaus ausgedehnt wird, desto mehr steigt der Gewinn, da die Differenz aus Erlösen und Kosten immer größer wird.

Lösung zu Fallbeispiel 4.1 Nr. 1 (*vgl. S. 109*)

Für Betrieb A gelten folgende Daten:

Preis	*Maximale Produktionsmenge*	*Fixkosten (K_f)*	*variable Stückkosten (k_v)*
60 Euro	*100 t*	*1.500 Euro*	*15 Euro*

Daraus ergeben sich die in den folgenden Abbildungen dargestellten Zusammenhänge. Im vorliegenden Fall liegt die Kapazitätsgrenze bei 100 Stück. Für diese Produktionsmenge lassen sich folgende Größen ermitteln:

Gesamtgrößen	*Stückgrößen*
$E = p \cdot x$ $E = 60\,€ \cdot 100\,t = 6.000\,€$	$p = 60\,€$
$K = K_f + k_v \cdot x$ $K = 1.500\,€ + 15\,€ \cdot 100\,t = 3.000\,€$	$k = K_f/x + k_v$ $k = 1.500\,€/100\,t - 15\,€ = 30\,€$
$G = E - K$ $G = 6.000\,€ - 3.000\,€ = 3.000\,€$	$g = p - k$ $g = 60\,€ - 30\,€ = 30\,€$

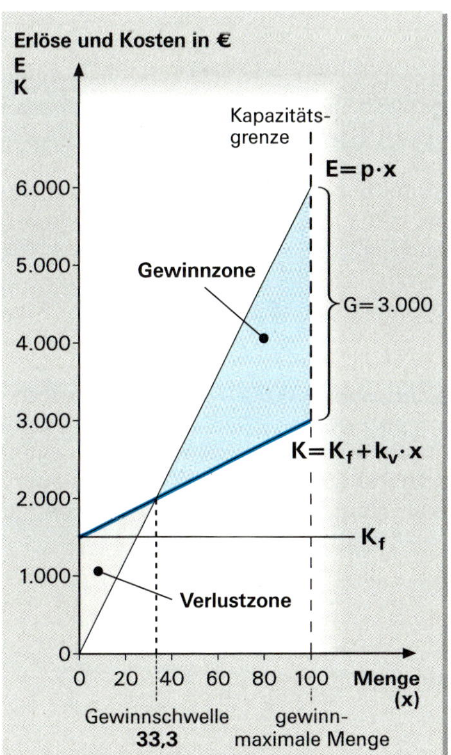

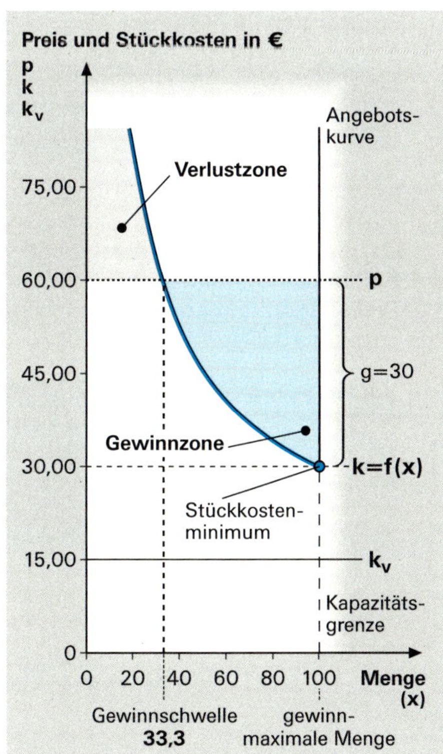

Bei linearem Verlauf der Gesamterlös- und der Gesamtkostenkurve liegt das Gewinnmaximum immer bei der größtmöglichen Produktionsmenge (Kapazitätsgrenze).

Diese Zusammenhänge lassen sich auch anhand von **Stückerlös** und **Stückkosten** verdeutlichen. Dazu müssen Gesamterlös (E) und Gesamtkosten (K) durch die Produktions- und Absatzmenge (x) dividiert werden. Der Erlös je Stück (e) ist identisch mit dem Preis (p), weil gilt: $e = E/x = p \cdot x/x = p$. Grafisch dargestellt entspricht das einer Parallelen zur Mengenachse im Abstand p (*vgl. Abb. S. 111*). Die Gesamtkosten je Stück (k) sind die auf eine Produktionseinheit entfallenden Kosten (Stückkosten). Sie setzen sich zusammen aus den fixen Kosten je Stück ($k_f = K_f/x$) und den variablen Kosten je Stück (k_v): $\mathbf{k = K/x = K_f/x + k_v}$. Die fixen Kosten je Stück sinken mit zunehmender Produktionsmenge (x), da der Anteil der fixen Kosten, der auf eine Mengeneinheit entfällt, bei Ausdehnung der Produktionsmenge immer kleiner wird (**Fixkostendegression**). Wenn die variablen Kosten je Stück (k_v) unverändert bleiben, hat die Stückkostenkurve (k) einen stetig fallenden Verlauf (*vgl. Abb. S. 111*). Da langfristig sowohl die fixen als auch die variablen Kosten gedeckt sein müssen, stellen die Gesamtkosten je Stück die **langfristige Preisuntergrenze** dar. Für ein Unternehmen lohnt sich langfristig die Produktion nur dann, wenn der Verkaufspreis je Stück (p) mindestens so hoch wie die Gesamtkosten je Stück (k) ist. Nur bei einem Preis über den Stückkosten entsteht ein Gewinn je Stück (g). Es gilt: $\mathbf{g = p - k}$. Das Unternehmen wird in diesem Fall bei jedem Preis, der über den Stückkosten liegt, die Produktion bis zur **Kapazitätsgrenze** ausdehnen, weil bei dieser Produktionsmenge der höchstmögliche Gewinn erzielt wird (**Gewinnmaximum**). Bei der **Kapazitätsgrenze** erreichen die **Stückkosten** ihr **Minimum**.

Die individuelle Angebotskurve eines Unternehmens zeigt, wie viele Mengeneinheiten eines Gutes dieses Unternehmen jeweils bei unterschiedlichen Preisen anzubieten plant.

Ob das Unternehmen allerdings seinen Produktionsplan verwirklichen und die **geplanten** Mengen tatsächlich **absetzen** kann, hängt u. a. davon ab, ob zu dem jeweiligen Preis überhaupt entsprechende Mengen nachgefragt werden (*vgl. 5.3.3*). Der **funktionale Zusammenhang** zwischen **Preis** und **absetzbarer Menge** wird durch die **Preis-Absatz-Funktion** beschrieben, die einen völlig anderen Verlauf als die Angebotskurve hat (*vgl. 5.3.1 und 5.4.1)*.

Bei linearem Verlauf der Erlös- und Kostenkurve beginnt die individuelle Angebotskurve in Höhe der Stückkosten an der Kapazitätsgrenze (= Minimum der Stückkosten) und verläuft von dort aus senkrecht nach oben. Das Angebot ist also vollkommen unelastisch. Ist der Preis niedriger als die Stückkosten an der Kapazitätsgrenze, stellt das Unternehmen langfristig die Produktion ein. Die Angebotsmenge beträgt dann null.

Ableitung der Gesamtangebotskurve

Lösung zu Fallbeispiel 4.1 Nr. 2 und Nr. 3 (*vgl. S. 109*)

Betrieb	*A*	*B*	*C*	*D*	*E*
Kapazitätsgrenze (in t)	*100*	*100*	*100*	*100*	*100*
Kosten bei der Kapazitätsgrenze (Euro)					
Fixkosten (K_f)	*1.500*	*2.000*	*3.000*	*2.500*	*2.000*
Fixkosten je Stück (k_f)	*15*	*20*	*30*	*25*	*20*
variable Kosten je Stück (k_v)	*15*	*20*	*20*	*35*	*50*
Gesamtkosten je Stück (Stückkosten k)	*30*	*40*	*50*	*60*	*70*

Bei einem Preis von 60 Euro bieten ***langfristig*** *nur die Betriebe A, B, C und D an. Bei diesen Betrieben sind die Stückkosten nicht höher als der Preis. Betrieb E scheidet dagegen aus dem Markt aus, weil er einen Verlust erwirtschaftet. Die Angebotsmenge beträgt insgesamt 400 t (jeweils 100 t von den Betrieben A, B, C und D). Betrieb A hat mit 30 Euro die geringsten Stückkosten. Wenn der Preis unter 30 Euro sinkt, wird das Produkt langfristig von keinem der fünf Betriebe angeboten.*

Die ***Angebotsfunktion*** *beschreibt den funktionalen Zusammenhang zwischen der* **Angebotsmenge** *und dem* **Preis** *eines Gutes. Die folgende Tabelle gibt die individuellen Angebotsfunktionen der Betriebe A, B, C, D und E sowie die Gesamtangebotsfunktion wieder.*

Angebotsmenge (in t)						
Preis (Euro)	*Betrieb A*	*Betrieb B*	*Betrieb C*	*Betrieb D*	*Betrieb E*	***Insgesamt***
20	*0*	*0*	*0*	*0*	*0*	***0***
30	*100*	*0*	*0*	*0*	*0*	***100***
40	*100*	*100*	*0*	*0*	*0*	***200***
50	*100*	*100*	*100*	*0*	*0*	***300***
60	*100*	*100*	*100*	*100*	*0*	***400***
70	*100*	*100*	*100*	*100*	*100*	***500***

Die Angebotsfunktion lässt sich grafisch als Angebotskurve darstellen. Im vorliegenden Fall kann das Angebotsverhalten der fünf Betriebe im Koordinatensystem eigentlich nur als Punkte, die eine bestimmte Preis-Mengen-Kombination wiedergeben, abgebildet werden. Wird aber davon ausgegangen, dass nicht nur das Angebotsverhalten von fünf, sondern von unendlich vielen Betrieben untersucht und im Koordinatensystem als Punkte dargestellt wird, lässt sich durch Verbindung dieser vielen Punkte eine Angebotskurve konstruieren, die keine Sprünge aufweist, sondern stetig verläuft.

Point

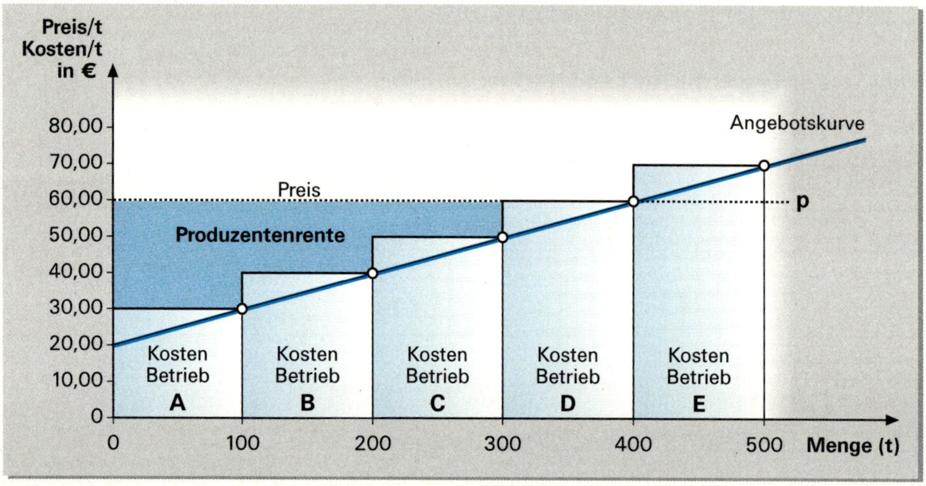

Die Abbildung zeigt, dass die Produzenten bei einem Preis von 60 Euro eine Angebotsmenge von insgesamt 400 t planen. Wenn der Preis auf 70 Euro steigt, erhöht sich die geplante Angebotsmenge auf 500 t, da zu diesem Preis auch Betrieb E kostendeckend produzieren und 100 t anbieten könnte. Bei dem hier vorgegebenen Preis von 60 Euro würde Betrieb E dagegen aus dem Markt ausscheiden.

Der Gewinn der Anbieter wird auch als **Produzentenrente** bezeichnet (*vgl. 5.3.4*). Im vorliegenden Beispiel beträgt die Produzentenrente aller Anbieter zusammen 6.000 Euro (dunkelblaue Fläche in der Abbildung).

Ein Anbieter, dessen Stückkosten durch den Preis gerade noch gedeckt sind und der somit weder Gewinn noch Verlust erzielt, wird als **Grenzanbieter** bezeichnet (hier: Betrieb D). Bei einer Preissenkung stellen die jeweiligen Grenzbetriebe als erste ihre Produktion ein, weil der niedrigere Preis zur Deckung der Stückkosten nicht mehr ausreicht. Sinkende Preise führen also dazu, dass nach und nach diejenigen Anbieter aus dem Markt ausscheiden, deren Stückkosten höher als der Preis sind. Durch das Ausscheiden dieser Anbieter sinkt die angebotene Menge. Bei steigendem Preis bieten dagegen auch die Unternehmen an, deren Stückkosten bei niedrigeren Preisen nicht gedeckt sind. Außerdem dehnen die bisherigen Anbieter möglicherweise ihre Produktionskapazitäten aus. Durch die zunehmende Zahl der Anbieter und die Kapazitätserweiterungen erhöht sich bei steigendem Preis gleichzeitig auch die angebotene Menge.

Je größer die Zahl der Anbieter ist, deren Stückkosten an ihrer jeweiligen Kapazitätsgrenze **unterschiedliche** Höhe aufweisen, umso mehr kann davon ausgegangen werden, dass die Gesamtangebotskurve einen stetigen Verlauf hat. Im Folgenden wird zusätzlich unterstellt, dass diese Kurve eine konstante Steigung hat und deswegen linear verläuft. Bei normalem Verhalten der Anbieter ist die Steigung der Angebotskurve positiv. Das bedeutet: Je höher der Preis ist, umso größer ist die Zahl der Anbieter und die geplante Angebotsmenge.

P.Point

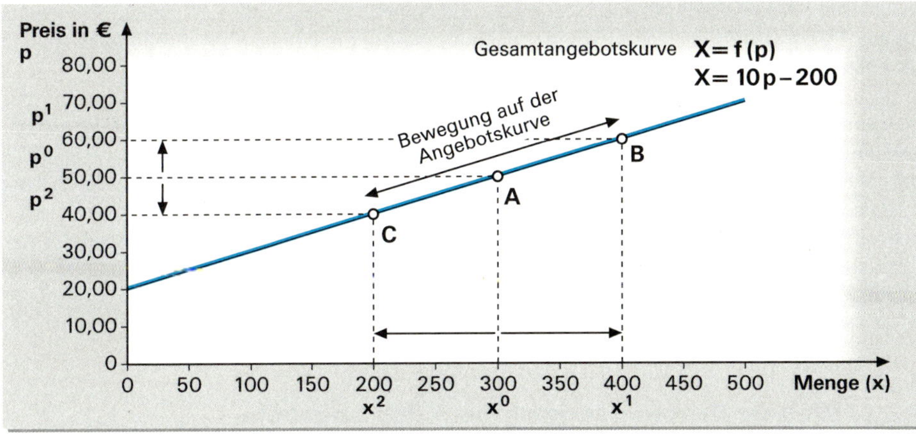

Wird in der Volkswirtschaftslehre allgemein von einer Angebotsfunktion (Angebotskurve) gesprochen, so ist üblicherweise damit die **spezielle** Angebotsfunktion (Angebotskurve) gemeint, die die funktionale Beziehung zwischen der angebotenen Menge eines Gutes und dessen Preis bei Konstanz aller übrigen Einflussgrößen (Preise anderer Güter, Faktorkosten usw.) beschreibt. Werden nur die Beziehungen zwischen Menge und Preis des angebotenen Gutes X_1 untersucht und alle anderen Faktoren, die Einfluss auf die Angebotsmenge haben können, unverändert gelassen (*Ceteris-paribus-Klausel*), nimmt die Angebotsfunktion folgende spezielle Form an: $X^A{}_1 = f(p_1)$

Die Gesamtangebotskurve zeigt, wie viele Mengeneinheiten eines Gutes die Unternehmen insgesamt jeweils bei unterschiedlichen Preisen dieses Gutes in einer bestimmten Zeiteinheit anzubieten bereit sind.

Die **Angebotskurve** sagt nichts darüber aus, wie viele Mengeneinheiten tatsächlich **abgesetzt** werden. Die Absatzmenge hängt davon ab, wie groß bei dem jeweiligen Preis die **nachgefragte Menge** ist (*vgl. 5.3.3*).

Die normale Angebotskurve hat eine positive Steigung („Gesetz des Angebots"), d. h.
- **je höher der Preis ist, umso höher ist die geplante Angebotsmenge,**
- **je niedriger der Preis ist, umso geringer ist die geplante Angebotsmenge.**

Ändert sich der Preis eines Gutes und bleiben alle anderen Bestimmungsfaktoren des Angebots unverändert, so ergibt sich auf der Angebotskurve eine neue Preis-Mengen-Kombination für dieses Gut.

Die **langfristige Gesamtangebotskurve** kann **parallel zur Mengenachse** verlaufen. Solange auf einem Markt Gewinne erzielbar sind, treten neue Anbieter mit kostengünstigen Produktionsverfahren auf. Die damit einhergehende Ausdehnung der Angebotsmenge führt zu einem Preisverfall (*vgl. 5.3.5*), der die weniger rentablen Unternehmen zum Ausscheiden zwingt. Der Konkurrenzdruck führt dazu, dass sich die Kostenstrukturen der Produzenten immer mehr angleichen, bis letztlich alle verbliebenen Anbieter bei ihrer jeweiligen Angebotsmenge gleiche Stückkosten aufweisen. Anhand der Abb. auf S. 114 ist nachvollziehbar, dass die Angebotskurve für diesen Fall parallel zur Mengenachse verläuft. Der Markteintritt neuer Anbieter hört erst auf, wenn keine Gewinne mehr erzielbar sind. Das ist dann der Fall, wenn der Preis auf das Niveau des nunmehr für alle Anbieter gleichen Stückkostenminimums gefallen ist. Alle Unternehmen sind dann Grenzanbieter, die aber dennoch existenzfähig sind, weil in die Stückkosten auch Unternehmerlohn und Eigenkapitalverzinsung eingerechnet sind. Die Elastizität einer parallel zur Mengenachse verlaufenden Angebotskurve ist unendlich. Das be-

deutet: Bei einer weiteren Preissenkung geht die Angebotsmenge auf null zurück. Bei jedem anderen Preis wird dagegen eine Menge angeboten, die der maximalen Produktionsmenge der gesamten Branche entspricht.
In bestimmten Fällen sind auch Situationen denkbar, in denen sich die Angebotsmenge bei Preisänderungen des Gutes im umgekehrten Verhältnis ändert (= anomales Anbieterverhalten). Dies ist beispielsweise der Fall bei

- freiwilliger Bildung von Lagervorräten und künstlicher Angebotsverknappung durch Unternehmen, die auf weitere Preissteigerungen warten (Spekulation),
- sinkenden Löhnen, die eine Erhöhung des Arbeitsangebots nach sich ziehen, weil die Arbeitskräfte nur durch Mehrarbeit ihr Existenzminimum sichern können (= anomaler Verlauf der Arbeitsangebotskurve in bestimmten Bereichen).

4.2.2 Weitere Bestimmungsfaktoren des Angebots

▶ A 4.2 Neben dem Preis (p_1) haben u. a. auch folgende Faktoren Einfluss auf das Gesamtangebot des Gutes 1 ($X^A{}_1$).
Da Aussagen über Ursache-Wirkungs-Zusammenhänge kaum möglich sind, wenn sich

Bestimmungsfaktoren des Gesamtangebots (Marktangebot)					
Preis des Gutes (p_1)	Preise anderer Güter ($p_2, \dots p_n$)	Preise der Produktionsfaktoren (Faktorkosten) ($q_1, \dots q_n$)	Stand des technischen Wissens (T)	unternehmerische Zielsetzungen und Gewinnerwartungen (G)	Zahl der anbietenden Unternehmen (Z)
Allgemeine Gesamtangebotsfunktion für Gut 1: $X^A{}_1 = f(p_1, p_2, \dots p_n, q_1, \dots q_m, T, G, Z)$					

alle diese Bestimmungsgründe gleichzeitig ändern, werden im Folgenden nacheinander nur die isolierten Wirkungen **eines** dieser Einflussfaktoren untersucht, während alle anderen Einflussfaktoren als unverändert angesehen werden (*Ceteris-paribus-Klausel, vgl. 1.2*). Dabei ist von Bedeutung, dass nur eine Preisänderung des Gutes selbst (p_1) zu einer Änderung der Angebotsmenge ($X^A{}_1$) in der Form führt, dass im Preis-Mengen-Diagramm eine **Bewegung auf der Angebotskurve** ausgelöst wird. Wenn sich dagegen einer der anderen Einflussfaktoren ändert, führt das zu einer **Verschiebung der Angebotskurve.**

Eine Verschiebung der Angebotskurve nach rechts bedeutet, dass das Marktangebot bei jedem Preis größer ist als vorher. Eine Verschiebung der Angebotskurve nach links bedeutet, dass das Marktangebot bei jedem Preis kleiner ist als vorher.

4.2.3 Veränderungen der Angebotskurve

Auswirkung einer Veränderung der Preise anderer Güter

Steigen die Preise anderer Güter, während der Preis des Gutes 1 selbst unverändert bleibt, erbringt die Herstellung des bisher angebotenen Gutes 1 **im Vergleich zu den anderen Gütern** möglicherweise einen geringeren Gewinn als vorher. Sofern die produktionstechnischen Voraussetzungen gegeben sind, kann es daher aufgrund der veränderten Gewinnerwartungen zu einer Produktionsverlagerung zugunsten der anderen Güter kommen (= Lenkungsfunktion des Preises, *vgl. 6.2.2*). Dies würde zu einem Rückgang des Angebots bei Gut 1, dessen Preis nicht gestiegen ist, führen. Das hätte eine Verschiebung der Angebotskurve für Gut 1 nach links zur Folge. Im umgekehrten Fall (Preissenkung bei anderen Gütern) würde sich eine Rechtsverschiebung der Angebotskurve für Gut 1 ergeben.

Auswirkung einer Veränderung der Faktorkosten (Preise der Produktionsfaktoren)

Steigen die Faktorkosten (= Preise der Produktionsfaktoren), so erhöhen sich für die Unternehmen die Kosten je produzierter Mengeneinheit (Stückkosten). Um eine kostendeckende Produktion zu ermöglichen, muss der Absatzpreis mindestens so hoch sein wie die Stückkosten (= langfristige Preisuntergrenze). Dieser Preis, ab dem sich eine Produktionsaufnahme überhaupt nur lohnt, liegt nach der Stückkostensteigerung für jedes Unternehmen höher als vorher. Anbieter, deren gestiegene Stückkosten nicht mehr durch den bisherigen Preis gedeckt sind, erwirtschaften einen Verlust und scheiden aus dem Markt aus.

Lösung zu Fallbeispiel 4.1 Nr. 4 (*vgl. S. 109*)

Wie aus der Abbildung ersichtlich, erhöht sich für Betrieb A durch die Steigerung der variablen Stückkosten (k_v) um 10 Euro die langfristige Preisuntergrenze von 30 Euro auf 40 Euro. Das Gewinnmaximum liegt nach wie vor an der Kapazitätsgrenze (100 t). Allerdings ist der Stückgewinn (g) an der Kapazitätsgrenze um 10 Euro auf 20 Euro geschrumpft. Der maximale Gesamtgewinn (G) beträgt jetzt nur noch 2.000 Euro (G = g · x = 20 · 100 = 2.000).

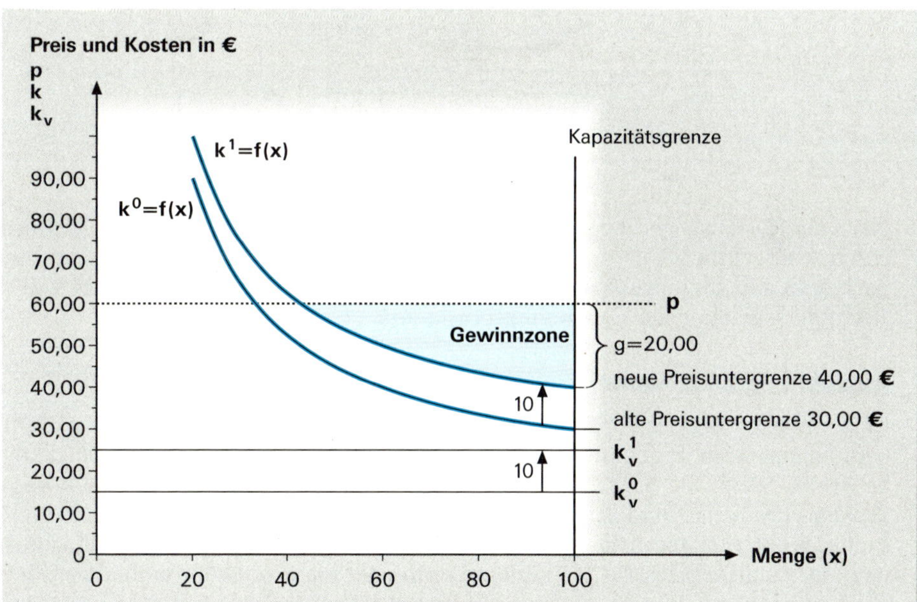

Wenn für alle Betriebe die Stückkosten um 10 Euro steigen, verändert sich die Gesamtangebotsfunktion wie in der Tabelle auf Seite 118 dargestellt. Die daraus abgeleitete Gesamtangebotskurve verschiebt sich nach links. Bei einem unveränderten Marktpreis von 60 Euro würde das Gesamtangebot nach der Kostensteigerung um 100 t sinken und nur noch 300 t betragen, weil neben Betrieb E jetzt zusätzlich noch Betrieb D wegen zu hoher Stückkosten aus dem Markt aus-

Gesamtangebotsfunktion vor und nach der Kostensteigerung							
P	20	30	40	50	60	70	80
x alt	0	100	200	300	400	500	600
x neu	0	0	100	200	300	400	500

scheidet. Betrieb C wird zum Grenzanbieter. Die Produzentenrente (Gewinn) aller Betriebe ist gesunken (Betrieb A 2.000 Euro, Betrieb B 1.000 Euro, Betrieb C 0 Euro).

P.Point

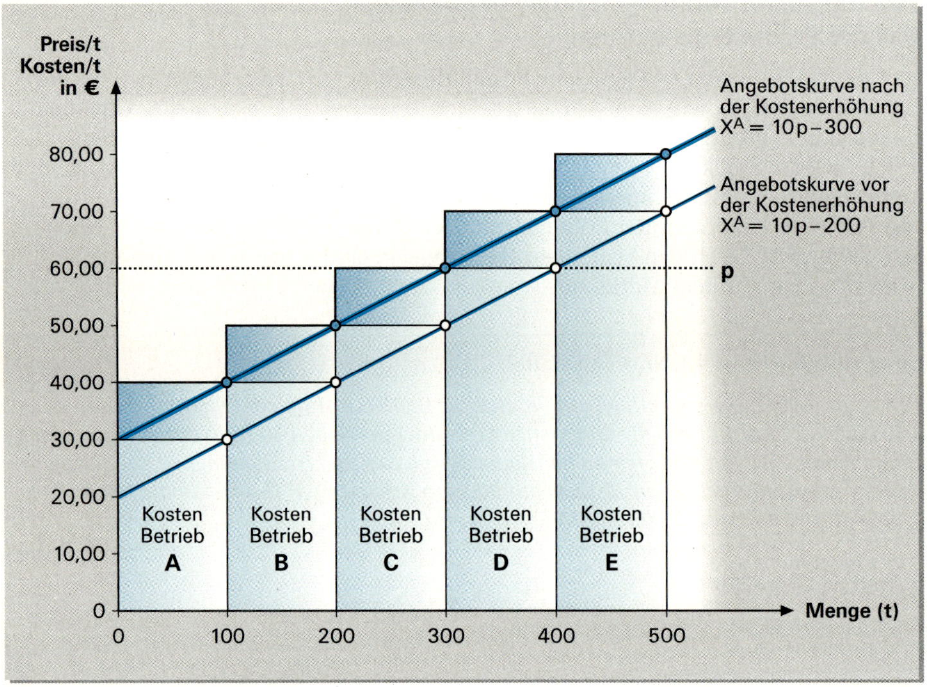

Nach der Kostensteigerung ist die angebotene Menge bei jedem beliebigen Marktpreis geringer als vorher. Das drückt sich einer Verschiebung der Gesamtangebotskurve nach links aus. Im umgekehrten Fall (Verringerung der Faktorkosten) ergibt sich eine Rechtsverschiebung der Gesamtangebotskurve.

Auswirkung einer Veränderung der Produktionstechnik

Eine Verbesserung der Produktionstechnik (z. B. Übergang von arbeitsintensivem zu kapitalintensivem Produktionsverfahren) kann eine Verringerung der Stückkosten bewirken. Wenn die Stückkosten eines Anbieters sinken, der bisher schon kostendeckend produziert und seine Kapazität voll ausgeschöpft hat, ändert sich das Gesamtangebot zum gegenwärtigen Marktpreis nicht. Eine mit sinkenden Stückkosten einhergehende verbesserte Technologie kann aber die Produktionsaufnahme für solche Unternehmen lohnend machen, die wegen zu hoher Stückkosten bisher nicht am Markt vertreten waren. Außerdem geht mit dem verbesserten Produktionsverfahren möglicherweise auch eine Ausdehnung der Produktionskapazitäten bei den bisherigen Anbietern einher. Solche Effekte einer verbesserten Technologie führen zu einer Ausdehnung des Gesamtangebots. Die Gesamtangebotskurve verschiebt sich in diesem Fall nach rechts.

Auswirkung veränderter Gewinnerwartungen

Haben die Unternehmen günstige Absatz- und Gewinnerwartungen, werden sie mehr investieren und ihre Produktionskapazitäten ausdehnen. Das führt zu einer Ausdehnung des Gesamtangebots. Die Gesamtangebotskurve verschiebt sich nach rechts.

Auswirkung einer Veränderung der Anbieterzahl

Nimmt die Zahl der Anbieter zu, so erhöht sich die insgesamt für das Gut zur Verfügung stehende Produktionskapazität. Das Gesamtangebot steigt. Die Gesamtangebotskurve verschiebt sich nach rechts. Im umgekehrten Fall (Abnahme der Zahl der Anbieter) ergibt sich eine Linksverschiebung der Gesamtangebotskurve.

Veränderungen der Gesamtangebotskurve im Überblick

Wenn sich einzelne Einflussfaktoren des Gesamtangebots ändern, muss deutlich unterschieden werden, ob durch diese Änderung im Preis-Mengen-Diagramm eine **Bewegung auf einer gegebenen Angebotskurve** (= Veränderung der angebotenen Menge) oder eine **Verschiebung der Angebotskurve** (= Veränderung des Angebots) ausgelöst wird. Auch sprachlich sollte der Unterschied zwischen diesen beiden Fällen immer deutlich werden, indem im ersten Fall vom Steigen oder Sinken der **angebotenen Menge** und im zweiten Fall von Zunahme oder Abnahme des **Angebots** gesprochen wird.

<table>
<tr><th>Änderung der angebotenen Menge
(Bewegung auf der Angebotskurve)</th><th>Änderung (Verschiebung)
der Angebotskurve</th></tr>
<tr><td>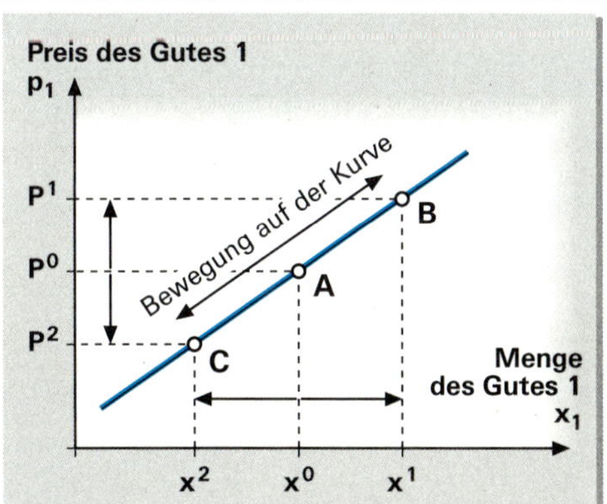
</td><td>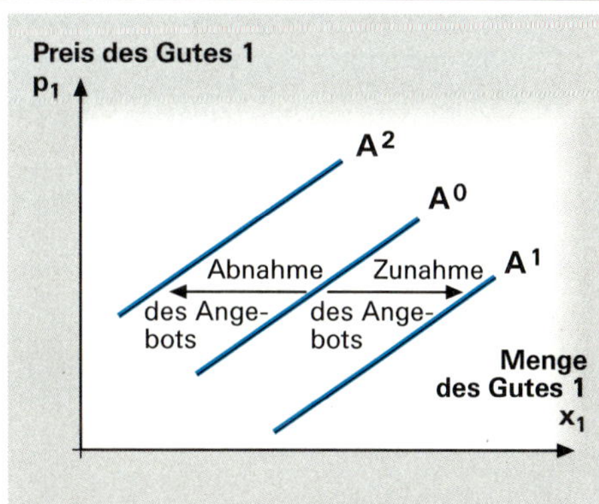
</td></tr>
<tr><td>Eine Bewegung auf der Gesamtangebotskurve eines Gutes ergibt sich nur dann, wenn sich der Preis dieses Gutes ändert.</td><td>Eine Verschiebung der Angebotskurve eines Gutes ergibt sich, wenn sich nicht der Preis dieses Gutes, sondern einer oder mehrere der anderen Bestimmungsfaktoren ändern.
Eine Rechtsverschiebung (= Zunahme des Angebots) ergibt sich z. B. in folgenden Fällen:
– Preissenkung bei anderen Gütern,
– Preissenkung bei den Produktionsfaktoren,
– Verbesserung des angewandten technischen Wissens,
– verbesserte Absatz- und Gewinnerwartungen,
– Erhöhung der Zahl der Anbieter.
Im jeweils umgekehrten Fall ergibt sich eine Linksverschiebung der Gesamtangebotskurve (= Abnahmen der Angebots).</td></tr>
</table>

Zusammenfassende Übersicht Kapitel 4:

Angebot der Unternehmen am Gütermarkt

Produktionsfunktion: $x = f(A, K)$

Kostenfunktion: $K = f(x)$

Allgemeine individuelle Angebotsfunktion: $x^A{}_1 = f(p_1, p_2, ..., p_n, q_1, ..., q_n, T, G, ...)$

Bestimmungsfaktoren der angebotenen (= gewinnmaximalen) Menge von Gut 1:
Preis des Gutes 1, Preise anderer Güter, Kosten (= Preise der Produktionsfaktoren),
Stand des technischen Wissens, Gewinnerwartungen, ...

Anwendung der c.p.-Annahme

Spezielle Angebotsfunktion: $x^A{}_1 = f(p_1)$

Ziel: Gewinnmaximierung
Gewinn (G) = Erlös (E) – Kosten (K) → Max!

Gesamterlös
$E = p \cdot x$

Gesamtkosten
$K = K_f + k_v \cdot x$

Gesamtbetrachtung

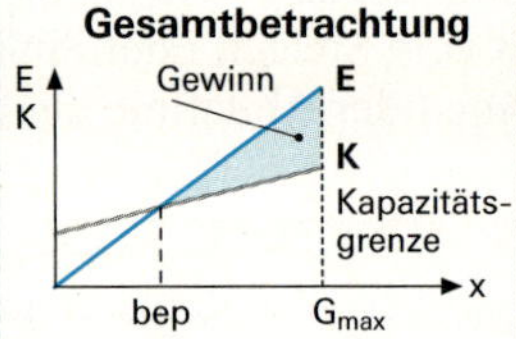

Stückbetrachtung

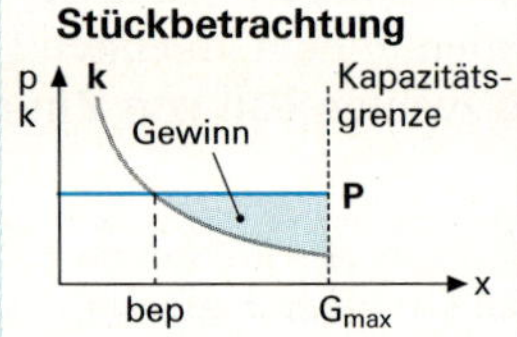

Stückerlös = p

Stückkosten
$k = \frac{K_f}{x} + k_v$

Aggregation des individuellen Angebots = Gesamtangebot (Marktangebot)
Allgemeine Gesamtangebotsfunktion: $X^A{}_1 = f(p_1, p_2, ..., p_n, q_1, ..., q_n, T, G, Z, ...)$

Bestimmungsfaktoren der insgesamt angebotenen Menge von Gut 1:
Preis des Gutes 1, Preise anderer Güter, Faktorkosten,
Stand des technischen Wissens, Gewinnerwartungen, Zahl der Anbieter, ...

Anwendung der c.p.-Annahme

(Spezielle) Gesamtangebotskurve: $X^A{}_1 = f(p_1)$

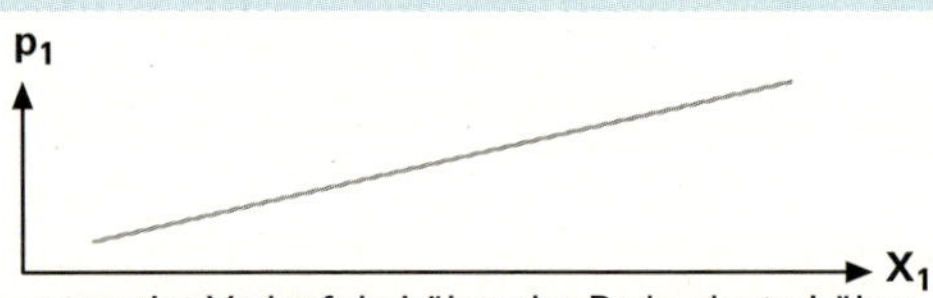

normaler Verlauf: je höher der Preis, desto höher die angebotene Menge („Gesetz des Angebots")

Änderung des Preises (p_1) des Gutes (X_1)
= Bewegung auf der Kurve
= Änderung der angebotenen Menge

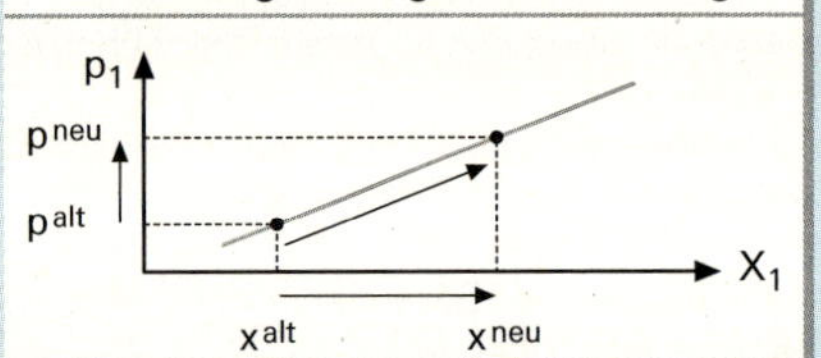

Änderung anderer Bestimmungsfaktoren
(z. B. Kosten) = Verschiebung der Kurve
= Änderung des Angebots

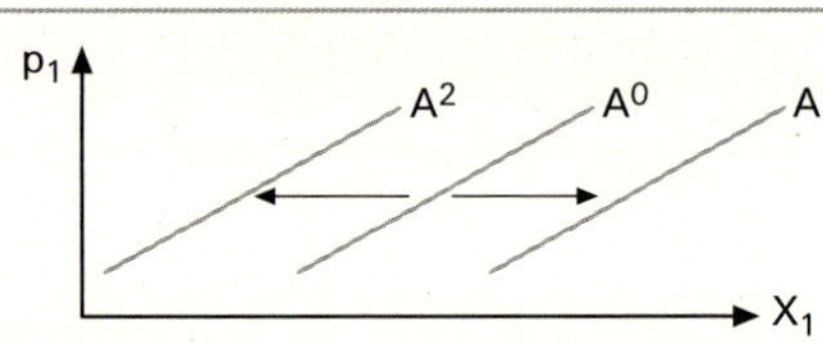

Fragen zur Kontrolle des Grundwissens

Kapitel 4: Angebot der Unternehmen am Gütermarkt

Kapitel 4.1: Grundlagen der Angebotstheorie

1. *Welche Annahmen liegen der Angebotstheorie zugrunde?*

Kapitel 4.2: Bestimmungsfaktoren des Angebots und Veränderung der Angebotskurve

1. *Wie verläuft die individuelle Angebotskurve bei linearen Erlös- und Kostenfunktionen?*
2. *Was ist ein Grenzanbieter (Grenzbetrieb)?*
3. *Wie verläuft eine normale Gesamtangebotskurve?*
4. *Nennen Sie Bestimmungsfaktoren des Gesamtangebots.*
5. *Wann kommt es zu einer Bewegung auf der Gesamtangebotskurve?*
6. *Nennen Sie Ursachen und Wirkung einer Rechtsverschiebung der Gesamtangebotskurve.*

Aufgaben und Probleme zur Erarbeitung und Anwendung von Wissen

Kapitel 4: Angebot der Unternehmen am Gütermarkt

Angebotskurve – Produzentenrente – Grenzbetriebe

A ◄ 4.1 K ◄ P.Point

Für fünf Produzenten eines gleichartigen Produkts, die ihre Kapazitäten voll ausgelastet haben, gelten folgende Daten:

	Betrieb A	Betrieb B	Betrieb C	Betrieb D	Betrieb E
Stückkosten bei der Kapazitätsgrenze (Euro)	400	500	600	700	800
Kapazität (Stück)	50 000	40 000	30 000	20 000	10 000

1 ▶ Zeichnen Sie die Angebotskurve (y-Achse: 10 cm, 1 cm = 100 €; x-Achse: 15 cm, 1 cm = 10 000 Stück). Warum verläuft die Angebotskurve im vorliegenden Fall nicht linear?

2 ▶ Wie hoch sind Angebotsmenge und Produzentenrente bei einem Marktpreis von 900 €?

3 ▶ Wie verändern sich Angebotsmenge und Produzentenrente, wenn der Marktpreis langfristig auf 700 € sinkt?

4 ▶ Wie verändern sich Angebotsmenge und Produzentenrente, wenn sich bei einem Marktpreis von 700 € für jeden Anbieter eine Erhöhung der Stückkosten bei der Kapazitätsgrenze um 100 € ergibt?

Veränderung des Gesamtangebots (Marktangebot)

A ◄ 4.2

Welche der folgenden Faktoren können im Zeitablauf die Verschiebung der Gesamtangebotskurve für das Gut 1 von A^1 nach A^2 verursacht haben? Begründen Sie Ihre Antwort.

a) Der Preis des Gutes 1 ist gesunken.
b) Die Preise anderer Güter sind gesunken.
c) Erhöhung der Faktorkosten.
d) Die Absatz- und Gewinnerwartungen der Unternehmen haben sich verschlechtert.
e) Kostensenkung durch techn. Fortschritt.
f) Die Zahl der Anbieter hat zugenommen.

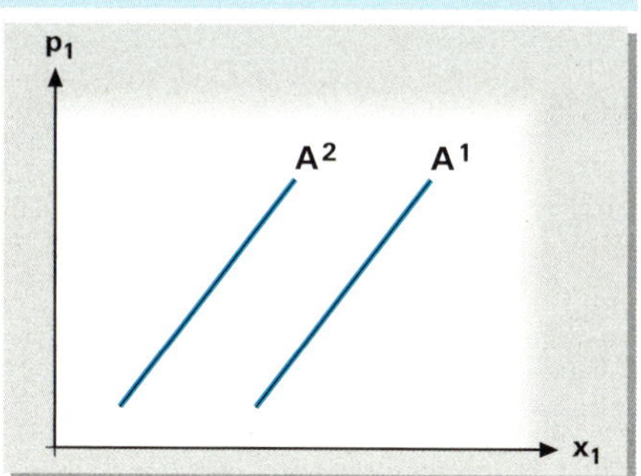

5 Preisbildung auf verschiedenen Arten von Märkten

Fallbeispiele zur Einführung

Fallbeispiel 5.1: Marktformen

- Prüfen Sie anhand der folgenden Situationsbeschreibung, um welche Marktform es sich handelt.

Auf dem Wochenmarkt[1]
Es ist Samstagmorgen. Frau Müller geht mit ihrer Tochter Silke auf den Wochenmarkt, um Obst und Gemüse einzukaufen. Bei dem dichten Gedränge ist es schwer, sich bis zu den zahlreichen Obst- und Gemüseständen vorzuarbeiten. Beim ersten Stand kostet der Salat 0,75 Euro je Kopf. Das erscheint Frau Müller sehr preisgünstig. Sie kauft zwei Köpfe. Auch die Tomaten sehen für 1,75 Euro je kg nicht schlecht aus.

> **Gewerbeordnung**
> **§ 67 Wochenmarkt** (1) Ein Wochenmarkt ist eine regelmäßig wiederkehrende, zeitlich begrenzte Veranstaltung, auf der eine Vielzahl von Anbietern eine oder mehrere der folgenden Warenarten feilbieten:
> 1. Lebensmittel …
> 2. Produkte des Obst- und Gartenbaues, der Land- und Forstwirtschaft und der Fischerei;
> 3. rohe Naturerzeugnisse …

Vom anderen Ende des Marktes hören sie einen Verkäufer schreien: „Frischer Spargel, frischer Spargel, äußerst billig." „Wir haben in diesem Jahr noch gar keinen Spargel gegessen. Lass uns doch mal hingehen", sagt Frau Müller zu Silke. Sie schieben sich weiter durch das Gewühl und kommen an dem Gemüsestand, an dem sie sonst immer kaufen, vorbei. Dort kostet der Salat heute nur 0,65 Euro je Kopf. „Nächstens kaufe ich doch wieder an dem Stand, an dem ich Stammkundin bin", ärgert sich Frau Müller. Als sie an den Stand kommen, an dem 500 g Spargel marktschreierisch für 2,99 Euro angeboten werden, sagt Silke zu ihrer Mutter: „Sieh mal, wie sich die Leute von dem Geschrei beeindrucken lassen. Dort hinten habe ich aber an einem Stand ein Schild ‚Spargel 5,50 Euro je kg' gesehen." „Möglich", sagt Frau Müller, „aber mehr als 500 g brauchen wir nicht. Und der Spargel hier sieht wirklich nicht schlecht aus. Wegen der paar Cent gehe ich jetzt nicht mehr zurück an den anderen Stand, um mich nach dem Preis von 500 g zu erkundigen. Außerdem wird es Zeit, dass wir zum Bäcker und zum Metzger kommen. Sonst gibt es dort keine frischen Sachen mehr." Auf dem Rückweg kommen sie wieder am Wochenmarkt vorbei, der bereits dem Ende zugeht. An einem Stand ändert eine Marktfrau gerade das Preisschild und ruft: „1 Euro 50 für das Kilo Tomaten."

Erläuterungen und Lösung siehe Seite 127.

1 In Anlehnung an F. J. Kaiser, H. Kaminski in: H. Stachowiak (Hrsg.), Modelle und Modelldenken im Unterricht, Bad Heilbrunn 1980, S. 103 f.

Fallbeispiel 5.2: Preisbildung beim Polypol auf dem vollkommenen Markt

An einer Börse für Milchprodukte werden u. a. verschiedene Käsesorten (Emmentaler, Edamer/Tilsiter und Limburger) gehandelt. Eine Notierungskommission sammelt die Verkaufsaufträge der Produzenten und die Kaufaufträge der Händler. Die Produzenten teilen für jede Produktart mit, welchen Preis sie mindestens erzielen wollen (Mindestpreis) und welche Menge sie zu diesem Preis anbieten. Die Händler nennen für jede Produktart die Preise, die sie höchstens zu zahlen bereit sind (Höchstpreise), und die Mengen, die sie zu diesen Preisen abnehmen wollen. Aus diesen Kauf- und Verkaufsaufträgen ermittelt die Notierungskommission den Börsenpreis.
Angenommen, an einem bestimmten Börsentag liegen der Notierungskommission folgende Kauf- und Verkaufsaufträge für den aus Rohmilch hergestellten, rindengereiften Markenkäse „Allgäuer Emmentaler" (Rundlaib) vor:

Produzenten (Angebot)			Händler (Nachfrage)		
Name des Verkäufers	Mindestpreis je kg in Euro	angebotene Menge in kg	Name des Käufers	Höchstpreis je kg in Euro	nachgefragte Menge in kg
A	3,70	1500	E	4,60	1000
B	4,00	2000	F	4,30	1000
C	4,30	1000	G	4,00	1500
D	4,60	500	H	3,70	2000

1. Warum sind z. B. die Preise 4,60 Euro oder 3,70 Euro keine Gleichgewichtspreise?
2. Welchen Preis wird die Notierungskommission festlegen?

Erläuterungen und Lösung siehe Seite 128.

Fallbeispiel 5.3: Preisbildung beim Angebotsmonopol auf dem vollkommenen Markt

Der Verein Aids-Hilfe e. V. in einer mittelgroßen Stadt plant zur Finanzierung seiner Arbeit ein Wohltätigkeitskonzert. Mehrere bekannte Musikgruppen aus der Umgebung haben ihre unentgeltliche Mitwirkung zugesagt. Die Stadt stellt das örtliche Fußballstadion mit einem Fassungsvermögen von 8 000 Personen für diese Veranstaltung kostenlos zur Verfügung. Alle anderen Kosten (z. B. Werbung, Druck der Eintrittskarten, Versicherungsprämien) werden von einer örtlichen Brauerei gegen Ausstellung einer Spendenquittung übernommen. Der gesamte Erlös kommt der Aids-Hilfe e. V. zugute. Die Veranstalter stehen vor dem Problem, den Eintrittspreis so festzulegen, dass der Erlös möglichst groß ist. Bei ähnlichen Veranstaltungen in früheren Jahren hat es sich als sinnvoll erwiesen, alle Eintrittskarten gleich teuer anzubieten. Es liegen auch ziemlich genaue Schätzungen über den Zusammenhang zwischen der Höhe des Eintrittspreises und der zu erwartenden Zuschauerzahl vor.

Preis (p) in Euro	25	22,50	20	17,50	15	12,50	10	7,50	5	2,50	0
Zuschauer (x) in 1000	0	1	2	3	4	5	6	7	8	9	10

1. Bei welchem Eintrittspreis erzielt der Veranstalter den höchsten Erlös?
2. Bei welchem Eintrittspreis erzielt der Veranstalter den höchsten Gewinn?
3. Bei welchem Eintrittspreis erzielt der Veranstalter den höchsten Gewinn, wenn er mit fixen Kosten für Stadionmiete, Werbung usw. von 10.000 Euro rechnen muss und außerdem 5 Euro je verkaufte Eintrittskarte an die Stadt für die Stadionreinigung, die Bezahlung von Ordnungskräften usw. abzuführen sind (= variable Kosten).

Erläuterungen und Lösung siehe Seiten 138 und 142.

5.1 Funktion und Einteilung von Märkten

Funktion

In einer Marktwirtschaft stellen die Unternehmer ihre Produktionspläne und die privaten Haushalte ihre Verbrauchspläne selbstständig und unabhängig voneinander unter Berücksichtigung ihrer eigenen Interessen auf (*vgl. 6.2*). Die Anbieter wollen zu einem Preis verkaufen, bei dem ihr Gewinn maximiert wird, während die Nachfrager ihren Nutzen maximieren und daher möglichst billig kaufen möchten. Es wäre ein großer Zufall, wenn alle ursprünglichen Pläne der Marktteilnehmer ohne Änderungen miteinander vereinbar wären. Die gegenseitige Abstimmung und Anpassung der Pläne von Anbietern und Nachfragern sowie der Ausgleich der gegensätzlichen Interessen erfolgt auf dem Markt.

Der Markt ist der Ort, an dem Angebot und Nachfrage zusammentreffen.

Der Markt hat die Funktion, die Pläne der Anbieter und der Nachfrager durch den Preis zum Ausgleich zu bringen. Der Markt ist der Ort der Preisbildung.

Marktarten

Einteilung nach Güterarten: Güter- und Faktormärkte
Gütermärkte: Waren- und Dienstleistungsmärkte, die sich wiederum in Konsumgüter- und Produktionsgütermärkte gliedern lassen.
Faktormärkte: Grundstücks-/Immobilienmärkte, Arbeitsmärkte, Kreditmärkte. Die Kreditmärkte lassen sich wiederum in Geldmärkte (= kurzfristige Kredite) und Kapitalmärkte (= langfristige Kredite) gliedern.

Einteilung nach dem Grad der Organisation: Organisierte und nicht organisierte Märkte
Bei organisierten Märkten richtet sich das Zusammentreffen von Käufern und Verkäufern nach festgelegten Regeln (z. B. Börse, Messe, Auktion). Überwiegend spielt sich das Wirtschaftsgeschehen aber auf nicht organisierten Märkten ab. Angebot und Nachfrage treffen meistens außerhalb bestimmter Marktveranstaltungen aufeinander.

Einteilung nach dem Grad der Zentralisierung: Zentralisierte und nicht zentralisierte Märkte
Häufig sind organisierte Märkte gleichzeitig auch zentralisierte Märkte, d. h., Angebot und Nachfrage treffen – wie beim Wochenmarkt – zu einem festgelegten Zeitpunkt an einem bestimmten Ort zusammen (= **Punktmarkt**). Ein Zusammentreffen von Käufern und Verkäufern an einem bestimmten Ort ist aber keine zwingende Voraussetzung für die Existenz eines organisierten Marktes (z. B. Telefonhandel im Devisengeschäft). Regionale, nationale und internationale Märkte sind weitere Beispiele für nicht zentralisierte Märkte. Die Mehrzahl der Märkte ist weder zentralisiert noch organisiert (z. B. Automarkt, Weltmarkt). Solche Märkte sind für Anbieter und Nachfrager meist sehr unübersichtlich.

Einteilung nach den Marktzutrittsmöglichkeiten: Offene, beschränkt zugängliche, geschlossene Märkte
Offene Märkte: Jedem steht der Zugang zum Markt offen. Es herrscht freie Konkurrenz.
Beschränkter Marktzutritt: Auf den meisten Märkten ist der Marktzutritt beschränkt, weil von den Marktteilnehmern besondere Voraussetzungen erfüllt werden müssen (z. B. Kapitalnachweis, Konzessionen, Befähigungsnachweise, Prüfungen usw.).
Geschlossene Märkte: Der Zugang zum Markt ist nur bestimmten Anbietern oder Nachfragern vorbehalten (z. B. Post als alleiniger Anbieter für die Beförderung bestimmter Briefe).

Einteilung nach der Zahl der Marktteilnehmer (Marktformenschema)

Von großer Bedeutung für die Verhaltensweisen von Anbietern und Nachfragern ist die Zahl der Marktteilnehmer. Je größer die Zahl der Anbieter, umso stärker ist beispielsweise der zu erwartende Konkurrenzkampf. Ein Anbieter mit vielen Konkurrenten trifft andere Entscheidungen als ein alleiniger Anbieter, der die gesamte Nachfrage auf sich vereinigt. Die Preisbildung vollzieht sich daher anders, je nachdem, ob es auf einem Markt viele, wenige oder nur einen Anbieter bzw. Nachfrager gibt. Um die Entscheidungen von Anbietern und Nachfragern auf Märkten, die sich hinsichtlich der Zahl der Marktteilnehmer unterscheiden, analysieren zu können, werden die Märkte üblicherweise nach folgendem **Marktformenschema** gegliedert:[1]

Marktformen			
Nachfrager / Anbieter	**viele**	**wenige**	**einer**
viele	Zweiseitiges Polypol (vollständige Konkurrenz)	Nachfrageoligopol	Nachfragemonopol
wenige	Angebotsoligopol	Zweiseitiges Oligopol	Beschränktes Nachfragemonopol
einer	Angebotsmonopol	Beschränktes Angebotsmonopol	Zweiseitiges Monopol

Ein Polypol ist durch viele Anbieter (Polypolisten) und viele Nachfrager gekennzeichnet. Der einzelne Marktteilnehmer hat nur einen geringen Anteil am Gesamtangebot bzw. an der Gesamtnachfrage.

Beim Oligopol treten nur wenige Anbieter und/oder wenige Nachfrager auf. Der einzelne Oligopolist hat einen großen Anteil am Gesamtangebot bzw. an der Gesamtnachfrage auf dem Markt.

Beim Monopol tritt nur ein Anbieter und/oder nur ein Nachfrager auf. Die Angebots- bzw. Nachfragemenge eines Monopolisten stellt gleichzeitig das Gesamtangebot bzw. die Gesamtnachfrage auf dem Markt dar.

5.2 Modell des vollkommenen Marktes

Eine weitere für die Preisbildung bedeutsame Unterscheidung von Märkten bezieht sich auf die Marktvollkommenheit. Ein Markt wird als **vollkommen** bezeichnet, wenn die folgenden **Bedingungen** erfüllt sind:

- Die Güter sind sachlich völlig gleichartig (**Homogenität** der Güter)
- Es bestehen **keine Präferenzen** (Bevorzugungen) bei Anbietern und Nachfragern.
  a) Es bestehen **keine persönlichen Präferenzen** zwischen den Marktteilnehmern.
  Persönliche Präferenzen können sich durch langjährige Geschäftsbeziehungen, den guten Ruf eines Unternehmens oder die besonders freundliche und aufmerksame Bedienung ergeben.
  b) Es bestehen **keine räumlichen Präferenzen** bei den Marktteilnehmern.
  Räumliche Präferenzen können sich ergeben, wenn für den Käufer wegen uneinheit-

1 Diese Art des Marktformenschemas stammt von Heinrich von Stackelberg (1905–1946). Vgl. H. v. Stackelberg, Grundlagen der theoretischen Volkswirtschaftslehre, Tübingen, Zürich 1951, S. 235. Die griechischen Vorsilben poly, oligo und mono haben folgende Bedeutung: poly … = viel …, oligo … = wenig …, mono … = allein …

licher Entfernungen zu den einzelnen Anbietern ein unterschiedlicher Zeitaufwand oder unterschiedliche Transportkosten entstehen. Auf einem Punktmarkt (alle Anbieter und Nachfrager befinden sich am gleichen Ort) sind solche räumlichen Präferenzen beispielsweise weitestgehend ausgeräumt. Es sind aber auch andere Märkte ohne Entfernungsunterschiede zwischen Anbietern und Nachfragern denkbar.

c) Es bestehen **keine zeitlichen Präferenzen** bei den Marktteilnehmern.
Zeitliche Präferenzen können sich durch unterschiedliche Lieferzeiten oder Bevorzugung bei der Abfertigung ergeben.

- Es besteht **vollständige Markttransparenz** (Marktübersicht).
Alle Marktteilnehmer sind umfassend über die für den Abschluss von Kaufverträgen wesentlichen Daten informiert (z. B. Art und Qualität der Güter, Preise, Lieferfristen, Zahlungsbedingungen, Zahl und Marktmacht der Anbieter und Nachfrager).

Ein vollkommener Markt liegt vor, wenn folgende Bedingungen erfüllt sind:
1. Homogene Güter 2. Keine Präferenzen 3. Vollständige Markttransparenz

Zuweilen wird die völlige Gleichartigkeit (Homogenität) der Güter auch so weit gehend interpretiert, dass sie die Abwesenheit von Präferenzen mit einschließt. In diesem Fall liegt Homogenität dann vor, wenn keine sachlichen, persönlichen, räumlichen und zeitlichen Präferenzen bestehen. Für einen vollkommenen Markt ist in diesem Fall die Erfüllung der **Homogenitätsbedingung** (i. w. S.) und eine **vollständige Markttransparenz** erforderlich.

▶ A 5.1 Sind alle Bedingungen **gleichzeitig** erfüllt, liegt ein **vollkommener Markt** vor. Auf einem vollkommenen Markt bildet sich **ein einheitlicher Preis**, zu dem alle Käufe und Verkäufe getätigt werden (Gesetz der Unterschiedslosigkeit der Preise)[1]. **Der vollkommene Markt ist ein Modell,** mit dessen Hilfe das Zustandekommen des Marktpreises durch Angebot und Nachfrage nachvollzogen werden kann.[2]

Selbst wenn es sich um ein homogenes Gut handelt und keine Präferenzen vorliegen, können dennoch auf dem Markt kurzfristig Preisunterschiede für dieses Gut bestehen. Die Reaktion der Nachfrager auf Versuche einzelner Anbieter, einen höheren Preis durchzusetzen, dauert nämlich in der Regel eine gewisse Zeit, da sich die Verbraucher nur zögernd den preisgünstigeren Anbietern zuwenden. Ebenso ist es auf der Seite der Anbieter nicht möglich, bei einer Nachfrageerhöhung die Produktion ohne jegliche Verzögerungen beliebig auszudehnen. Es besteht somit auf einem Markt mit homogenen Gütern und ohne Präferenzen nur langfristig eine **Tendenz zur Vereinheitlichung des Preises**.

Wenn mindestens eine der beiden ersten Bedingungen (homogenes Gut bzw. keine Präferenzen) nicht erfüllt ist, liegt ein **unvollkommener Markt** vor. Sind die unterschiedlichen Preise am Markt dagegen nur darauf zurückzuführen, dass lediglich die dritte Bedingung (vollständige Markttransparenz) nicht erfüllt ist, wird von einem **temporär unvollkommenen Markt** gesprochen. Es ist aber durch die Verbreitung neuer Marktinformationen mit einer allmählichen Verbesserung der Markttransparenz zu rechnen. Dadurch werden **Anpassungsprozesse** ausgelöst (*vgl. 5.3.3*), die zu einer Angleichung der Preise führen, sodass auch in diesem Fall langfristig das Gesetz der Unterschiedslosigkeit der Preise gilt.

In der Realität sind fast alle Märkte unvollkommen. Lediglich die börsenmäßig organisierten Märkte kommen dem Modell des vollkommen Marktes einigermaßen nahe.

---

1 „Law of indifference“ nach dem englischen Ökonomen W. St. Jevons (1835–1882)

2 Zuweilen wird zusätzlich noch die Annahme getroffen, dass die Marktteilnehmer unendlich schnell auf Änderungen reagieren. Eine solche unendliche Reaktionsgeschwindigkeit wird aber in der wissenschaftlichen Literatur ausdrücklich **nicht** als Voraussetzung für einen vollkommenen Markt angesehen. Die Anpassungsprozesse, die sich im Zeitablauf ergeben und zu einer schrittweisen Annäherung an den Gleichgewichtspreis führen (*vgl. 5.3.3.*), würden nämlich sonst unberücksichtigt und unerklärbar bleiben.

Lösung zu Fallbeispiel 5.1 (*vgl. S. 122*)

Der Wochenmarkt ist ein Beispiel für ein Polypol (viele Anbieter – viele Nachfrager). Da der Markt aber nicht vollkommen ist, handelt es sich um ein Polypol auf dem unvollkommenen Markt.

Vollkommener Markt	***Situation auf dem beschriebenen Wochenmarkt***
Homogenität der Güter: Die Güter sind völlig gleichartig.	*Es werden Güter gleicher Art, aber in unterschiedlicher Qualität angeboten.*
Keine Präferenzen: Käufer handeln nach dem ökonomischen Prinzip und treffen ihre Kaufentscheidungen ausschließlich anhand von Preis- und Qualitätsvergleichen.	*Frau Müller und ihre Tochter lassen sich heute durch die Anpreisungen eines Gemüsehändlers beeinflussen. Sonst kaufen sie aus Tradition immer bei einem anderen Händler. Für weitere Preis- und Qualitätsvergleiche haben sie heute keine Zeit.*
Alle Marktteilnehmer haben vollkommene Marktransparenz. Anbieter und Nachfrager kennen die Produkte und ihre Preise.	*Frau Müller und ihre Tochter haben keine Markttransparenz. Sie kaufen gleich beim ersten Stand.*

5.3. Preisbildung beim Polypol auf dem vollkommenen Markt

5.3.1 Modell der vollständigen Konkurrenz

Preisbildungsvorgänge sind in der Realität höchst undurchsichtig und nur schwer nachvollziehbar. Daher wird versucht, unter **modellmäßiger Vereinfachung** Vorgänge und Entwicklungen auf dem Markt zu veranschaulichen und erkennbar zu machen. Dabei bleiben alle Einflussfaktoren unberücksichtigt, die den Preisbildungsprozess stören könnten. Das zweiseitige Polypol (viele Anbieter und viele Nachfrager) auf dem vollkommenen Markt ist ein solches Modell. Diese Marktform wird auch als **Modell der vollständigen Konkurrenz** bezeichnet. Es ist durch folgende Annahmen (Prämissen) gekennzeichnet:

- Auf dem Markt stehen sich viele Anbieter und viele Nachfrager gegenüber. Die Anbieter stehen miteinander in Konkurrenz. Auch die Nachfrager erhöhen ihre Marktmacht nicht durch Kooperation oder Zusammenschlüsse. Daraus folgt, dass der einzelne Marktteilnehmer nur über einen geringen Marktanteil und damit über keine bedeutsame Marktmacht verfügt.
- Die Bedingungen des vollkommenen Marktes sind erfüllt (homogenes Gut, keine Präferenzen, vollständige Markttransparenz). Daraus folgt, dass sich ein einheitlicher Preis (Einheitspreis) ergibt.

Diese Annahmen beinhalten, dass der sich am Markt ergebende Preis für den einzelnen Anbieter eine vorgegebene Größe (Datum) ist, die er aufgrund seines geringen Marktanteils **alleine** nicht beeinflussen kann. Sein Ziel der Gewinnmaximierung kann er nur erreichen, wenn er seine Angebotsmenge bestmöglich an den vorgegebenen Preis anpasst. Der einzelne Anbieter ist **Mengenanpasser**.

Würde ein **einzelner** Anbieter versuchen, einen höheren Preis als den Marktpreis zu verlangen, ohne dass die übrigen Anbieter ebenso reagieren, wären alle Nachfrager aufgrund der vollständigen Markttransparenz darüber informiert, dass das gleiche Gut anderswo billiger erhältlich ist. Da keinerlei Präferenzen bestehen, die die Nachfrager veranlassen könnten, für dieses Gut bei einem bestimmten Anbieter freiwillig mehr zu bezahlen als nötig, geht die Absatzmenge dieses Anbieters auf null zurück, da alle seine Kunden zur Konkurrenz abwandern.

Würde ein **einzelner** Anbieter seine Güter dagegen zu einem Preis unterhalb des Marktpreises anbieten, ohne dass die übrigen Anbieter ebenso reagieren, würde sich sofort die gesamte Nachfrage auf ihn konzentrieren. Wegen seines geringen Marktanteils kann er diese Nachfrage aber nicht befriedigen und keine zusätzlichen Kunden langfristig an sich binden. Er würde lediglich seine Angebotsmenge, die er auch zum Marktpreis hätte absetzen können, zu einem niedrigeren Preis verkaufen und dadurch seinen Gewinn verringern.

5.3.2 Zustandekommen und Eigenschaften des Gleichgewichtspreises

▶ A 5.2 Der Preisbildungsprozess beim Polypol auf dem vollkommenen Markt wird häufig am Beispiel einer Börse veranschaulicht, da diese Marktform in der Realität dem Modell der vollständigen Konkurrenz am nächsten kommt.

Lösung zu Fallbeispiel 5.2 Nr. 1 u. Nr. 2 (*vgl. S. 123*)

Der Notierungskommission an der Käsebörse geht von den vorliegenden einzelnen Kauf- und Verkaufsaufträgen der Händler und Produzenten für den aus Rohmilch hergestellten, rindengereiften Markenkäse „Allgäuer Emmentaler“ (Rundlaib) aus.

Produzenten (Angebot)			***Händler (Nachfrage)***		
Name des Verkäufers	*Mindestpreis je kg in Euro*	*angebotene Menge in kg*	*Name des Käufers*	*Höchstpreis je kg in Euro*	*nachgefragte Menge in kg*
A	*3,70*	*1 500*	*E*	*4,60*	*1 000*
B	*4,00*	*2 000*	*F*	*4,30*	*1 000*
C	*4,30*	*1 000*	*G*	*4,00*	*1 500*
D	*4,60*	*500*	*H*	*3,70*	*2 000*

*Die Aufträge werden zu einer Gesamtangebots- und Gesamtnachfragefunktion zusammengefasst, um den Preis zu ermitteln, bei dem die meisten Aufträge ausgeführt werden können (**Meistausführungsprinzip**) und die größte Menge umgesetzt wird. Aus den Kauf- und Verkaufsaufträgen wird folgende Übersicht erstellt:*

Preis in Euro	***Angebot in kg***					***Nachfrage in kg***				
	A	*B*	*C*	*D*	***Summe***	*E*	*F*	*G*	*H*	***Summe***
3,70	*1 500*	*0*	*0*	*0*	*1 500*	*1 000*	*1 000*	*1 500*	*2 000*	*5 500*
4,00	*1 500*	*2 000*	*0*	*0*	*3 500*	*1 000*	*1 000*	*1 500*	*0*	*3 500*
4,30	*1 500*	*2 000*	*1 000*	*0*	*4 500*	*1 000*	*1 000*	*0*	*0*	*2 000*
4,60	*1 500*	*2 000*	*1 000*	*500*	*5 000*	*1 000*	*0*	*0*	*0*	*1 000*

*Aus diesen Angaben ermittelt die Notierungskommission den Preis für 1 kg „Allgäuer Emmentaler“ an diesem Börsentag. Würde sie einen Preis von 4,60 Euro je kg festsetzen, würden zwar 5 000 kg angeboten, wovon aber wegen der geringen Nachfrage nur 1 000 kg abgesetzt werden könnten. Es besteht ein **Angebotsüberschuss** bzw. eine **Nachfragelücke** in Höhe von 4 000 kg. Bei einem Preis* *von 3,70 Euro je kg würden zwar 5 500 kg nachgefragt, aber nur 1 500 kg angeboten und verkauft. Es besteht ein **Nachfrageüberschuss** bzw. eine **Angebotslücke** in Höhe von 4 000 kg. Die Notierungskommission wird an diesem Börsentag den Preis von 4,00 Euro für 1 kg „Allgäuer Emmentaler" festlegen. Bei diesem Preis planen die Anbieter 3 500 kg zu verkaufen und die Nachfrager planen 3 500 kg zu kaufen. Es besteht weder ein Angebots- noch ein Nachfrageüberschuss. Dieser Preis „räumt den Markt." Bei keinem anderen Preis kann eine größere Menge umgesetzt werden. Der Preis von 4,00 Euro je kg ist der **Gleichgewichtspreis**.*

Beim Gleichgewichtspreis sind die geplanten Angebots- und Nachfragemengen gleich groß. Zu keinem anderen Preis kann eine größere Menge umgesetzt werden.

Alle Anbieter, deren Mindestpreis nicht über dem Gleichgewichtspreis liegt, können die angebotene Gütermenge auch tatsächlich zum Gleichgewichtspreis absetzen. Ihr optimaler Produktionsplan wird erfüllt. Alle Nachfrager, deren Höchstpreis nicht unter dem Gleichgewichtspreis liegt, können die gewünschte Gütermenge tatsächlich zum Gleichgewichtspreis kaufen. Ihr optimaler Verbrauchsplan wird erfüllt. Nur die Anbieter, die einen höheren Preis als den Gleichgewichtspreis verlangen und die Nachfrager, die nur weniger als den Gleichgewichtspreis zu zahlen bereit sind, können ihre Pläne nicht realisieren.

Bei einem Preis von 3,70 Euro ist nur der Produzent A bereit anzubieten. Bei einem Preis von 4,00 Euro bietet auch B an. Das Gesamtangebot steigt dadurch von 1 500 kg auf 3 500 kg. Bei einem Preis von 4,30 Euro kommt noch C und bei einem Preis von 4,60 Euro auch noch D als Anbieter hinzu. Die angebotene Menge ist also umso größer, je höher der Preis ist und umgekehrt.

Bei einem Preis von 3,70 Euro würden die Käufer E, F, G und H insgesamt 5 500 kg nachfragen. Bei einem Preis von 4,00 Euro ist H nicht mehr bereit zu kaufen. Die Ge-

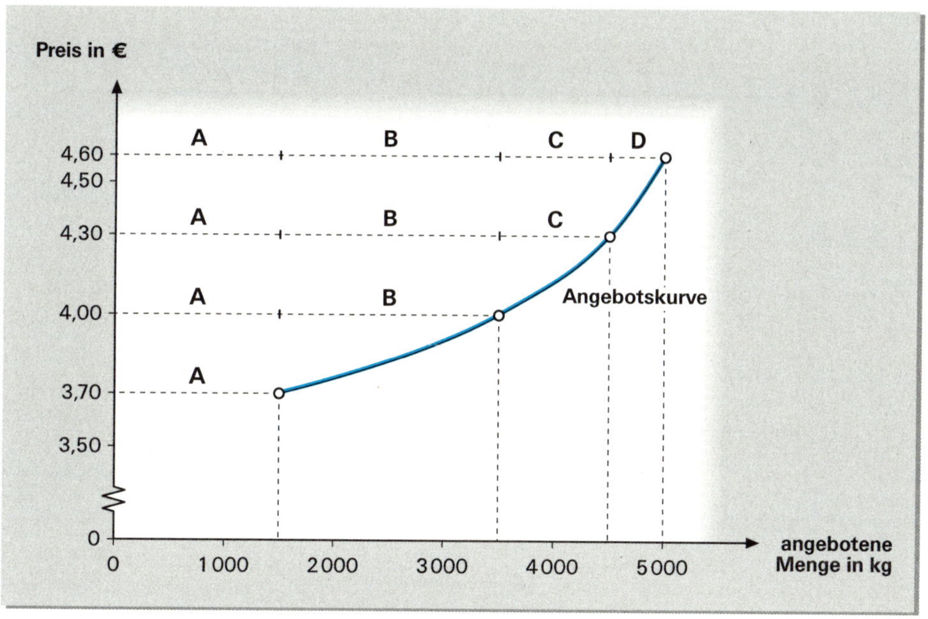

P.Point

P.Point

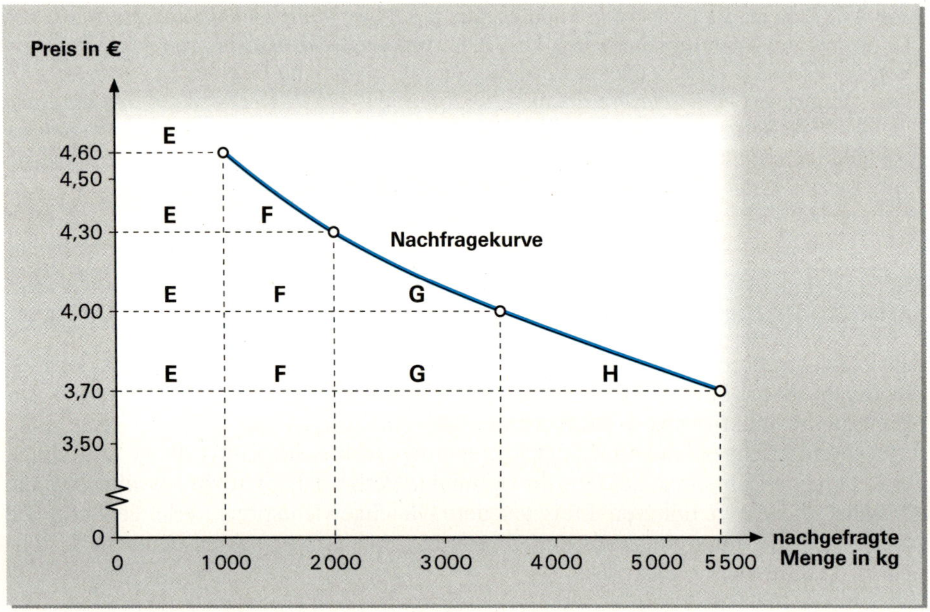

samtnachfrage sinkt dadurch um 2 000 auf 3 500 kg. Beim Preis von 4,30 Euro scheidet zunächst G, beim Preis von 4,60 Euro schließlich auch F als Nachfrager aus. Die nachgefragte Menge ist also umso größer, je niedriger der Preis ist und umgekehrt.

Bei dem durch den Schnittpunkt der Angebots- und Nachfragekurve bestimmten Preis planen die Nachfrager die gleiche Menge zu kaufen wie sie von den Produzenten bei diesem Preis angeboten wird.

P.Point

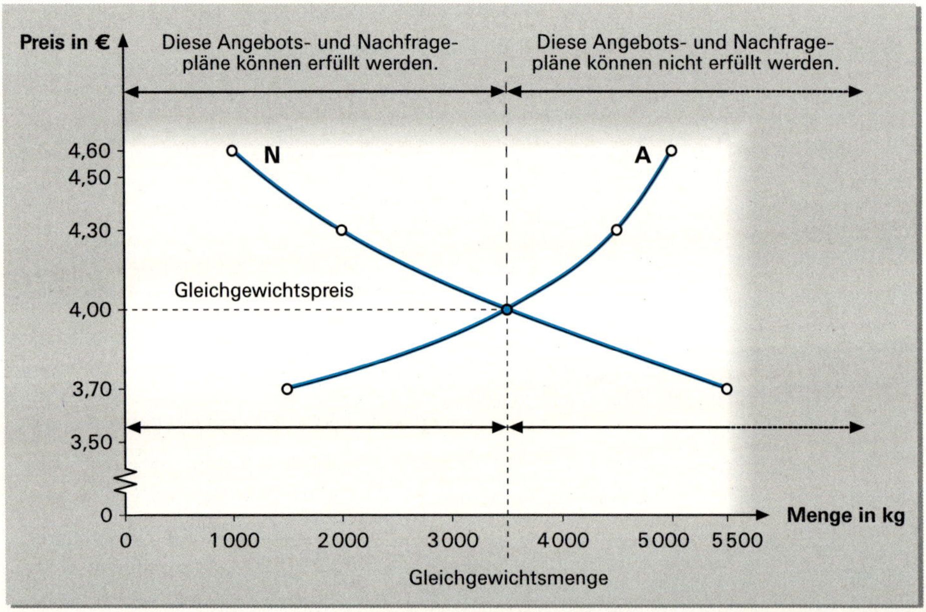

Der Schnittpunkt zwischen Angebots- und Nachfragekurve bestimmt den Gleichgewichtspreis und die Gleichgewichtsmenge.

Auf den ersten Blick scheint ein Widerspruch zwischen den folgenden beiden Aussagen zu bestehen:

- Angebot und Nachfrage eines Gutes werden durch den Preis des Gutes bestimmt.
- Der Preis eines Gutes wird durch Angebot und Nachfrage bestimmt.

Um die Aussagen richtig deuten zu können, muss zwischen der angebotenen und nachgefragten **Menge** eines Gutes einerseits und der Angebots- und Nachfrage**funktion** (bzw. Angebots- und Nachfrage**kurve**) für dieses Gut andererseits unterschieden werden. Die erste Aussage bedeutet: **Die angebotenen und nachgefragten Mengen eines Gutes sind eine Funktion des Preises.** Dieser Zusammenhang lässt sich als **Angebotsfunktion $x^A = x^A(p)$** bzw. **Nachfragefunktion $x^N = x^N(p)$** darstellen. Die zweite Aussage bedeutet: **Der Schnittpunkt zwischen Angebotskurve und Nachfragekurve bestimmt den Gleichgewichtspreis.** Die Gleichgewichtsbedingung lautet: $x^A(p) = x^N(p)$. Der Gleichgewichtspreis p^0 eines Gutes ist somit vom Verlauf der Angebots- und Nachfrage**kurve** (und damit von der Angebots- und Nachfrage**funktion**) abhängig. **Der Gleichgewichtspreis p^0 ist somit eine Funktion der Angebots- und Nachfragefunktion:** $p^0 = f(x^N(p), x^A(p))$.

5.3.3 Anpassungsprozesse bei Marktungleichgewichten

Aus dem Zusammenspiel von Angebot und Nachfrage ergeben sich auf einem vollkommenen Markt ein Gleichgewichtspreis und eine diesem Preis entsprechende Gleichgewichtsmenge. Solange das Marktgleichgewicht noch nicht erreicht ist, werden Marktkräfte ausgelöst, die eine Entwicklung zum Gleichgewichtszustand bewirken.

Das Zustandekommen des Gleichgewichtspreises wird häufig am Beispiel eines neutralen Maklers erläutert, der - ausgehend von einem undurchsichtigen (= temporär unvollkommenen) Markt - schrittweise die nötige Markttransparenz herstellt und den Gleichgewichtspreis aufgrund der individuellen Kauf- und Verkaufsaufträge ermittelt.

Der bedeutende französische Ökonom Léon Walrás (1834–1919), der die mathematischen Hintergründe für das Modell der vollständigen Konkurrenz lieferte,[1] nannte den Anpassungsvorgang „tâtonnement", worunter er ein allmähliches Herantasten an den Gleichgewichtspreis verstand. Er stellte sich vor, dass zunächst von einem neutralen Makler ein zufällig ausgewählter Preis ausgerufen wird, zu dem die Marktteilnehmer ihre individuellen Nachfrage- und Angebotsmengen ermitteln und bekannt geben. Übertrifft das daraus resultierende Gesamtangebot die Gesamtnachfrage, so senkt der Makler den Preis, im anderen Fall erhöht er ihn, bis das Marktgleichgewicht erreicht ist.

Die Versuche zur Erklärung der Anpassungsvorgänge und des Zustandekommens des Gleichgewichtspreises zeigen, dass auf einem Markt mit vollständiger Konkurrenz Bedingungen erfüllt sein müssen, die in der Wirklichkeit kaum anzutreffenden oder herstellbar sind. Deshalb sind die Marktpreise in der Realität keine Gleichgewichtspreise. Liegt aber z. B. ein Ungleichgewicht aufgrund unvollständiger Markttransparenz vor, kann ein Prozess in Gang kommen, der zu einer Annäherung an den Gleichgewichtspreis führt und wie folgt abläuft:

1 L. Walras, Eléments d'économie politique pure ou théorie de la richesse social, Paris 1874

P.Point

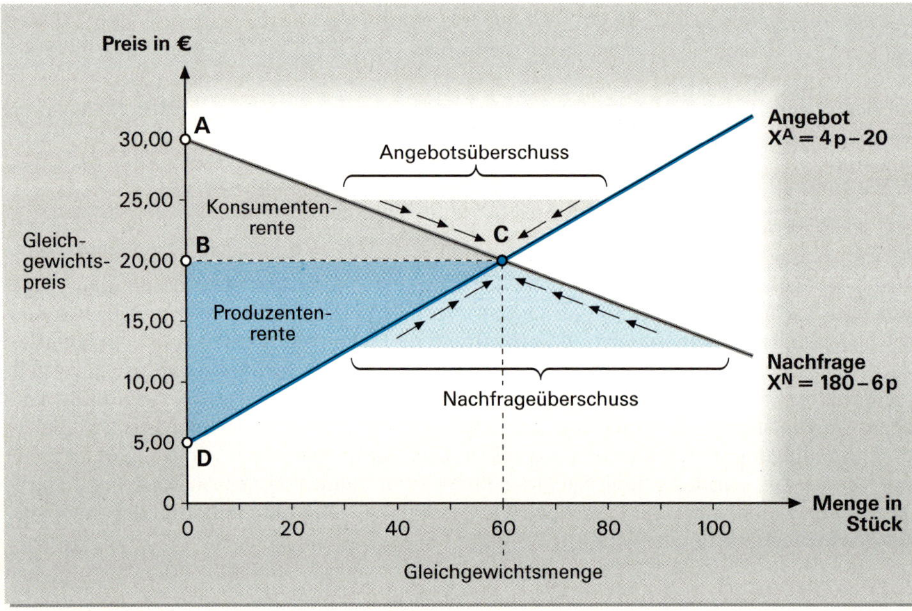

Liegt die erste Preisforderung der Anbieter über dem Gleichgewichtspreis (z. B. 25 Euro), können die Anbieter weniger absetzen als geplant. Geplant ist eine Absatzmenge von 80 Stück, die Nachfrager wollen zu diesem Preis aber nur 30 Stück kaufen. Es entsteht ein **Angebotsüberschuss (Nachfragelücke)** in Höhe von 50 Stück (*vgl. Abb.*). Da die Anbieter zu viel produziert haben, werden sie bereit sein, den Preis zu senken. Ein einzelner Anbieter alleine könnte den Preis zwar nicht nachhaltig beeinflussen. Da aber bei diesem Preis viele Anbieter ihre Pläne nicht verwirklichen können, kommt es zu einer gegenseitigen Preisunterbietung der miteinander in Konkurrenz stehenden Anbieter. Aufgrund des sinkenden Preises verringert sich die angebotene Menge, da einige Anbieter aus dem Markt ausscheiden, weil der Preis unter ihre Stückkosten gesunken ist. Gleichzeitig steigt die nachgefragte Menge, weil die bisherigen Käufer mehr nachfragen und möglicherweise neue Käuferschichten in der Lage sind, das Gut aufgrund des gesunkenen Preises zu kaufen. Die abwärts gerichteten Pfeile in der Abbildung zeigen den Anpassungsprozess, der sich als **Bewegung auf der Angebots- und Nachfragekurve** darstellen lässt. Der Angebotsüberschuss verringert sich allmählich und der Preis nähert sich dem Gleichgewichtspreis von 20 Euro. Wird der Gleichgewichtspreis erreicht, besteht für keinen Anbieter Anlass zu einer weiteren Preissenkung, da **alle**, die zu diesem Preis verkaufen wollen, tatsächlich ihre Produkte absetzten können.

Liegt der Marktpreis über dem Gleichgewichtspreis, entsteht ein Angebotsüberschuss (Nachfragelücke). Der Marktpreis sinkt.

Liegt die erste Preisforderung der Anbieter unter dem Gleichgewichtspreis (z. B. 12,50 Euro), entsteht ein **Nachfrageüberschuss (Angebotslücke)** in Höhe von 70 Stück (*vgl. Abb.*). Ein Teil der Nachfrager kann seine Pläne nicht erfüllen, da er das Gut gar nicht oder nicht in der gewünschten Menge kaufen kann. Diese Nachfrager werden daher bereit sein, einen höheren Preis zu bezahlen. Es kommt zu einer gegenseitigen Preisüberbietung. Als Folge davon steigt die angebotene Menge. Die Anbieter dehnen ihre Produktion aus und neue Anbieter, für die der Preis bisher nicht kostendeckend war, treten am Markt auf. Gleichzeitig sinkt die nachgefragte Menge, weil die bisherigen Käufer weniger nachfragen und ein Teil von ihnen möglicherweise nicht mehr in der Lage ist, das Gut aufgrund des gestiegenen Preises zu kaufen. Die aufwärts gerichteten Pfeile in der Abbildung zeigen den Anpassungsprozess. Es liegt eine **Bewegung auf der Angebots- und Nachfragekurve** vor. Der Nachfrageüberschuss verringert sich und der Preis nähert sich dem Gleichgewichtspreis von 20 Euro. Beim Gleichgewichtspreis besteht für keinen Nachfrager Anlass, einen höheren Preis zu bieten, da alle, die zu diesem Preis kaufen wollen, tatsächlich die gewünschte Gütermenge erwerben können.

Liegt der Marktpreis unter dem Gleichgewichtspreis, entsteht ein Nachfrageüberschuss (Angebotslücke). Der Marktpreis steigt.

Angebots- oder Nachfrageüberschüsse deuten darauf hin, dass der Markt nicht vollkommen transparent ist. Durch zunehmende Informationen der Marktteilnehmer über die Marktverhältnisse erhöht sich die Markttransparenz. Die Reaktion der Marktteilnehmer auf das Marktungleichgewicht löst einen Anpassungsprozess aus, aufgrund dessen sich der Marktpreis immer mehr dem Gleichgewichtspreis annähert.

Da im vorliegenden Fall ein Angebotsüberschuss eine Preissenkung und ein Nachfrageüberschuss eine Preiserhöhung auslöst, ergibt sich auf dem Markt eine Annäherung an das Gleichgewicht. Ist der Gleichgewichtszustand tatsächlich erreicht, bestehen unter den **gegebenen Marktbedingungen** keine Tendenzen zu irgendwelchen Veränderungen.

Die bei alternativen Preisen von den Verbrauchern geplanten Nachfragemengen und die bei alternativen Preisen von den Produzenten geplanten Angebotsmengen, wie sie in der Nachfrage- und Angebotskurve zum Ausdruck kommen, beziehen sich auf **ein und denselben Zeitpunkt**. Es werden die zu **diesem Zeitpunkt** geltenden Produktions- und Verbrauchspläne der Marktteilnehmer sowie der sich daraus ergebende Gleichgewichtszustand untersucht. Da Veränderungen des nach Anpassungsprozessen erreichten Gleichgewichtszustandes im Zeitablauf bei dieser Betrachtung unberücksichtigt bleiben, wird diese Zustandsanalyse auch als **statische Analyse** bezeichnet.

5.3.4 Konsumenten- und Produzentenrente

Die Nachfrager, die bereit gewesen wären, auch zu einem höheren Preis als dem Gleichgewichtspreis zu kaufen, erzielen einen Vorteil (Nutzensteigerung), da sie jetzt die gewünschten Güter billiger erwerben können als geplant. Die Differenz zwischen der Zahlungsbereitschaft und den niedrigeren tatsächlichen Ausgaben wird als **Konsumentenrente** bezeichnet. Die Nachfrager, die höchstens zu dem Preis kaufen wollten, der sich später als Gleichgewichtspreis herausstellt (hier: 20 Euro), können zwar ihre Nachfrage befriedigen, erzielen aber keine Konsumentenrente. Sie werden als **Grenznachfrager** bezeichnet. Die Summe aller Konsumentenrenten lässt sich grafisch durch die Fläche des Dreiecks ABC (*vgl. Abb. S. 132*) darstellen. Sie beträgt im vorliegenden Fall 300 Euro (60 · 10)/2.

Die Anbieter, die bereit gewesen wären, auch zu einem niedrigeren Preis als dem Gleichgewichtspreis zu verkaufen, erzielen einen Vorteil (Gewinnerhöhung), da sie die Güter teurer verkaufen können als geplant. Die Differenz zwischen den Einnahmen beim geforderten Mindestpreis und den tatsächlich erzielten höheren Einnahmen wird als **Produzentenrente** bezeichnet. Wenn die Gesamtangebotskurve auf den

Stückkosten der einzelnen Anbieter basiert (*vgl. 4.2*), entspricht die Produzentenrente eines einzelnen Anbieters seinem Gewinn. Die Anbieter, die höchstens zu dem Preis verkaufen wollten, der sich später als Gleichgewichtspreis herausstellt (hier: 20 Euro), können zwar ihre Ware absetzen, erzielen aber keine Produzentenrente. Sie werden als **Grenzanbieter** bezeichnet (*vgl. 4.2*). Die Summe aller Produzentenrenten lässt sich grafisch durch die Fläche des Dreiecks BCD (*vgl. Abb. S. 132*) darstellen. Sie beträgt im vorliegenden Fall 450 Euro (60 · 15)/2.

5.3.5 Änderung des Gleichgewichtspreises

▶ A 5.3 Die Marktbedingungen können sich aber **im Zeitablauf** ändern, sodass es zu einer Abweichung vom bisherigen Gleichgewichtszustand kommt. Veränderungen bei den Bestimmungsfaktoren von Angebot und Nachfrage und sich daraus ergebende neue Pläne der Marktteilnehmer führen möglicherweise zu einer **Verschiebung der Angebots- und/oder Nachfragekurven** (*vgl. 3.2.7 und 4.2.2*).

Beispielsweise kann durch eine Einkommenserhöhung die Nachfrage bei gleich bleibendem Angebot zunehmen. Das führt – sofern alle anderen Bestimmungsfaktoren von Angebot und Nachfrage unverändert bleiben – zu einer Rechtsverschiebung der Nachfragekurve (*vgl. Abb.*). Beim bisherigen Gleichgewicht G^0 mit dem Gleichgewichtspreis $p^0 = 20$ und der Gleichgewichtsmenge $x^0 = 60$ würde sich durch die Zunahme ein Nachfrageüberschuss von 50 Stück (Strecke $\overline{G^0C}$) ergeben. Durch den Preisüberbietungsprozess der Nachfrager steigt der Preis, bis ein neues Gleichgewicht G^1 bei einem höheren Preis ($p^1 = 25$) und einer größeren Menge ($x^1 = 80$) erreicht ist. Entsprechend kommt es bei einer Abnahme der Nachfrage zu einer Linksverschiebung der Nachfragekurve. Beim bisherigen Gleichgewichtspreis würde sich dann ein Angebotsüberschuss ergeben. Durch den Preisunterbietungsprozess der Anbieter sinkt der Preis, bis ein neues Gleichgewicht bei einem niedrigeren Preis und einer geringeren Menge erreicht ist.

P.Point

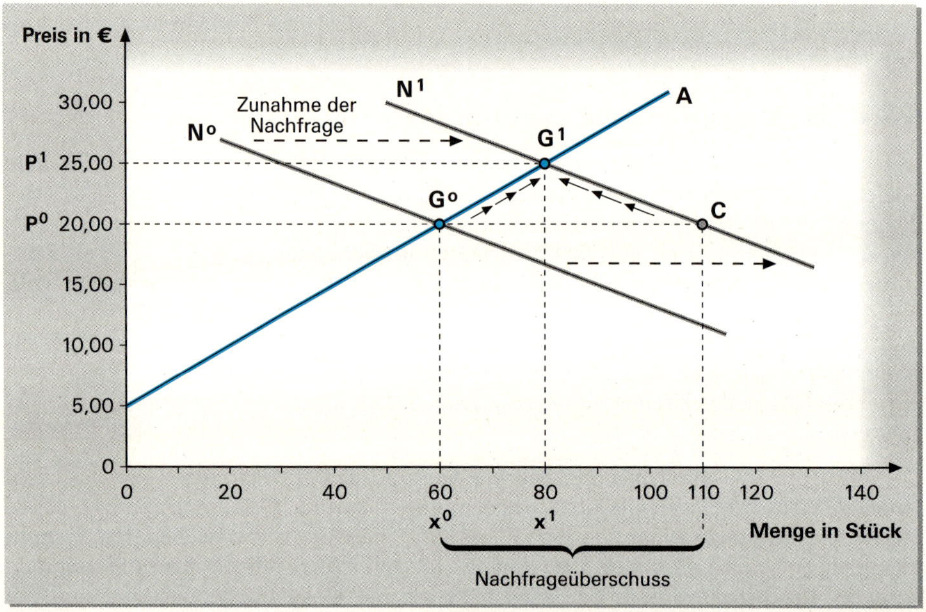

Das Angebot kann beispielsweise durch eine mit technischem Fortschritt einhergehende Ausweitung der Produktionskapazitäten zunehmen. Das führt zu einer Rechtsverschiebung der Angebotskurve (*vgl. Abb.*). Bleibt die Nachfrage unverändert, würde sich beim bisherigen Gleichgewicht G^0 mit dem Gleichgewichtspreis $p^0 = 20$ und der Gleichgewichtsmenge $x^0 = 60$ durch die Angebotserhöhung ein Angebotsüberschuss in Höhe von 70 Stück (Strecke $\overline{G^0C}$) ergeben. Der Preisunterbietungsprozess der Anbieter lässt den Preis sinken, bis ein neues Gleichgewicht G^1 bei einem niedrigeren Preis ($p^1 = 12{,}5$) und einer größeren Menge ($x^1 = 100$) erreicht ist. Entsprechend kommt es bei einer Abnahme des Angebots zu einer Linksverschiebung der Angebotskurve. Beim bisherigen Gleichgewichtspreis würde sich dann ein Nachfrageüberschuss ergeben. Durch den Preisüberbietungsprozess der Nachfrager steigt der Preis, bis ein neues Gleichgewicht bei einem höheren Preis und einer geringeren Menge erreicht ist.

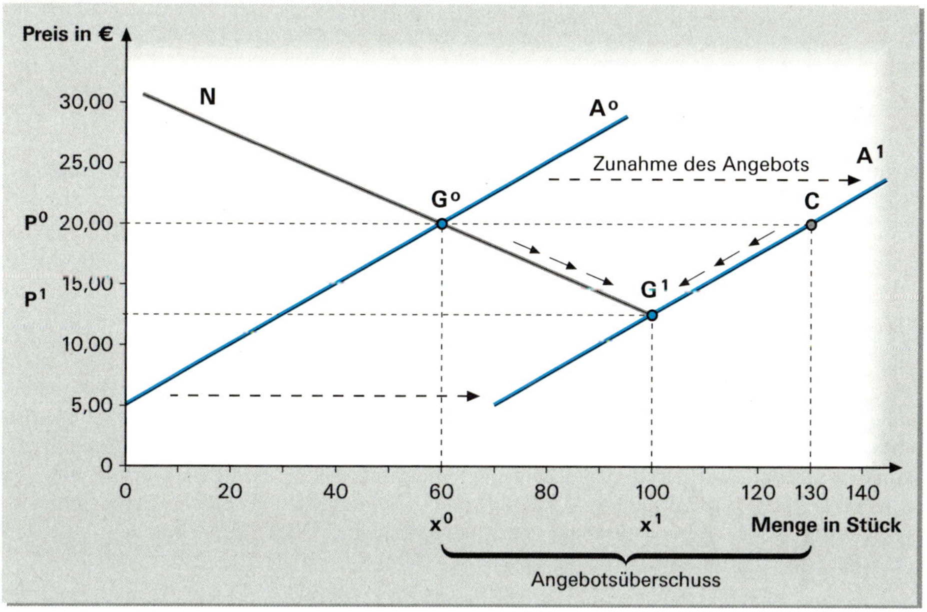

P. Point

A ◄ 5.4

Veränderung von Angebot und Nachfrage bei vollständiger Konkurrenz				
Änderung (c. p.)	**Kurvenverschiebung**	**Art des entstehenden Überschusses**	**Gleichgewichtspreis**	**Gleichgewichtsmenge**
Zunahme der Nachfrage	nach rechts	Nachfrageüberschuss	steigt	steigt
Abnahme der Nachfrage	nach links	Angebotsüberschuss	sinkt	sinkt
Zunahme des Angebots	nach rechts	Angebotsüberschuss	sinkt	steigt
Abnahme des Angebots	nach links	Nachfrageüberschuss	steigt	sinkt

Änderungen von Angebot oder Nachfrage (= Verschiebung der Kurven) führen zu einem Angebots- oder Nachfrageüberschuss. Dadurch werden Anpassungsprozesse in Form von Preis- und Mengenänderungen (= Bewegung auf den Kurven) ausgelöst, die zu einem neuen Gleichgewichtspreis und einer neuen Gleichgewichtsmenge führen (= Preismechanismus).

Die dargestellten Zusammenhänge zwischen Angebots- bzw. Nachfrageänderungen und dem Gleichgewichtspreis werden durch den **Vergleich** zweier Zustände zu **unterschiedlichen Zeitpunkten** (z. B. Gleichgewichtspreis vor und nach einer Einkommenserhöhung) erfasst. Diese vergleichende Betrachtung zweier Gleichgewichtszustände zu aufeinander folgenden Zeitpunkten wird als **komparativ-statische Analyse** bezeichnet. Die Veränderungen zwischen den untersuchten Zeitpunkten drücken sich im vorliegenden Fall in einer **Kurvenverschiebung** aus.

5.4 Preisbildung beim Angebotsmonopol auf dem vollkommenen Markt

5.4.1 Modell des vollkommenen Angebotsmonopols

Gibt es auf einem Markt nur einen Anbieter, dem viele Nachfrager gegenüberstehen, liegt ein Angebotsmonopol vor.

Reine Angebotsmonopole sind in der Realität genauso selten zu finden wie vollkommene Polypole (vollständige Konkurrenz). Das ist u. a. dadurch bedingt, dass auf einem monopolistischen Markt

- im Laufe der Zeit Konkurrenten auftreten (Imitation), sofern es sich um einen offenen Markt handelt,
- Substitutionsgüter entstehen, die in Konkurrenz zum Gut des Monopolisten stehen,
- der Gesetzgeber die Entstehung von Monopolen kontrollieren und bei Missbrauchsgefahr verhindern kann.

Die meisten Monopole befinden sich in öffentlicher Hand (Staat, Gemeinden) und/oder unterliegen einer öffentlichen Kontrolle. **Öffentliche Monopole** werden in der Regel nicht mit der Absicht der Gewinnmaximierung betrieben. Ihr Marktverhalten ist deshalb anders zu beurteilen als bei privaten Monopolen. Private Angebotsmonopole in der Form von **Kollektivmonopolen** können entstehen, wenn sich konkurrierende Anbieter zu **Kartellen** zusammenschließen, um durch gemeinsame Vereinbarungen den Wettbewerb auszuschließen (z. B. einheitliche Preisgestaltung, Aufteilung des Absatzgebietes). Solche Preis- und Gebietskartelle sind nach deutschem und europäischem Recht grundsätzlich verboten (*vgl. 6.4.2*).

Obwohl reine private Angebotsmonopole einen theoretischen Grenzfall darstellen, lassen sich aus der Monopolpreisbildung im Modell wichtige Erkenntnisse für die Absatzpolitik marktmächtiger Unternehmen in der Realität ableiten.

Das Modell eines Angebotsmonopols auf dem vollkommenen Markt ist durch folgende Annahmen (Prämissen) gekennzeichnet:

1. Auf dem Markt stehen sich ein Anbieter und viele Nachfrager, die untereinander keine Absprachen treffen, gegenüber. Daraus folgt, dass der Anbieter die gesamte Nachfrage auf sich vereinigt und jeder der Nachfrager nur einen verschwindend kleinen Marktanteil hat.
2. Die Bedingungen des vollkommenen Marktes sind in folgender Weise erfüllt:
   - Es handelt sich um ein homogenes Gut, für das es keine Substitutionsgüter gibt.
   - Es bestehen keine Präferenzen des Anbieters gegenüber irgendeinem der Nachfrager. Präferenzen der Nachfrager kann es ohnehin nicht geben, weil das Gut nur bei dem einzigen Anbieter (Monopolist) erhältlich ist.
   - Anbieter und Nachfrager haben vollständige Markttransparenz. Der Angebotsmonopolist kennt die Nachfrage für das von ihm angebotene Gut. Die Nachfrager verfügen über vollständige Preisinformation.

Diese Annahmen beinhalten, dass es am Markt nur **einen einheitlichen Preis** für das Gut gibt (Gesetz der Preisunterschiedslosigkeit). Aufgabe der Monopolpreistheorie ist es, Zustandekommen und Höhe dieses Preises zu untersuchen.

Die Preis-Absatz-Funktion (Preis-Absatz-Kurve) gibt an, welche Menge ein einzelner Anbieter jeweils zu einem von ihm festgesetzten Preis (Preisfixierung) absetzen kann.

Da der **Monopolist** der **einzige Anbieter** ist, ist die zu einem bestimmten Preis **absetzbare Menge ausnahmsweise** immer **identisch** mit der am Markt zu diesem Preis **nachgefragten Menge**. Die am Markt bei unterschiedlichen Preisen jeweils nachgefragten Mengen kommen in der Gesamtnachfragekurve zum Ausdruck. Daraus folgt für den Sonderfall des Monopols:

Die Preis-Absatz-Kurve ist beim Angebotsmonopol identisch mit der Gesamtnachfragekurve.

Aufgrund vollkommener Markttransparenz ist dem Monopolisten die mit seiner Preis-Absatz-Kurve übereinstimmende Nachfragekurve bekannt. Im Gegensatz zu einem Anbieter beim Polypol, der nur seine Produktionsmenge, nicht aber den Preis bestimmen kann, ist der Angebotsmonopolist wegen seiner Marktmacht in der Lage, den Marktpreis festzulegen. Die Nachfrager mit ihrem verschwindend geringen Marktanteil müssen in diesem Fall den vom Monopolisten geforderten Preis als Datum akzeptieren. Legt der Monopolist z. B. eine Preis von 15 Euro fest (= Preisfixierer), muss er aber die sich bei diesem Preis am Markt ergebende Nachfragemenge von 4 000 Stück, die seiner Absatzmenge entspricht, hinnehmen *(vgl. unten stehende Tab. u. Abb. S. 138)*. Statt des Preises kann der Monopolist aber auch die Absatzmenge (z. B. 6 000 Stück) festlegen (= Mengenfixierer). In diesem Fall muss er den Preis von 10 Euro akzeptieren, zu dem diese Menge am Markt nachgefragt wird.

Der Angebotsmonopolist kann für das von ihm angebotene Gut entweder den Preis oder die Absatzmenge festlegen.

Der Monopolist kann aber nicht jede beliebige Menge zu jedem beliebigen Preis verkaufen. Er muss sich vielmehr an den Preis-Mengen-Kombinationen orientieren, wie sie in seiner Preis-Absatz-Kurve bzw. in der Nachfragekurve zum Ausdruck kommen. Mit anderen Worten: Er ist zwar autonomer Mengen- oder Preisfixierer, muss aber bei seiner Entscheidung die Reaktion der Nachfrager berücksichtigen.

Beispiel: Zusammenhang zwischen Preis-Absatz-Funktion des Monopolisten und der Gesamtnachfragefunktion

Preis (Euro)	Absatzmenge (in 1 000 Stück)	Nachfragemenge (in 1 000 Stück)
0	10	10
2,50	9	9
5,00	8	8
7,50	7	7
10,00	6	6
12,50	5	5
15,00	4	4
17,50	3	3
20,00	2	2
22,50	1	1
25,00	0	0

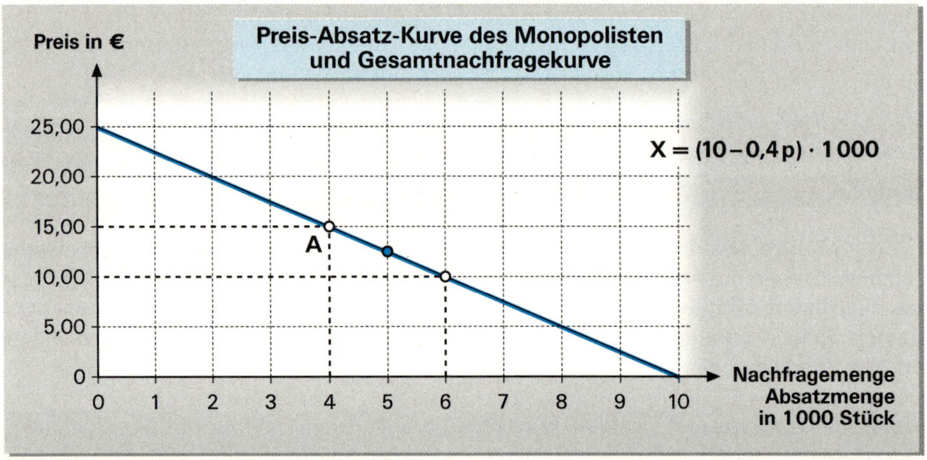

Die entscheidende Frage lautet: Bei welcher Preis-Mengen-Kombination maximiert der Monopolist seinen Gewinn?

5.4.2 Erlösmaximum des Angebotsmonopolisten

► A 5.5 Der Gewinn (G) ist die Differenz zwischen Erlösen (E) und Kosten (K). Wichtige Erkenntnisse über das Verhalten eines Monopolisten lassen sich aber bereits an einem vereinfachten Modell gewinnen, bei dem die Produktionskosten zunächst unberücksichtigt bleiben. Für diesen Fall ist der Gewinn identisch mit dem Erlös, sodass es für den Monopolisten lediglich darauf ankommt, diejenige Absatzmenge mit dem dazugehörigen Preis zu ermitteln, bei der sich ein möglichst großer Gesamterlös ergibt.

Auch wenn eine Produktion ohne Kosten grundsätzlich nicht möglich ist, lassen sich u. a. folgende Marktsituationen vorstellen, in denen die Produktionskosten bei der Ermittlung des Monopolpreises vernachlässigt werden können:

- Verkauf landwirtschaftlicher Produkte aus den Vorratslagern einer landwirtschaftlichen Genossenschaft.
- Ermittlung des Eintrittspreises für eine Wohltätigkeitsveranstaltung (Konzert o. Ä.), bei der auf Honorar und Kostenerstattung verzichtet oder die anfallenden Kosten von einem Sponsor übernommen werden.

Da sich der Gesamterlös aus Preis (p) · Menge (x) ergibt, lässt sich das Problem der Erlösmaximierung anhand der Preis-Absatz-Kurve (*vgl. oben stehende Abb.*) wie folgt veranschaulichen: Zu jedem Punkt auf der Preis-Absatz-Kurve (z. B. Punkt A) lässt sich aus dem zugehörigen Preis (p = 15 Euro) und der zugehörigen Menge (x = 4 000 Stück) der Erlös (E = 60.000 Euro) ermitteln und als Flächeninhalt eines Rechtecks darstellen. Bei derjenigen Preis-Mengen-Kombination auf der Preis-Absatz-Kurve, bei der das zugehörige Rechteck den größten Flächeninhalt hat, liegt das Erlösmaximum.

Lösung zu Fallbeispiel 5.3 Nr. 1 u. Nr. 2 (*vgl. S. 123*)

Konzertveranstalter als Monopolist ohne Produktionskosten
Das Erlösmaximum wird bei einem Eintrittspreis von 12,50 Euro erzielt. Da keine Produktionskosten zu berücksichtigen sind und demzufolge der Erlös identisch mit dem Gewinn ist, liegt beim Preis von 12,50 Euro gleichzeitig auch das Gewinnmaximum. Dieses Ergebnis wird im Folgenden tabellarisch und grafisch ermittelt.

Preis (p) in Euro	**Eintrittskarten (x) in 1 000 Stück**	**Erlöse (E) in 1.000 Euro $E = p \cdot x$**	**Erlösänderung je zusätzlicher Eintrittskarte in Euro (Grenzerlös) $E' = \Delta E / \Delta x$**	**Direkte Preiselastizität der Nachfrage $El_{dir} = \Delta p \text{ in } \% \,/\, \Delta x \text{ in } \% = \frac{\Delta x}{\Delta p} \cdot \frac{p}{x}$**
25,00	0	0,0		
			22,5	
22,50	1	22,5	*20,0*	$\frac{1}{2,5} \cdot \frac{22,5}{1} = 9$
			17,5	
20,00	2	40,0	*15,0*	$\frac{1}{2,5} \cdot \frac{20,0}{2} = 4$
			12,5	
17,50	3	52,5	*10,0*	$\frac{1}{2,5} \cdot \frac{17,5}{3} = 2,33$
			7,5	
15,00	4	60,0	*5,0*	$\frac{1}{2,5} \cdot \frac{15,0}{4} = 1,5$
			2,5	
12,50	**5**	**62,5**	***0,0***	$\mathbf{\frac{1}{2,5} \cdot \frac{12,5}{5} = 1}$
			– 2,5	
10,00	6	60,0	*– 5,0*	$\frac{1}{2,5} \cdot \frac{10,0}{6} = 0,67$
			– 7,5	
7,50	7	52,5	*– 10,0*	$\frac{1}{2,5} \cdot \frac{7,5}{7} = 0,43$
			– 12,5	
5,00	8	40,0	*– 15,0*	$\frac{1}{2,5} \cdot \frac{5,0}{8} = 0,25$
			– 17,5	
2,50	9	22,5	*– 20,0*	$\frac{1}{2,5} \cdot \frac{2,5}{9} = 0,11$
			– 22,5	
0,00	10	0,0		

P.Point

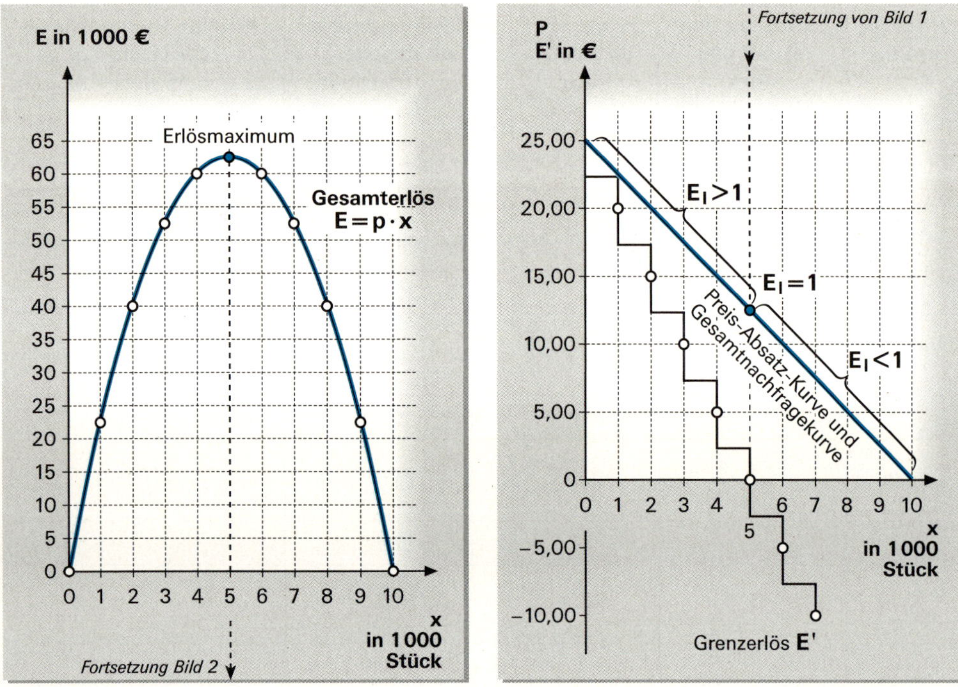

Ein Preis von 2,50 Euro kommt für die Veranstalter nicht infrage, da dann das Fassungsvermögen des Stadions (8 000 Plätze) überschritten wäre. Bei einem Preis von 5 Euro wäre das Stadion ausverkauft. Der Erlös kann aber noch gesteigert werden. Bei einem Preis von 12,50 Euro bleiben zwar voraussichtlich 3 000 Plätze unbesetzt. Der Erlös, der im vorliegenden Fall mit dem Gewinn identisch ist, ist aber bei diesem Preis am größten.

Der Angebotsmonopolist erzielt seinen höchstmöglichen Erlös (Erlösmaximum), indem er einen Teil der Nachfrage unbefriedigt lässt und dadurch die Marktversorgung verschlechtert.

Grenzerlös und Elastizität

Grenzerlös ist der zusätzliche Erlös, der sich bei einer Erhöhung der Absatzmenge um eine Einheit ergibt (= Zuwachs des Gesamterlöses bei einer Absatzerhöhung um eine Mengeneinheit).

Die in der Tabelle auf S. 139 ausgewiesenen Grenzerlöse lassen sich als Differenzenquotienten ($\Delta E/\Delta x$) wie folgt berechnen: Wird der Preis von 22,50 Euro auf 20,00 Euro gesenkt, steigt die Zahl der verkauften Eintrittskarten um 1000 Stück (= Δx) von 1000 auf 2 000 an. Der Gesamterlös verändert sich gleichzeitig um 17.500 Euro (= ΔE) von 22.500 Euro auf 40.000 Euro. Der Verkauf **einer** zusätzlichen Eintrittskarte bewirkt bei dieser Preissenkung im Durchschnitt also einen Erlöszuwachs von $\Delta E/\Delta x = 17.500 / 1\,000 = 17{,}5$ Euro (= Grenzerlös). Wird der Preis weiter von 20,00 Euro auf 15,00 Euro gesenkt, erhöht sich die abgesetzte Menge um weitere 2 000 Stück (= Δx) von 2 000 auf 4 000. Das bewirkt eine erneute Erlössteigerung um 20.000 Euro (= ΔE) von 40.000 Euro auf 60.000 Euro. Auf **eine** zusätzliche Eintrittskarte entfällt bei dieser Preissenkung eine durchschnittliche Erlösänderung von $\Delta E/\Delta x = 20.000 / 2\,000 = 10$ Euro (= Grenzerlös). Aus der Tabelle ist ersichtlich, dass der **Grenzerlös eines Monopolisten immer kleiner als der Preis** ist. Das ist durch die fallende Nachfragekurve bedingt. Zur Steigerung der Absatzmenge von 1000 Stück auf 2 000 Stück muss der Monopolist im vorliegenden Fall den Preis von 22,50 Euro auf 20,00 Euro senken. Er wird aber nicht nur für die zusätzlichen 1000 Eintrittskarten, sondern auch für die ersten 1000 Eintrittskarten lediglich 20,00 Euro je Stück erhalten. Das bewirkt, dass der zusätzliche Erlös für jede verkaufte Eintrittskarte (Grenzerlös) niedriger als der Verkaufspreis ist.

Ein Grenzerlös von null bedeutet, dass kein weiterer Erlöszuwachs mehr möglich ist. Bei der Absatzmenge, die einem Grenzerlös von null entspricht, hat daher die Gesamterlöskurve ihr Maximum. Im dargestellten Fall liegt diese Absatzmenge bei 5 000 Eintrittskarten *(vgl. Abb. S. 140)*. Die Absatzmenge im Erlösmaximum (= Schnittpunkt zwischen Grenzerlöskurve und Mengenachse) ist immer halb so groß wie die Absatzmenge, die sich bei einem Preis von null ergibt (= Schnittpunkt zwischen Nachfragekurve und Mengenachse).[1] Dem Erlösmaximum bzw. dem Grenzerlös von null entspricht eine Nachfrageelastizität von 1 (= Halbierungspunkt der Nachfragekurve). Im elastischen Bereich der Nachfragekurve ist der Grenzerlös positiv, d. h., bei einer Ausdehnung der Absatzmenge steigt der Gesamterlös (= positive Steigung der Gesamterlöskurve). Im unelastischen Bereich der Nachfragekurve ist der Grenzerlös dagegen negativ, d. h., bei einer Ausdehnung der Absatzmenge sinkt der Gesamterlös (= negative Steigung der Gesamterlöskurve).

Würden die Veranstalter im vorliegenden Fall einen Preis von 20 Euro verlangen, könnten 2 000 Eintrittskarten verkauft werden. Bei einer Preissenkung auf 17,50 Euro, steigt die Zahl auf 3 000. Die **Preissenkung** bewirkt gleichzeitig eine **Erlössteigerung** (= positiver Grenzerlös) in Höhe von 12.500 Euro. Eine Erlössteigerung als Folge einer Preissenkung ergibt sich immer dann, wenn die prozentuale Preissenkung kleiner ist als die dadurch ausgelöste prozentuale Mengenerhöhung. Die Preiselastizität der Nachfrage ist dann > 1 (hier: 4), d. h., die **Nachfrage ist elastisch** *(vgl. 3.3.2)*. In einem solchen Fall ist die durch die Preissenkung entstehende Erlösminderung kleiner als die durch die erhöhte Absatzmenge bedingte Erlössteigerung. Bei unelastischer Nachfrage ergibt sich dagegen die umgekehrte Wirkung. Liegt der Preis bei 10 Euro, könnten 6 000 Eintrittskarten abgesetzt werden. Werden dagegen nur 7,50 Euro verlangt, steigt die Zahl auf 7 000. Die **Preissenkung** bewirkt in diesem Fall aber eine **Erlösminderung** (= negativer Grenzerlös) in Höhe von 7.500 Euro. Die prozentuale Preissenkung ist größer als die dadurch ausgelöste prozentuale Mengenerhöhung . Die Preiselastizität der Nachfrage ist < 1, (hier: 0,67), d. h., **die Nachfrage ist unelastisch.**

Bei elastischer Nachfrage führt eine Preissenkung zu einer Erhöhung, bei unelastischer Nachfrage zu einer Verminderung des Gesamterlöses des Angebotsmonopolisten.

Nur wenn die Nachfrage unelastisch ist, verfügt der Angebotsmonopolist über Marktmacht. In diesem Fall kann er durch eine Preiserhöhung seinen Erlös steigern.

Zusammenhänge zwischen Preisveränderung, Elastizität, Gesamterlös und Grenzerlös

Elastizität / Preisveränderung	Elastische Nachfrage $El_{dir} > 1$ Bereich der oberen Hälfte der Nachfragekurve		$El_{dir} = 1$ Halbierungspunkt der Nachfragekurve		Unelastische Nachfrage $El_{dir} < 1$ Bereich der unteren Hälfte der Nachfragekurve	
	Erlös (E)	**Grenzerlös (E')**	**Erlös (E)**	**Grenzerlös (E')**	**Erlös (E)**	**Grenzerlös (E')**
Preissenkung	steigt	fällt im positiven Bereich	konstant Maximum	null	sinkt	fällt im negativen Bereich
Preiserhöhung	sinkt	steigt im positiven Bereich	konstant Maximum	null	steigt	steigt im negativen Bereich

1 Für den Nachweis dieser mathematischen Zusammenhänge siehe Kapitel 5.4.3

5.4.3 Gewinnmaximum des Angebotsmonopolisten

▶ A 5.6 5.7 Die Ergebnisse, die am vereinfachten Modell der Monopolpreisbildung ohne Berücksichtigung von Kosten gewonnen wurden, gelten ohne wesentliche Einschränkungen auch dann, wenn dem Monopolisten Produktionskosten entstehen. Der Gewinn (G) ist in diesem Fall nicht identisch mit dem Erlös. Er ergibt sich vielmehr aus der Differenz zwischen Erlös (E) und Kosten (K). **Wenn nur fixe Kosten anfallen, liegt das Gewinnmaximum aber weiterhin bei derselben Menge wie das Erlösmaximum.** Werden dagegen variable Kosten berücksichtigt, ergeben sich für Erlös- bzw. Gewinnmaximum unterschiedliche Mengen. Es wird dabei unterstellt, dass der Monopolist genauso viel produziert, wie er absetzen kann (keine Lagerhaltung).

Lösung zu Fallbeispiel 5.3 Nr. 3 (*vgl. S. 123*)

Beispiel: Konzertveranstalter als Monopolist mit Produktionskosten
Bei fixen Kosten in Höhe von 10.000 Euro und variablen Stückkosten von 5 Euro wird das Gewinnmaximum bei einem Eintrittspreis von 15 Euro erzielt. Dieses Ergebnis wird im Folgenden tabellarisch, grafisch und rechnerisch (Differenzialrechnung) ermittelt.

Tabellarische und grafische Ermittlung des Gewinnmaximums

Preis (p) in Euro	Eintrittskarten (x) in 1 000 Stück	Erlöse (E) in 1.000 Euro $E = p \cdot x$	Erlösänderung je zusätzlicher Eintrittskarte in Euro (Grenzerlös) $E' = \Delta E / \Delta x$	Kosten (K) in 1.000 Euro	Kostenänderung je zusätzlicher Eintrittskarte in Euro (Grenzkosten) $K' = \Delta K / \Delta x$	Gewinn/ Verlust (G) in 1.000 Euro $G = E - K$
25,00	0	0,0		10		- 10,0
			22,5		5	
22,50	1	22,5	*20,0*	15	*5*	7,5
			17,5		5	
20,00	2	40,0	*15,0*	20	*5*	20,0
			12,5		5	
17,50	3	52,5	*10,0*	25	*5*	27,5
			7,5		5	
15,00	**4**	**60,0**	***5,0***	**30**	***5***	**30,0**
			2,5		5	
12,50	5	62,5	*0,0*	35	*5*	27,5
			-2,5		5	
10,00	6	60,0	*-5,0*	40	*5*	20,0
			-7,5		5	
7,50	7	52,5	*-10,0*	45	*5*	7,5
			-12,5		5	
5,00	8	40,0	*-15,0*	50	*5*	- 10,0
			- 17,5		5	
2,50	9	22,5	*-20,0*	55	*5*	- 32,5
			-22,5		5	
0,00	10	0,0		60		- 60,0

P.Point

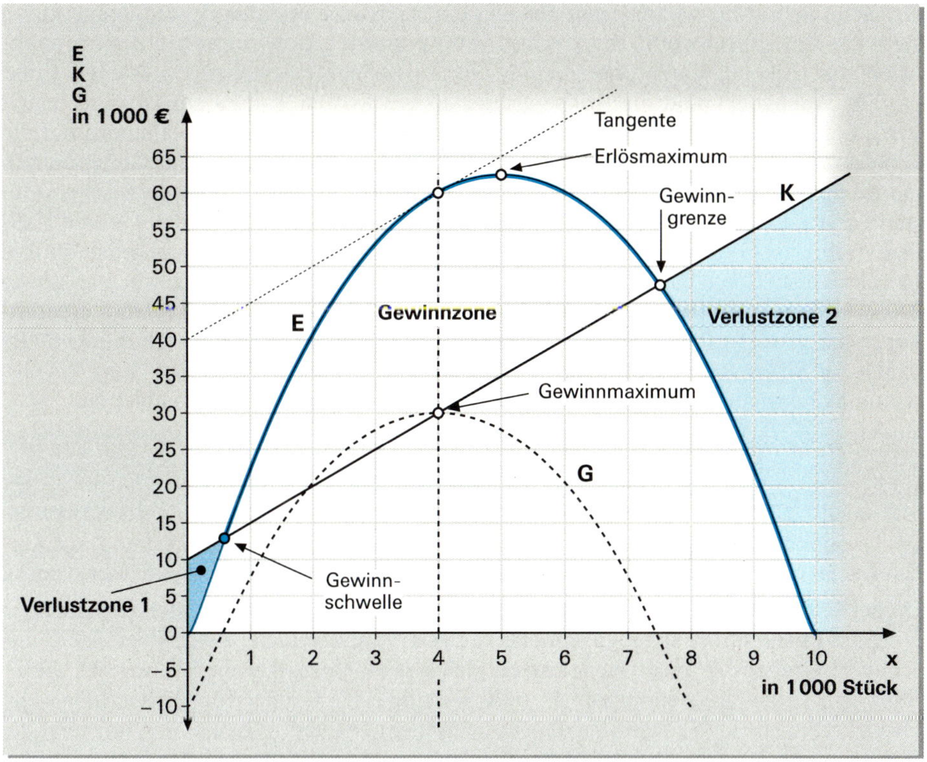

P.Point

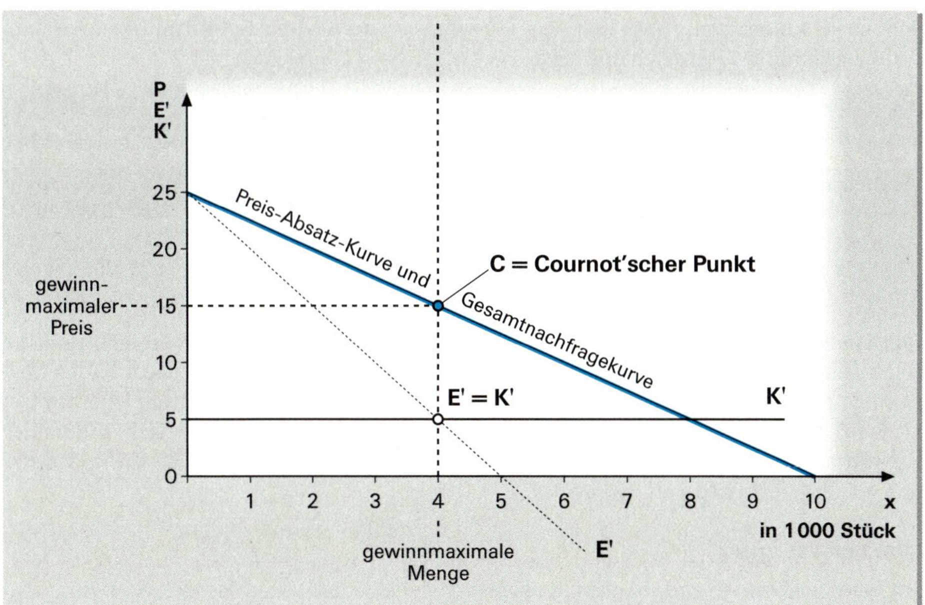

Der erste Schnittpunkt zwischen der Gesamterlöskurve und der Gesamtkostenkurve stellt die **Gewinnschwelle**, der zweite Schnittpunkt die **Gewinngrenze** des Monopolisten dar. Erst ab einer über die Gewinnschwelle hinausgehenden Menge (hier: ca. 536 Zuschauer) sind die Erlöse größer als die Kosten, sodass ein Gewinn erzielt wird. Bei einer geringeren Menge entsteht ebenso ein Verlust, wie bei einer über die Gewinngrenze (hier: ca. 7 464 Zuschauer) hinausgehenden Menge. Das Gewinnmaximum liegt innerhalb der Gewinnzone an der Stelle, wo die Differenz zwischen Gesamterlös und Gesamtkosten am größten ist (hier: 4 000 Zuschauer). Geometrisch lässt sich das Gewinnmaximum ermitteln, indem die lineare Gesamtkostenkurve parallel verschoben wird bis zum Tangentialpunkt mit der Erlöskurve. Bei dieser Menge (hier: 4 000 Zuschauer) ist der **Abstand zwischen Erlöskurve und Kostenkurve am größten** (*vgl. Abb. S. 143*). Die Steigung der Erlöskurve ist an dieser Stelle gleich der Steigung der Kostenkurve. Aus diesem Zusammenhang lässt sich das Gewinnmaximum auch mithilfe der Grenzerlös- und Grenzkostenkurve ableiten.

Grenzkosten sind die zusätzlichen Kosten, die sich bei einer Erhöhung der Produktionsmenge um eine Einheit ergeben (= Zuwachs der Gesamtkosten bei einer Produktionserhöhung um eine Mengeneinheit).

Die Grenzkostenkurve gibt die Steigung der Gesamtkostenkurve an. Bei linearem Kostenverlauf sind die Grenzkosten konstant und entsprechen den variablen Kosten je Stück (hier: 5 Euro).

Da der Grenzerlös (E') die Steigung der Erlöskurve und die Grenzkosten (K') die Steigung der Kostenkurve angeben, sind bei der gewinnmaximalen Menge (hier: 4 000 Zuschauer) **Grenzerlös und Grenzkosten gleich groß** (hier: jeweils 5 Euro). An dieser Stelle gilt somit die Bedingung: **E' = K'**. Solange der Grenzerlös größer ist als die Grenzkosten, ist das Gewinnmaximum noch nicht erreicht und der Gewinn steigt bei zunehmender Menge. Ist der Grenzerlös dagegen kleiner als die Grenzkosten, ist das Gewinnmaximum bereits überschritten und der Gewinn sinkt bei zunehmender Menge. Geometrisch entspricht das Gewinnmaximum dem Schnittpunkt zwischen Grenzerlös- und Grenzkostenkurve.

Das Gewinnmaximum des Angebotsmonopolisten liegt bei der Menge, bei der Grenzerlös und Grenzkosten gleich groß sind (E' = K').

Wegen der Bedingung E' = K' muss bei positiven Grenzkosten (K' > 0) im Gewinnmaximum auch ein positiver Grenzerlös (E' > 0) vorliegen. Ein positiver Grenzerlös ist aber nur bei einer Nachfrageelastizität von größer als 1 möglich. Daher liegt das Gewinnmaximum des Angebotsmonopolisten im elastischen Bereich der Nachfragekurve.

Der zur gewinnmaximalen Menge gehörende Preis (hier: 15 Euro) lässt sich mithilfe der Preis-Absatz-Funktion ermitteln. Der Punkt auf der Preis-Absatz-Kurve des Monopolisten, der die gewinnmaximale Preis-Mengen-Kombination darstellt (hier: Punkt C), wird als **COURNOT'scher Punkt**[1] bezeichnet. Dieser Punkt ergibt sich, indem der Schnittpunkt zwischen Grenzerlös- und Grenzkostenkurve auf die Preis-Absatz-Kurve projiziert wird (*vgl. Abb. S. 143*).

Marktversorgung

Im Vergleich zum Monopol ohne Kosten (*vgl. 5.4.2*) wird bei der Berücksichtigung von Produktionskosten deutlich, dass das Gewinnmaximum bei einer noch niedrigeren Menge (4 000 Zuschauer gegenüber 5 000 Zuschauern) und einem noch höheren Preis

1 Nach Antoine Augustin Cournot (1801–1877), französischer Mathematiker und Ökonom

(15 Euro gegenüber 12,50 Euro) liegt. Der Monopolist maximiert also seinen Gewinn dadurch, dass er das Angebot künstlich verknappt (Verschlechterung der Marktversorgung) und die geringere Angebotsmenge zu einem höheren Preis verkauft. Ausmaß der Preiserhöhung bzw. der Mengenminderung hängen vom Kostenverlauf ab.

„Der Monopolist versorgt… den Markt ständig mangelhaft und befriedigt die effektive Nachfrage niemals ganz, so dass er seine Ware weit über dem natürlichen Preis verkaufen kann, wodurch seine Einkünfte … beträchtlich über die natürliche Höhe steigen.

A. Smith (1789), a.a.O., S. 54

Je steiler die Kostenkurve ansteigt, d.h., je höher die variablen Stückkosten sind, umso geringer ist die Angebotsmenge des Monopolisten und umso höher ist der Angebotspreis.

Exkurs: Rechnerische Ermittlung des Gewinnmaximums (Differenzialrechnung) - Kurvendiskussion

Rechnerisch lässt sich das Gewinnmaximum des Monopolisten für das vorliegende Zahlenbeispiel wie folgt ermitteln:

Die verwendete lineare Preis-Absatz-Funktion (*vgl. Tab. S. 142 bzw. Abb. S. 143*), die beim Monopol der Nachfragefunktion entspricht und die Abhängigkeit der absetzbaren Menge vom Preis beschreibt, lautet

(1) allgemein: $x = x(p)$ hier: $x = 10\,000 - 400p$

Soll diese Preis-Absatz-Funktion in der Form ausgedrückt werden, wie sie in der Volkswirtschaftslehre normalerweise grafisch dargestellt wird (p auf der Ordinate und x auf der Abszisse), müssen die Abhängigkeitsverhältnisse zwischen Menge und Preis umgekehrt werden (Umkehrfunktion).

(2) allgemein: $p = a - bx$ hier: $p = (10\,000 - x)/400 = 25 - 0{,}0025\,x$

Der Abschnitt der Preis-Absatz-Kurve auf der Preisachse entspricht dem Parameter a (hier: 25), da sich dieser Wert für p bei einer Absatzmenge (x) von null ergibt (*vgl. Abb. S. 143*). Der Abschnitt auf der Mengenachse ergibt sich, wenn für p null eingesetzt wird. Für diesen Fall gilt: $x = a/b$ (hier: $x = 25/0{,}0025 = 10\,000$)

Der Erlös ergibt sich aus der Multiplikation von Preis und Menge: $E = p \cdot x$
Unter Verwendung von (2) lautet die Erlösfunktion:

(3) allgemein: $E = (a - bx) \cdot x = ax - bx^2$ hier: $E = (25 - 0{,}0025\,x) \cdot x = 25\,x - 0{,}0025\,x^2$

Der Erlös ist null, wenn die Menge null ist ($x = 0$) oder der Preis null ist ($a - bx = 0$). Aus der ersten Nullstelle ($x = 0$) folgt, dass die Erlöskurve die Mengenachse im Koordinatenursprung schneidet (*vgl. Abb. S. 143*). Für die zweite Nullstelle gilt: $a - bx = 0$ (hier: $25 - 0{,}0025\,x = 0$). Daraus folgt: $x = a/b$ (hier: $x = 25/0{,}0025 = 10\,000$). Die zweite Nullstelle liegt also dort, wo die Nachfragekurve die Mengenachse berührt (*vgl. Abb. S. 143*).

An der Extremstelle der Erlösfunktion (Erlösmaximum) müssen die 1. Ableitung gleich null und die 2. Ableitung negativ sein.

(4) allgemein: $E' = a - 2bx = 0$ hier: $E' = 25 - 0{,}005x = 0$

(5) allgemein: $E'' = -2b < 0$ hier: $E'' = -0{,}005 < 0$

Aus (4) folgt: $x = ½ \cdot a/b$ (hier: $x = ½ \cdot 25/0{,}0025 = 5\,000$). Die erlösmaximale Menge liegt also bei $x = ½ \cdot a/b$ (hier: $x = 5\,000$). Das entspricht der Hälfte des Abschnitts der Preis-Absatz-Kurve auf der Mengenachse.

Wichtiges Ergebnis: Die erlösmaximale Menge lässt sich dadurch bestimmen, dass der Abschnitt der Preis-Absatz-Kurve auf der Mengenachse halbiert wird.

Die 1. Ableitung $E' = a - 2bx$ (hier: $E' = 25 - 0{,}005\,x$) ist die **Grenzerlösfunktion** (*vgl. 5.4.2*). Sie hat die Form einer **Geraden** und gibt die Steigung der Gesamterlösfunktion an. Ihre Steigung (hier: 0,005) ist doppelt so groß wie die der zugehörigen Preis-Absatz-Funktion. Die Nullstelle der Grenzerlösfunktion ($E' = 0$) liegt bei $x = \frac{1}{2} \cdot a/b$ (hier: $x = \frac{1}{2} \cdot 25/0{,}0025 = 5\,000$). Im vorliegenden Fall ist der Grenzerlös also bei einem Absatz von 5 000 Karten gleich null (*vgl. Abb. S. 143*). Die Steigung der Gesamterlösfunktion ist an dieser Stelle null (= Erlösmaximum). Für eine geringere Absatzmenge ist der Grenzerlös größer als null, d. h., die Steigung der Gesamterlöskurve ist in diesem Bereich positiv. Für eine größere Absatzmenge ist der Grenzerlös kleiner als null, d. h., die Steigung der Gesamterlöskurve ist in diesem Bereich negativ.
Die Kostenfunktion (*vgl. Tab. S. 142*) lautet:

(6) allgemein: $K = K_f + kv \cdot x$ hier: $K = 10\,000 + 5\,x$

Die zu maximierende Gewinnfunktion lautet:

(7) allgemein: $G = E - K \rightarrow \max!$ hier: $G = 25\,x - 0{,}0025\,x^2 - 10\,000 - 5\,x = 20\,x - 0{,}0025\,x^2 - 10\,000 \rightarrow \max!$

Die notwendige (erste) Bedingung für das Maximum erfordert, dass die 1. Ableitung null ist.

(8) allgemein: $G' = E' - K' = 0$ hier: $G' = 20 - 0{,}005\,x = 0$

Die hinreichende (zweite) Bedingung für das Maximum erfordert, dass die 2. Ableitung negativ ist.

(9) allgemein: $G'' < 0$ hier: $G'' = -\,0{,}005$

Für den vorliegenden Fall ergibt sich aus (8) als gewinnmaximale Menge: $20 - 0{,}005\,x = 0$. Daraus folgt: $x = 4\,000$

Aus der ersten Gewinnmaximierungsbedingung (8) folgt, dass beim Gewinnmaximum Grenzerlös und Grenzkosten gleich sein müssen.

(10) allgemein: $E'(x) = K'(x)$ hier: $25 - 0{,}005\,x = 5$

Wichtiges Ergebnis: Der Angebotsmonopolist erzielt seinen maximalen Gewinn, wenn Grenzerlös und Grenzkosten gleich sind.

Für den vorliegenden Fall ergibt sich aus (10) als gewinnmaximale Menge: $x = 4\,000$. Durch Einsetzen von x in (2) ergibt sich der gewinnmaximale Preis: $p = 15$.

▶ A 5.8

5.5 Preisbildung beim Angebotsmonopol auf dem unvollkommenen Markt: Preisdifferenzierung des Angebotsmonopolisten

Die Untersuchung des Preisbildungsprozesses beim Angebotsmonopol auf dem **vollkommenen Markt** hat zu dem Ergebnis geführt, dass es bei dieser Marktform nur einen einzigen Preis geben kann. Der Angebotsmonopolist kann jedoch seinen Monopolgewinn noch weiter erhöhen, wenn es ihm gelingt, das **gleiche Gut** an unterschiedliche Käufergruppen zu **unterschiedlichen Preisen** zu verkaufen. Eine solche **Preisdifferenzierung,** bei der sich für ein homogenes Gut verschiedene Preise ergeben, ist nur auf einem **unvollkommenen Markt** möglich.

Es lassen sich verschiedene Formen der Preisdifferenzierung unterscheiden.

Arten der Preisdifferenzierung	Kriterien für die Marktteilung	Beispiel
persönliche Preisdifferenzierung	Gruppenzugehörigkeit	Ein Konzertveranstalter gewährt ermäßigte Preise für Schüler und Studenten.
	Einkommenshöhe	Ein Arzt berechnet bei Kassen- und Privatpatienten für die gleiche Leistung ein unterschiedliches Honorar.
Räumliche Preisdifferenzierung	Regionen, Länder	Ein pharmazeutisches Unternehmen verkauft das gleiche Medikament im Ausland billiger als im Inland.
Zeitliche Preisdifferenzierung	Zeitpunkt der Nachfrage	Die Parkgebühren in einem Parkhaus sind nachts niedriger als am Tag.
		Ein Energieversorgungsunternehmen gewährt einen günstigen Nachtstromtarif.
Sachliche Preisdifferenzierung	Verwendungszweck des Gutes	Ein Energieversorgungsunternehmen verlangt von Privatkunden einen höheren Tarif als von Industriekunden.
	Nachfragemenge	Die Deutsche Bahn fordert von einer zweiten mitreisenden Person nur den halben Fahrpreis.
	Einschätzung durch unterschiedliche Verbraucherschichten	Ein Waschmittelhersteller verkauft ein Waschpulver sowohl mit einer neutralen No-Name-Verpackung (weiße Ware) als auch unter einem bekannten Markennamen. Durch Werbung, Verpackung usw. werden Qualitätsunterschiede vorgetäuscht.

Ein Monopol auf dem unvollkommenen Markt liegt vor, wenn der Monopolist Preisdifferenzierung betreibt, d. h. ein gleichartiges Gut zu unterschiedlichen Preisen verkauft.

Ziel jeder Preisdifferenzierung ist es, die Bereitschaft einiger Nachfrager, für das Gut einen höheren als den Marktpreis zu zahlen, auszunutzen. Diese Zahlungsbereitschaft der Nachfrager kommt in der von links oben nach rechts unten fallenden Nachfragekurve zum Ausdruck. Auch bei hohem Preis wären noch einige Nachfrager bereit das Gut zu kaufen. Ist der tatsächlich vom Monopolisten festgesetzte Preis jedoch niedriger als der von einigen Nachfragern geplante, erzielen diese Nachfrager einen Vorteil, weil sie das Gut billiger erwerben können als vorgesehen. Die Differenz zwischen ihrer Zahlungsbereitschaft und den niedrigeren tatsächlichen Ausgaben ist die **Konsumentenrente** (*vgl. 5.3.6*).

Ziel der Preisdifferenzierung ist die Abschöpfung von Konsumentenrente.

In allen Fällen ist Voraussetzung für eine Preisdifferenzierung, dass der Anbieter den Preis autonom festlegen und den Markt teilen kann. Eine solche Aufteilung des Marktes in Absatzschichten mit dem Ziel, in den einzelnen Marktsegmenten unterschiedliche Preise durchzusetzen, ist für einen Anbieter umso leichter möglich, je geringer die Markttransparenz ist und je leichter sich Marktsegmente in persönlicher, räumlicher, zeitlicher oder sachlicher Hinsicht abgrenzen lassen. Wesentlich ist dabei auch, dass der Weiterverkauf des Gutes zwischen den einzelnen Käufergruppen ausgeschlossen ist.

Mittel der Preisdifferenzierung ist die Aufspaltung der Gesamtnachfrage in Absatzschichten.

Beispiel: Konzertveranstalter als Monopolist mit Preisdifferenzierung
Die Veranstalter eines Pop-Konzerts, das in einem Fußballstadion mit einem Fassungsvermögen von 8 000 Personen stattfinden soll (*vgl. 5.4.3*), gehen von den in folgender Tabelle wiedergegebenen Daten aus. Es wird überlegt, ob durch eine Preisdifferenzierung der Gesamtgewinn gesteigert werden kann, indem für zahlungskräftige Besucher, die nicht zur Gruppe der Schüler, Auszubildenden und Studenten gehören, höhere Eintrittspreise festgelegt werden.

Preis (p) in Euro	Zuschauer (X) in 1000	Erlöse (E) in 1.000 Euro	Kosten (K) in 1.000 Euro	Gewinn/ Verlust in 1.000 Euro
25,00	0	0	10	-10,0
22,50	1	22,5	15	7,5
20,00	2	40,0	20	20,0
17,50	3	52,5	25	22,5
15,00	4	60,0	30	30,0
12,50	5	62,5	35	27,5
10,00	6	60,0	40	20,0
7,50	7	52,5	45	7,5
5,00	8	40,0	50	-10,0
2,50	9	22,5	55	-32,5
0	10	0		

P.Point

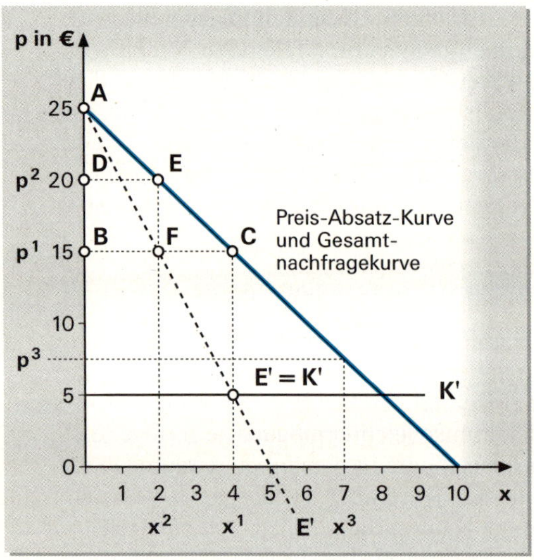

Das bisherige Gewinnmaximum in Höhe von 30.000 Euro ergibt sich bei einem Preis von 15 Euro und einer Zuschauerzahl von 4 000 (*vgl. 5.4.3*). Wird dieser bisherige Monopolpreis von 15 Euro (p^1) als ermäßigter Preis für Schüler, Auszubildende und Studenten beibehalten und der Preis für alle übrigen Besucher auf 20 Euro (p^2) festgesetzt, kann der Erlös um 10.000 Euro gesteigert werden. Voraussetzung dafür ist im vorliegenden Fall, dass sich unter den 4 000 Zuschauern, die bereit sind, einen Eintrittspreis von 15 Euro zu bezahlen, insgesamt mindestens 2 000 Schüler, Auszubildende und/oder Studenten befinden. Da für diesen Fall die Gesamtzahl der Zuschauer auch nach der Preisdifferenzierung noch bei 4 000 liegt, was einer Auslastung des Stadions von 50 % entspricht, ändern sich die Kosten nicht. Erlöszuwachs und Gewinnzuwachs sind demzufolge ausnahmsweise gleich hoch. Die Erlös- und Gewinnsteigerung von 10.000 Euro kommt dadurch zustande, dass der Veranstalter einen Teil der Konsumentenrente oberhalb des bisherigen Monopolpreises abschöpft und in Erlös bzw. Gewinn umwandelt. Ursprünglich betrug die Konsumentenrente 20.000 Euro, was dem Flächeninhalt des Dreiecks A, B, C (*vgl. Abb.*) entspricht: $(4\,000 \cdot 10)/2 = 20.000$ Euro). Nach der Preisdifferenzierung zahlen aber 2 000 Zuschauer 20 Euro (p^2) statt bisher 15 Euro (p^1) für eine Eintrittskarte, d. h. 5 Euro mehr als in der Ausgangssituation. Die abgeschöpfte Konsumentenrente in Höhe von 10.000 Euro entspricht dem Flächeninhalt des Rechtecks B, D, E, F ($2\,000 \cdot 5 = 10.000$ Euro). Die verbleibende Konsumentenrente in Höhe von 10.000 Euro könnte teilweise noch weiter abgeschöpft werden, wenn es durch eine zusätzliche Marktaufspaltung gelänge, beispielsweise bei den 1 000 Zuschauern, die bereit wären einen Preis von 22,50 Euro für eine Eintrittskarte zu zahlen, diesen Preis auch durchzusetzen.

Durch Preisdifferenzierung auch unterhalb des Monopolpreises kann der Gewinn noch gesteigert werden, solange der niedrigste aller festgesetzten Preise gerade noch die variablen Stückkosten deckt (hier: 5 Euro) und nur die über diesem Preis liegende Konsumentenrente abgeschöpft wird. Wird beispielsweise für eine nicht ermäßigte Eintrittskarte der Monopolpreis von 15 Euro (p^1) verlangt und der Preis für ermäßigte Karten auf 7,50 Euro (p^3) halbiert, könnten – sofern es sich bei den 3 000 zusätzlichen Zuschauern ausschließlich um Schüler, Auszubildende und Studenten handelt – der Erlös um 22.500 Euro und der Gewinn um 7.500 Euro gegenüber der Ausgangssituation gesteigert werden. Mit insgesamt 7 000 Zuschauern wäre das Stadion dann zu 87,5 % ausgelastet.

Der durch die Preisdifferenzierung entstehende Gewinn ist umso größer, je mehr Teilmärkte abgegrenzt werden können. Im Extremfall zahlt jeder Nachfrager genau den Preis, den er gerade noch zu zahlen bereit ist.

Gewinnerhöhung durch Preisdifferenzierung
oberhalb des Monopolpreises

2 000 Zuschauer · 20 Euro =	40.000 Euro
+ 2 000 Schüler/Studenten · 15 Euro =	30.000 Euro
= Gesamterlös	70.000 Euro
– Kosten	30.000 Euro
= Gesamtgewinn	40.000 Euro

Gewinnerhöhung durch Preisdifferenzierung
unterhalb des Monopolpreises

4 000 Zuschauer · 15 Euro	= 60.000 Euro
+ 3 000 Schüler/Studenten · 7,50 Euro	= 22.500 Euro
= Gesamterlös	82.500 Euro
– Kosten	45.000 Euro
= Gesamtgewinn	37.500 Euro

5.6 Preisbildung beim Polypol auf dem unvollkommenen Markt: Monopolistischer Preisspielraum

5.6.1 Doppelt geknickte Preis-Absatz-Funktion

A ◄ 5.9 5.10

Häufig werden am Markt sehr ähnliche Güter angeboten, die aber nach Einschätzung der Nachfrager aus verschiedenen Gründen nicht gleichartig (homogen) sind. Möglicherweise werden diese Güter nur deswegen als andersartig (heterogen) angesehen, weil sie sich in der Verpackung oder durch eine Markenbezeichnung unterscheiden. Neben solchen sachlichen Präferenzen liegen Marktunvollkommenheiten beispielsweise auch dann vor, wenn sich aufgrund von besonders zuvorkommender Kundenbetreuung eine „Stammkundschaft" entwickelt (= persönliche Präferenzen), der Anbieter einen günstigen Standort (z. B. gute Geschäftslage, genügend Parkraum, geringe Entfernung) hat (= räumliche Präferenz) oder eine besonders schnelle Lieferung zusagt (= zeitliche Präferenz). Auf einem solchen **unvollkommenen Markt** können für eigentlich gleichartige Güter dennoch unterschiedliche Preise entstehen.

Eine solche Marktsituation ist für den Einzelhandel und das Handwerk typisch.

Beispiel:
In einer Stadt mit vielen Backwarenläden kann ein einzelner Bäcker beispielsweise den Preis für sein Dreikornbrot um 0,25 Euro je kg über dem der anderen Anbieter festlegen, ohne alle Kunden für diese Brotsorte zu verlieren. Wenn er den Preis allerdings über eine bestimmte Grenze hinaus erhöht, kauft kein Kunde mehr dieses Brot bei ihm. Dass sein Dreikornbrot-Absatz bei einer geringfügigen Preiserhöhung nicht auf null zurückgeht, kann daran liegen, dass einigen Kunden möglicherweise der Weg bis zum nächsten Bäckerladen zu weit ist. Es kann aber auch dadurch bedingt sein, dass die Kunden im Laden dieses Bäckers lieber einkaufen als bei der Konkurrenz, weil beispielsweise das Verkaufspersonal freundlicher und zuvorkommender ist. Die Ursache könnte aber auch sein, dass die Kunden nicht wissen, dass dieses Brot anderswo billiger ist. Da es auf diesem Markt unterschiedliche Preise für ein gleichartiges Produkt geben kann, handelt es sich um einen unvollkommenen Markt.

Die Marktform des Polypols auf dem unvollkommenen Markt (= unvollkommenes Polypol) ist dadurch gekennzeichnet, dass sich viele Anbieter und viele Nachfrager mit jeweils geringen Marktanteilen gegenüberstehen, ein einheitlicher Preis aber deswegen nicht zustande kommt, weil mindestens eine der Bedingungen des vollkommenen Marktes nicht erfüllt ist.

Die Anbieter beim Polypol auf dem unvollkommenen Markt können den Preis innerhalb gewisser Grenzen verändern, ohne dass sie bei einer kleinen Preiserhöhung befürchten müssen Kunden an die Konkurrenz zu verlieren und ohne dass es ihnen bei einer kleinen Preissenkung gelingt, Käufer aus dem Kundenstamm eines anderen Anbieters abzuziehen. Sie können somit – anders als bei der Marktform der vollkommenen Konkurrenz – innerhalb eines bestimmten Preisintervalls Preispolitik wie ein Monopolist betreiben. Diese Marktform wird daher auch als **monopolistische Konkurrenz** bezeichnet.

Es gibt aber eine Ober- und eine Untergrenze für den preispolitischen Spielraum eines einzelnen Anbieters. Setzt der Anbieter den Preis zu hoch fest, ist für die Nachfrager der Preisnachteil im Vergleich zu den Konkurrenten so groß, dass die bisherigen Präferenzen gegenüber diesem Anbieter ihre Wirkung verlieren. Alle Kunden wandern zur Konkurrenz ab. Der Anbieter würde dann – wie beim Polypol auf dem vollkommenen Markt – seinen ganzen Absatz verlieren. Setzt der Anbieter dagegen den Preis zu niedrig fest, wechseln alle Nachfrager von der Konkurrenz zu ihm über. Aufgrund seines geringen Marktanteils kann er diese Nachfrage aber nicht befriedigen und keine zusätzlichen Kunden langfristig an sich binden.

Aus diesen Überlegungen ergibt sich beim Polypol auf dem unvollkommenen Markt für einen einzelnen Anbieter eine Preis-Absatz-Funktion, wie sie in der folgenden Abbildung dargestellt ist. Sie wird auch als **doppelt geknickte Preis-Absatz-Kurve** bezeichnet.[1]

Die Preis-Absatz-Kurve eines Polypolisten auf dem unvollkommenen Markt weist zwei Knicke auf (doppelt geknickt) und ist dadurch in drei Abschnitte unterteilt. Sie gibt an, welche Menge dieser Anbieter jeweils absetzen kann, wenn er unterschiedlich hohe Preise festsetzt.

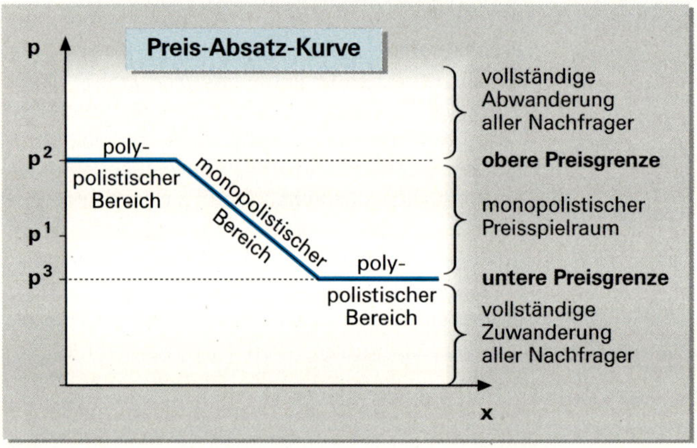

Die **Preis-Absatz-Kurve** eines Anbieters spiegelt den **Teil der Gesamtnachfrage** wider, der auf diesen **einzelnen Anbieter** entfällt. Im Gegensatz zum Monopol ist aber beim **Polypol** diese auf einen einzelnen Anbieter entfallende Nachfrage **nicht identisch mit der Gesamtnachfrage**, da es auch noch andere Anbieter gibt, die einen Teil der Gesamtnachfrage auf sich vereinigen. Es handelt sich also bei der **Preis-Absatz-Kurve** um eine nur für

1 Diese Form der Preis-Absatz-Funktion wurde von Erich Gutenberg (1897–1984), einem bedeutenden deutschen Betriebswirt an der Universität Köln, entwickelt. Vgl. E. Gutenberg, Grundlagen der Betriebswirtschaftslehre, Bd. 2: Der Absatz, 17. Aufl., Berlin, Heidelberg, New York 1984, S. 247 ff.

den **einzelnen Anbieter bedeutsame Teil-Nachfragekurve**, der er sich **aus Anbietersicht** gegenübersieht.

In dem Preisintervall zwischen der Obergrenze (p^2) und der Untergrenze (p^3) kann der Anbieter Preispolitik wie ein Angebotsmonopolist betreiben. Der entsprechende Abschnitt auf der Preis-Absatz-Kurve wird daher auch als **monopolistischer Bereich** bezeichnet. Ausgehend vom Preis p^1 führt eine Preissenkung – wie beim Monopol – zu einer Absatzsteigerung, weil Nachfrager auftreten, die dieses Gut bisher nicht oder nur in geringer Menge gekauft haben (Weckung latenter Nachfrage). Bei einer Preiserhöhung verzichten dagegen einige der bisherigen Nachfrager ganz auf das Gut oder schränken zumindest die gekaufte Menge ein. In diesem Bereich wandern aber weder Kunden bei Preiserhöhungen zu anderen Anbietern ab noch laufen bei Preissenkungen Kunden von anderen Anbietern über. Ob und in welchem Umfang durch eine Preisveränderung in diesem Intervall der Erlös steigt oder fällt, hängt von der Elastizität der Nachfrage ab. Die Größe des monopolistischen Bereichs wird vom Ausmaß der Marktunvollkommenheiten bestimmt. Je stärker die Präferenzen der Nachfrager sind, je heterogener die Güter eingeschätzt werden und je unvollständiger die Markttransparenz ist, desto ausgeprägter ist der monopolistische Bereich.

Zwischen oberer und unterer Preisgrenze (monopolistischer Bereich) kann sich ein Anbieter beim unvollkommenen Polypol wie ein Monopolist verhalten und Preispolitik betreiben.

Außerhalb des monopolistischen Bereichs werden die Präferenzen mehr und mehr unwirksam. Diese beiden Abschnitte der Preis-Absatz-Kurve werden auch als **polypolistische Bereiche** bezeichnet (*vgl. Abb. S. 142*). Eine Erhöhung des Preises über den oberen Grenzpreis (p^2) führt zu einer Abwanderung von Kunden zu anderen Anbietern und damit zu einer Absatzminderung. Bei einer Preissenkung unterhalb des unteren Grenzpreises (p^3) kommt es nicht nur zu einer Weckung latenter Nachfrage, sondern auch zu einem Kundenzustrom von anderen Anbietern. In welchem Umfang diese Zu- und Abwanderungen vorkommen und ob der Übergang zwischen den drei Bereichen der Preis-Absatz-Kurve allmählich oder abrupt verläuft, hängt vom Einzelfall ab. Die Preis-Absatz-Kurve verläuft außerhalb des monopolistischen Bereichs umso flacher, je geringer die Präferenzen und je höher die Markttransparenz sind. Im Extremfall sind die Bedingungen eines vollkommenen Marktes erfüllt, sodass der Anbieter beim oberen Grenzpreis seinen gesamten Absatz verliert und beim unteren Grenzpreis jede im Bereich seiner Produktionskapazität liegende Menge absetzen kann. Das lässt sich durch jeweils parallel zur Mengenachse verlaufende Abschnitte der Preis-Absatz-Kurve darstellen (*vgl. Abb. S. 150*).

Ein Anbieter, der durch die Marktunvollkommenheiten Vorteile hat, wird versuchen, den monopolistischen Bereich zu erhalten und auszubauen, indem er absatzpolitische Instrumente (z. B. Werbung, Verpackung, Liefer- und Zahlungsbedingungen) einsetzt. Diese Möglichkeit, beim unvollkommenen Polypol bei den Kunden Präferenzen zu schaffen oder zu verstärken und die Preiselastizität der Nachfrage zu verringern, wird auch als **akquisitorisches Potenzial** bezeichnet. Ziel ist es dabei, den monopolistischen Bereich weiter nach oben zu verlagern und die Preis-Absatz-Kurve nach rechts zu verschieben.

5.6.2 Gewinnmaximum und Preisbildung

▶ A 5.11

Auch für den Polypolisten am unvollkommenen Markt gilt, dass er seinen Gewinn (G) bei derjenigen Ausbringungsmenge maximiert, bei der die Differenz zwischen Gesamterlös (E) und Gesamtkosten (K) am größten ist.

Beispiel:
Für eine Getränkehandlung in einer Großstadt gilt der in nebenstehender Tabelle dargestellte Zusammenhang zwischen dem Preis je Kiste Mineralwasser und der abgesetzten Menge pro Monat. Die obere Preisgrenze liegt bei 3,50 Euro, die untere bei 2,00 Euro. Aufgrund der beschränkten Lagerkapazität liegt die maximale Absatzmenge bei 7 000 Kisten monatlich.

Preis (p) in Euro	Kisten (x) in 1000	Erlöse (E) in 1.000 Euro	Kosten (K) in 1.000 Euro	Gewinn/ Verlust (G) in 1.000 Euro
3,50	0	0	1	-1,0
3,50	1	3,50	2	1,5
3,50	2	7,00	3	4,0
3,50	3	10,50	4	6,5
3,00	4	12,00	5	7,0
2,50	5	12,50	6	6,5
2,00	6	12,00	7	5,0
2,00	7	14,00	8	6,0
2,00	8	16,00	9	7,0
2,00	9	18,00	10	8,0
2,00	10	20,00	11	9,0

P.Point

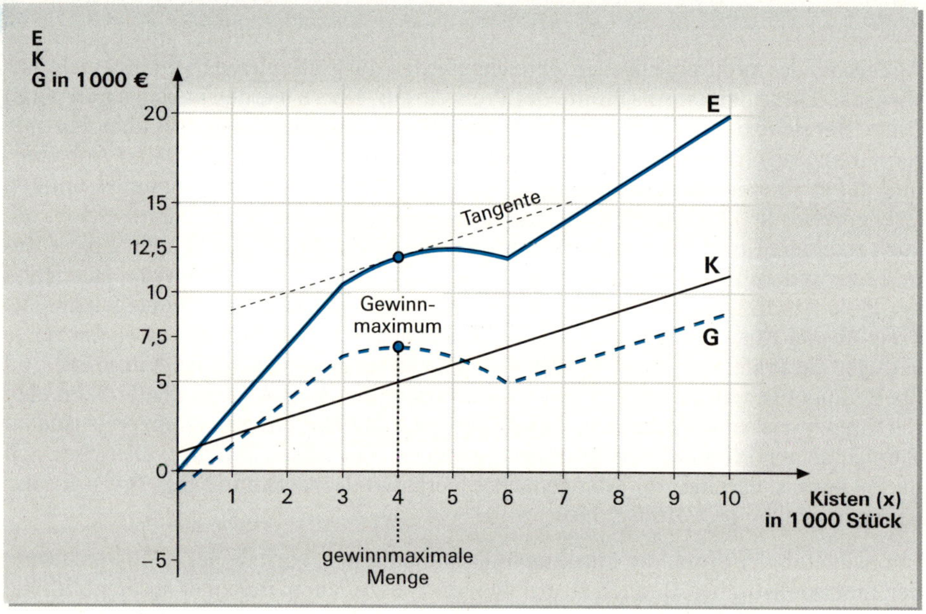

Unter Berücksichtigung der Kapazitätsbeschränkung von 7 000 Kisten liegt das Erlösmaximum (12.500 Euro) bei 5 000 Kisten und das Gewinnmaximum (7.000 Euro) bei 4 000 Kisten. Bei einem Absatz von 4 000 Kisten sind Grenzerlös und Grenzkosten mit jeweils 1,00 Euro gleich. Das Gewinnmaximum liegt im monopolistischen Bereich. Der Getränkehändler kann also Preispolitik betreiben. Dem **COURNOT'schen Punkt** C entspricht ein Preis von 3,00 Euro (*vgl. Abb. S. 153*).

Um sein Gewinnmaximum zu realisieren, wird der Händler somit den Preis auf 3 Euro festlegen. Würde die Lagerkapazität dagegen in einem der beiden polypolistischen Be-

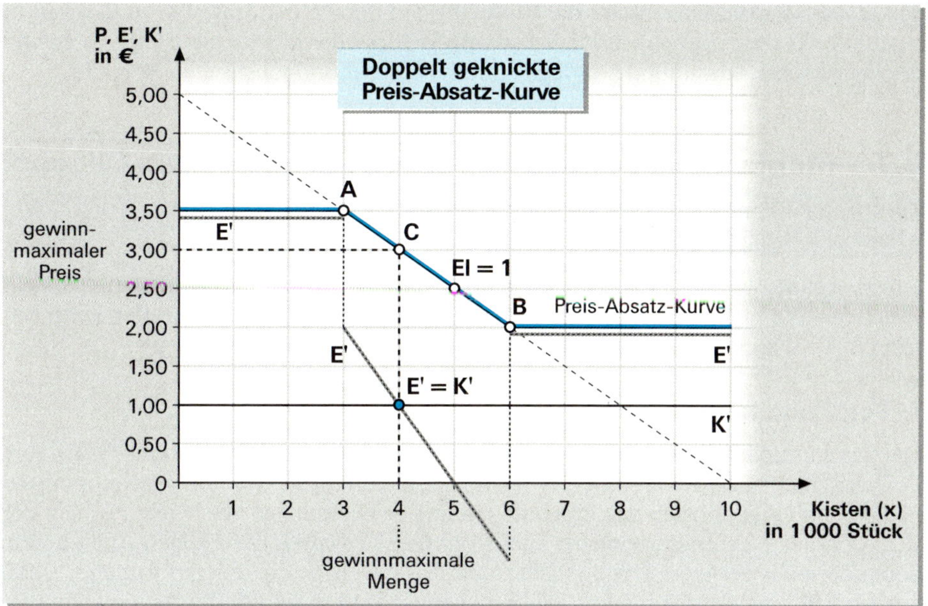

reiche (z. B. bei 10 000 Kisten) liegen, könnte der Händler seinen Gewinn nur durch bestmögliche Anpassung der Absatzmenge an den in diesem Bereich vorgegebenen Marktpreis (z. B. 2 Euro) maximieren (= Mengenanpasser). Bei Ausnutzung einer Kapazitätsgrenze von 10 000 Stück Kisten würde der Händler bei einem Erlös von 20.000 Euro und Gesamtkosten in Höhe von 11.000 Euro einen Gewinn von 9.000 Euro erzielen. Er wird aber in diesem Fall wahrscheinlich versuchen unter Ausnutzung seines akquisitorischen Potenzials (= Fähigkeit zur Schaffung von Präferenzen) den monopolistischen Bereich nach rechts zu verschieben und gleichzeitig nach oben auszudehnen, um die Absatzmenge von 10 000 Kisten zu einem höheren Stückpreis als 2,00 Euro verkaufen zu können.

Die auf dem vorliegenden Zahlenbeispiel basierende Gesamterlöskurve kann als Zusammensetzung der linearen Erlöskurven eines Anbieters bei vollkommener Konkurrenz (Mengenbereiche von 0 bis 3 000 bzw. von 6 000 bis 10 000) und der Erlöskurve eines Monopolisten in Form einer nach unten geöffneten Parabel (Mengenbereich von 3 000 bis 6 000) aufgefasst werden. Entsprechend verläuft die Grenzerlöskurve in diesen Bereichen unterschiedlich. In den polypolistischen Abschnitten entspricht der Grenzerlös dem Preis: $E(x) = p \cdot x \rightarrow E'(x) = p$. Die Grenzerlöskurve fällt daher in diesen Abschnitten mit der parallel zur Mengenachse verlaufenden Preis-Absatz-Kurve zusammen. Im Punkt A weist die Grenzerlöskurve einen Sprung auf, da hier der direkte Übergang in den monopolistischen Bereich erfolgt. Im monopolistischen Bereich fällt die Grenzerlöskurve wie beim Angebotsmonopol (*vgl. 5.4.3*). Sie schneidet bei der Ausbringungsmenge von 5 000 Kisten die Mengenachse. Bei dieser Ausbringungsmenge hat die Elastizität der Preis-Absatz-Funktion den Wert 1. Eine zweite Sprungstelle liegt beim Übergang vom monopolistischen zum polypolistischen Bereich im Punkt B. Ab hier folgt die Grenzerlöskurve wieder der Preis-Absatz-Kurve. Da im vorliegenden Fall die Preis-Absatz-Funktion im monopolistischen Bereich sowohl unelastische Abschnitte ($El_{dir} < 1$) als auch elastische Abschnitte ($El_{dir} > 1$) aufweist, existiert bei dem Elastizitätswert $El_{dir} = 1$ über dem monopolistischen Bereich ein eindeutiges Erlösmaximum. Wäre die Elastizität auf der Preis-Absatz-Kurve dagegen in jedem Punkt des monopolistischen Bereichs größer oder kleiner als 1, gäbe es entweder kein Erlösmaximum oder es läge außerhalb des monopolistischen Bereichs.

5.7 Mögliche Verhaltensweisen der Anbieter beim Oligopol

Gibt es auf einem Markt nur wenige Anbieter, denen viele Nachfrager gegenüberstehen, liegt ein Angebotsoligopol vor.

Das Angebotsoligopol ist – neben dem Polypol auf dem unvollkommenen Markt (*vgl. 5.6*) – die in entwickelten Volkswirtschaften am häufigsten anzutreffende Marktform (z. B. Waschmittel, Zigaretten, Mineralöl, Automobile, Autoreifen).

Aktions- und Reaktionsparameter

Der Marktanteil des einzelnen Oligopolisten ist so groß, dass er – im Gegensatz zum Polypolisten – auch den Marktpreis beeinflussen kann. Anders als beim Monopolisten hängt beim Oligopolisten das Ergebnis seiner Entscheidungen aber nicht nur von der Reaktion der Nachfrage, sondern auch von dem Verhalten der übrigen Anbieter ab. Senkt beispielsweise ein Oligopolist seinen Preis, werden die übrigen Anbieter einen großen Teil ihrer Absatzmenge verlieren, wenn sie auf diese Preisänderung nicht reagieren. Sie werden daher – sofern ihre Kostensituation dies zulässt – ebenfalls den Preis in gleichem oder noch stärkerem Ausmaß senken, sodass sich der Marktanteil jedes Einzelnen kaum ändert. Andererseits führt eine Preiserhöhung eines Oligopolisten zu einer erheblichen Einschränkung seiner Absatzmenge, wenn die anderen Anbieter nicht ebenfalls ihren Preis erhöhen.

Ein Oligopolist muss bei seinen Entscheidungen nicht nur die Reaktion der Nachfrage, sondern zusätzlich auch die wahrscheinliche Reaktion der Konkurrenz berücksichtigen.

Marktform / Parameter	Polypol	Oligopol	Monopol
Aktionsparameter (Entscheidungsparameter) = zu beeinflussende Größe	Menge Der Polypolist kann nur die Produktionsmenge an den gegebenen Marktpreis anpassen. (Mengenanpasser)	Preis oder Menge Der Oligopolist kann den Marktpreis oder die Produktionsmenge beeinflussen. (Autonome Preis- oder Mengenstrategie)	Preis oder Menge Der Monopolist kann wahlweise entweder den Marktpreis oder die Produktionsmenge festlegen. (Autonomer Preis- oder Mengenfixierer)
Reaktionsparameter = bei einer Entscheidung zu berücksichtigende Größen	Produktionskosten, gegebener Marktpreis	Produktionskosten, Reaktion der Nachfrage (Nachfrageelastizität), Verhalten der Konkurrenten	Produktionskosten, Reaktion der Nachfrage (Nachfrageelastizität)

Nichtkooperatives[1] Verhalten (Verdrängungswettbewerb)

▶ A 5.12 Versucht jeder einzelne Oligopolist, seinen Gewinn zu maximieren, löst das üblicherweise einen Preisunterbietungsprozess aus, weil jeder Anbieter seine Absatzmenge zulasten des Marktanteils der Konkurrenten ausdehnen will. Wenn aber alle Anbieter

1 kooperativ (*lat.*): gemeinsam handelnd; gemeinschaftlich

<table>
<tr><th colspan="4">Mögliche Verhaltensweisen der Anbieter beim Oligopol</th></tr>
<tr><td colspan="3">kooperatives Verhalten
(friedliche Strategie)</td><td>nichtkooperatives Verhalten
(aggressive Strategie)</td></tr>
<tr><td>Preisstarrheit</td><td>Preisführer-schaft
(Parallel-verhalten)</td><td>Preisab-sprachen
(Abgestimmtes Verhalten, Preiskartell)</td><td>Verdrängungswettbewerb
(Preiskrieg, ruinöse Konkurrenz)</td></tr>
<tr><td colspan="3">Wettbewerbsmittel: Werbung, Qualität, Kundendienst</td><td>Wettbewerbsmittel: Preis</td></tr>
</table>

ihre Preise senken, sinkt der Gewinn, ohne dass sich die Marktanteile wesentlich ändern. **Gewinnmaximierendes Verhalten des Einzelnen** bewirkt somit eine Gewinnminderung aller Anbieter und führt zu einer Preisvergünstigung für die Nachfrager. Oft endet dieser Preiswettbewerb mit einem **Verlust für alle beteiligten Unternehmen**. Der Prozess kann in einen **Preiskrieg** (ruinöse Konkurrenz) münden, indem derjenige Oligopolist, der am kostengünstigsten produziert oder die höchsten finanziellen Rücklagen hat, den Preis sogar unter seine Selbstkosten senkt und zeitweilige Verluste in Kauf nimmt. Auf diese Weise will er seine Konkurrenten ebenfalls in die Verlustzone treiben und sie zwingen, aus dem Markt auszuscheiden (Verdrängungswettbewerb). Sein Ziel ist es, eine monopolähnliche Situation mit entsprechenden Gewinnmöglichkeiten zu schaffen.

Weil auf oligopolistischen Märkten die Gefahr besteht, dass ein Preiswettbewerb für alle Anbieter Nachteile mit sich bringt, ist es nahe liegend, dass die Anbieter stillschweigend oder offen vereinbaren, den Preis als Wettbewerbsinstrument auszuschalten und stattdessen miteinander zu kooperieren. Anstelle der Preispolitik treten dann andere absatzpolitische Maßnahmen (z. B. Werbung, Qualität, Kundendienst) in den Vordergrund.

Auf oligopolistischen Märkten zeigt sich häufig kein Preiswettbewerb (aggressive Strategie), sondern ein auf Übereinkunft beruhendes kooperatives Verhalten (friedliche Strategie).

Preisstarrheit

Da mit preispolitischen Maßnahmen erhebliche Risiken für einen Oligopolisten einhergehen, wird der Preiswettbewerb auf solchen Märkten häufig durch andere Wettbewerbsformen (z. B. Qualität, Werbung) ersetzt. Es kann daher vorkommen, dass auf oligopolistischen Märkten die Preise auffallend lange stabil bleiben (**Preisstarrheit**).

Preisführerschaft

Wenn auf oligopolistischen Märkten Preisänderungen vorgenommen werden, liegt dem häufig keine aggressive, sondern eine friedliche Strategie in Form der **Preisführerschaft** zugrunde. Dabei verändert ein Anbieter den Preis und gibt damit den übrigen Anbietern das Signal, ihrerseits ebenfalls die Preise zu verändern (**Parallelverhalten**). Bei dem Preisführer kann es sich um den Anbieter mit dem größten Marktanteil handeln. Es ist aber auch möglich, dass die Preisführerschaft zwischen den Unternehmen wechselt. Letzteres ist beispielsweise bei Benzinpreiserhöhungen der Mineralölgesellschaften zu beobachten. Ein derartiges Parallelverhalten stellt zwar eine Wettbewerbsbeschränkung dar, die aber nicht gesetzlich verboten ist.

Preisabsprachen

Eine nahe liegende Verhaltensweise, um die Rivalität zwischen den Anbietern noch weiter zu mindern, ist die **Preisabsprache**. Diese kann einerseits als **abgestimmte Verhaltensweise ohne vertragliche Vereinbarung** erfolgen („Frühstückskartell", „Augenzwinkerkartell" *„gentlemen agreement"*). Werden die Absprachen über Preise und/oder Produktionsmengen vertraglich festgelegt, liegt ein **Preiskartell** und/oder **Quotenkartell** vor. Sowohl abgestimmtes Verhalten als auch Preis- und Quotenkartelle sind als schwere Formen der Wettbewerbsbeschränkung nach deutschem und europäischem Recht verboten (*vgl. 6.4.2*). Im Rahmen eines **Kartells** können sich die beteiligten Unternehmen **gemeinsam wie ein Monopol** verhalten (Kollektivmonopol, Quasi-Monopol). Die **gemeinsame Gewinnmaximierung**, die auch eine Einigung zwischen den beteiligten Unternehmen über die Aufteilung der künstlich verknappten Produktionsmengen und der Gewinnanteile nötig macht, gelingt so lange, wie der gemeinsam vereinbarte Monopolpreis von niemandem unterboten wird. Je größer die Zahl der Kartellmitglieder ist, umso eher besteht aber die Gefahr, dass der vereinbarte Preis von einigen Mitgliedern unterlaufen wird, die auf diese Weise ihren Absatz über die zugeteilte Produktionsmenge hinaus steigern und eine **individuelle Gewinnsteigerung** zulasten der anderen Kartellmitglieder erreichen wollen.

Fragen zur Kontrolle des Grundwissens

Kapitel 5: Preisbildung auf verschiedenen Arten von Märkten

Kapitel 5.1: Funktion und Einteilung von Märkten

1. *Was ist ein Markt?*
2. *Welche Funktion hat der Markt?*
3. *Nach welchen Kriterien lassen sich Märkte einteilen?*
4. *Unterscheiden Sie Marktformen nach der Zahl der Marktteilnehmer.*

Kapitel 5.2: Modell des vollkommenen Marktes

1. *Welche Bedingungen muss ein vollkommener Markt erfüllen?*
2. *Was besagt das Gesetz der Unterschiedslosigkeit der Preise (law of indifference)?*
3. *Was ist ein temporär unvollkommener Markt?*

Kapitel 5.3: Preisbildung beim Polypol auf dem vollkommenen Markt

1. *Welche Voraussetzungen gelten für die Marktform der vollständigen Konkurrenz?*
2. *Warum werden die Marktteilnehmer bei vollständiger Konkurrenz als Mengenanpasser bezeichnet?*
3. *Welche Eigenschaften hat der Gleichgewichtspreis?*

Zusammenfassende Übersicht Kapitel 5:

Preisbildung auf verschiedenen Arten von Märkten

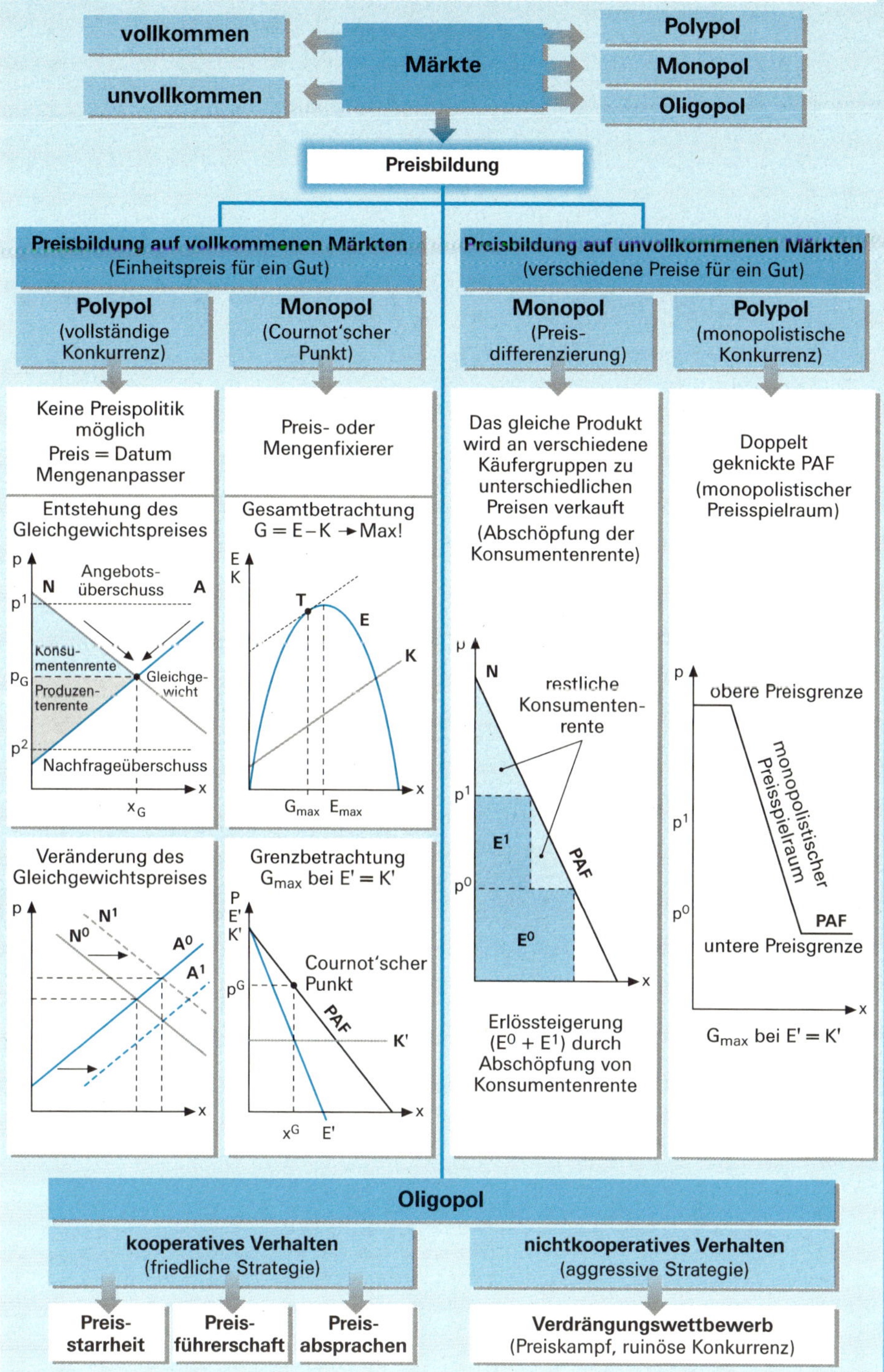

4. *Schildern Sie die Anpassungsprozesse, die sich auf einem temporär unvollkommenen Markt einstellen, wenn der Marktpreis über bzw. unter dem Gleichgewichtspreis liegt.*
5. *Was ist unter der Konsumentenrente zu verstehen?*
6. *Was ist unter der Produzentenrente zu verstehen?*
7. *In welchen Fällen steigt bzw. sinkt der Gleichgewichtspreis bei vollständiger Konkurrenz?*

Kapitel 5.4: Preisbildung beim Angebotsmonopol auf dem vollkommenen Markt

1. *Welche Arten von Monopolen lassen sich unterscheiden?*
2. *Welche Annahmen liegen dem Modell eines Angebotsmonopols auf dem vollkommenen Markt zugrunde?*
3. *Was gibt die Preis-Absatz-Funktion eines Anbieters an?*
4. *Warum ist beim Angebotsmonopol die Preis-Absatz-Kurve ausnahmsweise identisch mit der Gesamtnachfragekurve?*
5. *Was besagt die Aussage „Ein Angebotsmonopolist kann entweder Preisfixierer oder Mengenfixierer sein“?*
6. *Welcher Zusammenhang besteht zwischen der Preiselastizität der Nachfrage und der Marktmacht eines Angebotsmonopolisten?*
7. *Wie lautet die Gewinnmaximierungsregel eines Angebotsmonopolisten?*
8. *Was ist der COURNOT'sche Punkt?*

Kapitel 5.5: Preisbildung beim Angebotsmonopol auf dem unvollkommenen Markt

1. *Was ist unter Preisdifferenzierung zu verstehen?*
2. *Warum ist Preisdifferenzierung nur auf einem unvollkommenen Markt möglich?*
3. *Nennen Sie Arten der Preisdifferenzierung.*

Kapitel 5.6: Preisbildung beim Polypol auf dem unvollkommenen Markt: Monopolistischer Preisspielraum

1. *Warum wird die Situation eines Polypols auf dem unvollkommenen Markt auch als „monopolistische Konkurrenz“ bezeichnet?*
2. *Welche Unvollkommenheitsmerkmale kann der Markt bei monopolistischer Konkurrenz* aufweisen?
3. *Wie kommt die doppelt geknickte Preis-Absatz-Kurve beim Polypol auf dem unvollkommenen Markt zustande?*
4. *Was ist unter dem monopolistischen Bereich der doppelt geknickten Preis-Absatz-Kurve zu verstehen?*
5. *Was ist unter dem akquisitorischen Potenzial eines Anbieters zu verstehen?*

Kapitel 5.7: Mögliche Verhaltensweisen der Anbieter beim Oligopol

1. *Welche Größen müssen ein Polypolist, ein Oligopolist und ein Monopolist bei ihren Absatzentscheidungen jeweils berücksichtigen?*
2. *Welche Folgen kann ein Preiswettbewerb auf oligopolistischen Märkten haben?*
3. *Welche Formen kooperativen Verhaltens lassen sich auf oligopolistischen Märkten unterscheiden?*
4. *Erläutern Sie das Phänomen der Preisstarrheit auf oligopolistischen Märkten.*
5. *Was ist unter einer Preisführerschaft zu verstehen?*
6. *Was ist ein „Frühstückskartell“?*
7. *Unter welchen Voraussetzungen kann ein Kartell monopolistische Preispolitik betreiben?*

Aufgaben und Probleme zur Erarbeitung und Anwendung von Wissen

Kapitel 5: Preisbildung auf verschiedenen Arten von Märkten

Preisbildung auf dem unvollkommenen Markt

Von den zahlreichen am Markt angebotenen Sonnencremes hat die Stiftung Warentest einige ausgewählt und getestet. Das Ergebnis ist in der folgenden Tabelle wiedergegeben.

1 ▶ Wie kann es zu Preisunterschieden bei Produkten mit gleicher Ausstattung und Qualität kommen?

2 ▶ Wie ist es zu erklären, dass für Produkte mit den Test-Urteilen „mangelhaft“ oder „befriedigend“ teilweise erheblich mehr bezahlt wurde als für Produkte mit dem Test-Urteil „sehr gut“?

3 ▶ Welche Wirkungen kann die Veröffentlichung derartiger Untersuchungen der Stiftung Warentest haben?

STIFTUNG WARENTEST LICHTSCHUTZMITTEL

(für empfindliche Haut) test-Ausgabe 6/99

KOMPASS test

	Lichtschutzfaktor lt. Anbieter	Preis für 100 ml in EUR ca.	Mittlerer Preis in EUR ca./Inhalt in ml	Einhaltung des angegebenen Lichtschutzfaktors	Feuchtigkeitsanreicherung	Entnahme bei 20 °C/40 °C	Praktische Prüfung	Verpackung	Anwendungshinweise	Wärme-/Kältebeständigkeit	test Qualitätsurteil
Gewichtung				40%	20%	10%	10%	10%	5%	5%	
AS Schlecker Sonnenbalsam Sensitiv	16	1,80	4,50/250	++	++	++	+	+	+	++	sehr gut (1,3)
Rossmann Sun Ozon Sensitiv Sonnenbalsam	12	1,50	3,00/200	++	++	++	+	+	+	++	sehr gut, (1,3)
Yves Rocher Prevention Soleil Sonnenmilch Sensible Haut	12	5,70	8,50/150	++	++	○	+	+	⊖	++	sehr gut (1,5)
Dm Sun Dance Sensitiv Sonnenbalsam	12	1,25	2,50/200	++	+	++	+	+	⊖	++	gut (1,6)
Nivea Sun Sensitiv Sonnen-Balsam	12	5,40	10,75/200	++	○	+	+	+	○	++	gut (1,7)
Sans Soucis Perfect Sun Sonnenmilch für empfindliche Haut & Kinder	15	5,00	10,00/200	++	+	+	+	+	–	++	gut (1,7)
Avon Bronze Sensitive Sonnenlotion für Kinder geeignet	15	5,50	11,00/200	++	○	+	+	+	⊖	++	gut (1,8)
pH5-Eucerin Sun Sensitive Schutz Lotio	15	7,20	9,00/125	++	○	⊖	+	+	+	++	gut (1,9)
Lavera Sun Sensitiv Sonnenmilch	12	6,80	8,50/125	++	–	○	+	+	–	++	befriedig. (3,0)
Tiroler Nussöl Sensitiv Sonnen Milch	12	3,00	7,50/250	–	+	○	+	++	○	++	mangelh. (5,0)

Reihenfolge der Bewertung: ++ = sehr gut (0,6–1,5), + = gut (1,6–2,5), ○ = befriedigend (2,6–3,5), ⊖ = ausreichend (3,6–4,5), – = mangelhaft (4,6–5,5)

▶ A 5.2 ▶ K P.Point Excel

Preisbildung an der Börse

An einer Rohstoffbörse erhält ein Makler folgende Aufträge:

Verkaufsaufträge		
Verkäufer	Mindestpreis	Menge (t)
A	180 €	40
B	120 €	20
C	100 €	60
D	60 €	80

Kaufaufträge		
Käufer	Höchstpreis	Menge (t)
E	60 €	60
F	100 €	20
G	120 €	40
H	180 €	80

1 ▶ Welchen Preis legt der Makler fest?

2 ▶ Tragen Sie die Angebots- und Nachfragekurve in ein Koordinatensystem ein (x-Achse: 15 cm, 1 cm = 20 Mengeneinheiten; y-Achse: 10 cm, 1 cm = 20 Geldeinheiten)

3 ▶ Warum ist ein Preis von 180 € nicht möglich?

4 ▶ Warum ist ein Preis von 60 € nicht möglich?

5 ▶ Wie viel € beträgt die Konsumentenrente des Käufers F?

6 ▶ Nachrichten über eine mögliche weltweite Verknappung des Rohstoffs lösen eine erhöhte Nachfrage aus. Der Makler stellt fest, dass alle Käufer zu den bisher von ihnen gebotenen Höchstpreisen 20 t mehr kaufen wollen. Welchen neuen Preis legt der Makler fest?

7 ▶ Stellen Sie die veränderten Nachfrageverhältnisse im Koordinatensystem (vgl. Nr. 2) dar.

▶ A 5.3 ▶ K P.Point Excel

Preisbildung beim Polypol auf dem vollkommenen Markt

Für ein landwirtschaftliches Produkt werden an der Warenbörse zu einem bestimmten Zeitpunkt folgende Gesamtangebots- und Gesamtnachfragefunktionen festgestellt:

Angebot: $x^A = p - 10$ Nachfrage: $x^N = 50 - p$

1 ▶ Ermitteln Sie rechnerisch den Gleichgewichtspreis und die Gleichgewichtsmenge.

2 ▶ Zeichnen Sie die Angebots- und Nachfragekurve in ein Koordinatensystem ein (x-Achse: 15 cm; 1 cm = 4 Mengeneinheiten; y-Achse: 15 cm; 1 cm = 4 Geldeinheiten).

3 ▶ Berechnen Sie für das Marktgleichgewicht den Gesamterlös, die Konsumenten- und die Produzentenrente.

4 ▶ In der folgenden Woche verändert sich die Angebotsfunktion wie folgt: $x^A = p - 2$. Die Nachfragefunktion bleibt unverändert. Zeichnen Sie die neue Angebotskurve in das Koordinatensystem ein und ermitteln Sie zeichnerisch den neuen Gleichgewichtspreis.

5 ▶ Worauf kann die Veränderung der Angebotsfunktion zurückzuführen sein?

6 ▶ Berechnen Sie für das neue Marktgleichgewicht den Gesamterlös, die Konsumenten- und die Produzentenrente.

7 ▶ Prüfen Sie anhand der Konsumenten- und Produzentenrente, ob die Angebotsveränderung für die Marktteilnehmer vorteilhaft war.

8 ▶ Ermitteln Sie die Preiselastizität der Nachfrage für die Preis-Mengen-Änderung vom ursprünglichen zum neuen Marktgleichgewicht.

9 ▶ Welcher Zusammenhang besteht im vorliegenden Fall zwischen der Preiselastizität der Nachfrage und der Veränderung des Erlöses?

▶ A 5.4 P.Point

Zusammenhang zwischen Angebot, Nachfrage und Preis

1 ▶ Die Regierung will aus umweltpolitischen Gründen eine Energiesteuer in Form einer Mengensteuer einführen. Die Produzenten müssen dabei je Mengeneinheit erzeugter Energie (z. B. je Liter oder kWh) einen bestimmten Betrag als Steuer abführen. Das soll zu einer Erhöhung der Energiepreise führen und den Energieverbrauch verringern. In einer Zeitung findet sich dazu folgender Hinweis:

> Die mit der Einführung der Energiesteuer beabsichtigte Energiepreissteigerung ist wahrscheinlich nur von kurzer Dauer. Steigende Preise bewirken nämlich einen Rückgang der Nachfrage. Die verminderte Nachfrage wird aber ihrerseits wieder dafür sorgen, dass die Preise sinken. Aufgrund dieser Zusammenhänge ist es nicht sicher, dass die Einführung einer Energiesteuer langfristig tatsächlich zu einer Energiepreissteigerung führt.

Die Argumentation enthält einen Trugschluss, weil bei der Verwendung des Begriffs „Nachfrage“ nicht deutlich zwischen „nachgefragter Menge“ und „Nachfrage i. S. von Nachfragekurve“ unterschieden wird.
Versuchen Sie herauszufinden, wo der Denkfehler liegt, indem Sie eine normal verlaufende Angebots- und Nachfragekurve skizzieren und anhand der Skizze folgende Frage klären:

a) Welchen Einfluss hat die geplante Steuer auf den Verlauf der Gesamtangebots- bzw. Gesamtnachfragekurve?
b) Wie ändern sich durch die geplante Steuer Gleichgewichtspreis und Gleichgewichtsmenge?
c) Wovon hängt das Ausmaß ab, in dem sich Gleichgewichtspreis und Gleichgewichtsmenge durch die geplante Steuer verändern?
d) Wie müsste sich der Verlauf der Nachfragekurve ändern, damit bei gleich bleibender Angebotskurve der vor der Einführung der Steuer geltende Gleichgewichtspreis wieder erreicht wird?
e) Wodurch kann eine solche Verlaufsänderung der Nachfragekurve ausgelöst werden?
f) Löst die geplante Steuer eine solche Verlaufsänderung aus?
g) Kommt es durch die geplante Steuer zu einer Energiepreissteigerung?

2 ▶ Setzen Sie in die Lücken des nachstehenden Marktberichts aus einer Landwirtschaftszeitung jeweils an der richtigen Stelle einen der folgenden Begriffe ein:

a) Nachfrage (*i. S. von Gesamtnachfragekurve*)
b) nachgefragte Menge
c) individuelle Nachfrage (*i. S. von individueller Nachfragekurve*)
d) aggregierte Nachfrage (*i. S. von Summe der individuellen Nachfrage, Marktnachfrage*)
e) gesamtwirtschaftliche Nachfrage (*i. S. von Ausgaben aller Konsumenten, Unternehmen und staatlichen Stellen*)

> Die Erhöhung der Produktionskosten auf dem Milchmarkt hat einen Angebotsrückgang ausgelöst. Gleichzeitig ging damit aber eine Ausdehnung der… (1)… einher, sodass bei höherem Preis die… (2)… nahezu unverändert blieb. Auf dem Kartoffelmarkt kam es dagegen wegen des guten Ernteergebnisses zu einer Angebotserhöhung, die aber auf eine nahezu konstante… (3)… stieß. Wegen des niedrigeren Marktpreises stieg aber die… (4)… gegenüber dem Vorjahr um ca. 5 %, sodass die Marktsituation insgesamt als ausgeglichen bezeichnet werden kann. Auf dem Gemüsemarkt ließ sich in Teilbereichen ein ausgeprägter Wandel in den Konsumgewohnheiten feststellen. Beispielsweise haben einige Haushalte ihre… (5)… nach Brokoli als Reaktion auf die Preissenkung bei anderen Gemüsearten eingeschränkt. Insgesamt ist aber die Zahl der Haushalte, bei denen Brokoli jetzt auf dem Speisezettel steht, gegenüber dem Vorjahr gestiegen, sodass die… (6)… bei diesem Gemüse nahezu unverändert blieb. Wegen des zunehmenden Angebots sind aber für die Zukunft Preissenkungen zu erwarten, die auch eine Erhöhung der… (7)… nach sich ziehen werden. Insgesamt lässt sich feststellen, dass die Entwicklung auf den Agrarmärkten nicht zur Steigerung der… (8)… beigetragen hat und daher nicht für die inflationäre Erhöhung des gesamtwirtschaftlichen Preisniveaus verantwortlich gemacht werden kann.

3 ▶ „Naturkatastrophen, die einen großen Teil der Ernte vernichten, können für die Landwirte mit Einkommenssteigerungen verbunden sein."

a) Überprüfen Sie diese Behauptung, indem Sie eine normal verlaufende Angebots- und Nachfragekurve für Grundnahrungsmittel skizzieren und die sich durch eine Naturkatastrophe ergebenden Änderungen erläutern.

b) Für den Fall, dass die Behauptung zutrifft: Warum schränken die Landwirte ihre Produktionsmengen nicht von vornherein ein oder vernichten einen Teil ihrer Ernte?

▶ A 5.5

▶ K

P.Point

Excel

Erlös- und Gewinnmaximierung durch Angebotsverknappung – Angebotsmonopol

Die Obst- und Gemüsebauern einer Region sehen sich einem zunehmenden Preisverfall für ihre Produkte ausgesetzt. Ursache dafür ist einerseits die starke Konkurrenz der Bauern untereinander und andererseits die Angebotserhöhung aufgrund der guten Ernteergebnisse. Die diesjährige Ernte ist inzwischen abgeschlossen und eingelagert worden. Jetzt sollen die Lagervorräte verkauft werden. Die derzeitigen Marktverhältnisse für eine bestimmte Obstsorte gehen aus der folgenden Tabelle hervor:

Preis (GE je t Obst)	260	240	220	200	180	160	140	120	100	80	60	40
aus dem Lagervorrat angebotene Menge (in t)	6 000	6 000	6 000	6 000	6 000	6 000	6 000	5 500	5 000	4 500	3 000	1 000
nachgefragte Menge (in t)	0	500	1 000	1 500	2 000	2 500	3 000	3 500	4 000	4 500	5 000	5 500

1 ▶ Wie hoch ist der Lagerbestand?

2 ▶ Welcher Gleichgewichtspreis und welche Gleichgewichtsmenge würde sich im vorliegenden Fall unter den Bedingungen des Polypols auf dem vollkommenen Markt ergeben?

3 ▶ Zeichnen Sie die Angebots- und Nachfragekurve in ein Koordinatensystem ein (x-Achse: Menge in t, 12 cm, 1 cm = 500 Mengeneinheiten; y-Achse: Preis, 13 cm, 1 cm = 20 Geldeinheiten).

4 ▶ Erläutern Sie den Verlauf der Angebotskurve im Preisbereich von 140 GE bis 260 GE.

5 ▶ Welchen Grund kann es haben, dass zum Gleichgewichtspreis nicht der volle Lagerbestand, sondern nur eine geringere Menge angeboten wird?

6 ▶ Wie hoch ist die Konsumentenrente im Fall der Polypolpreisbildung?

7 ▶ Der Bauernverband schlägt vor, dass sich die Obst- und Gemüsebauern zu einer Erzeugergemeinschaft zusammenschließen, um ihre Produkte gemeinsam zu vermarkten und gegenüber den Händlern eine größere Marktmacht zu erzielen. Aus der in der obigen Tabelle dargestellten Nachfragefunktion lässt sich die Erlösfunktion der Erzeugergemeinschaft ableiten, indem jeweils Preis und nachgefragte Menge miteinander multipliziert werden (Erlös = Preis • Menge).
Zeichnen Sie die Erlöskurve der Erzeugergemeinschaft in ein Koordinatensystem ein (x-Achse: Menge in t, 12 cm, 1 cm = 500 Mengeneinheiten, y-Achse: Erlös in 1 000 GE, 11 cm, 1 cm = 40 000 Geldeinheiten).

8 ▶ Bei welcher Preis-Mengen-Kombination liegt das Erlösmaximum und wie hoch ist es?

9 ▶ Stellen Sie fest, um wie viele t die Vorratsmenge und die erlösmaximale Absatzmenge voneinander abweichen. Welche Maßnahme muss hinsichtlich dieser Menge ergriffen werden, damit die in der Erzeugergemeinschaft zusammengeschlossenen Bauern das höchstmögliche Gesamteinkommen (= Erlösmaximum) erzielen können?

10 ▶ Wie hoch wäre der höchstmögliche Gesamtgewinn der Erzeugergemeinschaft, wenn für die bei Nr. 9 vorgeschlagene Maßnahme fixe Kosten in Höhe von 100 000 GE anfallen und andere Kosten vernachlässigt werden können?

11 ▶ Ermitteln Sie die Konsumentenrente für den Fall, dass es der Erzeugergemeinschaft gelingt, die gewinnmaximale Preis-Mengen-Kombination durchzusetzen. Vergleichen Sie das Ergebnis mit der bei Nr. 3 ermittelten Konsumentenrente. Worauf ist der Unterschied zurückzuführen?

12 ▶ Wie hoch ist die Preiselastizität der Nachfrage für die gewinnmaximale Preis-Mengen-Kombination der Erzeugergemeinschaft.

13 ▶ Warum würde sich der Gesamtgewinn der Erzeugergemeinschaft bei einer weiteren Preiserhöhung verringern?

14 ▶ Nehmen Sie zu den vom Bauernverband vorgeschlagenen Maßnahmen zur Regulierung des Obstmarktes Stellung.

Preisbildung eines Monopolisten: Tabellarische, grafische und analytische Ermittlung des Gewinnmaximums

A ◄ 5.6
K ◄
P.Point
Excel

Die beiden ersten Spalten der folgenden Tabelle zeigen die Preis-Absatz-Funktion eines Monopolisten:

Preis (p)	Menge (x)	Erlös (E)	Grenzerlös (E')	Fixkosten K_{fix}	var. Gesamtkosten (K_v)	Gesamtkosten (K)	Grenzkosten (K')	Gewinn (G)
100	0							
90	1							
80	2							
70	3							
60	4							
			10				10	
50	5	250		60	50	110		140
			- 10				10	
40	6	240		60	60	120		120
			- 30				10	
30	7	210		60	70	130		80
			- 50				10	
20	8	160		60	80	140		20
			- 70				10	
10	9	90		60	90	150		- 60
			- 90				10	
0	10	0		60	100	160		- 160

1 ▶ Tragen Sie die fehlenden Zahlenwerte der Erlös- und Grenzerlösfunktion in die Tabelle ein.

2 ▶ Bei welcher Ausbringungsmenge erreicht der Monopolist sein Erlösmaximum?

3 ▶ Die Gesamtkostenfunktion lautet: $K = 60 + 10\,x$.
Tragen Sie die fehlenden Zahlenwerte für die Fixkosten, die variablen Gesamtkosten, die Gesamtkosten, die Grenzkosten und den Gewinn in die Tabelle ein.

4 ▶ Zeichnen Sie die Erlöskurve, die Gesamtkostenkurve und den positiven Bereich der Gewinnkurve in ein Koordinatensystem ein (x-Achse: Menge, 10 cm, 1 cm = 1 Mengeneinheit, y-Achse: Erlöse, Kosten, Gewinn, 13 cm, 1 cm = 20 Geldeinheiten).

5 ▶ Ermitteln Sie
a) die Ausbringungsmenge, bei der der Monopolist sein Gewinnmaximum erreicht,

b) den Preis, der dieser gewinnmaximalen Ausbringungsmenge entspricht,

c) die Höhe des Gewinns im Gewinnmaximum.

6 ▶ Zeichnen Sie die Preis-Absatz-Kurve, den positiven Bereich der Grenzerlöskurve und die Grenzkostenkurve in ein darunter liegendes Koordinatensystem ein. (x-Achse: Menge, 10 cm, 1 cm = 1 Mengeneinheit; y-Achse: Preis, Grenzerlös, Grenzkosten, 10 cm, 1 c.n = 10 Geldeinheiten).

7 ▶ Welche Beziehung besteht bei der gewinnmaximalen Ausbringungsmenge zwischen Grenzerlös und Grenzkosten? Begründen Sie diesen Zusammenhang.

8 ▶ Zeichnen Sie den COURNOT'schen Punkt in das untere Koordinatensystem ein und bestimmen Sie grafisch die gewinnmaximale Preis-Mengen-Kombination.

9 ▶ Kennzeichnen Sie in dem unteren Koordinatensystem die Fläche, die der Konsumentenrente entspricht und berechnen Sie den Flächeninhalt.

10 ▶ Überprüfen Sie die von Ihnen tabellarisch und grafisch ermittelten Werte für das Erlös- und Gewinnmaximum mithilfe der Differentialrechnung. Die zugrunde liegende Nachfragefunktion lautet im vorliegenden Fall:

$x = 10 - 0{,}1p$ bzw. $p = 100 - 10\,x$

▶ A 5.7

Einflussfaktoren bei der Monpolpreisbildung – Preiselastizität – Kosten des Monopolisten

▶ K

P.Point

Excel

Für ein Unternehmen, das alleiniger Anbieter für ein Gut auf dem Markt ist, gilt die in der folgenden Tabelle dargestellte Erlös- und Kostensituation:

Menge (X)	0	10	20	30	40	50	60	70	80	90	100	110	120	130	140	150	160
Erlöse (E)	0	750	1.400	1.950	2.400	2.750	3.000	3.150	3.200	3.150	3.000	2.750	2.400	1.950	1.400	750	0
Kosten (K)	1.200	1.400	1.600	1.800	2.000	2.200	2.400	2.600	2.800	3.000	3.200	3.400	3.600	3.800	4.000	4.200	4.400

1 ▶ Bestimmen Sie anhand der Tabelle die gewinnmaximale Ausbringungsmenge.

2 ▶ Wie hoch sind die fixen Kosten (K_f), die variablen Stückkosten (k_v) und die Grenzkosten?

3 ▶ Ermitteln Sie anhand der Tabelle die Preis-Absatz-Funktion und tragen Sie diese in ein Koordinatensystem ein (x-Achse: Menge, 16 cm, 1 cm = 10 Mengeneinheiten, y-Achse: Preis, 10 cm, 1 cm = 10 Geldeinheiten).

4 ▶ Bei welcher Menge muss die Grenzerlöskurve die x-Achse im vorliegenden Fall schneiden?

5 ▶ Tragen Sie die Grenzerlös- und die Grenzkostenkurve in das Koordinatensystem ein.

6 ▶ Bestimmen Sie den COURNOT'schen Punkt und die gewinnmaximale Preis-Mengen-Kombination.

7 ▶ Bestimmen Sie für die folgenden Fälle die Preiselastizität der Nachfrage und stellen Sie fest, welche Zusammenhänge zwischen der Preisveränderung, der Erlösveränderung und der Preiselastizität der Nachfrage bestehen.

a) Preissenkung von 55 GE auf 45 GE

b) Preissenkung von 35 GE auf 25 GE

8 ▶ Nach Verhandlungen mit dem Betriebsrat erklärt sich der Monopolist bereit die Alterssicherung und Vermögensbildung der Arbeitnehmer zu unterstützten. Zur Aufbringung der Mittel werden folgende Finanzierungsmodelle diskutiert:

- Der Monopolist stellt 20 % seines Gewinns zur Verfügung (Gewinnbeteiligung).
- Der Monopolist stellt einen festen Betrag in Höhe von 10 % der derzeitigen Fixkosten zur Verfügung.
- Der Monopolist gewährt seinen Arbeitnehmern einen Lohnzuschlag von 20 %. Bisher betragen die Lohnkosten 50 % der variablen Kosten.

a) Ermitteln Sie für jede dieser drei Maßnahmen, welcher Betrag den Arbeitnehmern jeweils zufließt.
b) Prüfen Sie bei allen drei Modellen, ob sich dadurch die gewinnmaximale Preis-Mengen-Kombination ändert. Ermitteln Sie für diesen Fall jeweils die neue Absatzmenge, den neuen Preis, den Erlös, die Produktionskosten und das neue Gewinnmaximum. Wie verändern sich diese Größen gegenüber der Ausgangssituation?

9 ▶ Betriebsrat und Monopolist einigen sich auf das Gewinnbeteiligungsmodell. In der nächsten Periode ändert sich die Nachfrage. Die in obiger Tabelle dargestellte Preis-Absatz-Funktion des Monopolisten $x = 160 - 2p$ verändert sich aufgrund einer Nachfrageverschiebung zur neuen Preis-Absatz-Funktion: $x = 140 - 2p$.
a) Worauf kann die Nachfrageveränderung zurückzuführen sein?
b) Wie hoch sind Absatzmenge, Preis, Erlös, Produktionskosten und Gewinn im neuen Gewinnmaximum, das sich nach der Nachfrageänderung ergibt?
c) Wäre in diesem Fall eines der beiden anderen Finanzierungsmodelle zur Vermögensbildung (Lohnzuschlag von 20 % bzw. 10 % der Fixkosten) für die Arbeitnehmer günstiger?

10 ▶ Fassen Sie Ihre Erkenntnisse in einer Tabelle nach folgendem Muster zusammen, indem Sie angeben, wie sich Kosten- und Nachfrageveränderungen auf die Gewinnsituation des Angebotsmonopolisten auswirken.

Wirkung auf / Ursache	gewinnmaximale Menge	gewinnmaximaler Preis	Gewinn
Fixkosten steigen			
variablen Kosten steigen			
Nachfrage sinkt			

Preisdifferenzierung beim Monopol: Horizontale Aufspaltung des Marktes in Absatzschichten (Marktsegmentierung)

A ◀ 5.8

K ◀

P.Point

Excel

Der Fußballverein einer Kleinstadt erhält im Pokalwettbewerb durch Losentscheid ein Heimspiel gegen einen äußerst attraktiven Gegner. Das städtische Stadion fasst 10 000 Zuschauer. Der Vereinsvorstand möchte den sonst üblichen Eintrittspreis von einheitlich 10 € erhöhen, weil er mit einer starken Nachfrage nach Eintrittskarten rechnet. Aus früheren Veranstaltungen liegen ziemlich genaue Anhaltspunkte über das Nachfrageverhalten der Fußballfans bei unterschiedlichen Preisen vor.

Eintrittspreis Euro	30,00	27,50	25,00	22,50	20,00	17,50	15,00	12,50	10,00	7,50	5,00	2,50	0
Zuschauer	0	1 000	2 000	3 000	4 000	5 000	6 000	7 000	8 000	9 000	10 000	11 000	12 000

Die Stadt verlangt für die Überlassung des Stadions einen Beitrag zur Kostendeckung in Höhe von 5,00 € je Zuschauer. Weitere Kosten fallen für den Verein nicht an.

1 ▶ Der Vereinsvorstand möchte wissen, bei welchem Einheitspreis der höchste Gewinn für die Vereinskasse erzielt werden kann.
Bestimmen Sie grafisch den COURNOT'schen Punkt und ermitteln Sie die gewinnmaximale Preis-Mengen-Kombination (Koordinatensystem: x-Achse: Menge, 12 cm; 1 cm = 1 000 Mengeneinheiten, y-Achse: Preis, Grenzerlös, Grenzkosten, 12 cm; 1 cm = 2,5 Geldeinheiten).

2 ▶ Ermitteln Sie für die gewinnmaximale Preis-Mengen-Kombination
a) die Höhe des Gewinns
b) die Höhe der Konsumentenrente
c) den Auslastungsgrad des Stadions.

3 ▶ Der Vereinsvorstand weiß, dass die Fans der Gästemannschaft bereit wären einen noch höheren als den Monopolpreis zu zahlen. Es wird daher überlegt, ob sich der Gewinn noch steigern lässt, indem für die Eintrittskarten, die der Gästemannschaft für ihre Fans zustehen, ein Aufschlag von 5 € auf den Monopolpreis erhoben wird. (*Annahme:* Zu diesem erhöhten Preis fragen nur auswärtige Fans nach.)

a) Wie viele Eintrittskarten können in diesem Fall zu dem erhöhten Preis und wie viele zu dem geringeren Preis verkauft werden?
b) Wie hoch wäre in diesem Fall der Gesamterlös?
c) Wie hoch wäre in diesem Fall der Gesamtgewinn?
d) Wie hoch wäre die nach der Preisdifferenzierung verbleibende Konsumentenrente?
e) Wie hoch wäre die durch diese Preisdifferenzierung abgeschöpfte Konsumentenrente?

4 ▶ Der gewinnmaximierende Einheitspreis (Monopolpreis) erscheint dem Vereinsvorstand für bestimmte Fangruppen der Heimmannschaft unangemessen hoch. Außerdem soll das Stadion stärker gefüllt werden, damit die Heimmannschaft lautstark unterstützt werden kann. Es wird daher beschlossen, Jugendlichen und Rentnern einen Preisnachlass von 5,00 € gegenüber dem Monopolpreis zu gewähren. Die den Gästen zustehenden Eintrittskarten sollen weiterhin mit einem Zuschlag von 5,00 € versehen werden.

a) Wie viele Eintrittskarten können in diesem Fall insgesamt verkauft werden?
b) Wie hoch wäre in diesem Fall der Gesamterlös?
c) Wie hoch wäre in diesem Fall der Gesamtgewinn?

5 ▶ Es soll versucht werden, Gewinn und Zuschauerzahl durch eine weitere Preisdifferenzierung noch zu steigern. Dabei gilt die nebenstehende Preisstaffel

Reservierte Karten für die Gästefans	22,50 €
Normalpreis	17,50 €
Rentner, Arbeitslose, Jugendliche	12,50 €
Vereinsmitglieder	7,50 €

a) Wie viele Eintrittskarten können in diesem Fall insgesamt verkauft werden?
b) Wie hoch wäre in diesem Fall der Gesamterlös?
c) Wie hoch wäre in diesem Fall der Gesamtgewinn?

6 ▶ Der Vereinsvorstand stellt fest, dass trotz dieser Preisdifferenzierung das Stadion immer noch nicht ausverkauft ist und überlegt, ob die bisherige Preisstaffel geändert und der Eintrittspreis für Jugendliche auf 2,50 € gesenkt werden soll.

a) Wie groß wäre in diesem Fall die Gesamtnachfrage nach Eintrittskarten?
b) Wie viele Eintrittskarten können in diesem Fall angesichts der begrenzten Stadionkapazität tatsächlich verkauft werden?
c) Untersuchen Sie, wie sich diese Maßnahme zur vollen Auslastung des Stadions auf den Gewinn auswirken würde. Worauf ist die Gewinnveränderung zurückzuführen?

▶ A 5.9

Preis-Absatz-Kurven bei unterschiedlichen Marktformen – Nachfragekurven aus Sicht eines einzelnen Anbieters

▶ K

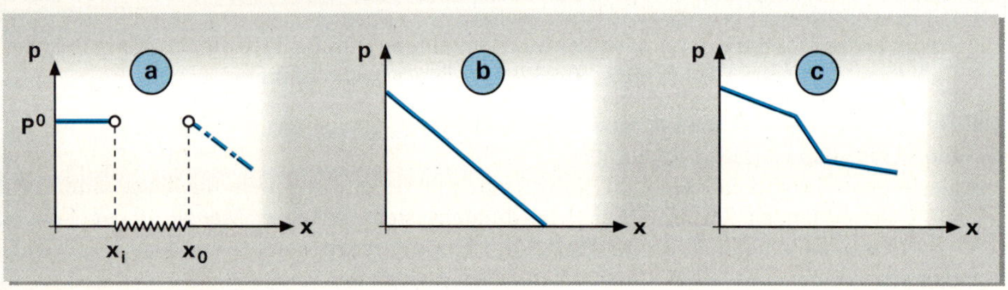

1 ▶ Die drei Kurven a), b) und c) bringen die Absatzmöglichkeiten eines einzelnen Anbieters bei unterschiedlichen Marktformen zum Ausdruck. Ordnen Sie jede der drei Kurven der entsprechenden Marktform zu und erläutern Sie den Verlauf der jeweiligen Kurve.

2 ▶ Welcher Zusammenhang besteht zwischen einer Preis-Absatz-Kurve und einer Nachfragekurve?
3 ▶ Unterscheiden Sie zwischen einer Preis-Absatz-Kurve und einer individuellen Angebotskurve.

Preisbildung des Polypols auf dem unvollkommenen Markt

A ◄ 5.10
K ◄
P.Point
Excel

In einer Stadt mit vielen Bäckereifachgeschäften bietet ein Bäcker eine neue Sorte Vollkornbrötchen unter dem Namen „Fitties" an. Die Brötchen werden als besonders schmackhaft und bekömmlich angepriesen. Gleichzeitig mit Werbemaßnahmen für die neue Brötchensorte hat der Bäcker auch seinen Service in verschiedener Hinsicht verbessert. Die Ladenöffnungszeiten sind jetzt länger. Er bietet seinen Kunden die Zustellung von frischen Backwaren am Sonntagmorgen frei Haus. Außerdem hat er Kundenkarten eingeführt, auf denen er den Kunden jeden Einkauf von mehr als 2,50 € bestätigt. Sobald sich die Einkäufe eines Kunden auf 100 € summieren, wird eine Gutschrift von 5 € gewährt.
Der Bäcker schätzt aufgrund seiner Markterfahrung, wie sich die Nachfrager bei verschiedenen Preisen für die neue Brötchensorte verhalten werden. Bei einem Preis von 0,65 € je Brötchen kann er höchstens 300 Brötchen täglich absetzen. Legt er den Preis über 0,65 € fest, verzichten alle Kunden auf diese Brötchen und kaufen stattdessen billigere Brötchen bei der Konkurrenz. Legt er den Preis auf 0,20 € je Brötchen oder niedriger fest, gewinnt er so viele Kunden, dass er seine Tageskapazität von 1 500 Brötchen voll auslasten kann.

Die voraussichtliche Erlös- und Kostenentwicklung fasst er in der folgenden Tabelle zusammen.

Preis für 1 Brötchen in Euro	0,65	0,65	0,65	0,65	0,60	0,55	0,50	0,45	0,40	0,35	0,30	0,25	0,20	0,20	0,20	0,20
Brötchen Tagesabsatz (Stück)	0	100	200	300	400	500	600	700	800	900	1 000	1 100	1 200	1 300	1 400	1 500
Erlös in Euro	0	65	130	195	240	275	300	315	320	315	300	275	240	260	280	300
Grenzerlös je Brötchen (in Euro)																
Gesamtkosten (in Euro)	50	70	90	110	130	150	170	190	210	230	250	270	290	310	330	350
Grenzkosten je Brötchen (in Euro)																

1 ▶ Tragen Sie die Preis-Absatz-Kurve für die „Fitties" in ein Koordinatensystem ein (x-Achse: Menge, 16 cm, 1 cm = 10 Mengeneinheiten; y-Achse: Preis, Grenzerlös, 12 cm, 1 cm = 0,10 € von – 0,40 € bis + 0,70 €).
2 ▶ Erläutern Sie den Verlauf der Preis-Absatz-Kurve.
3 ▶ Ermitteln Sie anhand der Tabelle die Grenzerlöse für ein „Fittie"-Brötchen bei den unterschiedlichen Ausbringungsmengen und tragen Sie die Grenzerlöskurve in das Koordinatensystem ein.
4 ▶ Ermitteln Sie anhand der Tabelle die Grenzkosten für ein „Fittie"-Brötchen und tragen Sie die Grenzkostenkurve in das Koordinatensystem ein.
5 ▶ Bestimmen Sie grafisch den gewinnmaximalen Preis und die gewinnmaximale Menge für die Brötchen nach der Gewinnmaximierungsregel E' = K'.
6 ▶ Tragen Sie die Gesamterlös- und Gesamtkostenkurve ein darunter liegendes Koordinatensystem ein und bestimmen Sie das Gewinnmaximum.
(Koordinatensystem: x-Achse: Menge, 16 cm, 1 cm = 10 Mengeneinheiten, y-Achse: Erlöse, Kosten, 16 cm; 1 cm = 20 €)
7 ▶ Angenommen, der Bäcker möchte mit den „Fittie"-Brötchen einen möglichst hohen Erlös erzielen. Bestimmen Sie für diesen Fall die Ausbringungsmenge (= Erlösmaximum) und den Stückpreis.

8 ▶ Angenommen, der Bäcker möchte seinen Marktanteil bei Brötchen erhöhen und seine Kapazitäten möglichst stark auslasten. Es soll aber kein Verlust entstehen. Bestimmen Sie für diesen Fall die Ausbringungsmenge für die „Fittie-"Brötchen (= Gewinngrenze).

9 ▶ Überprüfen Sie die von Ihnen ermittelten Werte für das Erlös- und Gewinnmaximum mithilfe der Differentialrechnung.
Preis-Absatz-Funktion im monopolistischen Bereich: $p = 0{,}8 - 0{,}0005\,x$
Gesamtkostenfunktion: $K = 50 + 0{,}2\,x$.

10 ▶ Wodurch unterscheidet sich das Verhalten der Bäckerei bei der Preisfindung für die „Fittie"-Brötchen vom Anbieterverhalten auf dem vollkommenen Markt?

▶ A 5.11

Gewinnmaximierung beim Polypol auf dem unvollkommenen Markt

▶ K

Ein Unternehmen, das Körperpflegemittel herstellt, bietet u. a. Seife von gehobener Qualität auf einem unvollkommenen polypolistischen Markt an. Die Geschäftsleitung vermutet, dass für das Unternehmen auf dem Seifenmarkt folgende Preis-Absatz-Funktion gilt (Mengenangaben in 100 000 Stück):

P.Point

Bereich I:	$p = -\frac{1}{3}x + 8$	für $0 \le x \le 3$
Bereich II:	$p = -x + 10$	für $3 \le x \le 6$
Bereich III:	$p = -\frac{1}{4}x + 5{,}5$	für $6 \le x \le 10$

1 ▶ Stellen Sie die Preis-Absatz-Kurve und die Grenzerlöskurve in einem Koordinatensystem grafisch dar (x-Achse: Menge, 12 cm, 1 cm = 100 000 Mengeneinheiten, y-Achse: Preis, Grenzerlös, 10 cm, 1 cm = 1 Geldeinheit).

2 ▶ Bestimmen Sie die obere und die untere Preisgrenze des monopolistischen Bereichs.

3 ▶ Die Gesamtkostenfunktion lautet: $K = 1\,000\,000 + 3x$. Tragen Sie die Grenzkostenkurve in das Koordinatensystem ein.

4 ▶ Ermitteln Sie Preis und Menge
a) im Gewinnmaximum
b) im Erlösmaximum.

5 ▶ Wie hoch ist der Gewinn im Gewinnmaximum?

6 ▶ Durch ein verändertes Fertigungsverfahren gelingt es dem Unternehmen, die variablen Kosten je Stück von bisher 3 GE auf 2 GE zu senken. Die Gesamtkostenfunktion lautet jetzt: $K = 1\,000\,000 + 2x$. Tragen Sie die neue Grenzkostenkurve in das Koordinatensystem ein.

7 ▶ Ermitteln Sie die neue gewinnmaximale Preis-Mengen-Kombination und die Höhe des Gewinns im Gewinnmaximum.

▶ A 5.12

Angebotsoligopol – Erklärung von Verhaltensweisen im Oligopol – Kartellbildung

Angenommen, auf einem Markt gibt es nur die beiden Anbieter A und B. Jeder von beiden versucht eine Strategie zu wählen, bei der sein Gewinn möglichst groß ist.
Für beide Anbieter besteht nur die Wahl zwischen zwei Strategien.

Strategie 1 (S_1): Hoher Preis **Strategie 2 (S_2):** Niedriger Preis

		Anbieter B	
		Hochpreis (S_{B1})	Niedrigpreis (S_{B2})
Anbieter A	Hochpreis (S_{A1})	(B) 50 (A) 50	(B) 100 (A) –50
	Niedrigpreis (S_{A2})	(B) –50 (A) 100	(B) 0 (A) 0

Situation 1
Setzt A einen hohen Preis (z. B. Monopolpreis) fest, so ist dies für ihn nur dann mit einem hohen Gewinnzuwachs verbunden, wenn auch B denselben hohen Preis verlangt. Setzt B dagegen einen niedrigeren Preis fest, erleidet A eine Gewinnminderung, weil seine Absatzmenge zurückgeht. Der Gewinnzuwachs des B ist in diesem Fall noch höher als wenn beide Anbieter die Hochpreisstrategie wählen. Wählen beide Anbieter die Niedrig-

preisstrategie, ergibt sich keine Gewinnveränderung. Diese Zusammenhänge sind für die vier möglichen Strategiekombinationen in der folgenden **Gewinnmatrix** in Mio. € dargestellt (linke untere Ecke: Gewinnveränderungen für Unternehmen A; rechte obere Ecke: Gewinnveränderung für Unternehmen B).

1 ▶ Welche Strategie wird Anbieter A voraussichtlich wählen? Begründen Sie Ihre Antwort.
2 ▶ Welche Strategie wird Anbieter B voraussichtlich wählen? Begründen Sie Ihre Antwort.
3 ▶ Welchen Einfluss haben die voraussichtlich gewählten Strategien auf die Gewinnsituation der beiden Anbieter?
4 ▶ Wie wirkt sich die voraussichtliche Strategiekombination für die Nachfrager aus?

Situation 2:
Aufgrund veränderter Kostenstrukturen ändert sich die Gewinnmatrix wie folgt:

		Anbieter B	
		Hochpreis (S_{B1})	Niedrigpreis (S_{B2})
Anbieter A	Hochpreis (S_{A1})	(B) 60 (A) 40	(B) 100 (A) -50
	Niedrigpreis (S_{A2})	(B) -50 (A) 100	(B) 5 (A) -5

Welche Strategie wird Anbieter B voraussichtlich wählen und welche Folgen ergeben sich daraus für A? Begründen Sie Ihre Antwort.

Situation 3:
Die beiden Anbieter A und B haben ein Kartell gebildet, um **gemeinsam** ihren Gewinn zu maximieren. Der vereinbarte Kartellpreis (Monopolpreis) lässt sich aber nur durchsetzen, wenn die Angebotsmenge eingeschränkt wird. Die gewinnmaximale Menge wird daher zu gleichen Teilen auf die beiden Anbieter aufgeteilt. Beide Anbieter haben dadurch aber Leerkapazitäten. Jeder von ihnen überlegt daher, ob sich nicht ein individueller Zusatzgewinn erzielen lässt, wenn die Produktion unter Umgehung der Kartellvereinbarung heimlich erhöht wird.

Beiden Unternehmen stehen folgende Strategien zur Auswahl:
Strategie 1 (S_1): Produktion nicht erhöhen (= Kartellvereinbarung einhalten)
Strategie 2 (S_2): Produktion erhöhen (= Kartellvereinbarung umgehen)

Die sich bei jeder der vier Strategiekombinationen ergebenden Gewinne für A und B sind in der folgenden **Gewinnmatrix** dargestellt (linke untere Ecke: Gewinn für Unternehmen A; rechte obere Ecke: Gewinn für Unternehmen B).

		Anbieter B	
		Produktion nicht erhöhen (S_{B1})	Produktion erhöhen (S_{B2})
Anbieter A	Produktion nicht erhöhen (S_{A1})	(B) 110 (A) 110	(B) 120 (A) 80
	Produktion erhöhen (S_{A2})	(B) 80 (A) 120	(B) 100 (A) 100

1 ▶ Prüfen Sie, ob das Kartell längerfristig Bestand haben wird. Begründen Sie Ihre Antwort.
2 ▶ Wie wirkt sich die voraussichtliche Strategiekombination auf den Gewinn der beiden Anbieter aus?
3 ▶ Wie wirkt sich die voraussichtliche Strategiekombination für die Nachfrager aus?

6 Marktwirtschaftliche Ordnung in Modell und Realität

Fallbeispiele zur Einführung

Fallbeispiel 6.1: Lösung der wirtschaftlichen Grundfragen in einer Marktwirtschaft

1. Erläutern Sie anhand der unten stehenden Abbildung wie in einer Marktwirtschaft die Frage gelöst wird „Was soll produziert werden?“
2. Welche Bedeutung hat der Wettbewerb zwischen den Unternehmen auf den Güter- und Faktormärkten für die Lösung der Frage „Wie soll produziert werden?“
3. Warum sind die Faktormärkte ausschlaggebend für die Lösung der Frage: „Für wen soll produziert werden?“

P.Point

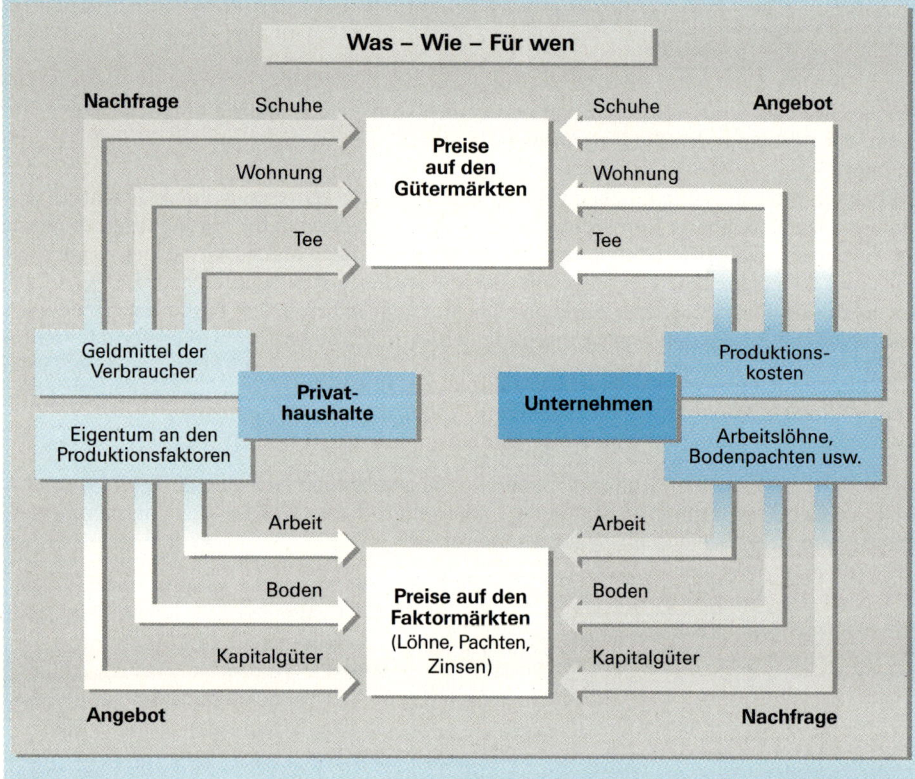

Wettbewerb und Preissystem sorgen in einer Marktwirtschaft dafür, die Grundfragen „WAS, WIE und FÜR WEN SOLL PRODUZIERT WERDEN?“ zu lösen.

Quelle: P. A. Samuelson, Volkswirtschaftslehre, Wien, Frankfurt 1998, S. 54

Erläuterungen und Lösung siehe Seiten 176 und 177.

Fallbeispiel 6.2

- Welche der folgenden Grundgesetzartikel sind unvereinbar
  a) mit einer Zentralverwaltungswirtschaft? b) mit einer freien Marktwirtschaft?

Auszüge aus dem Grundgesetz für die Bundesrepublik Deutschland

Art. 2	**[Allgemeines Persönlichkeitsrecht]** (1) Jeder hat das Recht auf die freie Entfaltung seiner Persönlichkeit, soweit er nicht die Rechte anderer verletzt und nicht gegen die verfassungsmäßige Ordnung oder das Sittengesetz verstößt. (2) Jeder hat das Recht auf Leben und körperliche Unversehrtheit. Die Freiheit der Person ist unverletzlich. In diese Rechte darf nur auf Grund eines Gesetzes eingegriffen werden.
Art. 5	**[Recht der freien Meinungsäußerung]** (1) Jeder hat das Recht, seine Meinung in Wort, Schrift und Bild frei zu äußern und zu verbreiten und sich aus allgemein zugänglichen Quellen ungehindert zu unterrichten. Die Pressefreiheit und die Freiheit der Berichterstattung durch Rundfunk und Film werden gewährleistet. Eine Zensur findet nicht statt.
Art. 9	**[Vereinigungsfreiheit]** (1) Alle Deutschen haben das Recht, Vereine und Gesellschaften zu bilden. (3) Das Recht, zur Wahrung und Förderung der Arbeits- und Wirtschaftsbedingungen Vereinigungen zu bilden, ist für jedermann und für alle Berufe gewährleistet. Abreden, die dieses Recht einschränken oder zu behindern suchen, sind nichtig, hierauf gerichtete Maßnahmen sind rechtswidrig.
Art. 11	**[Freizügigkeit]** Alle Deutschen genießen Freizügigkeit im gesamten Bundesgebiet.
Art. 12	**[Berufsfreiheit]** (1) Alle Deutschen haben das Recht, Beruf, Arbeitsplatz und Ausbildungsstätte frei zu wählen. Die Berufsausübung kann durch Gesetz oder auf Grund eines Gesetzes geregelt werden. (2) Niemand darf zu einer bestimmten Arbeit gezwungen werden, ...
Art. 14	**[Eigentum, Erbrecht, Enteignung]** (1) Das Eigentum und das Erbrecht werden gewährleistet. Inhalt und Schranken werden durch die Gesetze bestimmt. (2) Eigentum verpflichtet. Sein Gebrauch soll zugleich dem Wohle der Allgemeinheit dienen. (3) Eine Enteignung ist nur zum Wohle der Allgemeinheit zulässig. Sie darf nur durch Gesetz oder auf Grund eines Gesetzes erfolgen, das Art und Ausmaß der Entschädigung regelt ....
Art. 15	**[Sozialisierung]** (1) Grund und Boden, Naturschätze und Produktionsmittel können zum Zwecke der Vergesellschaftung durch ein Gesetz, das Art und Ausmaß der Entschädigung regelt, in Gemeineigentum oder in andere Formen der Gemeinwirtschaft überführt werden ....
Art. 20	**[Bundesstaatliche Verfassung; ...]** (1) Die Bundesrepublik Deutschland ist ein demokratischer und sozialer Bundesstaat.
Art. 20a	**[Umweltschutz]** Der Staat schützt auch in Verantwortung für die künftigen Generationen die natürlichen Lebensgrundlagen ....
Art. 28	**[Verfassung der Länder]** (1) Die verfassungsmäßige Ordnung in den Ländern muss den Grundsätzen des republikanischen, demokratischen und sozialen Rechtsstaates im Sinne dieses Grundgesetzes entsprechen.
Art. 109	**[Haushaltswirtschaft in Bund und Ländern]** (2) Bund und Länder haben bei ihrer Haushaltswirtschaft den Erfordernissen des gesamtwirtschaftlichen Gleichgewichts Rechnung zu tragen.

Erläuterungen und Lösung siehe Seite 184.

Gesetzestexte: alte Rechtschreibung

Fallbeispiel 6.3

Für ein bestimmtes landwirtschaftliches Anbauprodukt liegen die in der nebenstehenden Abbildung dargestellten Marktverhältnisse vor. Die Regierung möchte den Anbau dieses Produkts weiter fördern.

● Stellen Sie fest, wie sich

1. Subventionszahlungen in Höhe von 100 Euro je t
2. die Festsetzung eines um 100 Euro über dem derzeitigen Gleichgewichtspreis liegenden Mindestpreises

auf die Produktionsmenge, den Preis, die Erlöse der Produzenten und den Staatshaushalt auswirken.

Erläuterungen und Lösung siehe Seiten 206 und 209.

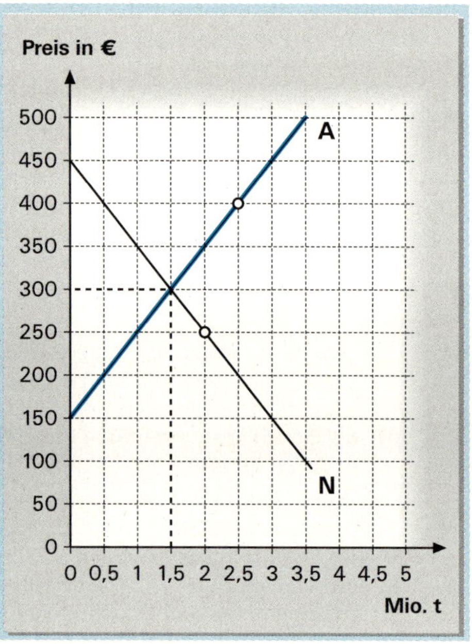

6.1 Idealtypische Wirtschaftsordnungen

Begriff der Wirtschaftsordnung

In einer arbeitsteiligen Wirtschaft müssen die Regeln für das Zusammenwirken der Wirtschaftssubjekte dauerhaft vereinbart werden. Nur so können die wirtschaftlichen Aktivitäten von Unternehmen, Haushalten und Staat aufeinander abgestimmt und die Voraussetzungen für erfolgreiches Handeln zur Minderung der Güterknappheit geschaffen werden. Es gehört zu den Aufgaben **staatlicher Wirtschaftspolitik,** ein solches Regelsystem, das aus Grundsätzen, Vereinbarungen und Vorschriften für wirtschaftliches Handeln besteht, festzulegen.

Die Wirtschaftsordnung ist die Gesamtheit aller Ordnungselemente (Regeln, Normen, Institutionen) zur Regelung der Wirtschaftsbeziehungen in einer Volkswirtschaft.

Bei diesem Ordnungsgefüge kann es sich um eine konkrete, in der Realität anzutreffende Organisationsform (z. B. am Leitbild der sozialen Marktwirtschaft orientierte Wirtschaftsordnung in der Bundesrepublik Deutschland) handeln. Ist dagegen die idealtypische Modellkonstruktion eines Lenkungssystems (Marktwirtschaft bzw. Zentralverwaltungswirtschaft) gemeint, wird dafür auch der Begriff **Wirtschaftssystem**[1] benutzt.

Gesellschaftspolitisches Leitbild

Die Wirtschaftsordnung ist neben der Rechts- und Sozialordnung das wichtigste Element der alle Bereiche des menschlichen Zusammenlebens umfassenden Gesell-

1 Diese Art der begrifflichen Unterscheidung, bei der Wirtschaftsordnung ein Oberbegriff zu Wirtschaftssystem ist, wurde beispielsweise von Walter Eucken vorgenommen.
Vgl. W. Eucken, Die Grundlagen der Nationalökonomie, Berlin, Göttingen, Heidelberg, 8. Aufl. 1965
Von zahlreichen anderen Autoren volkswirtschaftlicher Lehrbücher werden die Begriffe Wirtschaftsordnung und Wirtschaftssystem dagegen gleich bedeutend benutzt oder anders abgegrenzt.

schaftsordnung. Das in der jeweiligen Gesellschaftsordnung vorherrschende **gesellschaftspolitische Leitbild** hat entscheidenden Einfluss auf die Wirtschaftsordnung. Als zwei extrem unterschiedliche Auffassungen vom Wesen des Menschen stehen sich dabei **Individualismus** und **Kollektivismus** gegenüber. Der Individualismus sieht den Menschen als Ausgangs- und Mittelpunkt allen gesellschaftlichen Lebens. Sein oberstes Ideal sind die freie Entfaltung aller Anlagen, Kräfte und Interessen des Einzelnen. Diesem Menschenbild entspricht als Staats- und Gesellschaftsauffassung der **Liberalismus**.

Der Kollektivismus sieht dagegen den Einzelnen vor allem und zuerst als ein der **Gemeinschaft** (Kollektiv) untergeordnetes und dienendes Wesen. Das beinhaltet die Auffassung, die Gemeinschaft habe eigenständige, übergeordnete Interessen, die möglicherweise von den Interessen des Einzelnen abweichen und gegen dessen Willen durchgesetzt werden müssen. Als politisches System entspricht dem Kollektivprinzip der **Sozialismus** in seinen verschiedenen Ausprägungen, von denen der **Kommunismus** als extremste Form angesehen wird (*vgl. 6.3*).

Die gesellschaftspolitische Grundentscheidung zwischen Individualismus und Kollektivismus bestimmt weitgehend auch alle anderen wesentlichen Elemente einer Wirtschaftsordnung.

Vergleichende Übersicht der Merkmale idealtypischer Wirtschaftsordnungen

Bei einer Volkswirtschaft, in der die Einzelpläne in Form von Angebot und Nachfrage zum Ausdruck kommen und durch den Preismechanismus am Markt ohne staatliche Eingriffe koordiniert werden, handelt es sich um eine **Marktwirtschaft.** Bei einer Volkswirtschaft, in der eine Zentralstelle über die Planaufstellung entscheidet und die Koordination von Produktion und Konsum der Einzelwirtschaften durch

Merkmale der idealtypischen Wirtschaftsordnungen im Vergleich

Idealtypen / Merkmale	Freie Marktwirtschaft	Zentralverwaltungswirtschaft
Leitidee hinsichtlich der Stellung des Einzelnen in der Gesellschaft	Individualismus	Kollektivismus
aus der Leitidee entwickelte gesellschaftspolitische Auffassung	Liberalismus	Sozialismus
Aufstellung und Koordination der Wirtschaftspläne (Lenkungsprinzip)	Dezentrale Planaufstellung durch Unternehmen und Haushalte, Lenkung und Steuerung des Wirtschaftsprozesses zur Abstimmung der Einzelpläne durch den Preismechanismus	Aufstellung eines zentralen Gesamtplans durch eine zentrale Planungsbehörde, Lenkung und Steuerung des Wirtschaftsprozesses durch die Planungsbehörde
Eigentumsordnung	Privateigentum an den Produktionsmitteln (Kapitalismus)	Gemeineigentum an Produktionsmitteln (sozialisiertes Eigentum)
Rolle des Staates	Schutz der Freiheiten der Bürger durch Festsetzung und Überwachung eines Ordnungsrahmens (Nachtwächterstaat)	Uneingeschränkte wirtschaftliche und politische Macht des Staates
Staatsform	Demokratie	Diktatur

verbindliche Planvorgaben erfolgt, handelt es sich um eine **Zentralverwaltungswirtschaft**[1].

Eine Wirtschaftsordnung, in der Privateigentum an Produktionsmitteln vorherrscht und in der die Produktionsentscheidungen in der Hand privater Unternehmer liegen, die über den Einsatz ihrer Produktionsmittel frei bestimmen können, wird auch als kapitalistische Marktwirtschaft oder als **Kapitalismus** bezeichnet.

Als gedankliche **Modelle** lassen sich die beiden **idealtypischen Wirtschaftsordnungen freie Marktwirtschaft** und **Zentralverwaltungswirtschaft** unterscheiden. Es handelt sich dabei um Modellkonstruktionen und nicht um in der Realität vorzufindende Wirtschaftsordnungen (Realtypen).

6.2 Modell einer freien Marktwirtschaft

6.2.1 Ideologische Grundlagen einer freien Marktwirtschaft

Die wesentlichen Merkmale einer Marktwirtschaft wurden erstmals von ADAM SMITH (1723–1790) systematisch untersucht und beschrieben.[2] A. SMITH gilt als Begründer der klassischen Volkswirtschaftslehre und Vorreiter marktwirtschaftlichen Denkens. Seine volkswirtschaftlichen Erkenntnisse gehen auf seine Arbeit als Moralphilosoph zurück. Ihnen liegen die Norm- und Wertvorstellungen des **Individualismus** (*vgl. 6.1.2*) zugrunde. Die freie Entfaltung des Menschen steht daher im Vordergrund aller Überlegungen von A. SMITH. Entsprechend der zugehörigen Staats- und Gesellschaftsauffassung des **Liberalismus** soll der Staat weitgehend auf Eingriffe in das Wirtschaftsgeschehen verzichten und die Wirtschaftsentwicklung dem freien Spiel der Marktkräfte überlassen (Laissez-faire-Liberalismus).[3] Nach liberalistischer Auffassung führt das egoistische Erwerbsstreben des Einzelnen, das wie eine „unsichtbare Hand" wirkt, gleichzeitig zur Förderung des Gemeinwohls. Die Selbststeuerung der Wirtschaft wird als das geeignete Mittel angesehen, um den Reichtum einer Nation zu vergrößern und gleichzeitig eine sozial gerechte Güterverteilung herbeizuführen.

Nach Auffassung der Vertreter des klassischen Wirtschaftsliberalismus wird das Gemeinwohl dann am besten gefördert, wenn sich die Menschen bei ihrem wirtschaftlichen Handeln an ihren eigenen Interessen orientieren und der Staat weitgehend auf Eingriffe in das Wirtschaftsgeschehen verzichtet.

ADAM SMITH: Verhältnis von Eigennutz zu Gemeinnutz, (S. 369)
„Der Einzelne ist stets darauf bedacht, herauszufinden, wo er sein Kapital, über das er verfügen kann, so vorteilhaft wie nur irgend möglich einsetzen kann. Und tatsächlich hat er dabei den eigenen Vorteil im Auge und nicht etwa den der Volkswirtschaft. Aber gerade das Streben nach seinem eigenen Vorteil ist es, das ihn ganz von selbst oder vielmehr notwendigerweise dazu führt, sein Kapital dort einzusetzen, wo es auch dem ganzen Land den größten Nutzen bringt."

1 Die zuweilen anzutreffende Bezeichnung „Planwirtschaft" für eine derartige Wirtschaftsordnung ist irreführend. Auch eine Marktwirtschaft beruht auf Wirtschaftsplänen. Das Unterscheidungsmerkmal für die beiden idealtypischen Wirtschaftsordnungen ist, ob eine dezentrale oder eine zentrale Planung vorliegt. Daher ist der Begriff „Zentralverwaltungswirtschaft" für eine Wirtschaftsordnung, die durch zentrale Planung gekennzeichnet ist, vorzuziehen.

2 Vgl. die deutsche Übersetzung auf der Basis der 5. Aufl. von 1789 von H. C. Recktenwald, Der Wohlstand der Nationen, Eine Untersuchung seiner Natur und seiner Ursachen, 7. Aufl., München 1996

3 laissez faire, laissez passer (deutsch: lasst machen, lasst gehen). Im 17. Jh. in Frankreich als Motto für die Beseitigung hinderlicher Staatseingriffe in den Wirtschaftsablauf entstandene Redewendung.

Kein Eingriff des Staates in das Wirtschaftsgeschehen, (S. 371)
„... wenn [jeder Einzelne] die Erwerbstätigkeit so fördert, dass ihr Ertrag den höchsten Wert erzielen kann, strebt er lediglich nach seinem eigenen Gewinn. Und er wird in diesem wie auch in vielen anderen Fällen von einer unsichtbaren Hand geleitet, um einen Zweck zu fördern, den zu erfüllen er in keiner Weise beabsichtigt hat. Auch für das Land selbst ist es keineswegs immer das schlechteste, dass der Einzelne ein solches Ziel nicht bewusst anstrebt, ja, gerade dadurch, dass er das eigene Interesse verfolgt, fördert er häufig das der Gesellschaft nachhaltiger, als wenn er wirklich beabsichtigt, es zu tun ... Der Einzelne vermag ganz offensichtlich aus seiner Kenntnis der örtlichen Verhältnisse weit besser zu beurteilen, als es irgendein Staatsmann oder Gesetzgeber für ihn tun kann, welcher Erwerbszweig im Lande für den Einsatz seines Kapitals geeignet ist und welcher einen Ertrag abwirft, der den höchsten Wertzuwachs verspricht."

Über die Aufgaben des Staates (Souverän), (S. 582)
„Gibt man daher alle Systeme der Begünstigung und Beschränkung auf, so stellt sich ganz von selbst das einsichtige und einfache System der natürlichen Freiheit her. Solange der Einzelne nicht die Gesetze verletzt, lässt man ihm völlige Freiheit, damit er das eigene Interesse auf seine Weise verfolgen kann und seinen Erwerbsfleiß und sein Kapital im Wettbewerb mit jedem anderen oder einem anderen Stand entwickeln oder einsetzen kann ... Im System der natürlichen Freiheit hat der Souverän lediglich drei Aufgaben zu erfüllen, ...:
Erstens die Pflicht, das Land gegen Gewalttätigkeit und Angriffe anderer unabhängiger Staaten zu schützen, zweitens die Aufgabe, jedes Mitglied der Gesellschaft so weit wie möglich vor Ungerechtigkeit oder Unterdrückung durch einen Mitbürger in Schutz zu nehmen oder ein zuverlässiges Justizwesen einzurichten und drittens die Pflicht, bestimmte öffentliche Anstalten und Einrichtungen zu gründen und zu unterhalten, die ein einzelner oder eine kleine Gruppe aus eigenem Interesse nicht betreiben kann, weil der Gewinn ihre Kosten niemals decken könnte ..."

Regierung als Hüterin des Privateigentums, (S. 601)
„Nur unter dem Schutz einer staatlichen Behörde kann der Besitzer eines wertvollen Vermögens ... auch nur eine einzige Nacht ruhig und sicher schlafen ... Für den Erwerb wertvoller und großer Vermögen ist es daher unbedingt erforderlich, dass eine solche Verwaltung eingerichtet ist. Wo es jedoch kein Privateigentum ... gibt, ... ist eine Behörde nicht so nötig.

Im 19. Jahrhundert gab es insbesondere in England eine auf den Prinzipien des klassischen Liberalismus beruhende Wirtschaftsordnung. Die damit einhergehende Wirtschaftspolitik, die auch als **Laissez-faire-Liberalismus** oder **Manchester-Liberalismus**[1] bezeichnet wird, war durch eine äußerst starke Zurückhaltung des Staates gekennzeichnet (**Nachtwächterstaat**)[2]. Die Forderungen des klassischen Liberalismus als Ordnungsprinzip für die Wirtschaft wurden seit Beginn des 20. Jahrhunderts durch den **Neoliberalismus** wieder aufgegriffen. Die Fehlentwicklungen des Laissez-faire-Liberalismus sollten dabei u. a. dadurch korrigiert und verhindert werden, dass dem Staat die Aufgabe zugeschrieben wurde, den freien Wettbewerb aktiv zu sichern und damit Marktmacht einzelner Marktteilnehmer zu verhindern. Die in Deutschland vertretene Ausgestaltung der neoliberalen Konzeption wird als **Ordoliberalismus** bezeichnet. Seine geistigen Wurzeln gehen auf die in den 30er-Jahren an der Universität Freiburg u. a. von WALTER EUCKEN begründeten „FREIBURGER SCHULE" zurück. Die Vertreter des Ordoliberalismus, der u. a. als Reaktion auf die Weltwirtschaftskrise (1929–1933) entstand, fordern einen starken Staat, der die **Wettbewerbsordnung** sichern soll. Der Ordoliberalismus ist eine der wesentlichen Grundlagen für die in der Bundesrepublik Deutschland verwirklichte Wirtschaftsordnung, die am **Leitbild der sozialen Marktwirtschaft** orientiert ist.

---

1 Diese Bezeichnung geht auf die Forderung einiger Industrieller aus der englischen Stadt Manchester zurück, die jegliche Eingriffe des Staates in das Wirtschaftsgeschehen unterbinden wollten.

2 Diese polemische Bezeichnung für die Rolle des Staates, sich auf den Schutz des Privateigentums zu beschränken, stammt von Ferdinand Lassalle (1825–1864). F. Lassalle war ein deutscher Politiker. Er gründete 1863 den „Allgemeinen Deutschen Arbeiterverein", die Vorläuferorganisation der SPD.

6.2.2 Funktionen des Preises in einer freien Marktwirtschaft

▶ A 6.1 In jeder Wirtschaftsordnung müssen die wirtschaftlichen Aktivitäten von Unternehmen und Haushalten geplant, koordiniert und kontrolliert werden. Außerdem ist ein Anreiz nötig, damit die Entscheidungen der Wirtschaftseinheiten unter Beachtung des ökonomischen Prinzips getroffen werden. In einer freien Marktwirtschaft übernimmt der Preis einen wesentlichen Teil dieser Aufgaben.

Planungssystem: Dezentrale Planung

In einer freien Marktwirtschaft werden die Entscheidungen, welche Güter in welchem Umfang produziert und konsumiert werden sollen, von den Produzenten und Konsumenten eigenständig getroffen (= **dezentrale Planung**). Die Produktions- und Konsumentscheidungen der Wirtschaftseinheiten sind dabei abhängig von den Preisen auf den Güter- und Faktormärkten. Preiserhöhungen signalisieren, dass das Angebot für die herrschende Nachfrage zu gering ist, Preissenkungen, dass das Angebot für die herrschende Nachfrage zu hoch ist. Der Preis dient als Knappheitsindikator (= **Signal**- oder **Informationsfunktion des Preises**).

Indem die Produzenten ihre Produktionsmenge an die veränderte Knappheitssituation auf den Gütermarkt anpassen, werden gleichzeitig die Produktionsfaktoren in die Bereiche gelenkt, in denen nach der Preisänderung die größten Gewinne zu erwarten sind. Dadurch ist gewährleistet, dass die Produktionsfaktoren jeweils in ihrer produktivsten Verwendung eingesetzt werden (= **Lenkungs**- oder **Allokationsfunktion des Preises**).

Mit der Änderung von Produktionsmenge und Produktionsstruktur verändert sich auch der Bedarf an bestimmten Produktionsfaktoren. Das beeinflusst die Preisverhältnisse auf den Faktormärkten. Somit ziehen Preisänderungen auf Gütermärkten auch Preisänderungen auf Faktormärkten nach sich. Da die Preise auf den Faktormärkten die Einkommen für die Inhaber der Produktionsfaktoren darstellen, ergeben sich daraus auch Veränderungen für die Einkommens- und Vermögensverteilung (= **Verteilungsfunktion des Preises**). Auf der Nachfrageseite teilen die Preise das Angebot den Nachfragern zu, die bereit sind den Marktpreis zu akzeptieren (= **Zuteilungsfunktion des Preises**).

Lösung zu Fallbeispiel 6.1 Nr. 3 (*vgl. S. 170*)

Die Frage FÜR WEN SOLL PRODUZIERT WERDEN? wird in einer Marktwirtschaft auf den Faktormärkten entschieden, wo durch das Zusammenspiel von Faktorangebot der Haushalte und Faktornachfrage der Unternehmen Einkommen in Form von Löhnen, Zinsen und Mieten entstehen. Die Höhe des Einkommens bestimmt die Höhe der Kaufkraft eines Haushalts und damit die Möglichkeit der Güternachfrage.

Koordinationssystem: Abstimmung der Pläne durch den Preismechanismus

Es wäre reiner Zufall, wenn die einzelwirtschaftlichen Pläne der Produzenten und Konsumenten von vornherein so übereinstimmen würden, dass alle Produzenten zu den von ihnen geplanten Preisen ihre gesamte Produktion absetzen könnten und alle Konsumenten zu den von ihnen akzeptierten Preisen die erwartete Gütermenge erhalten würden. In Wirklichkeit müssen Produzenten und Konsumenten ihre Pläne laufend revidieren. Möchten beispielsweise die Konsumenten zu einem bestimmten Preis weniger Güter kaufen als die Produzenten aufgrund ihrer Produktionspläne anbieten wollen, werden die Produzenten den Preis senken. Zu diesem niedrigeren Preis sind einige Konsumenten zusätzlich bereit, diese Güter – abweichend von ihrem ursprünglichen Konsumplan – zu kaufen. Eine am Preis orientierte Produktionsplanung der Hersteller wird gleichzeitig den Konsumentenwünschen gerecht. Eine solche Lenkung des Wirtschaftsprozesses durch die auf den Bedürfnissen der Konsumenten beruhenden Nachfrageentscheidungen wird als **Konsumentensouveränität** bezeichnet.

Die **Wechselwirkungen** zwischen Angebot, Nachfrage und Preis, die eine **Koordination** der Wirtschaftspläne von Produzenten und Konsumenten herbeiführen, werden als **Preismechanismus** bezeichnet und stellen das **Steuerungsinstrument** einer Marktwirtschaft dar. Dieser Anpassungsprozess, der ständige Preis-, Produktions- und Nachfrageänderungen beinhaltet, setzt sich so lange fort, bis die Pläne der Produzenten und Konsumenten aufeinander abgestimmt sind **(= Planabstimmungs-, Koordinations-** oder **Ausgleichsfunktion des Preises).**

Lösung zu Fallbeispiel 6.1 Nr. 1 *(vgl. S. 170)*

In einer Marktwirtschaft wird die Frage WAS SOLL PRODUZIERT WERDEN? auf den Gütermärkten entschieden, wo die durch die Kosten der Produktionsfaktoren beeinflussten Angebotsentscheidung der Produzenten einerseits und die Nachfrageentscheidungen der Konsumenten andererseits aufeinander abgestimmt werden.

Motivationssystem: Leistungsanreiz durch Gewinnstreben

Die Steuerung einer Marktwirtschaft durch einen sich frei am Markt bildenden Preis kann nur funktionieren, wenn die Anbieter miteinander in Wettbewerb stehen. Ein funktionierender Wettbewerb schafft bei den Produzenten Anreize zur Leistungsverbesserung und erzwingt Anpassungen an veränderte Konsumentenwünsche, da auf diese Weise die Gewinnerzielungsmöglichkeiten steigen. Für die Produzenten stellen Gewinne einen Leistungsanreiz dar, während Verluste einer Bestrafung für unwirtschaftliches Verhalten gleichkommen. Da die Preise der Produktionsfaktoren die Produktionskosten und damit die Höhe des Gewinns beeinflussen, werden die Produzenten aus eigenem Interesse versuchen, die **Minimalkostenkombination** (*vgl. 1.5*) zu verwirklichen, indem sie teure Produktionsfaktoren durch billigere ersetzen.
Produzenten und Konsumenten werden durch den Preis zu wirtschaftlichem Handeln und zur Berücksichtigung der Knappheitsverhältnisse auf den Güter- und Faktormärkten veranlasst (= **Anreizfunktion des Preises**).

Lösung zu Fallbeispiel 6.1 Nr. 2 *(vgl. S. 170)*

In einer Marktwirtschaft wird die Frage WIE SOLL PRODUZIERT WERDEN? durch den Wettbewerb auf den Güter- und Faktormärkten entschieden, weil ein Unternehmen im Konkurrenzkampf nur dann bestehen kann, wenn es seine Leistung ständig verbessert und möglichst kostengünstig produziert.

Kontrollsystem: Leistungskontrolle durch Wettbewerb

Die dezentrale Planung der Wirtschaftseinheiten setzt Privateigentum an Produktionsgütern voraus. Mit privaten Eigentumsrechten geht aber die Gefahr einer wirtschaftlichen Machtkonzentration einher. Der Wettbewerb zwischen den Produzenten stellt diesbezüglich ein wirksames System zur Machtkontrolle dar. Bei funktionierendem Wettbewerb ist es ausgeschlossen, dass ein Produzent auf Dauer eine unangemessen hohe Marktmacht innehat, da die Mitbewerber seine Produkte und Produktionsverfahren nachahmen und den von ihm verlangten Preis unterbieten. Da sich in einer Wettbewerbswirtschaft Konsumenten und Produzenten bei der Suche nach eigenen Vorteilen ständig gegenseitig beobachten und überwachen, beinhaltet der Wettbewerb nicht nur einen Leistungsanreiz, sondern gleichzeitig auch eine wirksame Leistungskontrolle für wirtschaftliches Verhalten.

Über den Preis erzielen leistungsfähige Marktteilnehmer ein entsprechendes Einkommen und werden belohnt. Nichtleistungsfähige oder nichtleistungswillige Marktteilnehmer werden dagegen über den Preis mit einer Einkommensminderung bis hin zur Verdrängung vom Markt bestraft (= **Auslesefunktion des Preises**).

Funktionen des Preises im Überblick

P.Point

Funktionen des Preises in einer freien Marktwirtschaft					
Signal-/Informationsfunktion	**Lenkungs-/Allokationsfunktion**	**Ausgleichs-/Planabstimmungsfunktion**	**Verteilungs- und Zuteilungsfunktion**	**Anreizfunktion**	**Auslesefunktion**
Der Preis informiert über die Knappheit eines Gutes (Knappheitsindikator).	Der Preis lenkt die Produktionsfaktoren in die Bereiche, in denen sie am produktivsten eingesetzt werden können.	Der Preis stimmt die Pläne von Unternehmen und Haushalten aufeinander ab und bringt Angebot und Nachfrage zum Ausgleich.	Veränderungen von Güter- und Faktorpreisen wirken sich auf die Einkommensverteilung aus. Über den Preis wird das Angebot den Nachfragern zugeteilt.	Der Preis bietet einen Anreiz, mit knappen Gütern sparsam umzugehen.	Der Preis sanktioniert leistungsunfähige Unternehmen und sorgt dafür, dass sie aus dem Markt ausscheiden.

Wettbewerb ist die Voraussetzung für das Wirksamwerden des Preismechanismus und die Erfüllung der Preisfunktionen.

6.2.3 Ordnungsrahmen einer freien Marktwirtschaft

In einer freien Marktwirtschaft legt der Staat den Ordnungsrahmen, innerhalb dessen der Wirtschaftsprozess abläuft, fest. Er greift aber nicht direkt in das Wirtschaftsgeschehen ein.

Ordnungsrahmen einer freien Marktwirtschaft

Merkmale des Ordnungsrahmens

- Privateigentum an Produktionsmitteln
- Vertragsfreiheit
- Gewerbe- und Produktionsfreiheit
- Konsumfreiheit
- freie Berufs- und Arbeitsplatzwahl

- Das **Privateigentum an den Produktionsmitteln** (z. B. Maschinen, Transportmittel, Boden) ist Voraussetzung dafür, dass sich die Unternehmen bei der Aufstellung und Verwirklichung ihrer Produktionspläne frei entscheiden können. Erwerbsbetriebe in staatlichem Eigentum sind in einer freien Marktwirtschaft grundsätzlich auch möglich, sofern sie in Konkurrenzbeziehung zu privaten Unternehmen stehen.
- Die **Vertragsfreiheit** ermöglicht es den Wirtschaftssubjekten, beliebige Verträge abzuschließen und deren Inhalt selbst zu bestimmen (Vertragswirtschaft). Ohne Vertragsfreiheit kann es keinen freien Austausch von Sachgütern und Leistungen am Markt geben. Der Staat muss Rechtssicherheit garantieren, damit die Vertragspartner ihre Ansprüche notfalls mit staatlicher Hilfe (z. B. Gerichte, Polizei) durchsetzen können.
- Die **Gewerbefreiheit** ermöglicht es jedem Produzenten, ein beliebiges Gewerbe zu betreiben und sich am Markt frei zu betätigen. Staatliche Kontrollen und Zulassungsbeschränkungen sind damit nicht zu vereinbaren. Marktzutrittsschranken würden zu einer Verringerung des Wettbewerbs führen und die Entstehung marktbeherrschender Unternehmen fördern.
- Die **Produktionsfreiheit** ermöglicht es jedem Produzenten, selbst darüber zu entscheiden, was und wie viel er produzieren will.
- Die **Konsumfreiheit** ermöglicht es jedem Konsumenten, selbst darüber zu entscheiden, wie er sein Einkommen verwenden und was er in welchem Umfang kaufen will.
- Die Gewerbefreiheit umfasst auch die **freie Wahl von Beruf und Arbeitsplatz**.

P. Point

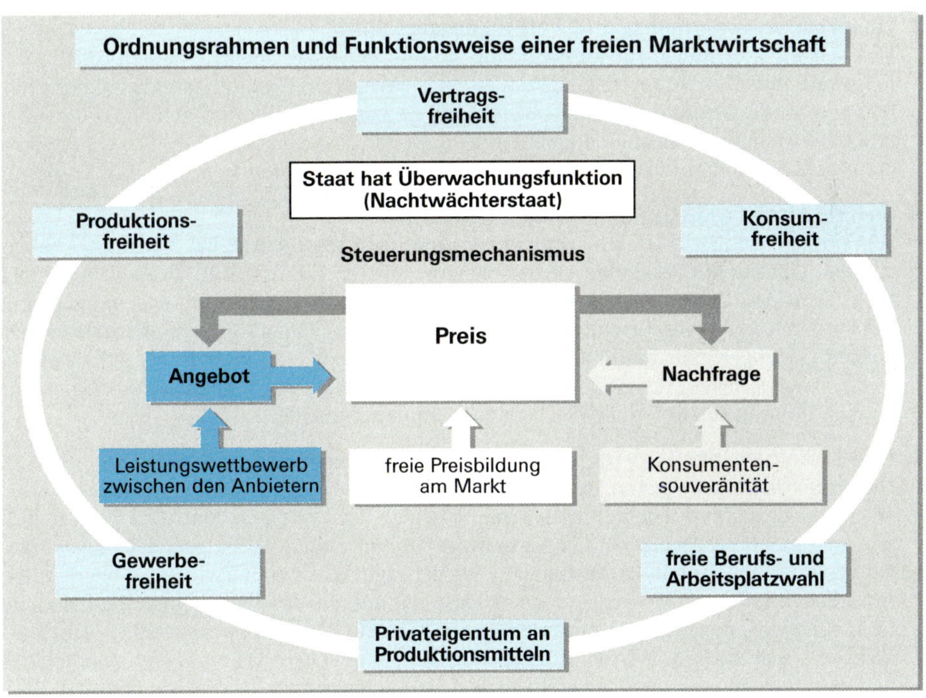

6.3 Abweichungen zwischen Modell und Realität marktwirtschaftlicher Ordnung

Das Modell der freien Marktwirtschaft beschreibt eine idealtypische Wirtschaftsordnung, die nur unter ganz bestimmten Bedingungen funktionsfähig ist. In der Realität kann eine rein marktwirtschaftliche Lenkung des Wirtschaftsprozesses zwar zu effizienten und kostengünstigen Ergebnissen führen, die aber häufig nach heutigen Gerechtigkeitsvorstellungen unsozial sind.

Alle in der Realität vorzufindenden marktwirtschaftlichen Ordnungen weichen vom Idealtyp der freien Marktwirtschaft mehr oder weniger stark ab. Einerseits sind die Modellvoraussetzungen in der Realität teilweise nicht gegeben, sodass die wirtschaftliche Entwicklung anders verläuft als im Modell angenommen. Andererseits führt die freie Marktwirtschaft in bestimmten Fällen zu Ergebnissen, die den heutigen Vorstellungen von sozialer Gerechtigkeit widersprechen.

Eine vom Eigeninteresse der Menschen getragene und ohne staatliche Eingriffe nur über den Marktmechanismus gesteuerte Wirtschaftsordnung, wie sie als **Laissez-faire-Liberalismus** (Manchester-Liberalismus) im 19. Jahrhundert insbesondere in England praktiziert wurde, kann zu Fehlentwicklungen führen. Ein eigennütziges, an der Mehrung des eigenen Einkommens orientiertes Verhalten der Wirtschaftssubjekte erzeugt nicht in allen Fällen den von A. SMITH behaupteten Wohlstand für die gesamte Gesellschaft (*vgl. 6.2.1*). Insbesondere folgende Mängel machen staatliche Eingriffe in das Wirtschaftsgeschehen einer Marktwirtschaft notwendig:

- **Unsoziale Einkommens- und Vermögensverteilung**
  Da die Voraussetzungen zur Einkommens- und Vermögenserzielung, nämlich Intelligenz, Leistungs- und Durchsetzungsfähigkeit, ererbtes Vermögen, Eigentum an Produktionsmitteln u.Ä. in der Realität ungleich verteilt sind, ist eine ungleiche Einkommens- und Vermögensverteilung die zwangsläufige Folge einer freien Marktwirtschaft. Es besteht die Tendenz, dass Arme immer ärmer und Reiche immer reicher werden.

- **Soziale Missstände durch Versagen des Arbeitsmarktes**
  Auf einem freien Arbeitsmarkt verläuft die **Arbeitsangebotskurve** bei niedrigen Löhnen anomal. Um das Existenzminimum zu sichern, müssen die Arbeitskräfte bei sinkendem Lohn mehr und länger arbeiten. Das Arbeitsangebot steigt somit bei sinkendem Lohn und weicht damit völlig von den Regeln der klassischen Arbeitsmarkttheorie ab. Statt des erhofften Gleichgewichts bei Vollbeschäftigung können sich auf einem freien Arbeitsmarkt vielmehr Marktmacht der Arbeitgeber, starke Abhängigkeit der besitzlosen Arbeitnehmer und ein Lohnniveau unterhalb des Existenzminimums einstellen.

- **Einschränkung des Leistungswettbewerbs zwischen den Anbietern**
  Durch die Ungleichheiten bei der Einkommens- und Vermögensverteilung entsteht Marktmacht, die dazu missbraucht werden kann, mögliche Konkurrenten vom Markt fern zu halten, vorhandene Konkurrenten zu verdrängen und überhöhte Preise von den Konsumenten zu verlangen. Durch die Ausnutzung der Vertragsfreiheit zum Zweck von unerlaubten Absprachen zwischen Unternehmen zur Ausschaltung des Wettbewerbs können Kartelle und Monopole entstehen, die zu einer weiteren Konzentration von wirtschaftlicher und politischer Macht führen. Wettbewerbsbeschränkungen machen das entscheidende Koordinations-, Motivations- und Kontrollsystem einer Marktwirtschaft funktionsunfähig.

- **Unterversorgung mit öffentlichen Gütern und Überbeanspruchung von Umweltgütern**
  Ohne wirtschaftliche Einflussnahme des Staates kommt es in einer Marktwirtschaft zu einer Unterversorgung mit öffentlichen Gütern (z. B. Infrastruktur, Gesundheits- und Bildungswesen), da solche Güter nicht oder nicht im erwünschten Umfang von privaten Anbietern über den Markt bereitgestellt werden. Auch bei der Nutzung von Umweltgütern liegt ein solches Marktversagen vor.

- **Wirtschaftskrisen**
  Kritiker der freien Marktwirtschaft behaupten, dass ein rein marktwirtschaftliches System u. a. aufgrund einer Tendenz zur Überproduktion regelmäßig wiederkehrende Wirtschaftskrisen auslöst. Die in der Realität beobachtbaren Konjunkturschwankungen werden als Beleg dafür herangezogen, dass die von der klassischen Arbeitsmarkttheorie behauptete Tendenz zur Vollbeschäftigung ohne staatliche Eingriffe in Wirklichkeit nicht besteht. Von Befürwortern des marktwirtschaftlichen Systems wird dagegen behauptet, dass gerade die staatliche Einflussnahme auf den Wirtschaftsprozess die Wirtschaftsschwankungen erst hervorruft (*vgl. 9.5*). Nach neoliberaler Auffassung ist beispielsweise die eigentliche Ursache der Weltwirtschaftskrise um 1930 darin zu suchen, dass die staatliche Wirtschaftspolitik nicht an einem ordnungspolitischen Leitbild orientiert, sondern unzusammenhängend, punktuell und widersprüchlich war. Eine solche unkoordinierte und nur von Fall zu Fall nachträglich korrigierende Wirtschaftspolitik wird als **Interventionismus**[1] bezeichnet.

Exkurs: Kommunistische Utopie von KARL MARX und FRIEDRICH ENGELS

Als Reaktion auf die im Zusammenhang mit der liberalen Wirtschaftspolitik und der Industrialisierung im 19. Jahrhundert entstandenen sozialen Missstande und Probleme entwickelten KARL MARX (1818–1883) und sein Freund FRIEDRICH ENGELS (1820–1895) eine **sozialistische Gesellschaftstheorie**[2]. Ihre Kritik richtete sich vor allem gegen die durch Privateigentum an Produktionsmitteln und freies Unternehmertum gekennzeichnete kapitalistische Produktionsweise. Dieses System war ihrer Meinung nach die Ursache für

- die Konzentration (Akkumulation) von immer mehr Produktionsmitteln (Kapital) in der Hand einer kleinen gesellschaftlichen Gruppe (Bourgeoisie, Kapitalisten),
- die Einschränkung der Konkurrenz und die Entwicklung von Monopolen,
- die regelmäßig wiederkehrenden Wirtschaftskrisen und
- die Ausbeutung und Verelendung der Arbeiter (Proletarier).

Nach den Vorstellungen von MARX und ENGELS sollten diese Probleme dadurch gelöst werden, dass das Privateigentum durch gesellschaftliches Eigentum und die Entscheidungsfreiheit des Einzelnen durch eine dem Allgemeinwohl dienende staatliche Planung und Kontrolle ersetzt werden (Zentralverwaltungswirtschaft). Dem liegen die Norm- und Wertvorstellungen des **Kollektivismus** (*vgl. 6.1*) zugrunde, demzufolge nicht der einzelne Mensch, sondern die Gemeinschaft Bezugspunkt allen Handelns sein soll. Die von MARX und ENGELS entwickelte Utopie einer zukünftigen klassenlosen Gesellschaft, in der die Produktionsmittel in Gemeineigentum überführt sind, die soziale Gleichstellung der Menschen verwirklicht ist, „jeder nach seinen Fähigkeiten" leistet und „jedem nach seinen Bedürfnissen" zugeteilt wird, wird als **Kommunismus** bezeichnet.

1 intervenieren (*lat.*): eingreifen; sich einmischen
2 Karl Marx, Friedrich Engels, Werke. Hrsg.: Institut für Marxismus-Leninismus beim ZK der SED, 39 Bände, Berlin (Ost), 1956 ff.

...
Frage: „Welcher Art wird diese neue Gesellschaftsordnung sein müssen?"
Antwort: „Sie wird vor allen Dingen den Betrieb der Industrie und aller Produktionszweige überhaupt aus den Händen einzelner, einander Konkurrenz machender Individuen nehmen und dafür alle diese Produktionszweige durch die ganze Gesellschaft, das heißt für gemeinschaftliche Rechnung, nach gemeinschaftlichem Plan und unter Beteiligung aller Mitglieder der Gesellschaft betreiben lassen müssen ... Das Privateigentum wird ... abgeschafft werden müssen und an seine Stelle wird die gemeinsame Benutzung aller Produktionsinstrumente und die Verteilung aller Produkte nach gemeinsamer Übereinkunft oder die so genannte Gütergemeinschaft stehen."

Friedrich Engels, Grundzüge des Kommunismus, 1847 (Entwurf für das 1848 veröffentlichte Kommunistische Manifest), abgedruckt in der Schriftenreihe Demokratie und Sozialismus Heft 4, Offenbach 1947, S. 22

6.4 Soziale Marktwirtschaft in der Bundesrepublik Deutschland

6.4.1 Grundlagen und Ordnungsmerkmale der sozialen Marktwirtschaft

Grundlagen

„Der *Begriff* der sozialen Marktwirtschaft kann ... als eine ordnungspolitische Idee definiert werden, deren Ziel es ist, auf der Basis der Wettbewerbswirtschaft die freie Initiative mit einem gerade durch die marktwirtschaftliche Leistung gesicherten sozialen Fortschritt zu verbinden ...
Sinn der sozialen Marktwirtschaft ist es, das Prinzip der Freiheit auf dem Markte mit dem des sozialen Ausgleichs zu verbinden."

A. Müller-Armack, Artikel „Soziale Marktwirtschaft", in: U. v. Beckerath u. a. (Hrsg.), Handwörterbuch der Sozialwissenschaften, Bd. 9, Stuttgart 1956, S. 390

Die theoretischen Grundlagen der in der Bundesrepublik Deutschland seit ihrer Gründung im Jahr 1949 bestehenden Wirtschaftsordnung gehen auf die als **Ordoliberalismus**[1] bezeichnete Denkrichtung der sog. „FREIBURGER SCHULE" um WALTER EUCKEN zurück (*vgl. 6.2.1*). Ihre konkrete Ausgestaltung in der Realität erfuhr diese Wirtschaftsordnung durch den ersten Wirtschaftsminister der Bundesrepublik Deutschland, LUDWIG ERHARD[2], und seinen Mitarbeiter ALFRED MÜLLER-ARMACK[3]. Grundlage ist die ordnungspolitische Konzeption der **sozialen Marktwirtschaft**, die das marktwirtschaftliche Prinzip mit dem des sozialen Ausgleichs zu verbinden versucht.

Die Vertreter einer sozialen Marktwirtschaft sehen das vorrangige Ziel staatlicher Wirtschaftspolitik in der Schaffung und Sicherung einer **Wettbewerbsordnung** (*vgl. 6.4.2*). Eine freiheitlich geordnete Marktwirtschaft trägt nach dieser Auffassung auch ohne zusätzliche sozialpolitische Maßnahmen des Staates bereits wesentliche soziale Züge.

1 Ordo (*lat.*): Ordnung
2 Ludwig Erhard (1897–1977), Professor für Volkswirtschaftslehre; 1949–1963 Bundeswirtschaftsminister; 1963–1966 Bundeskanzler
3 Alfred Müller-Armack (1901–1978), Professor für Volkswirtschaftslehre in Köln; 1958–1963 Staatssekretär im Bundeswirtschaftsministerium

Das wird mit folgenden Argumenten begründet:

- Von einem durch den Wettbewerb ausgelösten Wirtschaftswachstum werden auch die unteren Einkommensschichten begünstigt.
- Durch den Wettbewerb werden Monopolgewinne abgebaut, sodass die aus den Zeiten des Laissez-faire-Liberalismus im 19. Jahrhundert bekannten Einkommens-, Vermögens- und Machtunterschiede verschwinden.
- Eine funktionierende Wettbewerbswirtschaft garantiert einen hohen Grad an konjunktureller Anpassungs- und Stabilisierungsfähigkeit, sodass konjunkturelle Massenarbeitslosigkeit und die damit verbundenen sozialen Folgen verhindert werden.
- Die Anbieter sind gezwungen ihre Produktion an den Wünschen der Verbraucher auszurichten (Konsumentensouveränität).

A ◄ 6.2

Anders als im klassischen Liberalismus wird aber vom **Ordoliberalismus** ausdrücklich anerkannt, dass der **Leistungswettbewerb** wegen fehlender Start- und Chancengleichheit zwangsläufig zu einer **ungleichen Einkommens- und Vermögensverteilung** führt. Dadurch sind auch die Möglichkeiten ungleich verteilt, sich selbst gegen bestimmte Lebensrisiken (z. B. Alter, Krankheit, Invalidität, unverschuldete Arbeitslosigkeit) ausreichend abzusichern. Daher wird über die staatlichen Maßnahmen zur Gestaltung der Wettbewerbsordnung hinaus auch eine „Spezielle Sozialpolitik" zur Schließung dieser „Gerechtigkeitslücke" als notwendig angesehen.[1] Die Konzeption der sozialen Marktwirtschaft sieht also ergänzend zur staatlich garantierten **Wettbewerbsordnung** eine **Sozialordnung** vor, die auch die **Korrektur der Wettbewerbsergebnisse** nach sozialen Gerechtigkeitsvorstellung durch spezielle Maßnahmen zur Einkommensumverteilung und sozialen Sicherung umfasst.

In einer am Leitbild der sozialen Marktwirtschaft orientierten Wirtschaftsordnung erfolgt die Lenkung des Wirtschaftsprozesses durch den freien Markt und Wettbewerb. Wenn das Marktergebnis sozial unerwünscht ist oder als ungerecht angesehen wird, greift der Staat korrigierend ein.

Für alle **wirtschafts- und sozialpolitischen Maßnahmen** des Staates in der sozialen Marktwirtschaft gilt aber das Grundprinzip, dass sie **marktkonform** erfolgen sollen, d. h., sie dürfen die freie Preisbildung nach Möglichkeit nicht einschränken (*vgl. 6.5.1*).

Ordnungsmerkmale

Die soziale Marktwirtschaft ist das Leitbild einer Wirtschaftsordnung, die bei ihrer konkreten Ausgestaltung in der Bundesrepublik Deutschland im Laufe der Zeit Wandlungen unterlag und für künftige Gestaltungsaufgaben offen ist. Im **Grundgesetz** der Bundesrepublik ist keine bestimmte Wirtschaftsordnung verankert. Vielmehr lässt das Grundgesetz verschieden ausgestaltete reale Wirtschaftsordnungen zu. Allerdings ist das Grundgesetz weder mit einer Zentralverwaltungswirtschaft noch mit einer freien Marktwirtschaft zu vereinbaren.

„Die gegenwärtige Wirtschafts- und Sozialordnung ist zwar eine nach dem Grundgesetz mögliche, keineswegs aber die allein mögliche."
Urteil des BverfG vom 20. Juli 1954

Das Grundgesetz der Bundesrepublik Deutschland ist weder mit einer freien Marktwirtschaft noch mit einer Zentralverwaltungswirtschaft zu vereinbaren. Es schreibt keine bestimmte Wirtschaftsordnung vor, sondern lässt verschiedene Ausgestaltungen zu.

1 Vergleiche W. Eucken, Grundlagen der Wirtschaftspolitik, (1952), 6. Aufl. Stuttgart 1990, S. 318 ff.

Lösung zu Fallbeispiel 6.2 (*vgl. S. 171*)

Grundgesetz der Bundesrepublik Deutschland vom 23. Mai 1949	
Mit einer Zentralverwaltungswirtschaft unvereinbare Grundrechte	***Mit einer freien Marktwirtschaft unvereinbare Verpflichtungen und Rechte***
Art. 2: Entfaltung der Persönlichkeit	*Art. 14 (2): Sozialpflichtigkeit des Eigentums*
Art. 5: Recht auf freie Meinungsäußerung	*Art. 14 (3): Enteignung zugunsten des Allgemeinwohls*
Art. 9: Koalitionsfreiheit	*Art. 15 (1): Recht auf Überführung in Gemeineigentum*
Art. 11: Recht auf Freizügigkeit	*Art. 20 (1): Sozialer Bundesstaat*
	Art. 20a: Umweltschutz
Art. 12: Berufsfreiheit	*Art. 28 (1): Sozialer Rechtsstaat*
Art. 14 (1): Recht auf Privateigentum	*Art. 109 (2): Berücksichtigung des gesamtwirtschaftlichen Gleichgewichts durch Bund und Länder*

Eine rechtsverbindliche Festlegung wesentlicher Elemente der sozialen Marktwirtschaft erfolgte erstmals 1990 im Zusammenhang mit der deutschen Wiedervereinigung.

Auszug aus Art. 1 des Vertrags einer Währungs-, Wirtschafts- und Sozialunion zwischen der Bundesrepublik Deutschland und der Deutschen Demokratischen Republik vom 18. Mai 1990

(3) Grundlage der Wirtschaftsunion ist die soziale Marktwirtschaft als gemeinsame Wirtschaftsordnung beider Vertragsparteien. Sie wird insbesondere bestimmt durch Privateigentum, Leistungswettbewerb, freie Preisbildung und grundsätzlich volle Freizügigkeit von Arbeit, Kapital, Gütern und Dienstleistungen; ... Sie trägt den Erfordernissen des Umweltschutzes Rechnung.

(4) Die Sozialunion bildet mit der Währungs- und Wirtschaftsunion eine Einheit. Sie wird insbesondere bestimmt durch eine der sozialen Marktwirtschaft entsprechende Arbeitsrechtsordnung und ein auf den Prinzipien der Leistungsgerechtigkeit und des sozialen Ausgleichs beruhendes umfassendes System der sozialen Sicherung.

Die folgenden Ausprägungen der Ordnungsmerkmale können als systembestimmende Elemente einer Sozialen Marktwirtschaft angesehen werden:

Merkmal	Soziale Marktwirtschaft
Rolle des Staates	**Eingriffe des Staates in das Wirtschaftsgeschehen** zur – Sicherung des Wettbewerbs (Wettbewerbspolitik) – Wahrung sozialer Gerechtigkeit (Sozial- und Einkommenspolitik) – Erreichung des gesamtwirtschaftlichen Gleichgewichts (Wachstums-, Konjunktur- und Strukturpolitik)
Eigentumsform	**Einschränkung der Eigentumsgarantie:** Grundsätzlich wird das Privateigentum garantiert. Zugunsten des Allgemeinwohls sind aber Enteignungen zulässig (z. B. Grundstücksenteignung für den Bau von Straßen). Auch Staatseigentum ist möglich (z. B. öffentliche Verkehrsbetriebe). In bestimmten Betrieben besteht ein Mitbestimmungsrecht der Arbeitnehmer.

Wettbewerb und Preisbildung	**Einschränkung des freien Wettbewerbs und der freien Preisbildung:** Wettbewerb und freie Preisbildung sind die Grundprinzipien. Auf Teilmärkten greift der Staat aber in die Preisbildung ein oder tritt selbst als Anbieter auf (z. B. Preisregulierung auf dem Agrarmarkt, staatliche Monopole bei der Wasserversorgung u. Ä., Bereitstellung öffentlicher Güter).
Verträge	**Einschränkung der Vertragsfreiheit:** Verträge zur Bildung von Kartellen und andere wettbewerbsbeschränkende Vereinbarungen sind nichtig. Das gilt auch für Verträge, bei denen schwächere Vertragspartner übervorteilt werden (z. B. Wucher, Ausnutzung einer Notlage). Schutzgesetze (z. B. Verbraucherschutz, Arbeitsschutz) schränken die Vertragsfreiheit zugunsten des schwächeren Vertragspartners ein.
Produktion/ Handel	**Einschränkung der Produktions- und Gewerbefreiheit:** Betriebe, von denen eine Gefährdung der Gesundheit und/oder der Sicherheit der Bevölkerung ausgehen kann, sind genehmigungspflichtig und unterstehen staatlicher Kontrolle (z. B. Gaststätten, Apotheken, Kernkraftwerke).
Konsum	**Einschränkung der Konsumfreiheit:** Konsumgüter, die Gesundheitsgefährdungen mit sich bringen können, sind nicht frei verkäuflich (z. B. Medikamente, Rauschgift, Waffen).
Berufs-/ Arbeitsplatzwahl	**Einschränkung der Berufs- und Arbeitsplatzwahl**: Bestimmte Berufsgruppen müssen sich staatlicher Prüfungen unterziehen (z. B. Ärzte, Lehrer, Juristen) und benötigen für ihre Niederlassung eine staatliche Zulassung (z. B. Notare).
Arbeitsmarkt	**Koalitionsfreiheit und Tarifverhandlungen:** Gewerkschaften und Arbeitgeberverbände handeln Löhne und Arbeitsbedingungen aus. Der Staat greift in diese Verhandlungen nicht ein (**Tarifautonomie**). Staatliche Maßnahmen zur Einkommensumverteilung (z. B. Kindergeld, Wohngeld, progressiver Einkommensteuertarif).

Insbesondere die Ausgestaltung der **Wettbewerbsordnung**, der **Sozialordnung** und der **Geldordnung** ist entscheidend für das Funktionieren einer sozialen Marktwirtschaft.

6.4.2 Wettbewerbsordnung

Wettbewerbssicherung als staatliche Aufgabe

Wettbewerb ist das Grundelement jeder Marktwirtschaft. Ohne Wettbewerb kann der Preis seine für die Steuerung und Koordination des Wirtschaftsprozesses unerlässlichen Funktionen nicht erfüllen *(vgl. 6.2.2)*. Die geschichtlichen Erfahrungen zeigen aber, dass in einer Marktwirtschaft Tendenzen zur Einschränkung des Wettbewerbs und damit zur Selbstauflösung dieser Wirtschaftsordnung bestehen, wenn der Wettbewerb nicht durch

„Geschäftsleute des gleichen Gewerbes kommen selten … zusammen, ohne dass das Gespräch in einer Verschwörung gegen die Öffentlichkeit endet oder irgendein Plan ausgeheckt wird, wie man die Preise erhöhen kann … Kaufleute sind immer daran interessiert, … den Wettbewerb einzuschränken … doch muss eine Beschränkung der Konkurrenz … stets schaden, da diese lediglich dazu dienen kann, dass die Geschäftsleute ihren Gewinn über die natürliche Spanne hinaus erhöhen und gleichsam den Mitbürgern eine absurde Steuer zum eigenen Vorteil auferlegen."

Adam Smith, 1789, a. a. O., S. 112 und 213

A ◄ 6.3

> „Anbieter und Nachfrager suchen stets – wo immer es möglich ist – Konkurrenz zu vermeiden und monopolistische Stellungen zu erwerben oder zu behaupten. Ein tiefer Trieb zur Beseitigung von Konkurrenz und zum Erwerb von Monopolstellungen ist überall und zu allen Zeiten lebendig ... Warum sollen drei Bäcker in einer Stadt des 13. Jahrhunderts konkurrieren? Sie verabreden sich und bilden ein Monopol und sie versuchen darüber hinaus, sich gegen weitere Konkurrenz abzuschirmen. Ähnlich war es vorher, ist es heute und wird es in Zukunft sein ... *Universal besteht der „Hang zur Monopolbildung" – ein Faktum, mit dem alle Wirtschaftspolitik zu rechnen hat.* So war es auch in der Zeit liberaler Wirtschaftspolitik."
>
> W. Eucken, Grundsätze der Wirtschaftspolitik, 6. Aufl., Tübingen 1990, S. 31

staatliche Maßnahmen gesichert wird. Unternehmen haben nämlich das Bestreben, sich den Zwängen und Kontrollen des Wettbewerbs zu entziehen und sich vor Konkurrenten zu schützen, indem sie z. B.

- untereinander wettbewerbsbeschränkende Vereinbarungen treffen (Kartell),
- ihre Marktmacht durch Unternehmenszusammenschlüsse erhöhen (Fusion),
- ihre Marktmacht dazu benutzen, andere Wettbewerber vom Markt auszuschließen (Missbrauch marktbeherrschender Stellung).

Unbegrenzte Vertragsfreiheit und weit gehender Verzicht auf Staatseingriffe sind Ursache für eine zunehmende Ausschaltung des Wettbewerbs durch Kartelle (= Kollektivmonopole) und eine wachsende Monopolisierung.

Ein Kartell ist ein Zusammenschluss von rechtlich selbstständig bleibenden Unternehmen der gleichen Wirtschaftsstufe, die durch Vertrag oder Absprache ihre wirtschaftliche Handlungsfreiheit teilweise aufgeben, um den Wettbewerb einzuschränken oder aufzuheben.

Beispielsweise wurde im deutschen Recht gegen Ende des 19. Jahrhunderts die Vertragsfreiheit so ausgelegt, dass sie den Abschluss von Kartellverträgen als zulässig und rechtlich schützenswert einschloss. Die Folge war, dass Deutschland bis zum Ende des zweiten Weltkriegs international als das Land der Kartelle galt. In den Jahren 1920 bis 1925 erreichte die Kartellbildung mit über 2 500 Kartellen ihren Höhepunkt.[1]

Abweichend von der Auffassung des klassischen Liberalismus sahen es die Vertreter des **Ordoliberalismus** um WALTER EUCKEN daher als die wichtigste ordnungspolitische Aufgabe des Staates an, die Rahmenbedingungen und Regeln für die Aufrechterhaltung des Wettbewerbs zu schaffen und zu sichern.

Wettbewerbspolitisches Leitbild

Rechtliche Grundlage der Wettbewerbspolitik in Deutschland ist das **„Gesetz gegen Wettbewerbsbeschränkungen"** (GWB).

Dieses 1958 gegen heftigen Widerstand des Bundesverbandes der Deutschen Industrie (BDI) in Kraft getretene Gesetz wurde vom damalige Wirtschaftsminister Ludwig Erhard als „Grundgesetz der Marktwirtschaft" bezeichnet.

Ursprünglich lag dem **GWB** – beeinflusst durch den **Ordoliberalismus** – als Leitbild das **Modell der vollständigen Konkurrenz** (*perfect competition*) zugrunde (*vgl. 5.3.1*). Es zeigte sich jedoch, dass dieses Modell für die praktische Wettbewerbspolitik nicht geeignet ist.

1 Vergleiche K. Hardach, Wirtschaftsgeschichte Deutschlands im 20. Jahrhundert, Göttingen 1976, S. 43 f.

Anders als im Modell der vollständigen Konkurrenz haben Wettbewerb und Preis nicht nur die Aufgabe als **Ergebnis des Preiswettbewerbs** eine leistungsgerechte Einkommensverteilung, die Ausrichtung des Güterangebots an den Käuferwünschen und eine optimale Allokation der Produktionsfaktoren herbeizuführen (*vgl. 5.3.1 u. 6.2.2*). In einer sich weiterentwickelnden Volkswirtschaft muss der Wettbewerb vielmehr auch **dynamische Funktionen**[1] erfüllen. Dazu gehören die Förderung und Beschleunigung von Entstehung, Einsatz und Verbreitung des technischen Fortschritts in Form neuer Produkte und Produktionsmethoden. Dies bleibt im statischen Modell der vollständigen Konkurrenz unberücksichtigt. Insbesondere die Neufassungen des GWB von 1973 trug diesen Erfordernissen Rechnung. Ziel der Wettbewerbspolitik ist seitdem auch die Erhöhung der wirtschaftlichen Anpassungsfähigkeit im Rahmen einer wachsenden Wirtschaft und die Durchsetzung von technischem Fortschritt. Wettbewerb, der diese an ihn gerichteten gesamtwirtschaftlichen und gesellschaftlichen Aufgaben erfüllt, wird als **funktionsfähiger Wettbewerb** (*workable competition*) bezeichnet.

Die Frage, bei welchen Markstrukturen diese Funktionen am besten erfüllt werden, ist unter Wettbewerbstheoretikern umstritten. Die derzeit gültige Fassung des GWB beinhaltet demzufolge einen Kompromiss zwischen verschiedenen wettbewerbstheoretischen Ansätzen. Es besteht aber Übereinstimmung darüber, dass funktionsfähiger Wettbewerb nicht an bestimmte Marktstrukturen gebunden ist, sondern unter verschiedensten Bedingungen zustande kommen und Bestand haben kann.

Dynamischer Wettbewerb zur Erfüllung wirtschaftlicher und gesellschaftlicher Funktionen kann bei unterschiedlichen Marktformen und Marktstrukturen zustande kommen.

Wettbewerbspolitik

Im Rahmen von deutscher und europäischer Wettbewerbspolitik (*vgl. 6.4.4*) wird versucht eine „optimale Wettbewerbsintensität" durch folgende Strategien zu erreichen. A ◄ 6.4

Wettbewerbspolitische Strategien		
Wettbewerbsschutz		**Wettbewerbsförderung**
durch Unterbindung wettbewerbsbeschränkenden Verhaltens	durch Verhinderung wettbewerbsbeschränkender Marktstrukturen	durch Marktöffnung, Privatisierung, Abbau wettbewerbshemmender Vorschriften (Deregulierung)

Zuständig für die im GWB vorgesehenen Kontrollen und Maßnahmen ist i. d. R. das Bundeskartellamt. Folgende Vorschriften sind besonders bedeutsam:

1. Kartellvereinbarungen (§§ 1 bis 13)
Kartellvereinbarungen sind grundsätzlich verboten (§ 1GWB). Ausnahmen von dieser Grundregel sind in den §§ 2 bis 8 geregelt.

1 Vergleiche E. Kantzenbach, Die Funktionsfähigkeit des Wettbewerbs, 2. Auflage, Göttingen 1967, S. 17

Verbotene Kartelle § 1	**Preiskartell**	Preisabsprachen
	Quotenkarte	Absprache über Produktionsmengen
	Gebietskartell	Zuweisung von Absatzgebieten
Anmeldepflichtige Kartelle §§ 2 bis 4	**Normen- und Typenkartell § 2 (1)**	Vereinbarungen über einheitliche Anwendung von Normen und Typen
	Konditionenkartell § 2 (2)	Vereinbarungen über einheitliche Anwendung allgemeiner Geschäfts-, Liefer- und Zahlungsbedingungen einschließlich Skonto
	Spezialisierungskartell § 3	Vereinbarungen über Rationalisierung durch Spezialisierung
	Mittelstandskartell § 4	Vereinbarungen über Rationalisierung auf andere Art als durch Spezialisierung gem. § 3
Genehmigungspflichtige Kartelle §§ 5 bis 8	**Rationalisierungskartell § 5**	Vereinbarungen, die der Rationalisierung wirtschaftlicher Vorgänge dienen, die Leistungsfähigkeit der Unternehmen technisch, betriebswirtschaftlich oder organisatorisch wesentlich steigern und dadurch die Nachfrage besser decken.
	Strukturkrisenkartell § 6	Vereinbarungen nach § 1, um die Produktionskapazitäten von Industriebetrieben planmäßig einem nachhaltigen Nachfragerückgang anzupassen.
(Freistellung i. d. R. bis zu 5 Jahren).	**Sonstige Kartelle § 7**	Vereinbarungen, die unter angemessener Beteiligung der Verbraucher an den entstehenden Gewinnen zur Verbesserung der Entwicklung, Erzeugung, Verteilung, Beschaffung, Rücknahme oder Entsorgung von Waren oder Dienstleistungen beitragen.
	Ministererlaubnis § 8	Liegen die Voraussetzungen der §§ 2 bis 7 nicht vor, kann der Bundesminister für Wirtschaft Vereinbarungen vom Verbot des § 1 freistellen.

Nach dem Gesetz gegen Wettbewerbsbeschränkungen (GWB) sind Kartelle grundsätzlich verboten.

2. Zusammenschlusskontrolle (§§ 35 bis 43)

Zusammenschluss § 37	Ein Zusammenschluss liegt in folgenden Fällen vor: – Erwerb des Vermögens eines anderen Unternehmens ganz oder zu einem wesentlichen Teil – Erwerb der Kontrolle über andere Unternehmen durch Rechte, Verträge oder andere Mittel – Erwerb von Anteilen, wenn sie 50 % oder 25 % des Kapitals oder der Stimmrechte erreichen
Anwendungsbereich der Zusammenschlusskontrolle § 35	Anwendung, wenn im letzten Geschäftsjahr vor dem Zusammenschluss – die beteiligten Unternehmen insgesamt weltweit Umsatzerlöse von mehr als 500 Mio. € und – mindestens ein beteiligtes Unternehmen im Inland Umsatzerlöse von mehr als 25 Mio. € erzielt haben.
Beurteilung von Zusammenschlüssen § 36	Ein Zusammenschluss, von dem zu erwarten ist, dass er eine marktbeherrschende Stellung begründet oder verstärkt, ist vom Bundeskartellamt zu versagen, es sei denn, die Unternehmen weisen nach, dass durch den Zusammenschluss auch Verbesserungen der Wettbewerbsbedingungen eintreten und dass diese Verbesserungen die Nachteile der Marktbeherrschung überwiegen.

Das Bundeskartellamt kann Zusammenschlüsse von Unternehmen verbieten, wenn zu erwarten ist, dass durch den Zusammenschluss eine marktbeherrschende Stellung entsteht oder verstärkt wird.

3328188

3. Verbot des Missbrauchs marktbeherrschender Stellung, Verbot wettbewerbsbeschränkenden Verhaltens (§§ 19 bis 23)

Marktbeherrschung § 19 (1)	Marktbeherrschung liegt vor, wenn ... - ein Unternehmen keinem wesentlichen Wettbewerb ausgesetzt ist oder eine überragende Marktstellung hat oder - zwischen zwei oder mehr Unternehmen kein wesentlicher Wettbewerb besteht und sie eine überragende Marktstellung haben.	Marktbeherrschung wird vermutet, wenn ... - ein Unternehmen einen Marktanteil von mindestens 33 1/3 % hat oder - bis zu 3 Unternehmen zusammen einen Marktanteil von mindestens 50 % haben oder - bis zu 5 Unternehmen zusammen einen Marktanteil von mindestens 66 2/3 % haben.
Verbot des Missbrauchs der Marktbeherrschung § 19 (1) u. (4)	Die missbräuchliche Ausnutzung einer marktbeherrschenden Stellung ist verboten § 19 (1). Ein Missbrauch liegt insbesondere vor, wenn ein marktbeherrschendes Unternehmen, - die Wettbewerbsmöglichkeiten anderer Unternehmen ohne sachlich gerechtfertigten Grund beeinträchtigt, - Entgelte oder Geschäftsbedingungen fordert, die sich bei wirksamem Wettbewerb wahrscheinlich nicht ergeben würden, - ungünstigere Entgelte oder Geschäftsbedingungen fordert, als es auf vergleichbaren Märkten fordert, - sich weigert, einem anderen Unternehmen gegen angemessenes Entgelt Zugang zu den eigenen Netzen oder anderen Infrastruktureinrichtungen zu gewähren, wenn es dem anderen Unternehmen sonst nicht möglich ist, auf dem vor- oder nachgelagerten Markt als Wettbewerber des marktbeherrschenden Unternehmens tätig zu werden, ...	
Verbot sonstigen wettbewerbsbeschränkenden Verhaltens §§ 21 bis 23	Diskriminierungsverbot, Verbot unbilliger Behinderung (§ 20) Marktbeherrschende Unternehmen dürfen - andere Unternehmen nicht unbillig behindern oder gegenüber gleichartigen Unternehmen ohne sachlichen Grund unterschiedlich behandeln, - ihre Markstellung nicht dazu ausnutzen, andere Unternehmen zu veranlassen, ohne sachlichen Grund Vorzugsbedingungen zu gewähren Boykottverbot (§ 21) - Unternehmen dürfen nicht zu Liefer- oder Bezugssperren aufrufen.	

Marktbeherrschenden Unternehmen ist der Missbrauch ihrer Marktstellung verboten. Sie unterliegen der Missbrauchsaufsicht durch das Bundeskartellamt.

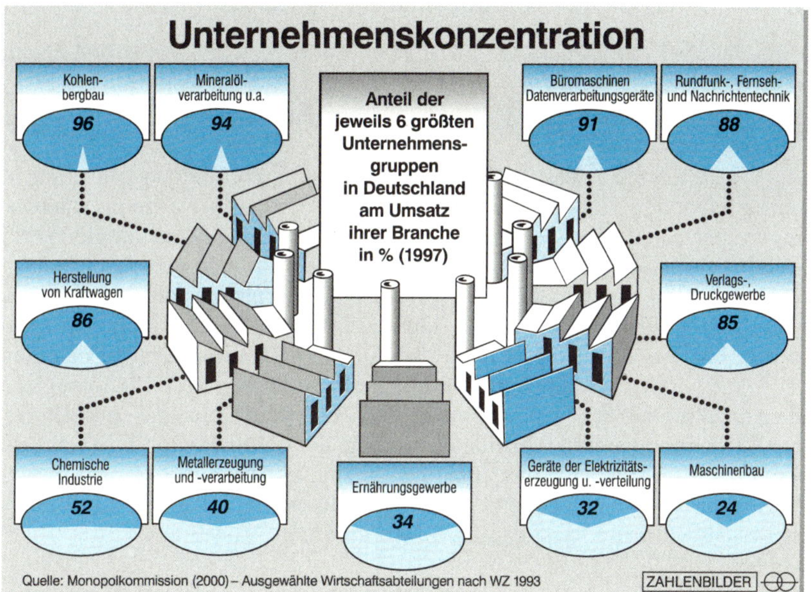

© Erich Schmidt Verlag 346 150

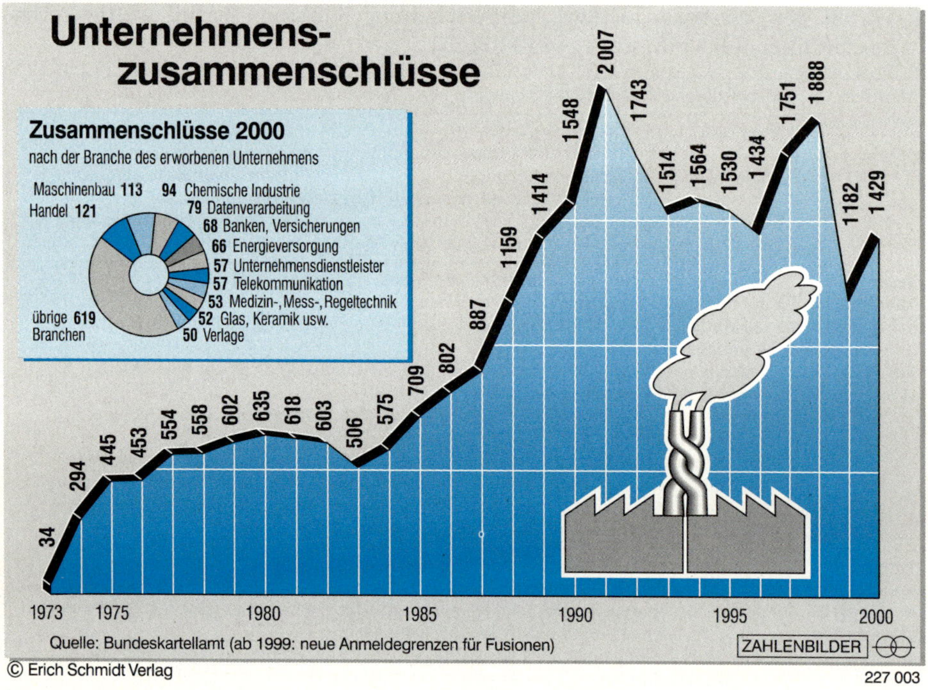

6.4.3 Sozialordnung

Grundlagen

Wirtschaftsordnung und Sozialordnung sind Teilordnungen (Subsysteme) der Gesellschaftsordnung. Sie beeinflussen sich in hohem Maße gegenseitig.

Die Sozialordnung ist die Gesamtheit aller Ordnungselemente (Regeln, Normen, Institutionen) zur Regelung der sozialen Stellung und der sozialen Beziehungen der Mitglieder einer Gesellschaft soweit sie auf wirtschaftlichen Ursachen beruhen.

Ein freier Leistungswettbewerb erfüllt nach Auffassung von Befürwortern der Marktwirtschaft neben der Steuerung des Wirschaftsprozesses gleichzeitig auch soziale Funktionen (*vgl. 6.4.1*). Da aber nicht alle Mitglieder der Gesellschaft gleichermaßen leistungsfähig sind, um als Wettbewerbsteilnehmer am Arbeits- oder Gütermarkt Leistungseinkommen zu erzielen (z. B. Alte, Kranke, Kinder), wird von den Vertretern des Ordoliberalismus ausdrücklich betont, dass zum **Wettbewerbsprinzip** zwingend das Prinzip des sozialen Ausgleichs (**Sozialprinzip**) als **gleichrangiges** Kernelement der sozialen Marktwirtschaft dazugehört. Neben der Schaffung von **Chancengleichheit** steht die Korrektur der zwangsläufig durch den Marktmechanismus entstehenden ungleichen Einkommens- und Vermögensverteilung im Vordergrund (**Korrektur der Marktergebnisse**). Darüber hinaus ist für die Fälle, in denen der Markt versagt, eine Absicherung der sozial Schwachen vorgesehen. Dieses Ziel soll aber unter strenger Beachtung des **Subsidiaritätsprinzips** verfolgt werden.

P. Point

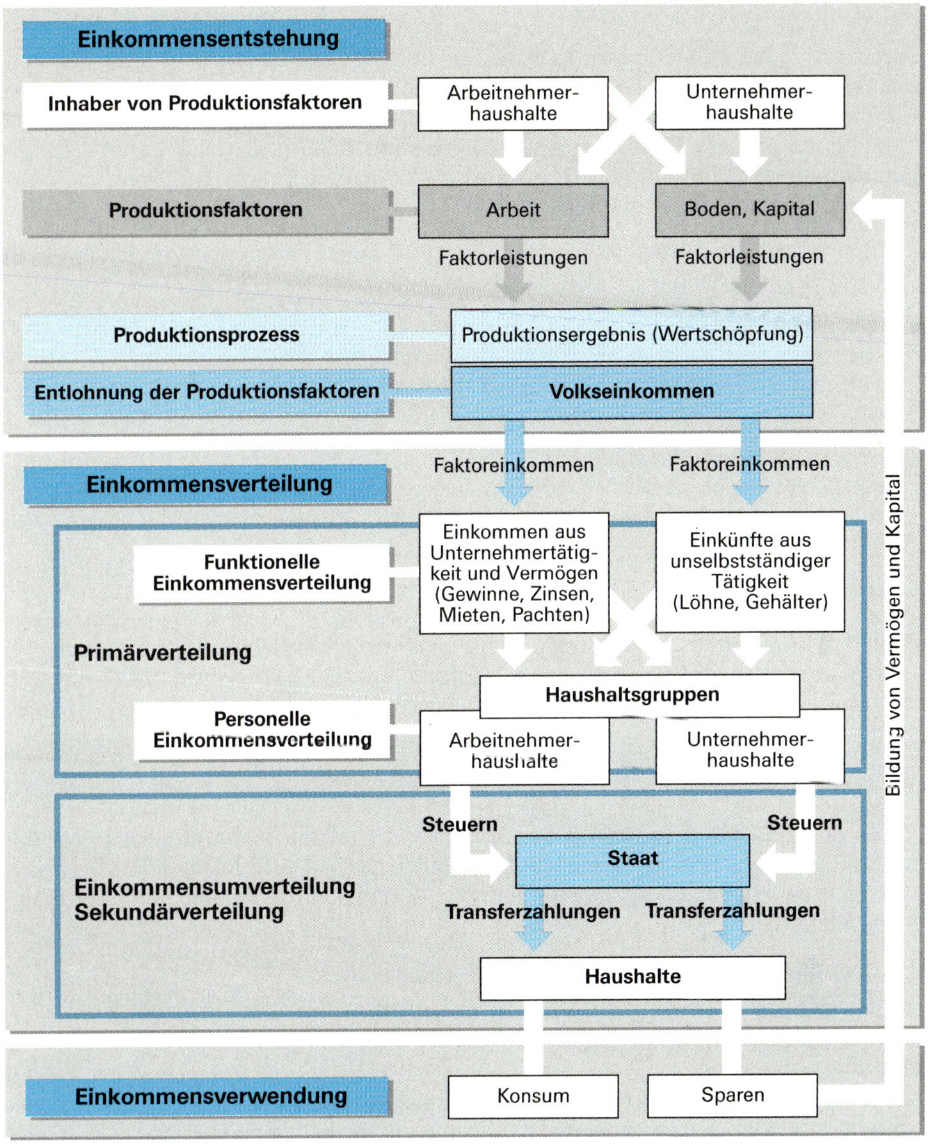

Das Subsidiaritätprinzip besagt, dass die Leistungen, die der Einzelne und die jeweils kleineren menschlichen Gemeinschaften (Familien, Nachbarschaft) aus eigener Initiative und mit eigenen Kräften erbringen können, nicht der Gesellschaft als Aufgabe zugewiesen werden dürfen (Prinzip der Hilfe zur Selbsthilfe und zur gegenseitigen Hilfe).

Ein vom Subsidiaritätsprinzip abweichender möglicher Grundsatz für die Gestaltung der Sozialordnung ist das **Solidaritätsprinzip**.

Nach dem Solidaritätsprinzip ist es ausschließliche Aufgabe von Staat und Gesellschaft, Not leidenden Menschen zu helfen und einen Ausgleich zugunsten der wirtschaftlich und sozial Schwächeren vorzunehmen.

Sozialpolitische Maßnahmen

Durch den Leistungswettbewerb auf Güter- und Faktormärkten wird auch die Verteilung von Löhnen und Gewinnen bestimmt (Verteilungsfunktion des Preiswettbewerbs). Diese ausschließlich leistungsabhängige und deswegen als ungerecht empfundene primäre Einkommensverteilung kann durch staatliche Umverteilungsmaßnahmen nach bestimmten Gerechtigkeitsvorstellungen korrigiert werden (= sekundäre Einkommensverteilung) (*vgl. 7.2*).

Zu den wichtigsten staatlichen Instrumenten der Einkommensumverteilung in Deutschland gehören die

- **Einkommensteuer**
  Besteuerung nach der Leistungsfähigkeit aufgrund eines Einkommensteuertarifs, der ab einem unversteuerten Grundfreibetrag bei zunehmender Einkommenshöhe progressiv ansteigt.

- **Sozialversicherungsbeiträge**
  Einkommensabhängige Pflichtbeiträge zur Renten-, Arbeitlosen-, Kranken- und Pflegeversicherung der Arbeitnehmer, die vom Arbeitgeber und Arbeitnehmer je zur Hälfte getragen werden.

- **Transferzahlungen**
  Aus Steuern, Sozialversicherungbeiträgen oder staatlicher Kreditaufnahme finanzierte Zahlungen an private Haushalte (u. a. Alters- und Erwerbsminderungsrenten, Deckung der Krankheitskosten, Krankengeld, Arbeitslosengeld, Sozialhilfe, Kindergeld, Erziehungsgeld, Wohngeld, Ausbildungsförderung, Förderung der Vermögensbildung)

Steuern, Sozialabgaben und Transferzahlungen sind Mittel zur Umverteilung des Volkseinkommens von der Primär- zur Sekundärverteilung.

Neben den genannten Transferzahlungen, die der **sozialen Sicherung** sowie der **Familien-, Bildungs- und Vermögenspolitik** dienen, stellen auch folgende Maßnahmen wichtige sozialpolitische Ansätze im Rahmen der Sozialordnung der Bundesrepublik Deutschland dar:

- **Arbeitnehmerschutz im Betrieb**
  Kündigungsschutz, Arbeitszeitschutz, Lohnfortzahlung im Krankheitsfall, Unfallschutz

- **Betriebs- und Unternehmensverfassung**
  Mitbestimmung der Arbeitnehmer (Regelung der Mitwirkung und Mitentscheidung von Arbeitnehmervertretern in wirtschaftlichen, personellen und sozialen Belangen des Unternehmens z. B. im Betriebsverfassungsgesetz und im Mitbestimmungsgesetz)

- **Arbeitsmarktpolitik**
  Arbeitsvermittlung, Berufsberatung, Arbeitsförderung, Tarifvertragswesen, Vollbeschäftigungspolitik

Grenzen des Sozialstaats: Effizienz- und Finanzierungsprobleme

▶ A 6.5 Vertreter der Grundkonzeption der sozialen Marktwirtschaft kritisieren, dass insbesondere unter der Koalitionsregierung von CDU und SPD (1966–1969) und der nachfolgenden sozialliberalen Koalition von SPD und FDP (1969–1982) eine Abkehr von der sozialen Marktwirtschaft und ein Übergang zum **Wohlfahrts- und Versorgungsstaat** stattgefunden habe. Die seit Ende der 60er-Jahre in Deutschland betriebene Wirtschafts- und Sozialpolitik sei mit den Grundgedanken der sozialen Marktwirtschaft nicht zu vereinbaren.[1] Ursache für diesen Wandel ist nach Auffassung der Kritiker die Vernachlässigung des zur ursprünglichen Konzeption der sozialen Marktwirtschaft gehörenden **Subsidiaritätsprinzips** (Stärkung von Eigeninitiative und Eigenverantwortung, Hilfe zur Selbsthilfe) zugunsten einer Ausdehnung der staatlichen Sozialleistungen nach dem **Solidaritätsprinzip** (Hilfsbedürftigkeit des Einzelnen als Verantwortung der Gesellschaft). Durch die ausufernde staatliche Fürsorge sei inzwischen die Grenze vom verfassungsrechtlich verankerten Sozialstaatsgebot (GG Art. 20 und 28) zu einem Wohlfahrts- und Versorgungsstaat, in dem nahezu jedem das Existenzrisiko abgenommen wird, längst überschritten. Dies führe zu einer „Vollkaskomentalität" der Bevölkerung und damit zu einer Lähmung von Leistungsbereitschaft und Eigeninitiative. Als Beleg für die stark ausgeprägte **Anspruchshaltung** gegenüber dem Staat wird die starke Ausweitung der Staats- und Sozialleistungsquote angeführt (*vgl. Tab. S. 195*). Die Abkehr von der Grundkonzeption der sozialen Marktwirtschaft hin zu einem Wohlfahrtsstaat sei ursächlich für die gegenwärtigen Finanzierungs- und Effizienzprobleme.

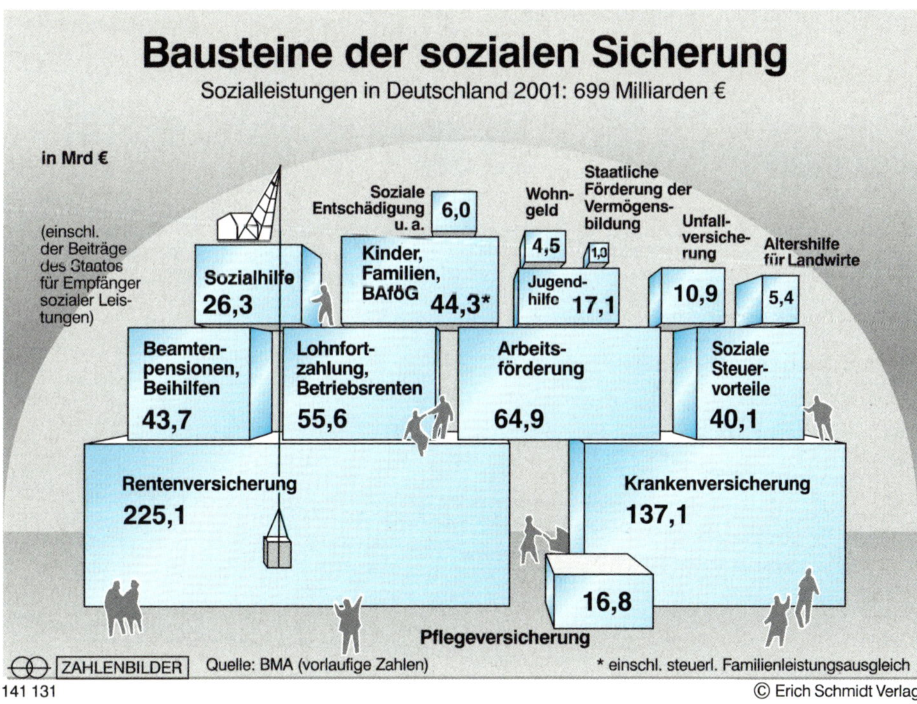

1 Vgl. u. a. D. Cassel, S. Rauhut, Soziale Marktwirtschaft: Eine wirtschaftspolitische Konzeption auf dem Prüfstand, in: Dies. (Hrsg.), 50 Jahre Soziale Marktwirtschaft, Stuttgart 1998, S. 4 ff.

7 3628 Lüpertz, Problemorientierte Einführung in die Volkswirtschaftslehre 3328193

Nach Auffassung neoliberaler Kritiker ist das Ausmaß, das die soziale Sicherung in der Bundesrepublik Deutschland im Laufe der Zeit angenommen hat, mit den Grundideen der sozialen Marktwirtschaft nicht vereinbar.

Die Beiträge der nach dem Grundsatz „Einer für alle, alle für einen" organisierten sozialen Sicherungssysteme (Renten-, Arbeitslosen-, Kranken- und Pflegeversicherung) hängen vom Bruttoeinkommen der Arbeitnehmer ab. Bei hoher Arbeitslosigkeit und zunehmender Teilzeitarbeit sinkt dementsprechend das Beitragsaufkommen. Andererseits nimmt bei steigender Arbeitslosigkeit die Zahl der Bezieher von Arbeitslosengeld zu. Ein ähnliches Problem besteht in der Rentenversicherung. Die Renten werden aus den Beiträgen der derzeit Erwerbstätigen bezahlt (**Generationenvertrag**). Wegen der steigenden Lebenserwartung stehen aber immer mehr Rentnern immer weniger Beitragszahler gegenüber. Aus den Missverhältnissen zwischen dem ausschließlich vom Arbeitsentgelt abhängigen Beitragsaufkommen und der Ausweitung der Leis-

Aktuelle Zahlen: www.bma.de

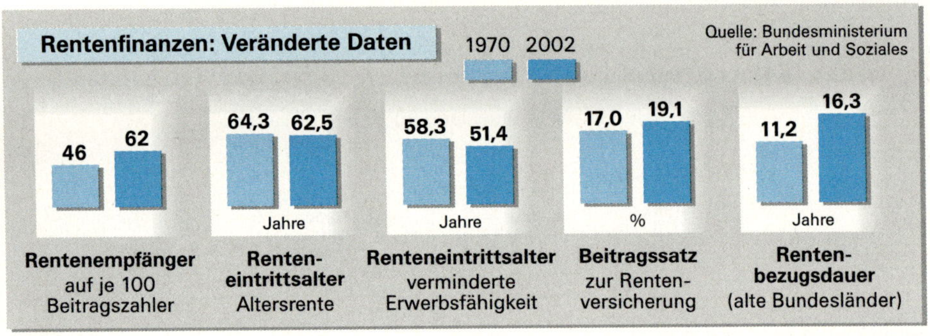

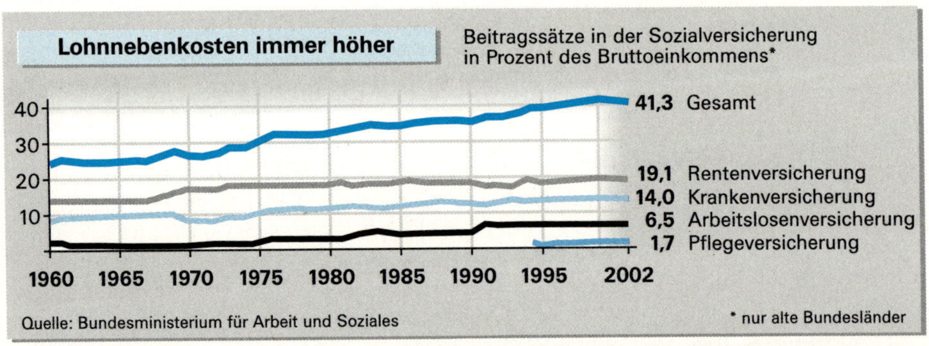

Aktuelle Zahlen: Staatsverschuldung.de

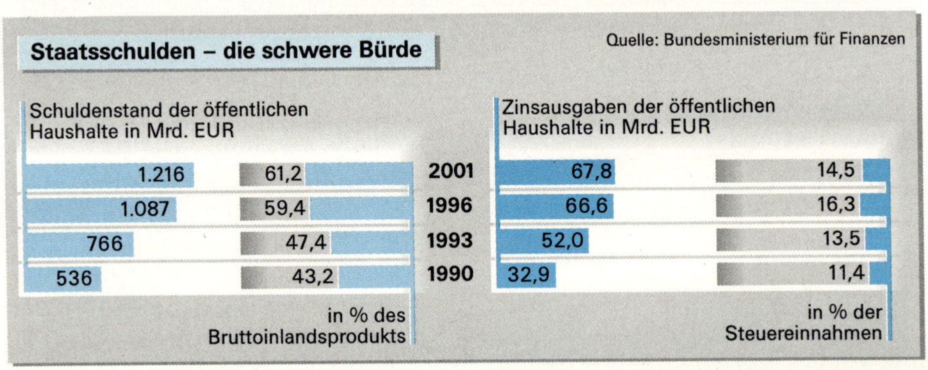

3328194

Indikatoren zur wirtschaftlichen und sozialen Entwicklung in verschiedenen Phasen der sozialen Marktwirtschaft

Jahr	Bruttoinlandsprodukt zu Marktpreisen				Preisanstieg zum Vorjahr in %[1]	Arbeitslose[2]		Reallohnanstieg zum Vorjahr in %[3]	Lohnquote[4] (%)	Staatsquote (Staatsausgaben[5] in % des BIP)	Abgabenquote[6] in % des BIP	Sozialleistungsquote[7] in % des BIP	Staatsverschuldung[8]	
	Mio. EUR in jeweiligen Preisen	Änderung zum Vorjahr in % Nom.	Änderung zum Vorjahr in % Real	EUR pro Kopf in jeweiligen Preisen		Quote in %	in 1000						in Mio. EUR	in % des BIP
Ordoliberalismus: Die Jahre des „Wirtschaftswunders" (1950–1966): CDU/FDP-Regierung bzw. CDU-Alleinregierung														
1950	50.132	–		1.069	– 6,4	10,5	1580		58,46	36,4			10.550	21,0
1955	97.401	+ 14,3	+ 12,0	1.863	+ 1,9	5,2	200	+ 5,8	60,1	34,9				
1960	154.538	+ 10,0	+ 5,4	2.798	+ 1,4	1,3	271	+ 6,2	60,1	38,0	33,4	21,1	26.975	17,4
1965	236.227	+ 9,4	+ 5,6	4.015	+ 3,3	0,7	147	+ 6,6	65,3	39,6	34,1	22,5	42.778	18,1
1966	254.040	+ 6,6	+ 2,9	4.241	+ 3,6	0,7	161	+ 2,1	65,7	39,8	34,6	23,5	47.574	18,7
Nachfrageorientierte Wirtschaftspolitik (1966–1980): CDU/SPD-Regierung (1966–1969) und SPD/FDP-Regierung (1969–1982)														
1967	254.040	+ 1,0	– 0,2	4.273	+ 1,6	2,1	459	+ 1,2	65,9		35,2	24,9	55.308	21,7
1970	351.237	+ 13,3	+ 5,8	5.779	+ 3,4	0,7	149	+ 9,1	68,0	39,1	36,6	25,1	64.366	18,3
1975	528.691	+ 4,9	– 1,8	8.558	+ 6,0	4,6	1074	+ 0,5	74,1	49,6	41,0	31,6	131.089	24,7
1980	756.149	+ 6,3	+ 1,5	12.334	+ 5,4	3,6	889	– 0,1	75,8	49,0	42,8	30,6	239.597	31,7
Angebotsorientierte Wirtschaftspolitik (1980–1998): CDU/FDP-Regierung (1982–1998)														
1980	756.149	+ 6,3	+ 1,5	12.334	+ 5,4	3,6	888	– 0,1	75,8	49,0	42,8	30,6	239.957	31,7
1982	816.993	+ 3,4	– 1,0	13.248	+ 5,3	7,2	1833	– 2,1	76,9	51,0	42,8	32,4	314.352	40,5
1985	935.919	+ 4,2	+ 1,9	15.452	+ 2,0	8,9	2304	– 0,3	73,0	48,0	42,8	30,0	388.680	41,5
1990	1.240.394	+ 8,9	+ 5,5	19.609	+ 2,7	6,9	1883	+ 4,9	69,6	46,1	40,5	29,0	538.640	43,4
1995	1.801.281	+ 3,9	+ 1,8	22.058	+ 1,7	9,4	3612	– 0,9	73,1	50,8	43,9	31,2	1.020.525	57,7
1997	1.874.651	+ 2,2	+ 1,4	22.847	+ 1,9	11,4	4384	– 3,0	71,6	49,2	42,8	31,6	1.117.213	61,0
1998	1.934.933	+ 3,2	+ 2,1	23.588	+ 0,9	11,1	4279	+ 0,2	70,9	48,3	42,3	31,4	1.165.858	60,9
Ökosoziale Marktwirtschaft (1998–?): SPD/Grüne-Regierung														
1999	1.982.400	+ 2,5	+ 1,6	24.150	+ 0,6	10,5	4099	+ 1,2	71,8	47,9	43,6	31,9	1.199.975	61,2
2000	2.032.900	+ 2,6	+ 3,0	24.791	+ 1,4	9,6	3889	+ 0,2	72,3	47,1	43,8	31,9	1.216.123	60,2
2001	2.071.200	+ 2,0	+ 0,6	25.200	+ 2,0	9,4	3852	+ 0,6	73,1	48,3	41,2	32,1	1.223.929	59,5

ab 1991 mit neuen Bundesländern
1) Preisindex für die Lebenshaltung aller privaten Haushalte 2) Anteil der Arbeitslosen an der Gesamtzahl der Erwerbspersonen (Erwerbstätige u. Arbeitslose)
3) Nettorealverdienste je Arbeitnehmer in Preisen von 1995 (deflationiert mit dem Verbraucherpreisindex)
4) Anteil der Arbeitnehmerentgelte am Volkseinkommen 5) Gesamte Staatsausgaben einschl. Sozialversicherung 6) Staatsausgaben aus Steuern und Sozialbeiträgen
7) Anteil der konsolidierten Sozialleistungen (= Sozialbudget) am BIP 8) Öffentliche Haushalte (Bund, Länder und Gemeinden) insgesamt
Quellen: Bundesministerium für Wirtschaft, Leistung in Zahlen; Jahresgutachten des SVR zur Begutachtung der gesamtwirtschaftlichen Entwicklung; Statistisches Jahrbuch
Je nach Datenquelle weichen die Angaben für die einzelnen Jahre teilweise erheblich voneinander ab.

tungen ergeben sich derzeit gravierende **Finanzierungsprobleme der sozialen Sicherungssysteme.** Die Finanzierung der Defizite in der Sozialversicherung erfolgt daher i. d. R. durch Erhöhung der staatlichen Zuschüsse. Diese Zuschüsse sind – neben den öffentlichen Mitteln zur wirtschaftlichen Förderung der neuen Bundesländer – Hauptursache für die gegenwärtig **hohe Staatsverschuldung** (*vgl. Tab. S. 195*).

6.4.4 Einfluss der europäischen Integration auf die Wirtschaftsordnung der Bundesrepublik Deutschland

Die Bundesrepublik Deutschland hat im Rahmen des europäischen Einigungsprozesses von Anfang an eine bedeutende Rolle gespielt. Endziel dieser Integrationsbestrebungen ist der Zusammenschluss europäischer Staaten zu einer **Politischen Union**. Neben dem wirtschaftlichen Bereich sollen dann auch alle sonstigen zentralen Politikfelder wie z. B. Außen- und Verteidigungspolitik gemeinsam gestaltet und vereinheitlicht werden.

Stufen der Europäischen Integration

Merkmale / Stufen	Freihandelszone	Zollunion	Gemeinsamer Markt	Wirtschaftsunion	Währungsunion	Politische Union
Abbau der Binnenzölle (freier Warenverkehr)	**1951** für Kohle u. Stahl	**1968** für Gewerbe **1970** für Landwirtschaft	**1992** freier Personen- u. Kapitalverkehr, Niederlassungs- u. Beschäftigungsfreiheit	**1997** Angleichung von Preis- u. Zinsniveau, Haushaltsdefiziten, Staatsverschuldung (Konvergenzkriterien); weitere Harmonisierung ist geplant	**1999** durch Einführung des EURO und Übertragung der Geldpolitik an die EZB ab **2002** EURO einziges gesetzliches Zahlungsmittel	? Zeitpunkt der Verwirklichung des Endziels der Integration ist ungewiss.
Einheitlicher Außenzoll gegenüber Drittländern						
Mobilität der Produktionsfaktoren Arbeit und Kapital						
Harmonisierung der Wirtschaftspolitik						
Gemeinsame Währung und Zentralbank						
Harmonisierung aller Politikbereiche						

Derzeit gehören der Europäischen Union (EU) folgende 15 Staaten an: Deutschland, Italien, Frankreich, Belgien, Niederlande, Luxemburg, Dänemark, Großbritannien, Irland, Griechenland, Spanien, Portugal, Finnland, Österreich, Schweden. Ab 2004 werden 10 weitere Staaten hinzukommen

Der europäische Einigungsprozess beinhaltet eine zunehmende Verlagerung von Zuständigkeiten für bestimmte Politikbereiche von den Mitgliedsstaaten an übergeordnete Organe der EU. Insbesondere die **europäische Wettbewerbs-, Sozial-, Agrar- und Geldpolitik** wirken sich auch auf die Wirtschaftsordnung der sozialen Marktwirtschaft in Deutschland aus. Dabei ist die 1999 vorgenommene Übertragung der Zuständigkeit für die **Geldordnung** von der Deutschen Bundesbank auf das Europäische System der Zentralbanken (ESZB) von besonders weitreichender Bedeutung.

Europäische Wettbewerbspolitik

Ein freier Warenverkehr zwischen den Mitgliedsstaaten ohne Zollschranken und andere Handelshemmnisse war bereits 1957 bei der Gründung der **Europäischen Wirtschaftsgemeinschaft** (EWG) ein wesentliches Ziel. Dies wurde für den gewerblichen Bereich 1968 und für die Landwirtschaft 1970 durch die Errichtung einer **Zollunion** erreicht. Allerdings behinderten nach wie vor sog. nichttarifäre Handelshemmnisse (z. B. unterschiedliche Normen, technische Vorschriften und Qualitätsstandards) den Warenverkehr.

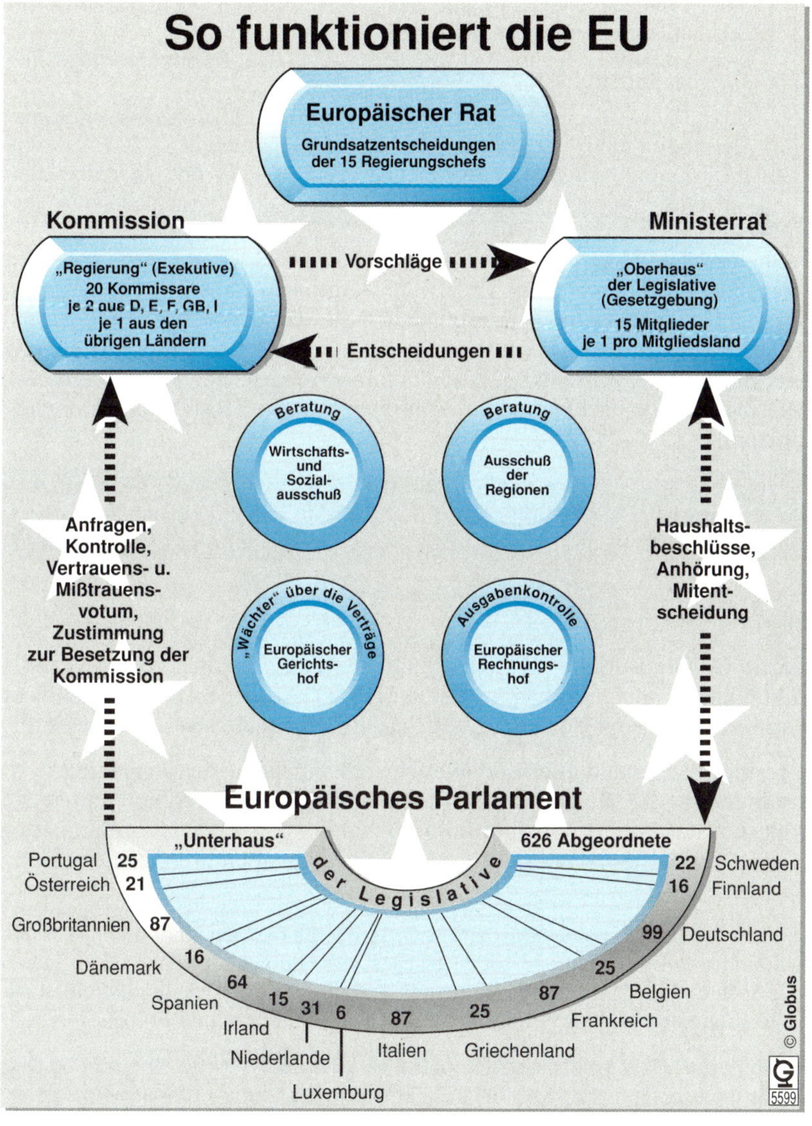

1957	Gründung der **Europäischen Wirtschaftsgemeinschaft (EWG)**, Sechs Mitglieder: Bundesrepublik Deutschland, Italien, Frankreich, Belgien, Niederlande, Luxemburg Ziel: Intensivierung des Wirtschaftsaustauschs zwischen den Mitgliedsländern und dadurch Erhöhung des Lebensstandards

Durch weitere **Harmonisierung** und **gegenseitige Anerkennung** einzelstaatlicher Vorschriften und Regelungen konnte 1993 der **gemeinsamen Binnenmarkt** eingeführt werden.

1993	Beginn des **europäischen Binnenmarktes** durch Verwirklichung der „vier Freiheiten" – freier Personenverkehr: Wegfall von Grenzkontrollen, Niederlassungs- und Beschäftigungsfreiheit für EG-Bürger – freier Warenverkehr: Wegfall von Grenzkontrollen, Harmonisierung von Normen, Steuern usw. – freier Dienstleistungsverkehr: Liberalisierung der Finanzdienstleistungen, Harmonisierung der Banken- und Versicherungsaufsicht – freier Kapitalverkehr: Größere Freizügigkeit für Geld- und Kapitalbewegungen, Liberalisierung des Wertpapierverkehrs

Der Wettbewerb zwischen Unternehmen auf europäischer Ebene ist zentrales Element des gemeinsamen Binnenmarktes. Dieser Schwerpunktverlagerung von nationalem zu mehr internationalem Wettbewerb mußte auch die Wettbewerbspolitik Rechnung tragen. Mit der Neufassung des GWB 1999 (*vgl. 6.4.2*) wurde insbesondere auch das Ziel einer Harmonisierung zwischen deutschem und europäischem Wettbewerbsrecht verfolgt. Die Ziele der deutschen und europäischen Wettbewerbspolitik stimmen weitgehend überein.

Die europäische Wettbewerbspolitik bildet eine notwendige Ergänzung zur deutschen Wettbewerbspolitik. Sie trägt damit zur Funktionsfähigkeit der am Leitbild der sozialen Marktwirtschaft orientierten Wirtschaftsordnung in Deutschland bei.

Europäische Sozialpolitik

Das soziale Gefälle zwischen den EU-Mitgliedern ist erheblich. Deutschland gehört zu den Mitgliedsstaaten mit dem höchsten Maß an sozialer Sicherung. Eine vollständige Harmonisierung der Sozialstandards auf EU-Ebene ist aber nicht geplant.

Damit es nicht zu einem ruinösen Wettbewerb zwischen den verschiedenen Wirtschaftsstandorten auf Kosten des in einigen Mitgliedsstaaten erreichten sozialen Sicherungsniveaus kommt (**Sozialdumping**), hat die EU-Mindeststandards festgelegt, die ein möglichst hohes gemeinsames Schutzniveau in allen Mitgliedsstaaten gewährleisten sollen.

Die 1989 beschlossene „Charta der sozialen Grundrechte der Arbeitnehmer", die eine rechtlich nicht bindende Empfehlung an die Mitgliedsstaaten darstellt, fordert u. a. die Einhaltung folgender Rechte: Freizügigkeit, Beschäftigung, gerechtes Entgelt, Koalitionsfreiheit, Tarifverhandlungen, Berufsausbildung, Gleichbehandlung von Männern und Frauen.

Die europäische Sozialpolitik steht nicht in Widerspruch zu der am Leitbild der sozialen Marktwirtschaft orientierten Wirtschaftsordnung in Deutschland.

Europäische Agrarpolitik

Bei der Gründung der **EWG** 1957 wurden folgende agrarpolitischen Ziele formuliert:

Erhöhung der Produktivität in der Landwirtschaft und Stabilisierung der Agrarmärkte zwecks
- Steigerung der Selbstversorgung mit Nahrungsmitteln,
- Sicherung angemessener Einkommen in der Landwirtschaft,
- Nahrungsmittelversorgung der Verbraucher zu angemessenen Preisen.

Die teilweise miteinander in Konflikt stehenden agrarpolitischen Ziele des EWG-Vertrages hätten durch eine freie Preisbildung auf den Agrarmärkten nicht erreicht werden können. Der sich auf dem freien Markt unter Einfluss von Importen aus Drittländern ergebende Preis wäre für viele europäische Landwirte nicht kostendeckend gewesen. Das daraufhin eingeführte **Mindestpreissystem** wird auch heute noch angewandt. Die Mitgliedsstaaten verpflichten sich dadurch, den landwirtschaftlichen Erzeugern jede produzierte Menge zu dem jährlich neu festgesetzten Mindestpreis abzukaufen, wenn der Binnenmarktpreis unter den Mindestpreis fällt (*vgl. 6.5.2*). Als Schutz gegen Importe aus Drittländern wurden anfangs Einfuhrabgaben erhoben, um die Preise der Agrarimporte vom niedrigeren Weltmarktniveau auf das Niveau des EU-Binnenmarktes anzuheben (Abschöpfung). Allerdings hat sich die EU im Rahmen der 1994 abgeschlossenen weltweiten Verhandlungen zum Abbau von Handelshemmnissen verpflichtet diese Zölle drastisch zu reduzieren.

Folge der als **marktkonträre** Maßnahme einzustufenden **Mindestpreispolitik** waren bis Ende der 80er-Jahre enorme Produktionsüberschüsse (z. B. „Milchsee", „Rindfleischberg"). Für die Landwirte bestand jedoch kein Anlass, ihre Produktion zu drosseln, da alle Überschüsse von der EU zum Mindestpreis aufgekauft und danach auf Kosten der EU gelagert, vernichtet oder mithilfe von Exportsubventionen auf dem Weltmarkt abgesetzt wurden. Da die Kosten dieses Agrarmarktsystems die Finanzierungsmöglichkeiten zu sprengen drohten, entschloss sich die EU 1992 zu einer Reform der Agrarpolitik, die mit einer erheblichen Senkung der Mindestpreise (z. B. bei Getreide und Rindfleisch) verbunden war. Als Ausgleich für die dadurch entstandenen Einkommensverluste werden den Landwirten seitdem vermehrt flächenabhängige direkte Einkommensbeihilfen gezahlt. Bei Verhandlungen zwischen den EU-Mitgliedern im Rahmen der sog. *Agenda 2000*[1] wurde 1999 u. a. eine weitere Senkung der Mindestpreise für Getreide, Rindfleisch und Milchprodukte beschlossen.

Mindestpreise, Produktionsquoten und andere marktregulierende Eingriffe im Rahmen der EG-Agrarpolitik stellen marktkonträre Maßnahmen dar, die den Preismechanismus außer Kraft setzen und daher der am Leitbild der sozialen Marktwirtschaft orientierten Wirtschaftsordnung in Deutschland widersprechen.

Europäische Geldpolitik

Zu den unabdingbaren Voraussetzungen einer funktionsfähigen Marktwirtschaft gehört nicht nur die Sicherung des Wettbewerbs, sondern auch die Geldwertstabilität. Nur bei stabilem Geldwert können die Preise ihre Funktionen als marktwirtschaftliches Steuerungsinstrument erfüllen (*vgl. 6.2.2*). Ein sinkender Geldwert hat neben der Störung des Markt- und Preismechanismus auch unsoziale Verteilungswirkungen

1 Der Begriff *Agenda 2000* bedeutet im vorliegenden Zusammenhang so viel wie „Tagesordnung" oder „Fahrplan" für das Jahr 2000. Dabei handelt es sich um ein von der EU-Kommission vorgelegtes Reformwerk. Für den landwirtschaftlichen Bereich sind darin Preissenkungen verbunden mit direkten Einkommensbeihilfen für die Landwirte vorgesehen, um auf diese Weise Agrarprodukte aus der EU am Weltmarkt wettbewerbsfähig zu machen.

(*vgl. 8.5.6*). Eine auf der Ansammlung von Geldvermögen beruhende Altersvorsorge wird dadurch beispielsweise unmöglich (Sparer als Inflationsopfer). **Die am Leitbild der sozialen Marktwirtschaft orientierte Wirtschaftsordnung in Deutschland ist daher ohne stabilen Geldwert nicht denkbar.**

Als Mitglied der **Europäischen Währungsunion** hat die Deutsche Bundesbank seit 1999 das Recht verloren, unabhängige geldpolitische Entscheidungen für die Bundesrepublik Deutschland zu treffen. Die Geldpolitik der Mitgliedsstaaten wird seitdem vom Europäischen Zentralbankrat (EZB-Rat), dem Entscheidungsgremium der **Europäischen Zentralbank** (EZB) bestimmt (*vgl. 8.7*).

1999	Beginn der **Europäischen Währungsunion** mit 11 der 15 EU-Mitgliedsstaaten (Deutschland, Frankreich, Italien, Niederlande, Belgien, Luxemburg, Irland, Spanien, Portugal, Österreich, Finnland). Unwiderrufliche Festlegung der Umrechnungskurse für die Währungen der Teilnehmerstaaten untereinander und zum **Euro**. Seit 2001 gehört auch Griechenland zur Währungsunion. Der Euro wurde eine eigenständige Währung und ist seit 2002 alleiniges gesetzliches Zahlungsmittel.

Die europäische Geldpolitik ist nur dann mit der am Leitbild der sozialen Marktwirtschaft orientierten Wirtschaftsordnung in Deutschland vereinbar, wenn sie dafür sorgt, dass der Binnenwert des Euro stabil bleibt.

6.5 Eingriffe des Staates in die Marktpreisbildung

6.5.1 Wohlfahrtsminderung bei Störungen des Preismechanismus

Im marktwirtschaftlichen Modell ergibt sich im Idealfall eine optimale Bedürfnisbefriedigung und eine optimale Allokation[1] der Produktionsfaktoren (*vgl. 6.2.2*). Der **Preismechanismus** sorgt einerseits dafür, dass genau die Nachfrager ihre Konsumpläne realisieren und ihre Bedürfnisse befriedigen können, die den gehandelten Gütern den größten Nutzen beimessen und daher bereit sind, einen entsprechenden Preis dafür zu bezahlen. Andererseits können genau die Anbieter ihre Produktionspläne realisieren und mit ihrem Angebot am Markt zum Zuge kommen, die kostengünstig produzieren und daher ihre Güter zu einem entsprechend niedrigen Preis anbieten.

Im marktwirtschaftlichen Modell gibt es bei gegebenen Konsum- und Produktionsplänen und dem sich daraus ergebenden Gleichgewichtspreis keine Möglichkeit, die Marktteilnehmer insgesamt besser zu stellen. Es liegt eine optimale Bedürfnisbefriedigung und eine optimale Allokation der Produktionsfaktoren vor.

Diejenigen Nachfrager, deren Zahlungsbereitschaft den Gleichgewichtspreis übersteigt, erzielen einen zusätzlichen Nutzen in Form der **Konsumentenrente** (*vgl. 5.3.4*). Ebenso erzielen diejenigen Anbieter, die bereit gewesen wären, ihre Güter auch zu einem niedrigeren als dem Gleichgewichtspreis zu verkaufen, im Vergleich zu den Grenzanbietern einen zusätzlichen Gewinn in Form der **Produzentenrente** (*vgl. 5.3.4*).

Konsumentenrente und Produzentenrente werden als Maßstab für die materielle Wohlfahrt von Nachfragern und Anbietern angesehen.

1 Allokation (*lat.*): Zuordnung, Verteilung

Die folgenden Abschnitte zeigen, dass staatliche Eingriffe in das Marktgeschehen die **Lenkungsfunktion des Preises** beeinträchtigen und dadurch die Konsumenten- und Produzentenrente beeinflussen. In den meisten Fällen geht das mit einem Verlust an materieller Wohlfahrt einher.

6.5.2 Marktkonforme Maßnahmen

Greift der Staat in die Marktpreisbildung ein, ohne jedoch den Preismechanismus außer Kraft zu setzen, handelt es sich um eine marktkonforme Maßnahme.

A ◀ 6.6

Die marktkonformen Maßnahmen des Staates zur indirekten Beeinflussung des Preises umfassen insbesondere

- die Erhebung von Steuern, Zöllen und sonstigen Abgaben,
- die Zahlung von Subventionen und Transferleistungen,
- staatliche Stützungskäufe.

Beispiel Mengensteuern

Verbrauchsteuern lassen sich in Wertsteuern und Mengensteuern einteilen. Bei einer Wertsteuer (z. B. Umsatzsteuer) wird ein bestimmter Prozentsatz vom Wert der umgesetzten Ware als Steuer erhoben. Bei einer Mengensteuer muss der Unternehmer dagegen je Mengeneinheit (z. B. je Stück, kg, Liter) des verkauften Gutes einen bestimmten Betrag an den Staat abführen. Das ist z. B. bei der Mineralöl- Tabak- und Branntweinsteuer der Fall. Mit diesen Steuern werden neben der Erzielung von Staatseinnahmen häufig auch umwelt- bzw. gesundheitspolitische Ziele verbunden.

Seit 1977 ist in der Abgabenordnung der Hinweis enthalten, dass bei der Steuererhebung die Erzielung von Einnahmen auch Nebenzweck sein kann. Das ist für die Erhebung von Umweltsteuern o. Ä. von besonderer Bedeutung, da dies eine Steuererhebung auch ausschließlich mit dem Ziel der Verhaltensbeeinflussung (z. B. Einsparung von Energie) zulässt.

Abgabenordnung (AO 1977)
§ 3 Steuern, steuerliche Nebenleistungen
(1) Steuern sind Geldleistungen, die nicht eine Gegenleistung für eine besondere Leistung darstellen ...; die Erzielung von Einnahmen kann Nebenzweck sein.

Beispiel: Die Regierung beschließt, auf den Verkauf eines bestimmten landwirtschaftlichen Anbauprodukts eine Mengensteuer von 100 Euro je t zu erheben. Neben der Erhöhung der Staatseinnahmen soll diese Steuer gleichzeitig als Lenkungsinstrument dienen, um den Anbau dieses Produkts, der wegen der intensiven Düngung zu Boden- und Trinkwasserschäden führt, einzuschränken.

Die Erhebung einer solchen Mengensteuer bedeutet für die Produzenten eine Erhöhung der Stückkosten. Dies bewirkt eine Verschiebung der Gesamtangebotskurve nach links (*vgl. 4.2.2*). Die ursprüngliche Angebotskurve A^0 verschiebt sich in der folgenden Abb. durch die Erhebung der Mengensteuer (100 Euro je t) nach A^1. Die Anbieter versuchen die Steuer auf die Nachfrager abzuwälzen. Dies ist bei Verbrauchsteuern vom Gesetzgeber auch so beabsichtigt. Die Überwälzung gelingt aber i. d. R. nicht in vollem Umfang. Die Nachfrager reagieren nämlich auf die durch die Verschiebung der Angebotskurve ausgelöste Erhöhung des Marktpreises mit einer Einschränkung der nachgefragten Menge (Bewegung auf der Nachfragekurve von G^0 nach G^1). Ausgehend von der ursprünglichen Gleichgewichtsmenge x^0 in Höhe von 2 Mio. t sinkt im vorliegenden Fall die nachgefragte Menge auf 1,5 Mio. t (Mengeneffekt). Die umgesetzte Menge verringert

P.Point

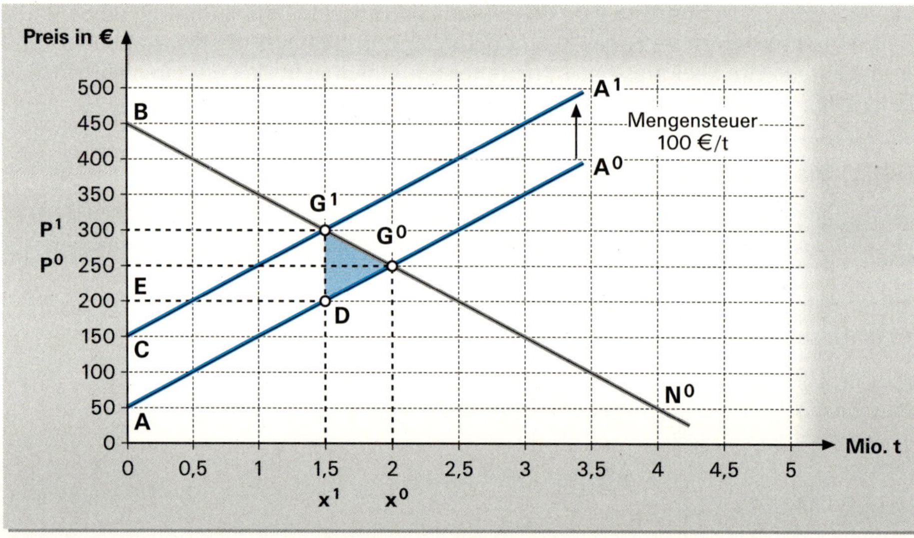

sich also um 0,5 Mio. t. Diese Mengeneinschränkung führt dazu, dass die Preiserhöhung geringer ausfällt als die Steuererhöhung.

Die Möglichkeiten zur Steuerüberwälzung und damit das Ausmaß der Preiserhöhung sind umso geringer

- je höher die Preiselastizität der Nachfrage ist (d. h. je flacher die Nachfragekurve in diesem Bereich verläuft),
- je geringer die Preiselastizität des Angebots ist (d. h. je steiler die Angebotskurve in diesem Bereich verläuft).

Bei völlig elastischer Nachfrage oder völlig unelastischem Angebot kann keine Überwälzung gelingen.

Ausgehend vom ursprünglichen Gleichgewichtspreis p^0 in Höhe von 250 Euro führt die Mengensteuer von 100 Euro je t bei unverändertem Verlauf der Nachfragekurve N^0 im vorliegenden Fall zu einer Preissteigerung um 50 Euro (Preiseffekt). Der neue Gleichgewichtspreis p^1 liegt bei 300 Euro. Die Aufteilung der Steuerbelastung auf die Marktparteien wird durch den jeweiligen Verlauf der Angebots- und Nachfragekurve bestimmt. Im vorliegenden Fall wird die Mengensteuer je zur Hälfte von Anbietern und Nachfragern getragen, weil die Preiselastizität des Angebots und der Nachfrage gleich groß sind.

▶ A 6.10 **Die Erhebung einer Mengensteuer führt i. d. R. zu einer Preiserhöhung und einer Produktionseinschränkung (Preis- und Mengeneffekt). Diejenige Marktseite, die weniger elastisch reagiert, trägt den größeren Teil der Steuerlast.**

Die **Mengensteuer** führt im vorliegenden Fall aber nicht nur zu einer Preiserhöhung und einer Produktionseinschränkung, sondern möglicherweise auch zu einer **gesamtgesellschaftlichen Wohlfahrtsminderung**. Die Höhe der materiellen Wohlfahrtsveränderung bei Nachfragern und Anbietern lässt sich mithilfe der Konsumenten- und Produzentenrente (*vgl. 5.3.4*) ermitteln. In der Ausgangssituation G^0 beträgt die Konsumentenrente 200 Mio. Euro (Fläche p^0, B, G^0). Durch die Steuererhebung verringert sie sich um 87,5 Mio. Euro (Fläche p^0, p^1, G^1, G^0) auf insgesamt 112,5 Mio. Euro (Fläche p^1, B, G^1). Die Produzentenrente beträgt in der Ausgangssituation G^0 ebenfalls 200 Mio. Euro (p^0, G^0, A). Durch die Steuererhebung verringert sie sich ebenfalls um 87,5 Mio. Euro auf insgesamt 112,5 Mio. Euro (Fläche p^1, G^1, C). Der Staat erzielt Steuereinnahmen in Höhe von 150 Mio. Euro (1,5 Mio. t · 100 Euro; Fläche p^1, G^1, D, E). Die Rente von Konsumenten und Produzenten zusammen hat sich um 175 Mio. Euro gemindert. Die Rentenminderung ist damit um 25 Mio. Euro (Fläche D, G^0, G^1) höher als die Steuereinnahmen des Staates. Die Steuererhebung hat somit aufgrund des Preis- und Mengeneffekts gegenüber der Ausgangssituation eine Minderung der Gesamtwohlfahrt in Höhe von 25 Mio. Euro bewirkt.

Wohlfahrtswirkung bei Erhebung einer Mengensteuer			
Minderung der Konsumentenrente	87,50 Mio. €	Steuereinnahmen des Staates	150,00 Mio. €
Minderung der Produzentenrente	87,50 Mio. €	Saldo (Netto-Wohlfahrtsminderung)	25,00 Mio. €
Summe	175,00 Mio. €	Summe	175,00 Mio. €

Ob die materielle Wohlfahrtsminderung in Höhe von 25 Mio. Euro, die sich bei rein einkommensmäßiger Betrachtung im vorliegenden Fall ergibt, durch anderweitige Wohlfahrtssteigerungen wieder ausgeglichen wird, hängt davon ab, inwieweit die **ökologischen Ziele der Steuererhebung** erreicht werden. Wenn durch die Produktionseinschränkung um 0,5 Mio. t die bisherige Boden- und Trinkwasserbelastung langfristig verringert wird, kann sich die Steuererhebung trotz der damit verbundenen Rentenminderung als sinnvoll erweisen. Ein genauer Nachweis ist aber wegen der Schwierigkeiten bei der geldmäßigen Bewertung von Umweltgütern kaum möglich.

Grundlagen der Ökosteuern

Der englische Ökonom A. C. PIGOU[1] hat bereits 1920 vorgeschlagen, die bei Produktion oder Verbrauch entstehenden Kosten, die nicht vom Verursacher, sondern von anderen Personen bzw. der Allgemeinheit getragen und nicht im Marktpreis berücksichtigt werden (= **soziale** bzw. **externe Kosten** wie z. B. Gewässer- und Bodenbelastung, Lärm, Luftverschmutzung usw.; *vgl. 1.3.2*), durch die Erhebung von Steuern in die private Kostenrechnung der Marktteilnehmer einzubeziehen (= Internalisierung externer Kosten). Das Grundprinzip der sog. **Pigou-Steuer** sieht vor, im Falle von Umweltschäden die Verursacher der externen Kosten mit einer Steuer für jede ausgestoßene Schadstoffeinheit zu belasten (= Mengensteuer) und sie dadurch zu veranlassen, Maßnahmen zur Vermeidung des Schadstoffausstoßes zu ergreifen.

Externe Effekte: „... der Kern der Sache ist, dass eine Person A, indem sie gegen Bezahlung Leistungen an eine Person B erbringt, sie nebenher auch Vor- oder Nachteile für andere Personen stiftet, ohne dass eine Bezahlung von den begünstigten Parteien verlangt oder eine Entschädigung der benachteiligten Parteien durchgesetzt werden kann."
A. C. Pigou, The Economics of Welfare, London 1960, S. 183

Wenn es beispielsweise gelänge, die negativen Folgen des bei der Verbrennung fossiler Energieträger (Öl, Kohle oder Gas) zur Stromerzeugung entweichenden Treibhausgases Kohlendioxyd (CO_2) zu messen und in Geldeinheiten auszudrücken (z. B. Schäden durch Klimaerwärmung und Abschmelzen des Polareises mit der Folge einer Erhöhung des Meeresspiegels und der Überschwemmung von Küstengebieten), könnte die Stromerzeugung mit einer allgemeinen **Energiesteuer** oder einer speziellen **CO_2-Steuer** belastet werden. Die Stromprodu-

1 Arthur Cecile Pigou, englischer Ökonom (1877–1959)

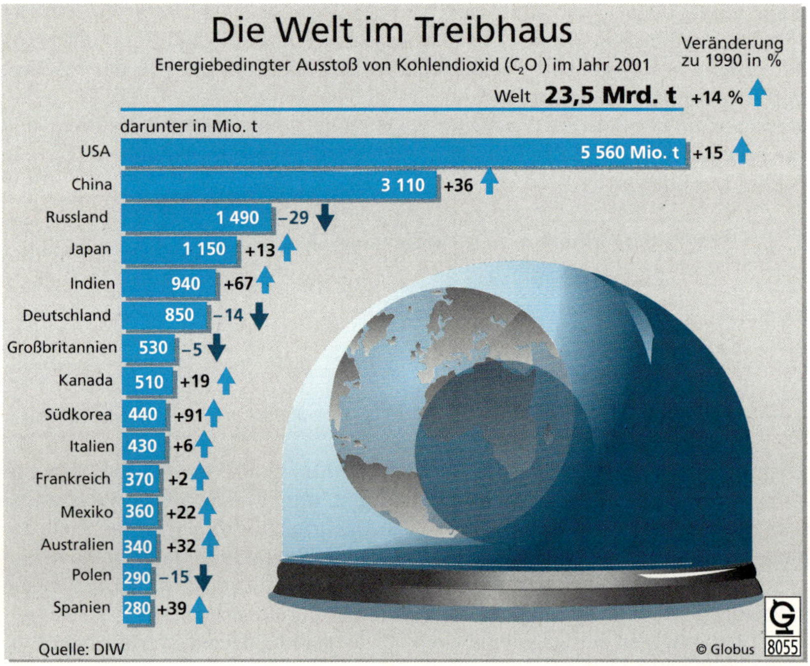

zenten würden diese Steuer in ihre Kostenrechnung einbeziehen und den Strompreis entsprechend erhöhen. Auf diese Preiserhöhung würden die Stromkunden möglicherweise reagieren, indem sie Energie einsparen bzw. den teuren Strom aus der Verbrennung fossiler Energieträger durch billigere und gleichzeitig umweltschonendere Energien ersetzen. Das Hauptproblem dieses Konzepts liegt in der Festsetzung eines geeigneten Steuersatzes, der die Erfassung, Messung und Bewertung der durch den CO_2-Ausstoß entstehenden Schäden voraussetzt. Da diese insbesondere von den Industrieländern verursachten Umweltschäden zudem weltweit auftreten, ist nur ein gemeinsames Vorgehen auf internationaler Ebene Erfolg versprechend.

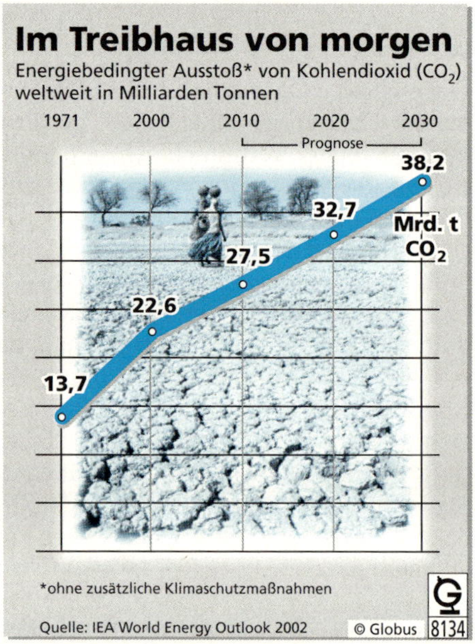

Da solche **Ökosteuern** (z. B. Energiesteuer in Form der Mineralölsteuer oder CO_2-Steuer) den Preismechanismus nicht außer Kraft setzten, sind sie **marktkonform**. Sie sind grundsätzlich geeignet, die knappen Ressourcen in den Fällen, in denen ein Marktversagen wie im Umweltbereich vorliegt, so zu lenken und auf die verschiedenen Verwendungsmöglichkeiten zu verteilen, dass es zu einem effizienten Einsatz der Produktionsfaktoren kommt (**optimale Faktorallokation**, *vgl. 1.5*).

Ökosteuern sind marktkonforme Instrumente der Umweltpolitik.

Beispiel Subventionen

A ◄ 6.7

Subventionen sind Leistungen des Staates an Unternehmen, für die keine ökonomische Gegenleistung erbracht werden muss (*vgl. 2.3*). Häufiges Ziel von Subventionszahlungen ist es, den Unternehmen ein höheres Einkommen zu verschaffen als es der Markt durch die Verkaufserlöse zulassen würde. Neben der Einkommenssicherung spielt bei den Subventionszahlungen aber auch die Lenkung der Produktionsfaktoren in andernfalls vernachlässigten Bereichen (z. B. Wohnungsbau, Investitionen zur Energieeinsparung) eine wichtige Rolle.

Beispiel: Die Regierung beschließt den Anbau eines bestimmten landwirtschaftlichen Produkts, das als vielseitig verwendbarer Rohstoff gilt und dessen Anbau besonders umweltverträglich ist, durch eine Subventionszahlung von 100 Euro je t (= Mengensubvention) zu fördern. Gleichzeitig sollen durch diese Maßnahme auch die Einkommen in der Landwirtschaft gesichert werden.

Ein je Mengeneinheit gezahlter Subventionsbetrag wirkt genau umgekehrt wie eine Mengensteuer. Die Subventionszahlung bedeutet für die Produzenten eine Verringerung der Stückkosten. Dies bewirkt eine Verschiebung der Gesamtangebotskurve nach rechts (*vgl. 4.2.2*). Die ursprüngliche Angebotskurve A^0 verschiebt sich in der unten stehenden Abb. durch die Subventionszahlung (100 Euro je t) nach A^1. Die Nachfrager reagieren auf die durch die Verschiebung der Angebotskurve ausgelöste Senkung des Marktpreises mit einer Ausdehnung der nachgefragten Menge (Bewegung auf der Nachfragekurve von G^0 nach G^1). Ausgehend von der ursprünglichen Gleichgewichtsmenge x^0 in Höhe von 1,5 Mio. t steigt im vorliegenden Fall die nachgefragte Menge auf 2 Mio. t (Mengeneffekt). Die umgesetzte Menge erhöht sich also um 0,5 Mio. t. Diese Mengenausdehnung führt dazu, dass die Preissenkung geringer ausfällt als die Subventionszahlung. Ausgehend vom ursprünglichen Gleichgewichtspreis p^0 in Höhe von 300 Euro führt die Subventionszahlung von 100 Euro je t bei unverändertem Verlauf der Nachfragekurve N^0 im vorliegenden Fall zu einer Preissenkung um 50 Euro (Preiseffekt). Der neue Gleichgewichtspreis p^1 liegt bei 250 Euro. Die Aufteilung der Subventionszahlung auf die Marktparteien wird durch den jeweiligen Verlauf der Angebots- und Nachfragekurve bestimmt. Im vorliegenden Fall kommt die Subventionszahlung je zur Hälfte Anbietern und Nachfragern zugute, weil die Preiselastizität des Angebots und der Nachfrage gleich groß sind.

P.Point

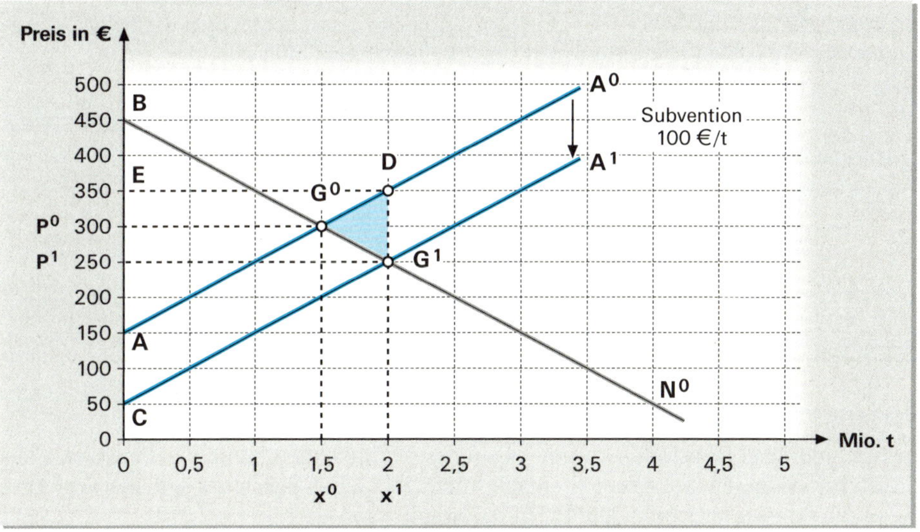

Lösung zu Fallbeispiel 6.3 Nr. 1 (*vgl. S. 172*)

Subventionierung oder Mindestpreis?
Der Staat muss im vorliegenden Fall Haushaltsmittel in Höhe von 200 Mio. Euro (2 Mio. t · 100 Euro) für die Subventionszahlungen aufbringen. Die Produktion steigt um 0,5 Mio. t. auf insgesamt 2 Mio. t. Der Preis sinkt um 50 Euro je t auf 250 Euro je t. Der Gesamterlös der Produzenten beträgt 500 Mio. Euro (250 Euro · 2 Mio. t).

Subventionszahlungen führen i. d. R. zu einer Preissenkung und einer Produktionsausdehnung (Preis- und Mengeneffekt). Diejenige Marktseite, die weniger elastisch reagiert, kommt in den Genuss des größeren Teils der Subventionszahlung.

Die **Subventionszahlung** führt im vorliegenden Fall aber nicht nur zu einer Preissenkung und einer Produktionsausdehnung, sondern möglicherweise – ebenso wie die Mengensteuer – zu einer **gesamtgesellschaftlichen Wohlfahrtsminderung**. Entsprechend der Darstellung bei der Mengensteuer lassen sich folgende materielle Wohlfahrtswirkungen bei Nachfragern und Anbietern feststellen: In der Ausgangssituation G^0 beträgt die Konsumentenrente 112,5 Mio. Euro (Fläche p^0, B, G^0). Durch die Subventionszahlung erhöht sie sich um 87,5 Mio. Euro auf insgesamt 200 Mio. Euro (Fläche p^1, B, G^1). Die Produzentenrente beträgt in der Ausgangssituation G^0 ebenfalls 112,5 Mio. Euro (Fläche p^0, G^0, A). Durch die Subventionszahlung erhöht sie sich ebenfalls um 87,5 Mio. Euro auf insgesamt 200 Mio. Euro (Fläche p^1, G^1, C). Dem Staat entstehen Ausgaben für die Subventionszahlungen in Höhe von 200 Mio. Euro (2 Mio. t · 100 Euro; Fläche p^1, E, D, G^1). Die Rente von Konsumenten und Produzenten zusammen hat sich um 175 Mio. Euro) erhöht. Die Rentenerhöhung ist damit um 25 Mio. Euro (Fläche G^0, D, G^1) geringer als die Subventionszahlungen. Die Subventionierung hat somit aufgrund des Preis- und Mengeneffekts gegenüber der Ausgangslage eine Minderung der Gesamtwohlfahrt in Höhe von 25 Mio. Euro bewirkt.

Ob die materielle Wohlfahrtsminderung in Höhe von 25 Mio. Euro, der sich bei rein **einkommensmäßiger** Betrachtung im vorliegenden Fall ergibt, durch anderweitige Wohlfahrtssteigerungen wieder ausgeglichen wird, hängt davon ab, inwieweit die **ökologischen Ziele der Subventionierung** erreicht werden. Wenn durch die Produktionsausdehnung um 0,5 Mio. t die Verödung von Kulturlandschaft verhindert und die umweltfreundliche Produktion von nachwachsenden Rohstoffen gefördert wird, kann sich die Subventionierung trotz der Rentenminderung als sinnvoll erweisen. Ein genauer Nachweis ist aber wegen der Schwierigkeiten bei der geldmäßigen Bewertung von Umweltgütern kaum möglich.

Wohlfahrtswirkung bei Subventionierung			
Subventionszahlungen des Staates	200,00 Mio. €	Erhöhung der Konsumentenrente	87,50 Mio. €
		Erhöhung der Produzentenrente	87,50 Mio. €
		Saldo (Netto-Wohlfahrtsminderung)	25,00 Mio. €
Summe	200,00 Mio. €	Summe	200,00 Mio. €

Beispiel Preisstabilisierung durch Ausgleichsläger

Insbesondere bei Rohstoffen kommt es auf den Weltmärkten immer wieder zu starken Preisschwankungen. Staatliche Stellen können versuchen durch das Anlegen von Ausgleichslägern (*buffer stocks*) die Preise zu stabilisieren.

Beispiel: Die Regierung beschließt, Preisschwankungen auf dem Agrarmarkt, die u. a. durch wechselnde Rekord- und Missernten hervorgerufen werden, so weit wie möglich auszuschalten. Dadurch soll die Nahrungsmittelversorgung der Bevölkerung zu gleich bleibenden Preisen ermöglicht und eine Stabilisierung der Einkommen in der Landwirtschaft bewirkt werden. Ein Überangebot an landwirtschaftlichen Produkten in guten Erntejahren wird vom Staat aufgekauft und gelagert. In schlechten Erntejahren werden diese Lagervorräte auf dem Markt angeboten.

Ausgangssituation ist das Marktgleichgewicht G^0 mit einem Preis p^0 von 300 Euro und einer Menge x^0 von 1,5 Mio. t.

P.Point

Stützungskäufe zur Preisstabilisierung

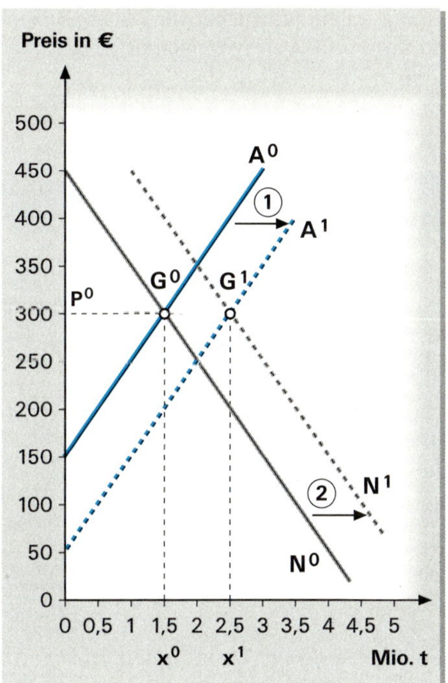

Stützungskäufe zur Preisstabilisierung

Bei einer guten Ernte nimmt das Angebot zu. Die Angebotskurve verschiebt sich nach rechts von A^0 nach A^1. Bei unveränderter Nachfragekurve N^0 und ohne Interventionen des Staates würde der Preis auf 250 Euro fallen und die umgesetzte Menge auf 2 Mio. t steigen. Zum ursprünglichen Preis von 300 Euro besteht ein Angebotsüberhang von 1 Mio. t (Strecke G^0G^1). Diese Menge kauft der Staat auf und lagert sie ein.

Verkauf von Lagervorräten zur Preisstabilisierung

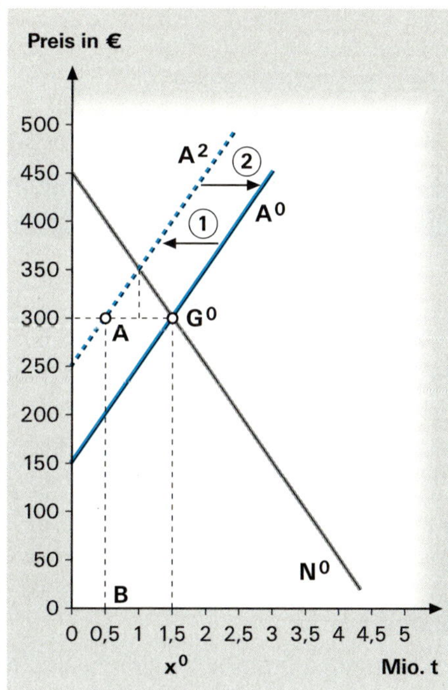

Verkauf von Lagervorräten zur Preisstabilisierung

Im Falle einer Missernte nimmt das Angebot ab. Die Angebotskurve verschiebt sich nach links von A^0 nach A^2. Bei unveränderter Nachfragekurve N^0 und ohne Intervention des Staates würde der Preis auf 350 Euro steigen und die umgesetzte Menge auf 1 Mio. t fallen. Zum ursprünglichen Preis von 300 Euro besteht ein Nachfrageüberhang von 1 Mio. t (Strecke AG^0). Diese Menge bietet der Staat aus seinen Lagervorräten an.

Durch die Staatsnachfrage verschiebt sich die Nachfragekurve nach rechts von N^o nach N^1. Es kommt zu einem neuen Marktgleichgewicht G^1 beim ursprünglichen Preis von 300 Euro und einer Menge x^1 von 2,5 Mio. t. Für die Stützungskäufe zur Preisstabilisierung muss der Staat 300 Mio. Euro (Fläche G^o, G^1, x^1, x^0) aufwenden.	Dadurch verschiebt sich die Angebotskurve A^2 wieder in ihre ursprüngliche Lage A^0. Es kommt zu einem Gleichgewicht beim ursprünglichen Preis von 300 Euro und der ursprünglichen Menge von 1,5 Mio. t. Durch die Verkäufe zur Preisstabilisierung erzielt der Staat Erlöse in Höhe von 300 Mio. Euro (Fläche A, G^0, x^0, B).

Nachteile derartiger staatlicher Interventionen zur Preisstabilisierung sind einerseits die hohen Lager-, Konservierungs- und Verwertungskosten. Andererseits werden die bestehenden Produktionsstrukturen durch die stabilen Preise zementiert und die Einflüsse von Nachfrageänderungen auf die Marktverhältnisse außer Acht gelassen. Kommt es beispielsweise bei leeren Ausgleichslägern zu einer Nachfragesteigerung, ist ein plötzlicher starker Preisanstieg die Folge, weil die Produzenten ihre Kapazitäten nicht an die sich wandelnden Nachfrageverhältnisse angepasst haben.

6.5.3 Marktkonträre Maßnahmen

▶ A 6.8 **Wird durch staatliche Eingriffe in die Marktpreisbildung der Preismechanismus außer Kraft gesetzt, handelt es sich um eine marktkonträre Maßnahme.**

Der Staat kann den Marktpreis behördlich festlegen, wenn die Höhe des Gleichgewichtspreises, der sich aus dem freien Zusammenwirken von Angebot und Nachfrage ergibt, nicht den wirtschafts- oder sozialpolitischen Zielvorstellungen entspricht. Folgende Möglichkeiten der Preisfestsetzung lassen sich unterscheiden:

- **Festpreis**, der weder unter- noch überschritten werden darf
- **Mindestpreis**, der nicht unterschritten werden darf
- **Höchstpreis**, der nicht überschritten werden darf

In allen Fällen besteht der Zweck darin, entweder die Anbieter oder die Nachfrager im Vergleich zum Gleichgewichtspreis besser zu stellen.

Mindestpreise

Um bestimmte Produzentengruppen zu begünstigen und ihr Einkommen zu sichern, kann der Staat Mindestpreise festlegen, die nicht unterschritten werden dürfen. Den Produzenten wird so der Absatz ihrer Produkte zu einem über dem Gleichgewichtspreis liegenden Preis garantiert. Sie werden dadurch gegenüber dem Gleichgewichtspreis besser gestellt.

Das bekannteste Beispiel für Mindestpreispolitik ist die Preisbildung auf den Agrarmärkten. In fast allen Industrieländern der westlichen Welt werden solche Preisstützungsmaßnahmen zugunsten der heimischen Landwirtschaft vorgenommen. Ein weiteres Beispiel ist die Festlegung von Mindestlöhnen.

Beispiel: Die Regierung beschließt zur Sicherung der Einkommen in der Landwirtschaft und zur Sicherung eines ausreichenden Nahrungsmittelangebots den Marktpreis für eine bestimmte Getreidesorte über den derzeitigen Gleichgewichtspreis von 300 Euro je t hinaus anzuheben und einen Mindestpreis von 400 Euro je t festzulegen.

Der garantierte Mindestpreis muss über dem Gleichgewichtspreis liegen. Andernfalls wäre er wirkungslos, da sich dann als Marktpreis der Gleichgewichtspreis P^0 von 300 Euro ergeben würde. Der Mindestpreis verursacht eine Überproduktion, da die Produzenten ihre Angebotsmenge erhöhen und die Konsumenten gleichzeitig ihre Nachfragemenge einschränken. Während beim Gleichgewichtspreis p^0 von 300 Euro angebotene und nachgefragte Menge jeweils 1,5 Mio. t betragen, werden bei einem Mindestpreis p^M von 400 Euro nur 0,5 Mio. t nachgefragt, aber 2,5 Mio. t angeboten. Es liegt somit ein Angebotsüberhang in Höhe von 2 Mio. t (Strecke AB) vor. Der Staat kann den Mindestpreis nur durchsetzen, wenn dieser Angebotsüberhang „aus dem Markt genommen wird". Das heißt, der Staat muss die Überschussmenge von 2 Mio. t zum Preis von 400 Euro je t aufkaufen. Dazu sind Mittel in Höhe von 800 Mio. Euro (2 Mio. t • 400 Euro; Fläche A,B, C, D) nötig. Die Staatsausgaben erhöhen sich zusätzlich noch um die Lager-, Konservierungs- und Vernichtungskosten und verringern sich u. U. um die Erlöse, die beim verbilligten Verkauf der Überschüsse auf dem Binnen- oder Weltmarkt erzielt werden.

P. Point

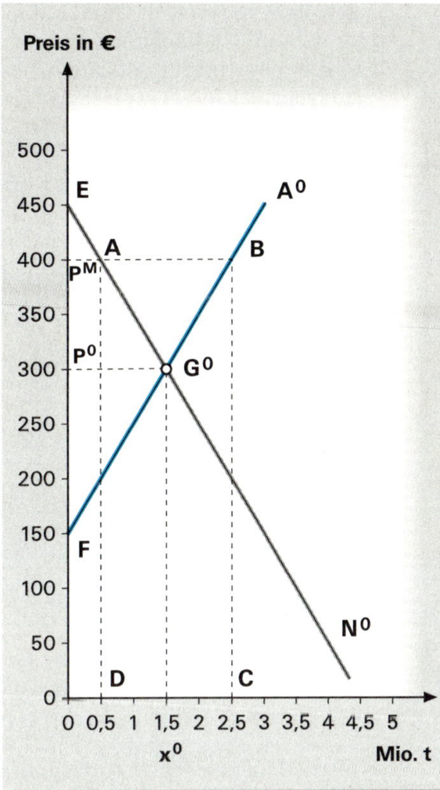

Lösung zu Fallbeispiel 6.3 Nr. 2 (*vgl. S. 172*)

Der Staat muss im vorliegenden Fall Haushaltsmittel in Höhe von 800 Mio. Euro (2 Mio. t · 400 Euro) für die Aufkäufe der Überschüsse aufbringen. Die Produktion steigt um 1 Mio. t. auf insgesamt 2,5 Mio. t. Der Preis steigt um 100 Euro je t auf 400 Euro je t. Die Gesamterlöse der Produzenten betragen 1.000 Mio. Euro (400 Euro · 2,5 Mio. t).

Der Mindestpreispolitik zur Sicherung der Produzenteneinkommen sind durch die enormen Kosten für den Staatshaushalt, die mit Aufkauf, Lagerung, Vernichtung bzw. Subventionierung der Überschüsse einhergehen, Grenzen gesetzt. Um die Überschüsse zu vermeiden, müsste im vorliegenden Fall die Produktion auf 0,5 Mio. t beschränkt werden. Dazu sind ergänzende mengenpolitische Maßnahmen (z. B. Anbaubeschränkungen) nötig. Im Extremfall werden sogar Prämien als Belohnung für die Einstellung der Produktion (z. B. Flächenstilllegungsprämien) bezahlt.

Mindestpreise führen zu einem Überangebot. Sie machen staatliche Maßnahmen zum Aufkauf und zur Verwertung der Angebotsüberschüsse nötig. Die dafür erforderlichen staatlichen Ausgaben sind weitaus höher als die mit der Festsetzung von Mindestpreisen erzielbaren Einkommenserhöhungen der Produzenten.

Die **Mindestpreispolitik** führt vergleichsweise zu einer weitaus **höheren gesamtgesellschaftlichen Wohlfahrtsminderung** als beispielsweise eine **Subventionszahlung** (*vgl. S. 205 f.*). Die Konsumentenrente beträgt in der Ausgangssituation G^0 112,5 Mio. Euro (Fläche P^0, G^0, E).

Durch die Festsetzung des Mindestpreises p^M verringert sie sich um 100 Mio. Euro (Fläche p^0, p^M A, G^0) auf insgesamt nur noch 12,5 Mio. Euro (Fläche p^M, E, A). Die Produzentenrente beträgt in der Ausgangssituation G^0 ebenfalls 112,5 Mio. Euro (Fläche p^0, G^0, F). Durch die Festsetzung des Mindestpreises p^M erhöht sie sich um 200 Mio. Euro (Fläche p^0, p^M, B, G^0) auf insgesamt 312,5 Mio. Euro (Fläche F, p^M, B). Dem Staat entstehen für den Aufkauf der Überschüsse Ausgaben in Höhe von 800 Mio. Euro (2 Mio. t · 400 Euro, Fläche A, B, C, D). Die Rente von Produzenten und Konsumenten zusammen hat sich um 100 Mio. Euro (200 Mio. Euro – 100 Mio. Euro) erhöht. Die Rentenerhöhung ist damit um 700 Mio. Euro geringer als die Staatsausgaben für den Aufkauf der Überschüsse. Die Mindestpreispolitik hat somit aufgrund des Preis- und Mengeneffekts gegenüber der Ausgangslage eine Minderung der Gesamtwohlfahrt in Höhe von 700 Mio. Euro bewirkt.

Wohlfahrtswirkung bei Mindestpreispolitik

Minderung der Konsumentenrente	100 Mio. €	Erhöhung der Produzentenrente	200 Mio. €
Staatsausgaben für Aufkäufe	800 Mio. €	Saldo (Netto-Wohlfahrtsminderung)	700 Mio. €
Summe	900 Mio. €	Summe	900 Mio. €

Höchstpreise

▶ A 6.9 Um die Nachfrager bestimmter Güter zu begünstigen, kann der Staat Höchstpreise festlegen, die nicht überschritten werden dürfen. Die Nachfrager werden dadurch gegenüber dem Gleichgewichtspreis besser gestellt.

Typische Fälle für Höchstpreispolitik sind Mietstopp und Preisbegrenzungen für wichtige Grundnahrungsmittel.

Beispiel: Die Regierung ist der Meinung, der Gleichgewichtspreis von 300 Euro je t, der sich durch das freie Zusammenspiel von Angebot und Nachfrage für ein wichtiges Grundnahrungsmittel herausgebildet hat, sei zu hoch. Sie beschließt daher, zur preisgünstigen Nahrungsmittelversorgung der Bevölkerung einen Höchstpreis von 200 Euro festzusetzen.

Der Höchstpreis muss unter dem Gleichgewichtspreis liegen. Andernfalls wäre er wirkungslos, da sich dann als Marktpreis der Gleichgewichtspreis P^0 von 300 Euro ergeben würde (*vgl. Abb. S. 211*). Der Höchstpreis verursacht eine Mangelsituation, da die Produzenten ihre Angebotsmenge einschränken und die Konsumenten gleichzeitig ihre Nachfragemenge erhöhen. Während beim Gleichgewichtspreis p^0 von 300 Euro angebotene und nachgefragte Menge jeweils 1,5 Mio. t betragen, werden bei einem Höchstpreis p^H von 200 Euro nur 0,5 Mio. t angeboten, aber 2,5 Mio. t nachgefragt. Es liegt somit ein Nachfrageüberhang in Höhe von 2 Mio. t (Strecke AB) vor. Der Staat kann den Höchstpreis nur durchsetzen, wenn er zusätzliche Maßnahmen zur Rationierung und Zuteilung des knappen Gutes ergreift (z. B. Verteilung von Bezugsscheinen an ausgewählte Bezugsberechtigte). Andernfalls würden diejenigen Nachfrager die Güter erhalten,

- die sich als Erste in die Käuferschlangen einreihen (Windhundverfahren),
- die gute Beziehungen zu Verteilungsinstanzen haben (Vetternwirtschaft),
- die bereit sind, auf dem **Schwarzmarkt** einen höheren Preis als den Höchstpreis zu zahlen.

Die Entstehung von Schwarzmärkten ist die typische Folge von Höchstpreisen. Auf diesem Markt werden die rechtswidrig dem offiziellen Markt vorenthaltenen Angebotsmengen zu

P.Poir

weitaus höheren Preisen gehandelt. Der durch den Höchstpreis ausgelöste Angebotsrückgang bewirkt, dass zahlreiche Nachfrager jetzt schlechter gestellt sind als vorher. Obwohl sie bereit gewesen wären, 300 Euro oder sogar mehr (bis zu 449,99 Euro) zu bezahlen, kann ihre Nachfrage wegen des knappen Angebots nicht befriedigt werden. Nur diejenigen Nachfrager, die das Gut jetzt tatsächlich zum Preis von 200 Euro erhalten, obwohl sie bereit gewesen wären, mehr dafür zu bezahlen, haben Vorteile von der Höchstpreisregelung. Der Staat muss durch ein Kontroll- und Auswahlsystem dafür sorgen, dass diese Begünstigten auch tatsächlich diejenigen sind, die durch die staatliche Maßnahme unterstützt werden sollten. Andernfalls profitieren möglicherweise genau diejenigen Nachfrager von dieser Maßnahme, die es am wenigsten nötig haben und auch höhere Preise hätten bezahlen können.

Der staatliche Eingriff in den Preismechanismus zieht in jedem Fall weitere staatliche Eingriffe und Kontrollmaßnahmen nach sich.

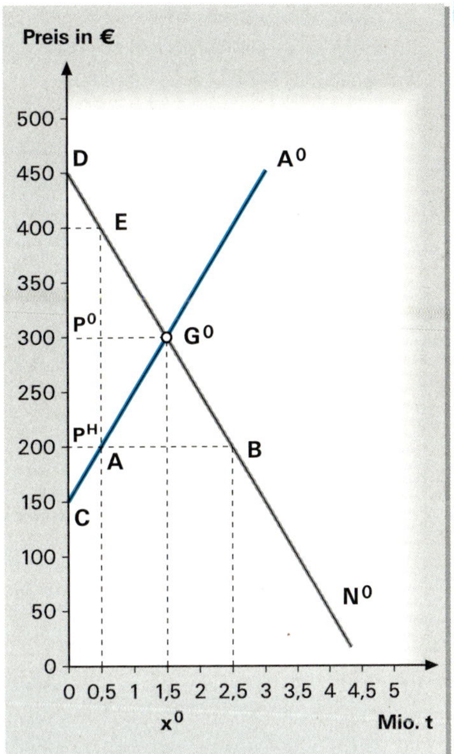

Höchstpreise führen zu einem Nachfrageüberhang. Sie machen staatliche Kontrollmaßnahmen nötig, um das knappe Angebot auf die berechtigten Nachfrager zu verteilen.

Die **Höchstpreispolitik** führt – ebenso wie die Mindestpreispolitik – zu einer **gesamtgesellschaftlichen Wohlfahrtsminderung**. Die Produzentenrente beträgt in der Ausgangssituation G^0 112,5 Mio. Euro (Fläche p^0, G^0, C). Durch die Festsetzung des Höchstpreises p^H verringert sie sich um 100 Mio. Euro (Fläche p^0, G^0, A, p^H) auf insgesamt nur noch 12,5 Mio. Euro (Fläche p^H, A, C). Die Konsumentenrente beträgt in der Ausgangssituation G^0 ebenfalls 112,5 Mio. Euro (Fläche p^0, D, G^0). Da nach Festsetzung des Höchstpreises p^H nicht die benötigten 2,5 Mio. t, sondern nur 0,5 Mio. t zur Verfügung stehen und daher nicht alle Konsumenten ihre Nachfrage befriedigen können, verändert sich die Konsumentenrente im vorliegenden Fall nicht. Sie beträgt nach wie vor 112,5 Mio. Euro. Sie besteht jetzt aber – anders als vorher – aus der Fläche p^H, D, E, A. Die Rente von Produzenten und Konsumenten zusammen hat sich also um 100. Mio. Euro (0 Euro – 100 Euro) vermindert. Die Mindestpreispolitik hat somit aufgrund des Preis- und Mengeneffekts gegenüber der Ausgangslage eine Minderung der Gesamtwohlfahrt in Höhe von 100 Mio. Euro (Fläche A, E, G^0) wirkt.

Wohlfahrtswirkung bei Höchstpreispolitik			
Minderung der Produzentenrente	100 Mio. €	Erhöhung der Konsumentenrente	0 Mio. €
		Saldo (Netto-Wohlfahrtsminderung)	100 Mio. €
Summe	100 Mio. €	Summe	100 Mio. €

Zusammenfassende Übersicht Kapitel 6:

Marktwirtschaftliche Ordnung in Modell und Realität

Wirtschaftsordnungen

Idealtypen: **Modell der freien Marktwirtschaft** ← → **Modell der Zentralverwaltungswirtschaft**

Realtypen

Modell der freien Marktwirtschaft

Funktionen des Preises
- Signal/Info
- Lenkung
- Ausgleich
- Verteilung
- Anreiz
- Auslese

Ordnungsrahmen „Nachtwächterstaat“
- Privateigentum
- Vertragsfreiheit
- Gewerbe- und Produktionsfreiheit
- Konsumfreiheit
- Freie Berufswahl

→ **Laissez-faire-Wirtschaft** (klassischer Wirtschaftsliberalismus)

↓

Probleme

Benachteiligung Leistungsschwächerer	Ausschaltung des Wettbewerbs durch Absprachen	Marktversagen		
unsoziale Einkommens- und Vermögensverteilung	Kartelle → Unternehmenskonzentration → wirtschaftliche Macht → politische Macht	soziale Missstände durch Versagen des Arbeitsmarktes, Wirtschaftskrisen	fehlende Bereitstellung öffentlicher Güter	Umweltverschmutzung (externe Kosten)

Ordoliberalismus Walter Eucken, Ludwig Erhard, A. Müller-Armack → **Soziale Marktwirtschaft in der Bundesrepublik Deutschland** ← **EWWU** Europäische Wettbewerbs-, Sozial- und Geldpolitik

Wettbewerbsordnung

Wettbewerbspolitik/Verbraucherschutz

Gesetz gegen Wettbewerbsbeschränkungen

Kartellverbot	Zusammenschlusskontrolle	Missbrauchsaufsicht

Sozialordnung

Sozialpolitik
- Einkommensumverteilung (progr. Einkommensteuer)
- Sozialversicherung (RV, KV, ALV, PflegeV, UnfallV)
- Transferzahlungen (Sozialhilfe, Kindergeld, ...)
- Arbeitnehmerschutz (Kündigung, Arbeitszeit, ...)
- Mitwirkung und Mitbestimmung der Arbeitnehmer

Finanzierungsprobleme des Sozialstaates

Eingriffe des Staates in die Marktpreisbildung

Marktkonforme Eingriffe (Preismechanismus wird nicht außer Kraft gesetzt)		**Marktkonträre Eingriffe** (Preismechanismus wird außer Kraft gesetzt)	
Mengen-/Wertsteuern	**Subventionen**	**Mindestpreis** Folge: Produktionsüberhang	**Höchstpreis** Folge: Schwarzmärkte
Stützungskäufe			

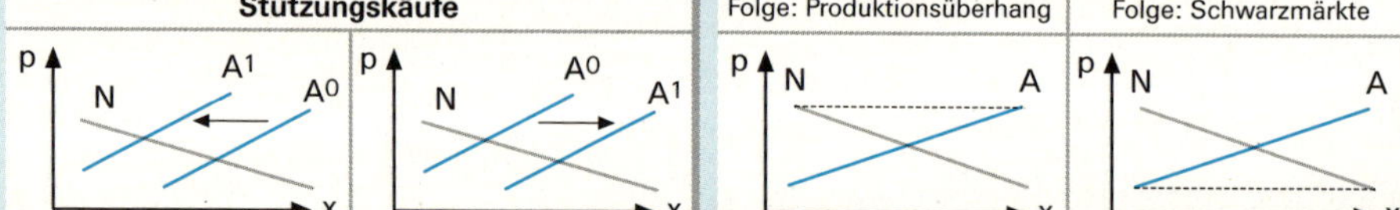

Fragen zur Kontrolle des Grundwissens

Kapitel 6: Marktwirtschaftliche Ordnung in Modell und Realität

Kapitel 6.1 Idealtypische Wirtschaftsordnungen

1. *Was ist eine Wirtschaftsordnung?*
2. *Nennen Sie Merkmale der beiden idealtypischen Wirtschaftsordnungen freie Marktwirtschaft und Zentralverwaltungswirtschaft.*
3. *Erläutern Sie die ideologischen Grundlagen des Modells einer freien Marktwirtschaft.*
4. *Was ist unter der von A. SMITH beschriebenen „unsichtbaren Hand" zu verstehen?*

Kapitel 6.2 Modell einer freien Marktwirtschaft

1. *Wie funktioniert das Planungs-, Koordinations-, Motivations- und Kontrollsystem im Modell einer freien Marktwirtschaft?*
2. *Nennen Sie die Funktionen des Preises im Modell einer freien Marktwirtschaft.*
3. *Was ist unter Konsumentensouveränität zu verstehen?*
4. *Welche Voraussetzungen müssen für das Funktionieren einer freien Marktwirtschaft erfüllt sein? (= Ordnungsrahmen einer freien Marktwirtschaft).*

Kapitel 6.3 Abweichungen zwischen Modell und Realität marktwirtschaftlicher Ordnung

1. *Welche Mängel können sich ergeben, wenn das Modell der freien Marktwirtschaft in die Realität umgesetzt wird?*

Kapitel 6.4: Soziale Marktwirtschaft in der Bundesrepublik Deutschland

1. *Wodurch unterscheiden sich freie Marktwirtschaft und soziale Marktwirtschaft?*
2. *Welcher Zusammenhang besteht zwischen dem Grundgesetz und der am Leitbild der sozialen Marktwirtschaft orientierten Wirtschaftsordnung der Bundesrepublik Deutschland?*
3. *Wer war Ludwig Erhard und welche Bedeutung hatte er für die soziale Marktwirtschaft in der Bundesrepublik Deutschland?*
4. *In welchem Verhältnis stehen Wettbewerbsprinzip und Sozialprinzip in der Konzeption der sozialen Marktwirtschaft zueinander?*
5. *Was ist unter funktionsfähigem Wettbewerb zu verstehen?*
6. *Was ist ein Kartell?*
7. *Welche Regelungen enthält das Gesetz gegen Wettbewerbsbeschränkungen (GWB) hinsichtlich der Kartellbildung, der Unternehmenszusammenschlüsse und der Marktbeherrschung?*
8. *Prüfen Sie anhand der Abb. auf S. 189 u. 190, in welchen Branchen die höchste Unternehmenskonzentration vorliegt.*
9. *Was ist eine Sozialordnung?*
10. *Was besagt das Subsidiaritätsprinzip?*
11. *Erläutern Sie anhand der Abb. auf S. 191 die Einkommensentstehung, die Einkommensumverteilung und die Einkommensverwendung.*
12. *Nennen Sie staatliche Maßnahmen zur Einkommensumverteilung.*
13. *Nennen Sie sozialpolitische Maßnahmen.*
14. *Nennen Sie Probleme des Sozialstaates und ihre Ursachen.*
15. *Welche Auswirkungen ergeben sich durch die europäische Einigung auf die Wirtschaftsordnung der Bundesrepublik Deutschland?*

Kapitel 6.5: Eingriffe des Staates in die Marktpreisbildung

1. *Nennen Sie marktkonforme Eingriffe des Staates in die Marktpreisbildung.*
2. *Welche Folgen hat die Erhebung einer Mengensteuer?*
3. *Welche Marktpartei wird durch die Erhebung einer Mengensteuer belastet?*
4. *Wie wirkt sich die Erhebung von Ökosteuern auf die Marktpreisbildung aus?*

5. *Geben Sie anhand der Abb. auf S. 204 an, wodurch die CO_2-Emissionen in erster Linie verursacht werden und erläutern Sie die internationale Bedeutung dieses Problems.*
6. *Welche Folgen hat die Zahlung von Subventionen?*
7. *Welche Marktpartei wird durch die Subventionszahlungen begünstigt?*
8. *Nennen Sie marktkonträre Eingriffe des Staates in die Marktpreisbildung.*
9. *Welche Folgen hat die Einführung von Mindestpreisen?*
10. *Welche Folgen hat die Einführung von Höchstpreisen?*

Aufgaben und Probleme zur Erarbeitung und Anwendung von Wissen

Kapitel 6: Marktwirtschaftliche Ordnung in Modell und Realität

▶ A 6.1

Faire Güterverteilung durch das Preissystem? Prüfen Sie Ihr Gerechtigkeitsempfinden.

Prüfen Sie anhand der folgenden Fragen[1] Ihr persönliches Gerechtigkeitsempfinden in Bezug auf die Fairness der Güterverteilung durch das Preissystem. Diskutieren Sie darüber mit Ihren Mitschülern. Stellen Sie für Ihre Klasse die Prozentanteile der einzelnen Antworten fest und vergleichen Sie diese mit der Durchschnittsbevölkerung. (*Die Befragungsergebnisse für die Durchschnittsbevölkerung sind im Lösungsheft abgedruckt.*)

Hinweis: *Wenn Sie nach Durcharbeiten des vorliegenden Buches bzw. nach Beendigung der Schulzeit die folgenden Fragen erneut beantworten, können Sie feststellen, ob sich ihre Einstellung zum Preissystem durch die Beschäftigung mit volkswirtschaftlichen Fragen möglicherweise geändert hat.*

Frage 1:
Auf einem nur zu Fuß erreichbaren Aussichtspunkt wurde eine Quelle erschlossen. Das dort in Flaschen abgefüllte Wasser wird an einem Stand zum Preis von 0,50 € pro Flasche an Wanderer verkauft. Die Tagesproduktion und damit der tägliche Vorrat besteht aus 100 Flaschen. An einem besonders heißen Tag erhöht der Verkäufer (ohne Angabe von Gründen) den Preis auf 1,00 € pro Flasche.

▶ Wie finden Sie diese Preiserhöhung?

Antwort	völlig fair	akzeptabel	unfair	sehr unfair

Frage 2:
Abwandlung von Frage 1: Das Wasser wird normalerweise zum Preis von 0,50 € pro Flasche an Wanderer verkauft. Die Tagesproduktion und damit der tägliche Vorrat besteht aus 100 Flaschen. An einem besonders heißen Tag kommen 200 Wanderer und möchten eine Flasche Wasser kaufen. Der Verkäufer erhöht daraufhin den Preis auf 1,00 € pro Flasche.

▶ Wie finden Sie diese Preiserhöhung?

Antwort	völlig fair	akzeptabel	unfair	sehr unfair

Frage 3:
Ein Eisenwarenladen verkauft Schneeschaufeln zu 15,00 € pro Stück. Am Morgen nach einem heftigen Schneesturm erhöht der Laden den Preis auf 20,00 € pro Stück.

▶ Wie finden Sie diese Preiserhöhung?

Antwort	völlig fair	akzeptabel	unfair	sehr unfair

1 Die Fragen stammen aus einer empirischen Untersuchung von W. Pommerehne u. a., Semper aliquid haeret? Studium der Nationalökonomie und Einschätzung der Fairness des Preissystems, in: WiSt, Heft 8/1993, S. 405 ff.

Frage 4:

▶ Bitte geben Sie an, welches folgende Verfahren zur Verteilung der 100 Flaschen unter die 200 Wanderer (vgl. Frage 2) Ihrer Meinung nach fair ist.

A) Preiserhöhung auf 1,00 € pro Flasche (Preissystem),

B) Verkauf zu 0,50 € pro Flasche nach dem Prinzip „wer zuerst kommt, mahlt zuerst" (Tradition),

C) Verkauf zu 0,50 € pro Flasche nach dem Zufallsverfahren, z. B. an alle Wanderer, deren Familienname mit A bis K beginnt (Zufall),

D) Die zuständige Gemeindeverwaltung erwirbt alle Flaschen zum Preis von 0,50 € und verteilt sie nach ihrem eigenen Ermessen (staatlicher Eingriff).

Antwort	A) Preissystem	B) Tradition	C) Zufall	D) Staatl. Eingriff

Entwicklungsphasen der sozialen Marktwirtschaft

Die Entwicklung der sozialen Marktwirtschaft in der Bundesrepublik Deutschland von 1950 bis 1998 lässt sich in die Phasen „Wirtschaftswunder 1950–1966", „Nachfrageorientierte Wirtschaftspolitik 1966–1980" und „Angebotsorientierte Wirtschaftspolitik 1980–1998" einteilen. Die nachfolgenden Fragen beziehen sich auf die statistischen Daten der Tabelle auf S. 195.

1 ▶ Stellen Sie anhand der statistischen Daten fest, wodurch sich die als „Wirtschaftswunder" bezeichnete Phase von 1950 bis 1966 auszeichnet.

2 ▶ 1966/67 begann in der Bundesrepublik Deutschland die erste starke Rezession der Nachkriegszeit. Stellen Sie anhand der statistischen Daten fest, an welchen wirtschaftlichen Größen sich dies bemerkbar machte.

3 ▶ Prüfen Sie, ob sich anhand der statistischen Daten für spätere Jahre ähnliche Rezessionsphasen feststellen lassen.

4 ▶ Seit 1967 kam es zu einer Abkehr von ordoliberalen Vorstellungen durch verstärkte konjunkturpolitische Aktivitäten des Staates zur Beschäftigungssicherung (Globalsteuerung). Stellen Sie anhand der statistischen Daten fest, wodurch sich die Phase von 1967 bis 1980 besonders auszeichnet.

5 ▶ Stellen Sie anhand der statistischen Daten fest, wodurch sich die Phase von 1980 bis 1998 besonders auszeichnet.

6 ▶ In den Jahren 1973/74 und 1979 kam es aufgrund des Preis- und Mengenpolitik des Kartells der Erdöl exportierenden Länder OPEC jeweils zu einer Verdoppelung der Rohölpreise auf dem Weltmarkt. Stellen Sie fest, wie sich diese „Ölschocks" auf die wirtschaftliche Entwicklung in der Bundesrepublik Deutschland ausgewirkt haben.

7 ▶ Ab 1974 hat die Bundesbank eine grundlegende Änderung ihrer Geldpolitik vorgenommen (Inflationsbekämpfung durch Ausrichtung der Geldpolitik an einem im Voraus festgelegten Geldmengenziel). Prüfen Sie, ob dieses Vorgehen erfolgreich war. Beachten Sie auch mögliche Nebeneffekte.

8 ▶ Die Wiedervereinigung Deutschlands hat sich wirtschaftlich kurzfristig in dem sog. „Wiedervereinigungsboom" niedergeschlagen. Stellen Sie fest, anhand welcher statistischen Daten dies nachweisbar ist.

9 ▶ Anhand welcher statistischen Daten der Tabelle lassen sich Aussagen über die wirtschaftliche und soziale Lage der Arbeitnehmer machen? Vergleichen Sie die drei Entwicklungsphasen der sozialen Marktwirtschaft anhand dieser Daten.

10 ▶ Welche Entwicklungen deuten auf den von neoliberalen Kritikern behaupteten Übergang vom Sozialstaat zum Wohlfahrtsstaat hin?

11 ▶ Prüfen Sie anhand der statistischen Daten, ob sich Zusammenhänge zwischen der Entwicklung der Größen

a) Wirtschaftswachstum und Arbeitslosenquote

b) Reallohnanstieg und Arbeitslosenquote

c) Arbeitslosenquote, Sozialleistungsquote und Staatsverschuldung

im Zeitablauf herleiten lassen. Versuchen Sie die festgestellten Zusammenhänge zu erklären.

12 ▶ Welche Probleme der sozialen Marktwirtschaft lassen sich anhand der statistischen Daten für den Zeitraum ab 1990 erkennen?

▶ A 6.3

Preiskartell - Funktionen des Preises

Die Chemiekonzerne **BASF, Roche** und **Rhone-Poulenc** haben Preisabsprachen für den Verkauf von Vitaminpräparaten getroffen. Die drei Unternehmen beherrschen über 90 % des Weltmarktes für die Vitamine A und E.

1. Welche Absichten haben die drei Unternehmen mit dieser Maßnahme verfolgt?
2. Nach welchen Gesichtspunkten wird in einem solchen Fall die Höhe der Preise festgesetzt?
3. Legen Sie dar, welche Funktionen des Preises durch eine solche Absprache beeinträchtigt oder außer Kraft gesetzt werden.
4. Warum bleiben Preisabsprachen zwischen Unternehmen oft erfolglos?
5. Den drei Unternehmen wird auch vorgeworfen Weiterverarbeitungsbetriebe mit Lieferstopps bedroht sowie Konkurrenten aufgekauft und die Betriebe danach geschlossen zu haben.
   Welche Absichten wurden mit diesen Maßnahmen verfolgt?

▶ A 6.4

Unternehmenskonzentration - Wettbewerbspolitik - Gesetz gegen Wettbewerbsbeschränkung

1 ▶ LUDWIG ERHARD (erster Wirtschaftsminister der Bundesrepublik Deutschland von 1949–1963), auf den die konkrete Ausgestaltung der sozialen Marktwirtschaft zurückgeht, hat das 1957 erlassene *Gesetz gegen Wettbewerbsbeschränkungen* als **„Grundgesetz der Marktwirtschaft“** bezeichnet.
Erläutern Sie diese Aussage.

2 ▶ Unternehmenskonzentration

a) Prüfen Sie anhand der Abb. auf S. 189 (Unternehmenskonzentration), in welchen Branchen die Unternehmenskonzentration in Deutschland am stärksten ist.

b) Bedeutet ein hoher Konzentrationsgrad gleichzeitig, dass der Wettbewerb in dieser Branche gering ist?

c) Für die deutsche Lebensmittelbranche liegen folgende Zahlen vor: Auf die zehn größten Handelsketten entfallen 80 % des Lebensmittelumsatzes. Auf die zehn größten Lebensmittelhersteller entfallen 11 % des Umsatzes.
Welche Probleme können sich aus dieser Marktsituation ergeben?

3 ▶ Dem Bundeskartellamt wurde in den Jahren 1998 bis 2000 insgesamt 4 500 vollzogene Unternehmenszusammenschlüsse angezeigt (vgl. Abb. S. 190).

a) Worauf ist die steigende Zahl von Unternehmenszusammenschlüssen zurückzuführen.

b) Welche Vorteile können mit Unternehmenszusammenschlüssen einhergehen?

c) In welchen Fällen untersagt das Bundeskartellamt geplante Zusammenschlüsse?

4 ▶ Vierzehn Hersteller von Starkstromkabeln (darunter auch die Siemens AG) haben Anfragen aller Kunden (darunter insbesondere öffentliche Energieversorgungsunternehmen und Stadtwerke) in der Weise gesteuert, dass am Ende einer jeden Periode der Marktanteil jedes beteiligten Herstellers einer vereinbarten Höhe entsprochen hat.

a) Um welche Art der Wettbewerbsbeschränkung handelt es sich?

b) Zur Durchsetzung der Vereinbarung sind auch Preis- und Rabattabsprachen erfolgt. Warum?

c) Die Vereinbarungen hatten jahrzehntelang Bestand. Warum war im vorliegenden Fall nicht mit großem Widerstand der Kunden zu rechnen?

5 ▶ Prüfen Sie, ob auf die folgenden Fälle Regelungen des *Gesetzes gegen Wettbewerbsbeschränkungen* (GWB) anwendbar sind. Mit welchen Maßnahmen des Bundeskartellamtes ist ggf. zu rechnen? Begründen Sie Ihre Aussagen.

a) Der **Kaffeeröster Tchibo** übernimmt den Konkurrenten **Eduscho**. Beide Unternehmen zusammen erreichen einen Marktanteil von ca. 28%.

b) Die **Bayerische Vereinsbank** und die **Bayerische Hypotheken- und Wechselbank** schließen sich zusammen (Verschmelzung). Hinsichtlich der Bilanzsumme belegt das neue Unternehmen hinter der Deutschen Bank den zweiten Platz. Sein Marktanteil beim filialgebundenen Aktiv- und Passivgeschäft mit Privat- und Firmenkunden (Kontokorrent- sowie kurz- bis mittelfristige Kredite, Sicht-, Spar- und mittelfristige Einlagen) erreicht nur auf einigen regionalen Märkten in Bayern mehr als 20%.

c) Die **Lufthansa** verlangte als zeitweiliger Monopolist auf der Strecke Frankfurt-Berlin deutlich höhere Preise als auf anderen vergleichbaren innerdeutschen Strecken, auf denen sie in Wettbewerb mit anderen Fluggesellschaften stand. Die hohen Preise wurden mit Verlusten auf anderen innerdeutschen Strecken begründet.

d) Achtzehn kleine Möbelspeditionen aus Deutschland und Österreich gründen die **„Kooperationsgruppe Euroumzug e.V.“** in Wuppertal. Zweck ist die Koordinierung der Umzugsleistungen (insbesondere die Vermeidung von Leerfahrten), der gemeinsame Einkauf und die Empfehlung von Preisen.

e) Die Vertreter bedeutender europäischer Farbenhersteller trafen sich in unregelmäßigen zeitlichen Abständen. Nach einem solchen Treffen erhöhten die betreffenden Unternehmen trotz unterschiedlicher Kostensituation ihre Preise für Teerfarbstoffe in zeitlichem Gleichschritt einheitlich um 8%. Eine vertragliche Vereinbarung konnte ihnen aber nicht nachgewiesen werden.

f) Die Nettopreise für Neuwagen sind in Deutschland am höchsten. Vor diesem Hintergrund hat der **VW**-Konzern seine Vertriebspartner in Italien angewiesen keine importierten VW- oder Audi-Neuwagen an Kunden aus Deutschland oder Österreich zu verkaufen.

Vernetzungsdiagramm: Finanzierungsprobleme der Gesetzlichen Rentenversicherung

A ◀ 6.5

▶ Stellen Sie anhand eines Vernetzungsdiagramms (vgl. Aufg. 1.2 auf S. 32) fest, welche Einflüsse, Zusammenhänge und Abhängigkeiten zwischen den Faktoren, die auf die Finanzierung der gesetzlichen Rentenversicherung einwirken, bestehen. Verbinden Sie dazu Elemente, die sich direkt beeinflussen mit einem Pfeil. Kennzeichnen Sie gleichgerichtete Wirkungen (je mehr - desto mehr) mit einem Pluszeichen und entgegengesetzte Wirkungen (je mehr - desto weniger) mit einem Minuszeichen.
Erläutern Sie alle durch Pfeile dargestellten Abhängigkeiten.

K ◀

P.Point

Folgende Elemente können berücksichtigt werden: Finanzierungsdefizit, Beitragseinnahmen, Ausgaben der Rentenversicherung, Beitragssatz, Personalkosten, Arbeitslosigkeit, künftige Rentenzahlung, Altersarmut, Tendenz zur Teil- statt Vollzeitarbeit, Geburtenzahl, Lebenserwartung, Verhältnis zwischen Zahl der Beitragszahler und Zahl der Rentner, Dauer der Ausbildung, Versicherungsfremde Leistungen (z. B. Krankenversicherung der Rentner, DDR-Folgekosten), Vorzeitiges Ausscheiden aus dem Erwerbsleben (Frühverrentung), ...

Steuererhebung zur Senkung der Lohnnebenkosten - Finanzierung der Sozialversicherungsbeiträge

A ◀ 6.6

Der Präsident des Instituts für Klima, Umwelt und Energie in Wuppertal, Prof. ERNST ULRICH VON WEIZSÄCKER, hat folgenden Vorschlag zur Bekämpfung der Arbeitslosigkeit gemacht:

Energie soll beim Endverbraucher jedes Jahr inflationsbereinigt um 5 % teurer werden. Dafür sollen andere Abgaben, die die Lohnnebenkosten erhöhen (z. B. Beiträge zur Arbeitslosenversicherung), in gleichem Umfang gesenkt werden. Dies soll dazu führen, dass der Rationalisierungsprozess zulasten des teuren Faktors Arbeit gebremst wird. Es würde dann in Zukunft rentabler, Kilowattstunden arbeitslos zu machen als Menschen.

1 ▶ Handelt es sich hierbei um eine marktkonforme oder eine marktkonträre Maßnahme? Begründen Sie Ihre Aussage.

2 ▶ Prüfen Sie die mögliche Wirkung einer solchen Energieverbrauchsteuer auf die Höhe des Energieverbrauchs und des Steueraufkommens. Skizzieren Sie dazu eine normal verlaufende Angebots- und Nachfragekurve (Preis-Mengen-Diagramm) und tragen Sie die sich durch die Steuererhebung ergebenden Veränderungen in die Skizze ein.

3 ▶ Wie würde sich das Ergebnis von Nr. 2 ändern, wenn
a) die Nachfrageelastizität b) die Angebotselastizität
sehr gering sind.

4 ▶ Beurteilen Sie den Vorschlag, indem Sie mögliche Vor- und Nachteile einander gegenüberstellen.

5 ▶ Ein anderer Vorschlag zur Finanzierung von Sozialversicherungsbeiträgen und Senkung der Lohnnebenkosten lautet:

Die Sozialversicherungen werden vor allem durch die von der Lohnsumme abhängigen Beiträge finanziert – je zur Hälfte von Arbeitgebern und Arbeitnehmern. Von diesen Lohnzusatzkosten sind vor allem Betriebe mit hoher Arbeitsintensität betroffen. Die Sozialabgaben stellen daher einen Anreiz zur Rationalisierung, d. h. den Ersatz von Arbeitnehmern durch Maschinen, dar. Jede Entlassung senkt die sozialen Aufwendungen des Betriebes, weil auf diese Weise Sozialversicherungsbeiträge gespart werden können. Die **Arbeitgeberbeiträge** zur Sozialversicherung sollen daher in eine Abgabe umgewandelt werden, die sich an der Leistung der Menschen (= Lohnsumme) **und** der Maschinen orientiert. Es handelt sich um eine **Wertschöpfungsabgabe** (Die Wertschöpfung eines Betriebes entspricht der Summe der Faktoreinkommen, d. h. der Summe aus Löhnen, Zinsen, Mieten und Gewinnen).

a) Wie würde sich eine solche Abgabe auf die Angebotskurve auswirken?
b) Beurteilen Sie den Vorschlag im Hinblick auf die Zielsetzung, den Arbeitsplatzabbau zu stoppen.

▶ A 6.7

Marktkonforme und marktkonträre Eingriffe des Staates auf dem Agrarmarkt – Stücksubvention – Mindestpreispolitik

▶ K

P.Point

Für ein bestimmtes landwirtschaftliches Produkt liegt zum Zeitpunkt t_0 die in der Abbildung auf S. 219 dargestellte Marktsituation vor. Die Regierung möchte die Produktion dieses Produktes fördern und gleichzeitig die Einkommenssituation in der Landwirtschaft verbessern. Dafür will sie Haushaltsmittel in Höhe von 800 Mio. € zur Verfügung stellen. Es soll geprüft werden, ob die Mittel besser zu Gewährung von Subventionen an die Landwirte oder zum Aufkauf von Überschüssen nach Festsetzung eines Mindestpreises verwendet werden sollen.

Excel

1 ▶ **Subvention**

Angenommen, die Regierung gewährt den Landwirten eine Stücksubvention von 400 € je t. Die Nachfrage bleibt unverändert. Stellen Sie die Veränderung der Marktsituation in einem Koordinatensystem grafisch dar, belegen Sie anhand der Grafik die Werte in der folgenden Tabelle und berechnen Sie die fehlenden Werte.

	Preis (€)	Menge (Mio. t)	Erlöse (Mio. €)	Staatsausgaben (Mio. €)	Produzentenrente (Mio. €)	Konsumentenrente (Mio. €)	Gesamtwohlfahrt (Mio. €)
Ausgangssituation	700	1	700	0	100	100	
Subvention 400 €/t	500	2	1.000	800	400	400	
Änderung gegenüber Ausgangssituation	- 200	+ 1	+ 300	+ 800	+ 300	+ 300	- 200

2 ▶ **Mindestpreis**

Auf Druck des Bauernverbandes setzt die Regierung zum Zeitpunkt t_1 anstelle der Subvention einen Mindestpreis fest, der 100 € über dem Gleichgewichtspreis in t_0 liegt. Die Nachfrage bleibt unverändert. Stellen Sie die Veränderung der Marktsituation in einem Koordinatensystem grafisch dar, belegen Sie anhand der Grafik die Werte in der folgenden Tabelle und berechnen Sie die fehlenden Werte.

	Preis (€)	Menge (Mio. t)	Erlöse (Mio. €)	Staatsausgaben (Mio. €)	Produzentenrente (Mio. €)	Konsumentenrente (Mio. €)	Gesamtwohlfahrt (Mio. €)
Ausgangssituation	700	1	700	0	100	100	
Mindestpreis 100 € über dem Gleichgewichtspreis	800	1,5	1.200	800			
Änderung gegenüber Ausgangssituation	+ 100	+ 0,5	+ 500	+ 800	+ 125	- 75	- 750

3 ▶ Vergleichen Sie die beiden Maßnahmen miteinander und erläutern Sie die Unterschiede.

4 ▶ Im Falle des Mindestpreises müssen die aufgekauften Weizenüberschüsse von der Regierung zunächst gelagert werden. Es wird davon ausgegangen, dass dabei ca. 20 % der Menge durch Verderb und andere Umstände vernichtet wird. Die restliche Menge könnte auf dem Weltmarkt für die Hälfte des Mindestpreises verkauft werden. Für Lagerung und Transport fallen für die Regierung Kosten in Höhe von 20 % der Verkaufserlöse an. Mit wie viel Euro würde in diesem Fall der Staatshaushalt insgesamt belastet?

5 ▶ Wegen der hohen Belastung für den Staatshaushalt will die Regierung die Angebotsmenge durch die Zuteilung von Produktionsquoten verringern. Künftig dürfen die Landwirte höchstens 1 Mio. t produzieren. Der Mindestpreis von 800 € wird beibehalten.

▶ Wie würde sich diese Maßnahme auf die
a) Einkommen in der Landwirtschaft,
b) Staatsausgaben
auswirken?

6 ▶ Wegen schlechter Witterungsverhältnisse

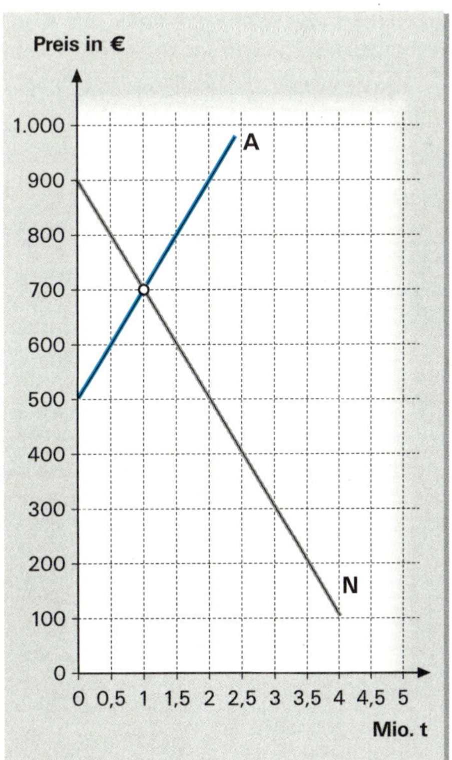

fällt die Ernte im Jahr t_2 erheblich geringer als in den Vorjahren aus. Dadurch ändert sich der Marktpreis gegenüber der Ausgangssituation (t_0) vorübergehend um 20 %.
a) Wie hoch ist der Marktpreis im Jahr t_2?
b) Wie wirkt sich in diesem Fall der Mindestpreis von 800 € aus?

7 ▶ Welche anderen Mittel könnte die Regierung anstelle von Stücksubventionen oder Mindestpreispolitik ergreifen, um die Einkommenssituation in der Landwirtschaft zu verbessern?

▶ A 6.8

Vernetzungsdiagramm: Mindestpreise und die Folgen

▶ K

P.Point

Stellen Sie anhand eines Vernetzungsdiagramms (vgl. Aufg. 1.2 auf S. 32) fest, welche Wirkungen von einem Mindestpreis ausgehen können.
Verbinden Sie dazu Elemente, die sich direkt beeinflussen mit einem Pfeil. Kennzeichnen Sie gleichgerichtete Wirkungen (je mehr – desto mehr) mit einem Pluszeichen und entgegengesetzte Wirkungen (je mehr – desto weniger) mit einem Minuszeichen.
Erläutern Sie alle durch Pfeile dargestellten Abhängigkeiten.

Folgende Elemente können berücksichtigt werden: Mindestpreis, gesamtgesellschaftliche Wohlfahrt, Einkommen der Produzenten, Nachteile für Verbraucher durch zu hohe Preise, nachgefragte Menge, angebotene (produzierte) Menge, Umweltbelastung durch Überdüngung usw., Angebotsüberschüsse, Kosten für Lagerung, Transport, Konservierung und Vernichtung der Überschüsse, Abstand zum Weltmarktpreis, Verlust aus dem verbilligten Verkauf zum Weltmarktpreis (Exportsubvention), Staatsausgaben, ...

▶ A 6.9

Marktkonträre und marktkonforme Eingriffe des Staates auf dem Wohnungsmarkt: Höchstmieten – Wohngeldzahlung – Subventionen

▶ K

P.Point

Excel

In einer mittelgroßen Stadt soll die Situation auf dem Wohnungsmarkt analysiert werden. Die Erhebungen des Wohnungsamtes zur Erstellung eines Mietspiegels führen bei 4-Zimmer-Wohnungen mit vergleichbarer Größe, Ausstattung und Lage zu folgendem Ergebnis:

Monatliche Höchstmiete	**Zahl der interessierten Mieter**	**Monatliche Mindestmiete**	**Zahl der interessierten Vermieter**
bis 250 €	20 000	ab 1.250 €	20 000
bis 500 €	15 000	ab 1.000 €	15 000
bis 750 €	10 000	ab 750 €	10 000
bis 1.000 €	5 000	ab 500 €	5 000
bis 1.250 €	0	ab 250 €	0

1 ▶ Stellen Sie die Angebots- und Nachfragekurve in einem Koordinatensystem dar und ermitteln Sie die Miete in der Gleichgewichtssituation. (x-Achse: 2 cm = 5 000 Wohnungen, y-Achse: 2 cm = 250 €)

2 ▶ Die Stadtverwaltung ist der Meinung, die Miete in der Gleichgewichtssituation sei insbesondere für kinderreiche Familien unerschwinglich. Daher soll aus sozialpolitischen Gründen für diese Art von 4-Zimmer-Wohnungen ein Höchstpreis festgelegt werden, der 250 € unter der Gleichgewichtsmiete liegt.

	Miete (€)	Menge (Wohnungen)	Mieteinnahmen (Mio. €)	Produzentenrente (Mio. €)	Konsumentenrente (Mio. €)	Gesamtwohlfahrt (Mio. €)
Ausgangssituation	750	10 000	7,5			
Höchstpreis 250 € unter dem Gleichgewichtspreis	500	5 000	2,5	0,625	3,125	
Änderung gegenüber Ausgangssituation	– 250	– 5 000	– 5,0	– 1,875	+ 0,625	– 1,25

a) Stellen Sie die Veränderung der Marktsituation im Koordinatensystem grafisch dar, belegen Sie anhand der Grafik die Werte in der Tabelle auf S. 220 und berechnen Sie die fehlenden Werte.
b) Gibt es Mieter, die durch die Festsetzung der Höchstmiete Nachteile gegenüber der Ausgangssituation erleiden? Um welche Mieter handelt es sich gegebenenfalls?
c) Gibt es Mieter, die durch die Festsetzung der Höchstmiete Vorteile gegenüber der Ausgangssituation haben? Um welche Mieter handelt es sich gegebenenfalls?
d) Die Absicht der Stadtverwaltung bestand ursprünglich darin, durch die Höchstmiete kinderreiche Familien zu begünstigen. Prüfen Sie, ob das gelungen ist.
e) Welche zusätzlichen Maßnahmen müsste die Stadtverwaltung ergreifen, um die Zielgruppe „Familien mit mehreren Kindern" durch die Höchstmiete zu begünstigen?

3 ▶ Nachdem durch die Höchstmiete die Lage auf dem Wohnungsmarkt nicht entschärft werden konnte, wird bei der Stadtverwaltung überlegt, ob durch die Zahlung von Wohngeld an die Mieter oder die Zahlung von Subventionen an die Vermieter eine Besserung zu erreichen ist.
a) Stellen Sie – ausgehend von der ursprünglichen Gleichgewichtsmiete – die Veränderungen auf dem Wohnungsmarkt grafisch dar, wenn an alle Mieter von 4-Zimmer-Wohnungen diesen Typs ein Wohngeld von 250 € monatlich gezahlt würde.
b) Stellen Sie – ausgehend von der ursprünglichen Gleichgewichtsmiete – die Veränderungen auf dem Wohnungsmarkt grafisch dar, wenn an alle Vermieter von 4-Zimmer-Wohnungen diesen Typs eine Subvention (z. B. Grundsteuerermäßigung, zinsgünstige Darlehen u. Ä.) in Höhe von 250 € monatlich gezahlt würde.
c) Vergleichen Sie die beiden Maßnahmen (Wohngeldzahlung bzw. Subventionen für die Vermieter) miteinander. Welche Maßnahme ist im Hinblick auf Mietniveau, Schaffung von Wohnraum und finanzielle Belastung der Stadtkasse durch Wohngeld- bzw. Subventionszahlungen günstiger?

Wohlfahrtswirkungen bei Mengen- und Gewinnsteuern – Einfluss der Nachfrageelastizität

A ◀ 6.10

K ◀

P.Point

Excel

Auf dem Markt für importierte Spitzenweine liegen folgende Angebots- und Nachfragefunktionen vor: Angebot: $x^A = p - 10$ Nachfrage: $x^N = 140 - 2p$

1 ▶ Ermitteln Sie Gleichgewichtspreis und Gleichgewichtsmenge und tragen Sie die Angebots- und Nachfragekurve in ein Koordinatensystem ein (x-Achse: 15 cm; 1 cm = 10 Mengeneinheiten; y-Achse: 16 cm; 1 cm = 10 Geldeinheiten).

2 ▶ Die Regierung erhebt eine Steuer von 30 GE je Mengeneinheit.
Ermitteln Sie das Steueraufkommen und den Nettoverlust an materieller Wohlfahrt gegenüber der Ausgangssituation. Begründen Sie, warum im vorliegenden Fall Anbieter und Nachfrager in unterschiedlichem Maße durch die Steuer belastet werden.

3 ▶ Prüfen Sie folgenden Vorschlag hinsichtlich seiner Wohlfahrtswirkungen und erläutern Sie den Unterschied zu Nr. 2: *Die Mengensteuer wird wieder abgeschafft. Zum Ausgleich des Steuerausfalls erhebt der Staat bei den Importeuren eine aus der Produzentenrente zu zahlende Gewinnsteuer in entsprechender Höhe.*

4 ▶ Angenommen, auf einem Energiemarkt liegt ebenfalls eine Angebotsfunktion in der Form $x^A = p - 10$ vor. Die entsprechende Nachfragefunktion lautet: $x^N = 65 - 0{,}5p$. Auch in diesem Fall wird eine Steuer in Höhe von 30 GE je Mengeneinheit erhoben.
Vergleichen Sie mithilfe eines zweiten Koordinatensystems (wie bei Nr. 1) die Ergebnisse mit denen von Nr. 2. Worauf sind die Unterschiede zurückzuführen?

5 ▶ Treffen Sie allgemeine Aussagen darüber, in welchen Fällen und aus welchen Gründen eine Mengensteuer mit materiellen Wohlfahrtsverlusten verbunden ist.

6 ▶ Welche anderen Ziele als die Erzielung von Steuereinnahmen könnte die Regierung mit der Erhebung der Import- bzw. Energiesteuer noch verfolgt haben?

7 Ziele der Wirtschaftspolitik

Fallbeispiele zur Einführung

Fallbeispiel 7.1: Wirtschaftspolitische Ziele

Aktuelle Zahlen: www.destatis.de

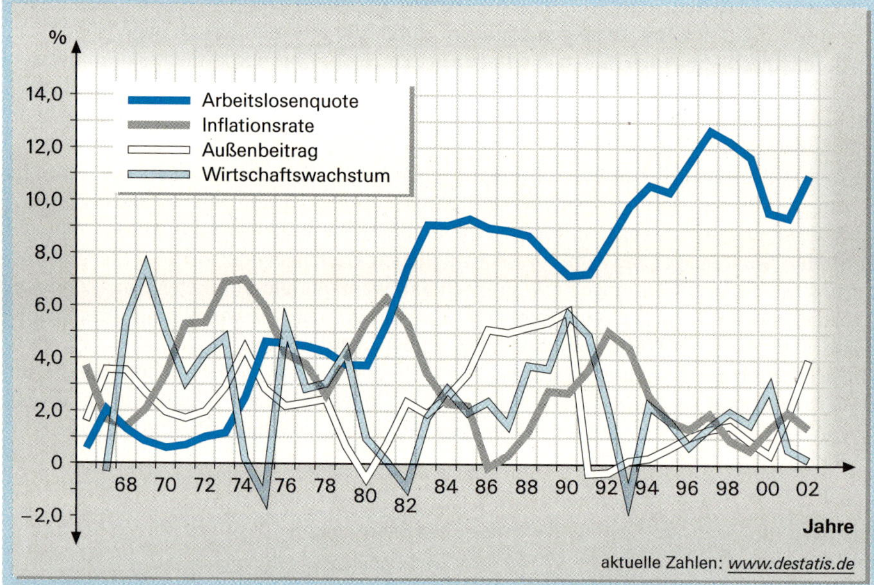

Arbeitslosenquote: Arbeitslose in % der abhängigen Erwerbspersonen (ohne Soldaten)
Wirtschaftswachstum: Wachstumsraten des realen BIP
Inflationsrate: Veränderung des Preisindex für die Lebenshaltung
Außenbeitragsquote: Anteil des Außenbeitrags (Exporte-Importe) am nominalen BIP

- Stellen Sie fest, welche im § 1 des Stabilitätsgesetzes formulierten wirtschaftspolitischen Ziele in den einzelnen Jahren seit 1967 nicht erreicht wurden.

Erläuterungen und Lösung siehe Seite 227.

Fallbeispiel 7.2: Zielbeziehungen

- Prüfen Sie anhand der in den beiden folgenden Abb. dargestellten empirischen Daten für die Bundesrepublik Deutschland, ob zwischen den wirtschaftspolitischen Zielen
  1. Vollbeschäftigung und Wirtschaftswachstum,
  2. Vollbeschäftigung und Preisniveaustabilität

  Zusammenhänge in Form von Zielkonflikten oder Zielharmonien im Zeitablauf nachweisbar sind.

Erläuterungen und Lösung siehe Seiten 231 und 232.

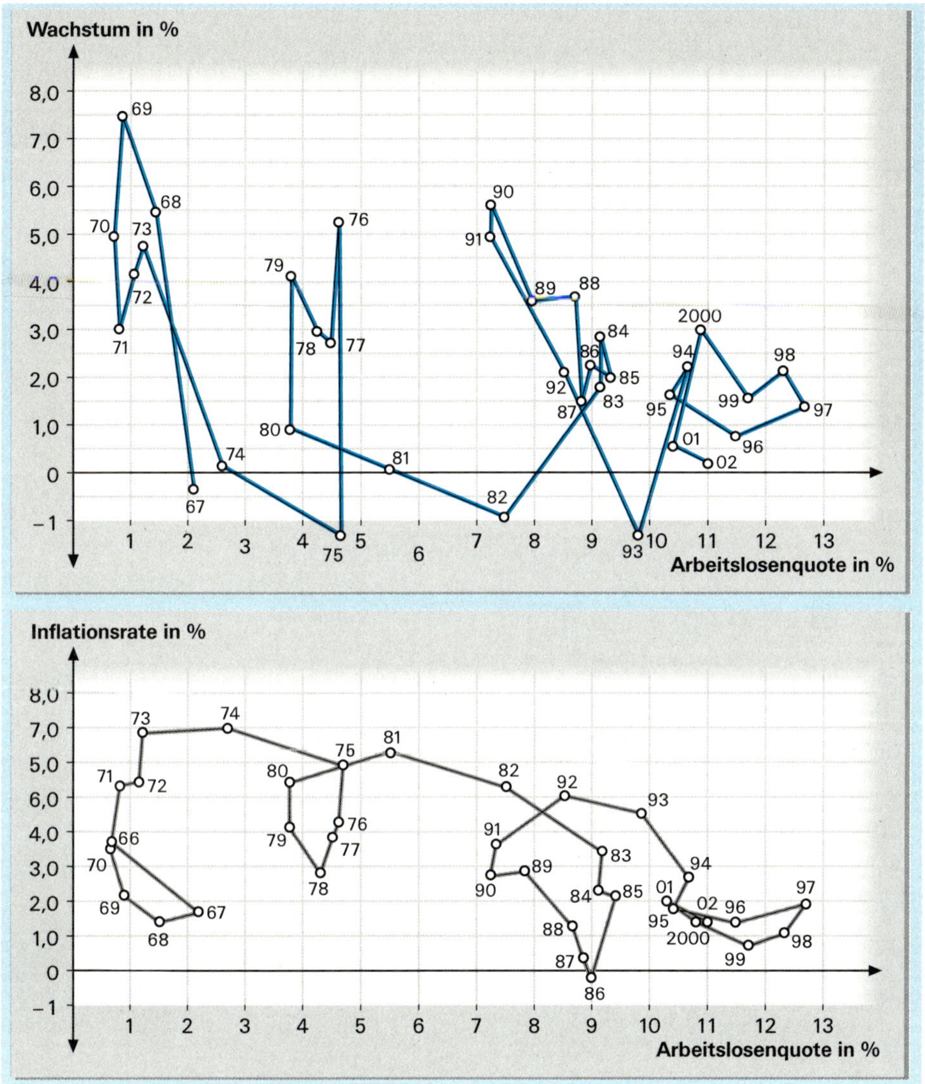

7.1 Wirtschaftspolitik als Bestandteil der Gesellschaftspolitik

Die möglichen Fehlentwicklungen einer freien Marktwirtschaft zeigen, dass wirtschaftlicher Wohlstand in einem Land – anders als von den Vertretern des klassischen Liberalismus behauptet – nicht automatisch durch den Marktmechanismus entsteht (*vgl. 6.3*). Vielmehr sind dazu auch Eingriffe des Staates und anderer Institutionen (z. B. Zentralbank, Tarifpartner) in das Wirtschaftsgeschehen nötig.

Wirtschaftspolitik ist die Gesamtheit aller Bestrebungen, Handlungen und Maßnahmen, die darauf abzielen, den Ablauf des Wirtschaftsgeschehens in einem Gebiet oder Bereich zu ordnen, zu beeinflussen, zu gestalten oder unmittelbar festzulegen.

Alle wirtschaftspolitischen Maßnahmen haben das gemeinsame **Ziel**, der Förderung des Wohlstands zu dienen. Diese Wohlstandssteigerung ist ihrerseits wiederum ein **Mittel**, zur Verwirklichung **übergeordneter** gesellschaftlicher **Ziele** wie z. B. Freiheit, Gerechtigkeit und Sicherheit. Im Rahmen einer solchen Hierarchie von Ober- und Unterzielen trägt die Wirtschaftspolitik als Teil der Gesellschaftspolitik zur Erreichung höherrangiger gesellschaftlicher Grundwerte bei.

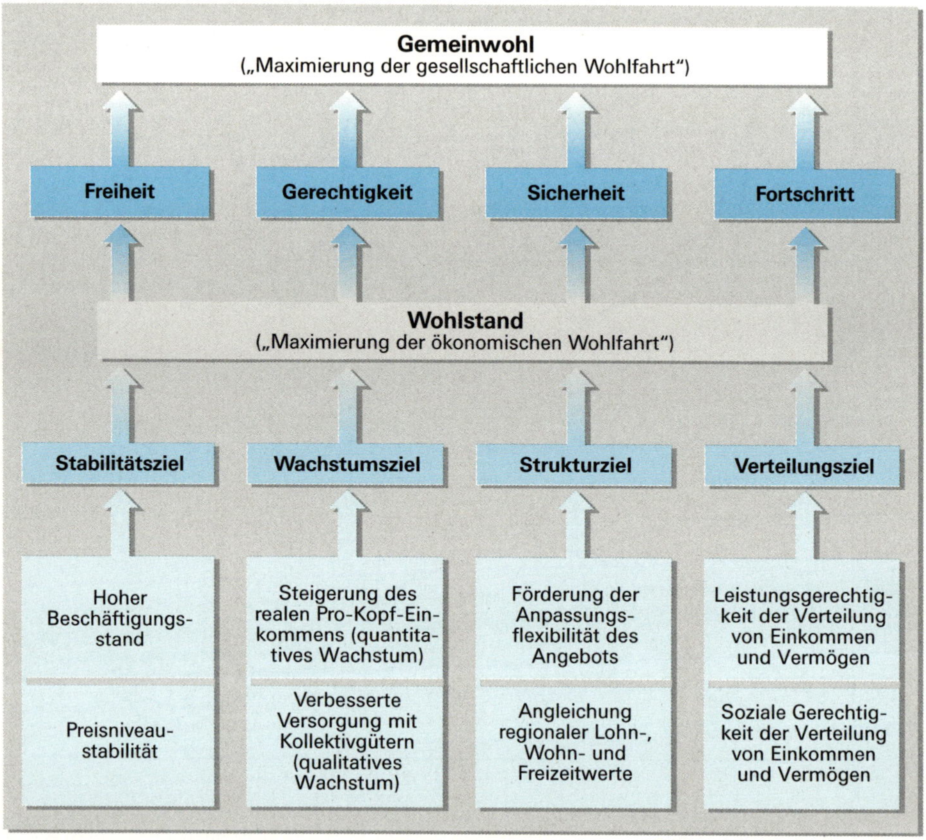

Quelle: E. Tuchtfeld, zitiert nach H.Berg, D. Cassel, Theorie der Wirtschaftspolitik, in: Vahlens Kompendium der Wirtschaftstheorie und Wirtschaftspolitik, Bd. 2, München 1985, S.189

Wirtschaftspolitische Ziele sind Unterziele übergeordneter gesellschaftspolitischer Ziele.

Die Maßnahmen zur Erreichung der wirtschaftspolitischen Ziele lassen sich für eine Marktwirtschaft, wie sie in Deutschland existiert, in verschiedene Teilbereiche gliedern.

Wirtschaftspolitische Maßnahmen lassen sich in die Bereiche Ordnungspolitik und Ablaufpolitik (Prozesspolitik) gliedern.

Ordnungspolitik	
Festlegung der Rahmenbedingungen der Wirtschaftsordnung (= rechtliche Ausgestaltung der Eigentums-, Markt-, Wettbewerbs-, Unternehmens-, Geld-, Finanz-, Außenwirtschafts- und Sozialordnung)	
Beispiele	
Verbraucherpolitik Stärkung der Marktposition der Verbraucher gegenüber den Produzenten durch – Verbraucherinformation, – Rechtsschutz, – Verbrauchererziehung	**Wettbewerbspolitik** (Kern der Ordnungspolitik) Sicherung eines funktionsfähigen Wettbewerbs durch – Wettbewerbsschutzpolitik (z. B. GWB) – Wettbewerbsförderpolitik (z. B. Privatisierung, Beseitigung wettbewerbsverzerrender Vorschriften)

Ablaufpolitik (Prozesspolitik)		
Ergänzungs- und Korrekturmaßnahmen bei Marktversagen (= zielgerichtete Beeinflussung des Wirtschaftsgeschehens)		
Beispiele		
Infrastruktur- und Umweltpolitik Bereitstellung und Regelung der Nutzung öffentlicher Güter	**Stabilitätspolitik** Vermeidung und Behebung von Konjunkturschwankungen (z.B. Preisniveau-, Beschäftigungs- und Wachstumsschwankungen)	**Verteilungspolitik** Einkommens- und Vermögensumverteilung entsprechend den herrschenden Vorstellungen von sozialer Gerechtigkeit

Kombination von Ordnungs- und Ablaufpolitik			
Beispiele			
Strukturpolitik Beeinflussung des wirtschaftlichen Strukturwandels		**Außenwirtschaftspolitik** u. a. Beeinflussung des Außenhandels, des Kapitalverkehrs und der internationalen Währungsbeziehungen	**Wachstumspolitik** Erhöhung des realen Inlandsprodukts durch Förderung von – Investitionen, – Qualifikation der Arbeitskräfte, – Forschung/Entwicklung (technischer Fortschritt), – Wettbewerb
Sektorale Strukturpolitik (z. B. Industrie-, Agrarpolitik)	**Regionale Strukturpolitik** (z.B. Förderung des ländlichen Raums)		

Die Träger der Wirtschaftspolitik, d. h. die für die wirtschaftspolitischen Maßnahmen zuständigen Institutionen, lassen sich wie folgt einteilen:

Träger der Wirtschaftspolitik					
Entscheidungsträger				**Einflussträger** (Beeinflussung und Beratung der Entscheidungsträger)	
Staatliche Institutionen	**Institutionen unter staatlicher Aufsicht**	**Autonome (= vom Staat unabhängige) Institutionen**	**Internationale Institutionen**	**öffentlich-rechtliche Institutionen**	**private Institutionen**
Beispiele					
Legislative Parlamente (Bund, Länder, Kommunen) **Exekutive** Regierungen (Bund, Länder), Verwaltungen, Behörden **Judikative** u. a. Bundesverfassungsgericht, Arbeits- und Sozialgerichte	**Bundeskartellamt** (Wettbewerbspolitik), **Bundesanstalt für Arbeit** (Arbeitsmarktpolitik)	**Europ. System der Zentralbanken (ESZB)** (Geldpolitik) **Selbstverwaltungsorgane** Landwirtschafts-, Handwerks-, Industrie- u. Handelskammern **Tarifparteien** Gewerkschaften und Arbeitgeberverbände (Lohnpolitik)	**Europäische Gemeinschaft** (EG), **Internationaler Währungsfonds** (IWF) **Welthandelsorganisation** (WTO)	**Beratungsgremien** Sachverständigenrat („Rat der fünf Weisen"), Monopolkommission, wissenschaftliche Beiräte	**Interessengruppen** Verbände, Parteien

Zu den Trägern der Wirtschaftspolitik gehören Bund, Länder und Gemeinden, andere öffentlich-rechtliche Institutionen, internationale Organisationen sowie nichtstaatliche Interessenverbände.

7.2 Wirtschaftspolitische Ziele

Ziele des Stabilitätsgesetzes von 1967

In der Grundkonzeption der sozialen Marktwirtschaft wird Wirtschaftspolitik vor allem als Ordnungspolitik verstanden. Kernstück ist die Verwirklichung und Sicherung der **Wettbewerbsordnung**, ergänzt um eine vornehmlich auf der **Geldpolitik** der Zentralbank beruhenden Konjunkturpolitik und einer am Subsidiaritätsprinzip orientierten **Sozialpolitik**. Daran orientierte sich die Wirtschaftspolitik in der Bundesrepublik Deutschland bis Mitte der 60er-Jahre weitgehend.

Mit dem 1967 erlassenen „Gesetz zur Förderung der Stabilität und des Wachstums der Wirtschaft" (**Stabilitätsgesetz**) vollzog sich ein deutlicher Wandel von der bis dahin vorherrschenden **Ordnungspolitik** zur **Prozesspolitik**. Der Einfluss des Staates nahm zu, was sich u. a. in einer aktiven staatlichen Konjunkturpolitik (**Fiskalpolitik**) äußerte. Im **Stabilitätsgesetz** sind neben den folgenden **Zielen** auch die **Instrumente** der **Fiskalpolitik**[1] umrissen (*vgl. 9.4.2*).

1 Fiskus (*lat.*): Staatskasse, Staat; Fiskalpolitik: finanzpolitische Maßnahmen (Einnahmen- und Ausgabenpolitik) des Staates im Rahmen der Konjunktur- und Wachstumspolitik

Gesamtwirtschaftliches Gleichgewicht			
Stabilität des Preisniveaus	**Hoher Beschäftigungsstand**	**Außenwirtschaftliches Gleichgewicht**	**Stetiges und angemessenes Wirtschaftswachstum**

Gesetz zur Förderung der Stabilität und des Wachstums der Wirtschaft v. 8. Juni 1967 (Stabilitätsgesetz)

§ 1 [Erfordernisse der Wirtschaftspolitik] Bund und Länder habe bei ihren wirtschafts- und finanzpolitischen Maßnahmen die Erfordernisse des gesamtwirtschaftlichen Gleichgewichts zu beachten. Die Maßnahmen sind so zu treffen, dass sie im Rahmen der marktwirtschaftlichen Ordnung gleichzeitig zur Stabilität des Preisniveaus, zu einem hohen Beschäftigungsstand und außenwirtschaftlichem Gleichgewicht bei stetigem und angemessenem Wirtschaftswachstum beitragen.

1967 wurde das Grundgesetz wie folgt ergänzt:

Art. 109 (2) Bund und Länder haben bei ihrer Haushaltswirtschaft den Erfordernissen des gesamtwirtschaftlichen Gleichgewichts Rechnung zu tragen.

Um überprüfen zu können, ob die Ziele erreicht wurden, muss jedes Ziel **operationalisiert**, d. h. in folgender Hinsicht konkretisiert und präzisiert werden:

- Formulierung des Ziels in **zahlenmäßiger** Form
- Zuordnung von **Indikatoren** (messbare Ereignisse), die den Zielerreichungsgrad anzeigen
- Festlegung des **Zeitraums**, innerhalb dessen das Ziel erreicht werden soll

Ziel	Indikator (Messgröße)	Ziel gilt als erreicht, wenn...	Zielvorgabe der Regierung für 2000–2002[1]	Zielerreichung im Jahr 2000–2002[2]
Stabilität des Preisniveaus	Preisindex der Lebenshaltung *(vgl. 8.4.1)*	am Lebenshaltungskostenindex gemessene Preisniveausteigerung ≤ 2 %	1,5 % (2000) 1,5 % (2001) 1,5 % (2002)	1,4 % (2000) 2,0 % (2001) 1,4 % (2002)
Hoher Beschäftigungsstand	Arbeitslosenquote *(vgl. 9.2.1)*	Arbeitslosenquote ≤ 3 %	10 % (2000) 9 % (2001) 9 % (2002)	9,6 % (2000) 9,4 % (2001) 9,8 % (2002)
Außenwirtschaftliches Gleichgewicht	Anteil des Außenbeitrags am BIP in %	positiver Außenbeitrag 1,5 % bis 2 % des nominalen BIP	1 % (2000) 0,5 % (2001) 2 % (2002)	0,4 % (2000) 1,9 % (2001) 4,0 % (2002)
Stetiges und angemessenes Wirtschaftswachstum	Zuwachsrate des realen BIP	gleichmäßiges Wachstum in angemessener Höhe (in den 70er-Jahren galten 4 % als angemessen)	2,5 % (2000) 2,75 % (2001) 0,75 % (2002)	3,0 % (2000) 0,6 % (2001) 0,2 % (2002)

Aktuelle Zahlen: www.destatis.de

1 Quelle: Bundesministerium der Finanzen, Jahreswirtschaftsbericht 2002,
2 Quelle: Deutsche Bundesbank, Monatsbericht, Stat. Bundesamt, Febr. 2003

Lösung zu Fallbeispiel 7.1 (*vgl. S. 222*)

Stabilität des Preisniveaus: *Ende der 60er-Jahre stieg die Inflationsrate stark an. Aufgrund der Ölkrisen 1973/74 und 1979 erreichte sie danach jeweils mit 7 % bzw. 6,3 % den höchsten Stand der Nachkriegszeit. Danach sank sie und bewegte sich zwischen 1983 und 1989 unter 2,5 %. Im Zusammenhang mit der Wiedervereinigung kam es zu einem erneuten Anstieg. Seit 1995 bewegt sie sich auf einem unbedenklichen Niveau unter 2 %.*

Hoher Beschäftigungsstand: *Sprunghafter Anstieg der Arbeitslosigkeit in den Wirtschaftskrisen 1974/75 und 1980–1982. In den nachfolgenden Phasen ist es nicht gelungen, die Arbeitslosenquote nachhaltig zu senken. Stattdessen hat sie sich auf einem hohen Niveau (1997: 11,4 %) stabilisiert (Sockelarbeitslosigkeit). Die Zielgröße von ≤ 3 % wurde seit 1974 nicht mehr erreicht.*

Außenwirtschaftliches Gleichgewicht: *Der Anteil des Außenbeitrags am nominalen BIP schwankt zwischen – 0,5 % (1980) und 5,9 % (1990). Der enorme Rückgang ab 1991 war vor allem auf die deutsche Wiedervereinigung zurückzuführen. Ein Teil der früher als Exporte ausgewiesenen Güterströme floss jetzt im Rahmen des Binnenhandels in die neuen Bundesländer. Gleichzeitig entstand durch die Erweiterung des Binnenmarktes ein erheblicher Importsog. In den meisten Jahren vor 1991 lag der Anteil des Außenbeitrags am BIP über der Zielgröße von 1,5 % bis 2 %. Darin kommt die starke Exportorientierung der deutschen Wirtschaft zum Ausdruck.*

Stetiges und angemessenes Wirtschaftswachstum: *Das Ziel wurde in den Jahren zwischen 1966/67 (erste starke Rezession der Nachkriegszeit) und 1974 (erste Ölkrise) mit Wachstumsraten zwischen 3,1 % (1971) und 7,5 % (1969) weitgehend erfüllt. Nach der zweiten Ölkrise 1979 folgte bis 1982 eine Phase mit stagnierenden oder sogar rückläufigen Wachstumsraten. Nach 1983 begann eine längere Phase mit gemäßigten Wachstumsraten, die zwischen 1,5 % (1987) und 3,7 % (1989) lagen. Nach dem „Wiedervereinigungsboom" 1990 mit Wachstumsraten von über 5 % ging das Wirtschaftswachstum stark zurück und war 1993 sogar negativ (– 1,2 %). Seitdem bewegen sich die Wachstumsraten im Durchschnitt unter 2 %. Das Ziel des stetigen Wirtschaftswachstums konnte nicht erreicht werden, da die Wachstumsraten zwischen – 1,3 % (1975) und 7,5 % (1969) schwankten.*

Das Stabilitätsgesetz von 1967 nennt vier wirtschaftspolitische Ziele: Stabilität des Preisniveaus, hoher Beschäftigungsstand, außenwirtschaftliches Gleichgewicht, stetiges und angemessenes Wirtschaftswachstum.

P.Point

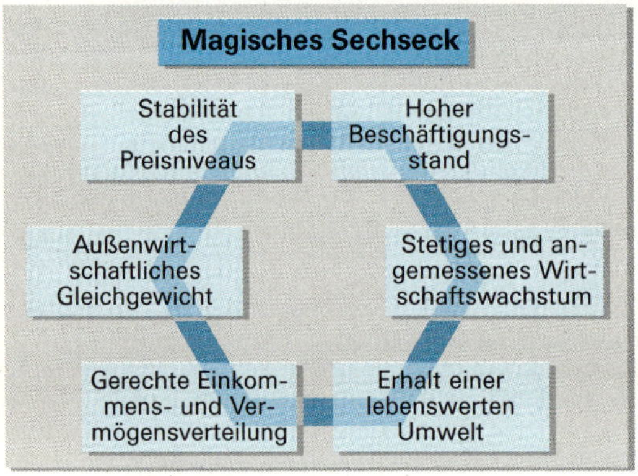

Neben den vier im Stabilitätsgesetz enthaltenen **quantitativen**[1] **Zielen**, die sich zahlenmäßig formulieren und überprüfen lassen, sind an anderer Stelle auch die **qualitativen Ziele** *„Gerechte Einkommens- und Vermögensverteilung"* und *„Erhalt einer lebenswerten Umwelt (Umweltschutz)"* genannt. Für diese Ziele kann lediglich die Zielrichtung, nicht aber eine messbare Beschreibung des derzeitigen und des angestrebten Zustands angegeben werden.

Weitere wirtschaftspolitische Ziele sind: gerechte Einkommens- und Vermögensverteilung sowie Erhalt einer lebenswerten Umwelt (Umweltschutz).

Gerechte Einkommens- und Vermögensverteilung

Das Ziel einer gerechten Einkommens- und Vermögensverteilung ist an bestimmten Gerechtigkeitsvorstellungen orientiert, die in verschiedenen Verteilungsprinzipien (z. B. Leistungsprinzip oder Bedarfsprinzip) zum Ausdruck kommen. Diese Gerechtigkeitsvorstellungen beruhen auf Werturteilen, die nicht als empirisch messbare Ziele formuliert werden können.

1 quantitativ (*lat.*): mengenmäßig

Die **funktionelle**[1] **Einkommensverteilung** zeigt die Aufteilung des Volkseinkommens auf die Produktionsfaktoren Arbeit, Boden, Kapital in Form von Einkommen aus unselbstständiger Arbeit (Löhne und Gehälter) einerseits und Einkommen aus Unternehmertätigkeit und Vermögen (Gewinne, Zinsen, Mieten, Pachten) andererseits auf (*vgl. 2.8*). Die **Lohnquote**, d. h., der Anteil der Einkommen aus unselbstständiger Arbeit am Volkseinkommen hat in den Jahren 1993 bis 1998 ständig abgenommen und ist danach wieder leicht gestiegen.

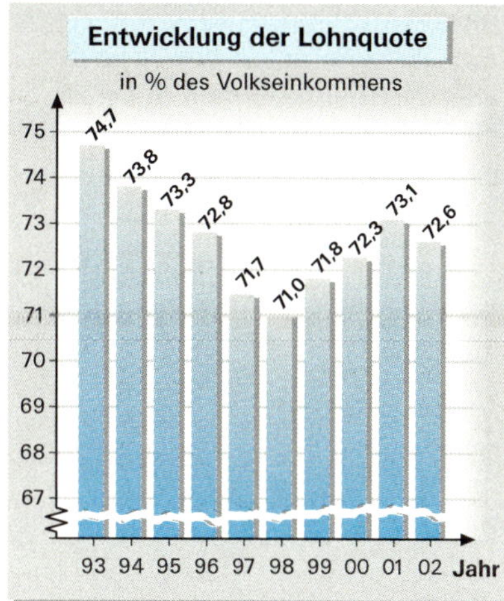

Allerdings lässt sich mit der Lohnquote allein die Einkommensverteilung nicht messen. Einerseits werden die Vermögenseinkommen der Arbeitnehmer (z. B. Zinseinkünfte, Erträge aus Immobilien, kalkulatorische Miete von Eigenheimen) ebenso den Einkommen aus Unternehmertätigkeit und Vermögen zugerechnet wie die Einkommen von Landwirten und anderen Kleingewerbetreibenden. Die sich teilweise auf mehrere Millionen Euro jährlich belaufenden Tantiemen der Vorstandsvorsitzenden deutscher Aktiengesellschaften gehören dagegen zu den Einkommen aus unselbstständiger Arbeit und gehen in die Lohnquote ein. In den letzten Jahrzehnten haben die Einkommen aus Vermögen ständig zugenommen (von 5 % des Volkseinkommens 1970 auf über 10 % 1998). Dadurch nimmt die Lohnquote zwangsläufig ab, ohne dass damit zugleich eine Schlechterstellung der Arbeitnehmer einhergehen muss.

Die **personelle Einkommensverteilung** zeigt die Verteilung des Einkommens auf bestimmte Personen und Personengruppen. Die Einkommensentstehung (z. B. Arbeits- oder Gewinneinkommen) bleibt dabei unberücksichtigt. Die personelle Einkommensverteilung lässt sich u. a. mithilfe einer **LORENZ**[2]-Kurve (Konzentrationskurve) darstellen. Die nebenstehenden LORENZ-Kurven für die personelle Einkommensverteilung in der Bundesrepublik Deutschland zeigen u. a., dass bei der Primärverteilung (= vor der Umverteilung durch Steuern, Sozialabgaben und Transferzahlungen) 50 % der einkommensschwächsten Haushalte nur über knapp 15 % aller in der Bundesrepublik erzielten Bruttoeinkommen verfügten, während auf die restlichen 50 % der Haushalte ca. 85 % aller Bruttoeinkommen entfielen. Bei der Sekundärverteilung (= nach der Umverteilung durch staatliche Maßnahmen) verfügten die einkom-

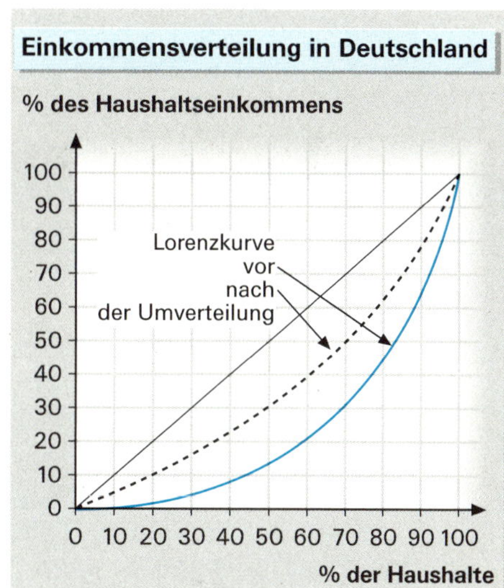

Quelle: Berechnungen auf der Datenbasis des SVR-Gutachtens 2000/2001, S. 264

1 funktionell (*lat.*): eine Tätigkeit betreffend
2 Nach dem amerikanischen Statistiker Max O. Lorenz benannte grafische Darstellung einer Häufigkeitsverteilung, die insbesondere die Konzentration veranschaulicht.

mensschwächsten 50 % der Haushalte über ca. 30 % aller Nettoeinkommen. Andererseits vereinigten die 20 % der Haushalte mit den höchsten Einkommen fast 40 % aller Nettoeinkommen auf sich. Nach dem erstmals im Jahr 2001 von der Bundesregierung vorgelegten „Armuts- und Reichtumsbericht“ hat sich die Ungleichverteilung der Einkommen von 1983 bis 1998, also in der Regierungszeit der christlich-liberalen Koalition, weiter erhöht.[1]

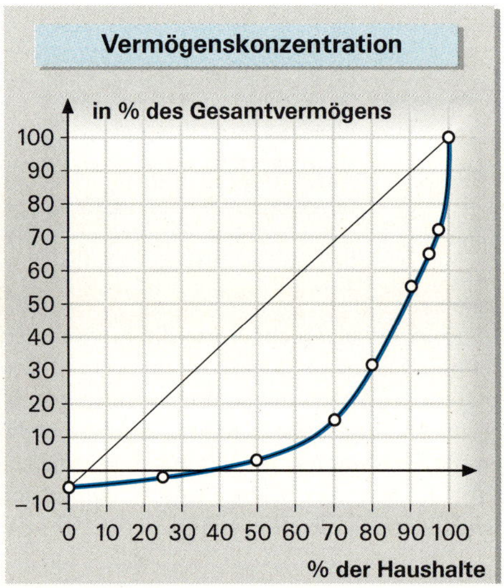

Hinweis: *Ein negatives Vermögen bedeutet eine Verschuldung der Haushalte.*
Quelle: SVR-Gutachten 2000/2001, S. 267

Auch die Vermögensverteilung lässt sich in Form einer LORENZ-Kurve darstellen. Hier zeigt sich für die Bundesrepublik eine noch ungleichmäßigere Verteilung als bei den Einkommen. Die ärmsten 50 % der Haushalte verfügen nur über 3,6 %, die reichsten 10 % der Haushalte dagegen über 45 % des Gesamtvermögens. Auf eine kleine Minderheit von nur 2,7 % aller Haushalte entfallen über 28 % des Gesamtvermögens.

Erhaltung einer lebenswerten Umwelt (Umweltschutz)

Erst im Jahre 1994 wurde angesichts der immer weiter um sich greifenden Umweltzerstörung der Umweltschutz durch Einfügung von Artikel 20 a in das Grundgesetz zum Staatsziel mit Verfassungsrang erhoben.

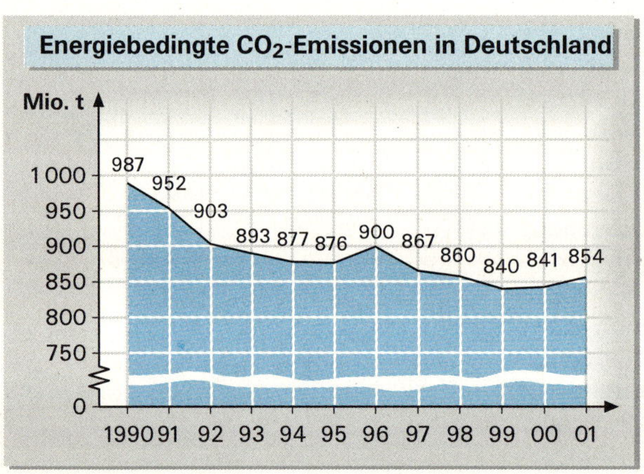

Quelle. BMWI, Energieindikatoren Deutschland, 2002

Die Bundesregierung hat das Ziel, die CO_2-Emissionen bis zum Jahr 2005 gegenüber 1990 um 25 % zu senken. Bis 1999 wurde ein Rückgang um ca. 15 % erreicht.

Grundgesetz Art. 20 a (Umweltschutz)
Der Staat schützt auch in Verantwortung für die künftigen Generationen die natürlichen Lebensgrundlagen im Rahmen der verfassungsmäßigen Ordnung durch die Gesetzgebung und nach Maßgabe von Gesetz und Recht durch die vollziehende Gewalt und die Rechtsprechung.

Instrumente der Umweltpolitik

Fiskalische		Nichtfiskalische
Einnahmen	Ausgaben	
Umweltabgaben, Umweltlizenzen, Abgaben für Abfallentsorgung, Ökosteuern	Behebung von Umweltschäden Forschung u. Entwicklung, Förderung von Recycling	Straf- und Haftungsrecht, Umweltauflagen, Umweltbewusstseinsbildung

1 Vgl. BMA, Lebenslagen in Deutschland, Bonn 2001, S. 22

7.3 Beziehungen zwischen wirtschaftspolitischen Zielen

Zielbeziehungen

A ◄ 7.1

Zielharmonie (Kompatibilität, Komplementarität)	**Zielkonflikte** (Inkompatibilität, Konkurrenz)	**Zielindifferenz** (Neutralität)
Maßnahmen zur Erhöhung des Zielerreichungsgrades einer Zielgröße führen zugleich auch zu einer Erhöhung des Zielerreichungsgrades einer anderen Zielgröße.	Maßnahmen zur Erhöhung des Zielerreichungsgrades einer Zielgröße führen zugleich zu einer Verringerung des Zielerreichungsgrades einer anderen Zielgröße.	Maßnahmen zur Erhöhung des Zielerreichungsgrades einer Zielgröße bewirken keine Veränderung des Zielerreichungsgrades einer anderen Zielgröße.

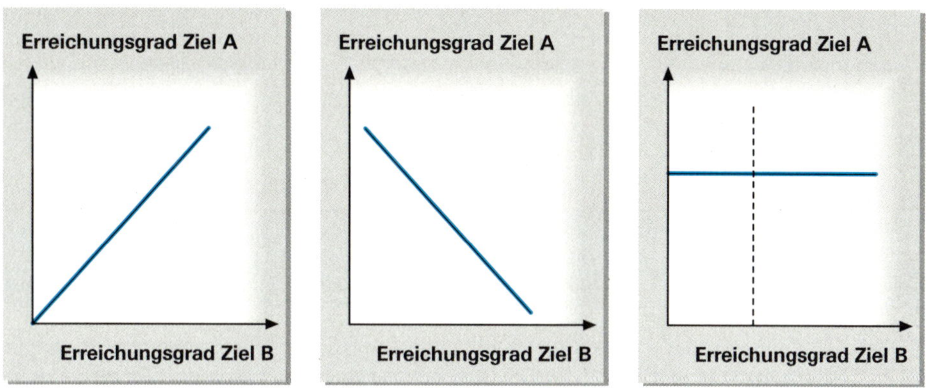

Zusammenhang zwischen Beschäftigung und Wirtschaftswachstum

Die Beziehung zwischen den Zielen **Wirtschaftswachstum** und **Vollbeschäftigung** gilt grundsätzlich als **harmonisch**. Mit der Ausweitung der Produktion und der dadurch bedingten Zunahme des realen Bruttoinlandsprodukts (BIP) steigt tendenziell auch die Beschäftigung und umgekehrt.

Es besteht jedoch kein proportionaler Zusammenhang zwischen Wirtschaftswachstum und Beschäftigung in dem Sinne, dass z. B. 1 % Wachstum zu 1 % mehr Beschäftigung führt. Für die USA wurde vielmehr empirisch von A. OKUN nachgewiesen, dass im Durchschnitt das reale BIP um 3,2 % steigt, wenn die Arbeitslosenquote um einen Prozentpunkt abnimmt (**OKUN'sches Gesetz**). Dies ist u. a. dadurch bedingt, dass die Produktionssteigerung nach einer Phase der Unterbeschäftigung zunächst durch Abbau von Kurzarbeit, Erhöhung der Arbeitsproduktivität und Einführung von Überstunden bewältigt wird.

Je nach Art und Ursache der Arbeitslosigkeit (*vgl. 9.2.3*) kann aber trotz eines stetigen Wirtschaftswachstums eine hohe „Sockelarbeitslosigkeit" bestehen bleiben (*jobless growth*).

Lösung zu Fallbeispiel 7.2 Nr. 1 (*vgl. S. 222*)

Die Daten für die Bundesrepublik Deutschland zeigen, dass Wirtschaftswachstum und hoher Beschäftigungsstand nicht immer parallel verlaufen. Bis Mitte der 70er-Jahre ist zunächst ein positiver Zusammenhang zwischen Wirtschaftswachstum und Beschäftigung erkennbar (Zielharmonie). Seitdem haben Wachstumsphasen die hohe Arbeitslosigkeit allenfalls mildern, aber nicht mehr abbauen können (Rechtsverschiebung der Punkte im Koordinatensystem seit 1973). Seit

1994 nimmt die Arbeitslosigkeit trotz Wirtschaftswachstums sogar noch zu (Zielindifferenz). Das ist Kennzeichen dafür, dass es sich nicht um eine konjunkturelle, sondern um eine strukturelle Arbeitslosigkeit handelt (vgl. 9.2.3)*. Das Wachstum wird in diesen Fällen in erster Linie durch den Produktivitätsfortschritt und nicht durch den zusätzlichen Einsatz von Arbeitskräften getragen.*

Zusammenhang zwischen Beschäftigung und Preisniveaustabilität

In der wirtschaftspolitischen Diskussion wird manchmal ein **Zielkonflikt** zwischen **Beschäftigung** und **Preisniveaustabilität** behauptet (**PHILLIPS-Konflikt**).

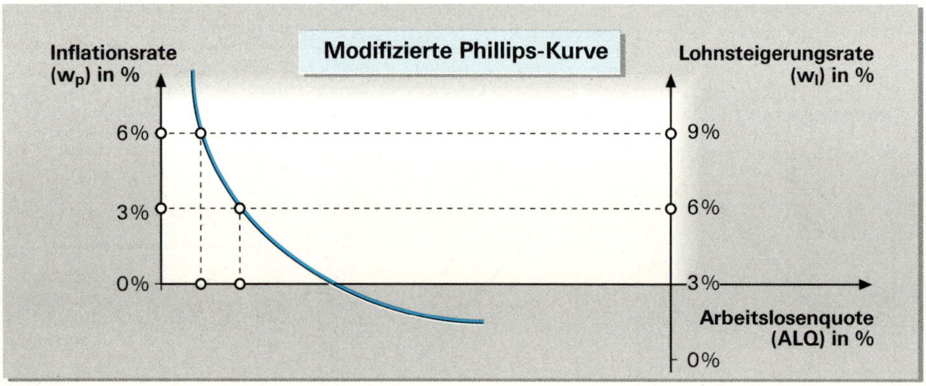

Diese Auffassung geht auf die 1958 veröffentlichten empirischen Untersuchungen des englischen Statistikers A. W. PHILLIPS zurück. Die ursprünglich von ihm vorgenommen Untersuchungen über den Zusammenhang zwischen Lohnsteigerungen und Arbeitslosenquote wurden später auf die Beziehungen zwischen Inflationsrate und Arbeitslosenquote übertragen. Grafisch lässt sich dieser Zusammenhang in Form der sog. modifizierten **PHILLIPS-Kurve** darstellen. Bei hohem Beschäftigungsstand können die Arbeitnehmer Lohnsteigerungen leichter durchsetzen als bei Unterbeschäftigung. Aufgrund der Annahme, dass Lohnsteigerungen, die über den Produktivitätsfortschritt hinausgehen, zu Preissteigerungen führen, kann demnach ein höherer Beschäftigungsstand (d. h. eine geringere Arbeitlosenquote) nur durch eine höhere Inflationsrate erkauft werden.

Der behauptete Konflikt zwischen Beschäftigung und Preisniveaustabilität ist kurzfristig für den Fall **konjunktureller Arbeitslosigkeit** (*vgl. 9.2.3*) und **nachfragebedingter Inflation** (*vgl. 8.5.3*) durchaus plausibel und empirisch nachweisbar. Auf Dauer besteht für die Wirtschaftspolitik aber keine Wahlmöglichkeit zwischen Inflation und Arbeitslosigkeit, da eine Verbesserung der Beschäftigungssituation nicht durch eine höhere Inflationsrate erkauft werden kann. Vielmehr lassen sich theoretisch und empirisch auch als **Stagflation** bezeichnete gesamtwirtschaftliche Zustände nachweisen, in denen weder Preisniveaustabilität noch Vollbeschäftigung herrscht (*vgl. 8.5.4*).

Lösung zu Fallbeispiel 7.2 Nr. 2 (*vgl. S. 222*)

Die Daten für die Bundesrepublik Deutschland belegen für die 60er-Jahre den behaupteten Konflikt zwischen Beschäftigung und Preisniveaustabilität. 1966 war die Inflationsrate hoch und gleichzeitig die Arbeitslosigkeit gering. Die Rezession von 1966/1967 führte zu einem Anstieg der (konjunkturellen) Arbeitslosigkeit. Gleichzeitig verringerte sich jedoch wegen der zurückgehenden gesamtwirtschaftlichen Nachfrage die (nachfragebedingte) Inflation. Im Zuge der konjunkturellen Erholung 1969/1970 kam es dagegen wieder zu einer Verringerung der Arbeitslosigkeit bei gleichzeitig steigender Inflation.

Zu Beginn der 70er-Jahre beschleunigte sich die Inflation erheblich bei gleichzeitig leichtem Anstieg der Arbeitslosigkeit. Dies war der Beginn einer Stagflationsphase. Im Koordinatensystem zeigt sich das daran, dass sich die Punkte für die Kombinationen von Arbeitslosenquote und Inflationsrate in den entsprechenden Jahren nach rechts oben verschieben.
Ab Mitte der 70er-Jahre gelang es, durch eine restriktive Geldpolitik der Bundesbank die Inflation zu drosseln. Gleichzeitig stieg die Arbeitslosigkeit weiter (Rechtsverschiebung der Punkte im Koordinatensystem). Zwischen 1981 und 1986 ist die Inflationsrate bei gleichzeitigem Anstieg ständig gesunken. Gleiches lässt sich für die Zeit nach dem „Wiedervereinigungsboom" (1991/1992) feststellen. Seit 1994 verharrt die Inflationsrate auf niedrigem Niveau. Die Arbeitslosenquote ist seitdem auf den höchsten Stand der Nachkriegszeit (1997: 11,4 %) gestiegen und bis 2002 wieder unter 10 % gesunken.
Beide Ziele (Preissteigerung ≤ 2 %, Arbeitslosenquote ≤ 3 %) konnten seit 1968 nie mehr gleichzeitig erreicht werden. Während in vielen Jahren zumindest eines dieser beiden Ziele realisiert war, gibt es auch lange Zeiträume, in denen beide Ziele nicht erfüllt waren (z. B. 1975 bis 1985, 1989 bis 1994). Die auffallende Rechtsverschiebung der Punkte im Koordinatensystem ist ein Anzeichen dafür, dass die Arbeitslosigkeit seit Anfang der 70er-Jahre vor allem strukturelle und weniger konjunkturelle Ursachen hat (vgl. 9.2.3).

Sonstige Zielbeziehungen

Ein Konflikt zwischen **Wirtschaftswachstum** und **Preisniveaustabilität** lässt sich nicht empirisch nachweisen. Vielmehr gibt es im internationalen Vergleich zahlreiche Beispiele, mit denen sich sowohl eine harmonische als auch eine konkurrierende Zielbeziehung belegen lässt. Im Hinblick auf den Zusammenhang zwischen **Wirtschaftswachstum und gerechter Einkommensverteilung** lässt sich grundsätzlich sagen, dass eine **Verminderung von Einkommensunterschieden** auf weniger Widerstand stößt, wenn in einer wachsenden Wirtschaft keine gesellschaftliche Gruppe eine Verringerung ihres bisherigen Einkommens durch Umverteilung befürchten muss, sondern Besserverdienende lediglich geringere prozentuale Einkommens**zuwächse** erhalten als die Bezieher niedrigerer Einkommen.

Zwischen **Preisniveaustabilität und gerechter Einkommens- und Vermögensverteilung** besteht Zielharmonie, weil durch eine Minderung des Geldwertes die Einkommens- und Vermögensverteilung negativ beeinflusst *(vgl. 8.5.6)*.

Maßnahmen zur Förderung des quantitativen **Wirtschaftswachstums** erhöhen die **Umweltbelastung**, da grundsätzlich jede Mehrproduktion zu einem erhöhten Ressourcenverbrauch, zu vermehrten Emissionen und zu einem zusätzlichen Verkehrsaufkommen führt. Andererseits können Maßnahmen zum Umweltschutz umso leichter finanziert werden, je höher das Wirtschaftswachstum und damit das Volkseinkommen ist. Wachstum erleichtert auch die Bereitstellung anderer öffentlicher Güter (z. B. Gesundheits- und Bildungswesen), die neben einer intakten Umwelt ebenfalls Maßstab für die „**Erhöhung der Lebensqualität**" sind. Es ist daher fraglich, ob die angesichts weltweiter Ressourcenverknappung, Umweltschäden und Nahrungsmittelknappheit diskutierten „**Grenzen des Wachstums**" eher wachstumshemmende Maßnahmen (**Nullwachstum**) oder Maßnahmen zur Förderung des **qualitativen Wachstums** (Investitionen zur Energieeinsparung, Recycling u. a.) nötig machen.

Magisches Vieleck als Problem der Wirtschaftspolitik

Die vielfältigen Zielbeziehungen lassen es nicht zu, dass alle Ziele – wie im Stabilitätsgesetz gefordert – **gleichzeitig** erreicht werden. Bezogen auf mögliche Konflikte zwischen den vier Zielen des Stabilitätsgesetzes wird das Zielbündel daher auch als **magisches Viereck** bezeichnet. Die Berücksichtigung weiterer Ziele führt zu einem **magischen Vieleck**. Zielkonflikte machen es nötig, dass die Wirtschaftspolitik **Prioritäten** setzt. Die Entscheidung der Politiker über die Gewichtung und Rangfolge der anzustrebenden Ziele ist von Interessenstandpunkten abhängig und damit ein politisches **Werturteil**. In der Praxis wird meistens das Ziel am nachdrücklichsten verfolgt, das in der jeweiligen wirtschaftlichen Situation und der vermuteten künftigen Entwicklung am stärksten gefährdet ist. Das ist gegenwärtig in den meisten Ländern das Beschäftigungsziel.

Zwischen verschiedenen Zielen kann Harmonie, Konflikt oder Indifferenz bestehen. Werden miteinander in Konflikt stehende Ziele verfolgt, wird von einem magischen Vieleck gesprochen.

Fragen zur Kontrolle des Grundwissens

Kapitel 7: Ziele der Wirtschaftspolitik

Kapitel 7.1: Wirtschaftspolitik als Bestandteil der Gesellschaftspolitik

1. *Welchem Oberziel dienen alle wirtschaftspolitischen Maßnahmen?*
2. *Unterscheiden Sie zwischen Ordnungs- und Ablaufpolitik (Prozesspolitik) anhand von Beispielen.*

Kapitel 7.2: Wirtschaftspolitische Ziele

1. *Welche wirtschaftspolitischen Ziele sind im Stabilitätsgesetz von 1967 formuliert?*
2. *Nennen Sie zwei wirtschaftspolitische Ziele, die nicht im Stabilitätsgesetz enthalten sind.*
3. *Unterscheiden Sie zwischen funktioneller und personeller Einkommensverteilung.*
4. *Unterscheiden Sie zwischen primärer und sekundärer Einkommensverteilung.*
5. *Was ist eine LORENZ-Kurve?*

Kapitel 7.3: Beziehungen zwischen den wirtschaftspolitischen Zielen

1. *Unterscheiden Sie drei mögliche Beziehungen zwischen Zielen.*
2. *Warum werden die Ziele des Stabilitätsgesetzes als „Magisches Viereck" bezeichnet?*
3. *Nennen Sie Beispiele für mögliche Konflikte zwischen wirtschaftspolitischen Zielen.*
4. *Nennen Sie Beispiele für Harmonie (Kompatibilität) zwischen wirtschaftspolitischen Zielen.*
5. *Was besagt das OKUN'sche Gesetz?*
6. *Was besagt die PHILLIPS-Kurve?*
7. *Welcher Zusammenhang besteht zwischen den Zielen Wirtschaftswachstum und Umweltschutz?*

Zusammenfassende Übersicht Kapitel 7:

Ziele der Wirtschaftspolitik

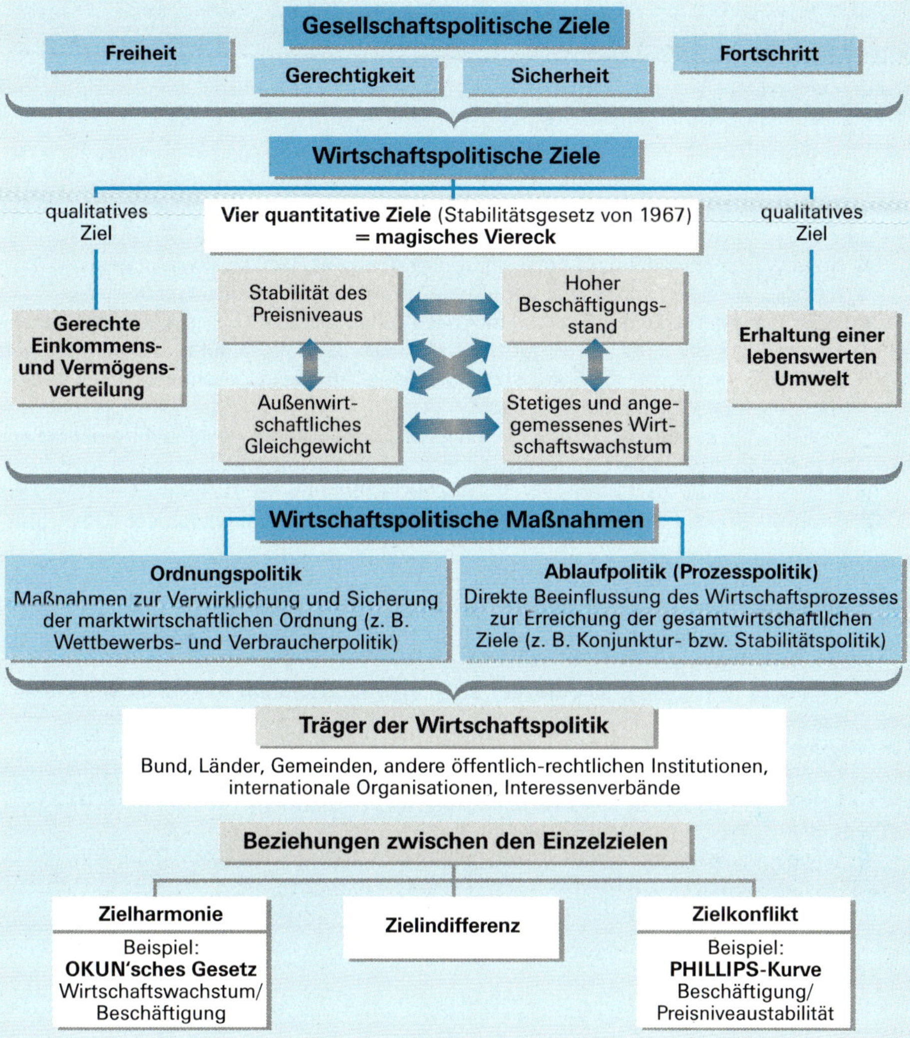

Aufgaben und Probleme zur Erarbeitung und Anwendung von Wissen

Kapitel 7: Ziele der Wirtschaftspolitik

▶ A 7.1

Beziehungen zwischen wirtschaftspolitischen Zielen – Magisches Viereck

1 ▶ Im internationalen Vergleich lässt sich empirisch kein eindeutiger Zusammenhang zwischen den Zielen Wirtschaftswachstum und Preisniveaustabilität nachweisen. In verschiedenen Ländern sind Entwicklungsphasen beobachtbar, die gekennzeichnet sind durch

- hohe Wachstumsraten und hohe Inflationsraten (z. B. Mexiko, Israel, Japan),
- niedrige Wachstumsraten und hohe Inflationsraten (z. B. Indien, Indonesien),
- hohe Wachstumsraten mit relativ niedrigen Inflationsraten (z. B. Kanada, Schweiz).

Untersuchen Sie anhand der statistischen Daten der Tabelle auf S. 195 und der Abb. auf S. 222, ob sich für die Bundesrepublik Deutschland ein Zusammenhang zwischen diesen beiden Zielen feststellen lässt.

2 ▶ Es wird die These vertreten, eine Erhöhung der Lohnquote würde dazu führen, dass den Unternehmen nicht mehr genügend Gewinne zur Verfügung stünden, um zu investieren und das Wachstum zu fördern. Die Folge einer Erhöhung der Lohnquote sei daher ein geringeres Wirtschaftswachstum, verbunden mit der Gefahr zunehmender Arbeitslosigkeit.

a) Untersuchen Sie anhand der statistischen Daten der Tabelle auf S. 195, ob sich für die Bundesrepublik Deutschland diese These empirisch belegen lässt.

b) Warum kann die Lohnquote kein Maßstab für eine gerechte Einkommensverteilung sein?

c) Erläutern Sie anhand der Abb. auf S. 191 wie die sekundäre Einkommensverteilung entsteht.

3 ▶ Magisches Viereck

a) Untersuchen Sie anhand der statistischen Daten der Tabelle auf S. 195 und der Abb. auf S. 222 und 223 in welchen Jahren seit 1967 mindestens zwei der Ziele des magischen Vierecks gleichzeitig erreicht waren.

b) Welche Rückschlüsse lassen sich aus dem Ergebnis von a) ziehen?

8 Geldtheorie und Geldpolitik

Fallbeispiele zur Einführung

Fallbeispiel 8.1: Geldmenge

Ein deutscher Exporteur erhält von einem seiner Kunden zur Bezahlung einer Warenlieferung Devisen im Gegenwert von 50.000 Euro. Der Exporteur wechselt die Devisen bei seiner Hausbank in Euro um und lässt sich den Betrag auf seinem Girokonto gutschreiben. Die Geschäftsbank verkauft die Devisen an die Zentralbank weiter und erhält dafür 50.000 Euro in bar.

1. Wie wirkt sich der Verkauf der Devisen durch den Exporteur an die Geschäftsbank auf die Bilanz der Geschäftsbank, die Zentralbankgeldmenge und die Geldmenge M1 aus?
2. Wie wirkt sich der Weiterverkauf der Devisen an die Zentralbank auf die Bilanz der Zentralbank, die Zentralbankgeldmenge und die Geldmenge M1 aus?
3. Wie wirkt sich der Weiterverkauf der Devisen an die Zentralbank auf die Kreditschöpfungsmöglichkeit der betreffenden Geschäftsbank aus, wenn der Reservesatz (Bar- und Mindestreserve) 20 % beträgt?
4. Wie wirkt sich der Weiterverkauf der Devisen an die Zentralbank auf die Kreditschöpfungsmöglichkeit des gesamten Bankensystems unter folgenden Annahmen aus? Annahmen: 1. Der Reservesatz für Bar- und Mindestreserven beträgt 20 %. 2. Alle Geschäftsbanken vergeben in Höhe ihrer Überschussreserve Kredite. 3. Die Kreditnehmer heben den Kreditbetrag jeweils bar ab und zahlen ihn in voller Höhe auf ein Konto bei einer anderen Bank ein (= vollständiger Bargeldrückfluss).

Erläuterungen und Lösung siehe Seiten 242, 244, 245 und 248.

Fallbeispiel 8.2: Geldmenge und Preisniveau

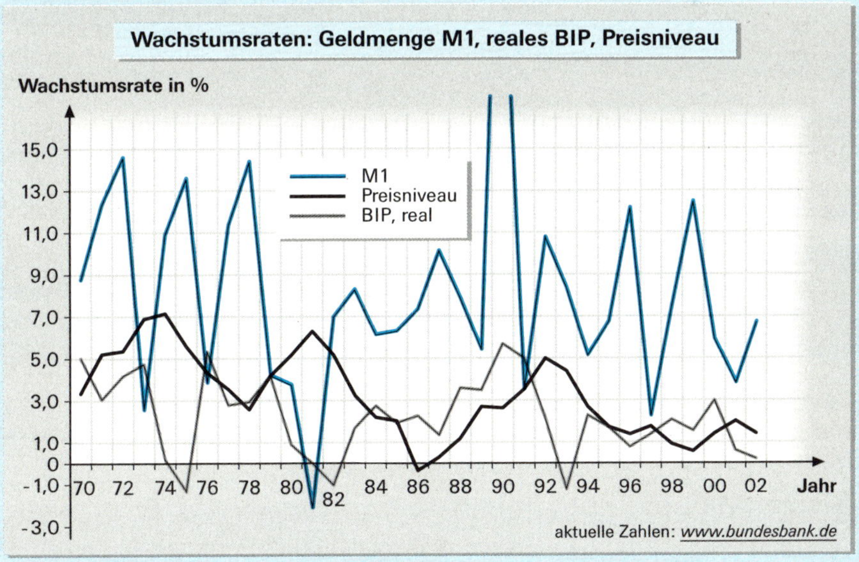

Aktuelle Zahlen: www.bundesbank.de

1. Stellen Sie anhand der Abb. fest, ob und ggf. wann es in Deutschland während der letzten Jahrzehnte Inflationsphasen gab.
2. Wie würde ein Vertreter
   a) der Quantitätstheorie
   b) der Nachfrageinflation
   c) der Angebotsinflation

   Anstieg und Rückgang der Inflation anhand des abgebildeten Kurvenverlaufs erklären?

Erläuterungen und Lösung siehe Seiten 256, 260, 262 und 264.

8.1 Funktionen und Arten des Geldes

Funktionen des Geldes

Als Geld gilt alles, was folgende Funktion erfüllt:

Funktionen des Geldes			
Tauschfunktion	**Zahlungsmittelfunktion** (Wertübertragungsfunktion)	**Wertaufbewahrungsfunktion**	**Rechenfunktion** (Wertmaßstab)
Durch Geld wird der Tausch in zwei Teilakte zerlegt: Verkauf von Ware gegen Geld und Kauf von Ware gegen Geld (indirekter Tausch).	Geld kann zur Tilgung von Schulden und zur Gewährung von Krediten dienen.	Geld ermöglicht es, die beiden Tauschakte Verkauf von Ware gegen Geld und Kauf von Ware gegen Geld zeitlich zu trennen.	Mit Geld lässt sich der Wert anderer Güter ausdrücken.

Arten des Geldes

In einer modernen Volkswirtschaft lassen sich folgende Geldarten unterscheiden:

Arten des Geldes	
Zentralbankgeld	**Geschäftsbankengeld** (Buch- oder Giralgeld)
Von der Zentralbank (Notenbank) geschaffenes Geld. Es umfasst das Bargeld in Form von Banknoten und Münzen sowie Guthaben bei der Zentralbank (Sichteinlagen).	Von den Geschäftsbanken geschaffenes Geld in Form von Sichtguthaben der Nichtbanken. Über derartige Guthaben, die dem laufenden Zahlungsverkehr dienen, kann durch Abhebung (= Umwandlung in Bargeld), Scheck oder Überweisung verfügt werden.

Die Zentralbank ist die zentrale geldpolitische Institution einer Volkswirtschaft, die für die Erreichung der geldpolitischen Ziele (insbesondere der Preisniveaustabilität) verantwortlich ist und den Zahlungsverkehr sicherstellt. Sie hat das alleinige Recht zur Ausgabe von Banknoten (Notenbank).

In der EWU werden die Aufgaben der Zentralbank von der Europäischen Zentralbank (EZB) und den nationalen Zentralbanken der 12 Mitgliedsstaaten übernommen, die zusammen das Europäische System der Zentralbanken (ESZB) bilden (*vgl. 8.8*).

Geschäftsbanken (Kreditinstitute) sind private Unternehmen, die Bankgeschäfte (z. B. Annahme von Geldern als Einlage, Kreditgewährung, Verwaltung von Wertpapieren, Abwicklung des bargeldlosen Zahlungsverkehrs) betreiben.

Die Summe aus dem im Geschäftsbankensektor befindlichen Zentralbankgeld (Bargeldbestand der Geschäftsbanken und Guthaben bei der Zentralbank) und dem Bargeldbestand der Nichtbanken (= **Bargeldumlauf**) wird auch als **Geldbasis** (monetäre Basis, *high powered money*) bezeichnet.

8.2 Geldmengenbegriffe

A ◄ 8.1

In der Geldpolitik gibt es mehrere Abgrenzungskriterien, um die Geldmenge zu definieren. Dies ist u. a. dadurch bedingt, dass es für die Zentralbank unterschiedliche Ansatzpunkte gibt, um durch geldpolitische Maßnahmen die gesamtwirtschaftliche Nachfrage zu steuern und das Preisniveau zu stabilisieren. Das **Europäische System der Zentralbanken** (ESZB) unterscheidet die **Geldmengenbegriffe M1, M2** und **M3**.[1]

Zum Bankensektor gehören bei dieser Abgrenzung alle sog. **Monetären Finanzinstitute (MFI)**. Dieser MFI-Sektor setzt sich aus der Zentralbank sowie allen im Euro-Währungsbereich ansässigen Kreditinstituten, Bausparkassen, Geldmarktfonds und ähnlichen Einrichtungen zusammen.

Berechnung der Geldmenge M1, M2 und M3		Anfang 2002 (in Mrd. €)
Bargeldumlauf (Banknoten und Münzen außerhalb des Bankensektors)		240,2
+ Sichteinlagen (täglich fällige Bankguthaben)		1.963,6
= Geldmenge M1		**2.203,8**
+ Einlagen mit einer vereinbarten Laufzeit von bis zu zwei Jahren	*kurzfristige Einlagen*	1.094,3
+ Einlagen mit einer vereinbarten Kündigungsfrist von bis zu drei Monaten	*kurzfristige Einlagen*	1.367,2
= Geldmenge M2		**4.665,3**
+ Repogeschäfte[1])	*Von MFIs ausgegebene geldmarktfähige Wertpapiere*	219,4
+ Geldmarktfondsanteile[2])	*Von MFIs ausgegebene geldmarktfähige Wertpapiere*	393,6
+ Geldmarktpapiere[3] und Schuldverschreibungen von bis zu zwei Jahren	*Von MFIs ausgegebene geldmarktfähige Wertpapiere*	146,7
= Geldmenge M3		**5.425,0**

Verbindlichkeiten des MFI-Sektors gegenüber im Eurowährungsgebiet ansässigen Nicht-MFIs.

1) Wertpapiere mit Rückkaufvereinbarung (*repurchase agreements*). Das Repogeschäft hat in Deutschland sehr geringe Bedeutung.
2) Anteile an Investmentfonds, die Gelder von Anlegern sammeln und den Gegenwert am Geldmarkt (= Markt für kurzfristige Kredite) anlegen.
3) Kurzlaufende Wertpapiere, z. B. Schuldverschreibungen öffentlicher Institutionen (Schatzanweisungen)

Quelle: Europäische Zentralbank, Monatsbericht Februar 2002

Wird von der Geldmenge oder dem Geldvolumen gesprochen, ist damit üblicherweise die Geldmenge M1 gemeint. Sie setzt sich zusammen aus dem Bargeldumlauf (Bargeld ohne Kassenbestände der Banken) und den Sichteinlagen von Nichtbanken aus dem Euro-Währungsgebiet.

1 M steht für ***m***oney

Der Geldmengenbegriff M1, bei dem die Bargeldbestände der Geschäftsbanken nicht berücksichtigt sind, entspricht weitgehend der **nachfragewirksamen Geldmenge**. Für die Berechnung der Geldmengen M2 und M3 werden der Geldmenge M1 solche Einlagen bei den Geschäftsbanken sowie kurzlaufende Wertpapiere hinzugerechnet, die ohne größere Schwierigkeiten in Zahlungsmittel umgewandelt und damit nachfragewirksam werden können. Das vom ESZB im Rahmen seiner geldpolitischen Strategie bekannt gegebene **Geldmengenziel** (Referenzwert) bezieht sich auf die **Geldmenge M3** (*vgl. 8.8*).

8.3 Geldschöpfung

8.3.1 Geldproduzenten

▶ A 8.2

In einer modernen Volkswirtschaft bieten die Zentralbank und die Geschäftsbanken Geld an. Während die **Zentralbank** das alleinige Recht hat, **Bargeld** (Banknoten und Münzen) in Umlauf zu bringen (Bargeldschöpfung), stellen die **Geschäftsbanken Buchgeld** bereit, indem sie Sichtguthaben auf Bankkonten einräumen (Buchgeldschöpfung der Geschäftsbanken).

Auszug aus der Satzung des Europäischen Systems der Zentralbanken (ESZB) und der Europäischen Zentralbank (EZB)

Art. 16: Banknoten
Die EZB und die nationalen Zentralbanken sind zur Ausgabe von Banknoten berechtigt. Die von der EZB und den nationalen Zentralbanken ausgegebenen Banknoten sind die einzigen Banknoten, die in der Gemeinschaft als gesetzliches Zahlungsmittel gelten.

Das Recht, Münzen zu prägen (**Münzregal**), liegt in der EU bei den Mitgliedsstaaten. Die Europäische Zentralbank übernimmt die geprägten Münzen und schreibt den Mitgliedsstaaten den Gegenwert gut. Da die Kosten der Münzprägung in den meisten Fällen geringer sind als der Nennwert, ergibt sich aus dem Münzregal ein nicht unbeträchtlicher **Münzgewinn**.

Geldproduzenten		
Staat ——▶	**Europäische Zentralbank**	**Geschäftsbanken**
Münzen Die Münzen werden vom Staat geprägt (Münzregal) und von der Zentralbank in Umlauf gebracht.	Banknoten Guthaben bei der Zentralbank (Sichteinlagen)	Buchgeld (Sichtguthaben der Nichtbanken bei den Geschäftsbanken)
Zentralbankgeld (ZBG)		

8.3.2 Geldschöpfung der Zentralbank

Die Zentralbankgeldmenge setzt sich aus dem gesamten Bargeld (Banknoten und Münzen) sowie den Sichtguthaben bei der Zentralbank zusammen.

Die Zentralbankgeldmenge ist nicht identisch mit der Geldmenge M1 (*vgl. 8.2*). Daher führt eine Veränderung der Zentralbankgeldmenge nicht zwangsläufig zu einer Veränderung der Geldmenge M1. Die Bargeldbestände der Zentralbank gehören weder zur Zentralbankgeldmenge noch zur Geldmenge M1.

3328240

Zentralbankgeldschöpfung

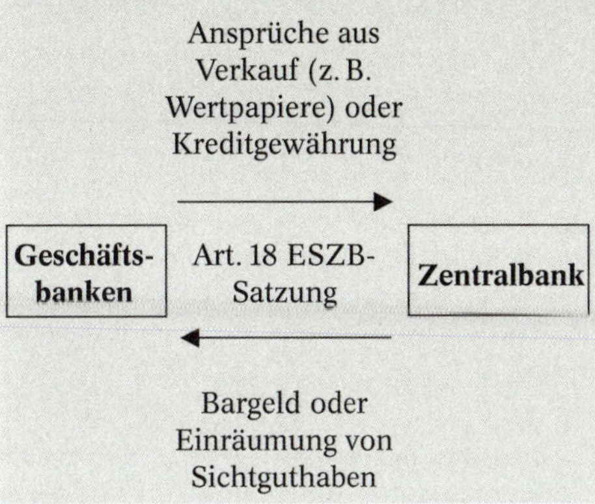

Auszug aus der ESZB-Satzung
Art. 18: Offenmarkt- und Kreditgeschäfte
Zur Erreichung der Ziele des ESZB und zur Erfüllung seiner Aufgaben können die EZB und die nationalen Zentralbanken
- auf den Finanzmärkten tätig werden, indem sie auf Gemeinschafts- oder Drittlandswährungen lautende Forderungen und börsengängige Wertpapiere sowie Edelmetalle ... kaufen und verkaufen oder entsprechende Darlehensgeschäfte tätigen;
- Kreditgeschäfte mit Kreditinstituten und anderen Marktteilnehmern abschließen, ...

Die Zentralbank schöpft Geld, wenn sie Vermögensgegenstände (z. B. Wertpapiere, Devisen) kauft und mit Zentralbankgeld bezahlt oder bei Kreditgewährung Zentralbankgeld bereitstellt.

Die Zentralbank vernichtet Geld, wenn sie Vermögensgegenstände (z. B. Wertpapiere, Devisen) verkauft und sich mit Zentralbankgeld bezahlen lässt oder zur Tilgung eingeräumter Kredite Zentralbankgeld entgegennimmt.

Jede Entstehung und Vernichtung von Zentralbankgeld schlägt sich in der Bilanz der Zentralbank nieder.

Aktiva	**Zusammengefasste Zentralbankbilanz** Bilanz des Eurosystems in Mrd. Euro (Jan. 2002)		**Passiva**
Gold	128,2	Banknotenumlauf[1]	292,8
Devisen, Währungsreserven	286,0	Einlagen von Geschäftsbanken	156,5
Kredite an Geschäftsbanken	192,3	Schuldverschreibungen	2,9
Wertpapiere	28,2	Eigenkapital	60,5
Sonstige Aktiva	160,7	Sonstige Passiva	282,7
Aktiva insgesamt	**795,4**	**Passiva insgesamt**	**795,4**

1 Während der Begriff „Bargeldumlauf" im Zusammenhang mit der Geldmenge M1 üblicherweise nur für die Bargeldbestände (Banknoten und Münzen) außerhalb des Geschäftsbankensektors benutzt wird (*vgl. 8.2*), umfasst die Position „Banknotenumlauf" in der Zentralbankbilanz sämtliche von der Zentralbank ausgegebenen Banknoten, unabhängig davon, ob sie sich innerhalb oder außerhalb des Geschäftsbankensektors befinden.

Die von der Zentralbank in Umlauf gebrachten Banknoten stellen eine Verbindlichkeit gegenüber dem jeweiligen Inhaber der Banknote dar. Dies wird besonders am Beispiel der früher üblichen Goldwährung deutlich, bei der Banknoten jederzeit in Gold umgetauscht werden konnten. Dass der Inhaber einer Banknote eine For-

Auszug aus dem Reichsbankgesetz vom 30. Aug. 1924
§ 2 Die Reichsbank hat ... das ausschließliche Recht, Banknoten in Deutschland auszugeben.
§ 22 Die Reichsbank ist verpflichtet, Barrengold zum festen Preis von 1392 Reichsmark für das Pfund fein gegen Noten umzutauschen.
§ 31 Die Bank ist verpflichtet, ihre Noten dem Inhaber einzulösen. Die Einlösung erfolgt nach Wahl der Bank in:
1. deutschen Goldmünzen ...
2. Goldbarren ...

derung gegenüber der Zentralbank hat, zeigt sich heutzutage u.a. daran, dass z.B. Euro-Banknoten bei der Zentralbank jederzeit in fremde Währungen umgetauscht werden können (= **Konvertibilität der Währung**).

Beispiel: Zentralbankgeldschöpfung
Die Zentralbank kauft von den Geschäftsbanken Wertpapiere in Höhe von 10 Mrd. Euro und bezahlt diese mit Banknoten.
Buchungssatz: Wertpapiere an Banknotenumlauf
Auf die oben dargestellte Zentralbankbilanz wirkt sich dieser Vorgang wie folgt aus:

Aktiva	**Zusammengefasste Zentralbankbilanz** (in Mrd. Euro)		**Passiva**
Bisherige Aktiva (= Vermögen) + Zunahme Wertpapiere	795,4 10,0	Bisherige Passiva (= Eigenkapital und Verbindlichkeiten) + Zunahme Banknotenumlauf	795,4 10,0
Aktiva insgesamt	**805,4**	**Passiva insgesamt**	**805,4**

Im vorliegenden Fall führt die Entstehung von Zentralbankgeld zu einer Verlängerung (Aktiv-Passiv-Mehrung) der Zentralbankbilanz. Die Schaffung von Zentralbankgeld kann sich aber auch als Passivtausch in der Zentralbankbilanz auswirken. Beispiel: Die Zentralbank nimmt von ihr selbst ausgegebene Schuldverschreibungen (= Verbindlichkeit der Zentralbank) von den Geschäftsbanken zurück und schreibt den Gegenwert in Form einer Erhöhung der Einlagen der Geschäftsbanken gut.

Beispiel: Zentralbankgeldvernichtung
Die Zentralbank nimmt von den Geschäftsbanken Zahlungen in Form von Banknoten in Höhe von 10 Mrd. Euro zur teilweisen Tilgung gewährter Kredite entgegen.
Buchungssatz: Banknotenumlauf an Kredite
Auf die oben dargestellte Zentralbankbilanz wirkt sich dieser Vorgang wie folgt aus:

Aktiva	**Zusammengefasste Zentralbankbilanz** (in Mrd. Euro)		**Passiva**
Bisherige Aktiva (= Vermögen) – Abnahme Kredite an Geschäftsbanken	795,4 10,0	Bisherige Passiva (= Eigenkapital und Verbindlichkeiten) – Abnahme Banknotenumlauf	795,4 10,0
Aktiva insgesamt	**785,4**	**Passiva insgesamt**	**785,4**

Im vorliegenden Fall führt die Vernichtung von Zentralbankgeld zu einer Verkürzung (Aktiv-Passiv-Minderung) der Zentralbankbilanz. Die Vernichtung von Zentralbankgeld kann sich aber auch als Passivtausch in der Zentralbankbilanz auswirken. Beispiel: Die Zentralbank verkauft von ihr selbst ausgegebenen Schuldverschreibungen (= Verbindlichkeit der Zentralbank) an die Geschäftsbanken und lässt sich diese mit Banknoten bezahlen.

Lösung zu Fallbeispiel 8.1 Nr. 2 (*vgl. S. 237*)

Der Verkauf von Devisen durch eine Geschäftsbank an die Zentralbank und die Bezahlung mit Banknoten wirkt sich in der Zentralbankbilanz auf der Aktivseite als Vermögensmehrung (Erhöhung des Devisenbestands) und auf der Passivseite als Erhöhung des Banknotenumlaufs aus. Es ergibt sich somit eine Aktiv-Passiv-Mehrung. Dieser Vorgang erhöht die Zentralbankgeldmenge. Die Geldmenge M1 erhöht sich dagegen erst dann, wenn das zusätzliche Bargeld den Geschäftsbankensektor verlässt.

Wenn die Zentralbank keine Verbindlichkeiten in fremder Währung eingeht, ist eine Zahlungsunfähigkeit (Illiquidität) ausgeschlossen, da sie immer mit selbst geschaffenem Geld bezahlen kann. Eine Obergrenze für die Zentralbankgeldmenge besteht nur insoweit, als die Zentralbank der Wirtschaft höchstens so viel Zentralbankgeld zur Verfügung stellen darf, dass die Erreichung des Ziels der Preisniveaustabilität nicht gefährdet wird.

8.3.3 Geldschöpfung einer einzelnen Geschäftsbank

Geschäftsbankengeld (= Buch- oder Giralgeld) ist das von den Geschäftsbanken in Form von Sichtguthaben der Nichtbanken geschaffene Geld.

A ◀ 8.3

Passive Schaffung von Geschäftsbankengeld (Passive Buchgeldschöpfung)

Wenn ein Bankkunde Bargeld auf sein Girokonto bei einer Geschäftsbank einzahlt, entsteht Buchgeld (= Sichtguthaben). Da in diesem Fall der Anstoß zur Schaffung von Buchgeld nicht von der Bank ausgeht, wird dieser Vorgang als **passive Buchgeldschöpfung** bezeichnet. Durch die Einzahlung von 1.000 Euro auf ein Girokonto (= Passivgeschäft der Bank) ändert sich die Bankbilanz wie folgt:

Aktiva	**Zusammengefasste Bilanz der Geschäftsbank A**		**Passiva**
Bisherige Aktiva (= Vermögen) + Zunahme des Banknotenbestandes (= Mehrung des Zentralbankgeldbestandes)	100.000 1.000	Bisherige Passiva + Zunahme der Sichteinlagen (= Mehrung der Sichtverbindlichkeiten)	100.000 1.000
Aktiva insgesamt	**101.000**	**Passiva insgesamt**	**101.000**

Die Bareinzahlung führt zu einer Verlängerung der Geschäftsbankbilanz (Aktiv-Passiv-Mehrung). Die Geldmenge M1 ändert sich dadurch nicht. Lediglich die Zusammensetzung der Geldmenge M1 ist anders, da Bargeld durch Buchgeld ersetzt wird. Wird durch Barabhebung von einem Girokonto Buchgeld in Bargeld umgewandelt, kommt es zu einer Verkürzung der Geschäftsbankbilanz (Aktiv-Passiv-Minderung), da sowohl der Banknotenbestand als auch die Sichteinlagen abnehmen. Auch in diesem Fall ändert sich aber die Geldmenge M1 nicht.

Bei passiver Buchgeldschöpfung ändert sich die Geldmenge M1 nicht.

Aktive Schaffung von Geschäftsbankengeld (Aktive Buchgeldschöpfung)

Eine aktive Buchgeldschöpfung liegt vor, wenn eine Geschäftsbank

- von einem Bankkunden gegen Einräumung eines Sichtguthabens Vermögensgegenstände (z. B. Devisen, Wechsel) kauft oder
- einem Bankkunden durch Kreditgewährung Mittel auf einem Girokonto bereitstellt (Kontokorrentkredit).

Räumt eine Geschäftsbank einem Kunden einen Kontokorrentkredit in Höhe von 1.000 Euro ein (= Aktivgeschäft der Bank) und schreibt diesen Betrag auf dem Girokonto des Kunden gut, ändert sich die Bankbilanz wie folgt:[1]

1 Wenn – wie im vorliegenden Fall – der gesamte Kreditbetrag sofort dem Girokonto des Kunden gutgeschrieben und gleichzeitig eine Forderung der Bank in gleicher Höhe ausgewiesen wird, liegt die sog. englische Buchungsmethode vor. Nach der sog. kontinentalen Buchungsmethode wird das Girokonto des Kunden jeweils nur in Höhe des tatsächlich in Anspruch genommenen Kreditbetrages belastet.

Aktiva	Zusammengefasste Bilanz der Geschäftsbank A		Passiva
Bisherige Aktiva (= Vermögen) + Zunahme der Forderungen	100.000 1.000	Bisherige Passiva + Zunahme der Sichteinlagen (= Mehrung der Sichtverbindlichkeiten)	100.000 1.000
Aktiva insgesamt	**101.000**	**Passiva insgesamt**	**101.000**

Die Kreditgewährung führt zu einer Verlängerung der Geschäftsbankbilanz (Aktiv-Passiv-Mehrung). Die Geldmenge M1 erhöht sich, da ohne Verringerung des außerhalb des Bankensektors befindlichen Bargeldbestandes zusätzliches Buchgeld geschaffen wurde.

Bei aktiver Buchgeldschöpfung erhöht sich die Geldmenge M1.

Lösung zu Fallbeispiel 8.1 Nr. 1 (*vgl. S. 237*)

Wenn ein Bankkunde Devisen an seine Hausbank verkauft und der Gegenwert auf seinem Konto gutgeschrieben wird, handelt es sich um eine aktive Buchgeldschöpfung der Geschäftsbank. Dies wirkt sich in der Geschäftsbankbilanz auf der Aktivseite als Vermögensmehrung (Erhöhung des Devisenbestands) und auf der Passivseite als Erhöhung der Sichteinlagen aus. Es ergibt sich somit eine Aktiv-Passiv-Mehrung. Dieser Vorgang erhöht die Geldmenge M1. Die Zentralbankgeldmenge erhöht sich dagegen erst dann, wenn die Geschäftsbank die Devisen an die Zentralbank weiterverkauft.

Grenzen der Schaffung von Geschäftsbankengeld

Die passive Buchgeldschöpfung ist nur durch die außerhalb des Geschäftsbankensektors in Umlauf befindliche Bargeldmenge begrenzt. Wenn im Extremfall das gesamte Bargeld bei einer Geschäftsbank gegen Einräumung von Sichtguthaben eingezahlt und damit in Buchgeld umgewandelt ist, besteht keine weitere Möglichkeit zur passiven Buchgeldschöpfung mehr. Die Geschäftsbank kann durch die passive Buchgeldschöpfung nicht in Zahlungsschwierigkeiten kommen, da die Sichteinlagen durch Bargeld gedeckt sind und jederzeit wieder in bar ausbezahlt werden können. Da sich durch passive Buchgeldschöpfung und Buchgeldvernichtung die nachfragewirksame Geldmenge nicht ändert, ist dieser Vorgang im Hinblick auf das **Ziel der Preisniveaustabilität** unbedenklich (*vgl. 8.5.2).*

Anders ist die Situation bei der aktiven Buchgeldschöpfung einer Geschäftsbank. Bei der Einräumung von Sichtguthaben aufgrund des Ankaufs von Vermögensgegenständen oder einer Kreditgewährung muss die Geschäftsbank damit rechnen, dass die Bankkunden diese Sichtguthaben ganz oder teilweise in bar abheben wollen. In diesem Fall muss die Geschäftsbank das von ihr geschaffene Buchgeld in Bargeld, das sie aber nicht selbst schaffen kann, umwandeln. Eine unbegrenzte aktive Buchgeldschöpfung ist daher nicht möglich. Folgende beiden Faktoren begrenzen die aktiven Geldschöpfungsmöglichkeiten einer Geschäftsbank:

1. Barreserve

Jede Bank muss ständig einen bestimmten Bargeldbetrag als Kassenbestand für die Fälle halten, in denen Kunden Sichteinlagen bar abheben wollen (Umwandlung von Buchgeld in Bargeld). Diese Liquiditätsreserve wird als **Barreserve** (BR) bezeichnet. Ihre Höhe hängt von den Erfahrungswerten der Bank hinsichtlich der Zahlungsgewohnheiten der Kunden ab.

2. Mindestreserve

In den meisten Ländern schreibt die Zentralbank den Geschäftsbanken vor, dass sie einen bestimmten Prozentsatz der Kundeneinlagen als **Mindestreserve** (MR) bei der Zentralbank in Form einer Sichteinlage halten müssen (*vgl. 8.8.4*). Dadurch wird ein Teil des im Geschäftsbankensektor befindlichen Zentralbankgeldes blockiert.

Die einer Geschäftsbank nach Abzug von Bar- und Mindestreserve zur freien Verfügung verbleibende Zentralbankgeldmenge wird als Überschussreserve bezeichnet.

$$Ü = ZBG - (BR + MR)$$

Die **Überschussreserve** ist umso größer, je geringer die Bar- und Mindestreserve ist. Unter folgenden Voraussetzungen stellt die Überschussreserve die Obergrenze für die aktive Buchgeldschöpfung einer einzelnen Geschäftsbank dar:

- Die Geschäftsbank kann sich kein zusätzliches Zentralbankgeld bei der Zentralbank besorgen (z. B. durch Kreditaufnahme oder den Verkauf von Wertpapieren).
- Die Geschäftsbank muss damit rechnen, dass die durch aktive Buchgeldschöpfung entstandenen Sichtguthaben vollständig in bar abgehoben oder durch Überweisung auf ein Konto bei einer anderen Bank übertragen werden.

Je größter das Zweigstellennetz der Geschäftsbank ist, umso größer ist jedoch die Wahrscheinlichkeit, dass das Sichtguthaben auf das Konto eines anderen Kunden bei **derselben** Bank überwiesen wird und ihr somit kein Zentralbankgeld durch Überweisung auf ein Konto bei einer **anderen** Bank verloren geht.

Unter bestimmten Voraussetzungen bildet die Überschussreserve für eine einzelne Geschäftsbank die Obergrenze für die aktive Buchgeldschöpfung.

Lösung zu Fallbeispiel 8.1 Nr. 3 (*vgl. S. 237*)

Der Verkauf der Devisen durch die Geschäftsbank an die Zentralbank und die Bezahlung mit Banknoten im Wert von 50.000 Euro erhöht die Zentralbankgeldmenge der Geschäftsbank um 50.000 Euro. In dieser Höhe wurde dem Bankkunden (Exporteur) ein Sichtguthaben eingeräumt. Bei einem Reservesatz von 20 % für Mindest- und Barreserve beträgt die Überschussreserve der Geschäftsbank 40.000 Euro. In dieser Höhe kann sie Kredite vergeben.

8.3.4 Geldschöpfung des gesamten Geschäftsbankensystems (Geldschöpfungsmultiplikator)

Im Gegensatz zu einer einzelnen Bank können die Geschäftsbanken in ihrer Gesamtheit (Geschäftsbankensystem) Buchgeld in einer Höhe schaffen, die wesentlich über die ursprüngliche Überschussreserve einer einzelnen Geschäftsbank hinausgeht (multiple Geldschöpfung). Um das in einem Modell zu zeigen, werden folgende Annahmen getroffen: A ◀ 8.4

- Der Reservesatz (Mindestreserve und Barreserve) beträgt 20 % (r = 0,2).
- Eine einzelne Geschäftsbank kann nur in Höhe ihrer Überschussreserve Kredite vergeben (= aktive Buchgeldschöpfung), da sie sich kein zusätzliches Zentralbankgeld beschaffen kann (*vgl. 8.3.3*).
- Es besteht eine genügend große Kreditnachfrage, sodass jede Geschäftsbank von der Möglichkeit der Kreditvergabe tatsächlich Gebrauch macht und Kredite in Höhe ihrer Überschussreserve gewährt.

- Die Kreditbeträge werden von den Kreditnehmern in voller Höhe in bar abgehoben (= Buchgeldvernichtung) und für Barzahlungen verwendet. Die Zahlungsempfänger zahlen das erhaltene Bargeld **in voller Höhe** auf ihre Girokonten bei einer **anderen Bank** ein (= passive Buchgeldschöpfung). Das Zentralbankgeld fließt also **vollständig** in den Geschäftsbankensektor zurück.
- Dieser Vorgang (Kreditgewährung in Höhe der Überschussreserve und Bareinzahlung des Kreditbetrages bei einer anderen Bank) wiederholt sich viele Male.

Wenn die Geschäftsbank 1 eine Bareinzahlung (= ZBG) von 10.000 Euro erhält, läuft der Prozess der Buchgeldschöpfung des gesamten Bankensystems unter den genannten Bedingungen wie folgt ab:

P.Point

A	P	Erhöhung der Sichteinlagen durch Zufluss von Bargeld (100 %)	Bar- und Mindestreserve (20 %)	Überschussreserve = Kreditgewährung (80 %)
Geschäftsbank 1 + Reserven 2.000 + Kreditforderung 8.000	 + Sichteinlagen 10.000	10.000	2.000	8.000
Geschäftsbank 2 + Reserven 1.600 + Kreditforderung 6.400	 + Sichteinlagen 8.000	8.000	1.600	6.400
Geschäftsbank 3 + Reserven 1.280 + Kreditforderung 5.120	 + Sichteinlagen 6.400	6.400	1.280	5.120
Geschäftsbank 4 + Reserven 1.024 + Kreditforderung 4.096	 + Sichteinlagen 5.120	5.120	1.024	4.096
⋮		⋮	⋮	⋮
Gesamtes Geschäftsbankensystem + Reserven 10.000 + Kreditforderung 40.000	 + Sichteinlagen 50.000	50.000	10.000	40.000

Wie aus der Tabelle ersichtlich ist, wird die Überschussreserve, die für die Kreditgewährung zur Verfügung steht, von Stufe zu Stufe kleiner. Diese Entwicklung ist dadurch bedingt, dass jede Bank nur über 80 % des zugeflossenen Bargeldes frei verfügen kann, weil 20 % als Reserve (Mindest- und Barreserve) gehalten werden müssen. Der Geldschöpfungsprozess ist dann beendet, wenn das im Geschäftsbankensektor befindliche Bargeld von 10.000 Euro vollständig für die Reservehaltung verwendet worden ist.

Der Geldschöpfungsprozess der Geschäftsbanken kann nur so lange andauern, bis das im Geschäftsbankensektor befindliche Bargeld (= ZBG) vollständig durch die Reservehaltung (Mindest- und Barreserve) aufgezehrt ist.

Aufgrund dieser Bedingung lässt sich für den vorliegenden Fall der Kreditbetrag, der vom gesamten Bankensystem höchstens gewährt werden kann, wie folgt berechnen:

Bei einem Reservesatz von 20 % muss am Ende des Geldschöpfungsprozesses die Summe der Sichteinlagen 100 % bezogen auf den als Bar- und Mindestreserve gehaltenen ZBG-Betrag

3328246

(hier 10.000 Euro) ausmachen. Die Kreditsumme muss sich auf 80 % dieses Betrages belaufen. Daraus ergibt sich:

Aus ZBG bestehende Bar-/Mindestreserve des gesamten Bankensystems am Ende des Geldschöpfungsprozesses	20 %	= 10.000 €
Kreditgewährung des gesamten Bankensystems am Ende des Geldschöpfungsprozesses	80 %	= 40.000 €
Sichteinlagen im gesamten Bankensystem am Ende des Geldschöpfungsprozesses	100 %	= 50.000 €

Bei einem Reservesatz von 20 % können somit auf der Basis einer Bareinlage (= ZBG) von 10.000 Euro Kredite in Höhe von insgesamt 40.000 Euro gewährt werden.

Das Kreditvolumen ist noch höher, wenn das Zentralbankgeld in Höhe von 10.000 Euro dem Bankensektor nicht durch die Bareinlage eines Kunden bei der Geschäftsbank 1 (= passive Buchgeldschöpfung) zufließt, sondern durch Kreditaufnahme der Geschäftsbank 1 bei der Zentralbank entsteht. Da auf diesen Zentralbankkredit keine Bar- und/oder Mindestreserve gehalten werden muss, beträgt die für eine Kreditvergabe zur Verfügung stehende Überschussreserve der Geschäftsbank 1 in diesem Fall 10.000 Euro. Die Kreditschöpfungsmöglichkeit des gesamten Bankensystems würde dadurch auf 50.000 Euro steigen.

Das gesamte Geschäftsbankensystem kann auf der Grundlage einer bestimmten Überschussreserve (= frei verfügbares Zentralbankgeld) ein Vielfaches dieses Betrages an Krediten gewähren.

Der Faktor der angibt, auf das Wievielfache der ursprünglichen Überschussreserve sich die Kreditgewährungsmöglichkeit der Geschäftsbanken beläuft, wird als **Geldschöpfungsmultiplikator** (m) bezeichnet.

Der Geldschöpfungsmultiplikator gibt das Vielfache der ursprünglichen Überschussreserve an, das die Geschäftsbanken an Krediten vergeben können. A ◄ 8.5

Im vorliegenden Fall beträgt das Kreditvolumen (40.000 Euro) das Fünffache der ursprünglichen Überschussreserve (8.000 Euro). Der Geldschöpfungsmultiplikator ist *fünf*. Er ergibt sich als reziproker Wert des Reservesatzes: m = 1/r = 1/0,2 = 5.

(20 %) 0,2 △ 10.000€ ZBG für Reserve (BR+MR)
(100 %) 1,0 △ x € Summe der Sichteinlagen

$$x = \frac{1}{0,2} \cdot 10.000 = 5 \cdot 10.000 = 50.000\ €\ \text{Sichteinlagen}$$

↑ Multiplikator

Wenn alles Bargeld in den Geschäftsbankensektor zurückfließt (= Annahme eines vollständigen Bargeldrückflusses), ist der Geldschöpfungsmultiplikator gleich dem reziproken Wert des Reservesatzes:

$$\text{Geldschöpfungsmultiplikator (m)} = \frac{1}{\text{Reservesatz (r)}}$$

Der Geldschöpfungsmultiplikator (m) setzt die Kreditschöpfungsmöglichkeit (Kr) und die ursprüngliche Überschussreserve ($Ü_1$) zueinander in Beziehung. Die Summe der Kredite, die das Geschäftsbankensystem aufgrund einer bestimmten Überschussreserve vergeben kann, lässt sich für den vorliegenden Fall wie folgt berechnen:

$$Kr = m \cdot Ü_1 = \frac{1}{r} \cdot Ü_1 = \frac{1}{0{,}2} \cdot 8.000 \text{ Euro} = 40.000 \text{ Euro}$$

Die Kreditvergabemöglichkeit des Geschäftsbankensystems ist umso größer, je geringer die Reservehaltung (Bar- und Mindestreserve) ist und umgekehrt.

Lösung zu Fallbeispiel 8.1 Nr. 4 *(vgl. S. 237)*

Durch den Zufluss von Zentralbankgeld in Höhe von 50.000 Euro als Bareinlage und einer darauf entfallenden Reserve von 10.000 Euro bleibt der ersten Bank eine Überschussreserve von 40.000 Euro. Auf dieser Basis kann unter den genannten Bedingungen vom gesamten Bankensystem eine Kreditvergabe in Höhe von 1/0,2 · 40.000 = 200.000 Euro erfolgen.

Bei unveränderter Überschussreserve können die Banken ihre Kreditvergabemöglichkeiten erweitern, wenn es ihnen gelingt, ihre Kunden zur verstärkten Nutzung des bargeldlosen Zahlungsverkehrs anstelle von Barzahlung zu veranlassen. Dies würde eine Verringerung der notwendigen Barreserve mit sich bringen. Andererseits kann die Zentralbank durch Veränderung des Mindestreservesatzes die Geldschöpfungsmöglichkeiten der Geschäftsbanken beeinflussen (*vgl. 8.8.4*).

Exkurs: Mathematische Ableitung des Geldschöpfungsmultiplikators bei vollständigem und teilweisem Bargeldrückfluss

a) Geldschöpfungsmultiplikator bei vollständigem Bargeldrückfluss

Die Entwicklung der Kreditvergabemöglichkeiten in der Tab. auf S. 246 folgt einer mathematischen Gesetzmäßigkeit. Das Kreditvolumen des gesamten Geschäftsbankensystems (Kr_s) ergibt sich aus der Summe der von den einzelnen Geschäftsbanken gewährten Kredite. Bei einem Reservesatz von r = 0,2 ergibt sich folgender Zusammenhang:

$$\begin{aligned} Kr_s = {} & Kr_1 + Kr_2 + Kr_3 + \ldots Kr_n \\ & 8.000 + 6.400 + 5.120 + \ldots \\ & 8.000 + 8.000\,(1-0{,}2)^1 + 8.000\,(1-0{,}2)^2 + 8.000\,(1-0{,}2)^{n-1} \end{aligned}$$

Diese Folge entspricht einer unendlichen geometrischen Reihe. Die allgemeine Summenformel für eine unendliche geometrische Reihe der Form $a + a \cdot q + a \cdot q^2 + a \cdot q^3 + \ldots a \cdot q^{n-1}$ lautet:

$$s = \frac{1}{1-q} \cdot a$$

Für die Summe aller Kredite des gesamten Geschäftsbankensystems lautet die entsprechende Summenformel:

$$\mathbf{Kr_s = \frac{1}{1-(1-r)} \cdot Ü_1 = \frac{1}{r} \cdot Ü_1}$$

Im vorliegenden Zahlenbeispiel beträgt die Kreditvergabemöglichkeit des Geschäftsbankensystems:

$$\mathbf{Kr_s} = \frac{1}{0{,}2} \cdot 8.000\ € = \mathbf{40.000\ €}$$

Dieser Zusammenhang gilt nur unter der Annahme, dass die gewährte Kreditsumme von den Zahlungsempfängern wieder in voller Höhe bei einer anderen Bank eingezahlt wird (= **vollständiger Bargeldrückflusses in den Geschäftsbankensektor**).

b) Geldschöpfungsmultiplikator bei teilweisem Bargeldrückfluss
Wird davon ausgegangen, dass ein gewisser Prozentsatz der Kreditsumme von den Zahlungsempfängern als Bargeld gehalten wird und nur der Restbetrag jeweils wieder zu Sichteinlagen bei den Geschäftsbanken und damit zu neuer Kreditgewährungsmöglichkeit führt (= **teilweiser Bargeldrückfluss**), ergibt sich eine geringere Kreditgewährungsmöglichkeit.

Beispiel:
r = Reservesatz,
c = Bargeldabflussquote (Teil der Kreditsumme, den die Wirtschaftssubjekte als Bargeld halten),
(1-c) = Bargeldrückflussquote (Teil der Kreditsumme, der als Bargeld in den Geschäftsbankensektor zurückfließt)
Für c = 0,25 und r = 0,2 ergibt sich für das Zahlenbeispiel aus der Tab. auf S. 237 folgender Zusammenhang:

$$Kr_s = Kr_1 + Kr_2 + Kr_3 + \ldots Kr_n$$
$$8.000 + 8.000[(1\text{-}0{,}25)(1\text{-}0{,}2)]^1 + 8.000[(1\text{-}0{,}25)(1\text{-}0{,}2)]^2 + 8.000\,[(1\text{-}0{,}25)(1\text{-}0{,}2)]^{n-1}$$

Entsprechend der Summenformel für eine unendliche geometrische Reihe beträgt die Kreditvergabemöglichkeit des gesamten Geschäftsbankensystems in diesem Fall:

$$\mathbf{Kr_s} = \frac{1}{1 - (1\text{-}c)\,(1\text{-}r)} \cdot Ü_1 = \frac{1}{1 - (1\text{-}r\text{-}c\text{+}cr)} \cdot Ü_1 = \frac{1}{r + c - cr} \cdot Ü_1 = \frac{\mathbf{1}}{\mathbf{r\,(1\text{-}c) + c}} \cdot \mathbf{Ü_1}$$

Im vorliegenden Zahlenbeispiel beträgt die Kreditvergabemöglichkeit des Geschäftsbankensystems:

$$\mathbf{Kr_s} = \frac{1}{0{,}2\,(1 - 0{,}25) + 0{,}25} \cdot 8.000\ € = \frac{1}{0{,}4} \cdot 8.000\ € = \mathbf{20.000\ €}$$

8.4 Binnenwert des Geldes

8.4.1 Kaufkraft und Preisniveau

Geld ist ein Tauschmittel (*vgl. 8.1*). Sein Tauschwert hängt von der Gütermenge ab, die mit einer Geldeinheit erworben werden kann. Dieser Tauschwert wird auch als Kaufkraft des Geldes bezeichnet.

Der Geldwert wird durch die Kaufkraft des Geldes bestimmt. Ausdruck für die Kaufkraft des Geldes ist die Gütermenge, die mit einer Geldeinheit erworben werden kann.

Wird die Kaufkraft des Geldes auf die Menge inländischer Güter bezogen, die für eine Einheit inländischen Geldes erworben werden kann, handelt es sich um den **Binnenwert des Geldes** (innerer Geldwert). Der **Außenwert des Geldes** (äußerer Geldwert) gibt demgegenüber an, wie viele ausländische Güter je inländischer Geldeinheit gekauft werden können. Der Außenwert des Geldes ist vom Wechselkurs abhängig (*vgl. 10.3*).

Die Kaufkraft des Geldes ist von den **Güterpreisen** abhängig. Je höher die Güterpreise sind, desto weniger Mengeneinheiten können mit einer Geldeinheit erworben werden.

Um ermitteln zu können, ob sich die Kaufkraft des Geldes in einer Volkswirtschaft verändert hat, ist nicht die Preisentwicklung einzelner Güter entscheidend. Preiserhöhungen bei einzelnen Gütern können nämlich durch Preissenkungen bei anderen

Beispiel: Erhält ein Käufer zu einem bestimmten Zeitpunkt für einen Euro fünf Brötchen und zu einem späteren Zeitpunkt nur noch vier Brötchen, so ist die Kaufkraft des Geldes in Bezug auf die Brötchen gesunken. Ursache dafür ist die Preissteigerung je Brötchen von 0,20 Euro auf 0,25 Euro. Die Preissteigerung in Höhe von 25 % (von 0,20 Euro auf 0,25 Euro) bewirkt einen Kaufkraftverlust in Höhe von 20 % (von 5 Brötchen auf 4 Brötchen).

Gütern wieder ausgeglichen werden. Für die Messung der Kaufkraft kommt es vielmehr auf die Veränderung des Durchschnitts aller wichtigen Güterpreise in einer Volkswirtschaft an. Der Durchschnittspreis einer bestimmten Menge unterschiedlicher Güter ist das Preisniveau.

Das Preisniveau ist der Durchschnitt aller wichtigen Güterpreise in einer Volkswirtschaft.

Die Kaufkraft des Geldes und das Preisniveau stehen in umgekehrtem Verhältnis zueinander:

Wenn das Preisniveau steigt, sinkt die Kaufkraft des Geldes und umgekehrt. Kaufkraft des Geldes ist der reziproke Wert des Preisniveaus:

$$\text{Kaufkraft des Geldes} = \frac{1}{\text{Preisniveau}}$$

8.4.2 Messung des Preisniveaus: Verbraucherpreisindex

Preisindizes

► A 8.6 Einerseits ist es aufgrund der Vielzahl von Waren und Dienstleistungen kaum möglich, die **Preise aller Güter** in einer Volkswirtschaft für die Ermittlung des Preisniveaus zu berücksichtigen. Andererseits wäre die Aussagekraft eines solchen Preisniveaus, das auf dem Durchschnitt aller Güterpreise beruht, sehr begrenzt.

Für die Konsumenten ist es beispielsweise unerheblich, ob sich die Export- oder Investitionsgüterpreise ändern. Die Kaufkraft des ihnen zur Verfügung stehenden Geldes ändert sich nämlich nur dann, wenn sich die Preise von Gütern ändern, die von ihnen nachgefragt werden. Daher wird die Kaufkraft der meisten Haushalte auch nicht durch Preisveränderungen bei solchen Konsumgütern wie Juwelen, Luxusautos oder Kaviar beeinflusst.

Das Statistische Bundesamt ermittelt die Preisveränderungen für verschiedene Gütergruppen. Die Messung dieser Preisveränderungen erfolgt mithilfe von **Preisindizes**

Ein Preisindex ist eine Maßzahl, um die in der Vergangenheit festgestellten Preisveränderungen für bestimmte Gütergruppen auszudrücken.

► A 8.9 Annähernd spiegelt sich die gesamtwirtschaftliche Preisentwicklung im **Preisindex für das Bruttoinlandsprodukt** wider. Dieser Preisindex wird berechnet, um durch Ausschaltung von Preiseinflüssen das reale Inlandsprodukt ermitteln zu können (*vgl. 2.9.1*). Er erfasst die Preisänderungen der Güterarten, die in der Verwendungsrechnung des Bruttoinlandsprodukts ausgewiesen sind (privater Verbrauch, Staatsverbrauch, Anlageinvestitionen, Vorratsveränderungen, Exporte minus Importe). Daneben werden vom **Statistischen Bundesamt** zahlreiche andere Preisindizes für verschiedene Märkte, Käufer- und Verkäufergruppen ermittelt (z. B. Index der Erzeugerpreise landwirtschaftlicher Produkte, Preisindex für den Wareneingang des Produzierenden Gewerbes, Preisindex für Bauwerke, Index der Einzelhandelspreise, Verbraucherpreisindex, Index der Einfuhrpreise, Index der Ausfuhrpreise).

Verbraucherpreisindex

Die wirtschaftspolitisch wichtigste Kennzahl zur Messung der durchschnittlichen Preisveränderung ist der vom Statistischen Bundesamt ermittelte **Verbraucherpreisindex (VPI)** (früher: Preisindex für die Lebenshaltung). Er bringt die Preisentwicklung typischer Güter der Lebenshaltung von Durchschnittshaushalten zum Ausdruck und wird üblicherweise als Maßstab für die Veränderung des Preisniveaus und der Kaufkraft des Geldes in Deutschland benutzt.[1]

Der Verbraucherpreisindex erfasst Preisveränderungen, von denen die privaten Haushalte betroffen sind. Er dient als Maßstab für die Preisniveauveränderung in einer Volkswirtschaft.

Ein Maßstab für die Preisniveauentwicklung im gesamten Euro-Währungsraum ist der vom Europäischen Statistischen Amt (Eurostat) ermittelte **Harmonisierte Verbraucherpreisindex (HVPI)**.

Vorgehensweise zur Berechnung eines Verbraucherpreisindex:

- **Informationsquellen**
  Als Informationsquelle für das Verbraucherverhalten dient in Deutschland vornehmlich die alle fünf Jahre durchgeführte Einkommen- und Verbrauchsstichprobe (EVS), in deren Rahmen 50 000 bis 70 000 Haushalte auf freiwilliger Basis während des Erhebungsjahres ein Haushaltsbuch führen. Ergänzend kommen aktuelle Erhebungen der sog. Laufenden Wirtschaftsrechnung (LWR) hinzu. Dazu werden die von bis zu 2 000 Haushalten monatlich zu führenden Haushaltsbücher ausgewertet.

- **Auswahl typischer Konsumgüter**
  Da nicht alle für die Lebenshaltung nötigen Waren und Dienstleistungen in die Preisbeobachtung einbezogen werden können, ist in einem ersten Schritt zu klären, welche Güterpreise in die Untersuchung einbezogen werden sollen. Dazu werden durch gezielte Marktbeobachtung auf der Basis der o. g. statistischen Erhebungen Konsumgüter, die für einen Durchschnittshaushalt repräsentativ sind, ausgewählt.

- **Zusammenstellung der Güter zu einem Warenkorb**
  Die als repräsentativ ausgewählten Konsumgüter werden zu einem **Warenkorb** zusammengestellt. Der derzeitige Warenkorb bezieht sich auf 2000 (Basisjahr) und besteht aus ca. 750 Gütern. Alle fünf Jahre wird der Warenkorb neu ermittelt und auf ein neues Basisjahr umgestellt (Umbasierung). Durch diese regelmäßige Anpassung können neu auf den Markt gekommene Produkte im Warenkorb berücksichtigt und unbedeutend gewordene Produkte aus dem Warenkorb entfernt werden. Bis zur nächsten Umstellung und Neugewichtung bildet dieser Warenkorb die Basis für die Beobachtung der Preisentwicklung. Der nächsten Umbasierung wird das Basisjahr 2005 zu Grunde liegen.

Warenkorb 2000	
entfernte Güter	**neue Güter**
U. a.: Diaprojektor, elektrische Schreibmaschine, Disketten, Farbband, PVC-Bodenbelag, …	U. a.: Brötchen zum Fertigbacken, Scanner, Digitalkamera, Blutdruckmessgerät, Kinderkrippenbeitrag, Essen auf Rädern, Pizzaservice, Fitnessstudio, CD-Rohling, Farbpatrone für Drucker, …

- **Bewertung der Güter des Warenkorbs mit den Preisen des Basisjahres**
  Die Güter des Warenkorbes werden zunächst mit den durchschnittlichen Preisen des Basisjahres bewertet. Für den mit den Preisen des Basisjahres bewerteten und nach der Bedeutung der Güter gewichteten Warenkorb wird ein Indexwert von 100 festgesetzt.

1 Die Preisindizes für spezielle Haushaltstypen (z.B. 4-Personen-Haushalt von Arbeitern und Angestellten mit mittlerem Einkommen) werden seit der Umstellung auf das Basisjahr 2000 nicht mehr vom Statistischen Bundesamt veröffentlicht.

Wägungsschema Verbraucherpreisindex Ausgabenanteile an den Gesamtausgaben in Promille im Basisjahr			
	Hauptgruppen	1995	2000
1	Nahrungsmittel, alkoholfreie Getränke	131,26	103,35
2	Alkoholische Getränke, Tabakwaren	41,67	36,73
3	Bekleidung und Schuhe	68,76	55,09
4	Wohnung, Wasser, Strom, Gas u. a.	274,77	302,66
5	Einrichtungsgegenstände	70,56	68,54
6	Gesundheitspflege	34,39	35,46
7	Verkehr	138,82	138,65
8	Nachrichtenübermittlung	22,66	25,21
9	Freizeit, Unterhaltung und Kultur	103,57	110,85
10	Bildungswesen	6,51	6,66
11	Beherbergung, Gaststätten	46,08	46,57
12	Andere Waren und Dienstleistungen	60,95	70,23

- **Gewichtung der Güter des Warenkorbs nach ihrer Bedeutung (Wägungsschema)**
  Die Preise der einzelnen Güter des Warenkorbs werden mit den durchschnittlich verbrauchten Mengen bzw. den durchschnittlichen Anteilen an den gesamten Konsumausgaben der untersuchten Haushalte gewichtet (Wägungsschema). Der Gesamtindex für die Verbraucherpreise ergibt sich als mit den Ausgabenanteilen des Wägungsschemas gewogenes arithmetisches Mittel der 12 Hauptgruppenindizes. Mit jeder Umstellung auf ein neues Basisjahr wird auch ein neues Wägungsschema berechnet. Dadurch werden Änderungen des Konsumverhaltens der Haushalte im Zeitablauf berücksichtigt.
- **Bewertung der Güter des Warenkorbs mit den Preisen des Berichtsjahres**
  In den auf das Basisjahr folgenden Monaten und Jahren werden dieselben Güter, die den Warenkorb des Basisjahres bilden, mit den **aktuellen** Preisen bewertet und mit den durchschnittlich verbrauchten Mengen des Basisjahres gewichtet. Auf diese Weise lässt sich der **Wert der Güter des Warenkorbs im Berichtsjahr** ermitteln. Dazu werden von den Statistischen Landesämtern jeweils zur Monatsmitte in bundesweit 190 Gemeinden und 40 000 Verkaufsstellen durch ca. 350 000 Preiserhebungen die Gemeindedurchschnittspreise festgestellt und dann zu Landesdurchschnittspreisen zusammengefasst. Auf der Basis der mit den Bevölkerungszahlen der einzelnen Bundesländer gewichteten Landesergebnisse ermittelt das Statistische Bundesamt daraus monatlich die jeweilige Indexzahl für die gesamte Bundesrepublik Deutschland.
- **Vergleich zwischen Basisjahr und Berichtsjahr**
  Der Wert der Güter des Warenkorbs im Basisjahr (Indexwert 100) wird mit dem Wert derselben Güter im Berichtsjahr (z. B. Indexwert 121,6) verglichen. Die in Prozent ausgedrückte Änderung dieser Preisindexwerte stellt die prozentuale Veränderung der Lebenshaltungskosten (Inflationsrate) dar.

Für die Berechnung des Preisindex für die Lebenshaltung wird in Deutschland folgende Formel angewandt (LASPEYRES-Index)[1]:

$$P = \frac{\Sigma p_1 \cdot q_0}{} \cdot 100$$

p_0 = Preis im Basisjahr
q_0 = Menge im Basisjahr
= Preis im Berichtsjahr

Berechnungsbeispiel für einen Warenkorb mit 3 Gütern								
	Basisjahr 2000				Berichtsjahr 2003		Preissteigerungen in %	
Güter	Menge q_0	Preise p_0	Ausgaben $p_0 \cdot q_0$	Wägungsschema w_0	Preise p_1	Ausgaben $p_0 \cdot q_0$	ungewichtet	gewichtet mit w_0
A	16 kg	12,50 €/kg	200 €	20% (0,2)	13,50 €/kg	216 €	8	8 · 0,2 = 1,6
B	75 kg	4,00 €/kg	300 €	30% (0,3)	5,00 €/kg	375 €	25	25 · 0,3 = 7,5
C	250 kg	2,00 €/kg	500 €	50% (0,5)	2,50 €/kg	625 €	25	25 · 0,5 = 12,5
Σ			1000 €	100%		1216 €		21,6

$$P = \frac{\Sigma p_1 \cdot q_0}{\Sigma p_0 \cdot q_0} \cdot 100 = \frac{1216}{1000} \cdot 100 = 121{,}6$$

Der Preisindex im Berichtsjahr beträgt 121,6. Im Berichtsjahr mussten für den gleichen Warenkorb 21,6% mehr bezahlt werden als im Basisjahr. Von 2000 bis 2003 haben sich die Lebenshaltungskosten um 21,6% erhöht.

1 Die Formel wurde 1871 erstmals von dem Statistiker Etienne Laspeyres (1834–1913) angewandt.

Entwicklung des Preisindex für die Lebenshaltung aller privaten Haushalte

Preisindex für die Lebenshaltung aller privaten Haushalte in Deutschland, Basisjahr 2000								
Jahr	1995	1996	1997	1998	1999	2000	2001	2002
Preisindex	93,9	95,3	97,1	98,0	98,6	100	102,0	103,4
Veränderung zum Vorjahr in %	+ 1,7	+ 1,5	+ 1,9	+ 0,9	+ 0,6	+ 1,4	+ 2,0	+ 1,4

Quelle: Deutsche Bundesbank, Monatsberichte

Aktuelle Zahlen: *www.destatis.de*

Die Veränderung des Preisindex kann in **Indexpunkten** oder in **Prozent** angegeben werden.

Beispiele:
Der Preisindex ist von 2000 (100) bis 2002 (103,4) um 3,4 Indexpunkte gestiegen. Das entspricht einer Erhöhung um 3,4 %.
Der Preisindex ist 2002 (103,4) gegenüber 2001 (102,0) um 1,4 Indexpunkte gestiegen. Als prozentuale Veränderung ausgedrückt, ergibt das eine Erhöhung von 1,4 % (103,4 · 100 / 102,0 = 1,4).

Entwicklung der Kaufkraft (Geldwertentwicklung für die Verbraucher)

Da die Kaufkraft der reziproke Wert des Preisniveaus ist (*vgl. 8.4.1*), lässt sich mithilfe des Preisindex die Kaufkraftveränderung im Vergleich zum Basisjahr wie folgt berechnen:

A ◀ 8.7

$$\text{Kaufkraft im Berichtsjahr} = \frac{1}{\text{Preisindex des Berichtsjahrs}} \cdot 100$$

Wird der sich aus dieser Berechnung ergebende Wert als Prozentzahl ausgedrückt (Multiplikation mit 100), gibt er an, wie viel Prozent die Kaufkraft im Berichtsjahr im Vergleich zum Basisjahr beträgt.

Jahr	1995	1996	1997	1998	1999	2000	2001	2002
Preisindex	93,9	95,3	97,1	98,0	98,6	100,0	102,0	103,4
Kaufkraft	106,5	104,9	103,0	102,0	101,4	100,0	98,0	96,7
Veränderung zum Vorjahr in %	- 1,7	- 1,5	- 1,8	- 1,0	- 0,6	- 1,4	- 2,0	- 1,3

Beispiele:
Die Kaufkraft ist von 1995 (106,5) bis 2000 (100) um 6,5 % gesunken, d. h., im Vergleich zu 1995 hatten 100 EUR 2000 nur noch einen Wert von 93,50 EUR. Der Kaufkraftverlust betrug in diesem Zeitraum 6,50 EUR (100 - 93,50).
Die Kaufkraft beträgt 2002 (96,7) gegenüber 2001 (98,0) nur noch 98,7 % (96,7 · 100/98,0 = 98,7). Sie ist damit 2002 gegenüber 2001 um 1,3 % gesunken.

Aussagekraft des Preisindex für die Lebenshaltung

Die Aussagekraft des Preisindex für Lebenshaltung als Maßstab für Preisniveauänderungen ist u. a. aus folgenden Gründen eingeschränkt:

- **Indexfamilien**: Die ausgewählten Indexfamilien sind nur für einen Teil der Gesamthaushalte typisch.
- **Veralteter Warenkorb**: Der Warenkorb veraltet schnell, weil neue Güter angeboten werden und sich die Konsumgewohnheiten der Haushalte ändern. Der statistische Warenkorb

weicht dann vom tatsächlichen Warenkorb ab. So wurden beispielsweise Güter wie Mikrowellenherd, Kiwi und Diskette erst 1991 in den Warenkorb aufgenommen, obwohl diese Artikel schon lange vorher angeboten und von den Verbrauchern gekauft wurden. Auch als wegen der BSE-Krise viele Konsumenten auf Rindfleisch verzichteten, blieb das teure Rindfleisch trotzdem mit seinem ursprünglichen Gewicht im Warenkorb vertreten.

- **Qualitätssteigerung**: Preissteigerung aufgrund besserer Qualität wird nicht erfasst. Wenn beispielsweise Autos teurer werden, lässt sich statistisch der Teil der Preissteigerung, der auf besserer Qualität und Ausstattung beruht, nicht von den anderen Ursachen der Preissteigerung trennen. Die tatsächliche Preissteigerung ist daher geringer als die für den Preisindex zugrunde gelegte. Durch die sog. **hedonistische Preismessung** wird seit 2001 versucht diesen Mangel zu beheben. Bleibt z. B. der Preis eines Computers trotz Qualitätsverbesserungen konstant, ergibt sich bei diesem Verfahren, dass ein Computer mit gleicher Qualität billiger geworden sein muss.
- **Neue Vertriebsformen**: Neue Vertriebsformen (z. B. Fabrikverkauf, Telefon- und Internet-Shopping) bieten vielfach preisgünstigere Einkaufsmöglichkeiten. Da die Preiserhebung des Statistischen Bundesamtes aber auf bestimmte Berichtsstellen beschränkt ist, fällt die gemessene Teuerung zu hoch aus.

Es wird geschätzt, dass die amtlich ermittelte Preissteigerungsrate – insbesondere wegen der unzureichenden Berücksichtigung von Qualitätsverbesserungen – jährlich um durchschnittlich 0,75 Indexpunkte zu hoch ausgewiesen wird.

8.4.3 Realeinkommen

▶ A 8.8

Eine Erhöhung des Preisniveaus und die damit einhergehende Minderung der Kaufkraft des Geldes bedeutet für die privaten Haushalte nicht zwangsläufig eine Verringerung ihres Wohlstands. Entscheidend ist, wie sich die **Einkommen der Haushalte** entwickeln. Das **Nominaleinkommen** ist der dem Einkommen entsprechende Geldbetrag. Beim **Realeinkommen** wird dagegen auch berücksichtigt, welche Gütermenge mit einem bestimmten Nominaleinkommen gekauft werden kann.

Das Realeinkommen berücksichtigt die Kaufkraft des Einkommens. Es gibt die Gütermenge an, die mit einem bestimmten Nominaleinkommen gekauft werden kann.

$$\text{Realeinkommen} = \frac{\text{Nominaleinkommen}}{\text{Preisindex der Lebenshaltung}} \cdot 100$$

Durchschnittliche jährliche Lohn- und Gehaltssumme je beschäftigten Arbeitnehmer		1995	1996[1]	1997	1998	1999	2000	2001
Bruttoeinkommen	EUR	24.072	24.422	24.483	24.730	25.086	25.476	25.943
	Veränderung zum Vorjahr (%)	+ 3,2	+ 1,5	+ 0,2	+ 1,0	+ 1,4	+ 1,6	+ 1,8
Nettoeinkommen	EUR	15.842	15.822	15.631	15.815	16.100	16.447	16.969
	Veränderung zum Vorjahr (%)	+ 0,8	– 0,1	– 1,2	+ 1,2	+ 1,8	+ 2,2	+ 3,2
Nettorealeinkommen[2]	EUR in Preisen von 1995	16.961	16.708	16.197	16.220	16.411	16.447	16.636
	Veränderung zum Vorjahr	– 0,9	– 1,5	– 3,0	+ 0,2	+ 1,2	+ 0,2	+ 0,6

1 Die Nettoeinkommen sind nicht direkt mit den Vorjahren vergleichbar, da seit 1996 das Kindergeld keine Sozialleistung mehr ist, sondern die zu zahlende Einkommensteuer mindert.
2 In Preisen von 1995 auf der Basis des Preisindex für die Lebenshaltung aller privaten Haushalte

Quelle: Bundesministerium für Arbeit und Sozialordnung, Statistisches Taschenbuch, Bonn 2002

Beispiele:

Berechnung des Nettorealeinkommens 2001

2001 betrug der Preisindex für die Lebenshaltung aller privaten Haushalte (Basisjahr 2000 = 100) 102,0.

$$\text{Nettorealeinkommen 2001} = \frac{\text{Netto-Nominaleinkommen 2001}}{\text{Preisindex für die Lebenshaltung 2001}} \cdot 100 = \frac{16.969 \cdot 100}{102{,}0} = 16.636 \text{ EUR}$$

Einkommensveränderungen von 1995 bis 2001

Durchschnittliche jährliche Lohn- und Gehaltssumme je beschäftigten Arbeitnehmer	1995	2001	Veränderung in %
Bruttoeinkommen (in EUR)	24.072	25.943	+7,7
Nettoeinkommen (in EUR)	15.842	16.969	+7,1
Nettorealeinkommen (in EUR)	16.961	16.636	- 1,9

Von 1995 bis 2001 sind in Deutschland die nominalen Nettoeinkommen der Arbeitnehmer um 7,1 % gestiegen. Weil aber im selben Zeitraum die Lebenshaltungskosten um 9,2 % gestiegen sind (Preisindex 1995: 93,4 und 2001: 102,0), sind die realen Nettoeinkommen der Arbeitnehmer um 1,9 % gesunken. Die Arbeitnehmer konnten mit ihrem Einkommen 2001 weniger Güter kaufen als 1995.

Steigt das Nominaleinkommen stärker als der Preisindex für die Lebenshaltung, dann steigt auch das Realeinkommen. Steigt dagegen der Preisindex für die Lebenshaltung stärker als das Nominaleinkommen, dann sinkt das Realeinkommen.

8.5 Arten und Ursachen von Geldwertminderungen (Inflationstheorien)

8.5.1 Begriff und Arten der Inflation

Inflation ist ein anhaltender Prozess allgemeiner Preiserhöhungen. Er führt zu einem Anstieg des Preisniveaus und damit zu einer Minderung der Kaufkraft des Geldes. Als Inflationsmaßstab dient üblicherweise der Preisindex für die Lebenshaltung.

Inflationsarten		
Tempo des Preisniveauanstiegs	**Erkennbarkeit des Preisniveauanstiegs**	**Ursachen des Preisniveauanstiegs**
(relative) Preisniveaustabilität: < 2 % bis 3 %	offene Inflation: erkennbare Preisniveausteigerung	geldmengenbedingte Inflation *(vgl. 8.5.2)*
schleichende Inflation: jährlich 3 % bis 5 %	zurückgestaute (verdeckte) Inflation: Preiserhöhungen werden durch staatliche Maßnahmen wie Höchstpreise, Preis- und/oder Lohnstopp unterdrückt	nachfragebedingte Inflation *(vgl. 8.5.3)*
trabende Inflation		angebotsbedingte Inflation *(vgl. 8.5.4)*
galoppierende Inflation bzw. Hyperinflation: monatlich > 50 %		importierte Inflation *(vgl. 8.5.5)*

Der aus der Zusammensetzung der beiden Begriffe **Inflation** und **Stagnation** gebildete Ausdruck **Stagflation** bezeichnet eine gesamtwirtschaftliche Situation, in der das Preisniveau steigt, gleichzeitig aber die Produktion stagniert oder sogar zurückgeht und Arbeitslosigkeit herrscht (*vgl. 8.5.4*).

Der Begriff **Disinflation** beschreibt eine Entwicklung, bei der das Preisniveau zwar nach wie vor steigt, die Preissteigerungsraten aber zurückgehen. Eine **Deflation** ist demgegenüber durch ein absolutes Sinken des Preisniveaus gekennzeichnet (*vgl. 8.6*).

Lösung zu Fallbeispiel 8.2 Nr. 1 (*vgl. S. 238*)

In Deutschland lassen sich seit 1970 folgende Phasen unterscheiden:

Relative Preisstabilität (Preisniveauerhöhung < 3 %):	*1984–1990 und 1994–2000*
Schleichende Inflation (Inflationsrate zwischen 3 % und 5 %):	*1970/71, 1976–1980, 1982/83, 1991–1993*
Trabende Inflation (Inflationsrate > 5 %):	*1971–1974, 1980–1982*

8.5.2 Geldmenge als Inflationsursache

Inflation ist auf Dauer ohne eine Ausweitung der Geldmenge nicht denkbar[1]. Die verschiedenen Ansätze zur Inflationserklärung unterscheiden sich jedoch u. a. darin, ob sie die **Geldmengenerhöhung** als **Ursache** oder als **Folge** eines inflationsauslösenden Nachfrager- und Anbieterverhaltens ansehen.

Quantitätsgleichung (FISHER'sche Verkehrsgleichung)

▶ A 8.10 8.11 Ausgangspunkt des Erklärungsansatzes, der die **Geldmenge** als eigentliche Inflationsursache ansieht, ist die sog. **Quantitätsgleichung**[2]. In der folgenden Form geht diese Gleichung auf IRVING FISHER[3] zurück. Sie wird daher auch als **FISHER'sche Verkehrsgleichung** bezeichnet.

Geldmenge (M) · Umlaufgeschwindigkeit des Geldes (U) = Handelsvolumen (H) · Preisniveau (P)

M = Geldmenge: Geldmenge M1 (Geldvolumen)

U = Umlaufgeschwindigkeit: Häufigkeit, mit der die Geldmenge im Durchschnitt in einer Periode umgeschlagen, d. h. für Käufe verwendet wird.

H = Handelsvolumen: (Physische) Menge aller in einer Periode umgesetzten (verkauften) Güter.
Das Handelsvolumen einer gesamten Volkswirtschaft ist nicht identisch mit dem Inlandsprodukt. Es entspricht vielmehr dem um Lagerbestandserhöhungen und selbsterstellte Anlagen verminderten Produktionswert (*vgl. 2.5*). Häufig wird aber von einer modifizierten Form der Quantitätsgleichung ausgegangen, bei der an die Stelle des Handelsvolumens das reale Inlandsprodukt (Y_r) tritt.

P = Preisniveau: Gewogener Durchschnitt aller Güterpreise (Preisindex)

Die linke Seite der Gleichung stellt die **monetäre**[4] **Gesamtnachfrage (M · U)** dar.

1 Der Begriff Inflation ist lateinischen Ursprungs (inflare = aufblähen, hineinblasen). Er macht deutlich, dass Inflation in Zusammenhang mit der Aufblähung der Geldmenge steht.
2 Quantität (*lat.*): Menge
3 Irving Fisher (1867–1947), amerikanischer Wirtschaftswissenschaftler
4 monetär (*lat.*): auf Geld bezogen

Beispiel:
Wenn ein 100 Euro-Schein (M = 100) innerhalb von 30 Tagen fünfmal zum Kauf von Gütern verwendet wird (U = 5), geht innerhalb dieser Zeit von dem einen Geldschein eine monetäre Nachfrage von 500 Euro aus. Wird dagegen beispielsweise in der Vorweihnachtszeit dieser Geldschein innerhalb von 30 Tagen zehnmal für den Kauf von Gütern verwendet (U= 10), steigt die mit diesem Schein bewirkte monetäre Nachfrage auf 1.000 Euro. Die Umlaufgeschwindigkeit hängt somit u. a. von den Kauf- und Zahlungsgewohnheiten ab.

Die rechte Seite kann als Ausdruck für das **gesamte zu jeweiligen Preisen bewertete Angebot** aufgefasst werden.

Beispiel:
In einer Periode werden 1000 Konservendosen zu je 1 Euro von einer Konservenfabrik an einen Lebensmittelgroßhändler verkauft. Der Großhändler liefert die Dosen zu je 1,50 Euro an verschiedene Einzelhändler. Diese verkaufen die Dosen wiederum an die Endverbraucher zu 2 Euro je Stück. Das zu den gegenwärtigen Preisen bewertete Handelsvolumen dieser Periode beträgt dann 1000 Stück · 1,00 Euro + 1000 Stück · 1,50 Euro + 1000 Stück · 2,00 Euro = 4.500 Euro.

Wenn aber die linke Seite die **monetäre Gesamtnachfrage** in einer Volkswirtschaft widerspiegelt und die rechte Seite das **mit den jeweiligen Preisen bewerteten Güterangebot** darstellt, dann gibt die Quantitätsgleichung nichts anderes als den aus der Kreislaufanalyse ableitbaren Sachverhalt wieder, dass die volkswirtschaftlichen Geld- und Güterströme einer Periode wertmäßig gleich groß sein müssen (*vgl. 2.1*). M. a. W.: Der Wert der gekauften Güter (M · U) entspricht dem Wert der verkauften Güter (H · P). Die Quantitätsgleichung ist somit eine **Identitätsgleichung**[1], die für jede Periode erfüllt sein muss. Sie lässt **keine Aussagen über Inflationsursachen** zu. Sie stellt vielmehr eine **Tautologie**[2] dar, da ein und derselbe Sachverhalt auf unterschiedliche Weise dargestellt wird.

Beispiel: Werden in einer Volkswirtschaft in einer Periode 250 000 Mengeneinheiten Güter verkauft, **muss** bei einer Geldmenge von 25 000 Geldeinheiten und einer Umlaufgeschwindigkeit von 5 der Durchschnittspreis der Güter notwendigerweise 0,5 Geldeinheiten je Mengeneinheit betragen. Hätte die Geldmenge bei gleicher Umlaufgeschwindigkeit 50 000 Geldeinheiten betragen, hätte sich der Durchschnittspreis der Güter auf 1,0 Geldeinheit je Mengeneinheit verdoppeln **müssen**. Eine kausale Aussage etwa in der Art: „Wenn die Geldmenge steigt, dann erhöht sich das Preisniveau entsprechend" lässt sich daraus aber nicht ableiten. Es lässt sich lediglich feststellen, dass eine Erhöhung der Geldmenge mit einem Ausgleich bei einer oder mehreren der anderen drei Größen der Quantitätsgleichung einhergehen **muss**.

Die Quantitätsgleichung (FISHER'sche Verkehrsgleichung) besagt, dass die geld- und güterwirtschaftliche Seite aller in einer Volkswirtschaft stattfindenden Käufe und Verkäufe wertmäßig gleich groß sind. Sie lässt keine Aussagen über Inflationsursachen zu.

1 Identität (*lat.*): völlige Gleichheit
2 Tautologie (*gr.*): Ein und dieselbe Aussage wird auf unterschiedliche Weise (z. B. mit verschiedenen Begriffen) getroffen.

9 3628 Lüpertz, Problemorientierte Einführung in die Volkswirtschaftslehre 3328257

Klassische Quantitätstheorie

▶ A 8.12 Eine **Inflationstheorie** lässt sich aus der Quantitätsgleichung nur dann ableiten, wenn bestimmte **Annahmen** über die Abhängigkeiten zwischen einzelnen Größen der Quantitätsgleichung und über bestimmte Verhaltensweisen der Wirtschaftssubjekte getroffen werden. Erst durch solche Annahmen kann aus der tautologischen Quantitätsgleichung eine Erklärung des gesamtwirtschaftlichen Preisniveaus (Inflationstheorie) werden.

Die auf der Quantitätsgleichung basierende **Quantitätstheorie** behauptet ein enges **Ursache-Wirkungs-Verhältnis** zwischen der **Geldmenge (M)** (= unabhängige Variable) und dem **Preisniveau (P)** (= abhängige Variable). Dabei geht die **klassische Quantitätstheorie** von einer modifizierten Gleichung, in der das Handelsvolumen durch das reale Inlandsprodukt (Y_r) ersetzt ist, aus und legt folgende Annahmen zugrunde:

$$P_y = \frac{M \cdot U_y}{Y_r}$$

Annahmen:

1. Die Umlaufgeschwindigkeit ist kurzfristig konstant. Sie ändert sich nur mittelfristig.
2. Es herrscht Vollbeschäftigung, d. h., das reale Inlandsprodukt kann kurzfristig nicht steigen.

Y_r = reales Inlandsprodukt bzw. reales Volkseinkommen. Y_r unterscheidet sich vom Handelsvolumen H. Werden vom Handelsvolumen die Vorleistungen abgezogen sowie Lagerbestandserhöhungen und selbst erstellte Anlagen hinzugezählt, ergibt sich das Bruttoinlandsprodukt.

P_y = Preisniveau der im Inlandsprodukt enthaltenen Güter (Preisindex für das Inlandsprodukt)

U_y = (Einkommens-)Kreislaufgeschwindigkeit des Geldes. U_y muss kleiner sein als U, da Y_r kleiner als H ist.

Unter diesen Annahmen besteht ein proportionaler Zusammenhang zwischen der Veränderung der Geldmenge und der sich daraus ergebenden Preisniveauänderung.

Unter den Annahmen der klassischen Quantitätstheorie führt jede Geldmengenerhöhung zu einer proportionalen Preisniveausteigerung.

Kritik an der Quantitätstheorie

Gegen den von der Quantitätstheorie behaupteten direkten Zusammenhang zwischen Geldmenge und Preisniveau lassen sich u. a. folgende Argumente vorbringen:

- Nicht jede Geldmengenerhöhung muss zwangsläufig zu einer gleich großen Erhöhung der monetären Gesamtnachfrage (M·U) führen. Die zusätzliche Geldmenge wird beispielsweise nicht oder nicht in vollem Umfang nachfragewirksam, wenn die Haushalte vermehrt sparen und die Unternehmen wegen schlechter Gewinnerwartungen keine zusätzlichen Investitionskredite aufnehmen. Wenn aber die Geldmenge M steigt, ohne dass die monetäre Gesamtnachfrage M·U im gleichen Verhältnis zunimmt, muss das mit einem Absinken der Umlaufgeschwindigkeit des Geldes U einhergehen. Die Umlaufgeschwindigkeit kann daher nicht als konstant angesehen werden.
- Die Umlauf- bzw. Kreislaufgeschwindigkeit hängt nicht nur vom Zinsniveau, sondern auch von den Zukunftserwartungen und dem Preisniveau ab. Je höher die (erwarteten) Preissteigerungen, desto höher die Umlaufgeschwindigkeit. Somit bestimmt das von der Umlaufgeschwindigkeit abhängige Preisniveau seinerseits wiederum die Umlaufgeschwindigkeit (Zirkelschluss). Es gilt einerseits $P = f(U, \ldots)$ und andererseits $U = f(P, \ldots)$

- Auch wenn die Geldmengenerhöhung zu einer Erhöhung der monetären Gesamtnachfrage führt, hängt es entscheidend von der Beschäftigungslage in der Volkswirtschaft ab, ob das Preisniveau steigt oder nicht. Bei Unterbeschäftigung können die Unternehmen ihr Angebot zu konstanten Preisen ausdehnen, sodass die Nachfragesteigerung zu einem Anstieg der Produktion und damit des realen Inlandsprodukts führt. Erst bei zunehmender Vollbeschäftigung führt die Nachfragesteigerung zu Preissteigerungen (*vgl. 8.5.3*).
- Der behauptete Ursache-Wirkungs-Zusammenhang zwischen der Geldmenge M als unabhängige Größe und dem Preisniveau P als abhängige Größe ist nicht zwingend. Es ist auch denkbar, dass die Abhängigkeiten umgekehrt sind, indem eine Zunahme der gesamtwirtschaftlichen Produktionstätigkeit eine Erhöhung der Geldmenge nach sich zieht.
- Der Transmissionsmechanismus, über den die Geldmenge das Preisniveau angeblich beeinflusst, wird nicht erklärt. Das Preisniveau basiert auf der Entwicklung einzelner Preise. Einzelne Preise verändern sich aber nur, wenn es auf der Angebots- und/oder Nachfrageseite zu Verschiebungen kommt (*vgl. 5.3.5*). Die Quantitätstheorie weist aber nicht nach, wie sich eine Geldmengenerhöhung auf die Konsum- und/oder Produktionspläne der Marktteilnehmer auswirkt und Verschiebungen der Angebots- und/oder Nachfragekurven bewirkt.

Neoquantitätstheorie

Ein als **Neoquantitätstheorie**[1] bezeichneter neuer Erklärungsansatz, der die genannten Kritikpunkte teilweise berücksichtigt, geht auf MILTON FRIEDMAN[2] zurück. Unterschiede zur klassischen Quantitätstheorie bestehen u. a. in folgender Hinsicht:

- Die Umlauf- bzw. Einkommenskreislaufgeschwindigkeit des Geldes wird nicht mehr in jedem Fall als konstant angenommen. Sie stellt vielmehr eine empirisch überprüfbare Variable dar, die insbesondere vom Zinssatz und der erwarteten Inflationsrate abhängt.
- Der **Transmissionsmechanismus**[3] zur Beeinflussung des Preisniveaus durch die Geldmenge wird durch folgende Verhaltensannahme erläutert: Die Wirtschaftssubjekte streben bei gegebenen Realeinkommen eine bestimmte reale Kassenhaltung (= Bestand an liquiden Mitteln mit einer bestimmten Kaufkraft) an. Mit der Entscheidung über die Höhe der gewünschten realen Kassenhaltung entscheiden sie gleichzeitig über die von ihnen gewünschten Ausgaben und bestimmen dadurch bei gegebenem Güterangebot die Höhe des Preisniveaus. Bei einer Erhöhung der Geldmenge werden die Wirtschaftssubjekte die dadurch entstehende unerwünschte überschüssige Kassenhaltung abbauen, indem sie ihre Ausgaben für den Kauf von Gütern erhöhen. Bei Vollbeschäftigung führt diese Mehrnachfrage zu Preissteigerungen, da das Güterangebot nicht erhöht werden kann. Der Realwert des Geldes sinkt. Der ausgelöste Anpassungsprozess dauert so lange, bis die gewünschte reale Kassenhaltung wieder erreicht ist.
- Die Hypothesen stützen sich auf umfangreiche empirische Untersuchungen.

Der von der klassischen Quantitätstheorie behauptete streng proportionale Zusammenhang zwischen Geldmenge und Preisniveau wird durch die Annahme einer veränderlichen Umlaufgeschwindigkeit zwar gelockert, aber nicht gänzlich aufgehoben. In allgemeiner Form lautet die Behauptung der Neoquantitätstheorie: **Das Preisniveau ist eine von der Geldmenge abhängige Größe**. Empirische Untersuchungen haben tatsächlich zu dem Ergebnis geführt, dass eine wesentliche Änderung der Geldmenge

1 neo- (*gr.* Vorsilbe): neu-
2 Milton Friedman, geb. 1912, ehemaliger Professor für Geldtheorie und Geldpolitik an der Universität Chicago, 1976 Nobelpreis für Wirtschaftswissenschaften
3 Transmission (*lat.*): Kraftübertragung

(M) je Gütermenge (Y_r) immer und überall mit einer wesentlichen gleichgerichteten Änderung des Preisniveaus verbunden ist. Demnach ist die Ursache jeder Inflation ein über das Wachstum der Güterproduktion hinausgehendes Geldmengenwachstum.

Die Neoquantitätstheorie sieht die Ursache jeder Inflation in einer Erhöhung der Geldmenge je Gütereinheit, d. h. in einem Anstieg des Quotienten M/Y_r.

Die auf der Neoquantitätstheorie beruhenden wirtschaftspolitischen Konzeptionen werden als **Monetarismus**[1] bezeichnet (*vgl. 9.3*). Auch die Geldpolitik des Europäischen Systems der Zentralbanken (ESZB), deren oberstes Ziel die Wahrung der Preisniveaustabilität ist, orientiert sich an monetaristischen Vorstellungen. Das ESZB plant das Geldmengenziel u. a. auf der Basis des erwarteten Wachstums des realen Sozialprodukts und der trendmäßigen Veränderungsrate der Umlaufgeschwindigkeit des Geldes (*vgl. 8.7*).

Lösung zu Fallbeispiel 8.2 Nr. 2 a (*vgl. S. 238*)

Ein Quantitätstheoretiker würde auf einen direkten Zusammenhang zwischen Geldmengenwachstum und Preisniveausteigerung hinweisen. Die Inflationsraten waren in den Jahren besonders hoch, in denen die Geldmenge (zuvor) erheblich schneller gewachsen ist als das reale BIP (z. B. 1972–1975, 1992/93 und 1999/2000). Nach seiner Auffassung würde es sich in diesen Jahren um eine geldmengeninduzierte Inflation handeln. Andererseits würde er darauf hinweisen, dass in den Zeiten relativer Preisniveaustabilität (z. B. 1983–1989) die Wachstumsraten von Geldmenge und realem BIP näher beieinander lagen als in den anderen Jahren.

Die Frage, **warum** es zu einem Anstieg der Geldmenge je Gütereinheit kommt, wird auch von der Neoquantitätstheorie nicht beantwortet. Dies ist aber die zentrale Frage aller Inflationstheorien.

8.5.3 Gesamtwirtschaftliche Nachfrage als Inflationsursache

▶ A 8.13 Auf einzelnen Märkten kommt es durch eine Erhöhung der Nachfrage bei gleich bleibendem Angebot zu einer Preiserhöhung (*vgl. 5.3.5*). Dieser Zusammenhang lässt sich auch auf gesamtwirtschaftliche Größen übertragen. Die Theorie der Nachfrageinflation geht von der Vorstellung aus, dass die Ursache für Preisniveausteigerungen in der Erhöhung der **gesamtwirtschaftlichen Nachfrage** und einer sich daraus ergebende Angebotslücke zu suchen ist. Dieses Missverhältnis zwischen Angebot und Nachfrage wird auch als inflatorische Lücke (*inflationary gap*) bezeichnet. Weil in diesem Fall das Preisniveau gleichsam nach oben gezogen wird, wird auch von **Nachfragesoginflation** (*demand-pull-inflation*) gesprochen.

Die Theorie der Nachfrageinflation sieht als Inflationsursache eine über das gesamtwirtschaftliche Güterangebot (= reales Inlandsprodukt) hinausgehende gesamtwirtschaftliche Nachfrage an.

Eine Nachfrageerhöhung kann von einer der **vier Komponenten**, aus denen sich die **gesamtwirtschaftliche Nachfrage** zusammensetzt (*vgl. 2.3*), ausgehen.

- Erhöhung der Konsumgüternachfrage (C_{pr}) aufgrund einer Einkommenssteigerung der privaten Haushalte,
- Investitionsgüternachfrage (I) aufgrund positiver Gewinnerwartungen,

1 monetär (*lat.*): das Geld betreffend

- Staatsausgaben für Waren und Dienstleistungen (A_{St})[1] aufgrund erhöhter Kreditaufnahme,
- Exportgüternachfrage (Nettoexport, Ex-Im) aufgrund veränderter Wechselkurse.

Inflationäre Wirkungen können durch solche Nachfrageveränderungen aber nur unter folgenden Voraussetzungen ausgelöst werden:

- Es handelt sich nicht nur um einen vorübergehenden Nachfrageanstieg, sondern um einen länger andauernden Prozess.
- Die Nachfragesteigerung bei einer der vier Nachfragekomponenten C_{pr}, I, A_{St}, und Ex wird nicht durch einen Nachfragerückgang bei einer anderen Nachfragekomponenten wieder ausgeglichen. Ein solcher Nachfragerückgang kann beispielsweise eintreten, wenn Mehrausgaben des Staates durch Steuererhöhungen finanziert werden, die einen Rückgang der Konsum- und/oder Investitionsgüternachfrage bewirken.
- Damit die Nachfrageerhöhung am Markt wirksam werden kann, muss sie mit Kaufkraft, d. h. mit Geldmitteln ausgestattet sein. In diesem Zusammenhang wird auch von einer notwendigen *monetären Alimentierung*[2] *der Nachfrage* gesprochen. Dazu muss die monetäre Gesamtnachfrage ($M \cdot U_y$) steigen. Dies kann durch Ausweitung der Geldmenge M und/oder die Erhöhung der (Einkommens-)Kreislaufgeschwindigkeit des Geldes (U_y) erfolgen. In der Realität lässt sich in den letzten Jahrzehnten aber eher ein Sinken als eine Erhöhung der (Einkommens-)Kreislaufgeschwindigkeit feststellen. Wenn die (Einkommens-)Kreislaufgeschwindigkeit nicht steigt, muss also jede Nachfrageinflation mit einer durch Geldschöpfung finanzierten Ausdehnung der monetären Gesamtnachfrage einhergehen.

Kurzfristig kann bei gegebener nominalen Geldmenge und gegebener Umlaufgeschwindigkeit von einer **gesamtwirtschaftlichen Nachfragekurve** N^0, wie sie in folgender Abbildung dargestellt ist, ausgegangen werden. Wenn sich die Umlaufgeschwindigkeit und/oder die Geldmenge erhöhen, kommt es zu einer Rechtsverschiebung der gesamtwirtschaftlichen Nachfragekurve von N^0 nach N^1 nach N^2 usw.

Die **gesamtwirtschaftliche Angebotskurve** A^0 gibt die Abhängigkeit des gesamten Güterangebots (= reales Inlandsprodukt) von der Höhe des Preisniveaus wieder.

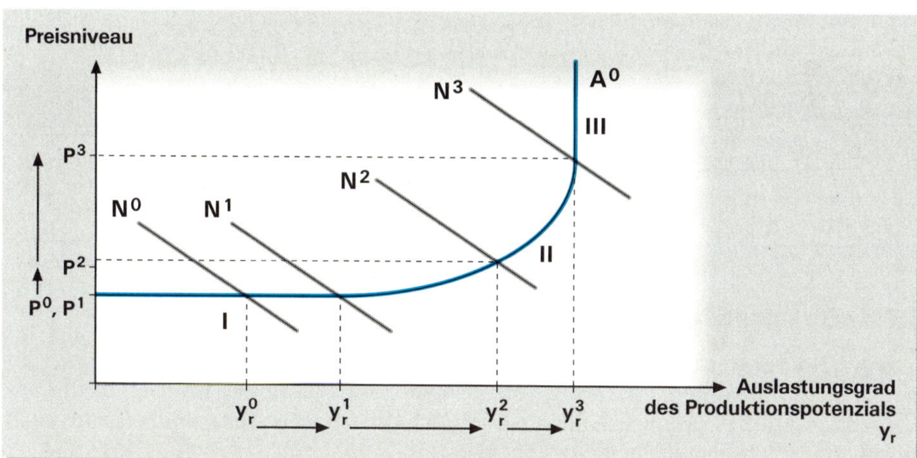

1 Die Nachfrage des Staates (A_{St}) als Teil der gesamtwirtschaftlichen Nachfrage setzt sich aus den Vorleistungen, die der Staat von Unternehmen bezieht (z. B. Energie, Dienstleistungen, Büromaterial) und den Gütern für staatliche Investitionen (z. B. öffentliche Gebäude, Straßenkehrmaschine) zusammen. Sie ist nicht identisch mit den als Beitrag des Staates zum BIP ermittelten Konsumausgaben des Staates (C_{St}) (*vgl. 2.5*).

2 alimentieren (*lat.*): ernähren; für den Lebensunterhalt sorgen

Die gesamtwirtschaftliche Angebotskurve gilt unter der Annahme einer gegebenen Ausstattung mit Produktionsfaktoren, einer gegebenen Produktionstechnik und gegebenen Faktorpreisen. Wenn sich eine oder mehrere dieser Größen ändern, verschiebt sich die Angebotskurve (*vgl. 4.2.3*).

Die gesamtwirtschaftliche Angebotskurve kann in drei Bereiche eingeteilt werden. Der waagerechte Verlauf (Bereich I) spiegelt eine Situation wider, in der das volkswirtschaftliche Produktionspotenzial nicht voll ausgelastet ist (= Unterbeschäftigung). Eine Erhöhung der gesamtwirtschaftlichen Nachfrage, ausgedrückt durch die Kurvenverschiebung von N^0 nach N^1, führt in diesem Fall ausschließlich zu einer entsprechenden Ausdehnung der Produktion und damit zu einem Anstieg des realen Inlandsprodukts von Y^0_r nach Y^1_r. Das Preisniveau P^0 ändert sich nicht, weil das Angebot aufgrund der Unterbeschäftigung völlig elastisch ist. Der ansteigende Verlauf der Angebotskurve (Bereich II) verdeutlicht die zunehmende Engpasssituation (Angebotslücke) auf verschiedenen Teilmärkten, die Erhöhungen des Preisniveaus bei gleichzeitiger Produktionsausdehnung bewirkt. Der senkrechte Verlauf (Bereich III) stellt die Situation bei Vollbeschäftigung dar. Die Güterproduktion kann wegen der vollständig ausgelasteten Kapazitäten nicht mehr über das Niveau von Y^3_r hinaus ausgedehnt werden. Eine Erhöhung der gesamtwirtschaftlichen Nachfrage führt in diesem Fall ausschließlich zu einer Erhöhung des Preisniveaus über P^3 hinaus, weil das Angebot vollkommen unelastisch ist.

Die Elastizität des gesamtwirtschaftlichen Angebots ist entscheidend dafür, ob eine Erhöhung der gesamtwirtschaftlichen Nachfrage zu einer Preis- und/oder Mengenerhöhung führt.

Nach der Theorie der Nachfrageinflation kann Inflation nur bei Vollbeschäftigung entstehen.

Lösung zu Fallbeispiel 8.2 Nr. 2b (*vgl. S. 238*)

Ein Vertreter der Nachfrageinflation würde darauf hinweisen, dass das reale BIP unabhängig von einer Geldmengenerhöhung gestiegen sein kann, z. B. durch technischen Fortschritt, verbesserte Gewinnerwartungen, erhöhte Staatsausgaben oder Bevölkerungswachstum (z. B. durch die Wiedervereinigung Deutschlands 1990). Die Finanzierung eines solchen Aufschwungs erfolge durch verstärkte Kreditnachfrage, aufgrund derer die Geschäftsbanken die Geldschöpfung ausdehnen. Ursache für die Veränderung der Geldmenge sei daher die Entwicklung des realen BIP und nicht umgekehrt. Als Beleg für seine Auffassung von einer nachfrageinduzierten Inflation würde er z. B. die Aufschwungphasen 1971 bis 1973, 1982 bis 1984 und 1987 bis 1990 anführen.

8.5.4 Gesamtwirtschaftliches Angebot als Inflationsursache

▶ A 8.14 In den USA zeigte sich während der Jahre 1953/54 und 1957/58 das bis dahin nicht beobachtete Phänomen, dass trotz hoher Arbeitslosigkeit das Preisniveau weiter anstieg (**Stagflation**[1]). Das war Anlass dafür, auch die Angebotsseite in die Suche nach möglichen Inflationsursachen einzubeziehen.

Auf einzelnen Märkten kommt es durch eine Minderung des Angebots bei gleich bleibender Nachfrage zu einer Preiserhöhung (*vgl. 5.3.5*). Dieser Zusammenhang lässt sich auch auf gesamtwirtschaftliche Größen übertragen. Aus einer Verschiebung der

1 Stagnation (*lat.*): Stockung, Stillstand; hier auf die Wachstumsraten der Wirtschaft bezogen

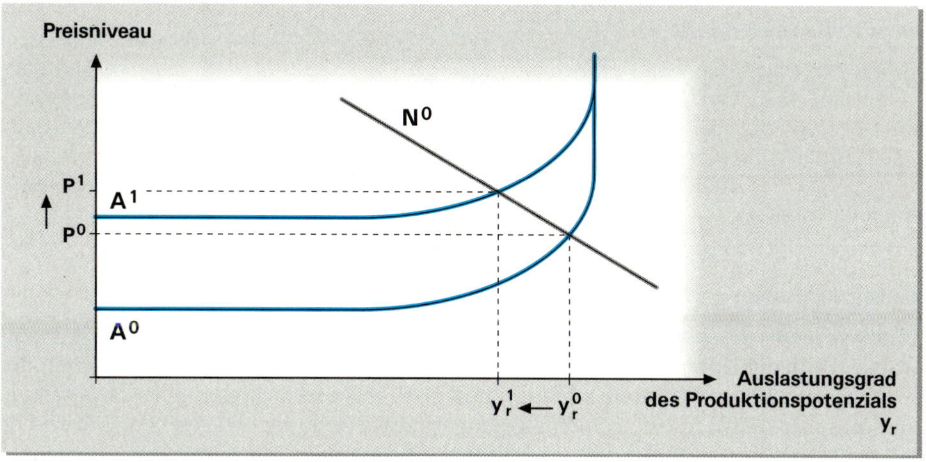

gesamtwirtschaftlichen Angebotskurve nach links oben ergibt sich ein Rückgang des realen Inlandsprodukts von Y^0_r nach Y^1_r und eine Erhöhung des Preisniveaus von P^0 nach P^1. Weil das Preisniveau gleichsam nach oben gedrückt wird, wird auch von **Angebotsdruckinflation** gesprochen. Eine Erhöhung der Geldmenge und/oder der Umlaufgeschwindigkeit ist für diesen Inflationsprozess zunächst nicht zwingend notwendig. Vielmehr reicht die vorhandene monetäre Gesamtnachfrage (M·U) aus, um das verringerte Güterangebot zu einem höheren Preisniveau zu kaufen. Soll aber der mit der Verringerung des realen Inlandsprodukts von Y^0_r nach Y^1_r einhergehende Beschäftigungsrückgang vermieden werden, muss sich die gesamtwirtschaftliche Nachfragekurve nach rechts verschieben. Das ist nur durch einen Anstieg der monetären Gesamtnachfrage und damit durch eine Erhöhung der Geldmenge und/oder der Umlaufgeschwindigkeit möglich (Angebotsinflation mit geldpolitischer Anpassung).

Die Theorie der Angebotsinflation ist geeignet, das Phänomen der Stagflation (Inflation bei gleichzeitiger Arbeitslosigkeit) zu erklären.

Eine Verschiebung der gesamtwirtschaftlichen Angebotskurve nach links kann verschiedene Ursachen haben. Dementsprechend lassen sich verschiedene Arten der Angebotsinflation unterscheiden.

Arten der Angebotsdruckinflation				
Kostendruckinflation				Gewinndruck-inflation
Löhne	Zinsen	Kostensteuern	Rohstoffpreise	

Kosteninflation

Eine Erhöhung der Produktionskosten führt zu einer Verschiebung der Angebotskurve nach links (*vgl. 4.2.2*). Dadurch erhöht sich das Preisniveau trotz einer bestehenden Unterbeschäftigung. Gleichzeitig geht damit ein Rückgang des realen Sozialprodukts einher, da ein steigendes Preisniveau zu einer Einschränkung der gesamtwirtschaftlich nachgefragten Gütermenge führt. Eine auf Kostenerhöhungen zurückzuführende Inflation wird als **Kostendruckinflation** (*cost-push-inflation*) bezeichnet. Ursache für die gestiegene Kostenbelastung der Unternehmen können u. a. Erhöhungen der Löhne (*wage-push*), der Zinsen (*interest-push*), der betrieblichen Steuern (*tax-push*) oder der Rohstoffpreise sein. Besonders bedeutsam ist die **Lohnkosteninflation** (*vgl. 8.5.5*).

A ◄ 8.15

Lösung zu Fallbeispiel 8.2 Nr. 2c (*vgl. S. 238*)

Ein Vertreter der Angebotstheorie würde insbesondere auf die Jahre 1974/1975 und 1980 bis 1982 sowie 1992/1993 hinweisen. In diesen Phasen gab es erhebliche Preisniveausteigerungen, obwohl das reale BIP stagnierte oder sogar zurückging. Als Ursache für die Stagflation von 1974/1975 und 1980–1982 würde er auf den ersten und zweiten Ölpreisschock (jeweils Verdoppelung der Rohölpreise) hinweisen und argumentieren, dass hier der typische Fall einer importierten Kostendruckinflation vorliege.

Gewinninflation

In der gesamtwirtschaftlichen Angebotskurve spiegelt sich das Verhalten der Anbieter wider. Wenn die Unternehmen ihr Verhalten so ändern, dass sie – unabhängig von der Kostenentwicklung – dieselbe Menge nur noch zu einem höheren Preis anbieten, kommt es zu einer Linksverschiebung der gesamtwirtschaftlichen Angebotskurve. Die Folgen sind – wie bei einer Kosteninflation – Erhöhung des Preisniveaus und Rückgang des realen Sozialprodukts. Ein solches Anbieterverhalten setzt aber voraus, dass die Produzenten sich nicht mit ihrer Ausbringungsmenge an den vorgegebenen Marktpreis anpassen müssen (Mengenanpasser), wie dies bei der Marktform der vollkommenen Konkurrenz (Polypol auf dem vollkommenen Markt) der Fall ist (*vgl. 5.3*). Vielmehr müssen die Produzenten den Preis selbst bestimmen und beeinflussen können. Dies ist auf oligopolistischen und monopolistischen Märkten möglich. Die Unternehmen planen in diesem Fall einen bestimmten Gewinnzuschlag auf ihre Selbstkosten je Stück und ermitteln so einen kalkulierten Angebotspreis, der sich ihrer Meinung nach am Markt durchsetzen lässt (*mark-up pricing*). Die Theorie der **Gewinninflation** (*profit-push-inflation*) sieht diesen Versuch der Unternehmen, ihre Gewinne zu erhöhen, als eine Inflationsursache an. Da ein solches Anbieterverhalten unter Konkurrenzbedingungen nicht möglich ist, setzt eine Gewinninflation in jedem Fall voraus, dass die Anbieter über **Marktmacht** verfügen. Diese Marktmacht ist umso größer, je höher der Monopolgrad und je unelastischer die Nachfrage ist. Eine unelastische Nachfrage kann beispielsweise durch fehlende Substitutionsgüter oder ausgeprägte Präferenzen der Konsumenten aufgrund intensiver Werbung bedingt sein.

8.5.5 Wechselwirkungen zwischen verschiedenen Inflationsarten

▶ A 8.16 Inflation kann nicht auf eine einzige Ursache zurückgeführt werden. Vielmehr ergänzen sich die verschiedenen Erklärungsansätze gegenseitig.

Verhältnis zwischen Geldmenge und gesamtwirtschaftlicher Nachfrage

Für die Quantitätstheorie ist der Ausgangspunkt jeder Inflation die Erhöhung der Geldmenge. Wenn diese erhöhte Geldmenge aber nicht nachfragewirksam verwendet wird, steigt das Preisniveau nicht. Die Geldmengenerhöhung muss also von einer Erhöhung der gesamtwirtschaftlichen Nachfrage begleitet sein, um inflationär wirken zu können. Die Theorie der Nachfrageinflation sieht dagegen eine über das gesamtwirtschaftliche Güterangebot hinausgehende Erhöhung der gesamtwirtschaftlichen Nachfrage als Inflationsursache an. Eine solche Nachfrageerhöhung kann aber nur zu Stande kommen, wenn gleichzeitig die Umlaufgeschwindigkeit des Geldes zunimmt und/oder die Geldmenge steigt (z. B. durch Kreditschöpfung der Geschäftsbanken oder Devisenzufluss aus dem Ausland). Die Nachfrageerhöhung muss also „monetär alimentiert“, d. h. von einer Ausdehnung der monetären Gesamtnachfrage ($M \cdot U$) begleitet sein. Der Unterschied zwischen geldmengen- und nachfrageorientiertem Erklärungsansatz liegt daher vor allem in der unterschiedlichen Auffassung über den Ursache-Wirkungs-Zusammenhang. Die entscheidende Frage lautet:

Ist die Geldmengenerhöhung die Ursache für die Ausweitung der gesamtwirtschaftlichen Nachfrage oder ist die Ausweitung der gesamtwirtschaftlichen Nachfrage die Ursache für die Geldmengenerhöhung?

Lohn-Preis-Spirale / Preis-Lohn-Spirale

Wenn die Löhne schneller steigen als die **Produktivität** (*vgl. 1.3.3*), erhöhen sich die Lohnkosten je Stück (**Lohnstückkosten**). Nach der Theorie der Angebotsinflation kommt es aufgrund des Kostendrucks zu Preissteigerungen, die wiederum eine Minderung des Realeinkommens bewirken (*vgl. 8.4.3*) und deshalb Anlass zu erneuten Lohnforderungen geben. Können die Gewerkschaften tatsächlich höhere Löhne durchsetzen, verschärft sich der Preisauftrieb noch mehr. Weitere Lohnforderungen sind die Folge usw. (**Lohn-Preis-Spirale**). Ursache und Wirkung können aber auch umgekehrt sein. Wenn die Lohnerhöhungen die Reaktion auf eine Gewinninflation sind, kommt möglicherweise eine **Preis-Lohn-Spirale** in Gang. Da die Ursache-Wirkungs-Zusammenhänge aber i. d. R. nicht eindeutig feststellbar sind, stellen die Lohn-Preis-Spirale bzw. die Preis-Lohn-Spirale keine eigenständigen Ansätze zur Inflationserklärung dar. Es handelt sich vielmehr um ein Wechselspiel zwischen verschiedenen Inflationsarten. Da Löhne nicht nur einen Kosteneffekt für die Unter-

Wechselwirkung zwischen Angebots- und Nachfrageinflation (Lohn-Preis-Spirale)

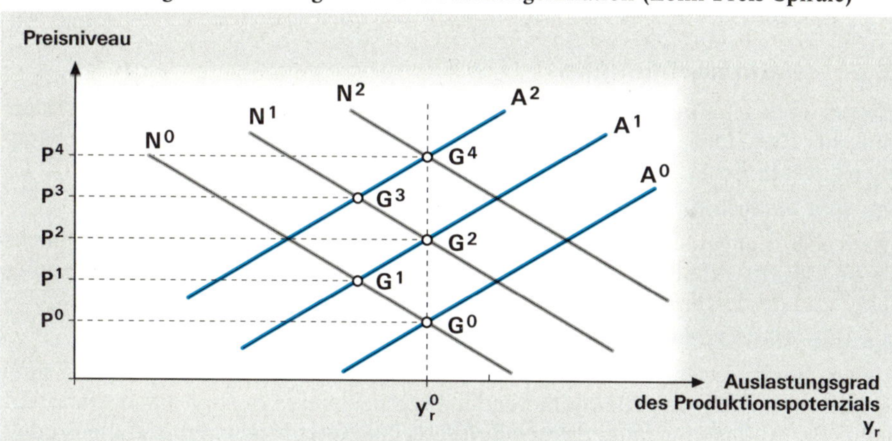

Durch einen Lohn- oder Gewinndruck verschiebt sich die gesamtwirtschaftliche Angebotskurve von A^0 nach A^1. Neben der angebotsbedingten Erhöhung des Preisniveaus von P^0 nach P^1 geht damit auch ein Rückgang von Y_r und eine Verschlechterung der Beschäftigungssituation einher. Wenn die Geldpolitik bereit ist, die sich abzeichnende Unterbeschäftigung mithilfe einer Ausdehnung der Geldmenge zu verhindern (expansive[1] Geldpolitik), kann die gesamtwirtschaftliche Nachfrage von N^0 nach N^1 steigen. Dadurch steigen Y_r und die Beschäftigung wieder auf das ursprüngliche Niveau Y^0_r. Gleichzeitig kommt es aber zu einer nachfragebedingten Erhöhung des Preisniveaus von P^1 nach P^2. Die Preissteigerungen geben Anlass für weitere Lohnerhöhungen, die eine Verschiebung von A^1 nach A^2 bewirken usw.

1 expansiv (*lat.*): ausdehnend

nehmen, sondern auch einen Einkommens- und Nachfrageeffekt für die Arbeitnehmer haben, kann es bei genügend großem Geldangebot zusätzlich zu einer Nachfrageinflation kommen. Löhne können somit wegen ihres doppelten Charakters als Kostenfaktor einerseits und als Einkommensbestandteil andererseits sowohl auf der Angebots- als auch auf der Nachfrageseite inflationäre Wirkungen haben.

Importierte Inflation

Preisniveausteigerungen im Inland können auf inflationäre Entwicklungen im Ausland zurückzuführen sein.

Inflationsursachen aus dem Ausland		
Geldmengeninflation	**Nachfrageinflation**	**Kosteninflation**
Durch Zufluss von Devisen (z. B. als Geldanlage aufgrund inflationärer Tendenzen im Ausland) steigt die inländische Geldmenge. Dies kann bei nachfragewirksamer Verwendung (z. B. erhöhte Kreditschöpfung der Banken) eine Geldmengeninflation auslösen.	Wenn die inländische Inflationsrate niedriger ist als die ausländische, steigt die Exportgüternachfrage. Dadurch wird das reale Güterangebot im Inland verknappt (Angebotslücke). Gleichzeitig steigt die Geldmenge durch den Devisenzufluss aus dem Ausland. Daraus kann eine Nachfrage- bzw. Geldmengeninflation entstehen.	Wenn die Preise für importierte Rohstoffe steigen (z. B. Rohöl), löst das bei den betroffenen Unternehmen einen Kostendruck aus, der zu einer Angebotsinflation (Kostendruckinflation) führen kann.

Die Gefahr einer importierten Geldmengen- oder Nachfrageinflation besteht insbesondere bei festen Wechselkursen. Bei flexiblen Wechselkursen wird diese Inflationsgefahr dagegen durch eine automatische Kurserhöhung der Inlandswährung (Aufwertung) gebremst (*vgl. 10.3*).

8.5.6 Inflationswirkungen

Inflation kann zu einer erheblichen Beeinträchtigung wirtschafts- und gesellschaftspolitischer Ziele führen (*vgl. 7.2*). Deshalb ist die Inflationsvermeidung und -bekämpfung ein wesentlicher Bereich der Stabilitätspolitik (*vgl. 9.7.3*).

Negative Verteilungswirkungen

Negative Wirkungen einer Inflation ergeben sich insbesondere für die Einkommens- und Vermögensverteilung in einer Volkswirtschaft (vgl. Übersicht „Umverteilungseffekte" auf der folgenden Seite).

Negative Allokations- und Wachstumseffekte

In einer Marktwirtschaft übernehmen die Preise u. a. eine Steuerungs- und Signalfunktion (*vgl. 6.2.2*). Ein funktionierender Preismechanismus sorgt nach marktwirtschaftlicher Auffassung dafür, dass bedarfsgerechte Güter produziert und die Produktionsfaktoren ihrer effizientesten Verwendung zugeführt werden (= optimale Allokation der Produktionsfaktoren). Im Falle einer Inflation ist die reibungslose Erfüllung dieser Preisfunktionen aber nicht mehr gewährleistet. Bei einer fortwährenden allgemeinen Preissteigerung können die Preise beispielsweise nicht mehr die Knappheit einzelner Güter signalisieren. Die Signalfunktion des Preises (= Preis als Knappheitsindikator) ist außer Kraft gesetzt. Daraus können sich fehlerhafte Investitions- und Produktionsentscheidungen mit der Folge eines uneffizienten Einsatzes der Produktionsfaktoren (= Fehlallokation) ergeben. Das bedeutet im Vergleich zu einer inflationsfreien Wirtschaft ein geringeres Wachstum[1] und eine geringere Beschäftigung.

1 Allerdings gibt es im internationalen Vergleich auch empirische Beispiele dafür, dass ein angemessenes Wirtschaftswachstum auch ohne Preisniveaustabilität stattfinden kann (*vgl. 7.3*).

Umverteilungseffekte einer Inflation	
Benachteiligte Gruppen einer Inflation	**Begünstigte Gruppen einer Inflation**
Arbeitnehmer: Die Realeinkommen der Arbeitnehmer sinken, wenn die Preissteigerungen nicht oder erst mit zeitlichem Abstand durch höhere Löhne ausgeglichen werden. Die Arbeitnehmer sind in diesem Fall zumindest zeitweise Inflationsverlierer (Lohn-Lag-Hypothese)	**Unternehmer:** Die Bezieher von Gewinneinkommen sind gegenüber den Lohnempfängern im Vorteil, wenn die Erhöhung der Güterpreise einer Lohn- und Zinserhöhung vorausgeht. Da sich der Realwert von Sachvermögen durch die Inflation nicht ändert und betriebliches Vermögen großenteils aus Sachvermögen besteht, gehören die Unternehmer zu den Inflationsgewinnern.
Bezieher von Transfereinkommen: Wenn Renten und andere staatliche Transferzahlungen (z. B. Kindergeld, Sozialhilfe) nicht oder nur verspätet in gleichem Maße erhöht werden, wie die Preise steigen, sinkt die reale Kaufkraft dieser Einkommensbezieher (Transfereinkommens-Lag-Hypothese)	
Gläubiger (Sparer): Die Inflation wirkt sich auf Geldvermögen (Bankguthaben, Schuldverschreibungen usw.) anders als auf Sachvermögen (Immobilien, Maschinen usw.) aus. Der Realwert von Geldforderungen sinkt durch die Inflation. Nur wenn der Nominalzinssatz höher als die Inflationsrate ist, ist auch die Realverzinsung positiv. Andernfalls gehören die Gläubiger (Sparer) zu den Inflationsverlierern (Gläubiger-Schuldner-Hypothese). Wenn das Geld seine Funktion als Wertaufbewahrungsmittel (*vgl. 8.1*) verliert, kommt es zu einer „Flucht in die Sachwerte (Betongold)", d. h., die Nachfrage nach Sachvermögen (Grundstücke, Häuser, Edelmetalle) steigt. Dadurch werden zusätzliche Preissteigerungen ausgelöst.	**Schuldner:** Wenn die Höhe der zu tilgenden Schuld in einem festen Geldbetrag besteht und nicht durch Inflationsgleitklauseln an die tatsächliche Kaufkraftentwicklung angepasst wird, gehören die Schuldner zu den Inflationsgewinnern. Der Realwert ihrer Schulden wird durch die Inflation geringer.
Steuerzahler: Aufgrund des progressiven Einkommensteuertarifs (in Deutschland ab 2003 von 17 % bis 47 %) werden höhere Einkommen infolge der Progression mit einem höheren Steuersatz belegt. Sind die Einkommenssteigerungen lediglich Ausgleich für Preissteigerungen, liegt für die Steuerzahler kein realer Kaufkraftzuwachs vor. Trotzdem steigt die Einkommensteuerbelastung absolut und prozentual (kalte Progression). Bei Preissteigerungen erhöhen sich auch die von den Endverbrauchern zu tragenden Verbrauchsteuern (z. B. Umsatzsteuer). Die Steuerzahler gehören daher zu den Inflationsverlierern.	**Staat:** Wenn es als Ausgleich für Preissteigerungen zu Einkommenssteigerungen kommt, steigen auch die Steuereinnahmen des Staates aus der Einkommensteuer. Daneben erhöhen Preissteigerungen das Umsatzsteueraufkommen. Außerdem nimmt der Realwert der enormen Staatsschulden durch die Inflation ab. Der Staat gehört daher zunächst zu den Inflationsgewinnern. Wenn aber die Staatsausgaben aufgrund der Inflation ansteigen (z. B. höhere Gehälter im öffentlichen Dienst, höhere Preise für staatliche Bauaufträge usw.), kann der Staat mittel- bis langfristig auch zu den Inflationsverlierern gehören.

Außerdem sorgt ein stabiles Preisniveau dafür, dass die in die langfristigen Zinssätze einkalkulierte Inflationsrisikoprämie gering ist. Das führt zu einem niedrigen Niveau der langfristigen Zinsen und kann stimulierend auf Investitionen und Wachstum wirken. Hohe Inflationsraten können zudem die internationale Wettbewerbsfähigkeit einer Volkswirtschaft beeinträchtigen. Ein Rückgang der Exporte mit negativen Auswirkungen für Wachstum und Beschäftigung kann die Folge sein.

8.6 Deflation

Deflation ist ein Prozess anhaltender Preisniveausenkung bzw. anhaltender Geldwertsteigerung.

Ein **Ungleichgewicht** zwischen monetärer Gesamtnachfrage und güterwirtschaftlichem Gesamtangebot kann sowohl Ursache einer **Inflation** (*vgl. 8.5*) als auch Ursache einer **Deflation** sein. Wenn das Wachstum der gesamtwirtschaftlichen Nachfrage nachhaltig hinter dem Anstieg des realen Inlandprodukts (= gesamtwirtschaftliches Angebot) zurückbleibt, kommt es zu einer **Nachfragelücke**. Die Preissenkungen und die dadurch ausgelösten Lohnsenkungen führen zu Gewinn- und Einkommensminderungen, die wiederum weitere Nachfragerückgänge auslösen. Ein solches gesamtwirtschaftliches Missverhältnis zwischen Angebot und Nachfrage, das auch als deflatorische Lücke (*deflationary gap*) bezeichnet wird, kann binnenwirtschaftlich bedingt sein durch

- pessimistische Zukunftserwartungen mit abnehmender Konsum- und Investitionsneigung, zunehmender Ersparnisbildung und sinkender Umlaufgeschwindigkeit des Geldes,
- Kürzungen der Staatsausgaben zum Ausgleich von Defiziten öffentlicher Haushalte.

Zuletzt gab es eine weltweite Deflation während der Weltwirtschaftskrise 1929–1933. Während dieser Zeit sanken in Deutschland die Verbraucherpreise um 23 % und die Geldmenge um 15 %. Diese Entwicklung war von Massenarbeitslosigkeit begleitet. Zur Bekämpfung der durch die Wirtschaftskrise anwachsenden Haushaltsdefizite nahm die Regierung unter Reichskanzler BRÜNING ab 1930 u.a. eine Erhöhung der Verbrauchsteuern, eine Einführung neuer Steuern (Krisensteuer, Reichsfluchtsteuer zur Verhinderung von Kapitalflucht) und eine Kürzung der Staatsausgaben (u. a. Absenkung der Beamtengehälter, Kürzung der Leistungen der Arbeitslosenversicherung, Baustopp) vor. Zusammen mit Miet- und Lohnsenkungen sollten diese Maßnahmen das inländische Preisniveau verringern, um so den Export zu beleben. Diese Deflationspolitik führte aber zu einem weiteren Rückgang der Binnennachfrage und somit zu einer Verschärfung der Krise. Die Zahl der Arbeitslosen stieg von ca. 2 Mio. (1930) auf über 6 Mio. (1932). Damit ging eine Radikalisierung in der Bevölkerung einher, durch die der Wahlerfolg der NSDAP bei den Reichstagswahlen 1932 und HITLERs Machtübernahme 1933 erheblich begünstigt wurden.

Vor dem Hintergrund der Weltwirtschaftskrise hat J. M. KEYNES[1] 1936 eine Beschäftigungstheorie entwickelt, derzufolge Deflation und Unterbeschäftigung bekämpft bzw. verhindert werden können, wenn die gesamtwirtschaftliche Nachfrage durch (kreditfinanzierter) Erhöhung der Staatsausgaben, Steuersenkungen und Ausdehnung der Geldmenge angekurbelt wird (*vgl. 9.3*).

Die folgenden Zahlen der letzten Jahre zeigen aber für **Japan** trotz hoher Staatsverschuldung deutliche **Deflationstendenzen**.

Jahr	reales BIP-Wachstum	Preisniveau	Zinssatz in %		Arbeitslosenquote	Staatsverschuldung in % des nom. BIP
			langfr.	kurzfr.		
1998	– 1,1 %	+ 0,7	1,5	0,7	4,1	103,0
1999	+ 0,8 %	– 0,3	1,8	0,2	4,7	115,3
2000	+ 1,5 %	– 0,7	1,7	0,2	4,7	123,0
2001	– 0,7 %	– 0,6	1,3	0,1	5,0	132,0

Quelle: SVR-Gutachten 2001/2002, S. 28

1 vgl. S. 316

8.7 Aufgaben und Aufbau des Europäischen Systems der Zentralbanken (ESZB)

Seit Beginn der Europäischen Währungsunion (EWU) zum 1. Januar 1999 gibt es für das gesamte Euro-Währungsgebiet nur noch eine **gemeinsame Geldpolitik**. Zuständig dafür ist das **„Europäische System der Zentralbanken“** (ESZB). Das ESZB besteht aus der Europäischen Zentralbank (EZB) und den rechtlich selbstständigen nationalen Zentralbanken (NZB) der 15 EU-Mitgliedsstaaten.

Bundesbankgesetz:
§ 3 Die Deutsche Bundesbank ist als Zentralbank der Bundesrepublik Deutschland integraler Bestandteil des Europäischen Systems der Zentralbanken.

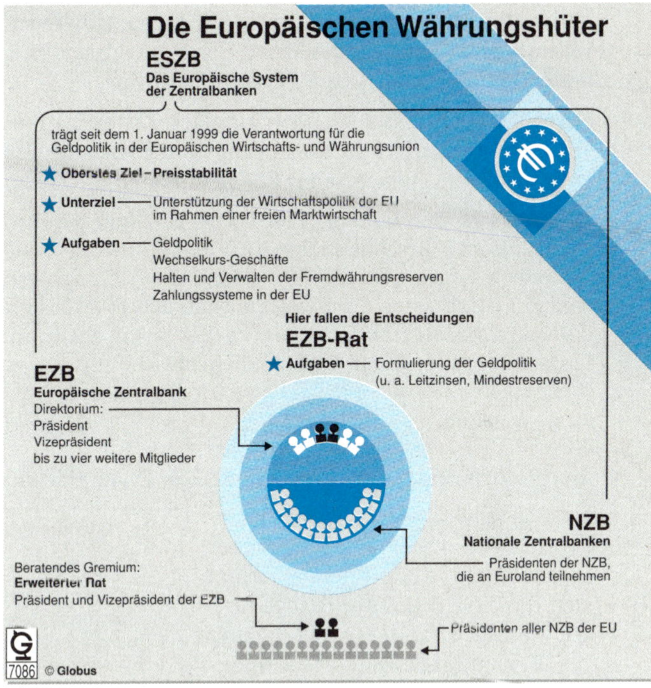

Die EZB und die NZBen der 12 Euro-Teilnehmerstaaten werden als **Eurosystem** bezeichnet.

Aufgaben des ESZB

ESZB-Satzung Art. 2: Ziele … ist es das vorrangige Ziel des ESZB, die Preisstabilität zu gewährleisten. Soweit dies ohne Beeinträchtigung des Zieles der Preisstabilität möglich ist, unterstützt das ESZB die allgemeine Wirtschaftspolitik in der Gemeinschaft, … Das ESZB handelt in Einklang mit dem Grundsatz einer offenen Marktwirtschaft mit freiem Wettbewerb, …

Vorrangiges Ziel des ESZB ist die Sicherung der Preisniveaustabilität[1] in dem gemeinsamen Währungsraum. Dieses Ziel wird als erreicht angesehen, wenn das Preisniveau gegenüber dem Vorjahr um weniger als 2 % steigt. Diese Toleranzgrenze wurde u. a. wegen der Ungenauigkeiten bei der Berechnung des Preisindex gewählt (*vgl. 8.4.2*). Maßstab ist die Veränderung des sog. **Harmonisierten Verbraucherpreisindex** (HVPI), der aus den Preisindizes für die Lebenshaltung in den zwölf Mitgliedsstaaten ermittelt wird. Darüber hinaus unterstützt das ESZB die allgemeine Wirtschaftspolitik in der EU, soweit dies ohne Beeinträchtigung des Ziels der Preisniveaustabilität möglich erscheint. Neben der Geldpolitik kommt dem ESZB im Wesentlichen noch die Aufgabe zu Banknoten auszugeben, Devisentransaktionen durchzuführen, die offiziellen Währungsreserven zu halten und zu verwalten sowie einen reibungslosen Zahlungsverkehr zu gewährleisten.

1 In den Veröffentlichungen des ESZB wird von Preisstabilität gesprochen. Dies ist missverständlich, da die Preise ihre Funktionen in einer Marktwirtschaft nur erfüllen können, wenn sie flexibel sind, d. h. sowohl steigen als auch fallen können. Ziel der Geldpolitik ist es nicht, die Preise, sondern das allgemeine Preis**niveau** stabil zu halten.

Aufbau des ESZB

Der **EZB-Rat** trifft die Entscheidungen zur Erfüllung der Aufgaben des ESZB und legt insbesondere die gemeinsame Geldpolitik fest. Ihm gehören die Präsidenten der zwölf nationalen Zentralbanken sowie die sechs Mitglieder des Direktoriums an. Das **Direktorium** ist für die Umsetzung der Beschlüsse des EZB-Rates und die Führung der laufenden Geschäfte der EZB verantwortlich.

Sowohl die EZB als auch die nationalen Zentralbanken sind bei ihren Entscheidungen von den Weisungen der Regierungen und sonstiger Träger der Wirtschaftspolitik auf nationaler und europäischer Ebene unabhängig (**Autonomie**[1] **der Zentralbanken**).

Die **Deutsche Bundesbank** wirkt bei der Erfüllung der Aufgaben des ESZB mit, indem sie die geldpolitischen Beschlüsse der EZB auf Ebene der Bundesrepublik Deutschland umsetzt. Außerdem sorgt sie für die Abwicklung des Zahlungsverkehrs im Inland und mit dem Ausland (§ 3 BBankG) und verwaltet die nationalen Währungsreserven. Daneben wirkt die Bundesbank noch als Hausbank des Staates, indem sie den größten Teil des bargeldlosen Zahlungsverkehrs von Bund und Ländern abwickelt sowie bei der Ausgabe und Kurspflege von Wertpapieren der öffentlichen Hand beteiligt ist. Eine Kreditgewährung an den Staat ist aber ausgeschlossen.

Geldpolitische Strategie des ESZB: Zwei-Säulen-Konzept

Um das Ziel einer Preisniveausteigerung von unter 2 % gegenüber dem Vorjahr zu erreichen, stützt sich das ESZB auf die Beurteilung der künftigen Preisentwicklung und die Bekanntgabe eines **Geldmengenziels** als Orientierungsgröße (Referenzwert). Für 2002/2003 wurde ein an der Geldmenge M3 (*vgl. 8.3*) gemessenes Wachstum von 4,5 % als Ziel formuliert.

Geldmengenziel (Referenzwert) der EZB für 2002/2003

Trendmäßiges Wachstum des Produktionspotenzials	2,0 % bis 2,5 %
+ Preisniveausteigerung (Ziel)	1,5 % bis 2,0 %
+ Zuschlag für trendmäßigen Rückgang der Umlaufgeschwindigkeit	0,5 bis 1,0 %
Geplantes Wachstum der Geldmenge M3 im Jahresdurchschnitt	4,5 %

Die Geldpolitik des ESZB ist darauf gerichtet, durch Regulierung der Geldmenge ein stabiles Preisniveau im EURO-Währungsgebiet zu gewährleisten. Das ESZB ist bei seinen Entscheidungen von Weisungen der Regierungen und anderer Träger der Wirtschaftspolitik unabhängig.

8.8 Geldpolitische Instrumente des Europäischen Systems der Zentralbanken

8.8.1 Überblick

Mit den geldpolitischen Instrumenten, wie sie in der Übersicht auf der nächsten Seite dargestellt sind, will das ESZB zunächst **direkt** den **Geldmarkt**, der im engeren Sinne den Handel mit Zentralbankgeld zwischen den Geschäftsbanken umfasst, beeinflussen.

Eine Bank kann sich Zentralbankgeld nicht nur bei der EZB, sondern auch bei anderen Banken, die über überschüssige Liquidität verfügen, beschaffen. Der Markt, der dem Ausgleich von kurzfristigen Liquiditätsüberschüssen und -defiziten im Bankensystem dient, ist der **Geld-**

1 autonom (*gr.*): selbstständig, unabhängig

Geldpolitisches Instrumentarium des ESZB		
Offenmarktgeschäfte[1]	**Ständige Fazilitäten**[2]	**Mindestreservepolitik**
Kreditvergabe an Geschäftsbanken, Kauf und Verkauf von Wertpapieren zwischen ESZB und Geschäftsbanken sowie Ausgabe von EZB-Schuldverschreibungen.	Gewährung von Tagesgeldkrediten an die Geschäftsbanken bzw. Anlage überschüssiger Liquidität als Tagesgeld beim ESZB; Festlegung von Ober- und Untergrenzen der Zinssätze für täglich fällige Geldanlagen.	Die Geschäftsbanken sind verpflichtet, in Höhe eines bestimmten Anteils ihrer Verbindlichkeiten Guthaben bei der Zentralbank zu unterhalten. Die Mindestreserveguthaben werden verzinst.

markt. Das Zentralbankgeld wird zwischen den einzelnen Banken telefonisch gehandelt. Je nach der Überlassungsfrist ergeben sich unterschiedliche Zinssätze (**Geldmarktsätze**) für Tagesgeld, Einmonatsgeld, Dreimonatsgeld, Sechsmonatsgeld und Zwölfmonatsgeld.

Indirekt soll durch die Veränderung der Bankenliquidität und des Zinsniveaus auf dem Geldmarkt **Einfluss auf die Kreditbedingungen** ausgeübt werden, die die Geschäftsbanken ihren Kunden einräumen. Erst wenn der Impuls der Zentralbank sich im Verhalten der Nichtbanken niederschlägt, können sich Geldmenge und Preisniveau verändern.

P.Point

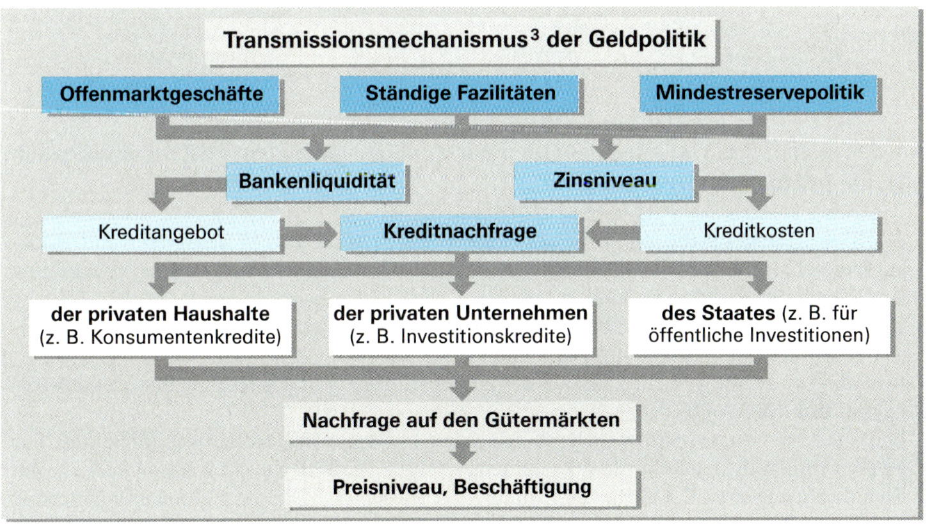

8.8.2 Offenmarktpolitik

Grundlagen

Der Begriff Offenmarktpolitik bezeichnet im ursprünglichen Sinne den Kauf und Verkauf von Wertpapieren durch die Zentralbank[1]. Ziel dieser Wertpapiergeschäfte ist es,

1 Der Begriff „offener Markt" bringt zum Ausdruck, dass das ESZB die Wertpapiere nicht direkt vom Emittenten (z. B. dem Staat) übernehmen darf, sondern auf dem Geld- bzw. Kapitalmarkt kaufen bzw. verkaufen muss. Inzwischen wird der Begriff Offenmarktpolitik aber für **alle** Maßnahmen benutzt, die von der Zentralbank als Offenmarktgeschäfte bezeichnet werden. Es muss sich dabei nicht unbedingt um Käufe und Verkäufe von Wertpapieren am offenen Markt handeln.

2 Fazilität (lat./engl.) ist die Möglichkeit, Kredite oder Geldanlagen bei Bedarf in Anspruch nehmen zu können.

3 Transmission (*lat.*): Kraftübertragung

die Zentralbankgeldmenge und das allgemeine Zinsniveau zu beeinflussen. Bezogen auf den Wertpapierhandel zwischen Zentralbank und Geschäftsbanken ergibt sich folgender Wirkungszusammenhang (Transmissionsmechanismus).

P.Point

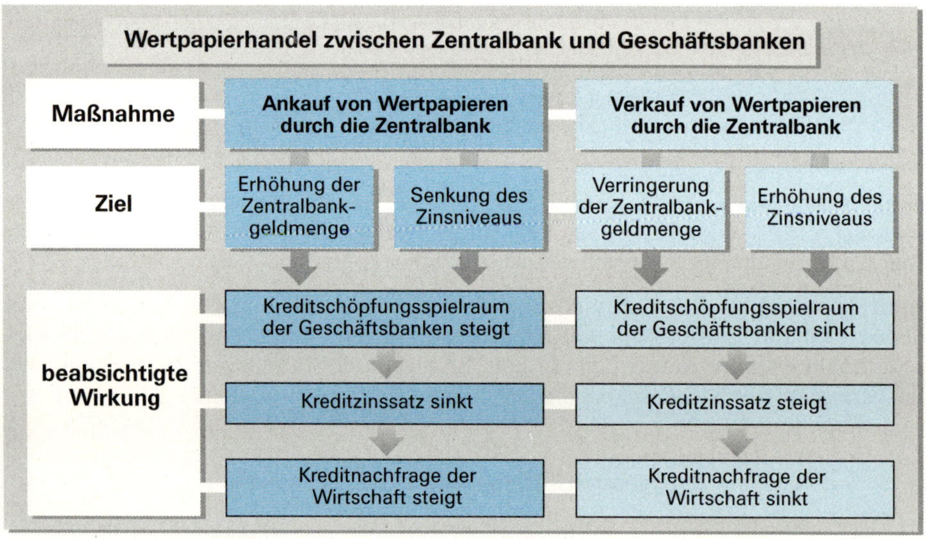

Von den vielfältigen Varianten der Offenmarktpolitik stehen dem ESZB grundsätzlich folgende Instrumente zur Verfügung:

- Befristete Geldgeschäfte mit Geschäftsbanken durch Kauf von Wertpapieren mit Rückkaufvereinbarung (Pensionsgeschäfte) oder durch Kreditgewährung gegen Verpfändung von Wertpapieren (Pfandkredite)
- Unbefristete Geldgeschäfte durch Kauf und Verkauf von Wertpapieren ohne Rückkaufvereinbarung (definitive Käufe und Verkäufe)
- Ausgabe von Schuldverschreibungen des ESZB (Emission in abgezinster Form und Rücknahme zum Nennwert)
- Befristete Devisengeschäfte mit Geschäftsbanken in Form von Devisenswapgeschäften. Für eine Verringerung der Zentralbankgeldmenge kauft das ESZB Euro am **Kassamarkt** gegen Fremdwährungen (z. B. US-$). Die Erfüllung des Geschäfts, d. h., Bezahlung und Lieferung der Fremdwährungen muss sofort erfolgen. **Gleichzeitig** kauft das ESZB entsprechende Fremdwährungen wieder gegen Euro am **Terminmarkt**, wo das Erfüllungsgeschäft erst später zu einem beim Geschäftsabschluss vereinbarten Zeitpunkt und Kurs erfolgt.
- Hereinnahme von Termineinlagen

Die Geldgeschäfte des ESZB zur **Beeinflussung der Zentralbankgeldmenge** und damit zur **Liquiditätsversorgung der Geschäftsbanken** im Rahmen der **Offenmarktpolitik** lassen sich hinsichtlich Zielsetzung, Laufzeit und Rhythmus in vier Gruppen, wie in der Übersicht auf der nächsten Seite dargestellt ist, einteilen.

Erst kurz vor Beginn der Währungsunion fiel die Entscheidung, das ESZB auch mit dem Instrument der Mindestreservepolitik auszustatten (*vgl. 8.8.4*). Da die Mindestreservepolitik ebenfalls eine Liquiditätssteuerung und -anpassung ermöglicht, haben die **Feinsteuerungsoperationen** und die **strukturellen Operationen** im Rahmen der Offenmarktpolitik nur **geringe Bedeutung**.

	Offenmarktpolitik des ESZB			
Bezeichnung	**Hauptrefinanzierungsinstrument**	**Längerfristige Refinanzierungsgeschäfte**	**Feinsteuerungsoperationen**	**Strukturelle Operationen**
Ziel	kurzfristige Versorgung der Geschäftsbanken mit Liquidität (Refinanzierung)	längerfristige Versorgung der Geschäftsbanken mit Liquidität (Refinanzierung)	Steuerung der Liquidität der Geschäftsbanken und der Zinssätze bei unerwarteten Schwankungen	Anpassung der strukturellen Liquiditätslage der Geschäftsbanken
Instrumente zur Bereitstellung von Zentralbankgeld	befristete Geldgeschäfte z. B. in Form von Pfandkrediten	befristete Geldgeschäfte z. B. in Form von Pfandkrediten	– befristete Geldgeschäfte z. B. in Form von Pfandkrediten – befristete Devisenkäufe – Wertpapierkäufe	– befristete Geldgeschäfte z. B. in Form von Pfandkrediten – Wertpapierkäufe
Instrumente zur Abschöpfung von Zentralbankgeld			– befristete Devisenverkäufe – Hereinnahme von Termineinlagen – Wertpapierverkäufe	– Ausgabe von Schuldverschreibungen – Wertpapierverkäufe
Laufzeit	zwei Wochen (geplant ab 2003: eine Woche)	drei Monate	keine feste Laufzeit	mit und ohne feste Laufzeiten
Rhythmus	wöchentlich auf Initiative des ESZB	Monatlich auf Initiative des ESZB	von Fall zu Fall	regelmäßig und/oder von Fall zu Fall

Die offenmarktpolitischen Aktivitäten des ESZB konzentrieren sich auf das **Hauptrefinanzierungsinstrument** und die **längerfristigen Refinanzierungsgeschäfte.** Die konkrete Ausgestaltung dieser beiden Geschäftsarten hängt von den Vertragsbeziehungen zwischen dem ESZB und den Geschäftspartnern ab. Dabei lassen sich zwei Formen unterscheiden:

- **Pensionsgeschäfte**[1] (Wertpapierkäufe mit Rückkaufvereinbarung):
  Das ESZB kauft von den Geschäftsbanken für einen befristeten Zeitraum Wertpapiere und bezahlt diese mit Zentralbankgeld. Zum vereinbarten Termin müssen die Wertpapiere von den Geschäftsbanken zurückgekauft werden.
- **Kredite gegen Verpfändung**[2]
  Das ESZB gewährt den Geschäftsbanken Kredit und stellt ihnen für die Laufzeit des Kredits Zentralbankgeld zur Verfügung. Als Sicherheit verpfänden die Geschäftsbanken Wertpapiere an das ESZB (Pfandkredite).

Beide Geschäfte sind selbstliquidierend, d. h. zum vereinbarten Rückkauftermin bzw. am Ende der Kreditlaufzeit verringert sich die Zentralbankgeldmenge ohne zusätzliche Maßnahmen des ESZB automatisch. **Die Deutsche Bundesbank** als ausführendes Organ des ESZB betreibt die **Offenmarktgeschäfte zur Refinanzierung ausschließlich in Form von Pfandkrediten.** Diese sind bei der gleichzeitigen Inanspruchnahme mehrerer Refinanzierungsmöglichkeiten einfacher zu handhaben als Pensionsgeschäfte. Die als Pfand hinterlegten Wertpapiere werden einem Sicherheitspool (Pfandkonto der Geschäftsbank bei der Bundesbank)

1 Diese Geschäfte werden auch als *Repos* (*Repurchase Agreements*) bezeichnet.
2 Kredite, bei denen verpfändete Wertpapiere als Sicherheit dienen, werden normalerweise als **Lombardkredite** bezeichnet. Nach der Systematik der geldpolitischen Instrumente des ESZB wird diese Art der Refinanzierung der Offenmarktpolitik zugerechnet und **nicht** als Lombardpolitik bezeichnet.

zugeführt. Nimmt eine Geschäftsbank eine der Refinanzierungshilfen in Anspruch, wird lediglich der Sicherheitspool in Höhe des Kreditbetrages mit einer Verfügungssperre belegt. Der nicht belastete Teil des Pools kann für andere Refinanzierungsgeschäfte genutzt werden. Neben marktfähigen Schuldverschreibungen und am geregelten Markt gehandelten Aktien gehören zu den verpfändbaren Schuldtiteln auch Handelswechsel (Restlaufzeit höchstens 180 Tage) und andere Kreditforderungen der Banken (Restlaufzeit bis zu zwei Jahren).

Hauptrefinanzierungsinstrument

▶ A 8.17 Das wichtigste Geldgeschäft im Rahmen der Offenmarktpolitik des ESZB ist die Versorgung der Geschäftsbanken mit Zentralbankgeld mit einer Befristung auf zwei Wochen **(Hauptrefinanzierungsinstrument)**. Diese Refinanzierungsmöglichkeit wird in wöchentlichem Rhythmus angeboten. Die Zuteilung der Gelder erfolgt im Rahmen einer **Ausschreibung**. Je nach Art des angewandten Ausschreibungsverfahrens (s. u.) stellt der aktuelle vom ESZB als **Leitzins** festgesetzte **Hauptrefi-Satz** (vgl. Grafik S. 278) entweder den **Festzinssatz** (beim Mengentender) oder den **Mindestbietungssatz** (beim Zinstender) dar.

EURO-Leitzinsen	7. März 2003
Refinanzierung (Refi)	
Hauptrefi-Satz (= Mindestbietungssatz)	
ab 06. 12. 02:	2,75 %
ab 07. 03. 03:	2,50 %
2-Wochen-Zinstender, wöchentl. (fällig 12. 03. 03)	2,81 %
2-Wochen-Zinstender, wöchentl. (fällig 19. 09. 03)	2,78 %

▶ A 8.18 Längerfristige Refinanzierungsgeschäfte

Im Gegensatz zu dem kurzfristigen Hautptrefinanzierungsinstrument werden die **längerfristigen Refinanzierungsgeschäfte** mit einer Laufzeit von drei Monaten im monatlichen Rhythmus angeboten. Sie unterstützen damit die längerfristige Liquiditätsplanung der Geschäftsbanken. Mit dieser Refinanzierungsmöglichkeit ist nicht beabsichtigt (zusätzliche) geldpolitische Signale zu geben. Sie dient vielmehr dazu, Liquiditätsschwankungen bei den Geschäftsbanken auszugleichen. Dieses sog. **längerfristige Refi-Geschäft** wird im Normalfall als **Zinstender** (s. u.) angeboten. Die Zinssätze für dieses Refinanzierungsgeschäft sind richtungsweisend für Geldgeschäfte mit gleicher Laufzeit zwischen den Banken (Interbankenmarkt).

EURO-Leitzinsen	7. März 2003
Refinanzierung (Refi)	
Längerfristiger Refi-Satz	
3-Monats-Tender, monatlich (fällig 27. 03. 03)	2,93 %
3-Monats-Tender, monatlich (fällig 30. 04. 03)	2,78 %
3-Monats-Tender, monatlich (fällig 29. 05. 03)	2,48 %

Die Offenmarktpolitik des ESZB besteht vor allem in der Versorgung der Geschäftsbanken mit Zentralbankgeld (Refinanzierung der Geschäftsbanken) durch Kredite mit Laufzeiten von zwei Wochen (Hauptrefinanzierungsinstrument) bzw. drei Monaten (längerfristige Refinanzierungsgeschäfte).

Verfahren zur Zuteilung von Zentralbankgeld

Die Kreditvergabe und damit die Bereitstellung von Zentralbankgeld erfolgt durch ein Ausschreibungsverfahren, bei dem die interessierten Geschäftsbanken Angebote abgeben können (**Tenderverfahren**)[1]. Ausschreibungen, die innerhalb von 24 Stunden abgewickelt werden und sich an alle Geschäftsbanken richten, werden als **Standardtender** bezeichnet. Sowohl das Hauptrefinanzierungsinstrument (= Haupttender) als

1 tender (*engl.*): Zahlungsangebot, Ausschreibung

Ablauf des Tenderverfahrens	
1	Ankündigung durch die EZB und die nationalen Zentralbanken
2	Abgabe von Geboten durch die Geschäftsbanken
3	Zusammenstellung der Gebote durch das ESZB
4	Zuteilung durch die EZB und Bekanntgabe der Ergebnisse
5	Bestätigung der einzelnen Zuteilungsergebnisse
6	Gutschrift der Zuteilungsbeträge auf den Konten der Geschäftsbanken

auch die längerfristigen Refinanzierungsinstrumente (= Basistender) werden ausschließlich als Standardtender angeboten.

Nur die Feinsteuerungsoperationen werden im Rahmen eines **Schnelltenders** (i. d. R. innerhalb von einer Stunde von der Terminankündigung bis zur Bestätigung des Zuteilungsergebnisses) durchgeführt.

Je nach geldpolitischer Absicht kommt entweder ein **Mengentender** oder ein **Zinstender** infrage. Beim **Zinstender** kann das **holländische** oder das **amerikanische Verfahren** angewandt werden.

Die Zuteilung von Zentralbankgeld an die Geschäftsbanken erfolgt im Rahmen der Offenmarktpolitik durch ein Ausschreibungsverfahren, bei dem die Geschäftsbanken Gebote über die gewünschten Beträge abgeben können (Tenderverfahren).

Mengentender (Festsatztender): Beim Mengentender legt das ESZB im Voraus den Zinssatz fest, zu dem es bereit ist, den Geschäftsbanken Zentralbankgeld zu überlassen. Die Geschäftsbanken geben Gebote über den **Kreditbetrag** ab, den sie zu diesem Festsatz in Anspruch nehmen wollen. Normalerweise liegt die Summe der Einzelgebote erheblich über dem geldpolitisch beabsichtigten Zuteilungsvolumen, sodass den Geschäftsbanken nur ein bestimmter Prozentsatz des gewünschten Kreditbetrags zugeteilt werden kann (= **Repartierung**)[1]. Der Mengentender wird angewandt, wenn das ESZB ein Zinssignal geben möchte.

Beispiel:
Liquiditätszuführung im Rahmen des Hauptrefi-Geschäfts mit Mengentender

Geschäftsbank	Gebot (Mio. Euro)
A	30
B	40
C	55
Insgesamt	125

1. Das ESZB teilt den Geschäftsbanken mit, dass sie beabsichtigt, Zentralbankgeld im Rahmen des Hauptrefi-Geschäfts mit Mengentender zuzuteilen.
2. Die Geschäftsbanken A, B und C geben ein Gebot ab.
3. Das ESZB stellt die Gebote zusammen (vgl. nebenstehende Tabelle) und legt das Zuteilungsvolumen auf 100 Mio. Euro fest.
4. Die Zuteilung wird wie folgt berechnet:

$$\frac{\text{zuzuteilender Betrag (100 Mio. Euro)} \cdot 100}{\text{gebotener Gesamtbetrag (125 Mio. Euro)}} = \text{Zuteilung in \% (80 \%)}$$

5. Jede der drei Geschäftsbanken erhält 80 % ihres Gebots zugeteilt:
Geschäftsbank A: 24,0 Mio. Euro, Geschäftsbank B: 32,0 Mio. Euro, Geschäftsbank C: 44,0 Mio. Euro
Die Gesamtsumme der Zuteilungen entspricht dem zuzuteilenden Betrag von 100 Mio. Euro.

Mengentender: $$\text{Zuteilungssatz (\%)} = \frac{\text{zuzuteilender Gesamtbetrag} \cdot 100}{\text{gebotener Gesamtbetrag}}$$

1 repartieren: verteilen

Zinstender (Tender mit variablem Zinssatz): Beim Zinstender geben die Geschäftsbanken Gebote ab, in welcher Höhe und zu welchem Zinssatz sie Kredite beim ESZB aufnehmen wollen. Je dringender eine Geschäftsbank Zentralbankgeld benötigt, umso höher ist der angebotene Zinssatz. Von ein und derselben Geschäftsbank können bis zu 10 Gebote mit verschiedenen Zinssätzen (kleinster Zinsschritt 0,01 Prozentpunkte) eingereicht werden.

Beispiel:
Liquiditätszuführung im Rahmen des längerfristigen Refi-Geschäfts mit Zinstender

1. Das ESZB teilt den Geschäftsbanken mit, dass sie beabsichtigt, 100 Mio. Euro Zentralbankgeld im Rahmen des längerfristigen Refi-Geschäfts mit Zinstender zuzuteilen.
2. Die Geschäftsbanken A, B und C geben mehrere Gebote ab.
3. Das ESZB stellt die Gebote wie folgt zusammen:

	Gebotene Beträge (in Mio. Euro) bei einem Zinssatz von ... %							Summe
	3,09	3,08	3,07	3,06	3,05	3,04	3,03	
Geschäftsbank A	–	5,0	5,0	5,0	10,0	5,0	5,0	35,0
Geschäftsbank B	5,0	5,0	10,0	10,0	15,0	5,0	–	50,0
Geschäftsbank C	5,0	5,0	10,0	15,0	15,0	5,0	10,0	65,0
Gebote insgesamt	10,0	15,0	25,0	30,0	40,0	15,0	15,0	150,0
kumulierte Gebote	10,0	25,0	50,0	80,0	120,0	135	150,0	

4. Die Zuteilung beginnt bei den höchsten Zinssätzen. Jedes Gebot erhält so lange eine volle Zuteilung, bis das beabsichtigte Zuteilungsvolumen ausgeschöpft ist. Können beim niedrigsten zum Zuge kommenden Zinssatz nicht mehr alle Gebote befriedigt werden, muss – wie beim Mengentender – eine Zuteilungsquote berechnet werden (Repartierung). Der Zinssatz, zu dem eine Zuteilung gerade noch (ganz oder teilweise) möglich ist, wird als **marginaler**[1] **Zinssatz** bezeichnet.

Bei einer Zuteilungssumme von 100 Mio. Euro liegt der marginale Zinssatz im vorliegenden Beispiel bei 3,05 %. Alle Gebote über 3,05 % werden bis zu einem Gesamtbetrag von 80 Mio. Euro voll zugeteilt. Die 40 Mio. Euro, für die ein Zinssatz von 3,05 % geboten wurde, können nur teilweise zugeteilt werden. Die Zuteilungsquote für die Gebote zum marginalen Zinssatz ergibt sich wie folgt:

$$\frac{\underset{100\ \text{Mio. Euro}}{\text{(Gesamter Zuteilungsbetrag}} - \underset{80\ \text{Mio. Euro}}{\text{Betrag der voll zugeteilten Gebote)}} \cdot 100}{\underset{40\ \text{Mio. Euro}}{\text{Summe der Gebote zum marginalen Zinssatz}}} = \underset{50\,\%}{\text{Zuteilung in }\%}$$

Die Verzinsung der zugeteilten Beträge erfolgt entweder zum marginalen Zinssatz (= **holländisches Verfahren**) oder zu den individuellen Bietungssätzen der Geschäftsbanken (= **amerikanisches Verfahren**).

Abrechnung der Zuteilung nach dem **holländischen Verfahren** zu einem einheitlichen Zinssatz von 3,05 %:

1 marginal (*lat.*): am Rande, auf der Grenze liegend

3328276

	Gebote (in Mio. Euro)	Zuteilung (in Mio. Euro)		
		Volle Zuteilung Gebote über dem marginalen Zinssatz von 3,05 %	Teilweise Zuteilung Zuteilungsquote 50 % für Gebote zum marginalen Zinssatz von 3,05 %	Zuteilung insgesamt
Geschäftsbank A	35,0	15,0	5,0 *(50 % von 10)*	20,0
Geschäftsbank B	50,0	30,0	7,5 *(50 % von 15)*	37,5
Geschäftsbank C	65,0	35,0	7,5 *(50 % von 15)*	42,5
Insgesamt	150,0	80,0	20,0	100,0

Abrechnung der Zuteilung nach dem **amerikanischen Verfahren** zu den individuellen Bietungssätzen der Geschäftsbanken:

	Gebote (in Mio. €)	Zugeteilte Beträge (in Mio. €) zu einem Zinssatz von ... %					Zuteilung insgesamt
		3,09	3,08	3,07	3,06	3,05	
Geschäftsbank A	35,0	–	5,0	5,0	5,0	5,0	20,0
Geschäftsbank B	50,0	5,0	5,0	10,0	10,0	7,5	37,5
Geschäftsbank C	65,0	5,0	5,0	10,0	15,0	7,5	42,5
Insgesamt	150,0	10,0	15,0	25,0	30,0	20,0	100,0

In der Praxis ergaben sich beim Mengentender zu dem vom ESZB vorgegebenen Zinssatz regelmäßig hohe Überbietungen und somit äußerst geringe Zuteilungssätze (teilweise weniger als 1 %). Daher erfolgt die Zuteilung der Hauptrefinanzierungsgeschäfte des ESZB seit Juni 2000 bis auf weiteres ausschließlich als Zinstender nach dem amerikanischen Verfahren. Die längerfristigen Refinanzierungsgeschäfte werden ohnehin von Beginn an (1. Jan. 1999) ausschließlich nach diesem Verfahren zugeteilt.

$$\textbf{Zinstender: } \begin{array}{l}\textbf{Zuteilungssatz (\%)}\\ \textbf{beim marginalen}\\ \textbf{Zinssatz}\end{array} = \frac{\left(\begin{array}{c}\textbf{zuzuteilender}\\ \textbf{Gesamtbetrag}\end{array} - \begin{array}{c}\textbf{Betrag der voll zu-}\\ \textbf{geteilten Gebote}\end{array}\right) \cdot 100}{\textbf{Gesamtbetrag der Gebote zum marginalen Zinssatz}}$$

8.8.3 Ständige Fazilitäten

Im Rahmen der **ständigen Fazilitäten** (= Inanspruchnahme von Krediten und Geldanlagen bei Bedarf) des ESZB lassen sich folgende beiden Arten unterscheiden:

	Ständige Fazilitäten	
Maßnahme	**Spitzenrefinanzierungsfazilität** Gewährung von Tagesgeldkrediten des ESZB gegen Verpfändung von Wertpapieren	**Einlagefazilität** Verzinsliche Anlage von Tagesgeld beim ESZB
Ziel	Kurzfristige Bereitstellung von Zentralbankgeld (Liquidität) für die Geschäftsbanken. Der Zinssatz bildet die Obergrenze des Tagesgeldsatzes	Kurzfristige Abschöpfung von Zentralbankgeld (Liquidität) der Geschäftsbanken. Der Zinssatz bildet die Untergrenze des Tagesgeldsatzes
Laufzeit	ein Tag (Übernachtkredit)	ein Tag (Übernachtanlage)
Inanspruchnahme	auf Initiative der Geschäftsbanken bei Bedarf	auf Initiative der Geschäftsbanken bei Bedarf

Zinskanal für Tagesgeld
Spitzenrefinanzierungsfazilität
(ab 07 .03. 03) 3,50 %
Einlagefazilität (ab 07.03.03) 1,50 %

Wirtschaftsdienst 6. März 2003

EZB senkt Leitzinsen

Die EZB hat heute die Leitzinsen um 0,25 Prozentpunkte gesenkt. Geldhändler rechnen morgen mit Tagesgeldsätzen von 3,05 % bis 3,15 %. Diese liegen erheblich über dem neuen Leitzins (Hauptrefi-Satz) von 2,5 %. Erst wenn in der nächsten Woche der neue 2-Wochen-Tender mit Mindestbietungssatz 2,5 % zugeteilt wird, dürfte der derzeitige Liquiditätsengpass auf dem Geldmarkt behoben werden. Die Spitzenrefinanzierungsfazilität (Übernachtkredite) wurde von den Banken mit 103 Mio. EUR in Anspruch genommen, die Einlagefazilität mit 65 Mio. EUR.

Auf diese Kredit- und Geldanlagemöglichkeiten können die Geschäftsbanken grundsätzlich unbeschränkt zurückgreifen. Die geldpolitische Funktion besteht darin, die Schwankungsbreite des (Tages-)Geldmarktsatzes (**Zinskanal**) zu begrenzen.

Die Geschäftsbanken können beim ESZB Tagesgeldkredite aufnehmen (Spitzenrefinanzierungsfazilität) und überschüssige Liquidität als Tagesgeld verzinslich anlegen (Einlagefazilität).

Aktuelle Zahlen: www.bundesbank.de

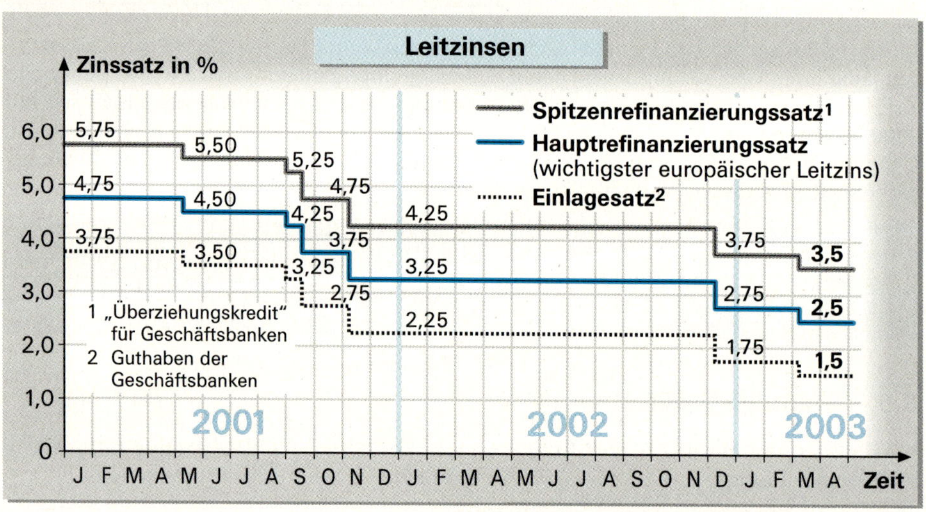

8.8.4 Mindestreservepolitik

Die Geschäftsbanken sind verpflichtet in Höhe eines bestimmten Anteils ihrer Verbindlichkeiten Guthaben (**Mindestreserven**) bei den nationalen Zentralbanken zu unterhalten. Das Mindestreserve-Soll wird monatlich für jede Geschäftsbank neu berechnet. Es hängt einerseits vom **Mindestreservesatz** und andererseits vom Bestand an mindestreservepflichtigen Verbindlichkeiten am Monatsende ab. Der je nach Art und Laufzeit der Verbindlichkeit unterschiedliche Mindestreservesatz kann jederzeit von der EZB geändert werden. Das zur Erfüllung der Mindestreservepflicht notwendige Guthaben wird mit dem Durchschnittssatz der letzten Hauptrefinanzierungsgeschäfte verzinst.

Mit der Mindestreservepolitik verfolgt das ESZB im Wesentlichen zwei geldpolitische Ziele:

- Die Reservepflicht soll im Bedarfsfall eine **Liquiditätsverknappung** bei den Geschäftsbanken herbeiführen.
- Das zur Erfüllung der Mindestreservepflicht nötige Guthaben bei der Zentralbank muss nicht während des ganzen Monats eine einheitliche Höhe aufweisen, sondern lediglich im Monats**durchschnitt** dem Mindestreserve-Soll entsprechen. Durch die Möglichkeit, das Mindestreserve-Soll vorübergehend zu über- oder unterschreiten, entsteht ein **Liquiditätspuffer**, durch den zeitweilige Schwankungen des Liquiditätsbedarfs auch ohne Eingriff der Notenbank aufgefangen werden können. Damit wird **eine Verstetigung der Zinsentwicklung** am Geldmarkt angestrebt (**Liquiditätspuffer- und Glättungsfunktion**).

MR-Satz seit 1. Jan. 1999	**Mindestreservepflichtige Verbindlichkeiten der Geschäftsbanken**
2 %	■ Täglich fällige Einlagen ■ Einlagen mit einer vereinbarten Laufzeit von bis zu zwei Jahren ■ Einlagen mit einer vereinbarten Kündigungsfrist von bis zu zwei Jahren ■ Ausgegebene Schuldverschreibungen mit vereinbarter Laufzeit von bis zu zwei Jahren ■ Geldmarktpapiere
0 %	■ Einlagen mit einer vereinbarten Laufzeit von über zwei Jahren ■ Einlagen mit einer vereinbarten Kündigungsfrist von über zwei Jahren ■ Repogeschäfte ■ Ausgegebene Schuldverschreibungen mit vereinbarter Laufzeit von über zwei Jahren

Bei Änderung des Mindestreservesatzes ergibt sich folgender Wirkungszusammenhang (Transmissionsmechanismus). A ◄ 8.19

P.Point

	Mindestreservepolitik	
Maßnahme	Senkung des Mindestreservesatzes	Erhöhung des Mindestreservesatzes
Ziel	▼ Erhöhung der Liquidität der Geschäftsbanken (Zentralbankgeldmenge steigt)	▼ Verringerung der Liquidität der Geschäftsbanken (Zentralbankgeldmenge sinkt)
Beabsichtigte Wirkung	▼ Kreditschöpfungsspielraum der Geschäftsbanken steigt ▼ Kreditzinssatz sinkt ▼ Kreditnachfrage der Wirtschaft steigt	▼ Kreditschöpfungsspielraum der Geschäftsbanken sinkt ▼ Kreditzinssatz steigt ▼ Kreditnachfrage der Wirtschaft sinkt

Die Änderung des Mindestreservesatzes wirkt sich auf die Kreditschöpfungsmöglichkeiten der Geschäftsbanken und damit auf das Zinsniveau aus.

Die Mindestreservepolitik beeinflusst unmittelbar das Geldmengenangebot (= Mengenpolitik). Sie wirkt daher schärfer und schneller als eine Zinsänderung (= Preispolitik) im Rahmen der Offenmarktpolitik.

8.9 Probleme geldpolitischer Maßnahmen bei der Beeinflussung wirtschaftspolitischer Ziele

Wirkungsverzögerungen und Dosierungsprobleme

Ein wesentliches Problem der Geldpolitik sind die **zeitlichen Verzögerungen** (*time-lags*) bis zum Wirksamwerden der Maßnahmen.

Von MILTON FRIEDMAN (*vgl. 8.5.2*) wurde in einer empirischen Untersuchung zur Geldpolitik in den USA für den Zeitraum von 1867 bis 1960 bei Maßnahmen zur Verringerung der Geldmenge (restriktive Maßnahmen) eine Wirkungsverzögerung von durchschnittlich 12 Monaten festgestellt. Bei Maßnahmen zur Geldmengenerhöhung (expansive Maßnahmen) betrug der Zeitraum sogar 18 Monate.

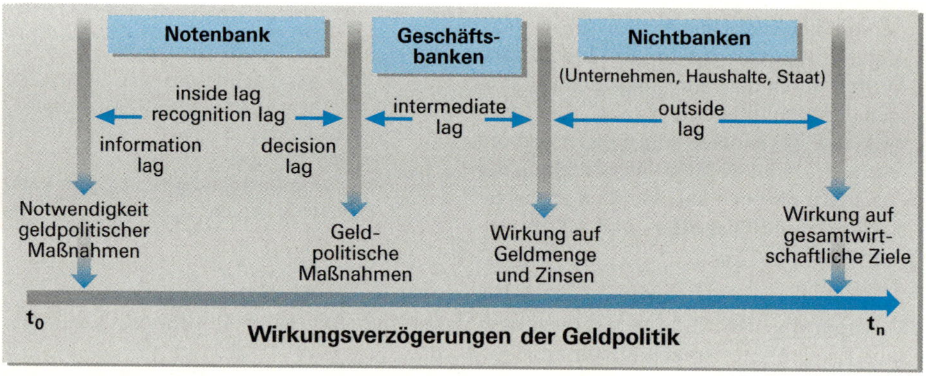

Quelle: O. Issing, Einführung in die Geldpolitik, 6. Aufl., München 1996, S. 175

Das Problem der **Wirkungsverzögerungen** kann besonders bedeutsam werden, wenn die Geldpolitik als Mittel zur Beseitigung gesamtwirtschaftlicher Ungleichgewichte (= Konjunktursteuerung) eingesetzt wird (*vgl. 9.4*).

Beispiel:
Eine expansive Geldpolitik (Geldmengenerhöhungen und/oder Zinssenkung), die das Ziel hat, die gesamtwirtschaftliche Güternachfrage anzukurbeln, entfaltet möglicherweise außerhalb des Bankensektors erst dann ihre Wirkung, wenn sich die Wirtschaftslage bereits aufgrund anderer Faktoren so verändert hat, dass statt einer Ausdehnung eine Dämpfung der Güternachfrage nötig wäre. Aufgrund der Wirkungsverzögerungen kann es also dazu kommen, dass gesamtwirtschaftliche Ungleichgewichte noch verstärkt statt behoben werden.

Neben den Wirkungsverzögerungen besteht eine weiteres Problem der Geldpolitik in der **Dosierung** der Maßnahmen. Die kaum eindeutig zu beantwortende Frage lautet: Wie stark muss in der jeweiligen Situation der geldpolitische Impuls in Form von Zins- und/oder Geldmengenänderungen sein, um das beabsichtigte Ziel zu erreichen?

Ausweichreaktionen und Nebeneffekte

Die beabsichtigte Wirkung der von der Zentralbank ergriffenen geldpolitischen Maßnahmen kann durch das Verhalten der Geschäftsbanken und des Nichtbankensektors (Unternehmen, Haushalte, Staat) unterlaufen und durch geldpolitische Nebeneffekte eingeschränkt werden.

Ziel: **Inflationsbekämpfung durch Geldmengensenkung und Zinserhöhung zur Minderung der gesamtwirtschaftlichen Güternachfrage**	Ziel: **Ankurbelung der Wirtschaft durch Geldmengenerhöhung und Zinssenkung zur Steigerung der gesamtwirtschaftlichen Güternachfrage**
■ Da nur die kreditfinanzierte Güternachfrage von diesen Maßnahmen betroffen ist, sinkt die gesamtwirtschaftliche Güternachfrage möglicherweise nicht in dem notwendigen Ausmaß. ■ Wegen der hohen Zinsen fließt Geld aus dem Ausland (z. B. US-$) zu und erhöht die inländische Geldmenge. Bei freien Wechselkursen (*vgl. 10.3*) steigt dadurch allerdings der Kurs der Inlandswährung (z. B. €). Dadurch wird der Zinsvorteil für ausländische Geldanleger wieder eingeschränkt. Die Kurserhöhung der Inlandswährung (Aufwertung) verteuert gleichzeitig die Exporte und verbilligt die Importe. ■ Unternehmen und Banken können sich möglicherweise (zinsgünstiger) im Ausland refinanzieren.	■ Alle Maßnahmen haben nur Angebotscharakter, d. h., weder die Banken noch die Nichtbanken können zur Kreditaufnahme gezwungen werden. ■ Trotz niedriger Zinsen kann die Konsumneigung wegen pessimistischer Zukunftserwartungen gering sein. ■ Die Investitionsgüternachfrage kann trotz niedriger Zinsen gering sein, da Investitionsentscheidungen mehr von den Gewinnerwartungen als von der Höhe des Zinssatzes abhängig sind. ■ Die Geschäftsbanken legen möglicherweise die zusätzlich erhaltene Liquidität in Wertpapieren an statt das Kreditangebot zu erhöhen (Umschichtung von Primär- in Sekundärliquidität).

Zusammenfassende Übersicht Kapitel 8:

Geldtheorie und Geldpolitik

Geld

Funktionen

Tauschfunktion, Zahlungsmittelfunktion, Wertaufbewahrungsfunktion, Rechenfunktion

Arten

Form	Geldproduzenten
Bargeld Banknoten, Münzen	**Zentralbankgeld** Bargeld, Sichtguthaben bei der Zentralbank
Buchgeld Sichtguthaben (Giralgeld)	**Geschäftsbankengeld** Sichtguthaben bei Geschäftsbanken

Menge

M1: Bargeld + Sichtguthaben
M2: M1 + kurzfristige Einlagen
M3: M2 + geldmarktfähige Wertpapiere der Banken

Geldschöpfung

Zentralbank

Schaffung von ZBG
durch Kauf von Wertpapieren, Devisen o. Ä. oder Kreditgewährung

Geschäftsbank

aktive Buchgeldschöpfung
z. B. durch Kreditgewährung an Nichtbanken
passive Buchgeldschöpfung
z. B. Bareinzahlung auf ein Konto

Geschäftsbankensystem

multiple Buchgeldschöpfung
Max. Kredit: $\mathbf{Kr = \frac{1}{r} \cdot \ddot{U}_1}$
Multiplikator: $\mathbf{m = \frac{1}{r}}$

Binnenwert des Geldes (= Kaufkraft)

$$\text{Kaufkraft des Geldes} = \frac{1}{\text{Preisniveau}}$$

- Indexhaushalte, Warenkorb, Gewichtung, Basisjahr, Berichtsjahr
- Messung des Preisniveaus durch den **Preisindex der Lebenshaltung**
  - $$\text{Realeinkommen} = \frac{\text{Nominaleinkommen} \cdot 100}{\text{Preisindex}}$$
- $$P = \frac{\sum p_1 \cdot q_0}{\sum p_0 \cdot q_0} \cdot 100$$

Geldwertminderung (Inflation)

Ursachen (Inflationstheorien)

Geldmenge	Nachfrage	Angebot	
		Kostendruck	Gewinndruck
Quantitätsgleichung: $M \cdot U = H \cdot P$; $P = \frac{M \cdot U}{H}$	Gesamtwirtschaftliche Nachfrage bei Vollbeschäftigung > gesamtwirtschaftliches Angebot	Erklärung für **Stagflation**	

importierte Inflation, Lohn-Preis-Spirale

Folgen

Einkommensverteilung	Wachstum/Allokation
Schuldner begünstigt und Gläubiger benachteiligt; Geldvermögen verliert an Wert → Flucht in die Sachwerte	Preisfunktionen werden beeinträchtigt, z. B. Signalfunktion → Fehlinvestitionen; Lenkungsfunktion → Fehlallokation → Wachstumsverlust

Geldpolitik

Europäisches System der Zentralbanken (ESZB)

- **Hauptziel: Preisniveaustabilität**
- **Strategie: Geldmengenziel**

Instrumente zur Beeinflussung von Geldmenge und/oder Zinsniveau

Offenmarktpolitik

befristete Geldgeschäfte mit Geschäftsbanken (z. B. Pfandkredite)
= Zinspolitik (Leitzins)

Kreditzuteilung: **Tenderverfahren**

- **Mengentender** → **Repartierung**
- **Zinstender** → **Holländisches Verfahren**; **Amerikanisches Verfahren**

Ständige Fazilitäten

- Spitzenrefinanzierungsfazilität
- Einlagefazilität

= Zinspolitik (Zinsen für Tagesgeld)

Mindestreservepolitik

Beeinflussung der Bankenliquidität durch Veränderung des MR-Satzes

= Geldmengenpolitik

Wirkungshemmnisse geldpolitischer Maßnahmen zur Konjunktursteuerung

- **Wirkungsverzögerungen (time-lag)**
- **Dosierungsproblem (Impulsstärke)**
- **Ausweichreaktionen der Banken und Nichtbanken**

3328282

Fragen zur Kontrolle des Grundwissens

Kapitel 8: Geldtheorie und Geldpolitik

Kapitel 8.1: Funktionen und Arten des Geldes

1. *Welche Funktionen muss Geld erfüllen können?*

Kapitel 8.2: Geldmengenbegriffe

1. *Unterscheiden Sie zwischen Zentralbankgeld und Geschäftsbankengeld.*
2. *Unterscheiden Sie die Geldmengenbegriffe M1, M2 und M3.*

Kapitel 8.3: Geldschöpfung

1. *Welche Geldproduzenten kennen Sie?*
2. *Was ist das Münzregal?*
3. *Wie entsteht Zentralbankgeld?*
4. *Wie wirkt sich die Schaffung von Zentralbankgeld auf die Bilanz der Zentralbank aus?*
5. *Wie wird Zentralbankgeld vernichtet?*
6. *Wie wirkt sich die Vernichtung von Zentralbankgeld auf die Bilanz der Zentralbank aus?*
7. *Was ist unter passiver Buchgeldschöpfung zu verstehen?*
8. *Was ist unter aktiver Buchgeldschöpfung zu verstehen?*
9. *Wovon hängt die Kreditgewährungsmöglichkeit einer einzelnen Geschäftsbank ab?*
10. *Wie lautet der Kreditschöpfungsmultiplikator des gesamten Geschäftsbankensystems bei vollständigem Bargeldrückfluss?*
11. *Welche Annahmen liegen dem Kreditschöpfungsmultiplikator bei vollständigem Bargeldrückfluss zugrunde?*

Kapitel 8.4: Binnenwert des Geldes

1. *Wovon hängt der Binnenwert des Geldes ab?*
2. *Was ist das Preisniveau?*
3. *In welchem Verhältnis stehen Preisniveau und Kaufkraft des Geldes zueinander?*
4. *Was ist ein Preisindex?*
5. *Beschreiben Sie die Vorgehensweise zur Ermittlung des Preisindex für die Lebenshaltung.*
6. *Was ist der Warenkorb und warum muss er regelmäßig neu ermittelt werden?*
7. *Was ist unter dem Basisjahr bzw. unter dem Berichtsjahr zu verstehen?*
8. *Wodurch wird die Aussagekraft des Preisindex für die Lebenshaltung eingeschränkt?*
9. *Wie wird das Realeinkommen berechnet?*

Kapitel 8.5: Ursachen von Geldwertminderungen (Inflationstheorien)

1. *Was ist unter dem Begriff Inflation zu verstehen?*
2. *Unterscheiden Sie verschiedene Inflationsarten nach dem Tempo, der Erkennbarkeit und den Ursachen.*
3. *Was besagt die Quantitätsgleichung (FISHER'sche Verkehrsgleichung)?*
4. *Welche Behauptung stellt die klassische Quantitätstheorie hinsichtlich des Zusammenhangs zwischen Geldmenge und Preisniveau auf?*
5. *Nennen Sie Kritikpunkte an der klassischen Quantitätstheorie.*
6. *Worin besteht die Kernaussage der Neoquantitätstheorie?*
7. *Unter welchen Voraussetzungen kann eine Erhöhung der gesamtwirtschaftlichen Nachfrage zu Inflation führen?*
8. *Welche Beschäftigungssituation muss vorliegen, damit eine Erhöhung der gesamtwirtschaftlichen Nachfrage zu Preiserhöhungen führt?*
9. *Was ist unter Stagflation zu verstehen?*
10. *Wodurch kann eine Angebotsinflation zustande kommen?*
11. *Unter welchen Voraussetzungen kann es zu einer Gewinninflation kommen?*
12. *Erklären Sie mithilfe der Theorie der Angebotsinflation das Phänomen der Stagflation.*

13. *Wie kann es zu einer Lohn-Preis-Spirale bzw. Preis-Lohn-Spirale kommen?*
14. *Welche Arten von importierter Inflation lassen sich unterscheiden?*
15. *Wie wirkt sich eine Inflation auf die Einkommens- und Vermögensverteilung aus?*
16. *Welche gesellschaftlichen Gruppen werden durch eine Inflation geschädigt?*
17. *Erläutern Sie mögliche Auswirkungen einer Inflation auf Wachstum und Beschäftigung.*

Kapitel 8.6: Deflation

1. *Was ist unter dem Begriff Deflation zu verstehen?*
2. *Nennen Sie Ursachen und Auswirkungen einer Deflation.*
3. *Wie kann eine Deflation bekämpft werden?*

Kapitel 8.7: Aufgaben und Aufbau des Europäischen Systems der Zentralbanken (ESZB)

1. *Erläutern Sie den Aufbau des Europäischen Systems der Zentralbanken (ESZB).*
2. *Was ist unter der Autonomie des ESZB zu verstehen?*
3. *Welche Aufgaben hat das ESZB?*

Kapitel 8.8: Geldpolitische Instrumente des Europäischen Systems der Zentralbanken

1. *Welche geldpolitischen Instrumente stehen dem ESZB zur Verfügung?*
2. *Erläutern Sie den beabsichtigten Transmissionsmechanismus der geldpolitischen Maßnahmen.*
3. *Erläutern Sie die beiden Hauptinstrumente des ESZB im Rahmen der Offenmarktpolitik.*
4. *Welche Verfahren für die Zuteilung von Zentralbankgeld auf die Geschäftsbanken lassen sich unterscheiden?*
5. *Was sind die „Ständigen Fazilitäten"?*
6. *Erläutern Sie die Entwicklung der Leitzinsen anhand der Grafik auf S. 278 und ermitteln Sie die derzeit aktuellen Leitzinsen aus der Tageszeitung.*
7. *Was ist unter Mindestreservepolitik zu verstehen?*
8. *Welche Ziele verfolgt das ESZB mit der Mindestreservepolitik?*

Kapitel 8.9: Probleme geldpolitischer Maßnahmen bei der Beeinflussung wirtschaftspolitischer Ziele

1. *Welche Wirkungshemmnisse können bei geldpolitischen Maßnahmen eintreten?*
2. *Unterscheiden Sie verschiedene Arten von Wirkungsverzögerungen (time-lags).*
3. *Erläutern Sie, wieso Wirkungsverzögerungen dazu führen können, dass genau das Gegenteil der eigentlich beabsichtigten Wirkung erreicht wird.*
4. *Welche besonderen Probleme und Ausweichreaktionen können bei einer Inflationsbekämpfung mithilfe geldpolitischer Maßnahmen eintreten?*
5. *Welche besonderen Probleme und Ausweichreaktionen können bei einer Konjunkturankurbelung mithilfe geldpolitischer Maßnahmen eintreten?*

Aufgaben und Probleme zur Erarbeitung und Anwendung von Wissen

Kapitel 8: Geldtheorie und Geldpolitik

Geldmengenbegriffe – Ermittlung der Geldmenge im Euro-Währungsgebiet

1. Ermitteln Sie aus den nachfolgenden Zahlen
   a) die Zentralbankgeldmenge
   b) den Prozentsatz des Bargeldes, der sich außerhalb des Bankensektors befindet (= Bargeldabflussquote),
   c) die Geldmenge M1,
   d) die Geldmenge M2,
   e) die Geldmenge M3.

Konsolidierter Ausweis der EZB und der nationalen Zentralbanken der EWU-Mitglieder (Eurosystem)
Mai 2001 in Mrd. €

Aktiva		Passiva	
Gold	118,5	Banknotenumlauf	355,9
Devisen, Währungsreserven	288,8	Einlagen von Geschäftsbanken/ Finanzinstituten im Euro-Währungsgebiet[2]	121,7
Forderungen an Geschäftsbanken/Finanzinstitute im Euro-Währungsgebiet[1]	217,7	Sichteinlagen von öffentl. Haushalten	36,6
Forderungen an Ansässige außerhalb des Euro-Währungsgebietes	5,1	Sonstige Verbindlichkeiten	40,5
Wertpapiere	27,9	Eigenkapital und Rücklagen	59,2
Sonstige Aktiva	161,7	Sonstige Passiva	205,8
Aktiva insgesamt	**819,7**	**Passiva insgesamt**	**819,7**

1 darunter: Hauptrefi-Geschäfte 84,9 Mrd. €, Längerfristige Refi-Geschäfte 59,1 Mrd. €, Feinsteuerungsoperationen 0 €, Strukturelle Operationen 0 €, Spitzenrefinanzierungsfazilität 2,5 Mrd. €
2 darunter: Mindestreserven 120,9 Mrd. €, Einlagefazilität 0,11 Mrd. €, Feinsteuerungsoperationen 0 €

Nachrichtlich: Scheidemünzen bei Banken und Nichtbanken: 20,0 Mrd. €

Konsolidierte Bilanz der Monetären Finanzinstitute (MFI) im Euro-Währungsgebiet
Mai 2001 in Mrd. €

Aktiva		Passiva	
Kredite an Nichtbanken in der EWU	7.047,8	Bargeldumlauf außerhalb der Banken	334,2
Wertpapiere außer Aktien	1.428,8	Einlagen von öffentlichen Haushalten, Unternehmen und Privatpersonen	
Aktien	487,8	– täglich fällig (Sichteinlagen)	1.620,3
Devisen u. sonstige Forderungen gegen Ansässige außerhalb der EWU	2.457,5	– mit Laufzeit bis zu 2 Jahren	1.053,0
Sachanlagen	316,8	– mit Laufzeit von mehr als 2 Jahren	1.169,5
Sonstige Aktiva	1.063,4	– mit Kündigungsfrist bis zu drei Monaten	1.269,2
		– mit Kündigungsfrist über drei Monate	128,0
		Kurzfristige Wertpapiere mit Rückkaufvereinbarung (Repogeschäfte)	216,7
		Geldmarktfonds und Geldmarktpapiere	538,7
		Ausgegebene Schuldverschreibungen	
		– Laufzeit bis zu 2 Jahren	114,3
		– Laufzeit über 2 Jahren	1.568,4
		Verbindlichkeiten gegenüber Ansässigen außerhalb des Euro-Währungsgebietes	2.265,7
		Eigenkapital und Rücklagen	975,4
		Sonstige Passiva	1.548,7
Insgesamt	12.802,1	Insgesamt	12.802,1

▶ A 8.2

▶ K

Veränderung der Geldmenge – Geldschöpfung

Beurteilen Sie, ob und ggf. wie sich die folgenden Vorgänge auf

1. die Zentralbankgeldmenge
2. die Geldmenge M1
3. die Geldmenge M2
4. die Geldmenge M3
5. die Bilanz der Geschäftsbank
6. die Bilanz der Zentralbank

auswirken.

Benutzen Sie zur Lösung eine Tabelle nach folgendem Muster. Kennzeichnen Sie dabei expansive Wirkungen auf die Geldmenge mit + und kontraktive Wirkungen mit –.

Vorgang	ZB GM	M1	M2	M3	Bilanz der Geschäftsbank				Bilanz der Zentralbank			
	+/–	+/–	+/–	+/–	Aktiv-Passiv-Mehrung	Aktiv-Passiv-Minderung	Aktivtausch	Passivtausch	Aktiv-Passiv-Mehrung	Aktiv-Passiv-Minderung	Aktivtausch	Passivtausch
a)												
b)												

a) Die EZB lässt frische Banknoten drucken.
b) Eine Geschäftsbank verkauft Wertpapiere an die EZB und erhält dafür ein Sichtguthaben.
c) Ein Bankkunde verkauft einen Goldbarren an seine Hausbank und erhält dafür ein Sichtguthaben.
d) Ein Auszubildender hebt Geld von seinem Girokonto ab und bezahlt mit dem Bargeld ein Mofa.
e) Ein Auszubildender hebt von seinem Sparbuch mit gesetzlicher Kündigungsfrist Geld ab und bezahlt mit dem Bargeld ein Mofa.
f) Ein Auszubildender überweist von seinem Konto monatlich Geld auf einen Bausparvertrag.
g) Ein deutscher Exporteur lässt seinem Konto einen Scheck über 10.000 US-$ gutschreiben.
h) Barzahlung der Kfz-Steuer auf ein Konto des Finanzamtes bei der Landeszentralbank.
i) Die Kfz-Steuer wird vom Girokonto auf ein Konto des Finanzamtes bei der Landeszentralbank überwiesen.
j) Ein Urlauber besorgt sich bei seiner Bank 300 US-$. Der Gegenwert wird seinem Girokonto belastet, das ein ausreichendes Guthaben aufweist.
k) Ein Auszubildender überträgt von seinem Girokonto 500 € auf ein Sparbuch mit gesetzlicher Kündigungsfrist.
l) Ein Auzubildender nimmt einen Ratenkredit bei einer Bank auf und bezahlt damit einen Gebrauchtwagen durch Überweisung auf das Konto des Verkäufers bei derselben Bank.
m) Ein Aktionär kauft Wertpapiere aus den eigenen Beständen einer Bank im Wert von 10.000 €. Sein Girokonto, das ein ausreichendes Guthaben aufweist, wird mit dem Gegenwert belastet.
n) Die EZB verbrennt beschädigte Euro-Geldscheine.
o) Die EZB kauft von den Geschäftsbanken Devisen im Wert von 1 Mio. € gegen Einräumung von Sichtguthaben.
p) Die Geschäftsbanken nehmen bei der EZB Kredite gegen Verpfändung von Wertpapieren auf. Über den Kreditbetrag werden den Geschäftsbanken Sichtguthaben eingeräumt.
q) Die Geschäftsbanken lassen sich Sichtguthaben bei der EZB in Banknoten auszahlen.
r) Die Mitgliedsstaaten der EWU lassen Münzen (Euro und Cent-Münzen) prägen und verkaufen diese an die EZB. Der Gegenwert wird den Staaten als Sichteinlagen öffentlicher Haushalte bei der EZB gutgeschrieben.

3328286

Geldschöpfungsmöglichkeit einer einzelnen Geschäftsbank

A ◄ 8.3

1 ▶ Prüfen Sie, ob sich folgende Vorgänge auf die Kreditschöpfungsmöglichkeit der Geschäftsbank A auswirken.

a) Die Geschäftsbank A kauft von einem Kunden US-$ im Wert von 100.000 € und schreibt diesen Betrag dem Girokonto des Bankkunden gut.

b) Die Geschäftsbank A verkauft die Devisen an die Zentralbank weiter und erhält dafür Banknoten im Wert von 100.000 €.

2 ▶ Die Geschäftsbank A gewährt auf der Basis der ihr von der Zentralbank zugeflossenen 100.000 € einem Kunden einen Kredit. Der Reservesatz beträgt 25 %.
Wie wirkt sich dieser Vorgang in den folgenden Fällen auf die Geldmenge M1 und die weitere Kreditvergabemöglichkeit der Geschäftsbank A aus?

a) Der Kreditnehmer hebt den Betrag in bar ab. Das Bargeld verbleibt außerhalb des Bankensektors.

b) Der Kreditnehmer überweist den Betrag auf das Konto eines Gläubigers bei der Geschäftsbank B.

c) Der Kreditnehmer überweist den Betrag auf das Konto eines Gläubigers bei der Geschäftsbank A.

Geldschöpfungsmöglichkeit des gesamten Geschäftsbankensystems – Geldschöpfungsmultiplikator

A ◄ 8.4

K ◄

P.Point

Excel

Für das Geschäftsbankensystem einer Volkswirtschaft gelten folgende Annahmen:

Geschäftsbank 1 erhält eine Bareinzahlung eines Kunden über 50.000 €.
Der Reservesatz für Bar- und Mindestreserve beträgt 20 %.
Die Kreditvergabemöglichkeiten werden von den Geschäftsbanken in vollem Umfang ausgeschöpft. Jeder angebotene Kredit wird den Bankkunden in Anspruch genommen.
Die Kreditbeträge werden jeweils in voller Höhe bar abgehoben und vollständig auf ein Konto bei einer anderen Bank eingezahlt (= vollständiger Bargeldrückfluss in das Bankensystem).

1 ▶ Vervollständigen Sie für die Vorgänge 1 bis 5 eine Tabelle nach folgendem Muster:

	Erhöhung der Sichteinlagen durch Zufluss von Bargeld	Bar- und Mindestreserve (20 %)	Überschussreserve = Kreditgewährung
A — Geschäftsbank 1 — P + Reserven, + Kreditforderung | + Sichteinlagen			
A — Geschäftsbank 2 — P + Reserven, + Kreditforderung | + Sichteinlagen			

2 ▶ In welcher Höhe kann das gesamte Geschäftsbankensystem Kredite vergeben?

3 ▶ Wie hoch ist der Geldschöpfungsmultiplikator im vorliegenden Fall?

4 ▶ Um wie viel Prozent ändert sich die Kreditvergabemöglichkeit des Geschäftsbankensystems, wenn der Reservesatz für Bar- und Mindestreserve auf 10 % sinken würde?

5 ▶ Angenommen, die Geschäftsbank 1 erhält keine Bareinlage eines Kunden in Höhe von 50.000 €, sondern beschafft sich Zentralbankgeld in dieser Höhe durch den Verkauf von Wertpapieren an die Zentralbank. Alle anderen Modellbedingungen bleiben gleich wie in der Ausgangssituation.
Stellen Sie für diesen Fall die Entwicklung des Geldschöpfungsprozesses für die ersten fünf Stufen tabellarisch dar und beantworten Sie die Fragen 2 und 3 erneut.

▶ A 8.5

Geldschöpfungsmultiplikator

Für das Geschäftsbankensystem einer Volkswirtschaft gilt ein Reservesatz für Bar- und Mindestreserve von 30 %. Die Geschäftsbanken haben alle Kreditvergabemöglichkeiten ausgeschöpft. Die angebotenen Kredite wurden vollständig in Anspruch genommen. Alles Bargeld fließt in den Geschäftsbankensektor zurück.

Nach n Perioden hat im Geschäftsbankensystem eine Kreditschöpfung in Höhe von 10 Mio. € stattgefunden.

1 ▶ Wie hoch war der Geldschöpfungsmultiplikator?

2 ▶ Wie hoch war die Überschussreserve der ersten am Geldschöpfungsprozess beteiligten Bank?

3 ▶ Ausgangspunkt des Geldschöpfungsprozesses war die Erhöhung der Sichteinlagen durch Bareinzahlung bei der ersten am Geldschöpfungsprozess beteiligten Bank. Wie hoch war diese zusätzliche Sichteinlage?

▶ A 8.6

Warenkorb - Preisindex

Es soll ein Preisindex für Jugendliche ermittelt werden. Dazu wird im Basisjahr 00 ein Warenkorb für Jugendliche mit den folgenden Güterarten und Gütermengen erstellt.

1 ▶ Ermitteln Sie den Wert des Warenkorbs im Basisjahr.

Güter	Menge je Monat	Preis je Einheit (€)	Ausgaben je Monat (€)
Pizza	4 Stück	4,00	16,00
Kinobesuch	2 Besuche	5,00	10,00
Transport	8 Fahrten	1,50	12,00
Jeans (Nutzungsdauer 1 Jahr)	1/12	60,00	5,00
Kosmetikartikel	4 Einheiten	2,50	10,00

2 ▶ Für die folgenden Jahre 01 und 02 liegen nebenstehende Preise vor.

a) Ermitteln Sie die prozentuale Wertveränderung der einzelnen Gütergruppen und des Warenkorbs insgesamt gegenüber dem jeweiligen Vorjahr. Wie hoch ist der Preisindex?

b) Wie hoch ist der Anteil der Transportpreiserhöhung an der gesamten Preissteigerungsrate im Jahr 02?

Güter	Preis je Einheit (€)	
	Jahr 01	Jahr 02
Pizza	4,50	4,50
Kinobesuch	5,50	6,00
Transport	1,50	2,00
Jeans (Nutzungsdauer 1 Jahr)	60,00	65,00
Kosmetikartikel	3,00	3,00

3 ▶ Für die Ermittlung eines anderen Preisindex liegen folgende Daten vor:

Güter	Preis je Einheit in €		Menge der Güter	
	Basisjahr (p_0)	Berichtsjahr (p_1)	im Basisjahr (q_0)	im Berichtsjahr (q_1)
Nahrungsmittel	16,00	21,00	300	260
Bekleidung	150,00	180,00	100	800
Sonstiges	800,00	960,00	600	660

Ermitteln Sie den Preisindex für das Berichtsjahr und erläutern Sie das Ergebnis.

Verbraucherpreisindex – Kaufkraft

A ◄ 8.7

K ◄

Excel

1 ▶ Berechnen Sie die fehlenden Größen in der folgenden Tabelle (mit einer Nachkommastelle):

	1995	1996	1997	1998	1999	2000	2001	2002
Preisindex	93,9		97,1	98,0		100,0	102,0	
Veränderung des Preisniveaus gegen Vorjahr in % (Inflationsrate)	+1,7	+1,5		+0,9	+0,6		+2,0	+1,4
Kaufkraft	106,5		103,0		101,4	100		
Kaufkraftänderung gegen Basisjahr %	+6,5			+2,0				
Veränderung der Kaufkraft gegen Vorjahr in %			-1,8		-0,6		-2,0	

2 ▶

Jahr	1950	1960	1970	1980	1990	2000
Preisindex für die Lebenshaltung (2000 = 100)	24,4	29,3	37,9	62,1	80,3	100,0

a) Wie viel Prozent ihrer Kaufkraft hat die DM von 1950 bis 2000 verloren?
b) In welchem Jahrzehnt war der Kaufkraftschwund der DM am stärksten?

3 ▶ Welchen Folgen hätte es für die Ermittlung des Preisniveaus, wenn der Warenkorb nicht regelmäßig neu festgelegt würde?

Verbraucherpreisindex – Realeinkommen

A ◄ 8.8

K ◄

In der Bundesrepublik Deutschland haben sich die Nettoeinkommen in den Jahren von 1995 bis 2001 wie folgt entwickelt:

Durchschnittliche jährliche Lohn- und Gehaltssumme je beschäftigten Arbeitnehmer	1995	1996	1997	1998	1999	2000	2001
Nettoeinkommen (in EUR)	15.843	15.822	15.631	15.815	16.100	16.447	16.969

Quelle: Bundesministerium für Arbeit und Sozialordnung, Statistisches Taschenbuch 2002, Bonn 2002

Excel

1 ▶ Berechnen Sie mithilfe des in Aufgabe 8.7 Nr. 1 ermittelten Verbraucherpreisindex (Basisjahr 2000) die Nettorealeinkommen für die Jahre 1995 bis 2001.

2 ▶ Ermitteln Sie die prozentuale Veränderung der Realeinkommen in den Jahren 1995 bis 2001.

3 ▶ Die Bundesbank geht davon aus, dass der Verbraucherpreisindex nur beschränkt aussagefähig ist und pro Jahr um ca. 0,75 Indexpunkte zu hoch ausgewiesen wird.
Warum kann der Verbraucherpreisindex die tatsächlichen Lebenshaltungskosten nur unzureichend widerspiegeln?

4 ▶

	Jahr	1960	1970	1980	1990	2000
∅ Lohn- und Gehaltssumme in EUR je beschäftigten Arbeitnehmer pro Jahr	brutto, nominal	3.143	7.076	15.180	21.480	25.410
	netto, nominal	2.647	5.484	10.831	14.932	16.447
	netto, real					

Quelle: Bundesministerium für Arbeit und Sozialordnung, Statistisches Taschenbuch 2002, Bonn 2002

a) Ermitteln Sie für die einzelnen Jahre die Abzüge vom Bruttolohn in %.
b) Ermitteln Sie für die einzelnen Jahre die realen durchschnittlichen Nettoverdienste je Arbeitnehmer. Verwenden Sie dazu den Verbraucherpreisindex (2000 = 100) aus Aufg. 8.7 Nr. 1 und 2.
c) Ermitteln Sie die prozentuale Veränderung der Brutto-, Netto- und Realverdienste zwischen 1980 und 2000.
Worauf kann die auffällige Entwicklung bei den realen Nettoverdiensten zurückzuführen sein?

▶ A 8.9 Nominales und reales BIP – Preisindex für das BIP

Für eine Volkswirtschaft liegen die nebenstehenden Daten vor. Im Jahr 1 gab es in diesem Land 500 000 Einwohner. Das Bevölkerungswachstum betrug 3 % pro Jahr.

Jahr	BIP_{nom} in Mio. GE	Preisindex BIP
1	108	90
2	140	100
3	180	120
4	225	125
5	250	150

1 ▶ Ermitteln Sie, wie sich die Güterversorgung pro Kopf (reales BIP pro Kopf) in den einzelnen Jahren verändert hat.

2 ▶ Um wie viel Prozent sind im gesamten Untersuchungszeitraum
a) das nominale BIP
b) das reale BIP
c) das reale BIP pro Kopf
gestiegen?

3 ▶ Warum wird üblicherweise als Maßstab für die Preisniveauveränderung in einer Volkswirtschaft der Preisindex für die Lebenshaltung und nicht der Preisindex für das BIP herangezogen?

▶ A 8.10 Geldmenge – Geldwert – Umlaufgeschwindigkeit des Geldes – Verkehrsgleichung des Geldes

Zur Erläuterung und zum Verständnis der Zusammenhänge zwischen Geldmenge, Gütermenge, Geldwert und Umlaufgeschwindigkeit des Geldes kann folgendes **Modell** dienen:

In einer landwirtschaftlichen Produktionsgenossenschaft stehen für die Entlohnung der als Landarbeiter tätigen Genossenschaftsmitglieder 6 000 Taler zur Verfügung. Pro Jahr werden 3 000 kg Getreide geerntet und bis zum Jahresende eingelagert. Am Jahresende bekommen die Genossenschaftsmitglieder ihren Lohn und kaufen damit das Getreide. So fließen die 6 000 Taler wieder zurück an die Genossenschaft und werden am Ende des nächsten Jahres wieder als Arbeitslohn an die Genossenschaftsmitglieder ausgezahlt usw.

1 ▶ Wie viel Taler kostet in diesem Fall 1 kg Getreide, wenn die gesamte Geldmenge zum Kauf von Getreide verwendet wird?

2 ▶ Die verkaufte Gütermenge wird auch als Handelsvolumen (H) bezeichnet. Stellen Sie den Ihrer Berechnung zu 1 zu Grunde liegenden Zusammenhang zwischen Geldmenge (G), Preisniveau (P) und Handelsvolumen (H) in Form einer nach G aufgelösten Gleichung dar: G = ...

3 ▶ Angenommen, bei unveränderter Getreidemenge wird am Ende eines Jahres die doppelte Geldmenge (12 000 Taler) an die Genossenschaftsmitglieder ausgezahlt und zum Kauf von Getreide verwendet.
a) Wie viel Taler kostet in diesem Fall 1 kg Getreide?
b) Wie viel kg Getreide erhalten die Genossenschaftsmitglieder vor und nach der Geldmengenerhöhung für 1 Taler?

c) Welcher Zusammenhang zwischen Preisniveau und Kaufkraft des Geldes (Geldwert) lässt sich aus den Ergebnissen von a) und b) ableiten?

d) Worauf sind die Veränderungen von Preisniveau und Geldwert im vorliegenden Fall zurückzuführen?

4 ▶ Angenommen, die Genossenschaft zahlt nicht mehr am Ende des Jahres den gesamten Lohn von 6000 Talern an ihre Mitglieder aus, sondern monatlich 500 Taler (6000 Taler : 12 Monate = 500 Taler monatlich). Mit den im Januar ausgezahlten 500 Talern wird die Getreideproduktion dieses Monats in Höhe von 250 kg (3000 kg Jahresproduktion : 12 Monate = 250 kg pro Monat) gekauft. Die 500 Taler fließen auf diesem Wege im Januar an die Genossenschaft zurück und werden im Februar erneut zum Kauf der Monatsproduktion ausgezahlt usw.

a) Wie hoch ist die auf diese Weise bis Ende Dezember umgesetzte Gütermenge (Handelsvolumen)?

b) Wie hoch ist in diesem Fall die zum Kauf der jährlichen Gütermenge benötigte Geldmenge (G)?

c) Wie hoch wäre die benötigte Geldmenge zum Kauf der Jahresproduktion von 3000 kg, wenn Auszahlung und Kauf wöchentlich, d. h. 52 mal pro Jahr, erfolgen würden?

d) Wie hoch wäre die benötigte Geldmenge zum Kauf der Jahresproduktion von 3000 kg, wenn Auszahlung und Kauf täglich, d. h. 365 mal pro Jahr, erfolgen würden?

e) Wovon hängt die zum Kauf des Handelsvolumens benötigte Geldmenge ab?

5 ▶ Die Häufigkeit, mit der die Geldmenge innerhalb eines Jahres für den Kauf von Waren ausgegeben wird, wird als Umlaufgeschwindigkeit des Geldes (U) bezeichnet. Stellen Sie den Ihrer Berechnung zu 4 zu Grunde liegenden Zusammenhang zwischen Geldmenge (G), Umlaufgeschwindigkeit (U), Preisniveau (P) und Handelsvolumen (H) durch Ergänzung der Gleichung G =... (vgl. 2) dar.

Quantitätsgleichung (FISHER'sche Verkehrsgleichung)

A ◀ 8.11

Für eine Volkswirtschaft liegen folgende Zahlen vor[1]:

Jahr	1	2	3	4
Handelsvolumen[2] in Preisen von 1991 (in Mio. GE)	6.537.000	6.550.000	6.296.000	6.385.000
Preisniveau[3] (1991 = 1)	1,00	1,044	1,076	1,098
Geldmenge M1 (in Mio. GE)	255.277	273.047	295.796	314.235
Geldmenge M3 (in Mio. GE)	776.033	830.957	874.943	916.166

1 ▶ Berechnen Sie die für die einzelnen Jahre die Umlaufgeschwindigkeit der Geldmengen M1 und M3.

2 ▶ Worauf ist die unterschiedliche Umlaufgeschwindigkeit der Geldmenge M1 und M3 zurückzuführen?

3 ▶ Für das Jahr 5 wird davon ausgegangen, dass die Umlaufgeschwindigkeit für M1 und M2 jeweils um 2 % gegenüber dem Vorjahr sinkt und das reale Handelsvolumen um 2 % gegenüber dem Vorjahr steigt.
Um wie viel Prozent dürfen die Geldmengen M1 und M3 in diesem Fall jeweils höchstens steigen, wenn die Erhöhung des Preisniveaus gegenüber dem Vorjahr nicht mehr als 2 % betragen soll?

4 ▶ Beurteilen Sie den Aussagewert der FISHER'schen Verkehrsgleichung für die Erklärung von Geldwertveränderungen.

1 Die Zahlen gelten für die alten Bundesländer der Bundesrepublik Deutschland in den Jahren 1991–1994
2 Berechnet aus dem Bruttoproduktionswert ± Lagerbestandsveränderungen – selbst erstellte Anlagen
3 Preisindex für das Inlandsprodukt

▶ A 8.12

▶ K

Geldmengenbedingte Inflation – Quantitätstheorie

Die Vertreter der Quantitätstheorie gehen von folgender Gleichung aus:

$$P_y = \frac{M \cdot U_y}{Y_r}$$

Y_r = reales Inlandsprodukt bzw. reales Volkseinkommen
P_y = Preisniveau der im Inlandsprodukt enthaltenen Güter (Preisindex für das Inlandsprodukt)
U_y = (Einkommens-)Kreislaufgeschwindigkeit des Geldes

1 ▶ Wodurch unterscheidet sich die modifizierte Gleichung der Quantitätstheorie von der FISHER'schen Verkehrsgleichung?

2 ▶ Unter welchen Voraussetzungen kann diese Gleichung Grundlage für eine Inflationstheorie sein?

3 ▶ Die Vertreter der klassischen Quantitätstheorie gehen davon aus, dass die (Einkommens-)Kreislaufgeschwindigkeit des Geldes kurzfristig konstant ist.
Überprüfen Sie diese Annahme anhand der folgenden Zahlen für die Bundesrepublik Deutschland (Gesamtdeutschland).

	1993	1994	1995	1996	1997	1998	1999	2000
reales BIP in Preisen von 1995 (Mrd. EUR)	1.730	1.770	1.801	1.814	1.841	1.880	1.907	1.963
Preisniveau[1]	0,956	0,980	1,000	1,010	1,018	1,029	1,039	1,035
Geldmenge M1 (Mrd. EUR)	371,4	390,7	417,3	468,8	479,6	532,8	527,6	559,4
Geldmenge M3 (Mrd. EUR)	974,9	990,4	1.026,4	1.120,6	1.155,4	1.240,2	1.344,0	1.395,3

1 Preisindex für das Inlandsprodukt
Quelle: Deutsche Bundesbank

4 ▶ Worauf können die Veränderungen der (Einkommens-) Kreislaufgeschwindigkeit für die Geldmenge M1 im Zeitablauf zurückzuführen sein? Ziehen Sie für Ihre Überlegungen auch die folgende Tabelle heran:

	1993	1994	1995	1996	1997	1998	1999	2000
∅ Zinssatz für Spareinlagen mit 3-monatiger Kündigungsfrist in %	2,54	2,10	2,04	1,99	1,71	1,59	1,30	1,25
Preisniveauänderung gegen Vorjahr in %	4,47	2,73	1,77	1,48	1,80	0,92	0,60	1,9

Quelle: Deutsche Bundesbank

5 ▶ Wenn die Geldmenge schneller steigt als das reale Inlandsprodukt kommt es nach Auffassung der Neoquantitätstheorie zu einer Erhöhung des Preisniveaus.

a) Ermitteln Sie anhand der folgenden Zahlen der Bundesrepublik Deutschland die Wachstumsraten des realen BIP und der Geldmenge M3 in den Jahren 1974/1975, 1981/1982, 1986/1987 und 1999/2000.

b) Überprüfen Sie anhand der ermittelten Wachstumsraten die Behauptung der Neoquantitätstheorie. Erläutern Sie das Ergebnis.

c) Worauf kann es zurückzuführen sein, dass in einigen Fällen die Preisniveauerhöhungen relativ gering waren, obwohl die Wachstumsrate der Geldmenge M3 über der Wachstumsrate des realen BIP lag?

Jahr	1973	1974	1975	1980	1981	1982	1985	1986	1987	1998	1999	2000
BIP_r in Preisen von 1991 bzw. 1995 (Mrd. EUR)	888	890	878	1.032	1.033	1.023	1.092	1.117	1.134	1.878	1.907	1.964
Geldmenge M3 (Mrd. EUR)	213	231	251	377	398	425	509	537	568	1.240	1.344	1.395
Preisniveauänderung gegen Vorjahr	+6,9	+7,0	+5,9	+5,4	+6,3	+5,3	+2,2	-0,2	+0,3	+1,0	+0,6	+1,9

6 ▶ Die EZB hat als Orientierungsgröße für das Wachstum der Geldmenge M3 in den Jahren 2000 und 2001 eine jährliche Steigerung von 4,5 % festgelegt. Dieser Geldmengenplanung lag eine erwartete Steigerung des realen Inlandsprodukts um ca. 2,5 % gegenüber dem Vorjahr zugrunde. Die EZB ging davon aus, dass die (Einkommens-)Kreislaufgeschwindigkeit im Euro-Währungsgebiet aufgrund des trendmäßigen Rückgangs 2000 auf ca. 1,34 sinkt. 1999 betrugen das reale BIP im Euro-Währungsgebiet 5.802,6 Mrd. € (in Preisen von 1995) und die Geldmenge M3 durchschnittlich 4.592,7 Mrd. €.

a) Von welchem Preisindex für das BIP (1995 = 100) ist die EZB bei ihrer Geldmengenplanung für 2000 ausgegangen?

b) Welcher erwarteten Preisniveausteigerung im Euro-Währungsgebiet für das Jahr 2000 entspricht das Ergebnis von Nr. 7 a), wenn der BIP-Preisindex im Vorjahr 106,5 betrug?

Nachfragebedingte Inflation

A ◄ 8.13
K ◄
P.Point

In einer Volkswirtschaft kann bei voller Auslastung der Produktionskapazitäten ein Bruttoinlandsprodukt im Realwert von 100 Mrd. GE produziert werden. Die gesamtwirtschaftliche Angebotskurve hat folgenden Verlauf:

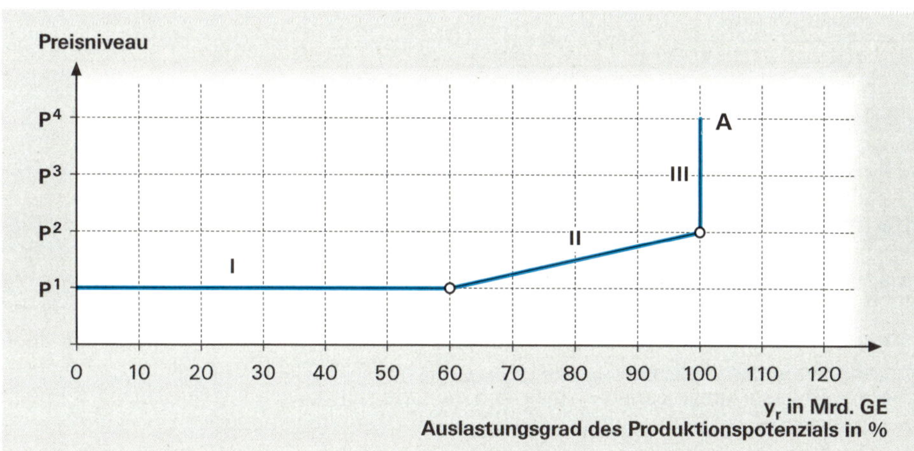

1 ▶ Welcher Zusammenhang wird durch die gesamtwirtschaftliche Angebotskurve dargestellt?

2 ▶ Welche gesamtwirtschaftlichen Situationen werden durch die Abschnitte I, II und III der gesamtwirtschaftlichen Angebotskurve dargestellt?

3 ▶ Für die gesamtwirtschaftliche Nachfrage ergibt sich bei gegebener Geldmenge und konstanter Kreislaufgeschwindigkeit des Geldes in der Ausgangssituation (Jahr 00) nebenstehender Zusammenhang.

Preisniveau	P1	P2	P3	P4
reales BIP (in Mrd. GE)	40	30	20	10

Zeichnen Sie die entsprechende gesamtwirtschaftliche Nachfragekurve N^0 in ein Koordinatensystem nach oben stehendem Muster ein.

4 ▶ In nachfolgenden Jahren verändert sich die gesamtwirtschaftliche Nachfrage bei unverändertem gesamtwirtschaftlichem Angebot folgendermaßen:

BIP \ Preisniveau	P1	P2	P3	P4
Jahr 01: reales BIP (in Mrd. GE)	50	40	30	20
Jahr 02: reales BIP (in Mrd. GE)	80	70	60	50
Jahr 03: reales BIP (in Mrd. GE)	120	110	100	90

a) Worauf können die Veränderungen der gesamtwirtschaftlichen Nachfrage zurückzuführen sein?
b) Zeichnen Sie die entsprechenden gesamtwirtschaftlichen Nachfragekurven N^1, N^2 und N^3 in das Koordinatensystem ein.
c) Erläutern Sie, wie sich die Veränderungen der gesamtwirtschaftlichen Nachfrage im vorliegenden Fall jeweils auf das reale BIP und das Preisniveau auswirken.

5 ▶ Welche Voraussetzungen müssen vorliegen, damit Veränderungen der gesamtwirtschaftlichen Nachfrage zur Inflation führen?

▶ A 8.14 ▶ K

Produktivitätsorientierte Lohnpolitik – Angebotsbedingte Inflation – Lohn-Preis-Spirale

Für die Bundesrepublik Deutschland gelten folgende Daten

Jahr	1994	1995	1996	1997	1998	1999	2000
BIP in Preisen von 1995 (Mrd. EUR)	1.770,7	1.801,3	1.815,1	1.840,4	1.876,4	1.911,1	1.968,5
Erwerbstätige (in Mio.)	37,279	37,330	37,210	37,145	37,549	38,015	38,636
Arbeitsproduktivität[1] (EUR)	47.498	48.253	48.780	49.546	49.972	50.272	50.950

1 Reales BIP je Erwerbstätigen
Quelle: SVR-Gutachten 2001, S. 389, 391, 395

1 ▶ Erläutern Sie, was unter der Arbeitsproduktivität zu verstehen ist und wie sie im vorliegenden Fall berechnet wurde.

2 ▶ Berechnen Sie für die einzelnen Jahre die Änderung der Arbeitsproduktivität in % (Produktivitätsfortschritt).

3 ▶ Welche Wirkung hat ein Produktivitätsfortschritt und worauf kann er zurückzuführen sein?

4 ▶ Wie wirkt sich der Produktivitätsfortschritt auf die Lohnstückkosten (= Lohnkosten je Produktionseinheit) aus?

5 ▶ Im Untersuchungszeitraum haben sich die Lohnstückkosten in Deutschland wie folgt entwickelt.

Jahr	1994	1995	1996	1997	1998	1999	2000
Lohnstückkosten[1] (1995 = 100)	98,0	100	100,2	99,5	99,7	100,3	100,1

1 Lohnstückkosten: Lohnkosten je Produktionseinheit berechnet als: Arbeitnehmerentgelte je Arbeitnehmerstunde im Verhältnis zum BIP je Erwerbstätigenstunde in Preisen von 1995.
Quelle: SVR-Gutachten 2001, S. 395

a) Berechnen Sie die prozentuale Veränderung der Lohnstückkosten in den einzelnen Jahren.
b) Worauf ist es zurückzuführen, dass die Lohnstückkosten in einigen Jahren trotz des Produktivitätsfortschritts gestiegen sind?

6 ▶ Werden die Lohnerhöhungen am Produktivitätsfortschritt ausgerichtet, wird von *produktivitätsorientierter Lohnpolitik* gesprochen. Eine solche Lohnpolitik gilt als kostenneutral und daher als nicht inflationsverursachend.
In welchen Fällen führen Lohnerhöhungen, die über den Produktivitätsfortschritt hinausgehen, nicht zwangsläufig zu Preissteigerungen?

7 ▶ Wie verändert sich die gesamtwirtschaftliche Angebotskurve, wenn Preisniveausteigerungen durch Lohnerhöhungen ausgelöst werden?

8 ▶ Im Zusammenhang mit einer Lohnkosteninflation wird auch von „Stagflation" gesprochen.
Erläutern Sie die gesamtwirtschaftliche Situation der Stagflation, indem Sie untersuchen, wie sich bei einer angebotsbedingten Inflation die Veränderung der gesamtwirtschaftlichen Angebotskurve auf das reale BIP auswirkt.

9 ▶ Auf welche anderen Ursachen kann eine angebotsbedingte Inflation zurückzuführen sein?

10 ▶ Unter welchen Voraussetzungen kann eine angebotsbedingte Inflation in eine Lohn-Preis-Spirale bzw. Preis-Lohn-Spirale münden?

Auswirkungen von Lohnerhöhungen auf Kosten, Gewinne und Einkommensverteilung in einem Betrieb – Produktivitätsorientierte Lohnpolitik – Expansive[1] Lohnpolitik – Angebotsbedingte Inflation – Lohn-Preis-Spirale

A ◀ 8.15

K ◀

Für einen Textilbetrieb, der Herrenhemden herstellt, liegen für eine Abrechnungsperiode die in nebenstehender Tabelle angegebenen Daten vor[2]. Ermitteln Sie in einer entsprechenden Tabelle die sich in folgenden Fällen gegenüber der Ausgangssituation ergebenden Datenänderungen und analysieren Sie die Ergebnisse anhand der Fragen.

		Ausgangslage
1	Produktionsergebnis (Hemden in Stück)	4 000
2	Arbeitsstunden	1 000
3	Arbeitsproduktivität (Z1 : Z2)	4
4	Bruttostundenlohn (einschl. Nebenkosten) €	16,00
5	Lohnsumme (Z2 • Z4) €	16.000
6	Lohnkosten pro Stück €	4,00
7	Materialkosten pro Stück €	25,00
8	Sonstige Kosten pro Stück €	10,00
9	Gesamte Stückkosten (Z6+Z7+Z8) €	39,00
10	Verkaufspreis €	40,00
11	Gesamterlös (Z10 • Z1) €	160.000
12	Gesamtkosten (Z9 • Z1) €	156.000
13	Gewinn/Verlust (Z11-Z12)	4.000
14	Verhältnis Gewinn: Lohnsumme (Z13:Z5)	0,25
15	Erlös je Arbeitsstunde (wertmäßige Arbeitsproduktivität) (Z11:Z2)	160
16	Nettostundenlohn €	10,00
17	Lohnkaufkraft (benötigte Arbeitszeit, um mit dem Nettolohn ein Hemd kaufen zu können) (Z10:Z16) Std.	4

Fall 1: Produktivitätsorientierte Lohnpolitik

Bei unveränderter Arbeitszeit von 1 000 Stunden steigt die Arbeitsproduktivität um 5 %. Um diesen Prozentsatz wird der Stundenlohn erhöht. Der Absatzpreis bleibt unverändert.

1 ▶ Wie wirken sich die Produktivitäts- und Lohnerhöhung jeweils auf
a) die Lohnstückkosten, b) den Gewinn, c) die Einkommensverteilung (Verhältnis von Gewinn zu Lohnsumme), d) die Lohnkaufkraft aus?

2 ▶ Wie verteilt sich in diesem Fall der Produktivitätszuwachs auf Unternehmer- und Arbeitnehmereinkommen?

1 expansiv (*lat.*): ausdehnend, erweiternd; hier: über den Produktivitätsfortschritt hinausgehend
2 In Anlehnung an IWD, Wirtschaft und Unterricht, Nr. 5 (25), 24. Juni 1999

Fall 2: Produktivitätsorientierte Lohnpolitik und Erhöhung der Energiekosten bei unverändertem Absatzpreis
Bei unveränderter Arbeitszeit von 1 000 Stunden steigt die Arbeitsproduktivität um 5 %. Um diesen Prozentsatz wird der Stundenlohn erhöht. Zusätzlich steigen die sonstigen Kosten je Stück (z. B. Energiekosten je Stück) um 0,50 €. Der Absatzpreis bleibt unverändert.

1 ▶ Wie wirken sich die Produktivitäts-, Lohn- und Energiekostenerhöhung auf a) den Gewinn, b) die Einkommensverteilung (Verhältnis von Gewinn zu Lohnsumme), c) die Lohnkaufkraft aus?

2 ▶ Wie müssten sich die Löhne im vorliegenden Fall verändern, wenn die Höhe des Gewinns gegenüber der Ausgangssituation unverändert bleiben und eine kostenbedingte Preissteigerung (= angebotsbedingte Inflation) vermieden werden soll (= **kostenniveauneutrale Lohnpolitik**)?

Fall 3: Expansive Lohnpolitik bei unverändertem Absatzpreis
Bei unveränderter Arbeitszeit von 1 000 Stunden steigt die Arbeitsproduktivität um 5 %. Die Stundenlöhne werden aber aufgrund von Tarifverhandlungen um 10 % erhöht. Der Absatzpreis bleibt unverändert.
Wie wirken sich die Produktivitäts- und Lohnerhöhung auf
a) den Gewinn, b) die Einkommensverteilung (Verhältnis von Gewinn zu Lohnsumme), c) die Lohnkaufkraft aus?

Fall 4: Expansive Lohnpolitik mit Überwälzung der Mehrkosten auf den Absatzpreis (Angebotsbedingte Inflation)
Bei unveränderter Arbeitszeit von 1 000 Stunden steigt die Arbeitsproduktivität um 5 %. Die Stundenlöhne werden aber aufgrund von Tarifverhandlungen um 10 % erhöht. Zusätzlich steigen aufgrund allgemeiner Kostensteigerungen die Materialkosten um 1 € pro Stück und die sonstigen Kosten um 2,50 € pro Stück. Am Absatzmarkt lässt sich eine Preiserhöhung um 10 % durchsetzen.

1 ▶ Wie wirken sich die Produktivitäts-, Kosten- und Preiserhöhungen auf a) den Gewinn, b) die Einkommensverteilung (Verhältnis von Gewinn zu Lohnsumme), c) die Lohnkaufkraft aus?

2 ▶ Prüfen Sie, wer durch die „Lohn-Preis-Spirale" benachteiligt wird.

Fall 5: Produktivitätsorientierte Lohnpolitik bei sinkendem Absatzpreis
Bei unveränderter Arbeitszeit von 1 000 Stunden steigt die Arbeitsproduktivität um 5 %. Um diesen Prozentsatz wird der Stundenlohn erhöht. Aufgrund des verschärften Wettbewerbs mit importierten Textilien muss der Absatzpreis auf 38 € gesenkt werden.

1 ▶ Wie wirken sich die Produktivitäts- und Lohnerhöhung sowie die Preissenkung auf a) den Gewinn, b) den Erlös je Arbeitsstunde (wertmäßige Arbeitsproduktivität), c) die Lohnkaufkraft aus?

2 ▶ Wovon hängt es ab, ob sich produktivitätsorientierte Lohnerhöhungen sowohl für den Unternehmer als auch für die Arbeitnehmer positiv auswirken?

▶ A 8.16

Zusammenhang zwischen verschiedenen Ansätzen zur Inflationserklärung

1 ▶ Erläutern Sie die Darstellungen in den Abb. 1 bis 4 und nennen Sie Ursachen und Voraussetzungen für die jeweiligen Kurvenverschiebungen.

2 ▶ In welchen der dargestellten Fälle kann es sich
a) um eine hausgemachte Inflation, b) um eine importierte Inflation handeln?

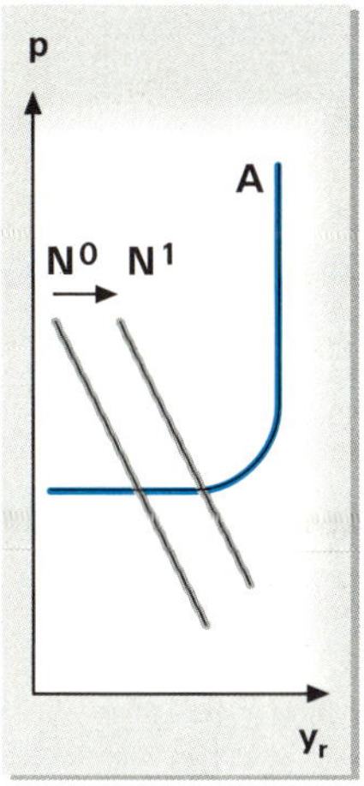

Abb. 1

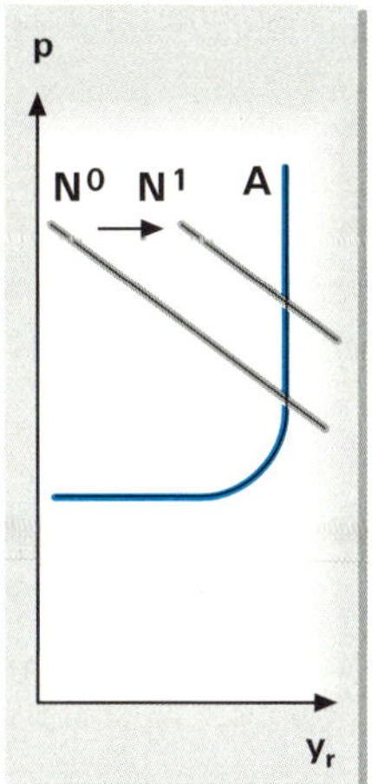

Abb. 2

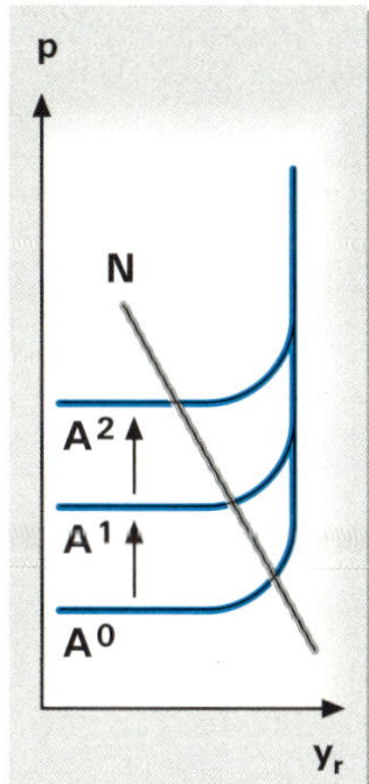

Abb. 3

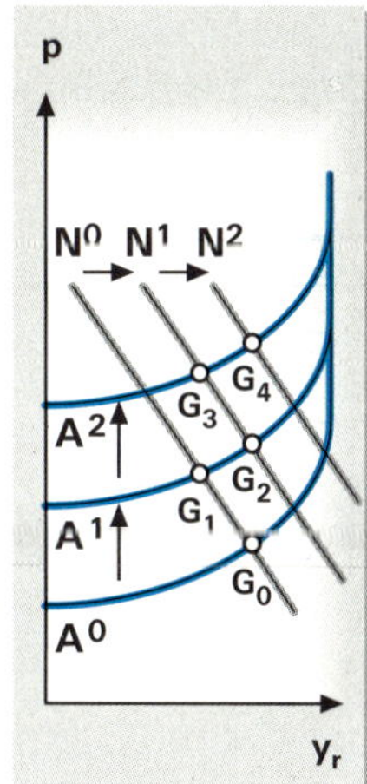

Abb. 4

Offenmarktkredite - Mengentender - Zinstender - ESZB-Bilanz

A ◄ 8.17

1 ▶ Eine Geschäftsbank erhält vom ESZB über die Deutsche Bundesbank das unten stehende Schreiben.

a) Welchen Zweck verfolgt das ESZB mit diesem Schreiben?

b) Um welches Zuteilungsverfahren (Tenderverfahren) handelt es sich im vorliegenden Fall?

c) In welchen Fällen wendet das ESZB dieses Zuteilungsverfahren an?

d) Das gesamte Bietungsvolumen betrug 950.369 Mio. €, der gesamte Zuteilungsbetrag 75.000 Mio. €.
Welcher Betrag wird der Geschäftsbank zugeteilt, wenn sich ihr Bietungsbetrag auf 1,5 Mio. € belief?

> Frankfurt, 11. Jan. …
>
> Offenmarktgeschäfte: Ankündigung
> Das ESZB kündigt folgende Tender an:
> Liquiditätsbereitstellung über Offenmarktkredite
> Hauptrefinanzierungsoperation
>
> Durchführung: Standardtender
> Gebotsfrist: 12. Jan … 09:30 Uhr, Zuteilungstag: 12. Jan.
> Valutierungstag: 13. Jan. Verfalltag: 27. Jan.
> Laufzeit: 14 Tage
>
> Festzinssatz: 3,00 %, Mindestbietungsbetrag: 1,00 Mio. €
> Bietungsschritte: 0,10 Mio. €

2 ▶ Zwei Tage später erreicht die Geschäftsbank das folgende Schreiben des ESZB (folgende Seite).

a) Wodurch unterscheidet sich dieses Offenmarktgeschäft des ESZB von dem bei Nr. 1. behandelten?

b) Erläutern Sie das hier angewandte Zuteilungsverfahren.

c) Was besagt der marginale Zuteilungssatz von 3,13 % und wie wird er ermittelt?

d) Was besagt die Repartierungsquote von 73,30 % und wie wird sie ermittelt?

e) Welche Aussage lässt sich über die Dringlichkeit des Geldbedarfs bei dieser Geschäftsbank machen?

f) Warum waren einige Geschäftsbanken im vorliegenden Fall bereit, einen höheren Zinssatz zu bieten als den, der beim Verfahren unter Nr. 1 vom ESZB vorgegeben wurde?

3 ▶ Erläutern Sie anhand der Bilanz des Eurosystems in Aufg. 8.1 auf S. 285, wie sich die beiden Offenmarktgeschäfte von Nr. 1 und 2 auf die Zentralbankbilanz auswirken.

4 ▶ Prüfen Sie anhand der Bilanz des Eurosystems in Aufg. 8.1, welches geldpolitische Instrument die größte Bedeutung hat.

Frankfurt, 13. Jan....

Offenmarktgeschäfte: Zuteilung
Das ESZB teilt folgende Tender zu: Liquiditätsbereitstellung über Offenmarktkredite
Längerfristige Refinanzierungsgeschäfte

Durchführung: Standardtender (Zinstender, holländ. Zuteilungsverfahren)
Gebotsfrist: 13. Jan.... 09:30 Uhr, Zuteilungstag: 13. Jan.... Valutierungstag: 14. Jan....
Verfalltag: 13. April Laufzeit: 90 Tage

Mindestbietungssatz: – %, Mindestbietungsbetrag: 0,01 Mio. €
Beabsichtigtes Zuteilungsvolumen: 15.000 Mio. €

Gesamtes Bietungsvolumen:	79.846 Mio. €	Anzahl der Bieter:	466
Gesamter Zuteilungsbetrag	15.000 Mio. €	Repartierungsquote:	73,30 %
Akzeptierter marginaler Zuteilungssatz:	3,13 %	Bietungsspanne:	2,50 % – 3,30 %

Für Ihr(e) Gebot(e) zu o. g. Ausschreibung wurden folgende Zuteilungsdaten ermittelt:
Bietungssatz: 3,05 % Bietungsbetrag: 7 Mio. €
Zugeteilter Betrag: 0 €

▶ A 8.18

▶ K

P.Point

Refi-Geschäft der EZB – Zinstender

Bietungssatz	**Kumulierte** Bietungsaufträge aller Banken in Mio. €
3,09	30
3,08	50
3,07	70
3,06	90
3,05	110
3,04	130
3,03	150

Das ESZB will den Geschäftsbanken im Rahmen des längerfristigen Refi-Geschäfts Zentralbankgeld in Höhe von 100 Mio. € über einen Zinstender zuteilen. Die eingehenden Gebote der Geschäftsbanken werden zu der nebenstehenden Tabelle zusammengestellt.

1 ▶ Wie hoch ist der marginale Zinssatz, wenn nach dem holländischen Verfahren zugeteilt wird?

2 ▶ Wie hoch ist die Zuteilungsquote für die Gebote zum marginalen Zinssatz?

3 ▶ Wie hoch ist der Zinsertrag der EZB aus diesem Refi-Geschäft beim holländischen Verfahren, wenn die Laufzeit drei Monate beträgt?

4 ▶ Stellen Sie das Angebotsverhalten des ESZB und das Nachfrageverhalten der Geschäftsbanken in Form einer Angebots- und Nachfragekurve in einem Zins-Mengen-Diagramm dar.

5 ▶ Erläutern Sie anhand der Grafik die Marktlage (Verhältnis von Angebot und Nachfrage) beim marginalen Zinssatz.

Zinssatz in %	Zugeteilter Betrag in Mio. €	Zugeteilte Beträge insgesamt in Mio. €
3,09		
3,08		
usw.		

6 ▶ Wie wäre die Zuteilung vorgenommen worden, wenn das amerikanische Verfahren angewandt worden wäre? Benutzen Sie für Ihre Lösung eine Tabelle nach nebenstehendem Muster:

7 ▶ Wie hoch wäre der Zinsertrag der EZB, wenn nach dem amerikanischen Verfahren zugeteilt würde (Laufzeit 3 Monate)?

8 ▶ Worauf ist der unterschiedliche Zinsertrag der EZB bei Anwendung des amerikanischen Verfahrens (Nr. 6) gegenüber der Anwendung des holländischen Verfahrens (Nr. 3) zurückzuführen?

Simulation: Refinanzierung der Geschäftsbanken[1] - Zinstender - amerikanisches Verfahren

A ◀ 8.19

Vorbereitung
1 Spielleiter (repräsentiert die Zentralbank); Gruppen (repräsentieren jeweils eine Geschäftsbank); Bietungskarten über je 100 Mio. EUR für die Gruppen (maximal 20 Karten je Gruppe); eine Ereigniskarte je Gruppe, aus der der Liquiditätsbedarf hervorgeht (Nur der Spielleiter kennt die Gesamtsumme des Liquiditätsbedarfs); Angabe eines Mindestbietungssatzes (= Hauptrefi-Satz, z. B. 2,75 %) und eines höheren Geldmarktsatzes (z. B. 3 %).

Durchführung
Gruppen: Die Gruppen geben ihre Gebote ab (Zinsen in glatten 0,1 Prozentpunkten). Ziel ist es, in jeder Spielrunde den Zinsaufwand für die Refinanzierung zur Deckung des Liquiditätsbedarfs durch geschicktes Bietungsverhalten zu minimieren. Sind die Zinsgebote hoch, ist die Wahrscheinlichkeit einer Zuteilung zwar groß, die Refinanzierung ist dann aber teuer. Sind die Zinsgebote niedrig, ist die Wahrscheinlichkeit einer Zuteilung gering, die Refinazierung wäre dann aber billig.
Spielleiter: Die Gebote werden auf OH-Folie (oder an der Tafel) festgehalten. Die Gesamtsumme des den einzelnen Gruppen mitgeteilten Liquiditätsbedarfs wird zugeteilt. Bei einzelnen Gruppen können sich aber Unter- oder Überdeckungen ergeben.
Gemeinsam: Verteilung des Zuteilungsvolumens (= Summe des Liquiditätsbedarf) auf die Gebote entsprechend den Zinssätzen. Der auf der Ereigniskarte jeder Gruppe notierte Liquiditätsbedarf wird mit dem Zuteilungsvolumen verglichen. Dabei ergeben sich drei Möglichkeiten: 1. Der Liquiditätsbedarf wird genau gedeckt. Es wird der Zinsaufwand für die Zuteilung berechnet. 2. Es besteht ein Liquiditätsüberschuss. Dieser wird zum Einlagensatz (z. B. 1,75 %) auf dem Geldmarkt angelegt. Der Zinsertrag verringert den Zinsaufwand für die Zuteilung. 3. Es besteht nach wie vor ein Liquiditätsbedarf. Dieser wird am Geldmarkt gedeckt (Spitzenrefinanzierungsfazilität) und enzsprechend verzinst (z. B. 3,75 %). Der gesamte Zinsaufwand erhöht sich dadurch.

Sieger einer Spielrunde ist die Gruppe mit dem geringsten gewichteten Durchschnittszinssatz *(weitere Hinweise zum Spiel im Lehrerhandbuch)*.

Geldpolitisches Instrumentarium des ESZB

A ◀ 8.20

1 ▶ Angenommen, in den EWU-Mitgliedsstaaten besteht die Gefahr einer Inflation.
a) Welche Maßnahmen könnte das ESZB in dieser Situation ergreifen?
b) Erläutern Sie den beabsichtigten Wirkungsmechanismus der bei a) genannten Maßnahmen.
c) Erläutern Sie Wirkungshemmnisse, die dazu führen können, dass die beabsichtigten kontraktiven Wirkungen der geldpolitischen Maßnahmen nicht eintreten.

> *ESZB-Satzung Art. 2: Ziele*
> *...ist es das vorrangige Ziel des ESZB, die Preisstabilität zu gewährleisten. Soweit dies ohne Beeinträchtigung des Zieles der Preisstabilität möglich ist, unterstützt das ESZB die allgemeine Wirtschaftspolitik in der Gemeinschaft, ...*

2 ▶ Angenommen, in den EWU-Mitgliedsstaaten herrscht hohe Arbeitslosigkeit. Die Inflationsraten sind niedrig.
a) Welche Maßnahmen könnte das ESZB in dieser Situation zur Unterstützung der Beschäftigungspolitik der EWU-Mitgliedsstaaten ergreifen?
b) Die Wirksamkeit der geldpolitischen Maßnahmen in einer Situation der Unterbeschäftigung wird zuweilen mit dem Satz: „Man kann die Pferde zur Tränke führen, aber saufen müssen sie selbst." umschrieben. Was soll damit ausgesagt werden?
c) Erläutern Sie Wirkungshemmnisse, die dazu führen können, dass die beabsichtigten expansiven Wirkungen der geldpolitischen Maßnahmen nicht eintreten.

1 In Anlehnung an G. Peter, Das Refi-Spiel, in: bankfachklasse Heft 4 u. 5, 2002

9 Wirtschaftspolitische Konzepte zur Beeinflussung von Beschäftigung und Konjunktur

Fallbeispiele zur Einführung

Fallbeispiel 9.1: Produktionspotenzial – Wachstum des BIP

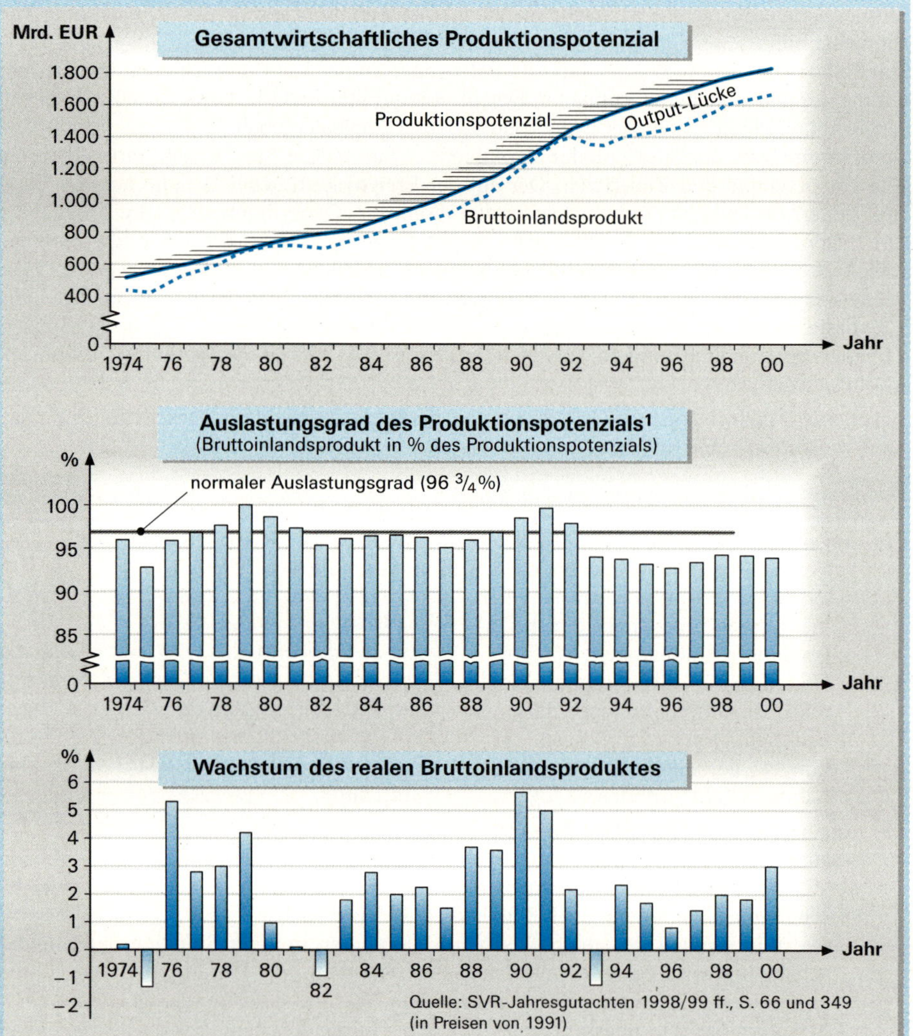

1. In den Abb. 1 bis 3 auf S. 300 wird die Entwicklung der gesamtwirtschaftlichen Aktivität für das frühere Bundesgebiet der Bundesrepublik Deutschland auf verschiedene Weise dargestellt. Erläutern Sie Vor- und Nachteile der einzelnen Darstellungsarten.
2. Analysieren Sie die Konjunkturentwicklung in der früheren Bundesrepublik Deutschland anhand der Abbildungen und vergleichen Sie diese mit einem idealtypischen Konjunkturzyklus.

Erläuterungen und Lösung siehe Seite 304.

Fallbeispiel 9.2:
Wirtschaftspolitische Strategien zur Steigerung von Wachstum und Beschäftigung

Quelle: Bundeszentrale für politische Bildung, Informationen zur politischen Bildung, Heft 177 (1990), S. 16

1. Welche der beiden Strategien beruht auf der keynesianischen Theorie?
   Was ist nach dieser Theorie die Hauptursache einer Unterbeschäftigung?
   Welche Maßnahmen sollen nach dieser Theorie ergriffen werden, um eine Unterbeschäftigung abzubauen?
2. Welche der beiden Strategien beruht auf der (neo-)klassischen Theorie?
   Was ist nach dieser Theorie die Hauptursache einer Unterbeschäftigung?
   Welche Maßnahmen sollen nach dieser Theorie ergriffen werden, um eine Unterbeschäftigung abzubauen?

Erläuterungen und Lösung siehe Seiten 317 und 318.

3328301

9.1 Konjunktur

9.1.1 Konjunkturzyklus

Die wirtschaftliche Entwicklung der meisten Volkswirtschaften verläuft nicht stetig, sondern im Wechsel zwischen Wirtschaftskrisen und Phasen der Wohlstandssteigerung.

Bereits in der Bibel ist die Rede von sieben mageren Jahren in Ägypten, denen sieben Jahre des Überflusses folgen sollen.[1] Auch in den entwickelten Volkswirtschaften der Neuzeit weist die Wirtschaftsentwicklung Schwankungen auf. Neben den jahreszeitlich bedingten **Saisonschwankungen** (z. B. im Baugewerbe, in der Landwirtschaft und im Einzelhandel) lassen sich auch mittelfristige Schwankungen feststellen, die sich über mehrere Jahre erstrecken und die gesamte Volkswirtschaft erfassen. Diese Schwankungen werden als **konjunkturelle Schwankungen** bezeichnet.

Die in gewisser Regelmäßigkeit auftretenden mehrjährigen Auf- und Abwärtsbewegungen der gesamtwirtschaftlichen Aktivitäten einer Volkswirtschaft werden als Konjunktur bezeichnet.

▶ A 9.1 Als **Messgrößen** für die gesamtwirtschaftlichen Aktivitäten einer Volkswirtschaft dienen häufig entweder das reale **Bruttoinlandsprodukt zu Marktpreisen** und seine Veränderung (Wachstumsraten) oder der **Auslastungsgrad des Produktionspotenzials**[2].

Obwohl in der Realität keine strenge Abfolge der konjunkturellen Schwankungen feststellbar ist, wird in der Konjunkturtheorie häufig von einem idealtypischen **Konjunkturzyklus** (von Punkt A bis E in der Abb. auf S. 303) ausgegangen, der aus folgenden vier **Konkjunkturphasen** besteht:

(1) Boom (Hochkonjunktur)
Das Produktionspotenzial wird über das normale Maß hinaus ausgelastet (Überbeschäftigung mit Überstunden, Sonderschichten u. Ä.). In einigen Wirtschaftsbereichen kommt es zu Produktionsengpässen. Die Zuwachsraten des BIP werden geringer. Die zu Beginn noch optimistischen Zukunftserwartungen verschlechtern sich zunehmend.

(2) Abschwung (Abschwächung/Entspannung)
Nach Überschreiten des oberen Wendepunktes[3] sinken der Auslastungsgrad des Produktionspotenzials und die Investitionstätigkeit. Der Auslastungsgrad des Produktionspotenzials liegt aber immer noch über dem Durchschnitt. Das BIP wächst nicht mehr. Die Wirtschaftssubjekte beurteilen die Zukunftsaussichten pessimistisch.

(3) Rezession[4] (Depression)
Die Produktionskapazitäten sind nur unterdurchschnittlich ausgelastet (Unterbeschäftigung). Die Investitionstätigkeit nimmt weiter ab. Üblicherweise wird von **Rezession** gesprochen, wenn das reale BIP in mindestens zwei aufeinander folgenden Quartalen im Vergleich zum Vorquartal sinkt.

(4) Aufschwung (Erholung)
Diese Phase folgt nach der Überwindung einer vorangegangenen Krise (unterer Wendepunkt)[3]. Der Auslastungsgrad des Produktionspotenzials und die Investitionstätigkeit nehmen zu, liegen aber noch unter dem Durchschnitt. Die Wachstumsraten des BIP steigen. Die Wirtschaftssubjekte beurteilen die Zukunftsaussichten optimistisch.

---

1 Altes Testament, Buch Genesis, 1–57

2 Dieser Maßstab wird u. a. vom Sachverständigenrat verwendet. Vgl. SVR, Jahresgutachten 1998/99, S. 66

3 Obwohl es sich im mathematischen Sinne um einen Hoch- bzw. Tiefpunkt handelt, wird in der Konjunkturtheorie die Bezeichnung Wendepunkt benutzt.

4 Zuweilen wird auch die Abschwungphase bereits als Rezession bezeichnet.

P.Point

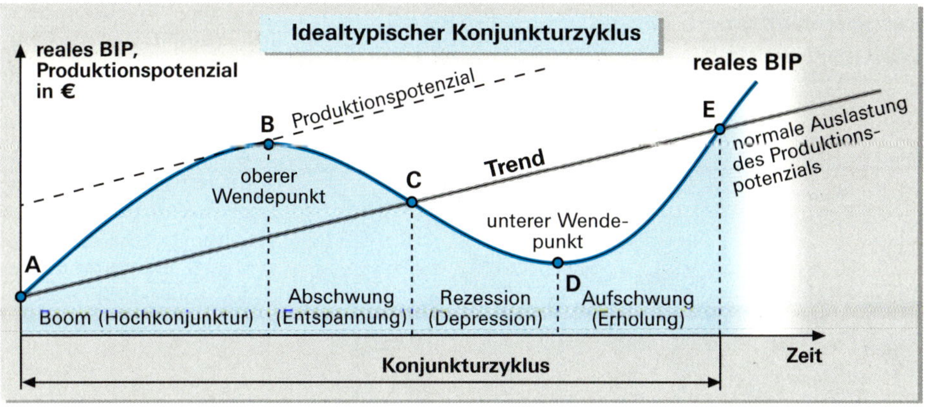

Dauer eines Konjunkturzyklus

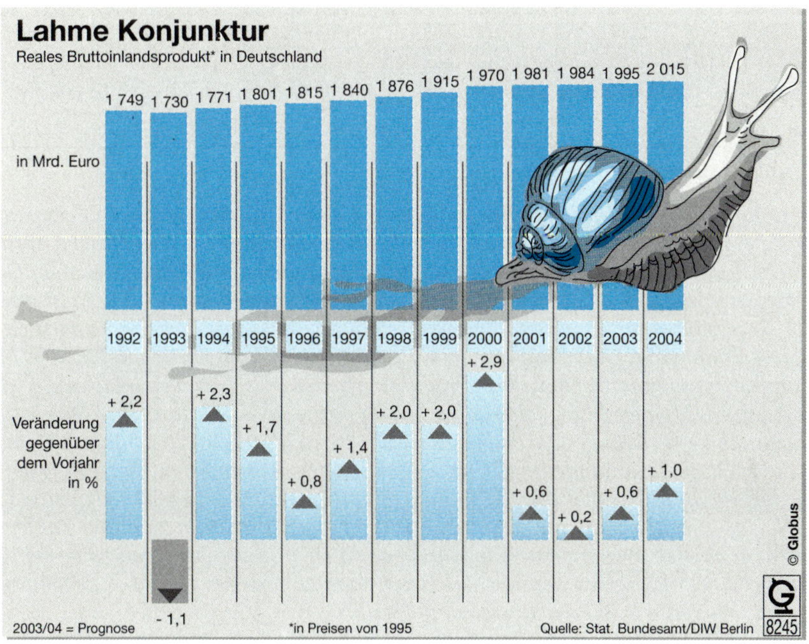

Die Dauer eines Konjunkturzyklus liegt für die Bundesrepublik Deutschland in letzter Zeit bei fünf bis zehn Jahren.

Aufgrund empirischer Untersuchungen wurden für die Vergangenheit Konjunktur- und Wachstumszyklen mit unterschiedlicher Dauer festgestellt, die sich teilweise gegenseitig überlagern. Insbesondere werden drei Arten von Zyklen unterschieden, die jeweils nach ihren Entdeckern benannt sind:

(1) Kurzfristige Konjunkturzyklen (KITCHIN-Zyklen) mit einer Dauer von drei bis fünf Jahren. Diese Zyklen sind nach J. KITCHIN benannt, der solche Schwankungen 1923 für die USA und Großbritannien feststellte.

(2) Mittelfristige Konjunkturzyklen (JUGLAR-Zyklen) mit deiner Dauer von sieben bis elf Jahren. Solche Schwankungen wurden 1860 von C. JUGLAR festgestellt.

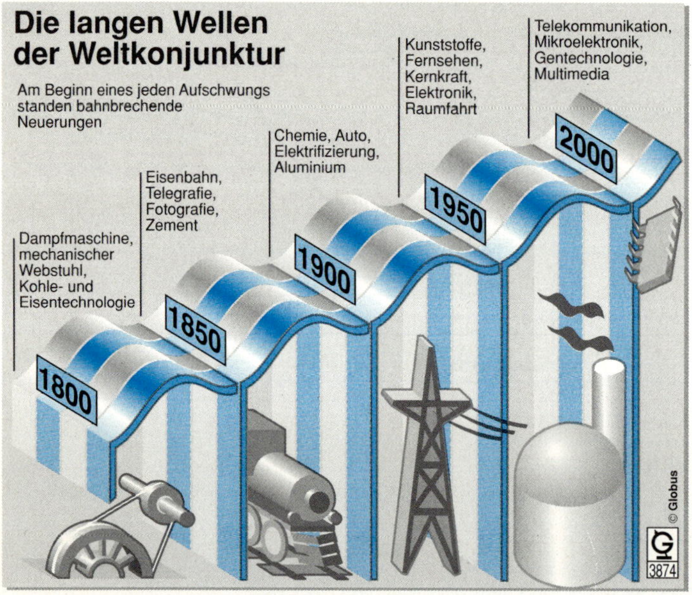

(3) Lange Wachstumswellen (KONDRATIEF-Zyklen) mit einer Dauer von etwa 50 Jahren. Solche langen Schwankungen wurden 1926 von N. D. KONDRATIEF festgestellt. Als Auslöser werden technische Neuerungen und Erfindungen (z. B. Dampfmaschine, Auto, Kunststoffe, Mikroelektronik) angenommen.

Lösung zu Fallbeispiel 9.1 (*vgl. S. 301*)

1. *Nach der Definition des Sachverständigenrates sind Konjunkturschwankungen Schwankungen im Auslastungsgrad des Produktionspotenzials. Es wird nicht die wirtschaftliche Aktivität selbst gemessen, sondern das Verhältnis von der tatsächlichen zur möglichen Aktivität. Hochkonjunkturphasen werden als überdurchschnittliche Inanspruchnahme des Produktionspotenzials, Rezessionen als Perioden unterdurchschnittlicher Inanspruchnahme der Produktionsfaktoren interpretiert. Die Schwierigkeiten dieser Konjunkturdefinition liegen u. a. in der Berechnung des gesamtwirtschaftlichen Produktionspotenzials. Als vereinfachende Messgröße der Konjunkturentwicklung wird daher häufig das reale BIP bzw. dessen Wachstumsrate (prozentuale Veränderung) verwendet. Es wird unterstellt, dass sich Konjunkturschwankungen in zyklischen Veränderungen des Wirtschaftswachstums niederschlagen. Die Schätzung des Produktionspotenzials ist in diesem Fall entbehrlich. Bei der Darstellung mithilfe von Wachstumsraten (= prozentuale Veränderung) des BIP anstelle absoluter Zahlen lassen sich zwar auch kleine Veränderungen grafisch deutlich machen. Der Nachteil besteht aber darin, dass bei einem Rückgang der Wachstumsraten grafisch bereits eine Abschwächung angedeutet wird, obwohl das BIP nach wie vor wächst.*
2. *In den Jahren 1975, 1982/83 und 1993/1994 sind deutliche Rezessionen erkennbar. Boomjahre waren dagegen die Jahre 1979/1980 und 1990 bis 1992 (Wiedervereinigungsboom). 1975 vollzog sich der Weg in die Rezession (u. a. als Folge der ersten Ölkrise 1973/74) sehr abrupt. Dem schloss sich eine relativ lange Aufschwungphase (bis 1979) an. 1980 setzte (u. a. als Folge der zweiten Ölkrise) erneut ein Abschwung ein, der zur Rezession 1982/1983 führte. Während der 80er-Jahre war das Produktionspotenzial nie voll ausgelastet. Der Auslastungsgrad schwankte nur wenig. Erst mit dem Wiedervereinigungsboom 1990 wurde die Normalauslastung erneut überschritten. Dem folgte 1993/1994 eine starke Abschwächung mit erneuter Rezession und einem bis heute andauernden allmählichen Aufschwung. Gegenüber dem idealtypischen Konjunkturverlauf ist feststellbar, dass die Konjunkturzyklen in der Bundesrepublik unterschiedlich lange dauern und die Zeitspanne zwischen unterem und oberen Wendepunkt (= Aufschwung) wesentlich länger ist als die zwischen oberem und unterem Wendepunkt (= Abschwächung).*

Ursachen der Konjunkturzyklen

Es gibt keine einheitliche Konjunkturtheorie, mit der die zyklische Entwicklung der gesamtwirtschaftlichen Aktivität erklärt werden könnte. Vielmehr werden konjunkturelle Schwankungen durch das Zusammenwirken unterschiedlicher Verursachungsfaktoren ausgelöst. Bei der Vielzahl der sich teilweise gegenseitig widersprechenden Erklärungsansätze lassen sich u. a. folgende Gruppen unterscheiden:

Monetäre Theorien: Die Konjunkturzyklen werden in erster Linie auf monetäre Faktoren (Geldmengen- und Zinsveränderungen) zurückgeführt. Demnach führt eine Ausdehnung der Geldmenge und die sich daraus ergebende Erhöhung des Kreditvolumens zu einem Aufschwung. Dieser Prozess hält so lange an, bis die steigende Nachfrage aufgrund der ausgelasteten Kapazitäten nicht mehr befriedigt werden kann. Wenn die Zentralbank die sich dann ergebende Preisniveausteigerung durch eine Begrenzung des Geldmengenwachstums stoppen will, wird ein Konjunkturabschwung eingeleitet.

Überinvestitionstheorien: Die Rezession wird mit der übermäßigen Ausdehnung des Investitionsgütersektors im Konjunkturaufschwung erklärt. Die Produktionskapazitäten werden demnach möglicherweise über das zur Befriedigung der steigenden Konsumgüternachfrage nötige Maß hinaus vergrößert. Der Abbau der Überkapazitäten leitet nach dieser Auffassung den Konjunkturabschwung ein.

Unterkonsumtionstheorien: Die Rezession wird als Folge einer ungleichgewichtigen Entwicklung zwischen Konsum- und Investitionsgüterindustrie im Aufschwung erklärt. Die Ausdehnung der Produktionskapazitäten ermöglicht eine Erhöhung der Konsumgüterproduktion. Im Boom bleibt aber die Konsumgüternachfrage hinter den Produktionsmöglichkeiten zurück, da Löhne und Gehälter nicht in gleichem Ausmaß steigen wie die Güterpreise und Gewinne. Es fehlt den privaten Haushalten an Kaufkraft, sodass die zu geringe Nachfrage den Abschwung einleitet. Diese Situation wird durch eine ungleiche Einkommensverteilung verschärft, indem die Bezieher hoher (Kapital-)Einkommen wegen ihrer hohen Sparquote zu wenig Konsumgüter nachfragen. Dadurch wird der Abschwung verstärkt.

Exogene (außerwirtschaftliche) Theorien: Diese Theorien sehen die Ursachen der konjunkturellen Schwankungen in Faktoren, die nicht direkt durch das Wirtschaftsgeschehen beeinflusst werden. Dazu gehören beispielsweise Naturkatastrophen, Kriege, Erfindungen, Entdeckungen neuer Rohstoffquellen und optimistische bzw. pessimistische Zukunftserwartungen (**psychologische Konjunkturtheorien**). Daneben wird auch versucht, einen Zusammenhang zwischen Wahl- und Konjunkturzyklen herzuleiten (**politische Konjunkturtheorien**). Demnach sind die von demokratischen Regierungen in Zusammenhang mit ihren Bemühungen um eine Wiederwahl ergriffenen Maßnahmen (Wahlversprechen und Wahlgeschenke) Ursache für Konjunkturschwankungen.

Neben diesen verbalen Erklärungsansätzen gibt es auch zahlreiche Versuche zur modelltheoretischen Konjunkturerklärungen, indem konjunkturellen Schwankungen im Rahmen mathematischer Modelle nachempfunden werden (z. B. Multiplikator-Akzelerator-Modelle, Chaos-Theorie).

9.1.2 Konjunkturindikatoren

A ◀ 9.2

Konjunkturforscher und Wirtschaftspolitiker sind daran interessiert, die jeweils aktuelle Phase des Konjunkturverlaufs bestimmen und Voraussagen über die erwartete Entwicklung machen zu können. Da sich die einzelnen Konjunkturphasen nicht nur in den Wachstumsraten des BIP und dem Auslastungsgrad des Produktionspotenzials widerspiegeln, werden solche Konjunkturdiagnosen und Konjunkturprognosen auf der Basis eines Systems verschiedener **Konjunkturindikatoren** vorgenommen.

Konjunkturindikatoren sind Messgrößen, die die gegenwärtige Konjunkturphase anzeigen (Konjunkturdiagnose) und Voraussagen über die voraussichtliche Entwicklung zulassen (Konjunkturprognose).

Es werden drei Gruppen von Konjunkturindikatoren unterschieden, die sich in den vier Konjunkturphasen unterschiedlich entwickeln.

Aktuelle Zahlen: *www.bundesbank.de*

Frühindikatoren: dienen als Grundlage für die Prognose des weiteren Konjunkturverlaufs
z. B. Auftragseingang, Lagerhaltung, Geschäftserwartung (Geschäftsklimaindex), Baugenehmigungen, Konsumbereitschaft, Geldmenge, Einzelhandelsumsätze, Zinsstruktur (= Differenz zwischen kurz- und langfristigen Zinsen), Börsenkurse

Gegenwartsindikatoren: reagieren ohne zeitliche Verzögerung auf Konjunkturänderungen
z. B. reales BIP (insbesondere die Produktion von Konsum- und Investitionsgütern), Kapazitätsauslastung, Produktivität, Kreditnachfrage

Spätindikatoren: reagieren mit zeitlicher Verzögerung auf Konjunkturänderungen
z. B. Preise, Beschäftigung (Arbeitslosenquote, offene Stellen), Löhne, Zahl der Insolvenzen

Indikatoren / Konjunkturphasen	**Frühindikatoren** z. B. Auftragseingang	**Gegenwartsindikatoren** z. B. Produktion	**Spätindikatoren** z. B. Preise
Boom	schnell steigend	steigend	schnell steigend
Abschwung	schnell fallend	fallend	langsam fallend
Rezession	langsam fallend	langsam fallend	langsam fallend, konstant
Aufschwung	steigend	langsam steigend	konstant, langsam steigend

9.2 Arbeitslosigkeit

9.2.1 Ausmaß und Struktur der Arbeitslosigkeit

▶ A 9.3 Ein nur teilweise ausgelastetes Produktionspotenzial einer Volkswirtschaft bedeutet, dass nicht alle Produktionsfaktoren voll beschäftigt sind. Bezogen auf den Faktor Arbeit wird der Beschäftigungsstand durch die **Arbeitslosenquote** gemessen.

Arbeitslos sind Personen, die – obwohl sie arbeitsfähig und arbeitswillig sind – keine Beschäftigung finden. Statistisch erfasst werden aber nur die bei den Arbeitsämtern registrierten Arbeitssuchenden.

Unter den registrierten Arbeitssuchenden können sich aber auch Personen befinden, die lediglich die finanzielle Unterstützung des Arbeitsamtes in Anspruch nehmen wollen und zu den herrschenden Bedingungen nicht ernsthaft an einer Arbeitsaufnahme interessiert sind (= freiwillig Arbeitslose). Andererseits gehen Arbeitslose, die sich nicht bei den Arbeitsämtern melden, weil sie keine Vermittlungschancen sehen oder keinen Anspruch auf Unterstützungszahlungen haben, sowie die Personen, die Kurzarbeit leisten müssen, an Arbeitsbeschaffungsmaßnahmen (ABM) teilnehmen oder unfreiwillig in den Vorruhestand gegangen sind, nicht in die Arbeitslosenstatistik ein (= verdeckt Arbeitslose).

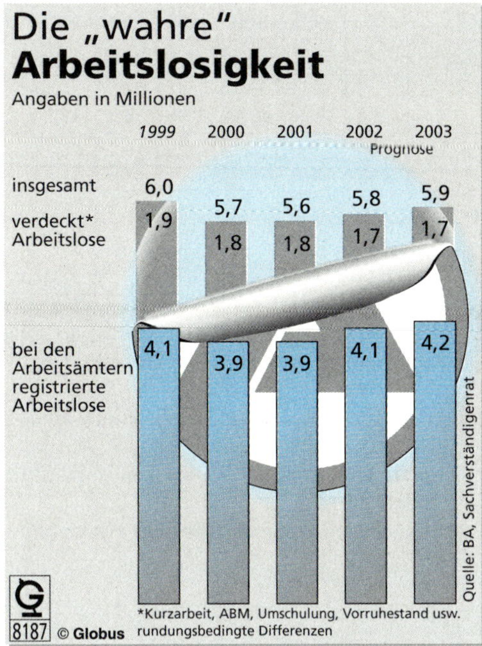

Bevölkerung, Erwerbstätigkeit und Arbeitslosigkeit (Deutschland 2002)				
Einwohner (Wohnbevölkerung) 82,340 Mio.				
$\text{Erwerbsquote} = \frac{\text{Erwerbspersonen} \cdot 100}{\text{Einwohner}} = 50{,}9\%$				
Erwerbspersonen (Arbeitskräftepotenzial) 41,867 Mio. zivile Erwerbspersonen: 41,459 Mio.				Nicht-Erwerbspersonen (Kinder, Hausfrauen, Rentner usw.) 40,473 Mio.
Erwerbstätige 38,616 Mio.		Erwerbslose 4,099 Mio.		
Selbstständige 4,099 Mio.	Arbeitnehmer 34,517 Mio.		registrierte Arbeitslose 4,063 Mio.	

Quelle: SVR-Jahresgutachten 2002/03, S. 119

$$\text{Arbeitslosenquote (ALQ)} = \frac{\text{registrierte Arbeitslose} \cdot 100}{\text{zivile Erwerbspersonen (ohne Soldaten u. Ä.)}} = \frac{4{,}063\text{ Mio.} \cdot 100}{41{,}459\text{ Mio.}} = 9{,}8\,\%$$

Die Arbeitslosenquote gibt an, wie viel Prozent der (zivilen) Erwerbspersonen (Erwerbstätige plus Arbeitslose) als arbeitslos registriert sind.[1]

Zuweilen wird auch zur Berechnung der Arbeitslosenquote die Zahl der Arbeitslosen nur auf die Zahl der abhängigen Erwerbspersonen bezogen. Daraus ergibt sich eine höhere Arbeitslosenquote.

Aktuelle Zahlen: www.destatis.de

1 Diese Definition entspricht dem in der EU angewandten EUROSTAT-Konzept.

Definition der Arbeitslosenquote	**1992**	**1993**	**1994**	**1995**	**1996**	**1997**	**1998**	**1999**	**2000**	**2001**
Arbeitslose in % der Erwerbspersonen	7,7	8,8	9,6	9,4	10,3	11,4	11,1	10,5	9,5	9,4
Arbeitslose in % der abhängigen Erwerbspersonen	8,5	9,8	10,6	10,4	11,5	12,7	12,3	11,7	10,7	10,3
registrierte plus verdeckt Arbeitslose in % der Erwerbspersonen	13,3	14,2	14,0	13,7	14,4	14,9	14,5	14,1	13,2	12,9

Quelle: SVR-Jahresgutachten 2002/03, S. 414

Die Analyse der Arbeitslosenstruktur in Deutschland zeigt u. a. folgende Besonderheiten:

- In Ostdeutschland ist die Arbeitslosenquote (2001: 18,9 %) als Folge des wirtschaftlichen Umbruchs nach der Wiedervereinigung bedeutend höher als in Westdeutschland (2001: 8,3 %).
- Unter den Arbeitslosen in Westdeutschland hat fast die Hälfte keine abgeschlossene Berufsausbildung.
- Ältere Arbeitnehmer sind von Arbeitslosigkeit besonders stark betroffen (ca. 45 % aller Arbeitslosen sind älter als 45 Jahre).
- Über ein Drittel aller Arbeitslosen ist bereits mehr als 1 Jahr ohne Beschäftigung (Langzeitarbeitslose).

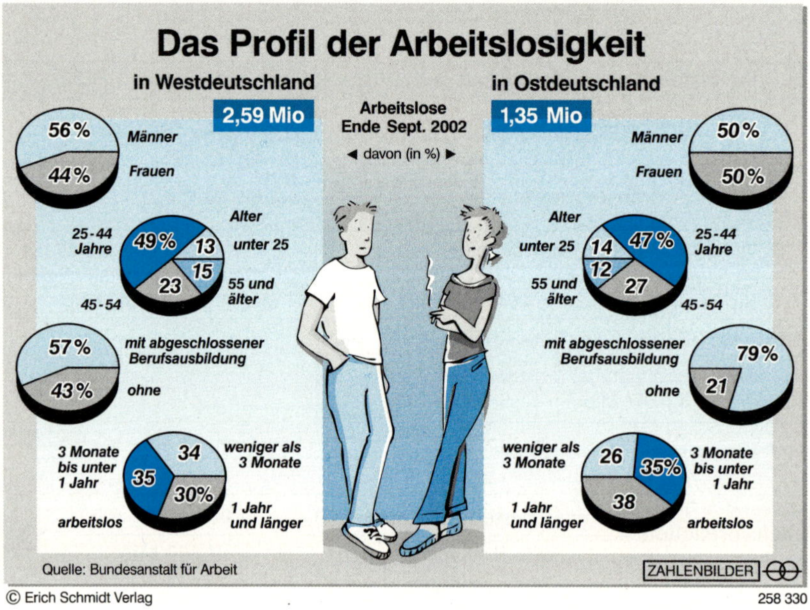

9.2.2 Arbeitslosigkeit als wirtschaftliches und soziales Problem

Arbeitslosigkeit verursacht für die Gesamtgesellschaft enorme Kosten. Einerseits bedeuten die unausgelasteten volkswirtschaftlichen Produktionskapazitäten eine Verschwendung wertvoller Ressourcen (Opportunitätskosten). Andererseits sind bei gleichzeitigen Mindereinnahmen an Steuern und Sozialversicherungsbeiträgen erhebliche staatliche Unterstützungszahlungen an die Betroffenen nötig.

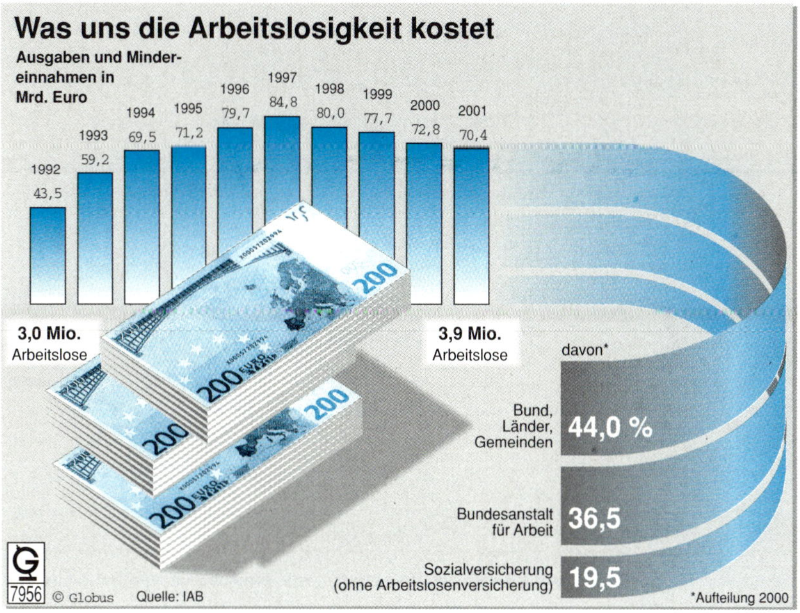

Die gesamtwirtschaftliche Betrachtungsweise darf aber nicht darüber hinwegtäuschen, dass sich hinter den nüchternen Arbeitslosenzahlen Einzelschicksale verbergen. Der Verlust des Arbeitsplatzes bedeutet für den Einzelnen, dass wesentliche menschliche Bedürfnisse nicht mehr durch Arbeit befriedigt werden können.

Menschliche Bedürfnisse	**... und ihre Befriedigung durch Arbeit**
Grundbedürfnisse	Sicherung des Lebensunterhalts für sich und seine Familie durch das laufende Arbeitseinkommen
Sicherheitsbedürfnisse	Schutz für sich und seine Familie bei Alter, Krankheit durch finanzielle Vorsorgemaßnahmen
Soziale Bedürfnisse	Kontakt und Beziehungen zu anderen Menschen am Arbeitsplatz
Ich-Bedürfnisse	Ausübung einer sinnvollen Tätigkeit, Übernahme von Verantwortung, Anerkennung und Lob durch andere, Steigerung des Selbstwertgefühls
Bedürfnis nach Selbstverwirklichung	Mitwirkung bei der Organisation des Arbeitsablaufs, Anwendung von Kenntnissen und Fähigkeiten, Interesse und Spaß an der Arbeit

Arbeitslose erleiden neben beträchtlichen finanziellen Einbußen möglicherweise auch den Verlust ihrer beruflichen Qualifikation, psychische Belastungen und Krankheiten sowie die Zerstörung familiärer und sozialer Beziehungen. Sie sind gesellschaftlichen Vorurteilen ausgesetzt, da Arbeitslosigkeit eine negative Bewertung in der Öffentlichkeit erfährt.

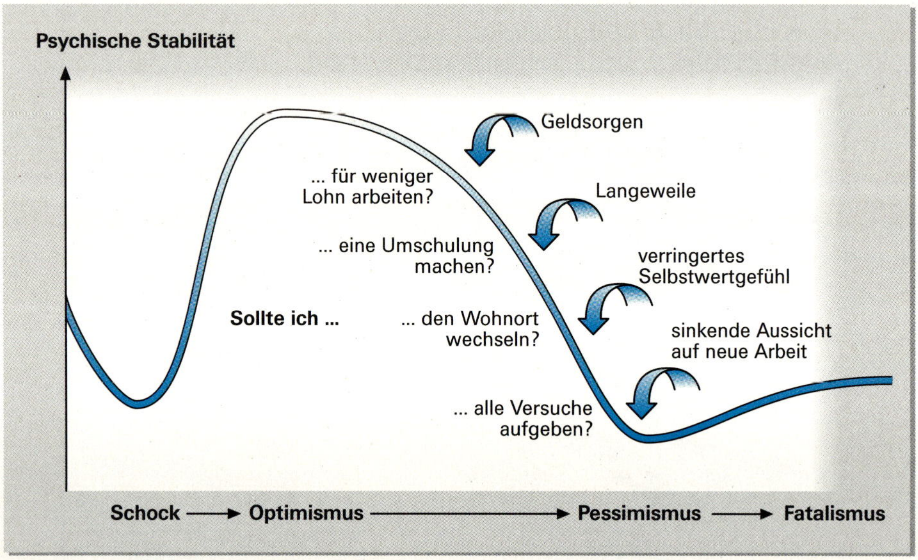

Quelle: Bundesanstalt für Arbeit (Hrsg.), Überlegungen zu einer vorausschauenden Arbeitsmarktpolitik, Nürnberg 1978, S. 209

Arbeitslosigkeit ist nicht nur ein gesamtwirtschaftliches, sondern auch ein soziales Problem mit vielen persönlichen Einzelschicksalen.

Eine hohe Arbeitslosigkeit birgt auch Gefahren für die Gesellschaft in sich, da es zu einer Zunahme der Kriminalität, einem Anstieg des Alkohol- und Drogenkonsums sowie zu politischer Gleichgültigkeit und Radikalisierung *(vgl. 8.6)* kommen kann.

9.2.3 Arten und Ursachen der Arbeitslosigkeit

Arbeitslosigkeit tritt in verschiedenen Formen auf, die Unterschiede hinsichtlich ihrer Ursachen, der gesamtwirtschaftlichen Bedeutung und der Bekämpfungsmöglichkeiten aufweisen. In der **Arbeitsmarktpolitik** werden vornehmlich folgende vier **Formen der Arbeitslosigkeit** unterschieden:

Saisonale Arbeitslosigkeit	Saisonale Arbeitslosigkeit tritt als Folge von jahreszeitlich bedingten Nachfrageschwankungen in bestimmten Sektoren (z. B. Landwirtschaft, Bauindustrie, Fremdenverkehrsgewerbe) und Regionen auf.
Friktionelle Arbeitslosigkeit	Friktionelle Arbeitslosigkeit entsteht, wenn Arbeitskräfte (freiwillig oder unfreiwillig) ihren Arbeitsplatz wechseln und während der Suche nach einer neuen Beschäftigung arbeitslos sind (Sucharbeitslosigkeit, natürliche Arbeitslosigkeit). Sie wird u. a. durch die Unvollkommenheit des Arbeitsmarktes (z. B. fehlende Markttransparenz) und die mangelnde Mobilität der Arbeitskräfte verursacht.
Konjunkturelle Arbeitslosigkeit	Konjunkturelle Arbeitslosigkeit entsteht durch Schwankungengen gen in der Auslastung des Produktionspotenzials (*vgl. 9.1.1*). In der Rezession wird von den Unternehmen weniger und im Boom mehr Arbeit nachgefragt.

Strukturelle Arbeitslosigkeit	Strukturelle Arbeitslosigkeit beruht auf Strukturwandlungen in der Volkswirtschaft, die auch Änderungen hinsichtlich der Zahl der Arbeitsplätze und der Qualifikationsanforderungen mit sich bringen. Die Arbeitsnachfrage bleibt insbesondere in einzelnen Teilbereichen des Arbeitsmarktes hinter dem Arbeitsangebot zurück, weil in diesen Bereichen im Verhältnis zur Zahl der Erwerbspersonen nicht (mehr) genügend Arbeitsplätze vorhanden sind oder die Arbeitslosen wegen Alters, Qualifikation oder geringer räumlicher Mobilität nicht für die Besetzung der freien Stellen infrage kommen.

Als **Unterformen der strukturellen Arbeitslosigkeit**, die alle in unmittelbarem Zusammenhang miteinander stehen und sich gegenseitig überlagern, lassen sich unterscheiden:

- **Regionale Arbeitslosigkeit** in Form vermehrter Arbeitslosigkeit in strukturschwachen Gebieten (z. B. neue Bundesländer, Ostfriesland, Bayerischer Wald)
- **Berufs- und qualifikationsspezifische Arbeitslosigkeit** durch Wegfall bestimmter Berufsgruppen und Änderung der Produktionsweise (z. B. Bergleute, Schriftsetzer)
- **Branchenspezifische Arbeitslosigkeit** als Folge eines – teilweise durch den internationalen Konkurrenzkampf ausgelösten – Strukturwandels, von dem einzelne Branchen betroffen sind (z. B. Kohle, Stahl, Werften, Textil).
- **Geschlechts- und altersspezifische Arbeitslosigkeit**, da beispielsweise jugendliche Berufsanfänger und ältere Arbeitslose von den Arbeitsämtern besonders schwer vermittelbar sind. Innerhalb aller Altersgruppen ist der Anteil arbeitsloser Frauen besonders hoch.
- **Technologische Arbeitslosigkeit** liegt dann vor, wenn durch neue Fertigungsverfahren (Rationalisierung) Arbeitskräfte freigesetzt werden.

Formen der Arbeitslosigkeit			
saisonale Arbeitslosigkeit	friktionelle Arbeitslosigkeit	konjunkturelle Arbeitslosigkeit	strukturelle Arbeitslosigkeit

Konjunkturelle und strukturelle Arbeitslosigkeit lassen sich meistens nicht eindeutig voneinander trennen. Der größer gewordene Anteil der Langzeitarbeitslosen in den letzten Jahrzehnten deutet aber darauf hin, dass die derzeitige Arbeitslosigkeit in der Bundesrepublik Deutschland zum überwiegenden Teil (ca. 80 %) durch Strukturprobleme bedingt ist.

Der Arbeitsmarkt in Deutschland ist in mehrfacher Hinsicht gespalten. Für die Unterschiede in West und Ost ist der Mangel an Arbeitsplätzen in den neuen Bundesländern ursächlich. Daneben besteht aber auch im Westen eine Spaltung: Arbeitslosigkeit auf der einen Seite und zahlreiche offene Stellen auf der anderen Seite. Angebot und Nachfrage auf dem Arbeitsmarkt können also nicht in Einklang gebracht werden. Diese Form der **strukturellen Arbeitslosigkeit** wird als **Mismatch-Arbeitslosigkeit**[1] bezeichnet. Es wird geschätzt, dass derzeit 60 % der Arbeitslosigkeit in Westdeutschland auf solche Ungleichgewichte am Arbeitsmarkt zurückzuführen sind. Entweder passen die Qualifikationsanforderungen der offenen Stellen und die Qualifikation der Arbeit Suchenden nicht zusammen (**qualifikatorischer Mismatch** in Form von **Fachkräftemangel**) und/oder Arbeitgeber und Arbeit Suchende befinden sich an verschiedenen Orten und sind nicht mobil (**regionaler Mismatch**).

1 to match (*engl.*): zusammen passen

Globalisierung der Märkte und Standortdebatte

Mit **Globalisierung** wird die zunehmende weltweite Verflechtung von Unternehmen und Märkten bezeichnet. Moderne Informations- und Kommunikationstechniken machen diese engen Verbindungen möglich und verstärken den internationalen Wettbewerb. Die Kapital- und Gütermärkte haben durch die grenzüberschreitenden Bewegungen jetzt eine weltumspannende Ausdehnung erreicht. Dank neuester Kommunikationstechniken kann beispielsweise Geldkapital zur Finanzierung von Investitionen innerhalb weniger Sekunden nahezu auf der ganzen Welt zur Verfügung gestellt werden. Da zudem bestimmte Produkte an verschiedensten Produktionsstätten in der Welt mit ähnlichen Technologien und in ähnlicher Qualität hergestellt werden können, spielen Faktoren wie Steuerbelastung, Arbeits-, Energie- und Transportkosten bei der Auswahl des Produktionsstandorts für die weltweit operierenden Unternehmen (*Global Player*) eine entscheidende Rolle. Neben dem internationalen Leistungswettbewerb, der die Unternehmen zu immer stärkerer Rationalisierung und Kostenreduzierung zwingt, hat sich daher gleichzeitig auch zwischen den einzelnen Ländern der **Standortwettbewerb** verschärft, der sich in der Schaffung möglichst günstiger Investitionsbedingungen für die Unternehmen äußert. Entscheidende Faktoren, die eine Wirtschaftsregion für ein investitionsbereites Unternehmen unattraktiv machen, sind u.a. hohe Lohn- und Lohnnebenkosten, kurze Arbeitszeiten, unflexible Arbeitsmärkte, hohe Steuer- und Abgabenbelastung, lange Genehmigungsverfahren, strenge arbeits-, sozial und umweltrechtliche Vorschriften.

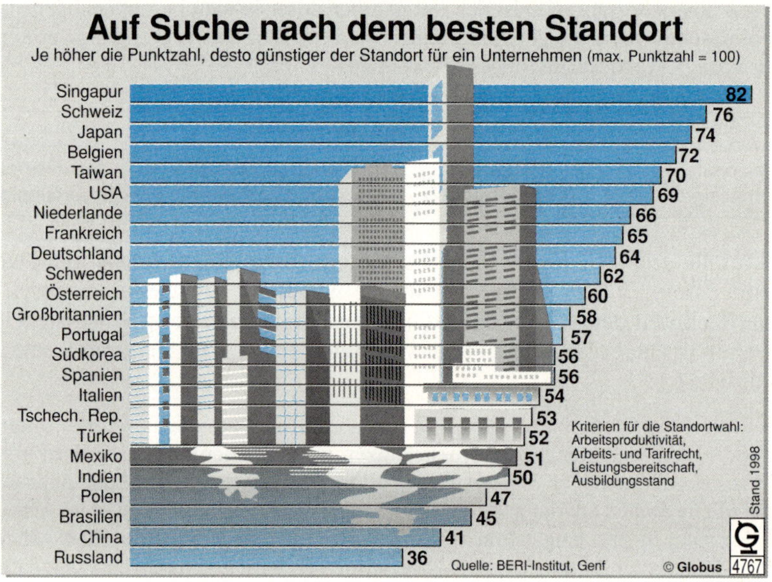

Die derzeitige **Massenarbeitslosigkeit** in Deutschland wird teilweise auf solche Standortnachteile zurückgeführt, weil dadurch Investitionen und somit Wirtschaftswachstum und Beschäftigung verhindert werden. Die Arbeitgeber weisen immer wieder auf die im internationalen Vergleich hohen Lohnkosten in Deutschland hin und machen diese in erster Linie für die Arbeitslosigkeit verantwortlich. Allerdings sind die Arbeitskosten je Stunde als internationaler Vergleichsmaßstab nicht geeignet. Die in Deutschland überdurchschnittlich hohe Arbeitsproduktivität, d.h. das Produktionsergebnis (*Output*) pro Arbeitsstunde, bleibt dabei nämlich unberücksichtigt. Geeignete

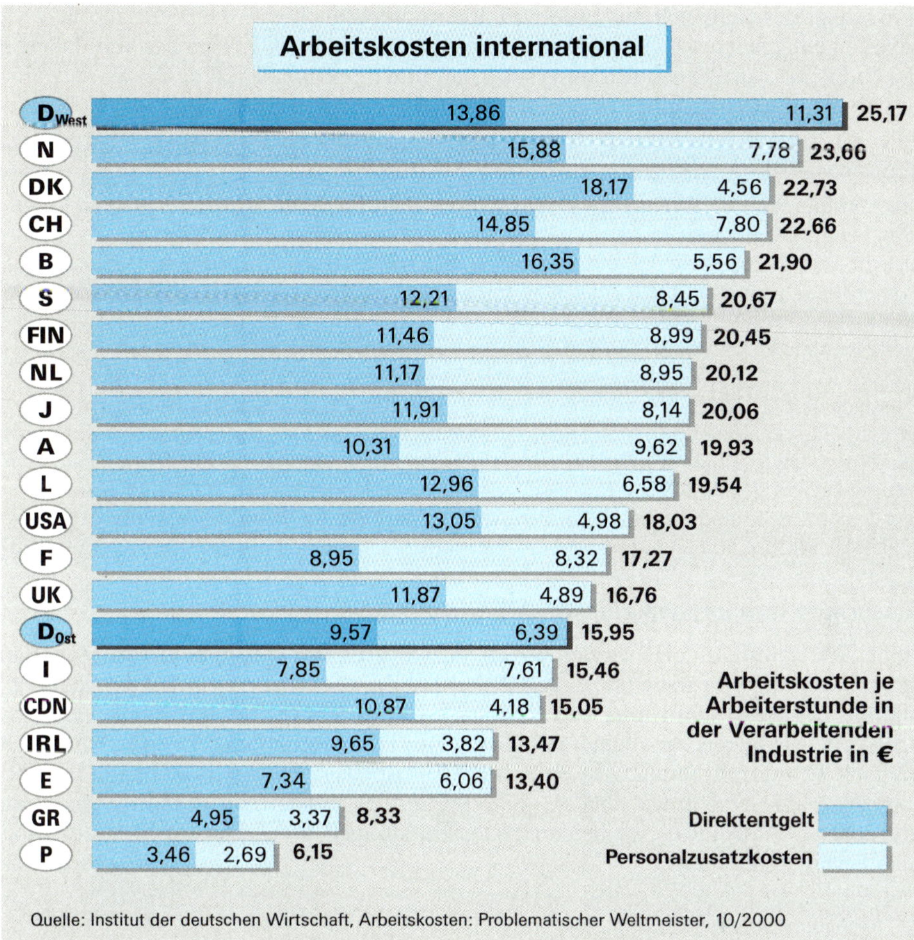

internationale Vergleichsgröße können nur die **Lohnstückkosten** sein, wobei ein Vergleich im Zeitablauf auch noch die Wechselkursschwankungen zwischen den einzelnen Ländern berücksichtigen muss. Entsprechende Berechnungen zeigen, dass sich die Lohnstückkosten im Industriesektor in Deutschland zwar auf einem überdurchschnittlich hohen Niveau bewegen, in den letzten Jahren aber gesunken sind. Dies ist u.a. auf die durch die Ökosteuer finanzierte Senkung der Rentenversicherungsbeiträge (Lohnnebenkosten) zurückzuführen. Die **Stückgewinne** sind demgegenüber zeitweise erheblich gestiegen.

Die **Standortdebatte** macht deutlich, dass in einer globalisierten Weltwirtschaft die Attraktivität des Wirtschaftsstandorts die wesentlichste Voraussetzung für den Abbau der Arbeitslosigkeit ist. Aller-

Lohnstückkosten in Deutschland

Jahr	€ je 100 €[1]	Veränderung in %
1996	63,93	+0,2
1997	62,99	-1,5
1998	62,63	-0,5
1999	62,44	-0,3
2000	62,91	-0,8
2001	63,51	+0,9

1 Lohnkosten (Arbeitnehmerentgelt je Arbeitsstunde) im Verhältnis zur Arbeitsproduktivität (Bruttowertschöpfung in Preisen von 1995 je Erwerbstätigenstunde).
Quelle: Deutsche Bundesbank, Saisonbereinigte Wirtschaftszahlen Dez. 2002, S. 26

dings zeigt der Vergleich mit anderen Ländern, dass auch in entwickelten Volkswirtschaften ein gewisses Maß an struktureller Arbeitslosigkeit als Folge des Wandels von der Industrie- zur Dienstleistungsgesellschaft und der Globalisierung der Wirtschaftsbeziehungen unvermeidbar zu sein scheint.

Zukunft der Arbeit

Eine Konferenz von Topmanagern und Wissenschaftlern kam 1995 zu folgendem Ergebnis: Im 21. Jahrhundert werden weltweit 20 % der arbeitsfähigen Bevölkerung ausreichen, um die Weltwirtschaft in Schwung zu halten. 80 % der Arbeitswilligen bleiben ohne Job. Es wird eine 20:80-Gesellschaft entstehen. Ein wohlhabendes Fünftel wird aktiv am Leben, am Verdienen und Konsumieren teilnehmen – egal, in welchem Land. Der Rest ist zum Müßiggang verdammt. Die Frage ist künftig, „*to have lunch or be lunch*", zu essen haben oder gefressen werden. Im Zusammenhang mit der Frage, wie das wohlhabende Fünftel den überflüssigen Rest beschäftigen und bei Laune halten könne, wird der Begriff „*tittytainment*" geprägt. Das ist eine Kombination von „*entertainment*" und „*tits*", dem englischen Slangwort für Busen. Dabei ist aber weniger an Sex als an die Milch, die aus der Brust einer stillenden Mutter strömt, gedacht. Mit einer Mischung aus betäubender Unterhaltung und ausreichender Ernährung könne die frustrierte Bevölkerung der Welt bei Laune gehalten werden.
Vgl. H. P. Martin, H. Schumann, Die Globalisierungsfalle, Hamburg 1996, S. 12 f.

Klassische und keynesianische Arbeitslosigkeit

In der **Wirtschaftstheorie** werden vor allem zwei grundverschiedene Interpretationen der **Entstehung von Arbeitslosigkeit** diskutiert, die den Theorieschulen der **Neoklassik** und des **Keynesianismus**[1] zuzuordnen sind (*vgl. 9.5.3*). Dabei ist die keynesianische Arbeitslosigkeit vor allem konjunkturell und die (neo-)klassische Arbeitslosigkeit vielfach strukturell bedingt. In einer Rezessionsphase, die durch sinkende gesamtwirtschaftliche Nachfrage und ein zurückgehendes Preisniveau gekennzeichnet ist, würden die Vertreter dieser beiden Theorierichtungen die Arbeitslosigkeit etwa folgendermaßen erklären:

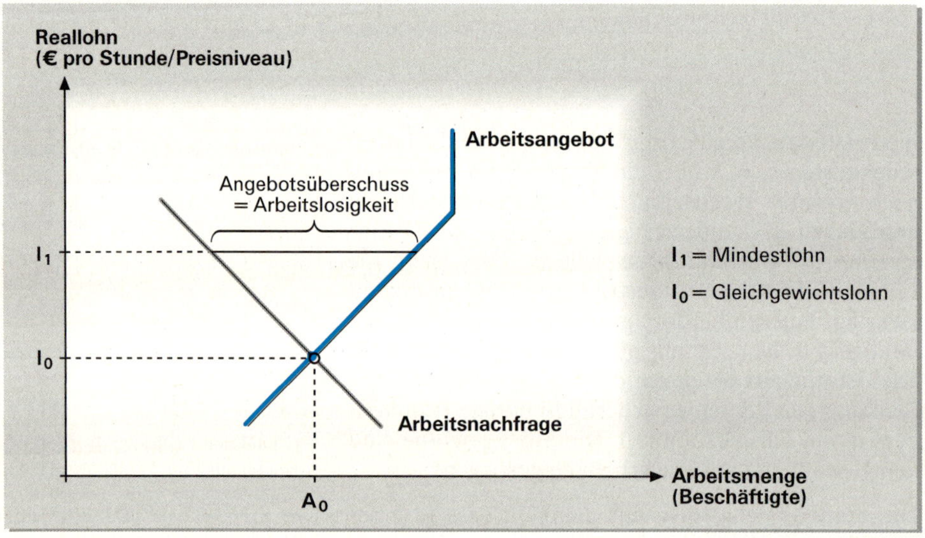

1 Auf dem Werk des englischen Wirtschaftswissenschaftlers John Maynard Keynes (1883–1946) beruhende Wirtschaftstheorie. Vgl. Kap. 9.3 und 9.4

Klassische Arbeitslosigkeit	Keynesianische Arbeitslosigkeit
„Das Arbeitsmarktdiagramm zeigt, dass der Reallohn zu hoch ist, um ein Arbeitsmarktgleichgewicht herbeizuführen. Vollbeschäftigung ist durch eine Senkung des Nominallohns (und damit des Reallohns) zu erreichen. Daher müssen alle hemmenden Faktoren, die eine Senkung des Reallohns verhindern (z. B. Mindestlohnvorschriften, unflexible Tarifvereinbarungen usw.), abgeschafft werden."	„Das Hauptproblem ist nicht der zu hohe Reallohn. Entscheidend ist, dass die Nachfrage auf den Gütermärkten zu gering ist, um Vollbeschäftigung zu erreichen. Eine Lohnsenkung löst das Problem nicht. Warum sollten die Unternehmen mehr Arbeitskräfte einstellen, wenn sie die zusätzlich erzeugten Güter wegen fehlender Nachfrage nicht absetzen können? Der Staat muss für die Ausweitung der gesamtwirtschaftlichen Nachfrage sorgen."

Die klassische Theorie sieht die Ursache der Arbeitslosigkeit in zu hohen Reallöhnen. Die keynesianische Theorie sieht die Ursache der Arbeitslosigkeit in einer zu geringen gesamtwirtschaftlichen Nachfrage.

„Wenn das Schatzamt alte Flaschen mit Banknoten füllen und sie in geeignete Tiefen in verlassenen Kohlenbergwerken vergraben würde, sie dann bis zur Oberfläche mit städtischem Kehricht füllen würde und es dem privaten Unternehmergeist nach den erprobten Grundsätzen des *laissez-faire* überlassen würde, die Noten wieder auszugraben, . . ., brauchte es keine Arbeitslosigkeit mehr zu geben, und mithilfe der Rückwirkungen würde das Realeinkommen des Gemeinwesens wie auch sein Kapitalreichtum wahrscheinlich viel größer als jetzt werden. Es wäre zwar vernünftiger, Häuser oder dergleichen zu bauen, aber wenn dem politische oder praktische Schwierigkeiten im Wege stehen, wäre das obige besser als gar nichts."

J. M. Keynes, Allgemeine Theorie der Beschäftigung, des Zinses und des Geldes, Berlin 6. Aufl. 1983, S. 110 (erste Auflage 1936)

Henry Ford: Begründer der Kaufkraft- und Effizienzlohntheorie?

Im Jahr 1914 führte die Ford Motor Company den 5-Dollar-Arbeitstag ein. Da der Tageslohn zu dieser Zeit üblicherweise zwischen zwei und drei Dollar betrug, lag der von Ford gezahlte Lohn deutlich über dem Gleichgewichtslohn. Vor den Toren von Fords Fabriken bildeten sich folglich lange Schlangen von Arbeit Suchenden, die hofften einen der gut bezahlten Arbeitsplätze zu erhalten.
Welches Movtiv hatte Ford? Er äußerte sich dazu später sinngemäß: „Wir müssen unseren Arbeitern mindestens einen so hohen Lohn bezahlen, dass sie die Autos, die sie produzieren auch kaufen können. Außerdem war die Entlohnung eines Acht-Stunden-Tags mit fünf Dollar eine der wirksamsten Kostensenkungsmaßnahmen, die wir je durchgeführt haben."
Auf den ersten Blick erscheint es widersprüchlich, dass mit Lohnerhöhungen Kostensenkungen einhergehen sollen. Ford hatte aber erkannt, dass durch höhere Löhne die Arbeitsproduktivität stieg. Die Disziplin der Arbeiter hatte sich verbessert, die Fehlzeiten waren zurückgegangen und der persönliche Arbeitseinsatz war gestiegen. Dadurch waren die Lohnstückkosten gesunken.
Vgl. N. G. Mankiw, Makroökonomik, Stuttgart 2000, S. 165

Die Theorie, dass durch höhere Löhne die Arbeitsproduktivität steigt, wird als **Effizienzlohntheorie** und die Theorie, dass höhere Löhne mehr Kaufkraft, mehr Nachfrage, mehr Produktion und letztlich mehr Beschäftigung nach sich ziehen, als **Kaufkrafttheorie des Lohnes** bezeichnet.

9.3 Grundpositionen der Stabilitätspolitik: Fiskalismus – Monetarismus

Unter Stabilitätspolitik werden die auf die Erreichung und Erhaltung des gesamtwirtschaftlichen Gleichgewichts (hoher Beschäftigungsstand, angemessenes Wachstum, Preisniveaustabilität, außenwirtschaftliches Gleichgewicht) gerichteten wirtschaftspolitischen Maßnahmen verstanden.[1]

Nach Auffassung der Vertreter des **klassischen Liberalismus** des 18. und 19. Jahrhunderts (z. B. ADAM SMITH, 1723–1790 und DAVID RICARDO, 1772–1823) überwindet der Markt- und Preismechanismus automatisch mögliche Störungen der wirtschaftlichen Entwicklung (*vgl. 6.2*). Die „Selbstheilungskräfte" der Marktwirtschaft führen nach dieser Auffassung immer wieder zum wirtschaftlichen Gleichgewichtszustand zurück. Auch auf dem Arbeitsmarkt kann es nach klassischer Auffassung auf Dauer kein Ungleichgewicht geben, da bei freier Lohnbildung ein Überangebot an Arbeitskräften die Löhne so lange sinken lässt, bis der zusätzliche Einsatz von Arbeitskräften für die Unternehmen wieder rentabel ist (*vgl. 6.3*).

Wegen der mit dem Preis-, Zins- und Lohnmechanismus begründeten Tendenz zum Gleichgewicht zwischen Angebot und Nachfrage auf allen Märkten werden staatliche Eingriffe in das Wirtschaftsgeschehen von den Vertretern der klassischen Theorie abgelehnt.

Konzeption des Fiskalismus (Keynesianismus)

Vor dem Hintergrund der Massenarbeitslosigkeit im Rahmen der Weltwirtschaftskrise 1929–1933 häuften sich die Zweifel an den von den Vertretern des klassischen Liberalismus behaupteten Selbstheilungskräften der Marktwirtschaft. Insbesondere der englische Wirtschaftswissenschaftler JOHN MAYNARD KEYNES (1883–1946) kritisierte die klassische Theorie aufs Heftigste. In seinem 1936 erschienenen Werk *Allgemeine Theorie der Beschäftigung, des Zinses und des Geldes*[2] lieferte er eine Erklärung für die anhaltend hohe Arbeitslosigkeit in den 30er-Jahren und zeigte Wege zur Überwindung der Unterbeschäftigung auf. Die keynesianische Lehre bedeutet gegenüber der klassischen Theorie eine völlige Neuorientierung ökonomischen Denkens.

KEYNES belegt, dass in der Realität der Preis-, Zins- und Lohnmechanismus infolge von **Marktunvollkommenheiten** nicht so reibungslos funktioniert, dass sich ständig ein Gleichgewicht bei Vollbeschäftigung einstellt (= **Instabilitätshypothese**). Die Entwicklung eines Gleichgewichtszustandes auf dem Arbeitsmarkt durch sinkende Löhne ist nach KEYNES nicht zu erwarten, weil sich die Gewerkschaften dagegen sperren und die Löhne daher nach unten nicht flexibel genug sind. Bezüglich des Zinsmechanismus, der nach klassischer Auffassung Investitionen und Ersparnisse einander anpasst, verwies KEYNES darauf, dass weder Investieren noch Sparen in erster Linie vom Zinssatz abhängen. Während für die Höhe der Ersparnisse die Höhe der Einkommen entscheidend ist, hängen die Investitionen vornehmlich von den Gewinnerwartungen der Unternehmen ab. Die Gewinnerwartungen sind aber beispielsweise dann schlecht, wenn die Arbeitnehmer aus Sorge vor der Zukunft mehr sparen (d. h. Konsumverzicht üben) und/oder ihre Kaufkraft aufgrund stagnierender Löhne hinter

1 In einer engen (und älteren) Auslegung des Begriffs „Stabilitätspolitik" sind damit nur die auf Geldwert- bzw. Preisniveaustabilität gerichteten wirtschaftspolitischen Maßnahmen gemeint. Sofern der Staat Maßnahmen ergreift, mit denen gleichzeitig mehrere gesamtwirtschaftliche Ziele erreicht werden sollen, wird zunehmend auch der Begriff „Stabilisierungspolitik" (in Anlehnung an die international gebräuchliche Bezeichnung *„stabilization policy"*) verwendet.

2 J. M. Keynes, The General Theory of Employment, Interest and Money, London 1936

dem Konsumgüterangebot zurückbleibt. Dies wird die Unternehmer veranlassen ihre Produktionskapazitäten und Investitionen einzuschränken. Außer durch sinkende Konsum- und Investitionsgüternachfrage können gesamtwirtschaftliche Nachfrageausfälle auch eintreten, wenn der Staat seine Ausgaben kürzt (*vgl. 8.6*) oder die Exportgüternachfrage zurückgeht.

Ist die gesamtwirtschaftliche Nachfrage (d. h. $C_{pr} + I + A_{St} + Ex - Im$) kleiner als die bei Vollbeschäftigung mögliche Produktion (= Produktionspotenzial), so besteht eine Nachfragelücke. Die Unternehmen schränken daraufhin ihre Produktion so lange ein, bis auf dem Gütermarkt ein neues Gleichgewicht zwischen gesamtwirtschaftlichem Angebot und gesamtwirtschaftlicher Nachfrage eintritt. Dieses neue Gleichgewicht auf dem Gütermarkt ist aber ein **Gleichgewicht bei Unterbeschäftigung**. Eine solche Situation kann nach KEYNES nicht allein durch die Marktkräfte beseitigt werden. Vielmehr muss in diesem Fall der Staat eingreifen, indem er die **gesamtwirtschaftliche Nachfrage** kurbelt, damit die Unternehmen die Produktion wieder ausdehnen und Vollbeschäftigung erreicht wird (= **nachfrageorientierte Wirtschaftspolitik**).

Nach der keynesianischen Theorie bestimmt die gesamtwirtschaftliche Nachfrage das gesamtwirtschaftliche Angebot und damit die Höhe des Inlandsprodukts.

Lösung zu Fallbeispiel 9.2 Nr. 1 (*vgl. S. 301*)

Die nachfrageorientierte Wirtschaftspolitik beruht auf der keynesianischen Theorie. Als Ursache der Unterbeschäftigung wird eine Unterauslastung der Produktionskapazitäten aufgrund einer zu geringen gesamtwirtschaftlichen Nachfrage angesehen. Um die gesamtwirtschaftliche Nachfrage zu steigern, sind staatliche Maßnahmen (z. B. Erhöhung der kreditfinanzierten Staatsausgaben, Steueranreize zur Erhöhung der Konsum- und Investitionsgüternachfrage) nötig.

Da geldpolitische Maßnahmen der Zentralbank - wie sie die Monetaristen (*vgl. 8.5.2*) befürworten - nach keynesianischer Auffassung in bestimmten Konjunkturphasen nicht wirksam sind, soll der Staat insbesondere in der Rezession im Rahmen seiner Einnahmen- und Ausgabenpolitik Maßnahmen zur Konjunkturbelebung ergreifen.

Die Unwirksamkeit aktiver Geldpolitik zur Ankurbelung der Wirtschaft durch Geldmengenerhöhung und Zinssenkung wird von KEYNES u. a. mit folgendem Vergleich beschrieben: „Eine Ausdehnung der Geldmenge zur Wiederbelebung der Wirtschaft ist, wie wenn Sie zunehmen wollen und sich deshalb einen größeren Gürtel kaufen." (J. M. Keynes)

Die auf der keynesianischen Theorie beruhende Auffassung, dass staatliche Maßnahmen zur Nachfragebeeinflussung wirksamer als die Geldpolitik der Zentralbank sind, wird - in Abgrenzung zum **Monetarismus** - als **Fiskalismus** bezeichnet.

Konzeption des Monetarismus

Die Theorie von KEYNES und seinen Nachfolgern (Postkeynesianer) wird besonders heftig von den sog. **Monetaristen** kritisiert, deren bekanntester Vertreter MILTON FRIEDMAN ist. Dieser Gegenströmung zum Keynesianismus kommt seit Ende der 50er-Jahre eine zunehmende Bedeutung zu. Die Vertreter des Monetarismus betonen vor allem, dass die **Geldmenge** die entscheidende Bestimmungsgröße nicht nur für das Preisniveau (*vgl. 8.5.2*), sondern auch für eine gleichgewichtige Entwicklung der Gesamtwirtschaft sei. Sie stützen sich dabei auf weiterentwickelte klassische Lehrmeinungen. Der **Monetarismus** stellt daher eine **spezielle Ausprägung der neoklassischen Theorie** dar. Nach Auffassung der Neoklassiker ist das marktwirtschaftliche

System grundsätzlich stabil, sofern der Wettbewerb auf Güter- und Faktormärkten wirksam ist (**Stabilitätshypothese**). Die in der Realität zu beobachtenden Wirtschaftsschwankungen werden als zwangsläufige Folge der als **Interventionismus** kritisierten staatlichen Eingriffe in den Wirtschaftsprozess angesehen. Der Staat schafft demnach durch seine Stabilisierungsversuche erst die Fehlentwicklungen, die er eigentlich vermeiden will. Staatliche Wirtschaftspolitik soll daher auf fallweise Eingriffe verzichten und sich stattdessen darauf konzentrieren, durch Stärkung der Marktkräfte und Gewährung von Leistungsanreizen die Rahmenbedingungen für eine sich aus eigener Dynamik entwickelnde Wirtschaft zu schaffen. Das beinhaltet eine **stetige und konstante Wirtschaftspolitik** anstelle interventionistischer Maßnahmen. Eine zentrale Rolle soll dabei die am Wachstum des Produktionspotenzials ausgerichtete Geldmengenpolitik spielen. Die monetaristische Theorie, die sich auf die **Neoquantitätstheorie** (*vgl. 8.5.2*) stützt, macht – ebenso wie der Keynesianismus – vor allem Aussagen darüber, welche Faktoren die **gesamtwirtschaftliche Nachfrage** bestimmen. Das monetaristische Konzept der Stabilitätspolitik wird aber auch von den Vertretern der **angebotsorientierten Wirtschaftspolitik**, die ebenfalls der **neoklassischen Theorie** zuzurechnen ist, übernommen. Deren Maßnahmen zur Belebung der wirtschaftlichen Aktivitäten zielen auf die Bestimmungsfaktoren des Angebots und des Produktionspotenzials ab (*vgl. 9.5*).

Lösung zu Fallbeispiel 9.2 Nr. 2 (*vgl. S. 301*)

Die angebotsorientierte Wirtschaftspolitik beruht auf der neoklassischen Theorie. Als Ursache der Unterbeschäftigung werden Marktunvollkommenheiten angesehen, die den Markt-Preis-Mechanismus beeinträchtigen (z. B. nach unten unflexible Löhne). Es sollen günstige Rahmenbedingungen geschaffen werden, die die Selbstheilungskräfte des Marktes aktivieren (z. B. Abbau von Wettbewerbsbeschränkungen) und ein günstiges Klima für private Investitionen erzeugen (z. B. Senkung der Unternehmensteuern, Verringerung des staatlichen Einflusses im Wirtschaftsprozess).

9.4 Nachfrageorientierte Wirtschaftspolitik

9.4.1 Konzept der antizyklischen Fiskalpolitik[1]

Das Konzept der Fiskalpolitik basiert auf der keynesianischen Theorie. Nach dieser Auffassung ist das marktwirtschaftliche System instabil und von sich aus nicht in der Lage, Konjunkturschwankungen zu verhindern bzw. Vollbeschäftigung zu garantieren. Daher soll der Staat durch seine Einnahmen- und Ausgabenpolitik versuchen, solche Wirtschaftsschwankungen zu verhindern oder zumindest zu mildern.

Bis zur Weltwirtschaftskrise 1929–1933 galten für die staatliche Einnahmen- und Ausgabenpolitik die Grundsätze, dass der Wirtschaftsablauf durch staatliche Maßnahmen möglichst wenig gestört und der Staatshaushalt ausgeglichen sein sollte. Das führte dazu, dass in Rezessionsjahren aufgrund der sinkenden Steuereinnahmen die Staatsausgaben ebenfalls gesenkt und in der Hochkonjunktur die steigenden Steuereinnahmen wieder ausgegeben wurden. Folge dieses als **Parallelpolitik** bezeichneten staatlichen Verhaltens war eine Verstärkung der Konjunkturzyklen. Bekanntes Beispiel für die Folgen eines solchen **prozyklischen** Verhaltens ist die Politik des deutschen Reichskanzlers BRÜNING ab 1930. Die krisenbedingt sinkenden Steuereinnahmen versuchte er durch eine Senkung öffentlicher Leistungen (z. B.

1 Fiskalpolitik wird hier als Teil der Finanzpolitik verstanden. Finanzpolitik beschäftigt sich mit der Frage, wie die Staatsausgaben und Staatseinnahmen gestaltet werden müssen, damit die mit ihnen verfolgten Ziele verwirklicht werden können.

Kürzung von Beamtengehältern und Arbeitslosengeld) aufzufangen, um den Staatshaushalt im Gleichgewicht zu halten. Da dadurch aber auch die gesamtwirtschaftliche Nachfrage weiter sank, kam es zu einer Verschärfung der Wirtschaftskrise (*vgl. 8.6*).

Fiskalpolitik (fiscal policy) ist der Einsatz der Staatseinnahmen und Staatsausgaben zur Abmilderung oder Beseitigung von Konjunkturschwankungen.

Ursache der Konjunkturschwankungen ist nach der keynesianischen Theorie das Abweichen der gesamtwirtschaftlichen Nachfrage vom Produktionspotenzial (= gesamtwirtschaftliches Angebot). Diese Abweichungen soll der Staat durch ein **antizyklisches** Gegensteuern zum Konjunkturverlauf korrigieren.

Träger der Fiskalpolitik in Deutschland ist der Bund. Allerdings können auch Länder und Gemeinden im Rahmen eines Gesetzes, das der Zustimmung des Bundesrates bedarf, zur Unterstützung der Fiskalpolitik des Bundes veranlasst werden (GG Art. 109 Abs. 3). Die Staatseinnahmen setzen sich im Wesentlichen aus Steuern, Zöllen, Beiträgen (z. B. Sozialversicherungsbeiträgen), Gebühren und Einkünften aus Unternehmensbeteiligungen zusammen (*vgl. 2.3*). Diese Einnahmen werden u. a. verwendet für Löhne und Gehälter von Beschäftigten im öffentlichen Dienst (z. B. Polizisten, Krankenschwestern), Transferzahlungen an private Haushalte (z. B. Wohngeld, Kindergeld, Sozialhilfe), Käufe von Investitionsgütern, Dienstleistungen und sonstigen Vorleistungen sowie Subventionszahlungen an die Unternehmen. Wenn die Ausgaben die Einnahmen übersteigen, ist eine Kreditaufnahme erforderlich, die wiederum Ausgaben für Zins- und Tilgungszahlungen auslöst.

In der **Hochkonjunktur** ist die gesamtwirtschaftliche Nachfrage im Verhältnis zum Produktionspotenzial zu hoch. Der Staat soll in dieser Situation zu einer Drosselung der gesamtwirtschaftlichen Nachfrage beitragen, indem er einerseits seine Ausgaben verringert (= Verringerung der Staatsnachfrage) und andererseits seine Einnahmen erhöht (z. B. Steuererhöhungen zur Abschöpfung von Kaufkraft und Minderung der

P.Point

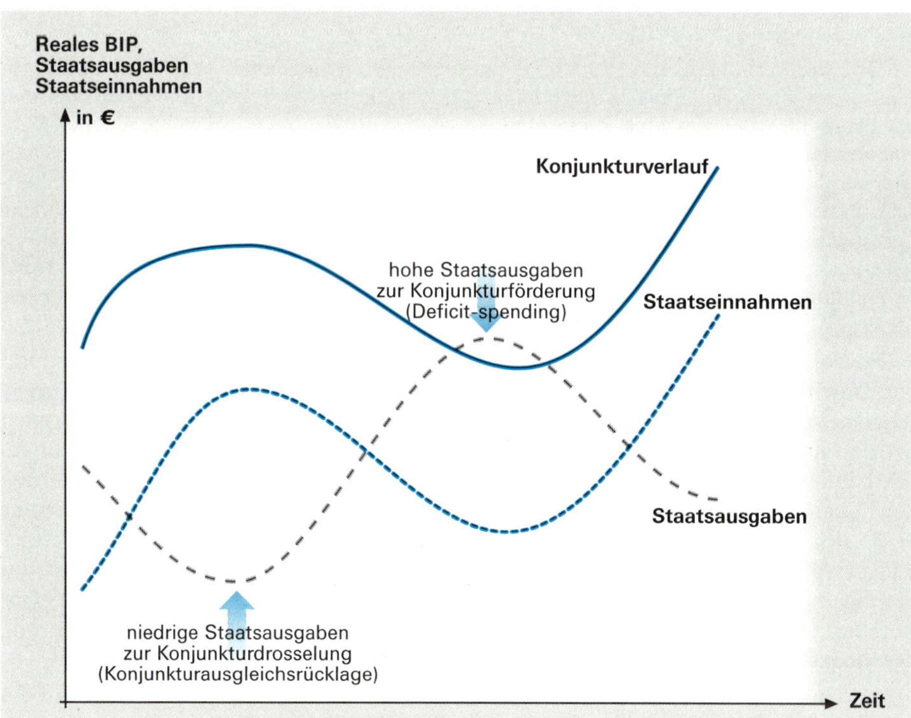

Konsumgüternachfrage). Die sich dadurch für den Staatshaushalt ergebenden Überschüsse sollen vorübergehend stillgelegt (**Konjunkturausgleichsrücklage**) oder zur Schuldentilgung verwendet werden.

In der Hochkonjunktur bedeutet antizyklische Fiskalpolitik, die gesamtwirtschaftliche Nachfrage durch Verringerung der Staatsausgaben und Erhöhung der Staatseinnahmen zu dämpfen.

In der **Rezession** ist die gesamtwirtschaftliche Nachfrage im Verhältnis zum Produktionspotenzial zu gering. Der Staat soll in dieser Situation zu einer Erhöhung der gesamtwirtschaftlichen Nachfrage beitragen, indem er seine Ausgaben erhöht (= Erhöhung der Staatsnachfrage) und seine Einnahmen verringert (z. B. Steuererleichterungen als Investitionsanreiz). Das sich für den Staatshaushalt ergebende Defizit soll aus Mitteln einer Konjunkturausgleichsrücklage oder durch Kreditaufnahme (**Deficit-spending**) finanziert werden.

In der Rezession bedeutet antizyklische Fiskalpolitik, die gesamtwirtschaftliche Nachfrage durch Erhöhung der Staatsausgaben und Verringerung der Staatseinnahmen anzukurbeln.

9.4.2 Instrumente der antizyklischen Fiskalpolitik

Mögliche Ansatzpunkte der antizyklischen Fiskalpolitik, wie sie auch das **Stabilitätsgesetz** (StabG) von 1967 beinhaltet, sind die vier Komponenten der gesamtwirtschaftlichen Nachfrage.

1. Die **Nachfrage der privaten Haushalte nach Konsumgütern** (C_{pr}) ist abhängig vom verfügbaren Einkommen und der Spar- bzw. Konsumneigung. Durch die Höhe der Einkommensteuer kann das verfügbare Einkommen und damit die Konsumgüternachfrage beeinflusst werden.

Werden Steuererhöhungen zur Abschöpfung von Kaufkraft und damit zur Drosselung der privaten Konsumgüternachfrage vorgenommen, treten die beabsichtigten Entzugseffekte aber nur dann auf, wenn der Staat diese Mehreinnahmen stilllegt (z. B. im Rahmen einer Konjunkturausgleichsrücklage gem. § 5 StabG). Andernfalls tritt lediglich eine Nachfrageverschiebung vom privaten zum öffentlichen Sektor ein, ohne dass dabei die gesamtwirtschaftliche Nachfrage im beabsichtigten Umfang zurückgeht. Außerdem ist eine merkliche Konsumnachfragereaktion vornehmlich bei Beziehern niedriger und mittlerer Einkommen zu erwarten, deren Sparquote gering ist. Bezieher höherer Einkommen werden dagegen auf eine Veränderung der Einkommensteuer eher mit einer Änderung des Sparverhaltens als mit einer Änderung der Verbrauchsausgaben reagieren.

2. Die **Nachfrage der Unternehmen nach Investitionsgütern** (I) ist in erster Linie von den Gewinnerwartungen abhängig. Durch die Höhe von Einkommen- bzw. Körperschaftsteuer kann die Investitionsgüternachfrage indirekt ebenso beeinflusst werden wie durch direkte Investitionssteuern, Investitionsprämien und andere Subventionen. Ein häufig genutztes Instrument zur Investitionsförderung ist auch die Verbesserung der steuerlichen Abschreibungsmöglichkeiten für Gegenstände des Anlagevermögens (z. B. degressive Abschreibung, Sonderabschreibungen). Durch solche Abschreibungsvergünstigungen können die Unternehmen ihre zu versteuernden Gewinne und die davon berechneten Gewinnsteuern (Einkommen- bzw. Körperschaftsteuer, Gewerbeertragsteuer) vorübergehend senken. Es ergibt sich dadurch eine Verlagerung der Steuerzahlung auf einen späteren Zeitpunkt.

3. Die **Nachfrage des Staates nach Gütern und Dienstleistungen** (A_{St}) kann vom Staat direkt beeinflusst werden. Daher gelten die staatlichen Investitionen (z. B. Infra-

strukturinvestitionen) insbesondere in der Rezession als besonders geeignete Ansatzpunkte zur Konjunktursteuerung. Voraussetzung ist, dass entsprechende Planungen für öffentliche Investitionen bereits vorliegen (Schubladenprogramme), durch deren Realisierung ein privatwirtschaftlicher Nachfrageeinbruch ausgeglichen werden kann.

Allerdings liegt ein großer Teil der staatlichen Investitionstätigkeit bei den Landkreisen und Gemeinden, die eher zu einem prozyklischen Ausgabeverhalten neigen (Parallelpolitik), indem sie ihre Investitionstätigkeit den Schwankungen des Steueraufkommens anpassen.

4. Die **Nachfrage des Auslands** (Nettoexport, Ex-Im) kann vom Staat durch die Gewährung von Exportsubventionen o. Ä. beeinflusst werden. Entscheidender für die Exportnachfrage ist aber der **Wechselkurs** (*vgl. 10.3.2*), der jedoch durch den Staat auf Dauer nicht gegen die auf den Devisenmärkten wirksamen Kräfte von Angebot und Nachfrage veränderbar ist.

Überblick über Instrumente der Fiskalpolitik		
Ansatzpunkte	**Kontraktive Wirkung (nachfragedämpfend)**	**Expansive Wirkung (nachfrageerhöhend)**
Steuern StabG §§ 26, 28	Erhöhung der Einkommen- und Körperschaftsteuer, Abbau von Steuervergünstigungen, Erhebung eines Stabilitäts- oder (rückzahlungspflichtigen) Konjunkturzuschlags	Senkung der Einkommen- und Körperschaftsteuer, Rückzahlung eines Konjunkturzuschlags
Sparanreize	Gewährung oder Erhöhung von Sparprämien	Abbau oder Verminderung von Sparprämien
Subventionen StabG § 10	Abbau oder Verminderung von Subventionen (z. B. Streichung von Exportsubventionen)	Gewährung oder Erhöhung von Subventionen (z. B. Exportförderung)
Investitionsanreize	Streichung von Abschreibungsvergünstigungen, Abbau oder Verminderung von Investitionsprämien	Verbesserung von Abschreibungsmöglichkeiten, Gewährung oder Erhöhung von Investitionsprämien
Staatsausgaben StabG §§ 5, 6, 7, 11, 15, 19 ff.	Kürzung und zeitliche Verlagerung von Staatsausgaben (z. B. Infrastrukturinvestitionen), Stilllegung frei werdender Mittel durch Bildung einer Konjunkturausgleichsrücklage	Erhöhung und zeitliches Vorziehen von Staatsausgaben (z. B. Infrastrukturinvestitionen), Finanzierung der zusätzlichen Ausgaben durch Kreditaufnahme oder Auflösung einer Konjunkturausgleichsrücklage

Die auf der keynesianischen Theorie beruhende Beeinflussung der gesamtwirtschaftlichen Nachfrage durch eine am **konjunkturellen Einzelfall** orientierte Auswahl, Kombination und Dosierung wirtschaftspolitischer Maßnahmen wird als **diskretionäre**[1] (im Gegensatz zu regelgebundener) **Wirtschaftspolitik** bezeichnet. Neben der Fiskalpolitik bieten die Geldpolitik, die Einkommenspolitik und die Außenwirtschaftspolitik wichtige Ansatzpunkte zur Steuerung der gesamtwirtschaftlichen Nachfrage (*demand management*). Die Konzeption, zur Erreichung gesamtwirtschaftlicher Ziele (§ 1 StabG) durch die Anpassung der gesamtwirtschaftlichen Nachfrage an die Entwicklung des Produktionspotenzials beizutragen und dazu fallweise Maßnahmen aus verschiedenen Bereichen der Wirtschaftspolitik einzusetzen, wird als **Globalsteuerung** bezeichnet.

1 diskretionär (*lat.*): fallweise; am Einzelfall orientiert

Die Globalsteuerung ist eine wirtschaftspolitische Konzeption, nach der eine Anpassung der gesamtwirtschaftlichen Nachfrage an die Entwicklung des Produktionspotenzials erfolgen soll, indem von Fall zu Fall als geeignet angesehene wirtschaftspolitische Maßnahmen aus den Bereichen der Fiskal-, Geld-, Einkommens- und Außenwirtschaftspolitik ergriffen werden.

9.4.3 Probleme der antizyklischen Fiskalpolitik

In der Bundesrepublik Deutschland wurde die postkeynesianische Konzeption der Fiskalpolitik insbesondere Mitte der 60er-Jahre angewandt. Wesentliche Ursache für die Abkehr von der am Ordoliberalismus orientierten Wirtschaftspolitik des ehemaligen Wirtschaftsministers (1949–1963) und späteren Bundeskanzlers (1963–1966) LUDWIG ERHARD (*vgl. 6.4.1*) war die Rezession in den Jahren 1966/67. Der Anstieg der Arbeitslosenquote auf das für damalige Verhältnisse hohe Niveau von 2,1 % führte zu einer Ablösung der CDU/FDP-Koalition und zu einem neuen Regierungsbündnis zwischen CDU und SPD. Dem neuen Wirtschaftsminister KARL SCHILLER (SPD) gelang es, mithilfe fiskalpolitischer Maßnahmen die Rezession zu überwinden, sodass die Arbeitslosenquote auf 0,7 % (1970) sank. Die rechtlichen Grundlagen für diese Maßnahmen waren zuvor in dem 1967 erlassenen **Stabilitätsgesetz** verankert worden, das neben der Schaffung neuer Instrumente (*vgl. 9.4.2*) vor allem die politischen Entscheidungsprozesse abkürzen soll, um schnelles situationsgerechtes Handeln zu ermöglichen. Seit Ende der 70er-Jahre sieht sich dieses bei der Bekämpfung konjunktureller Arbeitslosigkeit erfolgreiche Konzept allerdings vermehrter politischer und wissenschaftlicher Kritik u. a. aus folgenden Gründen ausgesetzt:

- **Vernachlässigung der Preisniveaustabilität**
  Das Beschäftigungsziel genießt im Rahmen der antizyklischen Fiskalpolitik Priorität gegenüber der Inflationsbekämpfung. In der Bundesrepublik Deutschland ging die auf der Globalsteuerung beruhende Vollbeschäftigungspolitik Anfang der 70er-Jahre tatsächlich mit relativ hohen Inflationsraten zwischen 5,3 % (1971) und 7,0 % (1974) einher.
- **Zunahme der Staatsverschuldung (strukturelle Budgetdefizite)**
  Die durch staatliche Kreditaufnahme finanzierten Konjunkturprogramme zur Beschäftigungsförderung (*Deficitspending*) führen zu staatlichen Budgetdefiziten. Da diese Defizite in der Hochkonjunktur aus politischen Gründen (s. u.) meistens nicht wieder abgebaut werden, kommt es in der nächste Rezession zu noch höheren Fehlbeträgen. So entstehen aus einer zunächst unproblematischen konjunkturell bedingten Staatsverschuldung strukturelle Budgetdefizite.
- **Verdrängungseffekt (*crowding out*)**
  Die zunehmende Staatsverschuldung und die damit einhergehende staatliche Kreditaufnahme in Form von Anleihen führt zu einem Anstieg des Zinsniveaus. Dadurch wird möglicherweise die private Investitionstätigkeit (z. B. im Bausektor) zurückgedrängt (= zinsbedingtes *crowding out*). Zudem fließt bei einem hohen inländischen Zinsniveau Auslandskapital zu. Dadurch kommt es zu einer Aufwertung der Inlandswährung (*vgl. 10.3.1*). Dies bedeutet eine Verteuerung der Exporte und führt möglicherweise zu einem Exportrückgang (= wechselkursbedingtes *crowding out*).
- **Politische Hemmnisse**
  In einer parlamentarischen Demokratie fällt es den politischen Entscheidungsträgern in Zeiten hoher Steuereinnahmen schwer, diese Gelder stillzulegen (Konjunkturausgleichsrücklage) und nicht für Zwecke auszugeben, mit denen sie sich die Gunst der Wähler und damit ihre Wiederwahl erkaufen können. Andererseits sind konjunkturpolitisch notwendige Steuererhöhungen und Verringerungen der Staatsausgaben kurz vor einer Wahl kaum

zu erwarten. Ökonomisch sinnvolle Maßnahmen sind somit häufig politisch nicht durchsetzbar. „Von Politikern Zurückhaltung zu verlangen, wenn das Geld da ist, ist dasselbe, wie wenn man von einem Hund verlangt, sich einen Wurstvorrat anzulegen.“ (J. A. Schumpeter)

- **Entscheidungs- und Wirkungsverzögerungen (*time-lags*)**
  Die Wirkung antizyklischer Fiskalpolitik tritt häufig erst mit erheblicher zeitlicher Verzögerung (*time-lag*) ein. Vom Zeitpunkt des Eintritts konjunktureller Störungen und deren Wahrnehmung durch die Politiker bis zum Einsatz entsprechender Instrumente und deren Wirksamwerden können mehrere Jahre vergehen. Möglicherweise hat sich bis dahin die konjunkturelle Lage bereits so verändert, dass die Maßnahmen eine Verstärkung statt eine Dämpfung der Konjunkturzyklen und damit eine Destabilisierung bewirken. Neben der **Auswahl der geeigneten Mittel** und dem **zeitgerechten Einsatz** (*Timing*) ist auch die **Wahl der richtigen Größenordnung** der **„Konjunkturspritzen“** (z. B. Senkung der Einkommensteuer um 5 % oder um 10 %?) sehr schwierig. Bei einer zu geringen Dosierung der Maßnahmen verpuffen die Wirkungen, bei einer Überdosierung wird die Initialzündung für ein neues Ungleichgewicht gelegt.

- **Stop-and-go-Politik**
  Das **Stabilitätsgesetz** von 1967 sieht konjunkturpolitische Eingriffe vor, bei denen die staatlichen Entscheidungsträger nach eigenem Ermessen und *ad hoc* Maßnahmen ergreifen können. Hierdurch kann es in Abhängigkeit von der jeweiligen konjunkturellen Situation zu einem abrupten Wechsel zwischen expansiven und kontraktiven Maßnahmen kommen (*Stop-and-go-Politik*). Damit gehen eine Verunsicherung und Lähmung der Wirtschaft einher, die möglicherweise zu einer weiteren Destabilisierung führen. Dies widerspricht dem Grundsatz der **Konstanz der Wirtschaftspolitik**. Dieser Grundsatz beruht auf der Überlegung, dass Investitionsentscheidungen der Unternehmen mit vielen Unsicherheiten behaftet sind. Ändert der Staat dann noch ständig wichtige Rahmenbedingungen wie Steuern, Abschreibungsmöglichkeiten und Staatsausgaben, werden die Investitionsrisiken der Unternehmen unkalkulierbar. Anstelle der *Stop-and-go-Politik* (diskretionäre Fiskalpolitik) wird eine **regelgebundene Wirtschaftspolitik** gefordert, bei der je nach Konjunkturlage automatisch bestimmte Maßnahmen ergriffen werden (*built-in-flexibility*).

- **Rationales Verhalten der Wirtschaftssubjekte** (Theorie der rationalen Erwartungen)
  Viele konjunkturpolitische Maßnahmen stellen lediglich Anreize dar und wirken nur, wenn sich die Wirtschaftssubjekte erwartungskonform verhalten. Häufig durchschauen die Wirtschaftssubjekte die bezweckte Absicht aber und passen sich der veränderten Situation an, sodass die Wirkung der Eingriffe verpufft. Unternehmer sehen sich beispielsweise der Situation gegenüber, dass die Steuern gesenkt werden, um Investitionen anzuregen. In der folgenden Konjunkturphase werden nach erfolgter Investitionstätigkeit die Steuern aber wieder erhöht. Das kann dazu führen, dass die Unternehmen bei der nächsten Steuersenkung nicht mit verstärkten Investitionen reagieren, weil sie bereits die nächste Steuererhöhung erwarten.

9.5 Angebotsorientierte Wirtschaftspolitik

9.5.1 Begründung der angebotsorientierten Wirtschaftspolitik

In den 70er-Jahren zeigte sich erstmals das bis dahin in Deutschland unbekannte Konjunkturphänomen der **Stagflation** (*vgl. 8.5.4*). Arbeitslosigkeit und Inflation traten – u. a. ausgelöst durch den Ölpreisschock 1973 – in einem bisher nicht gekannten Ausmaß gleichzeitig auf (1974: Inflationsrate 7,0 %, Arbeitslosenquote 4,7 %). Gegen diese Konstellation war das keynesianische Konzept nicht Erfolg versprechend, da eine beschäftigungspolitisch begründete Erhöhung der gesamtwirtschaftlichen Nachfrage die Inflation zusätzlich angeheizt hätte. Aber auch mit einer nach monetaristischer Theorie notwendigen Verringerung des Geldmengenwachstums zur Inflationsbekämpfung (*vgl. 8.5.2*) hätte dieses konjunkturelle Problem nicht gelöst werden können, da dies mit einer weiteren Zunahme der Arbeitslosigkeit einhergegangen wäre.

Vor diesem Hintergrund vollzog sich in vielen westlichen Ländern eine Wende in der praktischen Wirtschaftspolitik. Der Ansatz der bei der Rezessionsbekämpfung erfolgreichen Fiskalpolitik wird seitdem vielfach als nicht mehr problemadäquat angesehen, weil er davon ausgeht, dass Konjunkturschwankungen ausschließlich auf eine zu geringe bzw. zu große gesamtwirtschaftliche Nachfrage zurückgehen. Werden dagegen die Bedingungen auf der Angebotsseite in den Mittelpunkt der Suche nach den Ursachen von gesamtwirtschaftlichen Ungleichgewichten gestellt, ergeben sich völlig andere Konsequenzen für das wirtschaftspolitische Verhalten des Staates. Dies bedingte eine Abkehr von der auf der keynesianischen Konzeption beruhenden nachfrageorientierten Wirtschaftspolitik hin zu einer **angebotsorientierten Wirtschaftspolitik**. Die Angebotstheoretiker versuchen auf der Grundlage der neoklassischen Theorie ein geschlossenes marktwirtschaftskonformes Stabilitätskonzept vorzulegen.

In Deutschland hat sich der **Sachverständigenrat zur Begutachtung der gesamtwirtschaftlichen Entwicklung**[1] („Die fünf Weisen") bereits früh kritisch mit der postkeynesianischen Wirtschaftspolitik auseinander gesetzt und erstmals im Jahresgutachten 1974/75 seine neue stabilitätspolitische Konzeption vorgestellt. Ziel ist die Verbesserung der Rahmenbedingungen für eine aus eigener Kraft wachsenden Wirtschaft. Die entscheidende Wende in der Wirtschaftspolitik hat die Deutsche Bundesbank 1974 mit ihrer „Neuen Geldpolitik" eingeleitet. Mit Bezug auf die monetaristische Theorie nahm die Deutsche Bundesbank damals eine Abkehr von fallweisen (diskretionären) geldpolitischen Maßnahmen zur Konjunktursteuerung und eine Hinwendung zu einer an vorformulierten Geldmengenzielen ausgerichtete **Geldmengensteuerung** mit dem Ziel einer Preisniveaustabilisierung vor. Diese Politik wird heute vom ESZB fortgesetzt (*vgl. 8.7*). Die staatliche Wirtschafts- und Finanzpolitik war dagegen in den 70er-Jahren unter der sozial-liberalen Koalition von SPD und FDP noch vom Postkeynesianismus geprägt. Erst durch den Regierungswechsel 1982 (CDU-/FDP-Koalition) wurde der Wechsel zu einer angebotsorientierten Wirtschaftspolitik vollzogen. Etwa zur gleichen Zeit kam es auch in anderen westlichen Industrieländern zur Anwendung angebotsorientierter wirtschaftspolitischer Konzeptionen, die in Anlehnung an die Namen der jeweiligen Regierungschefs auch als *Reaganomics* (US-Präsident R. REAGAN, 1981–1989) bzw. *Thatcherismus* (Englische Premierministerin M. THATCHER, 1979–1990) bezeichnet wurden.

Angebotsorientierte Wirtschaftspolitik (*supply-side-economics*) will die Produktionsbedingungen in einer Volkswirtschaft verbessern, ihre Anpassungsfähigkeit an Veränderungen erhöhen sowie die Leistungsfähigkeit und Leistungsbereitschaft verstärken.

1 Der SVR ist ein unabhängiges, aus fünf Hochschullehrern bestehendes Expertengremium, das jährlich ein umfassendes Wirtschaftsgutachten (Jahresgutachten) erstellt, welches am 15. Nov. eines jeden Jahres der Bundesregierung zugeleitet werden muss (Gesetz über die Bildung des SVR vom 14. August 1963).

9.5.2 Grundannahmen der angebotsorientierten Wirtschaftspolitik

Stabilitätshypothese

Das neoklassische Stabilitätskonzept, auf dem die angebotsorientierte Wirtschaftspolitik beruht, geht davon aus, dass ein funktionsfähiges marktwirtschaftliches System grundsätzlich stabil ist und sich gleichgewichtig entwickelt. Die in der Realität feststellbaren Fehlentwicklungen werden als Folgen staatlicher Interventionen interpretiert (These des Staatsversagens). Die beste Stabilitätspolitik sei daher der Verzicht auf staatliche stabilitätspolitische Interventionen. An die Stelle fallweiser konjunkturpolitischer Maßnahmen soll die Verstetigung des Wirtschaftsprozesses durch eine **Verstetigung der Wirtschaftspolitik** treten.

SAY'sches Theorem

Nach der klassischen Theorie kann es langfristig kein Überangebot an Gütern geben, weil jede Ausweitung der Produktion gleichzeitig eine Erhöhung des Einkommens darstellt und daher das Wachstum der gesamtwirtschaftlichen Nachfrage langfristig nicht hinter dem Wachstum des gesamtwirtschaftlichen Angebots zurückbleiben könne. Dieser Zusammenhang wurde zu der Behauptung verdichtet: „Jedes Angebot schafft sich seine Nachfrage selbst“ (**SAY'sches**[1] Theorem).

Das SAY'sche Theorem besagt, dass sich jedes Angebot seine Nachfrage selbst schafft.

Von den Vertretern der angebotsorientierten Wirtschaftspolitik wird das SAY'sche Theorem zwar nicht mehr in seinem ursprünglichen Sinne interpretiert, wohl aber als Beleg für die Tendenz zum langfristigen Gleichgewicht gewertet.

„Die dauerhaften Impulse für wirtschaftliche Tätigkeiten müssen ... von der einzelwirtschaftlichen Basis ausgehen, von der unternehmerischen Nutzung rentabel erscheinender Produktionschancen. Dabei wird Arbeit nachgefragt und Einkommen geschaffen, woraus dann Nachfrage nach Gütern entsteht. Im Zusammenspiel der Vielen schafft so das Angebot seine Nachfrage.“ (SVR-Gutachten 1977/78, Teilziffer 241)

Eine Nachfragesättigung ist nach dieser Auffassung kein zentrales Problem moderner Volkswirtschaften. Wegen der Unersättlichkeit menschlicher Bedürfnisse komme es nur darauf an, latente Bedürfnisse zu erkennen und entsprechende Waren und Dienstleistungen am Markt anzubieten. Da es da Risiko jedes einzelnen Produzenten ist, seinen Absatzmarkt zu finden, sind dynamische **Pionierunternehmer** nötig, die dieses Risiko auf sich nehmen.

Pionierunternehmer

Dynamische, risikofreudige Unternehmer, die Neuerungen (**Innovationen**) durchsetzen, indem sie neue Märkte erkunden und neue Produktionsverfahren anwenden, werden als Motoren des wirtschaftlichen Fortschritts eines marktwirtschaftlichen Systems angesehen.[2]

1 Jean-Baptiste Say, französischer Wirtschaftswissenschaftler, 1767–1832, Begründer der klassischen „Theorie der Absatzwege“

2 Die Analyse der Rolle solcher Pionierunternehmer geht auf J. A. Schumpeter (1883–1950) zurück. Es wird daher auch von SCHUMPETER'schen Pionierunternehmern gesprochen. Vgl. J. A. Schumpeter, Theorie der wirtschaftlichen Entwicklung: eine Untersuchung über Unternehmergewinn, Kapital, Kredit, Zins und den Konjunkturzyklus, Berlin 1993 (1. Aufl. München 1911)

Unternehmer, die durch erfolgreiche Einführung von Innovationen neue Märkte schaffen, werden als Pionierunternehmer (SCHUMPETER'sche Unternehmer) bezeichnet.

Durch seinen Wettbewerbsvorsprung kann der Pionierunternehmer eine zeitlich befristete Monopolstellung erlangen und Vorsprungsgewinne (Pioniergewinne) erzielen. Diese Gewinne sorgen aber wiederum dafür, dass Konkurrenten als Nachahmer am Markt auftreten (**Imitation**) und für eine schnelle Verbreitung der Neuerungen sorgen. Der für das Auftreten solcher Unternehmen notwendige Gewinnanreiz setzt **niedrige Steuern** auf Unternehmensgewinne voraus.

LAFFER-Theorem

Nach Auffassung der Vertreter der Angebotstheorie hat die Steuerbelastung der Unternehmensgewinne vielfach eine leistungsfeindliche Höhe erreicht. Dies wird mithilfe der sog. LAFFER[1]-Kurve zu belegen versucht. Die Kurve stellt die Abhängigkeit des Steueraufkommens von der Höhe des Steuersatzes dar. Dabei kommt den positiven oder negativen Leistungsanreizen aufgrund der Höhe des Steuersatzes besondere Bedeutung zu. Die Kernaussage lautet, dass jedes gewinnabhängige Steueraufkommen durch zwei verschiedene Steuersätze erreicht werden kann. Ein niedriger Steuersatz (t_1), der auf hohe Unternehmensgewinne in einer Volkswirtschaft angewandt wird, beschert dem Staat dasselbe Steueraufkommen (T) wie ein hoher Steuersatz (t_2), der zu negativen Leistungsanreizen und damit zu geringen Unternehmensgewinnen führt. Wenn in einer Volkswirtschaft der kritische Wert t_{opt} überschritten ist, kommt es nach dieser Auffassung zu Steuerwiderständen und einer leistungsmindernden Wirkung des Steuertarifs. In diesem Fall würde eine Senkung des Gewinn- und Einkommensteuersatzes nicht zu der allgemein erwarteten Verringerung, sondern zu einer Erhöhung des Steueraufkommens führen. Damit würde gleichzeitig eine Verringerung von Schwarzarbeit, Steuerhinterziehung und Steuerflucht einhergehen.

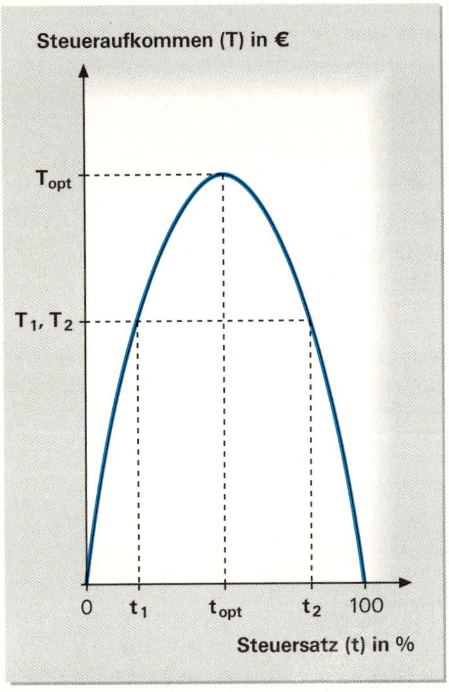

Im vorliegenden Fall ist das Ziel der Steuersenkungen – anders als in der keynesianischen Theorie – nicht die Erhöhung des verfügbaren Einkommens zur Ankurbelung der gesamtwirtschaftlichen Nachfrage, um auf diesem Wege mehr Wachstum und Beschäftigung zu erreichen. Vielmehr steht die Minderung der leistungshemmenden Wirkung des Steuersystems im Vordergrund („Leistung soll sich lohnen"), um durch steuerliche Leistungsanreize Wachstum und Beschäftigung zu ermöglichen.

1 Benannt nach einer Analyse des nordamerikanischen Wirtschaftswissenschaftlers A. Laffer aus dem Jahre 1974, auf die sich US-Präsident Ronald Reagan bei seinem Steuersenkungsprogramm Anfang der 80er-Jahre stützte.

9.5.3 Ansatzpunkte der angebotsorientierten Wirtschaftspolitik

Die Rahmenbedingungen für Investitionen sollen u. a. durch eine **Verstetigung der Wirtschaftspolitik** verbessert werden, um dadurch zu verhindern, dass sich die bei unternehmerischen Investitionsentscheidungen zu berücksichtigenden Rahmendaten ständig und in unvorhersehbarer Weise ändern und sich als Investitionshemmnis auswirken. Es wird unterstellt, dass Unternehmer nur bei einer an einem längerfristigen Konzept orientierten Wirtschaftspolitik in der Lage sind, ihre Investitionsentscheidungen an verlässlichen Rahmendaten und auf einen längeren Zeitraum hin auszurichten. Die Forderungen nach Verstetigung beziehen sich insbesondere auf die **Finanz**-, **Geld**- und **Lohnpolitik**.

Konjunkturneutrale Finanzpolitik

Die Finanzpolitik des Staates soll zunächst vorrangig einen Abbau der strukturellen Defizite der staatlicher Haushalte und eine Absenkung der Staatsverschuldung herbeiführen. Daher sind Staatseinnahmen und die Staatsausgaben am Wachstum des Produktionspotenzials zu orientieren (= potenzialorientierte Finanzpolitik), sodass von den öffentlichen Einnahmen und Ausgaben keine expansiven oder kontraktiven Wirkungen auf die Konjunkturentwicklung ausgehen (= **konjunkturneutrale Finanzpolitik**). Die Unternehmensteuern sollen auf ein Niveau gesenkt werden, das mehr Leistungsanreize bietet und den (internationalen) Wettbewerb nicht verzerrt. Hauptaufgabe der Finanzpolitik ist demnach nicht die Stabilisierung des Konjunkturverlaufs. Vielmehr soll sie für den optimalen Einsatz aller volkswirtschaftlichen Produktionsfaktoren (z. B. durch die Bereitstellung öffentlicher Güter bei Marktversagen) sorgen (= **Allokationspolitik**).

Monetaristische Geldpolitik zur Preisniveaustabilisierung

Bei einer konsequent am Ziel der Preisniveaustabilität ausgerichtete Geldpolitik darf nach monetaristischer Auffassung die Geldmenge nicht schneller wachsen als die reale Gütermenge (*vgl. 8.5.2*). Die Zentralbank muss daher das Geldmengenwachstum am Wachstum des Produktionspotenzials ausrichten (**potenzialorientierte Geldpolitik**). Der Einsatz des geldpolitischen Instrumentariums soll damit verstetigt werden und nicht der konjunkturpolitisch motivierten kurzfristigen Wirtschaftssteuerung dienen. Eine fallweise (diskretionäre) Geldpolitik, die sich an der jeweiligen Konjunktursituation ausrichtet, wird also abgelehnt.

Die 1974 von der Deutschen Bundesbank begonnene und inzwischen vom ESZB fortgesetzte Politik der Geldmengensteuerung hat in den letzten Jahren tatsächlich zu außerordentlich geringen Preisniveauänderungen in Deutschland geführt (1999: 0,6 %).

Beschäftigungsorientierte Lohnpolitik

Eine Erhöhung der **Arbeitsproduktivität** bedeutet, dass mit einer gleich bleibenden A ◄
Zahl von Erwerbstätigen eine größere Produktionsmenge erzeugt wird (*vgl. 1.3.3*). 8.14
Wenn die Löhne stärker steigen als die Arbeitsproduktivität, erhöhen sich die Lohn- 8.15
kosten je Stück (**Lohnstückkosten**). Gelingt es den Unternehmen, diese Kostenerhöhung in Form höherer Preise zu überwälzen, kann es zu einer **Lohnkosteninflation** kommen (*vgl. 8.5.4*). Wenn gleichzeitig die Zentralbank die Geldmenge nicht erhöht, sondern potenzialorientierte statt expansive Geldpolitik betreibt, können die Unternehmen entweder die höheren Preise nicht durchsetzten oder die Preiserhöhungen sind bei der vorhandenen Geldmenge nur finanzierbar, wenn gleichzeitig

3328327

Beschäftigungsorientierte Lohnpolitik

Der Sachverständigenrat vertritt die Konzeption einer beschäftigungsorientierten Lohnpolitik. Sie besteht im Wesentlichen auf folgenden Elementen:

- Die Tariflohnerhöhungen müssen sich an der Entwicklung der um Beschäftigungsveränderungen bereinigten Arbeitsproduktivität orientieren; bei Unterbeschäftigung darf dieser Spielraum nicht voll ausgeschöpft werden.
- Die Tarifparteien müssen sicherstellen, dass die Lohnstruktur in qualifikatorischer und regionaler Hinsicht angemessen, das heißt gemäß den Erfordernissen des strukturellen Wandels differenziert ist.
- Insbesondere im Bereich gering qualifizierter Arbeit muss versucht werden durch eine hinreichende Spreizung der unteren Lohngruppen Arbeitsplätze zu schaffen...
- Arbeitszeitregelungen müssen den betrieblichen Flexibilitätsanforderungen genügen und entsprechend den unterschiedlichen Marktbedingungen differenziert sein.

SVR-Jahresgutachten 1998/99, S. 278

die Produktionsmenge zurückgeht (*vgl. 8.5.5*). In beiden Fällen bewirkt der Anstieg der Lohnstückkosten eine Zunahme der **Arbeitslosigkeit** (klassische bzw. lohnkostenbedingte Arbeitslosigkeit).

Den Tarifparteien wird von den Angebotstheoretikern daher eine Lohnpolitik empfohlen, die sich am Produktivitätsfortschritt orientiert (**produktivitätsorientierte Lohnpolitik**), um einen Anstieg der Lohnstückkosten zu vermeiden. Lohnsteigerungen im Rahmen des Produktivitätsfortschritts verhindern nach dieser Auffassung sowohl Lohnkosteninflation als auch lohnkostenbedingte Arbeitslosigkeit. Im Falle hoher Arbeitslosigkeit sollen aber die **Lohnsteigerungen geringer als der Produktivitätsfortschritt** ausfallen, um durch die damit einhergehende Kostenentlastung die Wettbewerbsposition der Unternehmen zu stärken, die Unternehmensgewinne zu erhöhen und so einen Beitrag zur Beschäftigungsförderung zu leisten. Gleichzeitig wird eine größere **Flexibilisierung des Arbeitsmarktes** (z. B. betriebliche, branchenspezifische und regionale Differenzierung der Lohnentwicklung anstelle einheitlicher Flächentarifverträge, flexiblere Arbeitszeiten, Lockerung des Kündigungsschutzes und der Lohnfortzahlung im Krankheitsfall usw.) gefordert.

Ordnungspolitik statt Ablaufpolitik

Neben der Verbesserung der Rahmenbedingungen durch eine **Verstetigung der Finanz-, Geld- und Lohnpolitik** werden u. a. auch Maßnahmen zur Stärkung der Marktkräfte und Erhöhung von Leistungsanreizen in zahlreichen anderen Politikbereichen gefordert. Dabei liegt das Schwergewicht angebotsorientierter Wirtschaftspolitik eindeutig auf der Ordnungspolitik und nicht auf der Ablaufpolitik (*vgl. 7.1*).

Wettbewerbspolitik: Im Rahmen der **Wettbewerbsschutzpolitik** soll – u. a. durch eine strenge Anwendung des *Gesetzes gegen Wettbewerbsbeschränkungen* (GWB) – wettbewerbsbeschränkendes Verhalten der Unternehmen verhindert werden (*vgl. 6.4.2*). Die **Wettbewerbsförderpolitik** hat das Ziel, bestehende Marktschranken zu beseitigen und neuen Unternehmen den Marktzugang zu erleichtern. Gefordert werden u. a. der Abbau von wettbewerbshemmenden bürokratischen Hemmnissen und gesetzlichen Regelungen (**Deregulierung**), eine **Privatisierung** solcher Aufgaben, deren Erfüllung auch dem Markt überlassen werden kann (z. B. Energiesektor) und der Abbau von Subventionen, die dem Erhalt von (international) nicht wettbewerbsfähigen Wirtschaftszweigen dienen (z. B. Bergbau, Werften).

Sozialpolitik: Überzogene sozialpolitische Maßnahmen können die Eigenverantwortung des Einzelnen schwächen und leistungshemmend wirken. Deshalb wird ein **Abbau sozialpolitischer Fehlanreize** durch mehr Eigenverantwortung und eine größere Selbstbeteiligung der Betroffenen gefordert (z. B. Selbstbeteiligung an den Krankheitskosten, Senkung der Lohnfortzahlung im Krankheitsfall, Kürzung bzw. Streichung von Arbeitslosengeld und Arbeitslosenhilfe bei Ablehnung einer zumutbaren Arbeit). Entsprechend dem Grundsatz „Selbsthilfe geht vor Fremdhilfe“ wird eine stärkere Betonung des **Subsidiaritätsprinzips** (*vgl. 6.4.3*) im Rahmen der sozialen Sicherung angestrebt.

Innovationsfreundliche Forschungs- und Technologiepolitik: Dem Staat wird empfohlen, Forschung und Entwicklung durch den Ausbau der **Grundlagenforschung** zu fördern und die Ergebnisse zur Auswertung für neue Erfindungen allen privaten Unternehmen zur Verfügung zu stellen.

Bildungspolitik: Es werden kürzere Ausbildungszeiten, mehr Praxisnähe und Bedarfsorientierung gefordert.

Umweltpolitik: Es sollen vor allem marktwirtschaftliche Instrumente in der Umweltpolitik Anwendung finden (z. B. Umweltzertifikate).

9.5.4 Kritik an der angebotsorientierten Wirtschaftspolitik

Auch das Konzept der angebotsorientierten Wirtschaftspolitik ist nicht unwidersprochen geblieben. Die wichtigsten Kritikpunkte sind: A ◄ 9.4

Einseitige Betonung der Angebotsseite

Da das SAY'sche Theorem, nach dem sich das Angebot seine Nachfrage selbst schafft, von den Vertretern der angebotsorientierten Wirtschaftspolitik zumindest teilweise als zutreffend angesehen wird, erübrigen sich nach ihrer Auffassung Maßnahmen zur Nachfragesteuerung. Die bisherigen Erfahrungen mit wirtschaftspolitischen Strategien, die auf neoliberalen Konzeptionen beruhen, sprechen aber eher gegen diese einseitige Betrachtungsweise. In den USA, in Großbritannien und in der Bundesrepublik Deutschland ist es seit 1980 zwar gelungen, mit einer monetaristischen Geldpolitik die Inflationsraten deutlich zu senken. Trotz ergänzender angebotsorientierter Gegenmaßnahmen ging damit aber in Deutschland gleichzeitig eine dramatische Erhöhung der Arbeitslosigkeit einher (1980: 3,6 %, 1999 11,1 %). Das spricht eher dafür, dass auch von der gesamtwirtschaftlichen Nachfrage wichtige Beschäftigungsimpulse ausgehen können und müssen. **Erweiterungsinvestitionen** werden nur dann vorgenommen, wenn auch genügend große Absatzchancen vorhanden sind. Andernfalls führen steuerliche und andere angebotsorientierte Investitionsanreize zu **Rationalisierungsinvestitionen,** die einen weiteren Abbau von Arbeitsplätzen mit sich bringen.

Wirkung des LAFFER-Theorems fraglich

Empirische Daten, die den Verlauf der LAFFER-Kurve (*vgl. 9.5.2*) bestätigen, liegen bisher nicht vor[1]. Die Folge der radikalen Steuersenkungspolitik in den USA während der Präsidentschaft von R. REAGAN Anfang der 80er-Jahre waren extrem hohe Defizite im Staatshaushalt. Der nachfolgende Präsident G. BUSH (1989–1993) sah sich daher gezwungen den Staatshaushalt wieder durch Steuererhöhungen zu konsolidieren. Die sich aus Steuersenkungen ergebenden Anreizwirkungen treten allenfalls mit Verzögerung ein, sodass in der Übergangsphase eine vermehrte Staatsverschuldung mit entsprechenden Verdrängungseffekten (*crowding out*) unumgänglich scheint (*vgl. 9.4.3*).

1 Empirische Untersuchungen für die USA legen vielmehr die Vermutung nahe, dass Steuersenkungen zu einem Einnahmeausfall des Staats führen. Vgl. P. A. Samuelson, W. D. Nordhaus, Volkswirtschaftslehre, Wien 1998, S. 376

Löhne als Kosten- und Nachfragefaktor

Der unterstellte Zusammenhang zwischen niedrigen Löhnen und zunehmender Beschäftigung ist weder theoretisch noch empirisch hinreichend belegt. Es ist daher fraglich, ob bei Lohnzurückhaltung die Beschäftigung in dem gewünschten Ausmaß zunimmt. In der Bundesrepublik Deutschland sind beispielsweise die realen Nettolöhne zwischen 1980 und 1999 annähernd gleich geblieben. Dennoch ist die Arbeitslosenquote im selben Zeitraum von 3,6 % (1980) auf 11,4 % (1998) bzw. 11,1 % (1999) gestiegen. Eine Reallohnsenkung kann außerdem nur zur Überwindung einer lohnkostenbedingten (klassischen) Arbeitslosigkeit beitragen, nicht aber eine durch fehlende gesamtwirtschaftliche Nachfrage bedingte (keynesianische) Arbeitslosigkeit abbauen. Sinkende Löhne bedeuten nicht nur sinkende Kosten, sondern auch sinkende Konsumgüternachfrage.

Einkommensumverteilung von Arm zu Reich

Die Vorschläge der angebotsorientierten Wirtschaftspolitiker laufen vielfach darauf hinaus, die Leistungsstarken noch stärker zu belohnen und den Leistungsschwachen mit Hinweis auf größere Eigenverantwortung soziale Hilfen zu entziehen, um sie zur Leistung zu zwingen. Damit geht eine Einkommensumverteilung „von unten nach oben“ einher, die teilweise als sozial ungerecht und verteilungspolitisch ungewollt angesehen wird (z. B. steuerliche Entlastung der Unternehmen bei gleichzeitiger Kürzung der Arbeitslosenhilfe). Diese Umverteilung wird u. a. damit zu rechtfertigen versucht, dass die Begünstigung der Leistungsstarken auf Dauer auch den Leistungsschwachen zugute komme (*Trickle-down-Effekt*), da langfristig von einer gestiegenen volkswirtschaftlichen Gesamtleistung alle Einwohner Vorteile haben (z. B. durch die Finanzierbarkeit höherer Sozialleistungen). Eine solche Einkommensumverteilung von den ärmeren Bevölkerungsschichten zu den reicheren lässt sich für die letzten Jahrzehnte auch für die Bundesrepublik Deutschland vermuten (*vgl. 7.2*). Zusätzlich verhindert die vorgeschlagene produktivitätsorientierte Lohnpolitik eine Einkommensumverteilung zugunsten der Arbeitnehmer. Produktivitätsorientierte Lohnpolitik lässt die bestehende Einkommensverteilung und damit die Lohnquote konstant. Der **Sachverständigenrat** empfiehlt daher den Tarifpartner eine **Verlagerung der Verteilungskämpfe** von der Nominallohnpolitik hin zur Vermögensbildungspolitik (z. B. Gewinnbeteiligung der Arbeitnehmer).

Probleme der politischen Durchsetzbarkeit

Die mittelfristig orientierte angebotstheoretische Wirtschaftspolitik kann es notwendig machen, dass über einen längeren Zeitraum eine hohe Arbeitslosigkeit toleriert werden muss. In einer parlamentarischen Demokratie ist daher die politische Durchsetzung einer solchen Wirtschaftspolitik aufgrund der in regelmäßigen Zeitabständen erfolgenden Wahlen gefährdet. Die hohe Arbeitslosigkeit war beispielsweise in Deutschland 1998 ein wesentlicher Grund für die Abwahl der zuvor 16 Jahre regierenden CDU-/FDP-Koalition.

3328330

9.6 Wirtschaftspolitische Konzepte im Vergleich

A ◄ 9.5 9.6

Bezeichnung der Konzeption	Nachfrageorientierte Wirtschaftspolitik	Angebotsorientierte Wirtschaftspolitik
Staatsauffassung	interventionistische[1] Staatsauffassung: Staat übernimmt stabilisierungspolitische (insbesondere beschäftigungspolitische) Verantwortung, Politikoptimismus	liberalistische[2] Staatsauffassung (möglichst wenig Staatseingriffe): Staat übernimmt keine stabilitätspolitische Verantwortung, These vom Staatsversagen
Theoretische Grundlagen	(Post-)Keynesianismus: makroökonomische[3] Nachfragetheorie	Neoklassik: monetaristische Version der Quantitätstheorie, SAY'sches Theorem
Grundannahmen	Instabilitätshypothese: Marktwirtschaftliche Systeme sind aufgrund von Marktversagen instabil (Marktpessimismus). Unterbeschäftigung ist auf eine zu geringe gesamtwirtschaftliche Nachfrage zurückzuführen. Es besteht die Gefahr eines **Gleichgewichts bei Unterbeschäftigung**. Die Wirtschaftspolitik ist aber in der Lage, mit geeigneten Interventionen das Marktsystem zu stabilisieren.	Stabilitätshypothese: Marktwirtschaftliche Systeme sind stabil und tendieren zum Gleichgewicht auf allen Märkten (auch auf dem Arbeitsmarkt). Instabilität ist die Folge von unzureichendem Wettbewerb und/oder von Eingriffen des Staates in des Marktsystem. Wachstumsschwäche und Unterbeschäftigung sind insbesondere auf zu geringe private Investitionen zurückzuführen.
Vorrangiges wirtschaftspolitisches Ziel	Sicherung eines hohen Beschäftigungsstandes	Preisniveaustabilität Ein stabiles Preisniveau ist Voraussetzung für das Wirksamwerden des Markt- und Preismechanismus, der auf allen Märkten ein Gleichgewicht herbeiführt.
Wirtschaftspolitische Konzeption	Ablaufpolitik (Prozesspolitik): antizyklische, diskretionäre[4] Konjunkturpolitik	Ordnungspolitik: verstetigende, am Produktionspotenzial orientierte, regelgebundene Wachstumspolitik
Ansatzpunkte der Stabilitätspolitik	Nachfragesteuerung: Die gesamtwirtschaftliche Nachfrage bestimmt die Höhe von Sozialprodukt, Volkseinkommen und Beschäftigung. Sie muss durch verschiedene wirtschaftspolitische Instrumente gesteuert und der Entwicklung des Produktionspotenzials angepasst werden (**Globalsteuerung**). Im Mittelpunkt	Angebotssteuerung: Die Rentabilität der Produktion bestimmt die Höhe von Sozialprodukt, Volkseinkommen und Beschäftigung. Aufgabe des Staates ist es, die Voraussetzungen für das optimale Funktionieren des Marktsystems zu schaffen und die Rahmenbedingungen für „mehr Markt“ entsprechend zu gestalten. Im Mittelpunkt

1 intervenieren (*lat.*): eingreifen; sich einmischen
2 liberalistisch (*lat.*): freiheitlich
3 makroökonomisch (*gr.*): gesamtwirtschaftlich
4 diskretionär (*lat.*): fallweise; am Einzelfall orientiert

Bezeichnung der Konzeption	**Nachfrageorientierte Wirtschaftspolitik**	**Angebotsorientierte Wirtschaftspolitik**
	stehen **ablaufpolitische (prozesspolitische) Maßnahmen.**	stehen **ordnungspolitische Maßnahmen** (z. B. Wettbewerbsschutz, Privatisierung, Deregulierung).
Aufgaben der staatlichen Finanzpolitik	Die Fiskalpolitik übernimmt die zentrale Rolle im Rahmen der Stabilisierungspolitik. Mittels staatlicher Einnahmen- und Ausgabenpolitik soll die gesamtwirtschaftliche Nachfrage antizyklisch gesteuert werden **(Fiskalismus).** Initialzündung zur Bekämpfung der Unterbeschäftigung sind kreditfinanzierte Staatsausgaben **(Deficitspending)**.	Aufgabe der Finanzpolitik ist in erster Linie die Bereitstellung öffentlicher Güter (= Beschränkung der Finanzpolitik auf die Allokationsfunktion). Die staatlichen Einnahmen und Ausgaben sollen am Wachstum des Produktionspotenzials orientiert und dadurch konjunkturneutral sein. Die Unternehmensteuern sollen auf ein leistungsfreundliches Niveau gesenkt werden.
Aufgaben der Geldpolitik	Die Geldpolitik soll die Fiskalpolitik lediglich unterstützen (*Monetary-fiscal-policy*). In der Rezession wird eine „Politik des billigen Geldes“ gefordert, um die Finanzierungsbedingungen für private Investitionen zu verbessern und die Zinslasten für die notwendigen staatlichen Haushaltsdefizite zu mildern.	Die Geldmengenentwicklung soll – der **monetaristischen** Auffassung entsprechend – am Wachstum des Produktionspotenzials ausgerichtet werden **(potenzialorientierte Geldpolitik)**.
Aufgabe der Einkommenspolitik	Der Lohnpolitik wird keine zentrale Rolle bei der Beschäftigungssicherung zugewiesen. Um unangemessene Verteilungskämpfe mit negativen Folgen für Preisniveau und Beschäftigung zu verhindern, soll die Einkommenspolitik an Orientierungsdaten (Lohnleitlinien) im Rahmen eines abgestimmten Verhaltens („Konzertierte Aktion“ gem. § 3 StabG) zwischen den Tarifpartnern und dem Staat ausgerichtet werden. Von gewerkschaftlicher Seite wird bei Tarifverhandlungen betont, dass Lohnerhöhungen zu mehr Kaufkraft und damit zu mehr Beschäftigung führen **(Kaufkrafttheorie)**.	Der Lohnpolitik wird die beschäftigungspolitische Hauptverantwortung zugewiesen, da Arbeitslosigkeit als Ausdruck unflexibler Arbeitsmärkte und zu hoher Lohnkosten aufgefasst wird. Nicht der Staat, sondern die Tarifparteien sollen die Verantwortung für die Vollbeschäftigung übernehmen (Reprivatisierung des Beschäftigungsrisikos). Als mit dem Beschäftigungsziel vereinbar wird eine **produktivitätsorientierte** oder **kostenniveauneutrale Lohnpolitik** angesehen.

9.7 Kombinierter Einsatz wirtschaftspolitischer Instrumente zur Erreichung stabilitätspolitischer Ziele

9.7.1 Praktische Wirtschaftspolitik als Ergebnis politischer Kompromisse

A ◀ 9.7

Die Gegenüberstellung der Grundelemente nachfrageorientierter und angebotsorientierter Wirtschaftspolitik zeigt, dass sich beide Ansätze gegenseitig nicht völlig ausschließen. Vielmehr gibt es auch Querverbindungen und Gemeinsamkeiten.

Die gesamtwirtschaftliche Analyse nach KEYNES beinhaltet nicht ausschließlich die **kurzfristig ausgerichtete Beeinflussung der Nachfrageseite**. Das Gewicht von angebots- und nachfragebeeinflussenden Maßnahmen hängt vielmehr stark von der jeweiligen **Situation** in einer Volkswirtschaft ab. Die Bedeutung der **längerfristig ausgerichteten angebotsorientierten Maßnahmen** nimmt insbesondere im Falle einer kosteninduzierten Inflation bei gleichzeitig sinkendem gesamtwirtschaftlichem Angebot (Stagflation) sowie im Falle **struktureller Arbeitslosigkeit** zu. Andererseits **bedeutet angebotsorientierte Wirtschaftspolitik** nicht, dass die Nachfrageseite völlig vernachlässigt werden kann. Der **Sachverständigenrat** befürwortet beispielsweise eine Absicherung der Angebotspolitik durch nachfrageorientierte Maßnahmen. Zudem wäre eine ausschließlich angebotsorientierte Wirtschaftspolitik u. a. wegen der negativen Auswirkungen auf die Einkommensverteilung langfristig politisch genauso wenig durchsetzbar wie eine mit zunehmender Staatsverschuldung und Finanzierungsproblemen einhergehende nachfrageorientierte Wirtschaftspolitik. Daraus ergibt sich für die praktische Wirtschaftspolitik die schwierige Aufgabe, in Abhängigkeit von der wirtschaftlichen Situation und den angestrebten wirtschaftspolitischen Zielen angebots- und nachfrageorientierte Maßnahmen effizient miteinander zu kombinieren (**policy mix**).

Praktische Wirtschaftspolitik ist in wesentlichen Teilen auch **Interessenpolitik**. In dem Streit um die „richtige“ Wirtschaftspolitik zwischen Regierung und Opposition bzw. zwischen den Parteien untereinander geht es daher häufig nicht darum, welche Partei die größere wirtschaftspolitische Kompetenz besitzt und die „bessere“ Wirtschaftspolitik betreibt. Entscheidend ist vielmehr die Frage, welchen Interessen und welchen gesellschaftlichen Gruppen die Wirtschaftspolitik vorrangig dienen soll. Letztlich ist es eine politische Entscheidung, welchen der teilweise miteinander in Konflikt stehenden wirtschaftspolitischen Zielen (*vgl. 7.3*) Priorität eingeräumt wird. In dieser Hinsicht unterscheiden sich die wirtschaftspolitischen Programme der Parteien und die von ihnen favorisierten wirtschaftspolitischen Konzepte, weil sich dahinter unterschiedliche Wählerinteressen verbergen.

Die Übersichten in den folgenden Kapiteln zeigen ziel- und situationsabhängige Kombinationsmöglichkeiten wirtschaftspolitischer Maßnahmen, die auf das stabilitätspolitische Ziel des gesamtwirtschaftlichen Gleichgewichts (hoher Beschäftigungsstand, angemessenes Wachstum, Preisniveaustabilität, außenwirtschaftliches Gleichgewicht) gerichtet sind. Die Maßnahmen können unterschiedlichen **Trägern der Wirtschaftspolitik** (Staat, Zentralbank, Tarifparteien) und verschiedenen **Bereichen der Wirtschaftspolitik** (**Ordnungspolitik:** Festlegung der Rahmenbedingungen, **Ablaufpolitik:** zielgerichtete Beeinflussung des Wirtschaftsgeschehens) zugeordnet werden (*vgl. 7.1*).

9.7.2 Kombination konjunktur- und wachstumspolitischer Instrumente

▶ A 9.8 9.9 Die Maßnahmen der Konjunkturpolitik sind dem Bereich der Ablaufpolitik (Prozesspolitik) zuzurechnen (*vgl. 7.1*). Träger der Konjunkturpolitik sind insbesondere der Staat, die Zentralbank und die Tarifparteien.

Konjunkturpolitik umfasst die auf eine Minderung der konjunkturellen Schwankungen (= Schwankungen im Auslastungsgrad des Produktionspotenzials) gerichteten wirtschaftspolitischen Maßnahmen. Dazu gehören u. a. die antizyklische Steuerung der gesamtwirtschaftlichen Nachfrage über die Fiskal- und Geldpolitik sowie eine die Lohn- und Gewinneinkommen beeinflussende Einkommenspolitik.

Sowohl die EZB als auch die nationalen Zentralbanken sind bei ihren geldpolitischen Entscheidungen nicht an Weisungen der Regierungen oder anderer wirtschaftspolitischer Träger gebunden **(Autonomie der Zentralbanken)**. Sie unterstützen vielmehr gem. Art. 2 der ESZB-Satzung die staatliche Wirtschaftspolitik nur dann, wenn dies ohne Beeinträchtigung des Ziels der Preisniveaustabilität möglich erscheint (*vgl. 8.7*). Daraus können sich Konflikte zwischen den Zielen der staatlichen Fiskalpolitik und der Geldpolitik des ESZB ergeben (z. B. keine Zinssenkungen durch das ESZB trotz hoher Unterbeschäftigung). Ähnliche Konflikte können sich zwischen der Fiskalpolitik und den von Arbeitgebern und Gewerkschaften ausgehandelten Lohnerhöhungen ergeben. Die Lohnverhandlungen, die aufgrund der im Grundgesetz verankerten **Tarifautonomie** (GG Art. 9 Abs. 3) ohne staatliche Einflussnahme erfolgen sollen, können zu Ergebnissen führen, die den fiskalpolitischen Zielen zuwiderlaufen (z. B. hohe Lohnsteigerungen trotz bzw. wegen hoher Inflationsraten mit der Folge einer Verstärkung der Lohn-Preis-Spirale).

▶ A 9.10 Konjunktur- und Wachstumspolitik umfasst miteinander zu kombinierende Instrumente aus dem Bereich der **Fiskalpolitik** (*vgl. 9.4*), der **Geldpolitik** (*vgl. 8.8*), der **Einkommenspolitik** und der **Wachstumspolitik** (*vgl. S. 336*).

Einkommenspolitik

Zur **Einkommenspolitik** im Rahmen der Konjunkturpolitik gehören die wirtschaftspolitischen Maßnahmen zur Beeinflussung der Einkommensarten Löhne und Gewinne, die bei der **Einkommensentstehung** ansetzen und als Mittel zur Erreichung der stabilitätspolitischen Ziele dienen sollen. Diese Art der Einkommenspolitik ist von der **Einkommensverteilungspolitik** als nachträglicher Korrektur der marktbedingten Einkommensentwicklung (*vgl. 6.4.3 und 7.2*) zu unterscheiden. In der Bundesrepublik Deutschland beschränken sich lohnpolitische Maßnahmen des Staates auf die **freiwillige Kooperation** zwischen Regierung, Arbeitgeberverbänden und Gewerkschaften. Grundlage können dabei **unverbindliche Lohnleitlinien** bilden, indem die Regierung den Tarifparteien empfiehlt die Löhne im Interesse gesamtwirtschaftlicher Ziele nicht über einen bestimmten Prozentsatz hinaus anzuheben. Die bekannteste Form einer lohnpolitischen Leitlinie ist die **produktivitätsorientierte Lohnpolitik** (*vgl. 8.5.5 u. 9.5.3*), die eine Erhöhung der Lohnstückkosten verhindern soll. In Form von Maßhalteappellen der Regierung (*Moral suasion*) und Gesprächsrunden zwischen den beteiligten Gruppen (Konzertierte Aktion, Bündnis für Arbeit) soll ein stabilitätskonformes lohn- und preispolitisches Verhalten erzielt werden. In manchen Ländern werden auch marktkonträre Maßnahmen angewandt, indem die Einhaltung verbindlicher Lohn- und Preisleitlinien staatlich kontrolliert oder ein genereller **Preis- und Lohnstopp** verhängt wird.

3328334

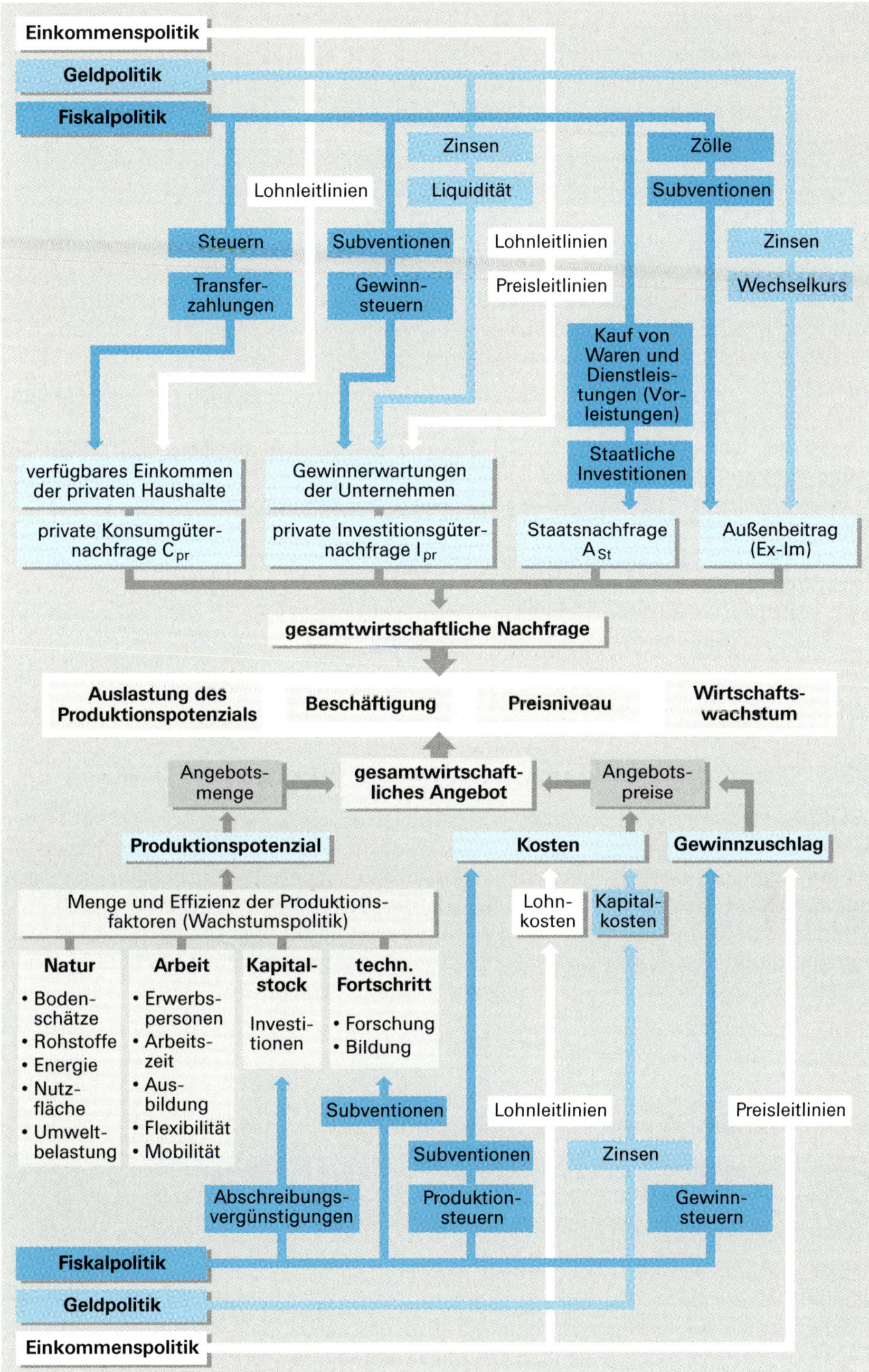

Quelle: In Anlehnung an W. Ehrlicher, Die Geld-, Finanz- und Lohnpolitik im volkswirtschaftlichen Systemzusammenhang, in: Jahrbuch für Sozialwissenschaft, 12. Jg. (1961), S. 95

Wachstumspolitik

Während die **Konjunkturpolitik** die Schwankungen im Auslastungsgrad des Produktionspotenzials zu dämpfen versucht, ist es Aufgabe der Wachstumspolitik, die Entwicklung des Produktionspotenzials selbst zu steuern.

Wachstumspolitik umfasst alle wirtschaftspolitischen Maßnahmen zur Erhöhung des am realen Inlandsprodukt gemessenen Wirtschaftswachstums.

Wachstumspolitik steht in enger Beziehung zur **angebotsorientierten Wirtschaftspolitik** (*vgl. 9.5*). Ansatzpunkte der Wachstumspolitik sind die Erhöhung von Menge und Qualität der Produktionsfaktoren. Die Maßnahmen sind großenteils der Ordnungspolitik zuzurechnen (*vgl. 7.1*). Ihr Träger ist überwiegend der Staat. Zu den wichtigsten wachstumspolitischen Maßnahmen gehören die

- Förderung von Investitionen durch Verbesserung des Investitionsklimas und der Gewinnerwartungen (**Investitionspolitik**),
- Förderung von am Bedarf der Wirtschaft orientierter Bildung und Forschung (**Bildungs- und Forschungspolitik**),
- Förderung des Wettbewerbs zur Begünstigung und Verbreitung von Innovationen (**Wettbewerbspolitik**),
- Förderung der Arbeitsproduktivität durch Weiterbildung und Umschulung (**Arbeitsmarktpolitik**),
- Bereitstellung von Infrastruktur und anderen öffentlichen Gütern für einen effizienten Einsatz der Produktionsfaktoren (**Allokationspolitik**).

9.7.3 Kombination von Instrumenten zur Inflationsbekämpfung

► A 9.11 Inflationserscheinungen können verschiedene Ursachen haben (*vgl. 8.5.2*). Auf Dauer ist aber keine Inflation ohne ein über das Wachstum des Inlandsprodukts hinausgehendes Geldmengenwachstum denkbar. Daher muss jede Inflationsbekämpfung auch eine restriktive Geldpolitik beinhalten. Um die Gefahr einer Stagflation durch eine rein monetäre Inflationsbekämpfung zu mindern, sind darüber hinaus u. a. auch einkommenspolitische Maßnahmen (z. B. produktivitätsorientierte Lohnpolitik) nötig (= einkommenspolitische Flankierung der Geldpolitik) (*vgl. Übersicht S. 315*).

9.7.4 Kombination beschäftigungspolitischer Instrumente

Beschäftigungspolitik umfasst alle wirtschaftspolitischen Maßnahmen, die auf die Herstellung und Erhaltung eines hohen Beschäftigungsstandes (Gleichgewicht von Arbeitsangebot und Arbeitsnachfrage) gerichtet sind.

► A 9.12 9.13 9.14 Arbeitslosigkeit hat meistens mehrere Ursachen (*vgl. 9.2.2*). Dementsprechend vielfältig sind die Ansatzpunkte für beschäftigungspolitische Maßnahmen (*vgl. Übersicht S. 316*). Für die Beschäftigungspolitik gilt ganz besonders, dass die unterschiedlichen Ziele und Interessen der beteiligten Gruppen (Arbeitgeber, Gewerkschaften, Beschäftigte, Arbeitslose, Staat) die Auswahl der „richtigen“ Maßnahmebündel zur Bekämpfung der Arbeitslosigkeit besonders schwierig machen.

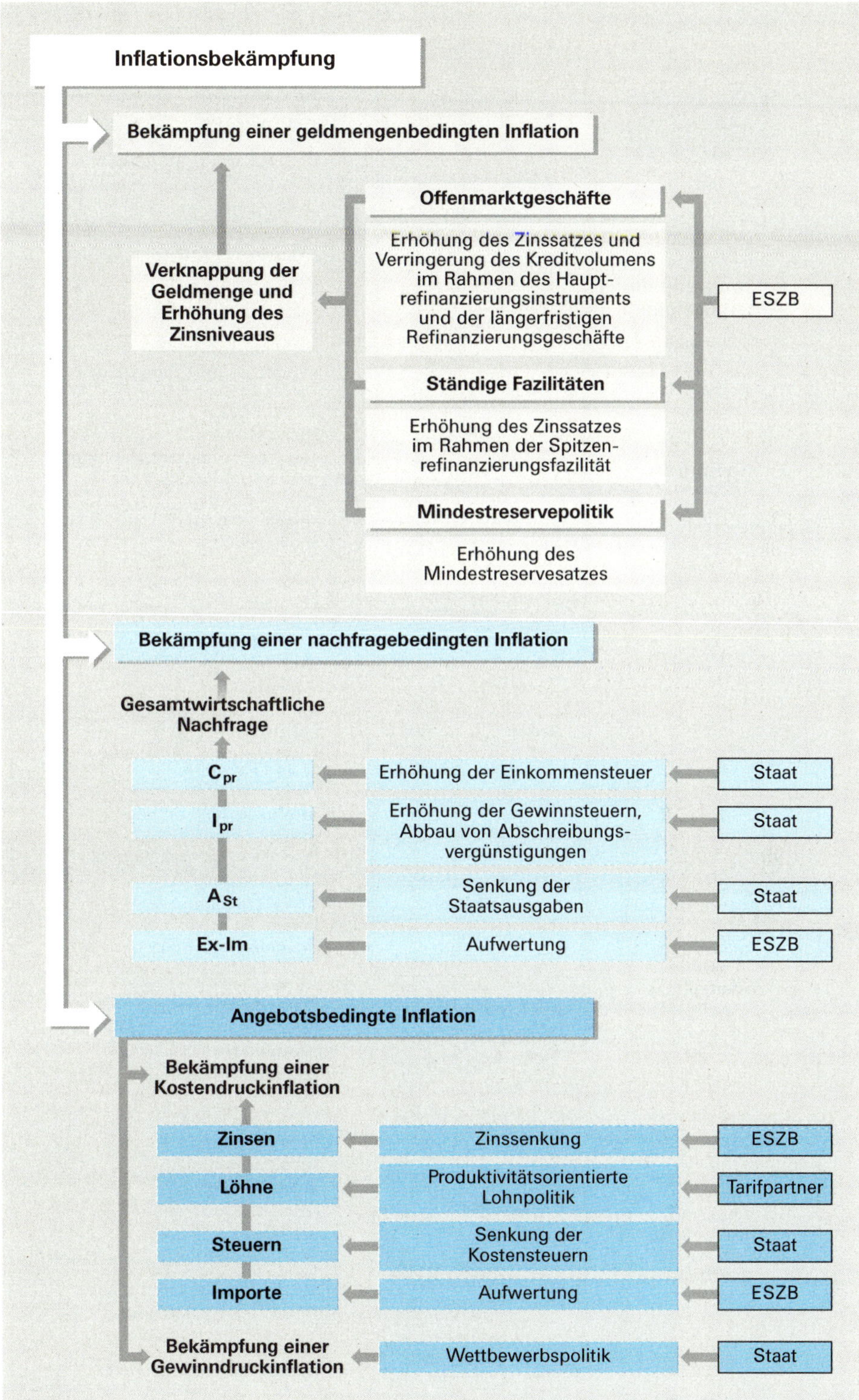
Inflationsbekämpfung
Bekämpfung einer geldmengenbedingten Inflation
Verknappung der Geldmenge und Erhöhung des Zinsniveaus
Offenmarktgeschäfte
Erhöhung des Zinssatzes und Verringerung des Kreditvolumens im Rahmen des Hauptrefinanzierungsinstruments und der längerfristigen Refinanzierungsgeschäfte
Ständige Fazilitäten
Erhöhung des Zinssatzes im Rahmen der Spitzenrefinanzierungsfazilität
Mindestreservepolitik
Erhöhung des Mindestreservesatzes
ESZB
Bekämpfung einer nachfragebedingten Inflation
Gesamtwirtschaftliche Nachfrage
C_{pr}
Erhöhung der Einkommensteuer
Staat
I_{pr}
Erhöhung der Gewinnsteuern, Abbau von Abschreibungsvergünstigungen
Staat
A_{St}
Senkung der Staatsausgaben
Staat
Ex-Im
Aufwertung
ESZB
Angebotsbedingte Inflation
Bekämpfung einer Kostendruckinflation
Zinsen
Zinssenkung
ESZB
Löhne
Produktivitätsorientierte Lohnpolitik
Tarifpartner
Steuern
Senkung der Kostensteuern
Staat
Importe
Aufwertung
ESZB
Bekämpfung einer Gewinndruckinflation
Wettbewerbspolitik
Staat

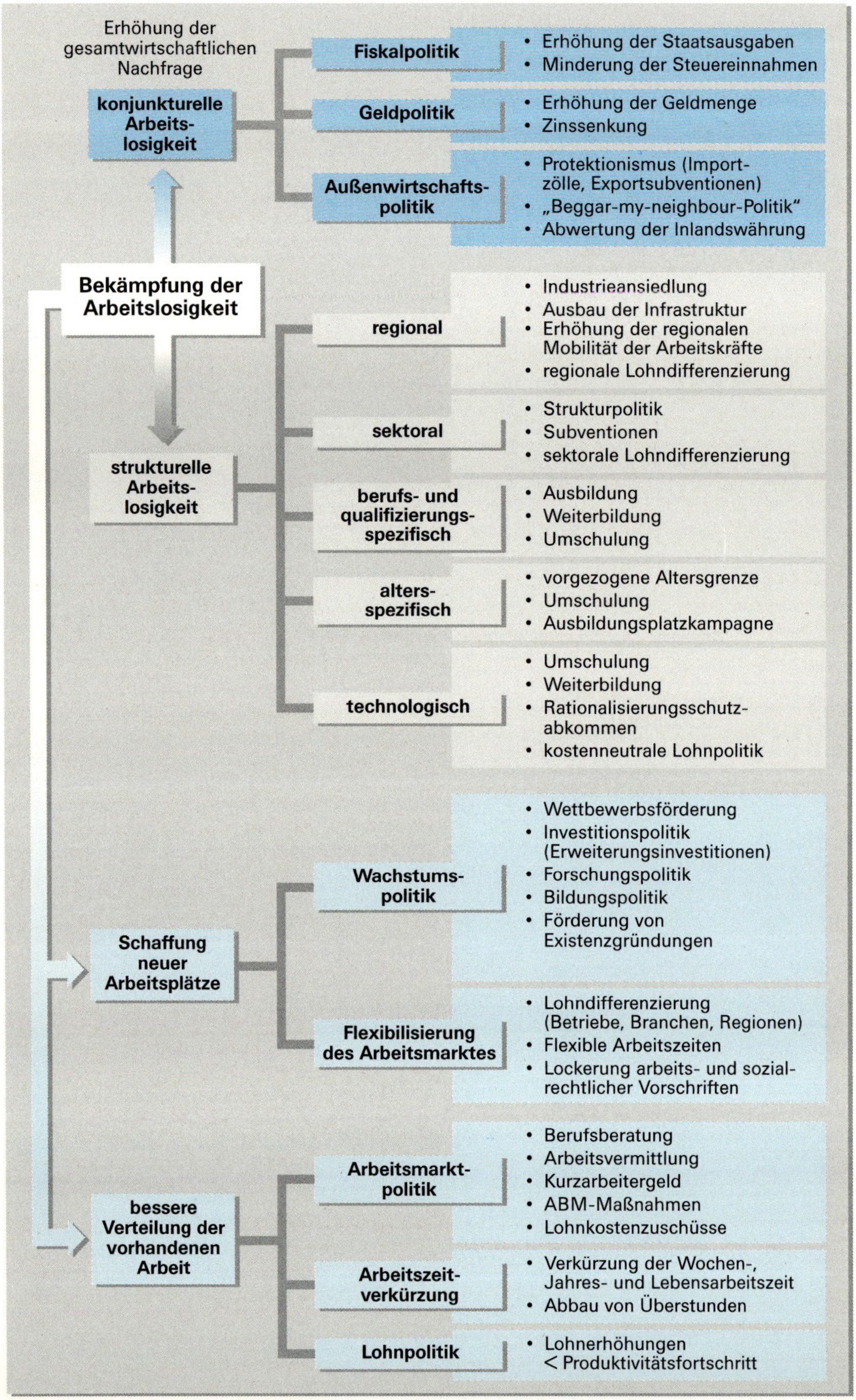
Erhöhung der gesamtwirtschaftlichen Nachfrage
konjunkturelle Arbeitslosigkeit
Fiskalpolitik
• Erhöhung der Staatsausgaben
• Minderung der Steuereinnahmen
Geldpolitik
• Erhöhung der Geldmenge
• Zinssenkung
Außenwirtschaftspolitik
• Protektionismus (Importzölle, Exportsubventionen)
• „Beggar-my-neighbour-Politik"
• Abwertung der Inlandswährung
Bekämpfung der Arbeitslosigkeit
strukturelle Arbeitslosigkeit
regional
• Industrieansiedlung
• Ausbau der Infrastruktur
• Erhöhung der regionalen Mobilität der Arbeitskräfte
• regionale Lohndifferenzierung
sektoral
• Strukturpolitik
• Subventionen
• sektorale Lohndifferenzierung
berufs- und qualifizierungsspezifisch
• Ausbildung
• Weiterbildung
• Umschulung
altersspezifisch
• vorgezogene Altersgrenze
• Umschulung
• Ausbildungsplatzkampagne
technologisch
• Umschulung
• Weiterbildung
• Rationalisierungsschutzabkommen
• kostenneutrale Lohnpolitik
Schaffung neuer Arbeitsplätze
Wachstumspolitik
• Wettbewerbsförderung
• Investitionspolitik (Erweiterungsinvestitionen)
• Forschungspolitik
• Bildungspolitik
• Förderung von Existenzgründungen
Flexibilisierung des Arbeitsmarktes
• Lohndifferenzierung (Betriebe, Branchen, Regionen)
• Flexible Arbeitszeiten
• Lockerung arbeits- und sozialrechtlicher Vorschriften
bessere Verteilung der vorhandenen Arbeit
Arbeitsmarktpolitik
• Berufsberatung
• Arbeitsvermittlung
• Kurzarbeitergeld
• ABM-Maßnahmen
• Lohnkostenzuschüsse
Arbeitszeitverkürzung
• Verkürzung der Wochen-, Jahres- und Lebensarbeitszeit
• Abbau von Überstunden
Lohnpolitik
• Lohnerhöhungen < Produktivitätsfortschritt

9.7.5 Zusammenhang zwischen Binnen- und Außenwirtschaftspolitik

Zwischen der Außen- und Binnenwirtschaftspolitik bestehen vielfältige Beziehungen, die umso stärker sind, je größer die außenwirtschaftliche Verflechtung eines Landes ist. Diese Zusammenhänge müssen im Rahmen der Stabilitätspolitik berücksichtigt werden.

Auf binnenwirtschaftliche Ziele gerichtete Maßnahmen (z. B. Erhöhung der Geldmenge) können auch außenwirtschaftliche Wirkungen haben (z. B. Kapitalabfluss wegen sinkender Zinsen → Minderung des Außenwerts des Euro, Abwertung → Exportsteigerung). Andererseits können auch außenwirtschaftspolitische Maßnahmen im Rahmen der Wechselkurspolitik (z. B. Dollarverkäufe des ESZB zur Stützung des Euro → Erhöhung des Außenwerts des Euro, Aufwertung → Exportminderung, *vgl. 10.2*) binnenwirtschaftliche Ziele wie Beschäftigungsstand und Wirtschaftswachstum beeinflussen.

Die Lenkung des Außenhandels durch Maßnahmen wie Einfuhrzölle und Exportsubventionen zum Schutz der inländischen Wirtschaft vor ausländischer Konkurrenz wird als **Protektionismus**[1] bezeichnet. Soll dadurch der Beschäftigungsstand des eigenen Landes auf Kosten anderer Länder verbessert werden, wird auch von „*Beggar-my-neighbour*-Politik" gesprochen (Export von Arbeitslosigkeit). Solche protektionistischen Eingriffe gehen aber weltweit seit geraumer Zeit zurück, weil zunehmend internationale Vereinbarungen zum Abbau von Zöllen und anderen Handelshemmnissen getroffen und von der Welthandelsorganisation **WTO**[2] überwacht werden (Ziel: **Liberalisierung des Welthandels**). Wegen ihrer Mitgliedschaft in der EU stehen der Bundesrepublik Deutschland solche Maßnahmen ohnehin nicht zur Verfügung, da für diese Bereiche der Außenwirtschaftspolitik übergeordnete Organen der EU zuständig sind.

1 Protektion (*lat.*): Schutz
2 **W**orld **T**rade **O**rganisation mit ca. 144 Mitgliedsstaaten (2002)

Zusammenfassende Übersicht Kapitel 9:

Konzepte zur Beeinflussung von Beschäftigung und Konjunktur

Konjunktur

Indikatoren

Frühindikatoren: z. B. Auftragseingang

Gegenwartsindikatoren: z. B. Produktion

Spätindikatoren: z. B. Preise, Beschäftigung

Konjunkturzyklus

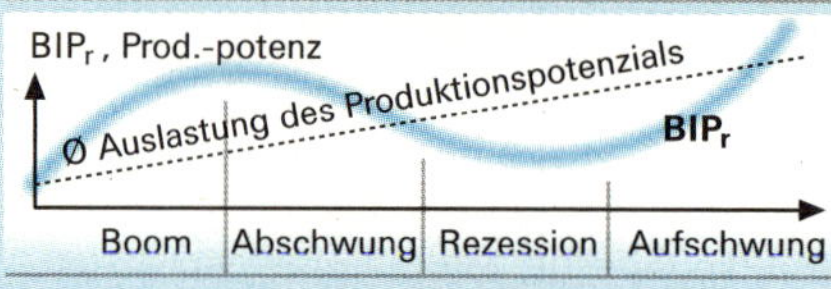

Ursachen

Überinvestition und Unterkonsumtion (Multiplikator-Akzelerator-Modell),
monetäre Ursachen (Geld und Kredit),
psychologische und politische Ursachen

Arbeitslosigkeit

Arten/Ursachen

- saisonal
- konjunkturell
- friktionell
- strukturell

- Qualifikation
- Region, Mobilität
- Alter, Geschlecht
- Rationalisierung
- Mismatch

- Wirtschaftsstandort, Globalisierung

Messgröße: Arbeitslosenquote

offene Arbeitslosigkeit

$$ALQ = \frac{\text{registrierte Arbeitslose} \cdot 100}{\text{Erwerbspersonen}}$$

+ ca. 4 % verdeckte Arbeitslosigkeit

Folgen

Leerkapazitäten (Opportunitätskosten),
Mindereinnahmen (Steuern, Soz.-vers.-beiträge),
Transferleistungen (Arbeitslosengeld, Sozialhilfe),
psychologische, gesellschaftliche, politische Folgen

Grundpositionen der Beschäftigungs- und Konjunkturpolitik

Fiskalismus (Keynesianismus)	**Arbeitslosigkeit wegen ...**	**Monetarismus (Neoklassik)**
... zu geringer gesamtwirtsch. Nachfrage		... zu hoher Reallöhne
nachfrageorientierte Wirtschaftspolitik	**Strategie**	**angebotsorientierte Wirtschaftspolitik**
Ablaufpolitik (Prozesspolitik): Staatliche Maßnahmen zur Beeinflussung der gesamtwirtschaftlichen Nachfrage **(Globalsteuerung)** wegen Marktunvollkommenheiten, **antizyklische Fiskalpolitik:** Ausschaltung bzw. Dämpfung der konjunkturellen Schwankungen durch staatliche Einnahmen- und Ausgabenpolitik, **Deficitspending:** Kreditfinanzierte Staatsausgaben zur Beschäftigungsförderung, **Geldpolitik** soll die Fiskalpolitik unterstützen („Politik des billigen Geldes"), **Löhne als Nachfragefaktor (Kaufkraft)**	**Maßnahmen**	**Ordnungspolitik:** Verbesserung der marktwirtschaftlichen Rahmenbedingungen (z. B. Wettbewerbspolitik, Deregulierung und Flexibilisierung der Märkte, Privatisierung öffentlicher Unternehmen), **Stetige/konstante Wirtschaftspolitik, konjunkturneutrale Finanzpolitik, Steuersenkungen (LAFFER-Theorem), Potenzialorientierte Geldpolitik** zur konsequenten **Preisniveaustabilisierung, Produktivitätsorientierte Lohnpolitik**
Vernachlässigung der **Preisniveaustabilität, Staatsverschuldung, Verdrängungseffekte** (crowding out), **Wirkungsverzögerungen** bei wirtschaftspolitischen Maßnahmen (time-lags), **Stop-and-go-Politik,** unerwartetes **Verhalten der Wirtschaftssubjekte**	**Probleme**	**SAY'sches Theorem** (einseitige Angebotsorientierung) fraglich, **Wirtschaftswachstum ohne Beschäftigungswirkung** (jobless growth), **Steuern: LAFFER-Theorem** fraglich **Arbeitslosigkeit** trotz **produktivitätsorientierter Lohnpolitik,** Wirkungen auf **Einkommensverteilung: politische Durchsetzbarkeit** fraglich

Kombination wirtschaftspolitischer Instrumente

Staat			**Tarifpartner**	**Europäische Zentralbank**
Arbeitsmarktpolitik	Fiskalpolitik	Strukturpolitik	Einkommenspolitik	Geldpolitik

Beschäftigungsförderung | **Wachstumsförderung** | **Inflationsbekämpfung**

Fragen zur Kontrolle des Grundwissens

Kapitel 9: Wirtschaftspolitische Konzepte zur Beeinflussung von Beschäftigung und Konjunktur

Kapitel 9.1: Konjunktur

1. *Was sind konjunkturelle Schwankungen?*
2. *In welche Phasen lässt sich ein idealtypischer Konjunkturzyklus einteilen?*
3. *Wodurch sind die einzelnen Phasen des Konjunkturzyklus gekennzeichnet?*
4. *Welche Konjunkturzyklen lassen sich hinsichtlich ihrer Dauer unterscheiden?*
5. *Welche Ursachen können konjunkturelle Schwankungen haben?*
6. *Anhand welcher Indikatoren lässt sich eine konjunkturelle Situation beschreiben?*
7. *Unterscheiden Sie Konjunkturindikatoren nach ihrer zeitlichen Reihenfolge im Konjunkturverlauf.*

Kapitel 9.2: Arbeitslosigkeit

1. *Wodurch unterscheidet sich die Zahl der Erwerbspersonen von der Zahl der Erwerbstätigen?*
2. *Wie wird die Arbeitslosenquote berechnet?*
3. *Welche wirtschaftlichen Folgen hat die Arbeitslosigkeit?*
4. *Welche Folgen kann Arbeitslosigkeit für den einzelnen Betroffenen haben?*
5. *Welche Bedeutung hat die Arbeit für den Menschen?*
6. *Welche Formen der Arbeitslosigkeit werden im Rahmen der Arbeitsmarktpolitik unterschieden?*
7. *Nennen Sie Formen der strukturellen Arbeitslosigkeit.*
8. *Unterscheiden Sie klassische und keynesianische Arbeitslosigkeit.*

Kapitel 9.3: Grundpositionen der Stabilitätspolitik: Fiskalismus – Monetarismus

1. *Was ist unter Stabilitätspolitik zu verstehen?*
2. *Welches sind die Grundaussagen von J. M. KEYNES?*
3. *Welche Auffassungen vertreten die Monetaristen?*

Kapitel 9.4: Nachfrageorientierte Wirtschaftspolitik

1. *Was ist unter Fiskalpolitik* (fiscal policy) *zu verstehen?*
2. *Erläutern Sie das Konzept der antizyklischen Fiskalpolitik.*
3. *Nennen Sie konjunkturfördernde und konjunkturdämpfende Maßnahmen der antizyklischen Fiskalpolitik.*
4. *Was ist unter Globalsteuerung zu verstehen?*
5. *Welche Regelungen enthält das Stabilitäts- und Wachstumsgesetz von 1967?*
6. *Was ist eine Konjunkturausgleichsrücklage?*
7. *Was ist unter* Deficitspending *zu verstehen?*
8. *Welche Kritik wird an der antizyklischen Fiskalpolitik geübt?*
9. *Was ist unter* crowding out *zu verstehen?*
10. *Was ist unter* Stop-and-go-Politik *bzw. diskretionärer Wirtschaftspolitik zu verstehen?*
11. *Was sind* Timelags *und welche Folgen können sie haben?*

Kapitel 9.5: Angebotsorientierte Wirtschaftspolitik

1. *Wodurch wurde der Wechsel von der nachfrageorientierten zur angebotsorientierten Wirtschaftspolitik ausgelöst?*
2. *Welches sind die Grundaussagen der angebotsorientierten Wirtschaftspolitik?*
3. *Welches sind die Grundannahmen der angebotsorientierten Wirtschaftspolitik?*
4. *Was besagt das SAY'sche Theorem?*
5. *Was ist unter SCHUMPETER'schen Pionierunternehmern zu verstehen?*
6. *Erläutern Sie das LAFFER-Theorem.*

7. *Nennen Sie Ansatzpunkte der angebotsorientierten Wirtschaftspolitik.*
8. *Was ist unter produktivitätsorientierter Lohnpolitik zu verstehen?*
9. *Welche Kritik wird gegenüber der angebotsorientierten Wirtschaftspolitik vorgebracht?*

Kapitel 9.6: Wirtschaftspolitische Konzepte im Vergleich

1. *Vergleichen Sie nachfrage- und angebotsorientierte Wirtschaftspolitik anhand folgender Kriterien: Rolle des Staates, vorrangige Zielsetzung, Ansatzpunkte der Stabilitätspolitik, Aufgaben der Finanz-, Geld und Einkommenspolitik.*

Kapitel 9.7: Kombinierter Einsatz wirtschaftspolitischer Instrumente zur Erreichung stabilitätspolitischer Ziele

1. *Was ist unter Konjunkturpolitik zu verstehen und welche Bereiche der Wirtschaftspolitik umfasst sie?*
2. *Nennen Sie Maßnahmen verschiedener Träger der Wirtschaftspolitik zur Rezessionsbekämpfung.*
3. *Erläutern Sie die geplante Wirkungsweise verschiedener konjunkturpolitischer Maßnahmen in der Rezession.*
4. *Was ist unter Wachstumspolitik zu verstehen?*
5. *Nennen Sie wachstumspolitische Maßnahmen und erläutern Sie ihre geplante Wirkungsweise.*
6. *Nennen Sie Maßnahmen verschiedener Träger der Wirtschaftspolitik zur Inflationsbekämpfung.*
7. *Erläutern Sie die geplante Wirkungsweise verschiedener Maßnahmen zur Inflationsbekämpfung.*
8. *Nennen Sie Maßnahmen verschiedener Träger der Wirtschaftspolitik zur Bekämpfung von Arbeitslosigkeit.*
9. *Erläutern Sie die geplante Wirkungsweise verschiedener beschäftigungspolitischer Maßnahmen.*
10. *Nennen Sie Beispiele dafür, dass sich Binnen- und Außenwirtschaftspolitik gegenseitig beeinflussen.*

Aufgaben und Probleme zur Erarbeitung und Anwendung von Wissen

Kapitel 9: Wirtschaftspolitische Konzepte zur Beeinflussung von Beschäftigung und Konjunktur

▶ A 9.1

Konjunkturindikatoren

▶ K

1 ▶ Wodurch zeichnen sich die folgenden Konjunkturindikatoren in den einzelnen Phasen eines idealtypischen Konjunkturverlaufs aus?
Verwenden Sie zur Charakterisierung folgende Begriffe: niedrig, hoch, steigend, stark steigend, sinkend, stark sinkend, (etwas oder sehr) optimistisch, (etwas oder sehr) pessimistisch.
Konjunkturindikatoren: Auftragseingang, Lagerbestände, Kapazitätsauslastung, Produktion, Gewinne, Investitionen, Konsumneigung, Sparneigung, Preisniveau, Lohn- und Gehaltszuwächse, Arbeitslosenquote, offene Stellen, Zinsen, Aktienkurse, Steueraufkommen, Zukunftserwartungen

Konjunkturindikatoren	Aufschwung	Boom	Abschwächung	Rezession
Auftragseingang				
usw.				

2 ▶ Ordnen Sie folgende Konjunkturindikatoren jeweils einer der drei Gruppen Früh-, Gegenwarts- und Spätindikatoren zu. Zeigen und erläutern Sie anhand eines Vernetzungsdiagramms (vgl. Aufg. 1.2 auf S. 32) die Abhängigkeiten zwischen diesen Indikatoren.
Konjunkturindikatoren: Geschäftsklima, Arbeitslosenzahl, volkswirtschaftliche Lohnsumme, Kapazitätsauslastung, Gewinnerwartungen, Geldmenge, Konsumklima, Lagerbestand, Auftragseingang, Produktion, Produktivität, Preise, Investitionen, Konsum, Auftragsbestand

Konjunkturdiagnose – Konjunkturprognose

A ◄ 9.2
K ◄
P.Point
Excel

Für die Bundesrepublik Deutschland liegen für die Jahre 1994 bis 2001 für einige wichtige Konjunkturindikatoren folgende Indizes (1995 = 100) vor:

Indikatoren		1994	1995	1996	1997	1998	1999	2000	2001
Auftragseingang (verarb. Gewerbe)		97,0	100,0	99,9	107,1	110,93	113,2	128,9	126,8
Einzelhandelsumsätze in Preisen 1991		98,0	100,0	101,3	100,9	102,7	103,8	105,3	107,4
reales BIP	Index	98,3	100,0	100,8	102,2	104,2	106,3	109,4	110,5
	Mrd. € in Preisen 1995	1.770,7	1.801,3	1.815,1	1.840,4	1.878,2	1.914,8	1.969,5	1.980,8
	Wachstumsrate in %	2,3	1,7	0,8	1,4	2,0	2,0	2,9	0,6
Bruttoinvestitionen	Index	99,21	100,0	97,0	97,6	102,1	104,2	107,7	99,0
	Mrd. € in Preisen 1995	404,9	408,3	396,6	398,46	416,84	425,61	440,16	404,36
	Wachstumsrate	2,7	0,8	-3,0	0,6	4,6	2,1	3,4	-8,1
Produktion (Produzierendes Gewerbe)		99,2	100,0	99,8	102,5	106,0	107,7	113,4	113,2
Produktivität (je Erwerbstätigenstunde)		97,5	100,0	102,3	104,3	105,7	107,3	109,6	110,7
Tariflohn- u. Gehaltsniveau (mtl. brutto)		95,6	100,0	102,4	103,9	105,8	108,6	110,8	113,0
Lohnstückkosten		98,0	100,0	100,2	99,5	99,7	100,0	101,0	102,5
Verbraucherpreise (Basisjahr 1995)		98,3	100,0	101,4	103,3	104,3	104,9	106,9	109,6
Arbeitslose	Index	102,4	100,0	109,8	121,4	118,5	113,5	107,6	106,6
	in Mio.	3,698	3,612	3,965	4,384	4,279	4,099	3,889	3,852
	Arbeitslosenquote %	9,6	9,4	10,3	11,4	11,1	10,5	9,6	9,4

Quellen: Deutsche Bundesbank, Monatsberichte; Stat. Bundesamt, VGR 2001, Tab. 2.3.2, SVR, Jahresgutachten 2002/2003, S. 417

1 ▶ Analysieren Sie den Konjunkturverlauf in der Bundesrepublik Deutschland zwischen 1994 und 2001 anhand geeigneter Indikatoren. Stellen Sie dazu auch die Entwicklung einzelner Indikatoren grafisch dar. Welche Zusammenhänge lassen sich zwischen der Entwicklung der einzelnen Größen feststellen?

2 ▶ Erstellen Sie aus den Quartalswerten des BIP-Wachstums der letzten Jahre ein Säulendiagramm. Stellen Sie fest, wann eine Rezession vorlag und prüfen Sie, ob im grafischen Konjunkturverlauf zeitweise eines der folgenden Buchstabenmuster erkennbar ist: **V** = Abschwung mit erneutem steilem Aufschwung; **U** = längeres Verharren in der Talsohle; **L** = schneller Abschwung mit anhaltender Stagnation; **W** = Abschwung mit kurzfristiger Erholung und erneutem Abschwung (= double dip: zweimaliges Eintauchen)
Datenquelle: Deutsche Bundesbank, Saisonbereinigte Wirtschaftszahlen (erscheint monatlich) bzw. www.bundesbank.de/stat Zeitreihendatenbank, saisonbereinigte Wirtschaftszahlen, Konjunkturindikatoren

3 ▶ Machen Sie auf der Basis der vorliegenden Daten eine begründete Konjunkturprognose für die Jahre 2002/2003 und überprüfen Sie Ihre Prognose anhand der tatsächlichen Werte bzw. der Prognosen der Wirtschaftsforschungsinstitute.

▶ A 9.3 Arbeitslosigkeit in Deutschland – Arbeitslosenquote – Arten und Ursachen der Arbeitslosigkeit

	1996	1997	1998	1999	2000	2001
Erwerbspersonen (Tsd.)	40606	40932	41148	41343	41752	41930
Registrierte Arbeitlose (Tsd.)	3965	4384	4279	4099	3889	3852
ALQ offene u. verdeckte Arbeitslosigkeit	14,0	14,7	14,5	14,1	13,2	12,9
Offene Stellen (Tsd.)	327	337	422	456	514	506
Langzeitarbeitslose (Tsd.)	1196	1467	1455	1379	1343	1254
Erwerbstätige im Baugewerbe (Tsd.)	3126	2999	2902	2850	2761	2589
Erwerbstätige im Dienstleistungsbereich (Tsd.)	24391	24632	25124	25766	26499	26834
ALQ neue Bundesländer	16,7	19,5	19,5	19,0	18,8	18,9
ALQ neue Bundesländer Frauen	19,9	22,5	21,8	20,9	19,9	19,4
Lohnstückkosten	+ 0,2 %	– 0,7 %	+ 0,2 %	+ 0,3 %	+ 1,0 %	+ 1,5 %
Jährl. Nettorealverdienst je Arbeitnehmer	– 1,5 %	– 3,0 %	+ 0,2 %	+ 1,2 %	+ 0,2 %	+ 0,6 %
Verfügbares Realeinkommen der priv. Haushalte	+ 1,14 %	+ 0,20 %	+ 1,75 %	+ 2,37 %	+ 0,89 %	+ 1,50 %
Private Konsumausgaben im Inland (real)	+ 0,99 %	+ 0,83 %	+ 1,78 %	+ 2,94 %	+ 1,49 %	+ 1,84 %
Bruttoinvestitionen (real)	– 2,87 %	+ 0,62 %	+ 5,15 %	+ 2,14 %	+ 3,93 %	+ 0,86 %
reales Wirtschaftswachstum (BIP)	+ 1,8 %	+ 2,1 %	+ 3,1 %	+ 2,3 %	+ 2,6 %	+ 3,8 %
reales Produktivitätswachstum	+ 2,30 %	+ 1,96 %	+ 1,34 %	+ 1,51 %	+ 2,14 %	+ 1,00 %

Quelle: SVR-Gutachten 2003/03, S. 414 ff.; BMA, Stat. Taschenbuch 2002, Tab. 1.15

1 ▶ Ermitteln Sie die Quoten der registrierten Arbeitslosen für die Jahre 1996 bis 2001.
2 ▶ Wodurch ist die Abweichung zur Quote der offenen und verdeckten Arbeitslosigkeit bedingt?
3 ▶ Warum hat sich trotz steigender Arbeitslosigkeit gleichzeitig die Zahl der offenen Stellen erhöht?
4 ▶ Prüfen Sie anhand der Zahlen und der Abb. auf S. 308, inwieweit verschiedene Arten der Arbeitslosigkeit erkennbar sind.
5 ▶ Prüfen Sie anhand der Zahlen und der Abb. auf S. 313, ob sich ein Zusammenhang zwischen Lohnentwicklung und Arbeitslosigkeit nachweisen lässt.
6 ▶ Prüfen Sie anhand der Zahlen, ob sich ein Zusammenhang zwischen gesamtwirtschaftlicher Nachfrage und Arbeitslosigkeit nachweisen lässt.
7 ▶ Versuchen Sie, weitere Zusammenhänge zwischen der Entwicklung gesamtwirtschaftlicher Größen (z. B. Produktivität, Wirtschaftswachstum) und der Arbeitslosigkeit herzustellen und Ursachen für die Arbeitslosigkeit zu finden.

▶ A 9.4 Ideologischer Hintergrund einer angebotsorientierten Wirtschaftspolitik

„*Supply-side Economics* (deutsch: angebotsorientierte Wirtschaftspolitik) war in Wirklichkeit nur ein intellektuelles Tarnmanöver, um den Reichen das Leben noch bequemer zu machen und ihnen das Gewissen zu erleichtern. Das ist keine Übertreibung. Die ganze *Supply-side*-Theorie stützte sich auf die absurde Behauptung, dass die Reichen in den USA nur deshalb nicht arbeiten, weil sie angeblich zu wenig Geld verdienten, und die Armen angeblich nicht arbeiten, weil sie zu viel Sozialhilfe bekamen."

J. K. Galbraith (bedeutender amerikanischer Wirtschaftswissenschaftler, geb. 1908) in einem Interview mit dem Wirtschaftsmagazin „Wirtschaftswoche" vom 8. April 1988, S. 64

1 ▶ 1. Welche Produktionsanreize sollen nach dem Konzept angebotsorientierter Wirtschaftspolitik den Reichen geboten werden?
2 ▶ Welche Rolle soll der Staat nach dem Konzept angebotsorientierter Wirtschaftspolitik gegenüber den Armen spielen?
3 ▶ Wie wirkt sich angebotsorientierte Wirtschaftspolitik auf die Einkommensverteilung aus?
4 ▶ Wie wird der Unterschied zwischen Arm und Reich von Vertretern angebotsorientierter Wirtschaftspolitik gerechtfertigt?

Aussagen von Vertretern nachfrage- und angebotsorientierter Wirtschaftspolitik

A ◀ 9.5

1 ▶ 1. Welche der folgenden Aussagen können von Vertretern einer nachfrageorientierten, welche von Vertretern einer angebotsorientierten Wirtschaftspolitik stammen?
Begründen Sie Ihre Meinung.
a) Trotz eines Gleichgewichts auf den Gütermärkten kann es zu Unterbeschäftigung kommen.
b) Löhne und Preise sind nach unten nicht sehr flexibel.
c) Ökonomen machen es sich zu leicht, wenn sie uns in stürmischen Zeiten nicht mehr zu erzählen haben, als dass der Ozean wieder ruhig ist, wenn sich der Sturm gelegt hat. Langfristig sind wir alle tot.
d) Nicht die privaten Marktteilnehmer, sondern die Politiker sorgen für Instabilität des Marktsystems.
e) Die beste Sozialpolitik ist eine freie Marktwirtschaft.
f) Jedes Angebot schafft sich seine Nachfrage selbst.
g) Löhne sind Kosten.
h) Die Lohnpolitik trägt die Hauptverantwortung für die Beschäftigung.
i) Lohnerhöhungen stärken die Massenkaufkraft.
j) Eine Senkung des Steuersatzes kann das Steueraufkommen erhöhen.
k) Das Problem einer Nachfragesättigung besteht wegen der unerschöpflichen menschlichen Bedürfnisse nicht.
l) Die notwendigen wirtschaftspolitischen Maßnahmen sind politisch nicht oder nur schwer durchsetzbar.

2 ▶ Es wird behauptet, eine antizyklische Fiskalpolitik führe zu einer Verstärkung konjunktureller Schwankungen.
Wie wird diese Aussage begründet?

Nachfrage- und angebotsorientierte Wirtschaftspolitik in der Praxis

A ◀ 9.6

K ◀

P.Point

In der praktischen Wirtschaftspolitik wurde angebots- bzw. nachfrageorientierte Wirtschaftspolitik bisher immer nur so betrieben, dass eine der beiden Strategien als Leitbild vorherrschte und einige Maßnahmen der jeweils anderen Konzeption entlehnt wurden. Mit einigen Vorbehalten lassen sich aber für die Bundesrepublik Deutschland die Periode von 1975 bis 1980 mit nachfrageorientierter und die Periode von 1982 bis 1987 mit angebotsorientierter Wirtschaftspolitik charakterisieren. In beiden Fällen handelt es sich um Aufschwungjahre, denen jeweils eine durch drastische Ölpreisverteuerungen ausgelöste Rezession (1974/75) bzw. (1980/81) vorausging. Da beide Perioden gleich lang sind und auf einer ähnlichen Ausgangslage beruhen, ist ein Vergleich der mit den unterschiedlichen Strategien erzielten Wirkungen aufschlussreich.[1]

1 Vgl. H. Adam, Wirtschaftspolitik und Regierungssystem der Bundesrepublik Deutschland, Bonn 1995, S. 149 ff.

	Nachfrageorientierte Phase SPD/FDP-Koalition						Angebotsorientierte Phase CDU/FDP-Koalition					
Jahr	**1975**	**1976**	**1977**	**1978**	**1979**	**1980**	**1982**	**1983**	**1984**	**1985**	**1986**	**1987**
BIP_{real} in Mrd. DM[1]	1.721	1.816	1.862	1.926	2.006	2.025	2.004	2.045	2.108	2.149	2.198	2.232
Arbeitslose in Mio.	1,074	1,060	1,030	0,993	0,876	0,889	1,833	2,258	2,266	2,304	2,228	2,229
Erwerbstätige in Mio.	26,1	25,9	26,0	26,2	26,6	27,0	26,7	26,3	26,3	26,5	26,9	27,1
Preisindex der Lebenshaltung 1991 = 100	57,8	61,2	63,8	66,2	68,0	70,8	83,5	86,3	88,3	90,2	90,0	90,3
Bereinigte Lohnquote[2] in %	66,5	64,9	65,2	64,3	64,2	66,2	67,1	65,1	64,0	63,6	62,7	63,0
Nettorealverdienst jährl. je Arbeitnehmer in DM[1]	26.335	26.393	26.917	27.863	28.429	28.397	27.357	27.091	26.985	26.869	27.994	28.493
Entnommene Nettogewinne u. Vermögenseink. aller priv. Haush. in Mrd. DM (real)[1]	2.704	2.802	2.821	2.876	3.040	3.108	3.087	3.183	3.554	3.681	3.717	3.888

1 In Preisen von 1991

2 Bereinigte Lohnquote: Berechnung der Lohnquote bei konstant gehaltenem Anteil der Arbeitnehmer an den Erwerbstätigen

Quelle: Bundesministerium für Arbeit und Sozialordnung, Statistisches Taschenbuch 98, Tab. 1.1, 1.9, 1.11, 1.15, 2.10, 6.9

1 ▶ Vergleichen Sie die Ergebnisse nachfrage- und angebotsorientierter Wirtschaftspolitik, indem Sie für die gesamte Zeitdauer der beiden Perioden folgende Größen ermitteln:

	Nachfrageorientierte Strategie 1975–1980	Angebotsorientierte Strategie 1982–1987
Veränderung des realen BIP (%)		
Veränderung der Zahl d. Arbeitslosen		
Veränderung der Zahl der Beschäftigten		
Erhöhung der Verbraucherpreise (%)		
Veränderung der Lohnquote (%)		
Veränderung der Reallöhne (%)		
Veränderung der entn. Gewinne und Vermögenseink. (real in %)		

2 ▶ Erläutern Sie, inwieweit die Ergebnisse für die jeweilige wirtschaftspolitische Strategie typisch sind.

▶ A 9.7

Nachfrage- und angebotsorientierte Wirtschaftspolitik im Widerstreit der Meinungen

1 ▶ Beantworten Sie anhand von Textauszug 1 folgende Fragen:

a) Welche Argumente werden gegen eine nachfrageorientierte Wirtschaftspolitik vorgebracht?

b) Worin besteht der Unterschied hinsichtlich der Beschäftigungswirkungen, wenn die Lohnerhöhungen

ba) über den Produktivitätszuwachs hinaus gehen,
bb) dem Produktivitätszuwachs entsprechen?

2 ▶ Welche Ansatzpunkte für eine angebotsorientierte Wirtschaftspolitik werden im Textauszug 2 genannt?

3 ▶ Beantworten Sie anhand von Textauszug 3 folgende Fragen:
a) Welche Ursachen werden für die überdurchschnittlich hohe Arbeitslosigkeit in den EU-Mitgliedsstaaten genannt?
b) Welche nachfrageorientierten Maßnahmen werden vorgeschlagen und wie sollen sie finanziert werden?
c) Welche Rolle soll die Geldpolitik der EZB übernehmen?
d) Welche ergänzenden angebotsorientierten Maßnahmen werden vorgeschlagen?
e) Welche Unterschiede und Gemeinsamkeiten lassen sich im Vergleich mit den Textauszügen 1 und 2 feststellen?

4 ▶ Bilden Sie sich anhand der Textauszüge ein eigenes Urteil, welche Politik zur Behebung der Arbeitslosigkeit in Deutschland
a) am erfolgversprechendsten
b) am ehesten politisch durchsetzbar ist.
Begründen Sie Ihre Meinung.

Textauszug 1:

In der Falle der Nachfragepolitik

von Prof. H. Siebert, Präsident des Instituts für Weltwirtschaft, Kiel, und Mitglied des Sachverständigenrats

Wenn die Politik die gesamtwirtschaftliche Nachfrage stimulieren will, so lautet die entscheidende Frage, wie die zusätzliche Expansion der gesamtwirtschaftlichen Nachfrage finanziert wird. Die Zunahme der Exporte, also der Nachfrage aus dem Ausland, ist uns höchst willkommen, denn diese Nachfrage wird im Ausland finanziert. Aber die Ausdehnung der anderen Komponenten der Gesamtnachfrage muss im Inland finanziert werden.

Will man die gesamtwirtschaftliche Nachfrage durch eine Zunahme des Staatsverbrauchs erhöhen, so wird die wirtschaftliche Aktivität des Privatsektors beeinträchtigt, wenn die zusätzliche Nachfrage des Staates durch Steuern finanziert wird. Wird sie durch Kredite finanziert, so werden zukünftige Generationen belastete. Eine hohe Zinslast schränkt den Manövrierspielraum der Politik ein.

Den privaten Verbrauch auszudehnen, indem die Löhne erhöht werden, hat ebenfalls seine Grenzen. Zwei Fälle können unterschieden werden.
Fall a): Wenn die Löhne stärker angehoben werden als die Produktivitätssteigerung, nimmt die Arbeitslosigkeit weiter zu. Das höhere Jobrisiko macht die Haushalte in ihrem Konsumverhalten vorsichtiger und wird deshalb den privaten Verbrauch reduzieren. Wegen der höheren Löhne werden Investitionen für Unternehmen weniger attraktiv, sodass auch diese Komponente der Gesamtnachfrage sinkt. Schließlich lässt die preisliche Wettbewerbsfähigkeit der Unternehmen nach, sodass auch die Exporte zurückgehen. Es ist zu erwarten, dass die Gesamtnachfrage sinkt. Gleichzeitig steigt die Arbeitslosigkeit an.
Fall b): Wenn die Löhne im Ausmaß des Produktivitätswachstums auch in einer Situation mit hoher Arbeitslosigkeit... erhöht werden, ... nimmt [man] hin, dass keine neuen Arbeitsplätze zustande kommen. Man begibt sich der Möglichkeit, in einer Situation hoher Arbeitslosigkeit das Arbeitsplatzrisiko für die privaten Haushalte zu reduzieren. Man verzichtet auf eine positive Auswirkung auf den privaten Verbrauch. Die Investitionen werden nicht stimuliert und die Exporte werden nicht wettbewerbsfähiger. Folglich verzichtet ein solcher Ansatz im Ergebnis auf einen Nachfragestimulus für den privaten Verbrauch, für die Investitionsnachfrage und für die Nachfrage des Auslands.

Bei der Lohnpolitik wird deutlich, dass die Nachfragepolitiker mit ihrer Forderung, die Löhne zu erhöhen, in ihre eigene Falle getappt sind. Sie erschweren sich das Ziel, die Arbeitslosigkeit zu reduzieren und belasten beispielsweise die staatlichen Kassen für die Lohnanhebungen im öffentlichen Dienst.

Die Stimulierung der gesamtwirtschaftlichen Nachfrage hat also in vielen Fällen hohe Opportunitätskosten. Kurzfristig mag man ein Strohfeuer entfachen, langfristig bleibt die Asche der Folgekosten für die Volkswirtschaft zurück.

Selbst wenn man einmal die Folgekosten der Finanzierung zusätzlicher Nachfrage vernachlässigt, so braucht man, ganz abgesehen von Absickerverlusten durch zusätzliche Importe, schon eine kräftige Zunahme der Nachfrage und der Produktion, damit sich bei der Beschäftigung etwas bewegt. Denn die Beschäftigungsschwelle liegt in Westdeutschland bei einer Zuwachsrate des Bruttoinlandsprodukts von etwa 2 % und erst eine zusätzliche Nachfrage, die darüber hinausgeht, wirkt sich in mehr Beschäftigung aus. Leider ist zusätzliche Nachfrage bei uns nicht beschäftigungsintensiv. Die Beschäftigungsintensität liegt bei etwa 0,5 %, sodass eine Wachstumsrate von einem Prozentpunkt über 2 % eine Zunahme der Beschäftigung um etwa 150 000 Personen bringt.

HB v. 8.März 99, S. 43

Textauszug 2:

Nachfragepolitik birgt die Gefahr, die Angebotsseite zu vernachlässigen
von Prof. H. Siebert, Präsident des Instituts für Weltwirtschaft, Kiel, und Mitglied des Sachverständigenrats

Auf der Angebotsseite einer Volkswirtschaft entscheidet sich... die Zunahme des Wohlstandes eines Landes. Hier liegen die Quellen des wirtschaftlichen Wachstums, nämlich in den Investitionen in den Kapitalstock einer Volkswirtschaft, in den Investitionen in das Humankapital durch Qualifizierung der Menschen und in den Innovationen durch neue Produkte und neue Poduktionsverfahren. Im Gegensatz zu einer solchen langfristig orientierten Strategie repräsentiert die Philosophie der Nachfrageseite einen Kurzfrist-Ansatz, bei dem langfristige Aspekte vernachlässigt zu werden drohen.

Zielkonflikte zwischen einer Stimulierung der Nachfrageseite einerseits und den negativen Auswirkungen auf der Angebotsseite andererseits dürfen nicht verdrängt werden. ... Wenn die Steuererleichterung am unteren Ende durch eine faktisch hohe Einkommenssteuer der Leistungsträger finanziert wird, so fördert man nicht die Leistungsbereitschaft derjenigen Personen, die man braucht, damit Arbeitsplätze bereitgestellt werden.

Der Standortwettbewerb... in der Weltwirtschaft erfordert strukturelle Reformen auf den Arbeitsmärkten und der sozialen Sicherungssysteme. Die Arbeitsmärkte müssen flexibler gestaltet werden. Die Lohnfindung sollte dezentralisiert werden, sodass die Lohnerhöhungen automatisch in Einklang mit dem Produktivitätsfortschritt gebracht werden. Die sozialen Sicherungssysteme sollten die Frage angehen, was kleine Risiken für die Einzelnen sind, für die sie selbst aus ihrer eigenen Leistungsbereitschaft Vorsorge treffen können und wo eine Absicherung durch die Regierung und durch die Gesellschaft nicht erforderlich ist. ...

HB v. 8. März 99, S. 43

Textauszug 3:

Angebots- und Nachfragepolitik müssen zusammenwirken

von F. Modigliani, Professor für Volkswirtschaftslehre am Massachusetts Institute of Technology (MIT) und Nobelpreisträger des Jahres 1985

Tatsächlich sind zweistellige Arbeitslosenraten... nur in den Ländern des Euro-Raumes zu beobachten.
Typisch für den Euro-Raum war die seit Anfang der 90er-Jahre grundsätzlich restriktive Ausrichtung der gesamtwirtschaftlichen Politik. Alle EU-Staaten unternahmen nachhaltige Anstrengungen, sich für den Euro-Währungsraum zu qualifizieren. Dieser Grundorientierung folgten Hauhalts- und Geldpolitik gleichermaßen... Im Ergebnis kam es zu einem Policy Mix, der vor allem die zinsempfindlichen Ausgaben, also in erster Linie die Investitionen belastete.
Gefragt ist jetzt eine Nachfragestrategie, die den Trend rückläufiger Investitionstätigkeit umkehrt. Diese Strategie darf sich aber nicht auf private Ausgaben für neues Sachkapital beschränken. Gerade öffentliche Investitionen sind... allzu stark gesunken. Zu beachten ist freilich, dass verstärkte öffentliche Investitionen nur dann die gleichen positiven Beschäftigungseffekte wie private Investitionen bringen, wenn sie weder durch anderweitige Ausgabenkürzungen noch durch höhere Steuern finanziert werden. Also muss die Modernisierung und Ausweitung des öffentlichen Kapitalstocks genauso finanziert werden wie private Investitionen typischerweise auch, nämlich durch Kreditaufnahme oder Anleihenemission.
Sicherlich sind defizitfinanzierte Staatsausgaben unerwünscht, sofern sie private Investitionen verdrängen und dadurch künftigen Generationen die Erträge aus der deshalb unterbliebenen Kapitalbildung vorenthalten. Ein richtig konzipiertes öffentliches Investitionsprogramm kann jedoch das Los künftiger Generationen verbessern.
Die öffentliche Hand sollte sich auf Infrastrukturmaßnahmen konzentrieren, die schon kurzfristig Erträge abwerfen.
Bei der Ankurbelung der gesamtwirtschaftlichen Nachfrage liegt eine große Verantwortung in den Händen der zentralen „monetären Autorität" in Europa, der Europäischen Zentralbank (EZB). Zum einen hängt die Ankurbelung der Nachfrage entscheidend von einer Ankurbelung der Investitionen ab, und diese wiederum ist vor allem von der Geld-(Zins-)Politik als dem klassischen Mittel der Investitionsbeeinflussung zu leisten. Nach bisher vorherrschender Lesart hat die EZB im Wesentlichen ein Ziel, nämlich den Kampf gegen die Inflation.
Wie die US-Zentralbank sollte auch die EZB das Beschäftigungsziel in den Blick nehmen. Wer Preisstabilität heute zum alles überragenden Ziel erhebt, ähnelt einem Militärstrategen, der sein gesamtes Budget darauf verwendet eine vergangene Schlacht gegen einen Feind zu schlagen, der keine Bedrohung mehr darstellt. ... Die Gefahr, dass die Inflationsspirale als Resultat einer Wiederbelebung der Investitionen wieder in Gang kommt, ist... gegenwärtig zu vernachlässigen. Sie wird zusätzlich umso geringer, je stärker sie durch angebotspolitische Maßnahmen gestützt werden, die neben die Nachfragepolitik treten müssen.

Die europäischen Produkt - und Arbeitsmärkte müssen deutlich flexibler werden... Eine Quelle regionaler Beschäftigungsunterschiede liegt in - trotz offenkundiger Diskrepanzen in der jeweiligen Produktivität - einheitlichen Löhnen, ... Die erschreckend hohen Jugendarbeitslosenquoten sind teilweise durch starre Nominallöhne verursacht, teilweise auch durch einen weit reichenden, weil einstellungsverhindernden Kündigungsschutz. Die Überbehütung der „Insider" wirkt nicht nur abschreckend auf die Schaffung neuer Arbeitsplätze, sondern reduziert auch die Jobrotation, ... Deshalb muss es den Unternehmen leichter gemacht werden, im Bedarfsfall auch betriebsnotwendige Entlassungen vorzunehmen.

Angebotsorientierte Reformen zielen vor allem auf die Schaffung neuer Arbeitsplätze. Regulierungen, die den Wettbewerb auf den Gütermärkten beschränken, sind ebenso abzuschaffen wie Hemmnisse für flexiblere Arbeitszeiten bzw. bei der Umsetzung von Teilzeitarbeit. Hinzu kommen Maßnahmen zum Verringern von Suchkosten am Arbeitsmarkt und zur Vergrößerung der Mobilität der Arbeitskräfte.

Die Arbeitslosigkeit lässt sich also wirksam nur bekämpfen, wenn sie von zwei Seiten aus angegangen wird: durch gesamtwirtschaftliche Nachfragepolitik, um Investitionen und Beschäftigung zu erhöhen und durch ein breites Spektrum angebotsorientierter Politikmaßnahmen, damit die Nachfrageausweitung nicht zu höherer Inflation statt höherer Beschäftigung führt. Die sich vielfältig ergänzenden Effekte beider Politikansätze lassen sich nur vollständig nutzen, wenn sie von allen europäischen Ländern gemeinsam verfolgt werden.

HB v. 15. April 99, S. 53

► A 9.8

► K

Vernetzungsdiagramm: Gesamtwirtschaftliches Gleichgewicht

► Stellen Sie anhand eines Vernetzungsdiagramms (vgl. Aufg. 1.2 auf S. 32) fest, welche Einflüsse, Zusammenhänge und Abhängigkeiten zwischen den Faktoren, die auf das gesamtwirtschaftliche Gleichgewicht (Preisniveaustabilität, hoher Beschäftigungsstand, angemessenes Wirtschaftswachstum, außenwirtschaftliches Gleichgewicht) einwirken, bestehen. Verbinden Sie dazu Elemente, die sich direkt beeinflussen mit einem Pfeil. Kennzeichnen Sie gleichgerichtete Wirkungen (je mehr – desto mehr) mit einem Pluszeichen und entgegengesetzte Wirkungen (je mehr – desto weniger) mit einem Minuszeichen.

Folgende Elemente können berücksichtigt werden: Preisniveau, Beschäftigung, Wirtschaftswachstum, Außenbeitrag (Ex-Im), privater Verbrauch, Staatsnachfrage, private Investitionen, Geldmenge M3, Zinsniveau, Lohnniveau, Sozialabgaben, Verbrauchsteuern, Unternehmensteuern, Wettbewerbsfähigkeit, Subventionen, Sozialleistungen, Staatsverschuldung.

► A 9.9

Expansive und restriktive Geldpolitik[1]

MÜNCHEN. Bei einer Tagung in München regte der amerikanische Wirtschaftsnobelpreisträger ROBERT SOLOW zur Bekämpfung der Arbeitslosigkeit in Europa eine expansivere Geldpolitik der Zentralbank an. Hätten die deutschen bzw. europäischen Währungshüter in den USA das Sagen, wäre auch dort die Arbeitslosenquote höher, behauptete SOLOW. Speziell in Deutschland sei der Irrglaube verbreitet, die Kontrolle der Inflationsrate sei das allein seeligmachende Instrument der Wirtschaftspolitik. Wer sich aber nur auf eine Zielgröße versteife, ernte die Arbeitslosenquote, die er damit verdiene.

BZ v. 25. Juni 99, S. 9

1 ► Prüfen Sie den Vorschlag von R. SOLOW, indem Sie die möglichen Auswirkungen einer **restriktiven** Geldpolitik (Politik des knappen Geldes) auf folgende Größen ermitteln:

a) Zinsen	b) Investitionen	c) Außenwert der Währung
d) Inflation	e) Exporte	f) Importe
g) BIP	h) Beschäftigung	i) Nominal- und Reallöhne

2 ► Beurteilen Sie die Wirkungen einer **restriktiven** Geldpolitik und stellen Sie fest, in welchem Fall eine solche Geldpolitik sinnvoll ist.

1 expansive Geldpolitik: Ausweitung der Geldmenge; restriktive Geldpolitik: Einschränkung der Geldmenge

A ◀ 9.10

Fallstudie: Stabilitätspolitik in der Rezession[1]

Für eine Volkswirtschaft liegen die in der folgenden Tabelle dargestellten Zahlen vor.

1 ▶ Analysieren Sie die Situation und prüfen Sie die Erfolgschancen der vorgeschlagenen Maßnahmen im Hinblick auf die Ziele Preisniveaustabilität, hoher Beschäftigungsstand und angemessenes Wirtschaftswachstum.

vgl. Lösungshinweise auf S. 384

Folgende stabilitätspolitischen Vorschläge liegen für das kommende Jahr vor:

a) Senkung der Leitzinsen auf 2,5 % bei gleichzeitiger Verringerung der Mindestreservesätze.
b) Zusätzliche staatliche Investitionen im Infrastrukturbereich, die durch Kreditaufnahme im Inland finanziert werden sollen.
c) Expansive Lohnpolitik (Erhöhung der Nominallöhne um 4,5 %).
d) Lohnzurückhaltung (reale Nullrunden für zwei Jahre).

Indikatoren	Vorjahr	laufendes Jahr
Veränderung des realen BIP	+2,5 %	+2,0 % (≙+ 6 Mrd. GE)
Veränderung des Preisniveaus	+2,5 %	+2,5 %
Veränderung der Nominallöhne	+2,5 %	+2,0 %
Veränderung der Gewinneinkommen (nominal)	10 %	+8 %
Zahl der Arbeitslosen	2,3 Mio.	2,5 Mio.
Erwerbspersonen	30 Mio.	29 Mio.
Kapitalmarkt-Zinssatz	6,5 %	6,0 %
Veränderung der Geldmenge M3	+6 %	+7 %
Veränderung der Staatsausgaben		+2 %
Veränderung der Staatseinnahmen		+5 %
Leitzinsen der Zentralbank		3,5 %
Kapazitätsauslastung		Investitionsgüter schwach Konsumgüter sehr schwach
Private Investitionen (real)	+3,5 %	+3 %
Haushaltslage des Staates		zurückgehende Nettokreditaufnahme

A ◀ 9.11

Fallstudie: Stabilitätspolitik in der Hochkonjunktur[2]

Für eine Volkswirtschaft liegen die in der folgenden Tabelle dargestellten Zahlen vor.

1 ▶ Analysieren Sie die Situation und prüfen Sie die Erfolgschancen der vorgeschlagenen Maßnahmen im Hinblick auf die Ziele Preisniveaustabilität, hoher Beschäftigungsstand und angemessenes Wirtschaftswachstum.

vgl. Lösungshinweise auf S. 384

Folgende stabilitätspolitischen Vorschläge liegen für das kommende Jahr vor:

a) Erhöhung der Leitzinsen auf 5 % bei gleichzeitiger Erhöhung der Mindestreservesätze
b) Verringerung der Staatsausgaben bzw. Steuererhöhungen
c) Expansive Lohnpolitik (Erhöhung der Nominallöhne um 15 %)
d) Lohnzurückhaltung (nur Inflationsausgleich, reale Nullrunde)

1, 2 In Anlehnung an H. W. Möller, Angewandte Volkswirtschaftslehre, Wiesbaden 1997, S. 64 ff. u. 104 ff.

Indikatoren	Vorjahr	laufendes Jahr
Veränderung des realen BIP	+4,5 %	+6,0 %
Veränderung des Preisniveaus	+5,5 %	+6,5 %
Veränderung der Nominallöhne	+ 8 %	+12 %
Veränderung der Gewinneinkommen (nominal)	+10 %	+14 %
Zahl der Arbeitslosen	210 000	150 000
Zahl der offenen Stellen	550 000	650 000
Arbeitslosenquote	0,7 %	0,5 %
Veränderung der Geldmenge M3	+10 %	+13 %
Veränderung der Staatsausgaben		+14 %
Veränderung der Staatseinnahmen		+15 %
Kapitalmarktzinsen		6 %
Leitzinsen der Zentralbank		3 %
Kapazitätsauslastung		97 %
Private Investitionen		steigend
Haushaltslage des Staates		keine Nettoneuverschuldung

▶ A 9.12

Lohnpolitik – Beschäftigungspolitik

Bei der Diskussion um den Zusammenhang zwischen Lohnerhöhungen und Arbeitslosigkeit werden folgende Positionen vertreten:

▶ K

Unternehmer: Lohnerhöhungen erhöhen die Produktionskosten und führen dadurch zu noch mehr Arbeitslosigkeit (**Kosteneffekt**).

P.Point

Gewerkschaften: Lohnerhöhungen führen zu einer Erhöhung der Konsumgüternachfrage und bewirken eine Verringerung der Arbeitslosigkeit (**Kaufkrafteffekt**).

1 ▶ Aus Unternehmersicht wird behauptet, der Kosteneffekt einer Lohnerhöhung sei wesentlich höher als der direkte Nachfrageeffekt.
Überprüfen Sie diese Behauptung, indem Sie die Kostenbelastung sowie die Wirkung auf die Nachfrage nach inländischen Konsumgütern ermitteln, wenn eine Bruttolohnerhöhung um 100 € vereinbart wird und folgende Annahmen gelten: Sozialversicherungsbeiträge (je zur Hälfte vom Arbeitgeber und Arbeitnehmer getragen): ca. 40 %; Lohnsteuer (einschl. Solidaritätszuschlag): ca. 25 %; Sparquote: 5 %; Anteil importierter Konsumgüter an den gesamten Konsumausgaben: 11 %

2 ▶ Erstellen Sie aus den folgenden Elementen je eine Wirkungskette, die die Argumentation der Unternehmer bzw. der Gewerkschaften stützt. (Es müssen nicht alle Elemente verwendet werden.)
Elemente: (1) Tariflöhne, (2) Volkswirtschaftliche Lohnsumme, (3) Gewinne, (4) Erweiterungsinvestitionen, (5) Produktion, (6) Produktionskosten, (7) Konsum, (8) gesamtwirtschaftliche Nachfrage, (9) (internationale) Wettbewerbsfähigkeit, (10) Rationalisierung, (11) Beschäftigung

Verbinden Sie die von Ihnen ausgewählten Elemente mit Pfeilen und versehen Sie die Pfeilspitze nach folgender Regel mit einem Plus- oder Minuszeichen:
Pluszeichen: gleichgerichtete (verstärkende) Wirkung (je mehr – desto mehr bzw. je weniger – desto weniger)
Minuszeichen: entgegengesetzte (abschwächende) Wirkungen (je mehr – desto weniger bzw. je weniger – desto mehr)

Beispiel:

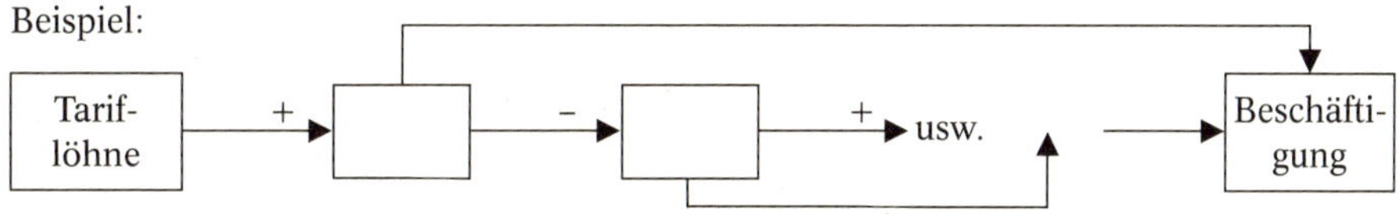

3 ▶ Lineares Denken in Ursache-Wirkungs-Zusammenhängen (vgl. Nr. 2) vernachlässigt die wechselseitigen Abhängigkeiten zwischen einzelnen Elementen eines Systems. Zwischen Ursache und Wirkung kann oft nicht eindeutig unterschieden werden. In vielen Fällen sind die Ursache-Wirkungs-Zusammenhänge auch umkehrbar.
Erstellen Sie unter Verwendung der Elemente von Nr. 2. und weiterer Elemente (s. u.) ein Vernetzungsdiagramm (vgl. Aufgabe Nr. 1.1 auf S. 32), das Zusammenhänge und Abhängigkeiten zwischen verschiedenen Faktoren und Prozessen aufzeigt, die zur Arbeitslosigkeit bzw. deren Behebung beitragen.
Weitere Elemente, die im Vernetzungsdiagramm berücksichtigt werden können: Lohnnebenkosten, Flexibilisierung von Arbeitszeiten und Lohntarifen, Unternehmensteuern, Exporte, staatliche Zuschüsse zur Arbeitslosenversicherung, staatliche Maßnahmen zur Arbeitsbeschaffung, Sozialhilfe, Belastung des Staatshaushaltes, Verbrauchsteuern, Kaufkraft...
Symbolisieren Sie dazu Wirkungen, die ein Element **direkt** auf ein anderes Element ausübt, durch einen Pfeil und kennzeichnen Sie die Wirkungsrichtung mit einem Plus- bzw. Minuszeichen (vgl. Nr. 2).

Beispiel:

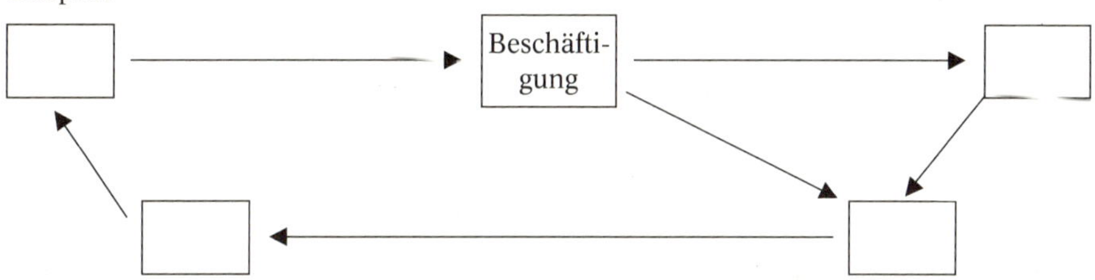

4 ▶ Stellen Sie im Vernetzungsdiagramm Wirkungsketten fest, bei denen sich bestimmte Elemente selbst indirekt beeinflussen (Rückkopplungskreisläufe).

Zusammenhang zwischen Lohnniveau und Arbeitslosigkeit

A ◀ 9.13

In einer wirtschaftlichen Situation mit hoher Arbeitslosigkeit spielt das Lohnniveau eine wichtige Rolle.

1 ▶ Wie müsste die Lohnpolitik nach keynesianischer und nach neoklassischer Konzeption gestaltet werden, damit die Arbeitslosigkeit abgebaut wird?

2 ▶ Analysieren und ordnen Sie die in den folgenden Texten (T1 bis T10) vorgetragenen Argumente, die für und gegen Lohnzurückhaltung zum Abbau der Arbeitslosigkeit sprechen. Welcher wirtschaftspolitischen Konzeption (angebots- bzw. nachfrageorientiert) sind die Argumente jeweils zuzuordnen?
Bilden Sie sich eine eigene Meinung zur Frage, ob und ggf. unter welchen Voraussetzungen niedrigere Lohnabschlüsse zum Abbau der Arbeitslosigkeit beitragen können. Führen Sie ein Streitgespräch (Pro- und Contra-Debatte) zum Thema „Lohnzurückhaltung bewirkt einen Abbau der Arbeitslosigkeit“ durch.

T1

DIW gegen Nullrunden
Lohnverzicht kontraproduktiv

BERLIN. Für völlig verfehlt hält das Deutsche Institut für Wirtschaftsforschung (DIW) den Vorstoß … für eine Beschränkung der Lohnerhöhungen auf die Inflationsrate in den kommenden Tarifrunden… Bei einer Rückkehr zu einer Politik der Lohnzurückhaltung würde die Binnennachfrage leiden, Deflationsgefahren drohten. In diesem Jahr habe gerade die Lohnpolitik zur Stabilisierung der Konjunktur beigetragen. Die am Produktivitätszuwachs orientierten Abschlüsse hätten die Binnenkonjunktur gestützt und einen weitaus stärkeren Einbruch verhindert.

W. Mulke, in: BZ v. 14. Juli 99, S. 13

T2

Rückendeckung für Nullrundenvorschlag

Der Vorsitzende des Sachverständigenrates… hat die Forderung nach zwei Nullrunden für alle Arbeitnehmer begrüßt. … „Wer mehr Beschäftigung will, der muss bei den Löhnen hinter dem Produktivitätsfortschritt zurückbleiben“. Der Präsident der Arbeitgebervereinigung Gesamtmetall … plädierte für eine Nullrunde von mehr als zwei Jahren.

HB v. 14. Juli 99, S. 1

T3

Die Gerechtigkeitslücke

Von 1982 bis heute ist die durchschnittliche Nettolohn- und Gehaltssumme je Beschäftigten in Westdeutschland real um insgesamt **5,8 Prozent** gestiegen. Parallel dazu ist die Arbeitsproduktivität je Beschäftigten um **35 Prozent** gestiegen. Die Steigerung der Nettolöhne wurde vom Anstieg der Arbeitsproduktivität also um das Sechsfache übertroffen.

BMWI, Wirtschaftsbericht 99, S. 11

T4

KEYNES falsch interpretiert

Fälschlicherweise berufen sich die Verfechter des Kaufkraftarguments häufig auf den englischen Nationalökonomen John Maynard Keynes (1883–1946), den Vater der so genannten nachfrageorientierten Konjunkturpolitik. …

Seine Schlussfolgerung: Konjunkturelle Arbeitslosigkeit lässt sich verhindern, wenn der Staat rechtzeitig durch kreditfinanzierte Ausgaben die gesamtwirtschaftliche Nachfrage erhöht. Mehr Nachfrage führt zu mehr Beschäftigung, zu mehr Einkommen und damit zu mehr Kaufkraft, die wiederum die Nachfrage erhöht.

Was nun die Rolle des Lohnes angeht, vertrat Keynes die Ansicht, dass zu hohe Lohnkosten bei nachlassender Wirtschaftsaktivität Gift für die Konjunktur sind. Im Gegensatz zu allen anderen Ökonomen seiner Zeit sprach er sich in dieser Situation aber gegen Lohnsenkungen aus. Seine Begründung:

Er befürchtete sozialpolitische Konflikte und allgemeine Unruhen, die sich negativ auf das Investitionsklima auswirken. Stattdessen empfahl er leichte Preissteigerungen, um die auch seiner Meinung nach erforderliche Reallohnsenkung zu erzielen. Im Unterschied zu Nominallohnsenkungen würden die Arbeitnehmer den Wertverlust des Einkommens durch Inflation kaum bemerken – das Ziel der Reallohnsenkung wäre ohne das Risiko sozialpolitischer Unruhen erreicht. An diesen Überlegungen zeigt sich, dass Keynes keineswegs – wie häufig unterstellt – für Lohnerhöhungen eintrat, um durch eine höhere Kaufkraft die Nachfrage anzukurbeln. Er war nur der Meinung, dass durch Lohnsenkungen keine neuen Arbeitsplätze entstehen.

Institut der deutschen Wirtschaft (IWD), Wirtschaft und Unterricht, Jg. 25, Nr. 5 v. 24. Juni 99, S. 4

T5

Lohnmäßigung führt nur bei Investitionslenkung zwingend zu mehr Arbeitsplätzen

In der Einkommens- und Steuerpolitik dominiert zurzeit die Vorstellung, dass es eine unmittelbare Verknüpfung zwischen der Höhe des Gewinns der Unternehmen und der Zahl der Arbeitsplätze gebe, als wenn es sich hier um kommunizierende Röhren handele. Füllte man das eine Reagenzglas auf, stiege auch der Pegel in dem anderen.

Es wäre schön, wenn dem so wäre. Doch wären leider die durch Steuerentlastung und Lohnpausen induzierten Arbeitsplätze nicht eine Folge der Gewinnhöhe bzw. der Ersparnis an Steuern und Personalkosten, sondern der Gewinnverwendung.
Die weit verbreitete Meinung, dass schon die Stärkung der Investitionskraft der Unternehmen durch Lohnmäßigung und Steuerentlastungen zur Schaffung neuer Arbeitsplätze führte, wäre nur unter den Bedingungen einer Investitionslenkung fundiert. Nur wenn die Unternehmen durch Lohn- und Steuerverzicht zugeteilte Liquidität nicht im Ausland, nicht in Geldvermögen, nicht in Fusionen mit arbeitsplatzvernichtenden Synergien, sondern in Arbeitsplätzen angelegt würde, wäre ein Zuwachs an Beschäftigung wahrscheinlich. Will die Wirtschaft also die Konsequenz der Investitionslenkung?

H. Mundorf, HB v. 16. Juli 99, S. 2 f.

T6

Steigende Löhne erhöhen in erster Linie die Produktionskosten – mehr Kaufkraft und Beschäftigung schaffen sie nicht

Zwar sind die realen Nettoverdienste der deutschen Arbeitnehmer im Fünfjahreszeitraum 1994 bis 1998 um 1,9 Prozent gesunken, wie der Sachverständigenrat errechnet hat. Das war aber hauptsächlich auf die gestiegene Abgabenlast zurückzuführen; so stiegen im angegebenen Zeitraum die Beitragssätze zur Sozialversicherung …

Die These, durch steigende Lohnsätze könne mehr Kaufkraft und Beschäftigung geschaffen werden, ist ein reines Produkt der Vulgärökonomie. Niemals wurde sich von einem ernst zu nehmenden Ökonomen vertreten, auch nicht von John Maynard Keynes. Theorie und Erfahrung belegen eindeutig, dass es genau umgekehrt ist: Erst wenn durch zurückhaltende Lohnpolitik die Beschäftigung steigt, entsteht per Saldo mehr Kaufkraft für die Arbeitnehmer. Steigende Löhne erhöhen dagegen in erster Linie die Kosten der heimischen Produktion. Gerade unter den Bedingungen der Währungsunion würde ein Großteil des erhofften Nachfrageeffekts durch vermehrte Importe versickern.

U. van Suntum, Professor für Volkswirtschaftslehre an der Universität Münster

T7

Lohnzuwachs muss deutlich unter dem Zuwachs der Arbeitsproduktivität liegen

Wenn die vier Millionen Arbeitslosen und die zwei Millionen Menschen, die sich in arbeitsmarktpolitischen Maßnahmen befinden, in den Arbeitsmarkt integriert werden sollen, darf die Lohnpolitik nicht den gesamten Produktivitätszuwachs in Anspruch nehmen.

Es wird eingewandt, höhere Lohnsteigerungen würden die Binnennachfrage steigern. Wenn diese These richtig wäre, könnte eine Volkswirtschaft die Löhne um 20 Prozent oder auch mehr erhöhen und siehe da, die Arbeitslosigkeit wäre verschwunden. Aber auch das feinere Instrument, dass Löhne selbst bei hoher Arbeitslosigkeit im Ausmaß des Produktivitätsfortschritts erhöht werden sollen, um die Nachfrage zu stärken, vernachlässigt wichtige Wirkungszusammenhänge. Denn die Unternehmen würden auf Lohnzurückhaltung reagieren: Sie würden Arbeitskräfte einstellen, in geringerem Maß Arbeit durch Kapital ersetzten und weniger Produktion ins Ausland verlagern. Die dadurch verringerte Arbeitslosigkeit würde zu mehr Sicherheit der privaten Haushalte führen, der private Verbrauch nähme zu. Aber auch andere Komponenten der gesamtwirtschaftlichen Nachfrage würden durch Lohnzurückhaltung gestärkt: Investitionen würden bei günstigeren Lohnkosten attraktiver, die Wettbewerbsfähigkeit der Unternehmen würde verbessert und dadurch würden die Exporte stimuliert. Per saldo nimmt dann die gesamtwirtschaftliche Nachfrage zu, die Beschäftigung steigt.

Prof. H. Siebert, Präsident des Instituts für Weltwirtschaft an der Universität Kiel, Mitglied des Sachverständigenrats, HB v. 11. Jan. 99

T8

Typische ökonomische Denkfehler: Ideologiefallen

„Arbeitslosigkeit ist die Strafe für zu hohe Löhne." Dieser Vorstellung liegt die Auffassung zugrunde, dass die Nachfrage nach Arbeitskräften vor allem von deren Kosten abhinge. Wäre dem so, müsste in den sog. Niedriglohnländern eitel Vollbeschäftigung und Wohlstand herrschen. Tatsächlich wird die Nachfrage nach Arbeit aber in erster Linie von der gesamtwirtschaftlichen Nachfrage – dem Absatz – nach Gütern und Dienstleistungen bestimmt, die mithilfe der nachgefragten Arbeitskräfte produziert werden sollen sowie der Technik, die dabei verwendet wird. Überdies ist der Anteil der Lohnkosten an den Gesamtkosten der Unternehmen in den meisten Branchen relativ gering.

H. W. Möller, Angewandte Volkswirtschaftslehre, Wiesbaden 1997, S. 224

T9

Nullrunden taugen nicht zur Bekämpfung der Arbeitslosigkeit

Bei den Argumenten für reale Nullrunden in der Lohnpolitik ist die Spannweite groß... So erklärt der Präsident des DIHT (Deutscher Industrie- und Handelstag) einfach, dass „Lohnzurückhaltung schon immer zu mehr Arbeitsplätzen geführt" habe, und Rolf Peffekoven, Mitglied des Sachverständigenrates, prognostiziert bei der Umsetzung dieser Vorschläge 300 000 neue Arbeitsplätze.

Zwischen 1994 und 1997 lag der Anstieg der Bruttolöhne und -gehälter in zwei Jahren leicht über der Preissteigerungsrate, zweimal blieb er dahinter zurück. Im Durchschnitt dieser vier Jahre erhöhten sich die Bruttolöhne um 2,35, die Verbraucherpreise um 2,18 Prozent. Das Ziel realer Nullrunden wurde also nur um 0,19 Prozent verfehlt. Die Zahl der beschäftigten Arbeitnehmer verminderte sich in dieser Zeit um 1,4 Millionen, die Zahl der registrierten Arbeitslosen erhöhte sich um 965 000.

Trotz vier realer Nullrunden gab es in den Jahren 1994 bis 1997 jahresdurchschnittlich einen Beschäftigungsrückgang um 350 000 Arbeitnehmer. Nach welcher ökonomischen Logik erwartet der Wirtschaftsweise Peffekoven künftig von zwei Nullrunden einen Zuwachs von 150 000 im Jahr?

Die negativen Rückwirkungen auf die Binnennachfrage wurden... dadurch verstärkt, dass die Nettoreallohnentwicklung nicht nur stagnierte, sondern in diesen vier Jahren um durchschnittlich 0,9 Prozent zurückging... Diese Minusrunden bei den Masseneinkommen führten dazu, dass der Zuwachs des privaten Verbrauchs mit 3,45 Prozent weit hinter dem Anstieg der Ausfuhr von Waren und Dienstleistungen mit 8,67 Prozent zurückblieb. Die rückläufigen Lohnstückkosten verbesserten kräftig die internationale Wettbewerbsfähigkeit, aber die zurückbleibenden Nettolöhne bremsten die Entwicklung auf dem Binnenmarkt.

... hat in Studien die Entwicklung der Reallohnposition und der Arbeitslosigkeit in Frankreich, den USA und Westdeutschland verglichen. Er konnte den neoklassischen Irrglauben eindeutig widerlegen, dem zufolge bei Arbeitslosigkeit grundsätzlich die Löhne zu hoch sind. Die Arbeitslosigkeit war dort am höchsten, wo die Zurückhaltung bei den Reallöhnen am ausgeprägtesten war und sie verminderte sich am stärksten bei der geringsten Zurückhaltung. Nur wer diese Analyse widerlegen kann, darf mit beschäftigungspolitischer Begründung Nullrunden in der Lohnpolitik fordern.

H. Ehrenberg, SPD-Mitglied, Bundesminister für Arbeit und Soziales in der Regierungszeit der sozialliberalen Koalition 1976–1982, HB v. 21. Juli 99, S. 2

T10 **Es ist nicht zu bestreiten: Lohnzurückhaltung schafft Arbeitsplätze**

Den vielen Vorschlägen, über Lohnzurückhaltung neue Arbeitsplätze in Deutschland zu schaffen, wird immer wieder entgegengehalten, dass in den vergangenen Jahren trotz nachweisbarer Lohnzurückhaltung die Arbeitslosigkeit nicht gesunken sei ...
Die... Entwicklung von Lohnhöhe und Arbeitslosigkeit sagt nichts über den ursächlichen Zusammenhang zwischen Lohnhöhe und Arbeitslosigkeit aus. So ist... nicht zu entnehmen, wie hoch die Arbeitslosigkeit gewesen wäre, wenn es in diesem Zeitraum keine moderaten Lohnerhöhungen gegeben hätte. Die Lohnpolitik allein kann den Abbau der Arbeitslosigkeit nicht garantieren. Hinzukommen müssen zum Beispiel ein international wettbewerbsfähiges und innovationsfreundliches Steuersystem und eine hinreichende Flexibilität auf den Güter- und Arbeitsmärkten.
Wer über den Zusammenhang zwischen Lohnhöhe und Beschäftigung verlässliches aussagen will, muss zunächst eine grundsätzliche Frage beantworten: Hat die Lohnhöhe etwas mit dem Angebot an Arbeitsplätzen zu tun? Das wird man wohl kaum bestreiten können. Unternehmen, die über die Schaffung neuer Arbeitsplätze entscheiden, werden sich schon danach richten, wie hoch die Kosten der Arbeit, also die Löhne und die Lohnnebenkosten, im Verhältnis zur erwarteten Produktivität neu einzustellender Arbeitskräfte liegen.

Wenn die Lohnpolitik also zu Steigerungen der Reallöhne führt, die deutlich unter dem Produktivitätsfortschritt liegen, darf man davon zumindest einen positiven Einfluss auf die Beschäftigung erwarten. Ein Beitrag der Lohnpolitik zu mehr Beschäftigung ist nur zu erwarten, wenn die Reallohnsteigerungen deutlich unter der... Produktivität liegen. Wir haben in Deutschland keinen Mangel an Arbeit, sie ist nur zu teuer... Deshalb brauchen wir Lohnzurückhaltung und stärkere Differenzierung der Löhne nach Qualifikationen, Branchen, Regionen und Unternehmen... Ein Ausgleich für Preissteigerungen darf nur partiell vorgenommen werden. Er muss deutlich hinter der erwarteten Preissteigerungsrate zurückbleiben.

Prof. R. Peffekoven, Direktor des Instituts für Finanzwissenschaft an der Universität Mainz und Mitglied des Sachverständigenbeirats HB v. 26. Juli 99, S. 2

Fallstudie: Stabilitätspolitik bei struktureller Arbeitslosigkeit[1]

A ◀ 9.14

Für eine Volkswirtschaft liegen die in der folgenden Tabelle dargestellten Zahlen vor.

1 ▶ Analysieren Sie die Situation und prüfen Sie die Erfolgschancen der vorgeschlagenen Maßnahmen im Hinblick auf die Ziele Preisniveaustabilität, hoher Beschäftigungsstand und angemessenes Wirtschaftswachstum.

vgl. Lösungshinweise auf S. 384

Folgende stabilitätspolitischen Vorschläge liegen für das kommende Jahr vor:

a) Deutliche Senkung der Einkommensteuer bei gleichzeitigem Abbau von Subventionen.
b) Regierung, Gewerkschaften und Arbeitgeber einigen sich im Rahmen eines Bündnisses für Arbeit für zwei Jahre auf Lohnerhöhungen in Höhe der Inflationsrate (reale Nullrunden).
c) Ausweitung der Geldmenge durch vermehrte Kreditvergabe des ESZB an die Geschäftsbanken im Rahmen der Offenmarktpolitik.
d) Vergabe zusätzlicher Staatsaufträge, die durch Kreditaufnahme im Inland finanziert werden sollen (*Deficitspending*).

1 In Anlehnung an H. W. Möller, Angewandte Volkswirtschaftslehre, a.a.O., S. 128

Indikatoren	Vorjahr	laufendes Jahr
Veränderung des realen BIP	+2,5 %	+2,5 %
Veränderung des Preisniveaus	+2,0 %	+1,0 %
Veränderung der Nominallöhne	+3,5 %	+2,5 %
Veränderung der Gewinneinkommen (nominal)	+3,5 %	+4,0 %
Zahl der Arbeitslosen	2,0 Mio.	2,4 Mio.
Erwerbspersonen	22,0 Mio.	23,0 Mio.
Struktur der Arbeitslosigkeit	Arbeitslose aus Baubranche und Bauzulieferindustrie 650 000	750 000
Lohnquote	66 %	64 %
Veränderung der Geldmenge M3	+2 %	+2 %
Kapitalmarktzins im Inland	8 %	9 %
Kapitalmarktzins im Ausland	5,5 %	6 %
Sparquote	20 %	22 %
Exportquote (Anteil der Exporte am BIP)		31 %
Importquote (Anteil der Importe am BIP)		33 %
Veränderung der Staatsausgaben		+3 %
Veränderung der Steuereinnahmen		+1,5 %
Leitzinsen der Zentralbank		4 %
Kapazitätsauslastung		Konsumgüter u. Ausrüstungsinvestitionen: 90 % Baubranche: 75 %
Private Investitionen (real)		Ausrüstungsinvestitionen real +3,5 % Bauinvestitionen real -6 %
Haushaltslage des Staates	Die Nettoverschuldung ist seit längerem unverändert hoch. Zinsen und Tilgung machen ca. 30 % des Staatshaushalts aus.	

10 Außen- und Weltwirtschaft

Fallbeispiele zur Einführung

Fallbeispiel 10.1: Kostenunterschiede als Ursache des Außenhandels

Land / Gut	Portugal	England
Wein	24 ME	10 ME
Tuch	18 ME	16 ME

Angenommen, in England und Portugal stehen pro Periode 100 Arbeitseinheiten (AE) zur Verfügung, mit denen **alternativ** die in der nebenstehenden Tabelle angegebenen Gütermengen (ME) hergestellt werden können. Bisher werden zur Versorgung der inländischen Bevölkerung in Portugal 16 ME Wein und 6 ME Tuch und in England 5 ME Wein und 8 ME Tuch hergestellt.

- Kann durch internationale Arbeitsteilung und Aufnahme von Handelsbeziehungen die Güterversorgung der Bevölkerung in Portugal und England verbessert werden?

Erläuterungen und Lösung siehe Seite 364.

Fallbeispiel 10.2: Flexible Wechselkurse

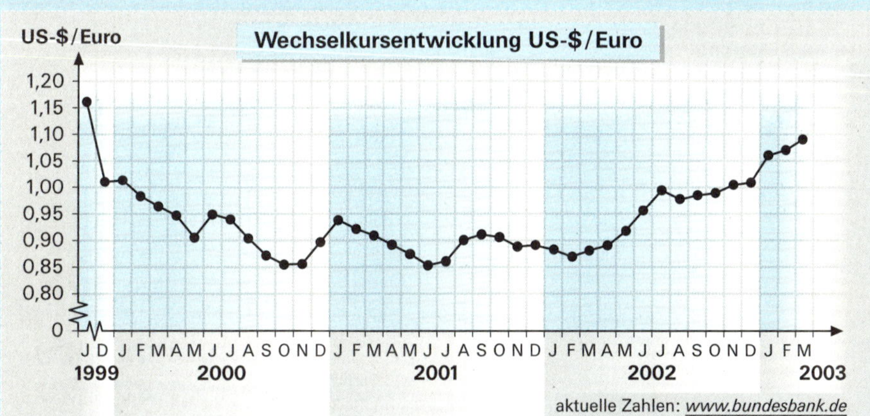

Aktuelle Zahlen: *www.bundesbank.de*

1. Wie ist die dargestellte Wechselkursentwicklung zu erklären?
2. Welche Wirkungen hat die dargestellten Wechselkursentwicklung auf den Außenhandel?

Erläuterungen und Lösung siehe Seiten 373 und 375.

10.1 Bedeutung des Außenhandels für die Bundesrepublik Deutschland

Außenhandel ist der grenzüberschreitende Waren- und Dienstleistungsverkehr einer Volkswirtschaft. Er umfasst den Kauf ausländischer Güter (Import) und den Auslandsabsatz inländischer Güter (Export).

Deutschland gehört neben den USA und Japan zu den exportstärksten Volkswirtschaften der Welt. Annähernd jeder vierte Arbeitsplatz in Deutschland ist exportabhängig. Die Absatzmärkte deutscher Güter im Ausland konzentrieren sich auf die Mitgliedsländer der Europäischen Union und die USA. Andererseits ist Deutschland als dicht besiedeltes Industrieland mit geringen Rohstoffvorkommen auf die Einfuhr vieler Güter angewiesen.

Außenhandel ist in der Regel dann vorteilhaft, wenn

- bestimmte Rohstoffe und andere Güter im Inland nicht verfügbar sind,
- aufgrund der unterschiedlichen Ausstattung mit Produktionsfaktoren bestimmte Güter in bestimmten Ländern kostengünstiger als anderswo hergestellt werden können und sich deswegen Preisunterschiede zwischen In- und Ausland ergeben.

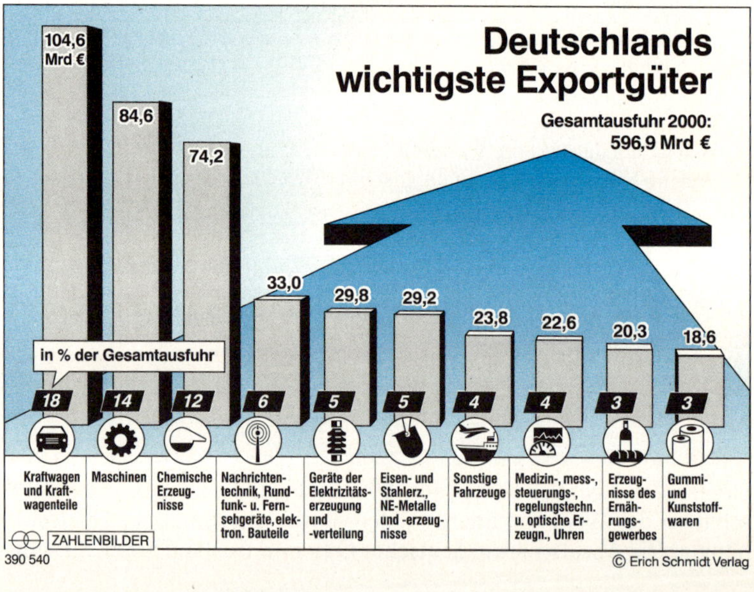

10.2 Ursachen des Außenhandels

10.2.1 Unterschiedliche Produktionskosten

Absolute Kostenvorteile

An einem **Modell**, in dem zwei Länder jeweils zwei Güterarten herstellen, lässt sich zeigen, dass die Gesamtproduktion erhöht werden kann, wenn sich jedes Land auf die Herstellung des Gutes spezialisiert, das es kostengünstiger herstellen kann als das jeweils andere Land.

Es wird angenommen, dass sowohl im Inland als auch im Ausland pro Periode 100 Arbeitseinheiten (AE) zur Verfügung stehen, mit denen **alternativ** die folgenden Mengen (ME) Weizen oder Stahl produziert werden können:

Gut \ Land	Ausland	Inland
Stahl	12 ME	16 ME
Weizen	24 ME	10 ME

Im Ausland kann mit gleich großem Arbeitseinsatz mehr Weizen erzeugen als im Inland. Das bedeutet, dass im Ausland für die gleiche Weizenmenge weniger Arbeitseinheiten als im Inland benötigt werden. Für eine ME Weizen werden im Ausland 4,167 AE (100 : 24)

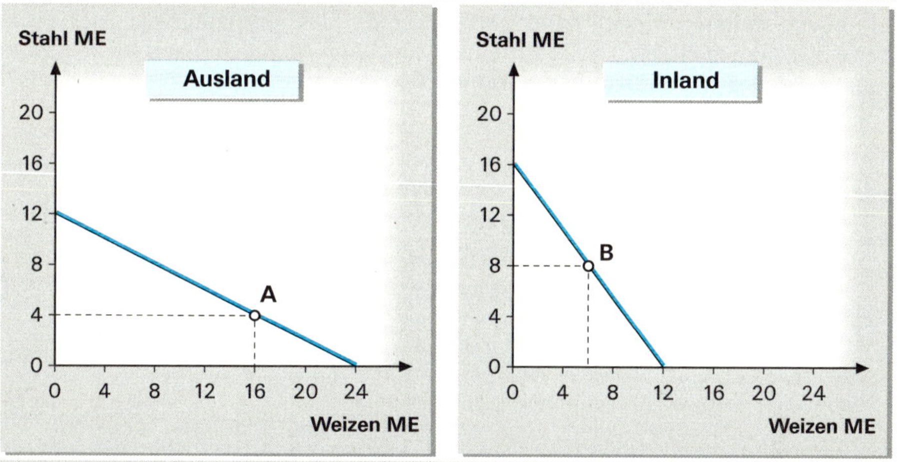

und im Inland 10 AE (100 : 10) benötigt. Die Arbeitsproduktivität bei der Weizenproduktion ist im Ausland – möglicherweise aufgrund der besseren Bodenqualität – um 140 % höher als im Inland. Das **Ausland** hat also bei der Erzeugung von **Weizen** einen **absoluten Kostenvorteil.**

Das Inland kann dagegen mit gleich großem Arbeitseinsatz mehr Stahl herstellen als das Ausland. Das bedeutet, dass im Inland für die gleiche Menge Stahl weniger Arbeitseinheiten als im Ausland benötigt werden. Für eine ME Stahl werden im Inland 6,25 AE (100 : 16) und im Ausland 8,33 AE (100 : 12) benötigt. Die Arbeitsproduktivität bei der Herstellung von Stahl ist im Inland – aufgrund effizienterer Produktionsmethoden – um 33 ⅓ % höher als im Ausland. Das **Inland** hat also bei der Herstellung von **Stahl** einen **absoluten Kostenvorteil.**

Es wird weiter angenommen, dass aufgrund der Bedürfnisstruktur und der Nachfrageverhältnisse im Ausland bisher ⅓ der dort verfügbaren Arbeitseinheiten für die Herstellung von 4 ME Stahl und ⅔ der verfügbaren Arbeitseinheiten für die Herstellung von 16 ME Weizen eingesetzt werden (Punkt A auf der Produktionsmöglichkeitskurve). Im Inland werden mit der Hälfte der verfügbaren Arbeitseinheiten 8 ME Stahl und mit der anderen Hälfte 5 ME Weizen produziert (Punkt B auf der Produktionsmöglichkeitskurve). Anstatt in beiden Ländern weiterhin sowohl Weizen als auch Stahl zu produzieren, wäre es günstiger, wenn sich das Inland auf die Produktion von Stahl und das Ausland auf die Produktion von Weizen spezialisieren würden, um dann Handel miteinander zu treiben. Durch eine **internationale Arbeitsteilung** könnte die Gesamtproduktion erhöht werden.

Gesamtproduktion vor der internationalen Arbeitsteilung (Autarkie)
Vor der Spezialisierung ergeben sich aufgrund der Annahmen für beide Länder folgende Faktoreinsatz- und Produktionsmengen:

Gut \ Land	Ausland		Inland		Gesamtproduktion
Stahl	4 ME	33⅓ AE	8 ME	50 AE	12 ME
Weizen	16 ME	66⅔ AE	5 ME	50 AE	21 ME

Gesamtproduktion nach der internationalen Arbeitsteilung
Wenn sich beide Länder auf die Produktion des Gutes spezialisieren, bei dem sie einen absoluten Kostenvorteil haben, ergeben sich folgende Faktoreinsatz- und Produktionsmengen:

Gut \ Land	Ausland		Inland		Gesamtproduktion
Stahl	0 ME	0 AE	16 ME	100 AE	16 ME
Weizen	24 ME	100 AE	0 ME	0 AE	24 ME

Wenn sich jedes Land auf die Produktion der Güter spezialisiert, bei denen es absolute Kostenvorteile hat, kann durch internationale Arbeitsteilung die Gesamtproduktion gesteigert werden.

Komparative[1] (relative) Kostenvorteile

▶ A 10.1 In einem weiteren Modell kann gezeigt werden, dass ein Güteraustausch zwischen zwei Ländern auch dann noch vorteilhaft sein kann, wenn ein Land **keine absoluten**, sondern lediglich **relative (komparative) Kostenvorteile** hat.

Es wird angenommen, dass im In- und Ausland nach wie vor Weizen und Stahl produziert werden können. Allerdings hat sich im Ausland die Arbeitsproduktivität bei der Herstellung von Stahl erhöht. Jedem Land stehen weiterhin pro Periode 100 Arbeitseinheiten (AE) zur Verfügung, mit denen **alternativ** die folgenden Mengen Weizen oder Stahl produziert werden können:

Gut \ Land	Ausland	Inland
Stahl	18 ME	16 ME
Weizen	24 ME	10 ME

Das Ausland kann mit gleich großem Arbeitseinsatz jetzt mehr Weizen und mehr Stahl produzieren als das Inland. Das bedeutet, das Ausland benötigt für die gleiche Weizen- und Stahlmenge weniger Arbeitseinheiten als das

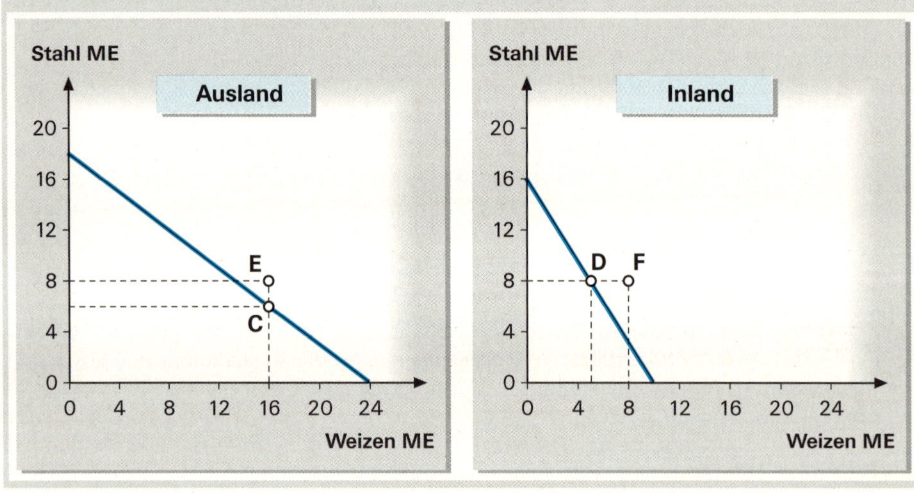

1 komparativ = vergleichsweise

Inland. Für eine ME Stahl werden im Ausland 5,56 AE (100 : 18) und im Inland 6,25 AE (100 : 16) benötigt. Für eine ME Weizen werden im Ausland 4,167 AE (100 : 24) und im Inland 10 AE (100 : 10) benötigt. Die Arbeitsproduktivität ist im Ausland bei Stahl um 12,5 % und bei Weizen um 140 % höher als im Inland. Das Ausland hat also **sowohl bei der Erzeugung von Weizen als auch bei der Erzeugung von Stahl** einen **absoluten Kostenvorteil**.

Der Vorteil des Auslands ist aber bei der Weizenerzeugung größer als bei der Stahlproduktion, da im Ausland in einer Periode 14 ME mehr Weizen, aber nur 2 ME mehr Stahl als im Inland produziert werden können. Das Ausland hat also bei der Weizenerzeugung im **Vergleich** zur Stahlproduktion einen **relativen** oder **komparativen Kostenvorteil**. Die Unterschiedlichen Kostenverhältnisse für die beiden Länder und Produkte lassen sich mithilfe der **Opportunitätskosten** (Verzichtskosten, *vgl. 1.4*) wie folgt ausdrücken:

Komparative Kostenunterschiede (Opportunitätskosten) der Güterproduktion in Ausland und Inland

Land / Kosten der Güter	Ausland	Inland
Kosten für 1 ME Stahl ausgedrückt in ME Weizen, auf die verzichtet werden muss	$\frac{\text{Verzicht auf Weizen}}{\text{Mehrproduktion Stahl}} = \frac{24\text{ ME}}{18\text{ ME}} = 1{,}33$	$\frac{\text{Verzicht auf Weizen}}{\text{Mehrproduktion Stahl}} = \frac{10\text{ ME}}{16\text{ ME}} = 0{,}625$
Kosten für 1 ME Weizen ausgedrückt in ME Stahl, auf die verzichtet werden muss	$\frac{\text{Verzicht auf Stahl}}{\text{Mehrproduktion Weizen}} = \frac{18\text{ ME}}{24\text{ ME}} = 0{,}75$	$\frac{\text{Verzicht auf Stahl}}{\text{Mehrproduktion Weizen}} = \frac{16\text{ ME}}{10\text{ ME}} = 1{,}6$

Das **Ausland** hat einen **relativen Kostenvorteil** bei der **Weizenproduktion**, da für die Mehrproduktion von einer ME Weizen im Ausland nur auf 0,75 ME Stahl, im Inland dagegen auf 1,6 ME Stahl verzichtet werden müssen. Das **Inland** hat einen **relativen Kostenvorteil** bei der Herstellung von Stahl, da für die Herstellung einer ME Stahl nur auf 0,625 ME Weizen, im Ausland dagegen auf 1,33 ME Weizen verzichtet werden muss.

Es wird weiter angenommen, dass aufgrund der Bedürfnisstruktur und der Nachfrageverhältnisse im Ausland bisher 6 ME Stahl (= 33 1/3 AE) und 16 ME Weizen (= 66 2/3 AE) (Punkt C auf der Produktionsmöglichkeitskurve) und im Inland weiterhin 8 ME Stahl (= 50 AE) und 5 ME Weizen (= 50 AE) (Punkt D auf der Produktionsmöglichkeitskurve) hergestellt werden. Wenn sich jedes der beiden Länder auf die Produktion des Gutes spezialisiert, für das es einen **relativen Kostenvorteil** hat, kann durch internationale Arbeitsteilung die Gesamtproduktion erhöht werden.

Gesamtproduktion vor der internationalen Arbeitsteilung (Autarkie)

Vor der Spezialisierung ergeben sich aufgrund der Annahmen für beide Länder folgende Faktoreinsatz- und Produktionsmengen:

Land / Gut	Ausland		Inland		Gesamtproduktion
Stahl	6 ME	33 1/3 AE	8 ME	50 AE	14 ME
Weizen	16 ME	66 2/3 AE	5 ME	50 AE	21 ME

Gesamtproduktion nach der internationalen Arbeitsteilung

Wenn sich beide Länder auf die Produktion des Gutes spezialisieren, bei dem sie einen relativen Kostenvorteil haben, ergeben sich folgende Faktoreinsatz- und Produktionsmengen:

Land / Gut	Ausland		Inland		Gesamtproduktion
Stahl	0 ME	0 AE	16 ME	100 AE	16 ME
Weizen	24 ME	100 AE	0 ME	0 AE	24 ME

Lösung zu Fallbeispiel 10.1 (*vgl. S. 359*)

Portugal hat bei beiden Gütern einen absoluten Kostenvorteil, da es in beiden Fällen für die gleiche Produktionsmenge weniger Arbeitseinheiten einsetzen muss als England. Bei der Weinerzeugung ist der Kostenvorteil Portugals aber ***vergleichsweise*** *größer (= komparativer Kostenvorteil bei Wein). England hat demgegenüber einen geringeren Kostennachteil bei der Tuchherstellung (= komparativer Kostenvorteil bei Tuch). Eine Spezialisierung beider Länder auf das Gut, für das ein komparativer Vorteil vorliegt, ermöglicht eine Erhöhung der Gesamtproduktion bei beiden Gütern. Durch internationalen Handel könnte in beiden Ländern die Güterversorgung verbessert werden.*

Vor Aufnahme des Außenhandels (Autarkie)			
Land / Gut	Portugal	England	Gesamtproduktion
Wein	16 ME	5 ME	21 ME
Tuch	6 ME	8 ME	14 ME

Nach Aufnahme des Außenhandels			
Land / Gut	Portugal	England	Gesamtproduktion
Wein	24 ME	0 ME	24 ME
Tuch	0 ME	16 ME	16 ME

Wenn sich jedes Land auf die Produktion der Güter spezialisiert, bei denen es komparative (relative) Kostenvorteile hat, kann durch internationale Arbeitsteilung die Gesamtproduktion gesteigert werden.

Terms of Trade

Ob tatsächlich für alle Länder mit absoluten oder relativen Kostenvorteilen die Teilnahme am internationalen Handel vorteilhaft ist, hängt vom Austauschverhältnis zwischen den Export- und Importgütern auf dem Weltmarkt ab. Dieses reale Austauschverhältnis wird auch als ***Terms of Trade*** bezeichnet.

Die *Terms of Trade* geben an, wie viele Exportgüter für eine Einheit Importgüter zu bezahlen sind.

$$\textit{Terms of Trade}\ (\text{tot}) = \frac{\text{Exportpreisindex}}{\text{Importpreisindex}}$$

Beispiele für die Vorteilhaftigkeit des Außenhandels bei unterschiedlichen Austauschverhältnissen

Die Spezialisierung aufgrund der relativen Kostenvorteile führt im vorliegenden Beispiel zu folgenden Änderungen:
- Das Inland importiert Weizen und exportiert Stahl. Es werden jetzt im Inland 8 ME Stahl mehr als vorher produziert (16 ME statt 8 ME).
- Das Ausland importiert Stahl und exportiert Weizen. Es werden jetzt im Ausland 8 ME Weizen mehr als vorher produziert (24 ME statt 16 ME).

Fall 1: Austauschverhältnis zwischen Stahl und Weizen 2 : 1

Auswirkungen für das Inland: Die zusätzlichen 8 ME Stahl können gegen 4 ME Weizen getauscht werden, sodass insgesamt 8 ME Stahl (vorher ebenfalls 8 ME) und 4 ME Weizen (vorher 5 ME) zur Verfügung stehen.

Auswirkungen für das Ausland: Von den zusätzlichen 8 ME Weizen können 4 ME gegen 8 ME Stahl getauscht werden, sodass insgesamt 20 ME Weizen (vorher 16 ME) und 8 ME Stahl (vorher 6 ME) zur Verfügung stehen.

Ergebnis: Versorgungsniveau hat sich im Inland verschlechtert, im Ausland aber verbessert. Der Außenhandel bringt dem Ausland Vorteile und dem Inland Nachteile.

Ursache: Das Inland muss im internationalen Handel für 1 ME Weizen 2 ME Stahl bezahlen, obwohl es selbst 1 ME Weizen durch den Verzicht auf nur 1,6 ME Stahl produzieren könnte. Die *Terms of Trade* betragen für das Inland 2. Damit sind die **Importkosten** des Inlands **höher** als die inländischen Opportunitätskosten von 1,6 für die Weizenproduktion. Für das Ausland betragen die *Terms of Trade* 0,5. Damit sind die **Importkosten** des Auslands **geringer** als die ausländischen Opportunitätskosten von 1,33 für die Stahlproduktion.

Fall 2: Austauschverhältnis zwischen Stahl und Weizen 1 : 2

Auswirkungen für das Inland: Von den zusätzlichen 8 ME Stahl können 4 ME gegen 8 ME Weizen getauscht werden, sodass insgesamt 12 ME Stahl (vorher 8 ME) und 8 ME Weizen (vorher 5 ME) zur Verfügung stehen.

Auswirkungen für das Ausland: Die zusätzlichen 8 ME Weizen können gegen 4 ME Stahl getauscht werden, sodass insgesamt 16 ME Weizen (vorher ebenfalls 16 ME) und 4 ME Stahl (vorher 6 ME) zur Verfügung stehen.

Ergebnis: Das Versorgungsniveau hat sich im Inland verbessert, im Ausland aber verschlechtert. Der Außenhandel bringt dem Inland Vorteile und dem Ausland Nachteile.

Ursache: Das Ausland muss im internationalen Handel für 1 ME Stahl 2 ME Weizen bezahlen, obwohl es selbst 1 ME Stahl durch den Verzicht auf 1,33 ME Weizen produzieren könnte. Die *Terms of Trade* betragen für das Ausland 2. Damit sind die **Importkosten** des Auslands **höher** als die ausländischen Opportunitätskosten von 1,33 für die Stahlproduktion. Für das Inland betragen die *Terms of Trade* 0,5. Damit sind die **Importkosten** des Inlands **geringer** als die inländischen Opportunitätskosten von 1,6 für die Weizenproduktion.

Fall 3: Austauschverhältnis zwischen Stahl und Weizen 1 : 1

Auswirkungen für das Inland: Diese zusätzlichen 8 ME Stahl können gegen 8 ME Weizen getauscht werden, sodass insgesamt 8 ME Stahl (vorher ebenfalls 8 ME) und 8 ME Weizen (vorher 5 ME) zur Verfügung stehen.

Auswirkungen für das Ausland: Die zusätzlichen 8 ME Weizen können gegen 8 ME Stahl getauscht werden, sodass insgesamt 16 ME Weizen (vorher ebenfalls 16 ME) und 8 ME Stahl (vorher 5 ME) zur Verfügung stehen.

Ergebnis: Das Versorgungsniveau hat sich in beiden Ländern erhöht (Punkte E und F rechts von den Produktionsmöglichkeitskurven). Der Außenhandel bringt beiden Ländern Vorteile.

Ursache: Die *Terms of Trade* betragen für beide Länder 1. Die **Importkosten** sind damit für beide Länder **geringer** als die jeweiligen Opportunitätskosten für diese Güter (Ausland: Opportunitätskosten für Stahl 1,33, Inland: Opportunitätskosten für Weizen 1,6).

Nur wenn die Importpreise (ausgedrückt durch die *Terms of Trade*) geringer sind als die inländischen Produktionskosten (ausgedrückt durch die Opportunitätskosten), ist der Außenhandel für das Importland vorteilhaft.

Eingeschränkte Aussagekraft und negative Folgen der Theorie der komparativen (relativen) Kostenvorteile

Die erstmals von DAVID RICARDO (1772–1823)[1] am Beispiel von Portugal und England für die Güter Tuch und Wein explizit formulierte Theorie der komparativen Kostenvorteile beruht u. a. auf folgenden Annahmen und Einschränkungen:

1 Vgl. D. Ricardo, On the Prinicples of Political Economy and Taxation; deutsch: Über die Grundsätze der politischen Ökonomie und der Besteuerung, Berlin (Ost), 1979 (7. Kapitel)

- Es handelt sich um ein Modell mit nur zwei Ländern und zwei Gütern.
- Auf den nationalen Güter- und Faktormärkten herrschen die Bedingungen der vollständigen Konkurrenz (*vgl. 5.3.1*).
- Es wird nur ein Produktionsfaktor (Arbeit) berücksichtigt. Das Austauschverhältnis auf den Binnenmärkten wird durch die zur Gütererzeugung benötigte Arbeitsmenge bestimmt (Arbeitswertlehre).
- Es herrscht Vollbeschäftigung aller Produktionsfaktoren, die auch nach Aufnahme des internationalen Handels erhalten bleibt.
- Die Produktionsfaktoren sind nur innerhalb eines Landes, nicht aber zwischen den beteiligten Ländern beweglich. M. a. W.: Es besteht nur eine nationale, nicht aber eine internationale Mobilität der Produktionsfaktoren.
- Transportkosten werden nicht berücksichtigt. Der nationale und internationale Handel findet in Form des Naturaltauschs statt.

Unter diesen Annahmen sind die Aussagen der Theorie der komparativen Kostenvorteile schlüssig. Solange die Produktionsfaktoren nicht über die Landesgrenzen hinweg mobil sind, können die Vorteile des Außenhandels mit der unterschiedlichen Faktorausstattung der beteiligten Länder erklärt werden.

Eine Übertragung auf die heutige weltwirtschaftliche Situation scheitert aber allein schon daran, dass die Produktionsfaktoren (insbesondere das **Geldkapital**) - anders als im Modell angenommen - auch **international** sehr **mobil** sind. Da Kapital aufgrund moderner Kommunikationsmittel in Sekundenschnelle von einem Land in ein anderes transferiert werden kann, besteht für einen Investor keine Veranlassung, sich mit den **relativen Kostenvorteilen** der Güterproduktion in einem bestimmten Land zu begnügen. Er hat vielmehr die Möglichkeit, sein Kapital dort zu investieren, wo die Produktion absolut am kostengünstigsten ist, wo also im internationalen Vergleich **absolute Kostenvorteile** vorliegen. **Standortwettbewerb** und **internationale Kostensenkungswettläufe** zur Schaffung günstiger Investitionsbedingungen für Auslandskapital als Folge der **Globalisierung** belegen diese Entwicklung (*vgl. 9.2.3*). Im theoretischen Extremfall kann das bedeuten, dass aus Ländern, die für keine Güter absolute Kostenvorteile aufweisen, die gesamte Produktion ins Ausland verlagert wird.

Daneben schränkt auch die Nichtberücksichtigung der energieintensiven **Transportkosten** die Aussagekraft des Modells ein. Würden die Transportkosten in ihrer tatsächlichen Höhe, also einschließlich der **sozialen Kosten**, die für Infrastruktur, Unfälle, Umweltbelastung usw. entstehen, berücksichtigt, würde dadurch ein erheblicher Teil der vermeintlichen Vorteile internationaler Arbeitsteilung aufgewogen (*vgl. 1.3.3*).

Die Gültigkeit der Theorie der komparativen Kostenvorteile lässt sich heute empirisch häufig nicht nachweisen.

Deutschlands wichtigste Handelspartner sind Industrieländer, insbesondere die der EU (vgl. Abb. S. 337). Der deutsche Außenhandel ist mit solchen Ländern besonders intensiv, in denen die Arbeitsproduktivität annähernd gleich hoch ist wie in Deutschland (z. B. Frankreich, Niederlande, Italien, Großbritannien, USA). Der überwiegende Teil der deutschen Warenexporte entfällt auf die Kategorien Fahrzeuge, Maschinen und chemische Erzeugnisse (vgl. Abb. S. 337). Auch bei den Importen haben diese Güterkategorien den größten Anteil. Damit ist der deutsche Außenhandel in hohem Maße ein **intrasektoraler Handel** (z. B. Export deutscher Autos und Import französischer Autos), der **nicht auf Spezialisierung** beruht. Die Dominanz des Handels mit Ländern, die eine ähnliche Produktions- und Kostenstruktur wie Deutschland aufweisen, ist ein weiterer Hinweis dafür, dass der überwiegende Teil des deutschen Außenhandels **nicht durch komparative Kostenunterschiede erklärt** werden kann.

Die historischen Erfahrungen aus der Kolonial- und Industrialisierungszeit zeigen, dass eine Spezialisierung gemäß der Theorie der komparativen Kostenvorteile wegen der damit einhergehenden Abhängigkeiten sowohl wirtschaftlich als auch politisch sehr risikoreich sein kann.

Obwohl die 1817 von RICARDO formulierte Theorie der komparativen Kostenvorteile die Forderung nach **Freihandel** und die **Abschaffung von Zöllen** und sonstigen protektionistischen Maßnahmen nach sich zieht, verhinderte England im 19. Jahrhundert die Einfuhr indischer Textilien, die der aufkeimenden englischen Textilindustrie hätten gefährlich werden können. Während die indische Baumwoll- und Seidenmanufaktur Anfang des 19. Jahrhunderts hoch entwickelt war und einen Exportüberschuss bei Textilerzeugnissen ermöglichte, mussten gegen Ende des 19. Jahrhunderts bereits drei viertel des indischen Textilbedarfs aus England eingeführt werden, obwohl England sich nach der Theorie der komparativen Kosten eigentlich auf Schafzucht und Whiskeybrennen hätte spezialisieren müssen. Die Industrialisierung Englands war für Indien aufgrund des Außenhandels mit der englischen Kolonialmacht mit einer Zerstörung der Textilmanufaktur („De-Industrialisierung") verbunden. Indien konnte lediglich noch textile Rohstoffe (z. B. Baumwolle) produzieren und musste die Weiterverarbeitung England überlassen. Da Indien zudem aus klimatischen Gründen einen absoluten Kostenvorteil beim Anbau von Baumwolle, Jute und anderen Nutzpflanzen hat, wurde deren Anbau zulasten der Erzeugung von Grundnahrungsmitteln forciert. Zu Beginn des 19. Jahrhunderts galt Indien noch als Getreidespeicher Asiens. Die Spezialisierung auf den Anbau anderer Pflanzenarten führte aber dazu, dass schon bald Nahrungsmittel eingeführt werden mussten und Indien bis heute immer wieder von Hungersnöten betroffen ist.

10.2.2 Verfügbarkeit von Rohstoffen und anderen Produktionsfaktoren

Handel zwischen Industrie- und Entwicklungsländern

Die Importe der Industrieländer aus den Entwicklungsländern sind zum großen Teil darauf zurückzuführen, dass in den Industrieländern zwar eine Nachfrage für bestimmte Güter besteht, diese aber aus klimatischen, geologischen oder anderen Gründen nur im Ausland produziert werden. In Deutschland gehören neben tropischen Früchten vor allem **Rohstoffe** für die industrielle Produktion dazu.

Von den mehr als 190 Ländern der Welt hat annähernd die Hälfte keinerlei Reserven an nicht erneuerbaren Rohstoffen. Die bedeutenden Rohstoffvorkommen konzentrieren sich auf etwas mehr als 30 Länder.[1]

Die Nichtverfügbarkeit von Gütern in einem Land kann auch dadurch bedingt sein, dass die Menge und Qualität der Produktionsfaktoren nicht ausreichend ist (z. B. Mangel an *Know-how*, qualifizierten Arbeitskräften und modernen Technologien). Viele Entwicklungsländer müssen aus diesem Grund Investitionsgüter aus den Industrieländern importieren.

Die heute noch vielfach vorherrschende Form internationaler Arbeitsteilung zwischen Entwicklungsländern als Rohstofflieferanten und Industrieländern als Kapital- bzw. Konsumgüterproduzenten ist wesentlich durch die Kolonialzeit bedingt. Damals wurde den heutigen Entwicklungsländern diese Form der Arbeitsteilung aufgezwungen, indem beispielsweise die Kolonialmächte den Aufbau von Handwerksbetrieben und Industrien systematisch unterbunden haben (z. B. Verbot der Seiden- und Tuchproduktion in Mexiko durch die Spanier im 16. Jh., Zerstörung der indischen Textilindustrie durch die englischen Kolonialherren im

1 Vgl. D. Eich, K. L. Hübener., Die strategischen Rohstoffe, Wuppertal 1988, S. 43

19. Jh.). Diese traditionelle Struktur wird auch heute noch teilweise durch die Außenhandelspolitik der Industrieländer gefestigt (z. B. Zollschranken und Mengenbeschränkungen für Textilien aus Entwicklungsländern zum Schutz der heimischen Textilindustrie). Die gegenwärtige Form der internationalen Arbeitsteilung zwischen Entwicklungs- und Industrieländern führt dazu, dass in vielen Fällen der Wert der Handelsströme aus den Industrie- in die Entwicklungsländer wesentlich größer ist als umgekehrt. Um diese Importe bezahlen zu können, müssen die betroffenen Entwicklungsländer sich immer weiter verschulden.

Arbeitsintensive und kapitalintensive Exportgüter

Die mengenmäßige Ausstattung eines Landes mit Produktionsfaktoren hat Auswirkungen auf die Preise der Produktionsfaktoren (Faktorkosten) und bestimmt, auf welche Güterarten sich einzelne Länder bei der Teilnahme am internationalen Handel spezialisieren (Faktorproportionentheorie, HECKSCHER-OHLIN-Theorem). In bevölkerungsreichen Ländern ist das Lohnniveau tendenziell niedriger, sodass hier **arbeitsintensive** Produktionszweige zu Exportsektoren heranreifen. In kapitalreichen Industrieländern, in denen sich ein hohes Lohn- und relativ niedriges Zinsniveau einstellt, entwickeln sich dagegen **kapitalintensive** Industrien zu Exportsektoren. Durch diese Spezialisierung wird in jedem Land der relativ knappe und damit teuere Faktor sparsam verwendet. Ursache für die Vorteilhaftigkeit des Außenhandels sind auch in diesem Fall wieder die Unterschiede bei den Produktionskosten.

Allerdings wies der Nobelpreisträger W. LEONTIEF[1] für den Außenhandel der USA nach, dass die USA – ein im Vergleich zum Rest der Welt kapitalreiches Land – arbeitsintensive Waren exportierten und kapitalintensive importierten. Dieses Ergebnis wurde als **LEONTIEF-Paradoxon** bezeichnet, weil es der Theorie widerspricht, dass sich der internationale Handel durch die Faktorausstattung und die Faktorpreise in den beteiligten Ländern erklären lässt.

10.3 System freier Wechselkurse

10.3.1 Kursbildung

Wechselkurs (Devisenkurs)

► A 10.2 Es gibt keine **Währung** (= gesetzliches Zahlungsmittel eines Staates oder einer Staatengemeinschaft), die in allen Volkswirtschaften der Welt Gültigkeit hat. Außenhandel, bei dem Im- und Exportgüter gegen Geld getauscht werden, ist deshalb nur möglich, wenn die Währungen verschiedener Länder untereinander austauschbar sind. Das Austauschverhältnis zwischen zwei Währungen wird als **Wechselkurs** *(exchange rate)* bezeichnet.

Der Begriff **Wechselkurs** stammt aus der Zeit, als der internationale Zahlungsverkehr noch vornehmlich mithilfe von Wechseln abgewickelt wurde, die an einem ausländischen Ort in ausländischer Währung zahlbar waren. Gleich bedeutend wird auch der Begriff **Devisenkurs** benutzt. **Devisen** sind kurzfristige Forderungen (Sichtguthaben, Schecks und Wechsel) in fremder Währung. Ausländische Noten und Münzen werden dagegen als **Sorten** bezeichnet.

Der Wechselkurs gibt den Preis für eine bestimmte Menge einer Währung (z. B. 1 Euro) ausgedrückt in einer anderen Währung (z. B. US-$) an. Er ist Maßstab für den Außenwert des Geldes.

1 Wassily Leontief (1906–1999), in Russland geborener und später in den USA tätiger Wirtschaftswissenschaftler, der insbesondere durch seine Input-Output-Analyse (Analyse der sektoralen Verflechtungen einer Volkswirtschaft) bekannt wurde. 1973 erhielt er den Nobelpreis für Wirtschaftswissenschaft.

Mengennotierung

Seit Einführung des Euro wird bei Kursangaben offiziell nur die sog. **Mengennotierung** verwendet. Sie gibt an, welchen Betrag einer ausländischen Währung man für einen Euro erhält bzw. bezahlen muss.

Wie aus der unten stehenden Kurstabelle ersichtlich ist, benutzen die Banken für die Umrechnung der Währung zwei Kurse. Der **niedrigere Geldkurs** wird angewandt, wenn die Bank **ausländische Zahlungsmittel verkauft** und Euro ankauft. Der Kunde erhält in diesem Fall für 1 Euro die kleinere Menge ausländischer Zahlungsmittel. Der **höhere Briefkurs** wird angewandt, wenn die Bank **ausländische Zahlungsmittel ankauft** und Euro verkauft. Der Kunde muss in diesem Fall für 1 Euro die größere Menge an ausländischen Zahlungsmitteln bereitstellen. Der Unterschied zwischen Geld- und Briefkurs ist die Verdienstspanne der Banken für ihre Dienstleistungen im Devisen- und Sortenhandel.

Die Umrechnung der Kurse für Währungen der Nicht-Euro-Staaten erfolgt auf der Basis von Kurstabellen. Darin sind die an der Frankfurter oder Düsseldorfer Devisenbörse festgestellten Kurse der Währungen enthalten. Diese Kurse werden jedoch nicht mehr ausschließlich an den Devisenbörsen, sondern auch zwischen den Kreditinstituten ausgehandelt. Sie werden auch als **Referenzkurse** bezeichnet. Da die Tabellen nur unverbindliche Orientierungswerte darstellen, können die Kursangaben einzelner Kreditinstitute von den Referenzkursen abweichen.

Devisen- und Sortenkurse für 1 Euro

2. Jan. 2003		Referenzkurse Euro[1]		3 Monate[1]		6 Monate[1]		Referenzkurse	Preise am Bankschalter[2]	
		Geld	Brief	Geld	Brief	Geld	Brief	EZB	Verkauf	Ankauf
USA	US $	1,0437	1,0497	1,0397	1,0457	1,0363	1,0423	1,04460	1,0080	1,0770
Japan	Yen	124,2100	124,6900	123,3300	123,8100	122,5100	122,9900	124,40000	121,4000	130,4000
Großbrit.	£	0,6489	0,6529	0,6506	0,6546	0,6525	0,6565	0,65200	0,6280	0,6730
Schweiz	sfr	1,4506	1,4546	1,4424	1,4464	1,4347	1,4387	1,45280	1,4220	1,4870
Kanada	kan-$	1,6393	1,6513	1,6391	1,6511	1,6400	1,6520	1,64220	1,5600	1,7100
Schweden	skr	9,1135	9,1615	9,1350	9,1830	9,1582	9,2062	9,12700	8,8200	9,7700
Norwegen	nkr	7,2429	7,2909	7,3034	7,3514	7,3565	7,4045	7,26700	7,0100	7,8600
Dänemark	dkr	7,4072	7,4472	7,4087	7,4487	7,4130	7,4530	7,42720	7,1400	7,7900
Australien[3]	A-$	1,8510	1,8670					1,85540	1,7300	1,9100
Neuseeland[3]	NZ-$	1,9900	2,0060					1,99420	1,8550	2,3050
Tschechien[3]	Krone	31,3800	31,7800					31,59000	28,7500	34,7500
Polen[3]	n. Zloty	3,9090	4,1090					4,00500	3,7600	4,3600
Südafrika[3]	Rand	8,8000	9,0000					8,87380	7,5500	10,9500
Hongkong[3]	HK-$	8,1170	8,2170					8,14450	7,0000	9,0500
Singapur[3]	S-$	1,8175	1,8295					1,81880	1,6350	1,9400

1 Mitgeteilt von der WestLB Girozentrale, Düsseldorf
2 Frankfurter Sortenkurse aus Sicht der Bankkunden, die Bezeichnungen Verkauf und Ankauf entsprechen dem Geld und Brief bei anderen Instituten; mitgeteilt von Reisebank
3 Freiverkehr

Quelle: Handelsblatt, 3. Jan. 2003, S. 32

Devisenmarkt

Ein System freier Wechselkurse liegt vor, wenn sich der Wechselkurs als Gleichgewichtspreis durch Angebot und Nachfrage auf dem Devisenmarkt bildet.

A ◄ 10.3

Die Preisbildung auf dem **Devisenmarkt** vollzieht sich wie beim **Polypol auf dem vollkommenen Markt** (*vgl. 5.3*). Es werden aber keine Waren und Dienstleistungen gehandelt.

Auf dem Devisenmarkt werden Guthaben in Inlandswährung (z. B. Euro) gehandelt, deren Preis in Auslandswährung (z. B. US-$) ausgedrückt wird.

Die Grafik stellt im üblichen Preis-Mengen-Diagramm das Zustandekommen des Wechselkurses (w_0 = Gleichgewichtspreis) zwischen US-$ und Euro dar.

P.Point

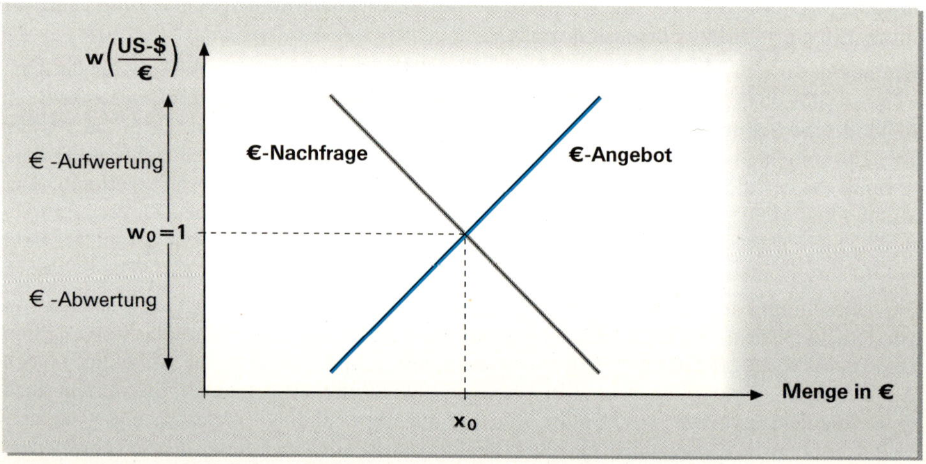

Jeder Nachfrage nach Euro entspricht gleichzeitig ein Angebot an Devisen (hier: US-$). Die Nachfragekurve für Euro hat im Normalfall eine negative Steigung (*vgl. 3.2.2*). Das bedeutet:

Je höher der Kurs, d. h. je mehr US-$ für einen Euro bezahlt werden müssen, umso geringer ist die geplante Nachfragemenge nach Euro. Je niedriger der Kurs, d. h. je weniger US-$ für einen Euro bezahlt werden müssen, umso höher ist die geplante Nachfragemenge nach Euro.

Beispiel: Würde der **Kurs steigen**, müssten je Euro mehr US-$ bezahlt werden. Wenn deutsche Exporteure nach wie vor denselben Gegenwert in Euro erlösen wollen, müssen die in US-$ ausgedrückten Preise für deutsche Exportgüter in den USA erhöht werden. In den USA würden durch diese Verteuerung weniger deutsche Exportgüter nachgefragt. Daher benötigen die amerikanischen Importeure weniger Euro zur Bezahlung der Importe. Da sie weniger US-$ gegen Euro tauschen, würden die angebotene Menge an US-$ und damit die **nachgefragte Menge nach Euro sinken**.

Jedem Angebot an Euro entspricht gleichzeitig eine Nachfrage nach Devisen (z. B. US-$). Die Angebotskurve für Euro hat im Normalfall eine positive Steigung (*vgl. 4.2.1*). Das bedeutet:

Je höher der Kurs, d. h. je mehr US-$ für einen Euro bezahlt werden müssen, umso höher ist die geplante Angebotsmenge für Euro.
Je niedriger der Kurs, d. h. je weniger US-$ für einen Euro bezahlt werden müssen, umso geringer ist die geplante Angebotsmenge für Euro.

Beispiel: Würde der **Kurs sinken**, müssten je Euro weniger US-$ bezahlt werden. Wenn Exporteure aus den USA nach wie vor denselben Gegenwert in US-$ erlösen wollen, müssen die Euro-Preise für amerikanische Exportgüter in Deutschland erhöht werden. In Deutschland würden durch diese Verteuerung weniger amerikanische Exportgüter nachgefragt. Daher benötigen die deutschen Importeure weniger US-$ zur Bezahlung der Importe. Da sie weniger Euro gegen US-$ tauschen, würden die nachgefragte Menge nach US-$ und damit die **angebotene Menge an Euro sinken**.

Der Schnittpunkt zwischen Euro-Angebots- und Euro-Nachfragekurve bestimmt den Gleichgewichtskurs und die Gleichgewichtsmenge.

Auch die übrigen Gesetzmäßigkeiten der Preisbildung bei vollständiger Konkurrenz gelten für den Devisenmarkt.

Eine Verschiebung der Euro-Nachfragekurve ergibt sich, wenn sich nicht der Wechselkurs, sondern ein anderer Bestimmungsfaktor der Euro-Nachfrage ändert.

P. Point

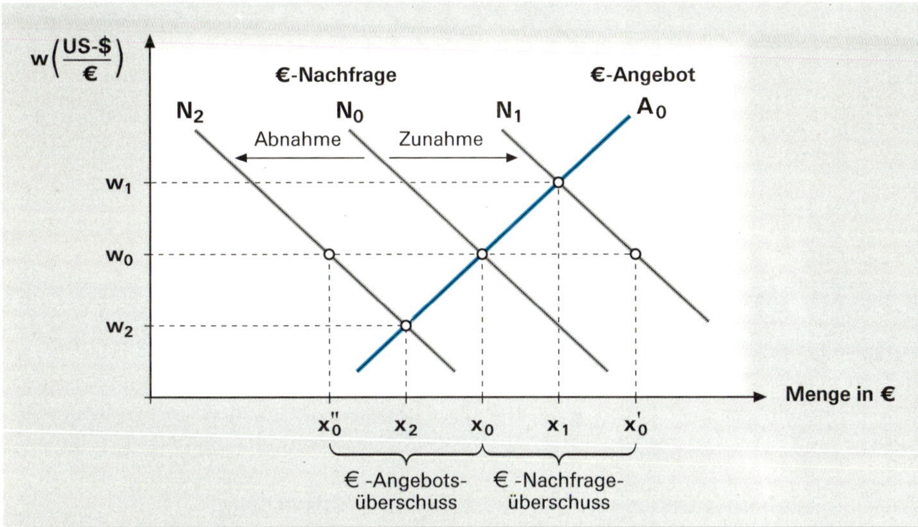

Eine Rechtsverschiebung (= Zunahme der Nachfrage nach Euro) ergibt sich z. B. in folgenden Fällen:

- Wegen geringerer Inflationsraten im Euro-Währungsgebiet steigen die Exporte in die USA.
- Kapital aus dem außereuropäischen Ausland wird im Euro-Währungsgebiet wegen hoher Zinsen angelegt.
- Das ESZB verkauft aus seinen Währungsreserven US-$ gegen Euro, um den Euro-Kurs zu stützen.

Steigt die Nachfrage nach Euro (= Rechtsverschiebung der Nachfragekurve) bei unverändertem Angebot, so steigt aufgrund des Nachfrageüberschusses der Wechselkurs.
Sinkt die Nachfrage nach Euro (= Linksverschiebung der Nachfragekurve) bei unverändertem Angebot, so sinkt aufgrund des Angebotsüberschusses der Wechselkurs.

Eine Verschiebung der Euro-Angebotskurve ergibt sich, wenn sich nicht der Wechselkurs, sondern ein anderer Bestimmungsfaktor des Euro-Angebots ändert.

Eine Rechtsverschiebung (= Zunahme des Angebots an Euro) ergibt sich z. B. in folgenden Fällen:

- Importgüter, die in US-$ bezahlt werden müssen (z. B. Rohöl), werden teurer.
- Kapital aus dem Euro-Währungsgebiet wird wegen Zinsunterschieden im außereuropäischen Ausland angelegt.
- Eine ausländische Zentralbank verkauft aus ihren Devisenreserven Euro, um den Kurs der eigenen Währung zu stützen.

P. Point

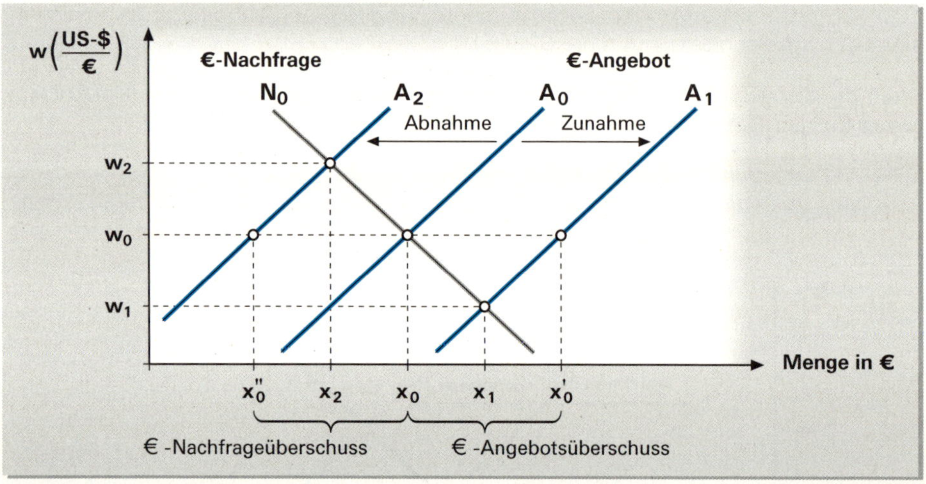

Steigt das Angebot an Euro (= Rechtsverschiebung der Angebotskurve) bei unveränderter Nachfrage, so sinkt aufgrund des Angebotsüberschusses der Wechselkurs.
Sinkt das Angebot an Euro (= Linksverschiebung der Angebotskurve) bei unveränderter Nachfrage, so steigt aufgrund des Nachfrageüberschusses der Wechselkurs.

Wechselkursschwankungen (Aufwertung und Abwertung)

Steigt der Wechselkurs US-$/Euro, liegt eine Aufwertung des Euro und eine Abwertung des US-$ vor. Sinkt der Wechselkurs US-$/Euro, liegt eine Abwertung des Euro und eine Aufwertung des US-$ vor.

Bei den **Ursachen für Wechselkursschwankungen** können güterwirtschaftliche Faktoren (Handelsströme) und finanzwirtschaftliche Faktoren (Kapitalströme) unterschieden werden.

- **Inflationsdifferenzen zwischen einzelnen Ländern**
  Steigen die Preise im Ausland stärker als im Inland, kann es zu einer Zunahme der Exporte und Abnahme der Importe kommen. Zur Bezahlung der steigenden Exporte werden mehr Devisen (z. B. US-$) in Euro und wegen der sinkenden Importe weniger Euro in Devisen (z. B. US-$) umgetauscht. Auf dem Devisenmarkt führt das in Bezug auf den Euro zu einer Nachfrageerhöhung bzw. zu einer Angebotssenkung und damit zu einer Euro-Aufwertung.
- **Produktivitätsentwicklung und internationale Wettbewerbsfähigkeit**
  Ein Land mit hohem technologischen Niveau und Produktivitätswachstum im Bereich der Exportgüterindustrie weist eine Tendenz zur Aufwertung seiner Währung auf, da die internationale Wettbewerbsfähigkeit nicht nur vom Preis, sondern auch von der Qualität der Exportgüter abhängt.
- **Vermögensumschichtungen**
  Vermögensumschichtungen international operierender Kapitalanleger führen zu Wechselkursänderungen. Ursache können veränderte Risikoeinschätzungen und Ertragserwartungen sein. Für den erwarteten Ertrag sind nicht nur die **Zinserträge**, sondern vor allem auch die zukünftigen **Wechselkursentwicklungen** maßgebend. Erträge aus Zinsdifferenzen zwischen Inland und Ausland können nämlich durch entgegengerichtete Wechselkursent-

wicklungen wieder zunichte gemacht werden. Die **Erwartungen von Wechselkursänderungen** gehen auch auf **Änderungen der politischen Verhältnisse** in einem Land zurück, wenn deshalb wirtschaftliche Stabilität, internationale Wettbewerbsfähigkeit und Wirksamkeit der Wirtschaftspolitik von den Anlegern anders eingeschätzt werden.

- **Spekulation**
  Wechselkursschwankungen können durch sog. **Seifenblaseneffekte** (*bubbles*) verstärkt werden. Damit ist das spekulative Verhalten von Anlegern gemeint, die beispielsweise – obwohl alle ökonomischen Daten gegen einen weiteren Kursanstieg sprechen – weiterhin auf einen Kursanstieg spekulieren und ihr Geld in der aufwertungsverdächtigen Währung anlegen. Je mehr Anleger sich so verhalten, umso eher kommt es tatsächlich zu der erwarteten Wechselkursveränderung.

Die Globalisierung der Finanz- und Kapitalströme und die wachsende Bedeutung der internationalen Spekulation haben dazu geführt, dass täglich schätzungsweise mehr als 1,5 Billionen US-$ um den Globus zirkulieren[1]. Davon werden allenfalls fünf bis zehn Prozent für die Bezahlung von Waren- und Dienstleistungen verwendet. Wechselkursschwankungen sind also in erster Linie durch internationale Kapital- und nicht durch Handelsströme bedingt. Der Außenhandel wird durch Wechselkursschwankungen aber erheblich behindert, da die Unternehmen keine sichere Kalkulationsgrundlage haben und ihnen für die Minderung der Währungsrisiken erhebliche Kurssicherungskosten entstehen.

Lösung zu Fallbeispiel 10.2 Nr. 1 (*vgl. S. 359*)

Beim Wechselkurs US-$/Euro handelt es sich um einen freien Wechselkurs. Dass der Kurs des Euro nach seiner Einführung 1999 zunächst gegenüber dem US-$ ständig gesunken ist, hat u. a. folgende Ursachen:

- *Günstigere wirtschaftliche Entwicklung in den USA als im Euro-Währungsgebiet (Anzeichen für anhaltendes Wirtschaftswachstum in den USA bei nur geringem Preisniveauanstieg gegenüber einem nur allmählichen Aufschwung in Europa).*
- *Höheres Zinsniveau in den USA als im Euro-Währungsgebiet*
- *Spekulation, um die Untergrenze des Wechselkurses und die Reaktion der EZB zu testen.*

Die Kurserholung seit 2001 war u. a. auf niedrigere Zinsen in den USA zurückzuführen. Seit Mai 2001 liegen dort die Leitzinsen unter denen im Euro-Währungsgebiet. Der Kursanstieg seit Ende 2002 hing mit den Unsicherheiten bezüglich der Irak-Krise zusammen.

Ein wesentliches wirtschaftliches Argument für die Einführung des Euro als gemeinsame Währung im Rahmen der Europäischen Währungsunion war der dadurch bedingte Wegfall des Wechselkursrisikos zwischen den beteiligten Ländern. Das soll den innereuropäischen Handel erleichtern und so durch zusätzliche Investitionen und Produktivitätsfortschritte zu positiven Wachstumseffekten führen. Zwischen Euro und den Währungen einiger EU-Mitgliedsstaaten, die (noch) nicht an der Währungsunion teilnehmen (z. B. Dänemark, Schweden), besteht ein **System fester Wechselkurse mit Bandbreiten** (= Kombination fester und freier Wechselkurse). Dazu wird ein **Leitkurs** zwischen der jeweiligen Währung (z. B. Dänische Krone) und dem Euro vereinbart sowie eine **Bandbreit**e (z. B. ± 15 %) festgelegt. Weicht der sich auf dem Devisenmarkt ergebende Wechselkurs um mehr als die festgelegte Bandbreite vom Leitkurs ab, intervenieren die Zentralbanken durch den Kauf bzw. Verkauf der betroffenen Währung so lange am Devisenmarkt, bis der Wechselkurs wieder innerhalb der Bandbreite liegt.

1 Quelle: BIZ (Bank für Internationalen Zahlungsausgleich); zitiert nach: WEED (Hrsg.), Devisenumsatzsteuer, Bonn 2001

10.3.2 Zusammenhang zwischen Wechselkurs und Außenhandel

Einerseits beeinflusst der Wechselkurs den Außenhandel, da Wechselkursänderungen Preisänderungen für Import- und Exportgüter bedeuten. Andererseits entstehen aber Angebot und Nachfrage auf dem Devisenmarkt auch durch internationale Güterströme, sodass der Wechselkurs auch vom Außenhandel beeinflusst wird.

Abhängigkeit des Außenhandels vom Wechselkurs

▶ A
10.4
10.5
10.6
Steigt der Wechselkurs (Aufwertung), müssen für eine inländische Währungseinheit mehr ausländische Währungseinheiten bezahlt werden (z. B. mehr US-$ je Euro). Dies hat eine Verteuerung der inländischen Güter im Ausland (Exportgüter) und eine Verbilligung der ausländischen Güter im Inland (Importgüter) zur Folge.

Beispiel:

Situation	**Export** Export deutscher Luxusautos im Wert von 50.000 Euro je Stück in die USA.	**Import** Rohölimporte, die in US-$ bezahlt werden. 1 Barrel (159 l) Rohöl kostet 20 US-$
Vor der Aufwertung: Kurs 1,00 US-$/Euro	Bei einem Kurs von 1,00 muss der Exporteur ein Auto in den USA für 50.000 US-$ verkaufen, um als Gegenwert 50.000 Euro zu erhalten.	Bei einem Kurs von 1,00 erhält der Importeur für 20 Euro den Gegenwert von 20 US-$ zur Bezahlung von 1 Barrel Rohöl.
Nach der Aufwertung Kurs 1,50 US-$/Euro	Bei einem Kurs von 1,50 muss der Exporteur ein Auto in den USA für 75.000 US-$ verkaufen, um als Gegenwert 50.000 Euro zu erhalten. Würde er ein Auto weiterhin für 50.000 US-$ verkaufen, erhielte er nur 33.333 Euro.	Bei einem Kurs von 1,50 erhält der Importeur für 13,33 Euro den Gegenwert von 20 US-$ zur Bezahlung von 1 Barrel Rohöl. Für 20 Euro würde er jetzt 30 US-$ erhalten.

Bei einer Kurssteigerung (Aufwertung) nehmen die Exporte tendenziell ab und die Importe tendenziell zu.

Die Bedeutung des Außenwertes für die deutsche Ausfuhr wird überschätzt
Frankfurter Allgemeine Zeitung vom 5. August 1996

Die Bedeutung von Wechselkursschwankungen für die deutsche Exportwirtschaft werden häufig überschätzt. Grundlage ist die einfache Lehrbuchweisheit, dass die Nachfragemenge in negativer Weise von den Preisen abhängt – je teurer die einheimische Währung, desto teurer deutsche Produkte im Ausland und desto geringer die nachgefragte Ausfuhrmenge. Ein Blick auf die Statistik vermittelt freilich einen anderen Eindruck von den tatsächlichen Zusammenhängen: Obwohl der reale Außenwert der D-Mark gegenüber dem Dollar zunahm, stieg die Warenausfuhr in die Vereinigten Staaten im gleichen Zeitraum an. Auch im langfristigen Vergleich ist ein systematisch negativer Zusammenhang zwischen Außenwert und Export häufig nicht zu erkennen.
Die vergleichsweise geringe Wechselkurselastizität der Ausfuhr – Fachleute schätzen den langfristigen Wert auf 0,3 % – hat eine Reihe von Gründen. Vielfach nehmen die Exporteure bei Aufwertung geringere Gewinne in Kauf, um Marktanteile auf den Auslands-

märkten auf lange Sicht zu behaupten. Das hat zur Folge, dass die Exportvolumina gleichbleiben, während die Gewinnmargen zeitweise sinken. Schätzungen haben ergeben, dass die deutschen Exporteure Wechselkursschwankungen etwa zur Hälfte durch Änderungen ihrer Ausfuhrpreise auffangen. Dies deutet auf Spielräume bei der Preisgestaltung und auf eine günstige Marktstellung hin.

Fachleute sind sich weitgehend einig darüber, dass durchschnittlich drei Monate vergehen, bevor sich Zuwächse beim realen Außenwert der Währung auf die Ausfuhr auswirken. Das liegt zum einen an den Verträgen, die mit den Kunden im Ausland bestehen und nicht von einem auf den anderen Tag geändert werden können. Zum anderen können sich die Unternehmen über Termingeschäfte und Optionen Wechselkurse für einige Zeit im Voraus sichern. Ein weiterer Grund ergibt sich daraus, dass die deutschen Exporteure nach wie vor vom Wettbewerbsvorsprung bei der Qualität der Produkte, beim Kundenservice und bei der Lieferpünktlichkeit profitieren.

Sinkt der Wechselkurs (Abwertung), müssen für eine inländische Währungseinheit weniger ausländische Währungseinheiten bezahlt werden (z. B. weniger US-$ je Euro). Dies hat eine Verbilligung der inländischen Güter im Ausland (Exportgüter) und eine Verteuerung der ausländischen Güter im Inland (Importgüter) zur Folge.

Bei einer Kurssenkung (Abwertung) nehmen die Exporte tendenziell zu und die Importe tendenziell ab.

Lösung zu Fallbeispiel 10.2 Nr. 2 (*vgl. S. 359*)

Der Kursverfall des Euro gegenüber dem US-$ hat die Exporte aus dem Euro-Währungsraum in die USA billiger und die in US-$ zu bezahlenden Importe teurer gemacht. Das hat u. a. für die deutsche Exportindustrie günstig ausgewirkt.

Abhängigkeit des Wechselkurses vom Außenhandel

Werden deutsche Exportgüter in die USA verkauft, tauschen die Exporteure die US-$, die sie zur Bezahlung erhalten haben, in Euro um. Das Angebot an US-$ und damit die Nachfrage nach Euro steigen. Bei unverändertem Euro-Angebot steigt dann der Wechselkurs US-$/Euro.

Warenexporte führen zu einem Steigen des Wechselkurses.

Werden ausländische Güter, die in US-$ bezahlt werden müssen, importiert, tauschen die deutschen Importeure für die Bezahlung Euro in US-$ um. Die Nachfrage nach US-$ und damit das Angebot an Euro steigen. Bei unveränderter Euro-Nachfrage sinkt dann der Wechselkurs US-$/Euro.

Warenimporte führen zu einem Sinken des Wechselkurses.

Wechselkursmechanismus und Leistungsbilanzungleichgewichte

Durch die gegenseitige Beeinflussung von Wechselkurs und Außenhandel bei flexiblen Wechselkursen (**Wechselkursmechanismus**) besteht unter bestimmten Voraussetzungen eine Tendenz zum Abbau von Leistungsbilanzungleichgewichten (Export- oder Importüberschüssen).

P. Point

Ausgangssituation	Inflationsrate in Deutschland < Inflationsrate in USA		Inflationsrate in Deutschland > Inflationsrate in USA	
Folge für Export- und Importmengen	Exportmenge steigt	Importmenge sinkt	Exportmenge sinkt	Importmenge steigt
Folge für die Leistungsbilanz	Exportwert > Importwert Ungleichgewicht (Exportüberschuss)		Exportwert < Importwert Ungleichgewicht (Importüberschuss)	
Folge für die Devisenmarkt	Nachfrage nach Euro steigt	Angebot an Euro sinkt	Nachfrage nach Euro sinkt	Angebot an Euro steigt
Folge für dem Wechselkurs	Wechselkurs US-$/Euro steigt (Aufwertung)		Wechselkurs US-$/Euro sinkt (Abwertung)	
Folge für Export- und Importpreise	Exportgüterpreise steigen	Importgüterpreise sinken	Exportgüterpreise sinken	Importgüterpreise steigen
Folge für Export- und Importmengen	Exportmenge sinkt	Importmenge steigt	Exportmenge steigt	Importmenge sinkt
Folge für Export- und Importwert Elastizitätsbedingungen	Wenn die Exportmenge stärker sinkt als die Exportgüterpreise steigen, sinkt der Exportwert.	Wenn die Importmenge stärker steigt als die Importgüterpreise sinken, steigt der Importwert.	Wenn die Exportmenge stärker steigt als die Exportgüterpreise sinken, steigt der Exportwert.	Wenn die Importmenge stärker sinkt als die Importgüterpreise steigen, sinkt der Importwert.
Folge für die Leistungsbilanz	Exportwert ≈ Importwert Tendenz zum Gleichgewicht			

Für den **Ausgleich der Leistungsbilanz** durch den **Wechselkursmechanismus** müssen u. a. folgende Voraussetzungen erfüllt sein:

- Güterim- und -exporte reagieren auf Wechselkursänderungen normal, d. h., eine Abwertung bewirkt eine Importsenkung und Exporterhöhung, während eine Aufwertung zu einer Importerhöhung und Exportsenkung führt. Diese Reaktion tritt aber nur dann ein, wenn die Nachfrage nach Im- und Exporten hinreichend preiselastisch ist (Elastizitätsbedingungen).
- Devisenangebot und Devisennachfrage müssen maßgeblich aus Güterexporten und Güterimporten stammen. In Wirklichkeit haben aber zwischenzeitlich die internationalen Kapitalströme einen viel größeren Einfluss auf Angebot und Nachfrage am Devisenmarkt als die internationalen Warenströme (*vgl. 10.3.1*). Daher können Wechselkursveränderungen unabhängig von Güterex- und -importen auftreten, sodass der Wechselkursmechanismus von anderen Faktoren überlagert wird und nicht zum Ausgleich der Leistungsbilanz führt.

Unter bestimmten Voraussetzungen bewirkt der Wechselkursmechanismus einen Ausgleich der Leistungsbilanz.

3328376

10.3.3 Beziehungen zwischen Binnen- und Außenwert des Geldes

Eine Aufwertung bewirkt eine Verbilligung, eine Abwertung eine Verteuerung der Einfuhrpreise. Inwieweit sich dies in einer Änderung des inländischen Preisniveaus (Binnenwert des Geldes) niederschlägt, hängt u. a. davon ab, ob die Importpreisänderungen an die Endverbraucher weitergegeben werden und wie groß der Anteil importierter Güter am Gesamtverbrauch ist. Bei einer Abwertung nehmen zudem möglicherweise die Exporteure die Preiserhöhungsspielräume im Ausland zum Anlass, ihre Produkte auch im Inland zu verteuern.

Tendenziell führt eine Aufwertung (= Erhöhung des Außenwertes des Geldes) zu Preissenkungen (= Erhöhung des Binnenwertes des Geldes) und umgekehrt.

Insgesamt hat eine Aufwertung konjunkturdämpfende Wirkungen. Sie ermöglicht preisgünstige Importe und dämpft damit die Inflation. Gleichzeitig vermindert sich aber die internationale Wettbewerbsfähigkeit der Exportindustrie, was zu Absatz- und Beschäftigungsproblemen führen kann. Eine Abwertung wirkt dagegen konjunkturfördernd. Sie ermöglicht steigende Exporte und kann dadurch die Beschäftigung im Exportsektor erhöhen.

Sind die Preissteigerungsraten im Inland geringer als im Ausland, nehmen im Inland die Exporte zu und die Importe ab. Werden die Devisen, die zur Bezahlung der inländischen Exportgüter dienen, bei inländischen Banken umgetauscht (z. B. Umtausch von US-$ in Euro), erhöht sich die nachfragewirksame Geldmenge (M1) im Inland. Dies kann zu Preissteigerungen führen, zumal das im Inland verfügbare Güterangebot aufgrund der gestiegenen Exporte zurückgeht und dadurch möglicherweise ein Nachfrageüberschuss entsteht (importierte Inflation, *vgl. 8.5.5*). Diese Preissteigerungstendenz wird aber durch die Veränderung des Wechselkurses gebremst. Die Zunahme der Exporte bewirkt auf dem Devisenmarkt ein erhöhtes Angebot der ausländischen Währung (z. B. US-$) und damit eine erhöhte Nachfrage nach der inländischen Währung (z. B. Euro). Durch die damit einhergehende Aufwertung der Inlandswährung werden die Exporte teurer und gehen wieder zurück. Die Entwicklung kehrt sich also wieder um.

Durch die Erhöhung des Wechselkurses (Aufwertung) kann verhindert werden, dass sich eine Inflation im Ausland als geldmengen- oder nachfragebedingte Inflation im Inland niederschlägt.

Allerdings tritt diese kompensierende Wechselkursänderung wegen vorherrschender anderer Einflussgrößen (z. B. Zinsdifferenzen, Konjunkturgefälle, Wechselkursspekulationen) oft nicht in der erwarteten Höhe ein.

Fragen zur Kontrolle des Grundwissens

Kapitel 10: Außenwirtschaft

Kapitel 10.1: Bedeutung des Außenhandels für die Bundesrepublik Deutschland

1. *Welches sind Deutschlands wichtigste Handelspartner?*
2. *Welches sind Deutschlands wichtigste Exportgüter?*

Kapitel 10.2: Ursachen des Außenhandels

1. *Warum wird Außenhandel betrieben?*
2. *Wann hat ein Land einen komparativen (relativen) Kostenvorteil?*

Zusammenfassende Übersicht Kapitel 10:

Außen- und Weltwirtschaft

Ursachen des Außenhandels

Wohlstandssteigerung durch Außenhandel bei unterschiedlichen Produktionskosten

- **absoluter Kostenvorteil**
  Spezialisierung auf Güter, bei denen ein Land absolute Kostenvorteile hat.
- **komparativer (relativer) Kostenvorteil**
  Spezialisierung auf die Güter, bei denen ein Land komparative (relative) Kostenvorteile hat.

Die Theorie der komparativen Kostenvorteile von D. RICARDO kann wegen der realitätsfernen Modellannahmen nicht zur Erklärung der Außenhandelsbeziehungen in einer globalisierten Weltwirtschaft dienen.

Gesamtproduktion (Weltproduktion) steigt

Güteraustausch (Außenhandel) nötig

reale Austauschverhältnisse (terms of trade)

$$\text{terms of trade (tot)} = \frac{\text{Exportpreisindex}}{\text{Importpreisindex}}$$

Außenhandel ist für ein Land nur dann vorteilhaft, wenn seine tot (= Importpreise) geringer sind als die inländischen Produktionskosten

Beschränkte Verfügbarkeit von Rohstoffen und anderen Produktionsfaktoren in einzelnen Ländern

Internationale Arbeitsteilung
Theorie: Spezialisierung auf arbeits- bzw. kapitalintensive Produktionsfaktoren entsprechend der Verfügbarkeit der Produktionsfaktoren (HECKSCHER-OHLIN-Theorem)

- Wirtschaftliche und politische Abhängigkeit der Entwicklungsländer (Rohstofflieferanten) von den Industrieländern
- LEONTIEF-Paradoxon

System freier Wechselkurse

Kursbildung auf dem Devisenmarkt

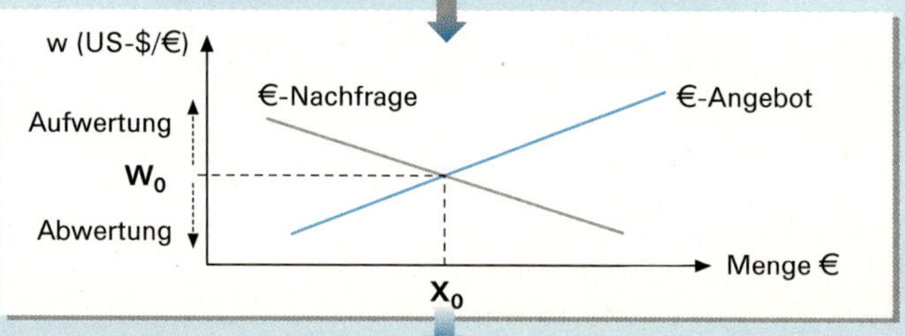

Wechselkursschwankungen durch Verschiebung von €-Angebot und/oder €-Nachfrage

Aufwertung (Kurs steigt)
- Preissenkungen im Inland
- **Exporte sinken Importe steigen**
- **Aufwertung verhindert importierte Geldmengen- und Nachfrageinflation**

Abwertung (Kurs sinkt)
- **Exporte steigen Importe sinken**
- Preiserhöhungen im Inland

Wechselkursmechanismus

Tendenz zum Ausgleich der Leistungsbilanz

3. *Welche Wirkungen können sich durch Außenhandel bei relativen Kostenvorteilen ergeben?*
4. *Was sind die* Terms of Trade*?*
5. *In welchem Fall ist Außenhandel für das Importland vorteilhaft?*
6. *Welche Annahmen liegen der Theorie des komparativen Kostenvorteils zugrunde?*
7. *Warum ist die Theorie des komparativen Kostenvorteils auf die heutige weltwirtschaftliche Situation nicht übertragbar?*
8. *Welche Nachteile kann eine Spezialisierung im Rahmen der internationalen Arbeitsteilung für ein Land mit sich bringen?*
9. *Welchen Einfluss hat die Menge der verfügbaren Produktionsfaktoren eines Landes auf die Struktur des Außenhandels?*

Kapitel 10.3: System freier Wechselkurse

1. *Was ist ein Wechselkurs?*
2. *Was sagt die Mengennotierung beim Wechselkurs aus?*
3. *Wie bildet sich der Wechselkurs?*
4. *Wovon hängen Angebot und Nachfrage auf dem Devisenmarkt ab?*
5. *Was ist eine Aufwertung (Abwertung)?*
6. *Wie können Auf- und Abwertungen entstehen?*
7. *Welche Folgen haben Wechselkursschwankungen für den Außenhandel?*
8. *Beschreiben Sie den Wechselkursmechanismus.*
9. *Wie kann der Wechselkursmechanismus bei einem Exportüberschuss zum Gleichgewicht zwischen Ex- und Importen führen?*
10. *Welche Wirkung kann eine Aufwertung (Abwertung) auf den Binnenwert des Geldes haben?*

Aufgaben und Probleme zur Erarbeitung und Anwendung von Wissen

Kapitel 10: Außenwirtschaft

Theorie der komparativen (relativen) Kostenvorteile

A ◀ 10.1

K ◀

P.Point

Mit einem Arbeitseinsatz von 8 Stunden können im In- und Ausland die in nebenstehender Tabelle angegebenen **alternativen** Mengenkombinationen von Textilien und Getreide produziert werden. Bisher werden im Ausland 6 ME Getreide und 2 ME Textilien und im Inland 4 ME Getreide und 6 ME Textilien produziert.

Land	Güterart	Mengeneinheiten		
Ausland	Getreide	12	6	0
	Textilien	0	2	4
Inland	Getreide	16	4	0
	Textilien	0	6	8

1 ▶ Zeichnen Sie die Produktionsmöglichkeitskurven für beide Länder in zwei getrennte Koordinatensysteme ein (y-Achse: Getreide, 10 cm, 1 cm = 2 ME; x-Achse: Textilien, 5 cm, 1 cm = 2 ME).
Hinweis: Es wird ein linearer Verlauf beider Produktionsmöglichkeitskurven unterstellt.

2 ▶ Berechnen Sie die Produktionskosten für 1 ME Getreide und 1 ME Textilien in beiden Ländern und ermitteln Sie die Produktivitätsunterschiede.
Hinweis: Es wird angenommen, dass nur Arbeitskosten anfallen.

3 ▶ Welche Aussagen lassen sich hinsichtlich der absoluten und komparativen (relativen) Kostenunterschiede zwischen beiden Ländern machen?

4 ▶ Berechnen Sie nach folgendem Muster die komparativen Kostenunterschiede mithilfe der Opportunitätskosten:

Komparative Kostenunterschiede (Opportunitätskosten) der Güterproduktion im Ausland und Inland		
Land / Kosten der Güter	**Ausland**	**Inland**
Kosten für 1 ME Getreide ausgedrückt in ME Textilien, auf die verzichtet werden muss	Verzicht auf Textilien / Mehrproduktion Getreide = ____ =	Verzicht auf Textilien / Mehrproduktion Getreide = ____ =
Kosten für 1 ME Textilien ausgedrückt in ME Getreide, auf die verzichtet werden muss	Verzicht auf Getreide / Mehrproduktion Textilien = ____ =	Verzicht auf Getreide / Mehrproduktion Textilien = ____ =

5 ▶ Angenommen, beide Länder spezialisieren sich auf die Produktion des Gutes, bei dem sie komparative Kostenvorteile haben und treiben bei einem Austauschverhältnis von

2,5 ME Getreide = 1 ME Textilien

miteinander Handel. Das Ausland importiert 2 ME Tuch.
Beurteilen Sie für diesen Fall die Versorgungslage beider Länder anhand ihrer Produktionsmöglichkeitskurven.

6 ▶ Beurteilen Sie, ob und ggf. für welches Land der Außenhandel vorteilhaft ist, wenn sich folgende Austauschverhältnisse ergeben:
a) 1 ME Getreide = 1 ME Textilien
b) 2 ME Getreide = 1 ME Textilien
c) 3 ME Getreide = 1 ME Textilien
d) 4 ME Getreide = 1 ME Textilien

▶ A 10.2

Angebot und Nachfrage auf dem Devisenmarkt – Wechselkursveränderungen

1 ▶ Welche Wechselkursveränderung (US-$/€) werden in folgenden Fällen ausgelöst? Begründen Sie Ihre Aussagen.
a) Das Zinsniveau in den USA liegt über dem in Europa. Es werden weitere Zinserhöhungen in den USA erwartet.
b) Amerikanische Unternehmen investieren vermehrt in Deutschland.
c) Internationale Unternehmen und Kapitalanleger haben größeres Vertrauen in die amerikanische als in die deutsche Wirtschaftspolitik. Die Gewinnerwartungen in den USA sind daher größer als in Deutschland.
d) Die EZB verkauft US-$, um die Gefahr einer importierten Kosteninflation zu senken.
e) Devisenspekulanten vermuten, dass der € seinen Tiefpunkt noch nicht erreicht hat und weiter fällt.
f) Devisenspekulanten vermuten, dass der € zum Jahresende 1,30 US-$ statt derzeit 1,00 US-$ kosten wird.
g) Der Preis für Rohöl, das in US-$ abgerechnet wird, sinkt weltweit.
h) Kapitalanleger und Devisenspekulanten rechnen damit, dass der € nicht so hart und stabil bleibt. Für den €-Währungsraum werden höhere Inflationsraten als für die USA vorhergesagt.
i) Gemessen an den Auftragseingängen und der Industrieproduktion zeichnet sich für die USA ein schnellerer und stärkerer Konjunkturaufschwung als in Europa ab.
j) Lohnstückkosten, Arbeitslosenquote und Neuverschuldung des Staates sind in den USA geringer als in den europäischen Staaten.
k) Die Preise in den USA steigen schneller als im €-Währungsraum.
l) Die EZB schwenkt auf eine restriktive Geldpolitik um.
m) Das Handelsbilanzdefizit (Importüberschuss) der USA wird kleiner.

2 ▶ Welche der in Nr. 1 a) – m) genannten Wechselkursveränderungen können Kurssteigerungen bei Aktien exportorientierter deutscher Unternehmen auslösen?

Intervention der Zentralbank am Devisenmarkt

A ◀ 10.3

> Die Nachfrage nach japanischen Yen am Devisenmarkt stieg nach den BIP-Zahlen für das erste Quartal in Japan rapide an. Um diese erhöhte Nachfrage befriedigen zu können, bat die Bank vom Japan die EZB, in ihrem Namen japanische Yen gegen Euro zu verkaufen. Am Tag der Durchführung dieser Devisenmarktgeschäfte eröffnete der Wechselkurs bei 123,55 JPY/€ und schloss bei 125,15 JPY/€. Da die Geschäfte zwischen der Bank von Japan und den beteiligten Geschäftsbanken abgewickelt wurden, war zur Durchführung kein Einsatz von Währungsreserven der EZB nötig.
>
> Quelle: Europäische Zentralbank, Monatsbericht Juli 1999, S. 29

1 ▶ Beurteilen Sie, ob es sich den erwähnten BIP-Zahlen für Japan um positive oder negative Entwicklungen des BIP gehandelt hat. Begründen Sie Ihre Aussage.

2 ▶ Skizzieren Sie die beschriebene Kursveränderung in einem Preis-Mengen-Diagramm (y-Achse: Wechselkurs JPY/€, x-Achse: Menge €)

3 ▶ Liegt im vorliegenden Falle eine Aufwertung oder Abwertung des Yen gegenüber dem Euro vor?

4 ▶ Aus welchen Gründen könnte die japanische Zentralbank die Intervention am Devisenmarkt vorgenommen haben?

5 ▶ Erläutern Sie, welche Voraussetzungen vorliegen müssen, damit der in folgendem Zeitungsartikel beschriebene Zusammenhang zwischen Wechselkurs und Leistungsbilanz eintritt.

> **Starker Yen drückt Japans Leistungsbilanz-Überschuss**
>
> Do 12. Aug. 99 TOKIO. Japan konnte im ersten Halbjahr 1999 seinen chronischen Überschuss in der Leistungsbilanz deutlich abbauen. Die Ursache dafür war in erster Linie die Verteuerung der japanischen Währung. Der Yen hat innerhalb dieser 6 Monate gegenüber dem US-Dollar 10 % an Wert gewonnen. Infolgedessen gingen die Exporte um 9,2 % zurück. Besonders stark schlugen die rückläufigen Ausfuhren nach Europa und in die USA zu Buche.
>
> HB v. 13. Aug. 99, S. 1

Auswirkungen freier Wechselkurse – Aufwertung – Handelsbilanzungleichgewicht

A ◀ 10.4

1 ▶ Angenommen, auf dem Devisenmarkt ergibt sich ein Wechselkurs zwischen Schweizer Franken (sfr) und Euro von 1,50 sfr/€. Deutsche Exporteure haben Güter im Wert von 100 Mio. € in die Schweiz exportiert. Aus der Schweiz wurden Güter im Wert von 80 Mio. sfr. importiert. Diese Handelsströme tragen zu einem bestehenden Ungleichgewicht in der deutschen Handelsbilanz (Exportüberschuss) bei.
Die deutschen und schweizerischen Importeure bieten auf einem gemeinsamen Devisenmarkt jeweils ihre inländische Währung an und fragen die zur Bezahlung der Importe benötigte ausländische Währung nach.
Wie groß sind in diesem Fall das Angebot an Euro und die Nachfrage nach Euro?

2 ▶ Angenommen, aufgrund der Angebots- und Nachfragesituation auf dem Devisenmarkt ändert sich der Wechselkurs Kurs um 20 %.
Welcher neue Wechselkurs ergibt sich?

3 ▶ Ein schweizerischer Hersteller exportiert Armbanduhren nach Deutschland.
Um wie viel Prozent kann er nach der Kursänderung den Preis in Deutschland verändern, wenn er nach wie vor 200 sfr. je Stück erlösen möchte?

4 ▶ Ein deutscher Autoexporteur liefert in die Schweiz.
Um wie viel Prozent muss er nach der Kursänderung den Preis in der Schweiz verändern, wenn er nach wie vor 15.000 € je Auto erlösen möchte?

5 ▶ Wie kann sich die Änderung des Wechselkurses im vorliegenden Fall auf die deutsche Handelsbilanz auswirken?

6 ▶ Bearbeiten Sie den Zeitungsartikel auf S. 374.
Aus welchen Gründen führt eine Aufwertung nicht in jedem Fall zu einem Exportrückgang?

▶ A 10.5

▶ K

Vernetzungsdiagramm: Terms of Trade – Wechselkurs – Weltmarktpreise

1 ▶ Stellen Sie anhand der nebenstehenden Zahlen fest, ob sich die Terms of Tradc für Deutschland in den einzelnen Jahren günstig oder ungünstig entwickelt haben.

Indizes der Preise im Außenhandel (1995 = 100)		
Jahr	Ausfuhr	Einfuhr
1996	100,0	100,4
1997	101,5	104,0
1998	101,4	100,7
1999	100,9	100,2
2000	104,4	111,4
2001	105,4	112,14

2 ▶ Stellen Sie anhand eines Vernetzungsdiagramms (vgl. Aufg. 1.2 auf S. 32) fest, welche Einflüsse, Zusammenhänge und Abhängigkeiten zwischen den Faktoren, die auf die Terms of Trade einwirken, bestehen. Verbinden Sie dazu Elemente, die sich direkt beeinflussen mit einem Pfeil.
Kennzeichnen Sie gleichgerichtete Wirkungen (je mehr – desto mehr) mit einem Pluszeichen und entgegengesetzte Wirkungen (je mehr – desto weniger) mit einem Minuszeichen.
Folgende Elemente, die direkten oder indirekten Einfluss auf die Terms of Trade haben, können berücksichtigt werden: Wechselkurs, Einfuhrpreise, Ausfuhrpreise, Güterknappheit auf dem Weltmarkt, Produktionskosten im Inland, Produktionskosten im Ausland.

3 ▶ Auf welche Ursachen könnte die unter 1. ermittelte Entwicklung der Terms of Trade für Deutschland zurückzuführen sein?

▶ A 10.6

Fallstudie: Globalisierung und internationale Verflechtung[1]

Für eine Volkswirtschaft liegen die in der folgenden Tabelle dargestellten Zahlen vor.

1 ▶ Analysieren Sie die Situation und prüfen Sie die Erfolgschancen der vorgeschlagenen Maßnahmen im Hinblick auf die Ziele Preisniveaustabilität, hoher Beschäftigungsstand und angemessenes Wirtschaftswachstum.

Indikatoren	Vorjahr	laufendes Jahr
BIP in Preisen des Vorjahres	995 Mrd. GE	1.000 Mrd. GE
Veränderung des realen BIP	+ 1,0 %	+ 0,5 %
Veränderung des Preisniveaus im Inland	+ 3 %	+ 2 %
Veränderung des Preisniveaus im Ausland	+ 2 %	+ 2 %
Veränderung der Durchschnittslöhne im Inland (nominal)	+ 5 %	+ 4 %
Veränderung der Durchschnittslöhne im Ausland	+ 5,5 %	+ 5 %
Veränderung der Gewinneinkommen (Inland)	+ 4,5 %	+ 6,5 %
Zahl der Arbeitslosen	2,3 Mio.	2,6 Mio.
Erwerbstätige	25,3 Mio.	25,0 Mio.
Veränderung der Geldmenge M3	+ 4 %	+ 1,5 %
Veränderung der Staatsausgaben		+ 5 %
Veränderung der Steuereinnahmen		+ 2 %

1 In Anlehnung an H. W. Möller, Angewandte Volkswirtschaftslehre, a. a. O., S. 188

Indikatoren	Vorjahr	laufendes Jahr
Kapitalmarktzinsen (Inland)		10 %
Kapitalmarktzinsen (Ausland)		6 %
Leitzinsen der Zentralbank		6,5 %
Kapazitätsauslastung: Inlandsorientierte Branchen Exportindustrie	91,5 % 75,5 %	90,0 % 71,0 %
Private Investitionen (reale Veränderung)		+ 2,5 %
Staatsnachfrage (reale Veränderung)		+ 3 %
Privater Verbrauch (reale Veränderung)		+ 2 %
Außenbeitrag (Ex – Im)		– 30 Mrd. GE
Exporte (nominale Veränderungsrate)	+ 2 %	– 0,5 %
Importe (nominale Veränderungsrate)	+ 3,5 %	+ 3,5 %
Veränderung der Ausfuhrpreise	+ 2 %	+ 2 %
Veränderung der Einfuhrpreise	– 2 %	– 2 %
Exportquote (Anteil der Exporte am BIP)		25 %
Importquote		27 %
Saldo der Kapitalbilanz (Kapitalimport)	+ 9 Mrd. GE	+ 30 Mrd. GE

Das Land hat flexible Wechselkurse. Im letzten Jahr hat sich eine Aufwertung der Währung des Landes um 4 %, im Jahr davor um 3 % ergeben.

vgl. Lösungshinweise auf S. 384

Folgende stabilitätspolitischen Vorschläge liegen für das kommende Jahr vor:

a) Zeitliches Vorziehen von staatlichen Investitionen in Höhe von 12 Mrd. GE auf das kommende Jahr. Die Mittel dazu sollen auf dem inländischen Kapitalmarkt beschafft werden.
b) Senkung der Arbeitslosenunterstützung und anderer Sozialleistungen. Senkung der Beamtengehälter. Einführung eines Niedriglohnsektors für gering qualifizierte Arbeitnehmer.
c) Senkung der Leitzinsen der Zentralbank auf 5 %.
d) Verstärkter Aufkauf ausländischer Währungen (insbesondere der Währungen der Hauptexportländer) durch die Zentralbank.

Hinweise zur Problemlösetechnik bei wirtschaftspolitischen Fallstudien

Zur Bearbeitung wirtschaftspolitischer Fallstudien (z. B. Aufgaben Nr. 9.11, 9.12, 9.15 und 10.6) bietet sich folgende Vorgehensweise an, die auch bei der Analyse und Lösung wirtschaftspolitischer Probleme in der Praxis zur Anwendung kommt[1]:

1. Lageanalyse/Problemdefinition

- Welche stabilitätspolitischen Ziele sind nicht realisiert?
- Bei welchen Zielen ist eine Verbesserung oder Verschlechterung im Zeitablauf zu erkennen?

2. Ursachenanalyse/Prognose

- Sind die Probleme auf binnen- und/oder außenwirtschaftliche Ursachen zurückzuführen?
- Wo liegen die Ursachen?

Nachfrageseite

Konsumnachfrage	(Löhne, Lohnquote, Arbeitslosigkeit, Zinsen, Preise, ...)
Investitionsnachfrage	(Gewinn- und Absatzerwartungen, Zinsen, Kapazitätsauslastung, ...)
Staatsnachfrage	(Haushaltspolitik, Staatsverschuldung, prozyklische/antizyklische Wirkung, *crowding out*, ...)

Angebotsseite

Entwicklung von Gewinnen, Löhnen, Produktivität, ...
Entwicklung von Zinsen, Steuern
Veränderung der Einfuhrpreise

Liquiditätsversorgung

Wachstum der Geldmenge im Verhältnis zum Preisanstieg und zum Wachstum des realen BIP,
Höhe der Leitzinsen und ihre Wirkung auf die Nachfrage

3. Zielbildung/Zielkonflikte

- Welches Ziel soll angesichts bestehender Zielkonflikte vorrangig verfolgt werden?

4. Alternativen/Maßnahmen

- Welche Maßnahmen kommen infrage?
- Welche Kombination (Maßnahmebündel) ist zweckmäßig?
- Wer sind die Träger dieser Maßnahmen?
- Welche Rahmenbedingungen (z. B. Zinsniveau im Ausland) sind zu berücksichtigen?
- Maßnahmen nachfrageorientierter Wirtschaftspolitik
- Maßnahmen angebotsorientierter Wirtschaftspolitik
- Geldpolitik der Zentralbank

5. Bewertung/Kontrolle

- Welche Konflikte zwischen den Trägern der wirtschaftspolitischen Maßnahmen sind zu erwarten?
- Welche Vollzugsprobleme können auftreten (*Timelags*, Abstimmungsprobleme, Dosierung)?
- Sind die Maßnahmen politisch durchsetzbar?
- Wessen Interessen werden mit diesen Maßnahmen vorrangig vertreten?

1 Vgl. H. W. Möller, Angewandte Volkswirtschaftslehre, a.a.O., S. 41 ff.

Sachwortverzeichnis

H

I

J

K

Bildquellenverzeichnis

GLOBUS Infografik, Hamburg 13, 14, 92, 197, 204 (2) 269, 303, 304, 307, 309, 312, 360

Greenpeace, Hamburg 13 (u.)

Horst Haitzinger, München 100

Erich Schmidt Verlag, Berlin 16, 62, 68, 189, 190, 193, 308, 360

Stiftung Warentest 159

Infografiken: Claudia Hild, Angelburg

3328392